巫者的世界

林富士 著

出版緣起

　　林富士教授為臺灣史學界的著名學者，畢生研究以身體為軸心，致力於宗教史、醫療史與文化史，以做一個現代薩蠻為自我定位，透過文獻進入異域，瞭解另一個世界的現象，不僅探究歷史發展的脈絡轉折，也關注於「邊緣」的小歷史。教授自 2000 年起，擔任三民書局「文明叢書」編輯委員，並出版《小歷史——歷史的邊陲》（2000 年）及《疾病終結者——中國早期的道教醫學》（2001 年）等作品，透過教授的研究，我們得以看見庶民歷史的精彩與活躍。

　　教授 2021 年辭世後，各界無比悵然，但其所遺留的豐碩研究成果，仍持續影響著相關學術主題的發展。《巫者的世界》是教授多年來針對巫者歷史的研究總結，對於臺灣常見的宗教人物「童乩」亦多所關注，曾以簡體中文出版，但始終未曾以繁體中文版呈現給臺灣讀者，甚為可惜。源此若能出版以饗讀者，將有助開拓讀者對於臺灣宗教文化的理解，為學界之福，想必也是富士教授所願。

　　出版本書，對與教授有多年淵源的三民書局而言，責無旁貸，幸得其家人林雅蘭女士促成，及陳藝勻博士協助審閱、校訂，特此致謝。亦希盼本書的出版，能將教授嚴謹的研究精神與學者風範永傳後世。

三民書局編輯部謹識

推薦序

李貞德

（中央研究院歷史語言研究所特聘研究員兼所長）

　　1978 年秋進入大學，歷史系班上人才濟濟，其中一位同學特別出色，不僅善詩能文，還很會說故事。他來自雲林濱海的村莊，講述兒時見聞，童乩降神附體，活靈活現，常令生長於城市的我感覺匪夷所思。他是林富士。

　　之後十多年，富士以自幼熟悉的巫者為題，陸續完成碩、博士論文，先談漢代、後論六朝，為當時幾乎無人涉獵的領域拓邊開新。普大畢業後，重返史語所，他持續關注巫者的世界，對帝制中國的巫覡研究，下探至宋代和清末。更重要的是，他跨出文字史料的框限，進行田野考察，跑遍臺灣大鄉小鎮，普查記錄童乩與信眾，又遠赴韓國，拍攝巫女在喪禮中牽亡的儀式影片。他的研究室和我比鄰，不論在講論會、工作坊，或走廊上、茶水間，聽他分享上窮碧落下黃泉、動手動腳找東西的經驗，總是他說得興高采烈，我聞言莫名感佩。

　　《巫者的世界》一書，正是富士多年來爬梳史料、尋訪考掘、反覆思辨之後，對傳統中國和近代臺灣巫覡信仰的精道剖析。2016 年曾以簡體字出版，今依原稿補正更新，以正體字刊印。其中收錄八篇專論，涵蓋巫者的社會形象與地位、他們和統治政權弛張交錯的關係、巫覡作為醫療者與病人信徒的互動，以及這些角色功能對歷代巫俗巫風的影響。篇篇皆反映史語所鋪天蓋地蒐羅史料的傳統，也展現富士不畏艱難勤跑田野的毅力。即以〈臺灣童乩的儀式裝扮〉一章為例，雖短小卻精悍，透過細究巫者的外貌、服飾、法器，以及在儀式中的作用與意義，綜論古今、反思學史，並且圖文並茂，充分顯示他調度各種資訊、推進論題的志氣與功力。

　　早期宗教史研究，多從經典教義入手，也有分析教團組織的。上世紀末，

宗教經驗的考察風生水起，學者對信仰所涉及的儀式、物品、活動，乃至其中個人的身體、情感及其意涵，皆興趣大增。富士自學涯之始，便立志追尋巫者在歷史上的足跡，藉由掌握宗教人物來認識更廣大的社會文化，可謂慧眼獨具。巫覡信仰非組織型宗教，巫者在帝制時期屬底層人物，史料分散，載論隱曲，研究者除了廣事蒐羅的耐性，還需有觸類旁通的機敏，而富士以溝通者自期，這些正是他作為歷史學者最在乎的能力。

是的，富士研究歷史，正是以上古絕地天通，巫者溝通人神自況。他致力於穿越古今、進出知識異域、梳理紛紜眾說，再以流暢的文筆傳達轉譯。瀏覽本書，不論是宗教史、中國史或臺灣文化的專家學者，相信都能因其中豐富的資料、寬宏的論述而受益。初入門者，即使僅僅閱讀他的長篇自序，也能受到啟發。〈序：吾將上下而求索〉彷彿一篇學術自傳，始於「摸索」，終於「未央」，循循善誘，引領年輕學子一窺士林堂奧。

確實未央！雖然，富士已在 2021 年遠颺，但他留給學界的遺產豐厚，我們將透過他的著作，和他，以及他所探討的巫者世界繼續對話。

序——吾將上下而求索

一、摸索 (1982–1984)

　　1982 年夏天，我從臺灣大學歷史系畢業，立刻面臨人生的第一個重大抉擇：繼續升學或當兵。後來，我選擇入伍擔任預備軍官，但仍保留了歷史研究所的入學資格。

　　當兵是無可逃避的「義務」，也是體魄與心智的鍛鍊。在文學院浸泡了四年，心靈自由而奔放，生活隨意而自在，因此，在入伍之後，格外難以忍受講求權威、服從、標準、齊一的軍人文化。而且，當時還在「戒嚴」時期，言論、思想與行動幾乎都戴上了手銬與腳鐐。役期一年十個月，苦悶慢慢煎熬。所幸我是少尉經理官，擔任補給和管理的工作，較為輕鬆，而且還有獨立的臥室，在半是禁閉的狀態下，讀書成為最好的解脫。

　　那時，我帶了王守仁 (1472–1529) 的《陽明全書》和葛洪（約 284–363）的《抱朴子》到部隊。我特別挑沒有標點的版本，一個字一個字點讀，在斷句的過程中，彷彿吐納一般，呼吸著儒、道二家的思想。我先是讀王陽明，因為我大學時代的志業是彬彬的儒者。但是，越讀越無聊，紙面上充斥著天、人、性、命、道、理、心、良知、格物這一類的字眼，以及一篇又一篇的問答、書信、序文，反覆纏繞著仁義道德與學問事功。我非常佩服，但如墜五里霧中。

　　後來讀《抱朴子》，一看，眼界大開，驚愕連連。葛洪所描述的道教世界實在太有趣了，有煉金、房中、辟兵、禁咒、長生、神仙、隱形、分身、變形等法術，提供了各種慾望的滿足方法。對於神仙之說，我雖然不敢置信，但仍

被勾引起一絲富貴不死、法力無邊的貪念。更重要的是，童年時期在鄉村的一些經驗突然醒覺，我恍惚又聽見了道士在喪禮中的搖鈴聲、吹角聲、唱誦聲，看見了三清道祖、十殿閻王、地獄鬼怪的圖像。在閱讀、冥想的過程中，我逐漸找到當下與往昔的聯繫，也找到自己歷史研究的方向。

我選擇宗教作為主戰場。原本打算從中國道教史入手，但是，當時我所能讀到的只有許地山 (1894–1941)、傅勤家、孫克寬 (1905–1993)、李豐楙 (1947–) 四人的著作，而他們在討論道教起源的時候，都提到道士與巫覡有緊密的關係，這讓我想起小時候所碰到的童乩。

1960 年代，我所生長的濱海村莊（雲林縣臺西鄉五港村瓦厝）還相當「落後」，沒有象徵「現代文明」的自來水、汽車和醫生，多的是蒼蠅、流氓和砂眼。病痛的時候，通常會求助於童乩，降神、問卜、畫符、唸咒、收驚、叫魂、祭解、驅邪，無所不致。而我的表姨丈就是村裡最神氣的童乩。事實上，我還有一位姨丈、兩位表哥、一位堂哥，也都是童乩。我對於這樣的人並不陌生，他們應該就是傳統文獻所說的巫者。

可是，根據《國語·楚語》的記載，巫者在古代是聖、智、聰、明的才藝之士，是統治集團的一分子，而童乩在當代社會卻受人輕賤，被人打壓。官方與主流媒體不斷宣稱他們是低級、野蠻、邪惡的神棍，應該予以禁斷。在知識的殿堂中，他們更是毫無立足之地，很少人願意碰觸或討論這樣的人。因此，我很快就決定要探索巫者的古今之變。我的終極關懷，不是陌生巫者的往日光輝，而是我所熟識的童乩的當代困境。

二、啟程 (1984–1987)

1984 年夏秋之際，我服完兵役，重返臺大校園。一開始，野心勃勃，企圖以「先秦至兩漢時期的巫者」作為碩士論文的題目，並獲杜正勝先生 (1944–) 與韓復智先生 (1930–2014) 二位老師首肯，同意聯合指導。但是，到了 1986

年，經過一段時間的學習和摸索之後，我不得不限縮自己的研究範圍。我知道
自己在先秦史的領域，短時間之內不可能有所成就。我雖然可以通讀傳世文
獻，但對於古文字學、器物學、考古學、出土文獻卻所知有限，而材料的取得
也相當困難。因此，在 1987 年是以「漢代的巫者」為題完成學位論文。

這篇碩士論文主要是從宗教社會學的角度勾勒漢代巫者的面貌。我先是疏
解「巫」的字義，接著探討巫者的政治社會地位，說明其所屬的社會階層。然
後分析巫者的技能（「巫術」）和職事的內容，藉以解釋巫者活動的主要憑藉，
以及他們的社會功能。而為了檢驗漢人在觀念上是否能接受「巫術」，便解析
巫者施行巫術的觀念基礎，並探討漢人對於鬼神和禍福之事的看法。緊接著，
評估巫者的社會影響力，釐清巫者的活動範圍，探討他們在各個社會階層和地
區的活動情形，藉以說明當時巫者所觸及的「社會空間」和「地理空間」。最
後則是總論巫者在漢代社會中所扮演的角色。

當年在進行這項研究時，我所能憑藉的前人研究成果相當有限，因此，只
能在史料方面多下工夫。無論是傳世的典籍、碑刻，新出土的簡牘、帛書，還
是非文字性的材料（包括銅鏡、畫像石、壁畫、帛畫、墓葬、建築遺存等），
我都竭盡所能，逐一檢視、爬梳、分析，從而重建我所認知的漢代巫者的世
界。我所走的似乎是所謂「史料學派」的老路子，一切以史料為依歸，多做考
證、敘述，少做詮釋、臆解。

不過，那時候臺灣正大力引進法國「年鑑學派」(Annales school) 史學，我
不免受到一些影響，尤其是布洛克 (Marc Bloch, 1886–1944)、布勞岱 (F.
Braudel, 1902–1985) 對於「時間」的界定、對於「心態」(mentalité) 的強調、
對於「歷史整體」(histoire totale) 的觀照，以及他們以「問題」為導向的研究取
徑，更引導了我的思維。此外，社會學家涂爾幹 (Émile Durkheim, 1858–1917)
和韋伯 (Max Weber, 1864–1920)、人類學家馬凌諾斯基 (Bronisław Malinowski,
1884–1942) 和心理學家佛洛伊德 (Sigmund Freud, 1856–1939) 的學說，也都或
隱或顯的左右了我的論述。

三、閉關 (1987–1989)

　　或許是我的碩士論文還有點原創性的價值，[1] 或許是因為杜正勝先生（以下稱杜先生）的薦舉，我從碩士班畢業之後，隨即獲聘為中央研究院歷史語言研究所（以下簡稱「史語所」）的助理研究員 (1987–1995)。

　　當時史語所還是四組一室的編制，[2] 我隸屬於人類學組，是最年輕的一位小學徒。當時擁有博士學位的人還不算太多，也不特別受到重視，但是，杜先生「建議」我繼續攻讀博士學位，而且，最好是到海外留學。他是我碩士論文的指導教授，又是人類學組的主任，算是我的主管兼導師，我沒有任何抗拒的理由或正當性。因此，我剛一進所，其實就已經在準備出國進修。

　　出國以前，我還有兩年的時間 (1987–1989)。除了強化英文能力、申請學校之外，我也開始為自己後續的學術發展做準備，雖然時間不長，但如今想來，卻是非常重要。

　　那是一段精神專注、心靈活躍的日子。我幾乎參與了史語所每一場的講論會和演講活動，接受了多元學科及不同知識傳統的洗禮。史語所是一個多學科的研究所，有歷史學、語言學、考古學、人類學和文字學，擁有許多不同領域的專家。那時候，一些學界知名的老前輩都還在，[3] 中壯年的學者已卓然獨

---

1. 這篇碩士論文在次年即出版為《漢代的巫者》（臺北：稻鄉出版社，1988），1999 年又做了修訂、改版，但基本架構和論點並無重大改變。關於本書的書評，詳見邢義田，〈介紹三本漢代社會史新著〉，《新史學》1：4（臺北，1990），頁 149–157；譚志東，〈評《漢代的巫者》〉，《歷史月刊》25（臺北，1990），頁 157；羅厚立、葛佳淵，〈走向跨學科的新史學〉，《讀書》175（北京，1993），頁 79–82。

2. 四組（目前已廢組，改稱為學門）：歷史學、語言學（目前已獨立為語言學研究所）、考古學、人類學；一室：甲骨文研究室（目前已廢室，改稱為文字學門）。

3. 如石璋如、高去尋、芮逸夫、陳槃、李孝定、張秉權等。

立，[4] 此外，還有一大批剛獲得博士學位不久的生力軍，[5] 以及一些正在攻讀博士學位的助理研究員，[6] 其他的研究人員也都學有專精，博學廣聞。成員的世代差異極大，最老者已逾九十歲，年輕者還不到三十歲，可以說是三代同堂。大家的學術背景也很不一樣，有的是早年畢業於中國大陸北京大學等名校；有的是 1949 年之後在臺灣所養成者；有的是剛從歐美各國名校回來的；也有的是從日本東京大學畢業的；可謂濟濟多士！這樣一個多元、多樣、異質的團體，在知識的論辯上便顯得相當激烈。當時，大約每兩周就會有一場演講。一場兩個小時，一個小時報告，另外一個小時討論，文稿都是先前就印給所有同仁。因此，在講論會上常見刀光劍影，各種新舊的概念、理論、方法、意見都有人提出來，或是客氣的商量，或是赤裸裸的批評。兩年的聆聽，在各種思潮、論述、風範的衝擊下，我知道治學必須有壯闊的心胸，不能拘泥於一方，不能自傲、自滿。他們都可以說是我的老師。

　　聆聽各家說法並沒有讓我迷失自己的方向。在閱讀方面，我選擇了三個面向。我過去已讀過前四史（《史記》、《漢書》、《後漢書》、《三國志》），也以秦漢史為治學的重心，但我不想成為斷代史的專家，通讀歷代史籍是必修的功課，因此，開始讀魏晉南北朝時代的「正史」，延長自己的時間縱深。其次，我的初衷是要研究道教史，必須克服道經研究的難題，所以挑了道教最早的一部書《太平經》，進行精讀，這也是爭議相當多的一部書，所以，便順便蒐集、閱讀各家的研究成果。此外，為了快速掌握《道藏》的梗概，也開始讀《雲笈七籤》，並構思一些專題研究。

　　在這個過程中，我發現要研究中國中古時期的宗教似乎不能不碰敦煌文

---

4. 如丁邦新、管東貴、張以仁、毛漢光、龔煌城、李壬癸、陳慶隆、杜正勝、邢義田、黃寬重等。

5. 如黃進興、康樂、石守謙、顏娟英、朱鴻林、黃清連、蒲慕州、臧振華、何大安、鄭秋豫、蔡哲茂、劉增貴、劉淑芬、何漢威、柳立言等。

6. 如宋光宇、盧建榮、王道還、于志嘉、王汎森、王明珂等。

獻。但是，當年的敦煌文書很難閱讀，用微卷翻印的字體很不清楚，只能看日本整理、出版的一些道經。幸運的是，那時中國已將敦煌壁畫、藝術方面的材料以較精美的方式印製出版，所以我轉而花費較長的時間在圖像學的研究，並透過敦煌藝術進入佛教世界。更幸運的是，臺灣在 1987 年 7 月 15 日解除了長達三十八年（1949 年 5 月 19 日至 1987 年 7 月 15 日）的「戒嚴令」，在這之後，原本被管制的一些所謂的「匪偽書刊」，才能自由借閱、購買、閱讀、引述，我也才能逐漸接觸、熟悉來自中國學人的著作。

四、留學 (1989–1994)

1989 年，我面臨了一個艱難的選擇。那時，我同時獲得哈佛大學和普林斯頓大學（以下簡稱普大）博士班的入學許可。若到哈佛，可以跟隨張光直 (1931–2001) 教授，強化人類學的訓練。若到普林斯頓，可以師從余英時教授（1930–2021；以下稱余先生），仍以歷史學為專業。他們都是我非常景仰的前輩，也都見過面，談過話。不過，我從大一開始就讀余先生的著作，比較熟悉他的學風，深受他的啟發，因此，在多方考量、幾經波折之後，我最終選擇到普大。

普大的留學生涯，大致可以分成四個階段。第一個階段，從 1989 到 1991 年，在這兩年之間，我修完所有必修、必選的課，通過兩種外國語文（日文、法文）的課程修習和測驗，並赴歐洲（英國、法國、德國、瑞士）短期遊學。第二個階段，從 1991 到 1992 年，大約一年時間，我完成了學科考試，主科是余先生的中國古代史，副科是杜希德 (Denis Twitchett, 1925–2006) 教授的中國中古史，以及太史文 (Stephen F. Teiser, 1956–) 教授的中國宗教。第三個階段是在 1992 年，通過學科考試之後，大約兩個月之內，我提出了博士論文的研究計畫，並獲通過。第四個階段，從 1992 到 1994 年，大約兩年時間，我進行博士論文的撰寫、答辯、修改與繳交，並獲得學位。

我最後完成的博士論文題目是 "Chinese Shamans and Shamanism in the

Chiang-nan Area During the Six Dynasties Period (3rd–6th Century A.D.)"（〈六朝時期江南地區的巫者與巫俗〉），這其實並不是我最初要探討的課題。我當初申請赴美留學時，因剛讀罷麥克尼爾 (William H. McNeill, 1917–2016) 的《瘟疫與人》(*Plagues and Peoples*)，對於他能從世界史的角度探討瘟疫與人類文明發展的關係，深感佩服，但對於他書中有關中國部分的敘述，覺得過於簡略，而我在碩士班的階段，除了宗教史之外，另一個研究興趣是疾病史（身體史），[7]因此，我便以「漢代的疾病觀念」為題撰寫研究計畫，打算在美期間能專攻疾病史。可是，到了普大才知道，歷史系雖以科學史研究聞名，疾病史卻非其主流，而東亞系的杜希德教授雖曾發表過東亞瘟疫史的論文，但非其主要興趣，圖書館的相關藏書也以中國傳統的醫籍為主，相關研究成果的論著不多。所以，我逐漸放棄原先的計畫，回歸宗教史研究的方向，並以歷史系、東亞系和宗教系的課程為主修。

在摸索的過程之中，我曾到藝術與考古學系、社會學系、心理學系、人類學系旁聽一些課程，激發了進行跨學科研究的興趣，有一陣子曾經想以「夢的文化史研究：中國古代篇」作為博士論文的題目，[8]連續幾個課程的學期報告都環繞著這個課題撰寫。[9]我當初的想法很天真。我認為睡眠時間占了人生的三分之一，而作夢又占了睡覺時間的四分之一，因此，人類歷史應該有三分之一的篇幅寫睡眠史，十二分之一寫夢的歷史。不過，這個題目並未獲得指導教授余先生的首肯，他似乎認為「清醒的世界」比較重要，而且，要進行「夢的歷史研究」，必須有謹嚴的概念架構，並分疏、整合許多不同的理論工具，不

---

7. 林富士，〈試釋睡虎地秦簡中的「癘」與「定殺」〉，《史原》15（臺北，1986），頁 1–38。

8. 這也可以說是延續我赴美之前所開展的一個學術課題；詳見林富士，〈試釋睡虎地秦簡《日書》中的夢〉，《食貨月刊》復刊 17：3&4（臺北，1988），頁 30–37。

9. 其中一篇是在傅飛嵐 (Franciscus Verellen) 教授的「道教」課程所寫的，後經改寫後發表，詳見 Fu-shih Lin, "Religious Taoism and Dreams: An Analysis of the Dream-data Collected in the *Yün-chi ch'i-ch'ien*," *Cahier d'Extrême-Asie*, 8 (1995), pp. 95–112.

容易落實。

放棄夢的題目之後，我很快就決定轉向我碩士論文所處理過的巫覡問題，只是將時代改為六朝，將地理範圍限縮於江南。然而，相較於碩士論文，我的博士論文所面對的其實是更為複雜的時空、社會和文化情境。首先，中國的「宗教景觀」(landscape of religion) 在魏晉南北朝時期有了天翻地覆的改變，除了原本的巫覡信仰，這時還多了耀眼奪目的道教和佛教。其次是族群與文化問題，北亞、中亞草原民族不斷南移，黃河流域成為胡漢交混的地區，而大量的漢族則向南往長江、珠江流域移動，進入了原本被「中原」視為「蠻野」的荊楚、閩粵文化圈。此外，政治格局也由統一變為分裂，由安定轉趨混亂。因此，我覺得有必要探討巫者與巫俗是否也與時俱變，是否有新的樣貌。

在博士論文的研究取徑和論述策略方面，我也跳脫了碩士論文的老路，視野變寬了，視角也較為多元。這和我在普大的學習及師友的薰陶有關，其中，受益最大的是一系列有關 shamanism 的著作研讀。我在構思及撰寫博士論文時，最讓我感到困擾的是一些關鍵的中文詞彙和觀念的英譯問題，尤其是全文的核心：巫。過去的漢學家或是將巫直接音譯為 wu，或是譯為 medium，或是譯為 shaman。我最後選擇了具有爭議性的 shaman 一詞，而引發爭議的源頭是埃利亞德 (Mircea Eliade, 1907–1986) 的說法。他認為 shaman 的語源是通古斯語 (Tungus language) 的 saman，基本上是指一種專擅於「出神」或「脫魂」(ecstasy) 之技的人，[10] 而根據《國語‧楚語》的記載，中國巫覡的基本特質卻是「降神」（神明降之），也就是所謂的「附身」或「憑靈」(possession)。兩者雖然都可說是溝通人神（鬼）的靈媒，但通靈的技法與方式卻不相同，因此，有不少學者依循埃利亞德的定義，反對將巫覡納入 shamanism 的範疇。但是，埃利亞德可能誤解了通古斯語中 saman 的語義。例如，根據專研北亞、東北亞

---

10. Mircea Eliade, *Shamanism: Archaic Techniques of Ecstasy*, trans. by Willard R. Trask (Princeton: Princeton University Press, 1972), pp. 4–5.

shaman 的俄國學者史祿國 (S. M. Shirokogoroff, 1887–1939) 的說法，通古斯 saman 的主要特質其實和中國的巫覡一樣，也是「降神」、「附身」。[11] 事實上，西方人類學界反對埃利亞德將「出神」（「脫魂」）視為 shaman 核心特質的學者還不少。[12] 日本學界則採取折衷的看法，認為「附身」（「憑靈」）與「出神」（「脫魂」）這兩種類型都有，有些社會以「附身」為主，有些社會則以「出神」為主，但也有同時並存者。因此，他們在使用シャーマニズム (shamanism) 的時候，通常兼指「附身」與「出神」。事實上，日本的宗教學、民俗學、人類學、歷史學者，在討論中國、韓國、日本及東南亞一代的巫覡時，絕大多數都會使用シャーマニズム (shamanism) 一詞，我個人也比較傾向日本學者的用法。除此之外，我還有更堅強的理由使用 shaman 來翻譯巫覡。事實上，南宋徐夢莘 (1126–1207)《三朝北盟會編》便載：「珊蠻者，女真語，巫嫗也」，[13] 而珊蠻在滿清時期又常寫作薩滿、薩蠻，都是 saman 的音譯，而女真語、滿語、通古斯語都同屬於阿爾泰語系 (Altaic language)。換句話說，將巫與 shaman 對譯，最晚從宋代就開始了。[14]

---

11. S. M. Shirokogoroff, *Psychomental Complex of the Tungus* (London: Kegan Paul, Trench, Trubner, 1935), p. 269.

12. 例如：I. M. Lewis, "What is a Shaman?" in Mihály Hoppál ed., *Shamanism in Eurasia* (Göttingen: Edition Herodot, 1984), pp. 3–12; I. M. Lewis, *Ecstatic Religion: A Study of Shamanism and Spirit Possession*, second edition (London and New York: Routledge, 1989), pp. 43–50; R. Firth, "Shamanism," in J. Gould and W. Kolb eds., *A Dictionary of the Social Sciences* (New York: Free Press of Glencoe, 1964), p. 638; M. Arthur Gump, "Re-visioning Shamanism," in Ruth-Inge Heinze ed., *Proceedings of the Second International Conference on the Study of Shamanism* (California: Independent Scholars of Asia, 1985), pp. 1–24.

13. 徐夢莘，《三朝北盟會編》（上海：上海古籍出版社，1987），卷 3，〈政宣上帙三·起重和二年正月十日丁巳盡其日〉，頁 21b。

14. 詳細的討論，見 Fu-shih Lin, "Chinese Shamans and Shamanism in the Chiang-nan Area During the Six Dynasties Period (3rd–6th Century A.D.)," Ph.D. dissertation (Princeton:

　　無論如何，在閱讀各種有關 shamanism 的論著過程中，我不知不覺的開闊
了視野。我所處理的雖然是中國六朝的巫覡，但是，我不時會將臺灣、東南
亞、西伯利亞、東北亞，乃至美洲、非洲和歐洲的巫師，或隱或顯的作為參照
和對應。尤其是當我探討巫者的鬼神世界和通神方式時，更常仰賴這種全球視
野、古今對照和跨域比較，這也是我在碩士階段最欠缺的。

　　其次，在準備「中國宗教」這個科目的學科考試時，我曾閱讀不少歐美人
類學家有關中國宗教的研究，而為了瞭解他們的立論由來及核心觀念，我也進
一步看了一些不同流派的人類學經典，[15] 這讓我充分體會到儀式 (ritual) 研究對
於理解一個宗教的重要性。因此，我在博士論文中特立一章，專論巫者的儀式
構成元素、服飾、法器、過程、類型和功能。這也是我過去研究宗教所忽略的
面向。

　　更重要的是，我因此開始比較認真的思考人類學與歷史學之間的關係。當
時 「歷史人類學」 (historical anthropology; anthropological history) 開始蔚為風
潮， 主要的煽風點火者是法國 「年鑑」 學派的第三代學者， 如勒高夫 (J. Le
Goff, 1924–2014)、勒華拉杜利 (E. Le Roy Ladurie, 1929–) 等人，但全球各地都
有其呼應者。他們或是接受「年鑑」學派的觀念，或是和其本地的人類學家展
開互動而開創新局。尤其是美國史學家，不僅有來自「年鑑」的刺激，也有來
自美國人類學者如特納 (Victor Turner, 1920–1983) 、 格爾茨 (Clifford Geertz,
1926–2006) 等人的影響。[16] 其中，代表性的史家戴維斯 (Natalie Davis, 1928–)

Princeton University, 1994), pp. 1–25.

15. 印象較深的有 Marcel Mauss (1872–1950)、Arnold van Gennep (1873–1957)、Claude Lévi-
　　Strauss (1908–2009) 、 Victor Turner (1920–1983) 、 Clifford Geertz (1926–2006) 、 I. M.
　　Lewis (1930–2014) 等人的著作。

16. 詳見林富士，〈歷史人類學——舊傳統與新潮流〉，收入中央研究院歷史語言研究所七十
　　周年研討會論文集編輯委員會編，《學術史與方法學的省思》(臺北：中央研究院歷史語
　　言研究所，2000)，頁 365–399。

和丹屯 (Robert Darnton, 1939–) 就任教於普大歷史系。或許是受到這股風潮的影響，我的寫作策略便以「故事」的「敘述」(narrative) 為前導，並重視細節的描述。不過，普大的歷史學家對我博士論文寫作影響較大的，除了余先生之外，其實是史東 (Lawrence Stone, 1919–1999)，我還採借了他所說的「人群學」(prosopography) 概念，[17] 將六朝江南的巫者及其信徒視為一種虛擬的「社會群體」，進行分析。

此外，中國的巫者在六朝時期所遭遇的競爭對手，除了士大夫之外，還有新興的道教和佛教，換句話說，我的博士論文必須處理楊慶堃 (1911–1999) 所說的「分散型宗教」(diffused religion) 與「組織型宗教」(institutional religion) 之間的關係，[18] 以及政府在這之間所扮演的角色。這對我是個新的難題，最後是從老一輩的歐洲漢學家高延 (Jan Jakob Maria de Groot, 1854–1921)、石泰安 (Rolf Alfred Stein, 1911–1999)、許理和 (Erik Zürcher, 1928–2008) 和謝和耐 (Jacques Gernet, 1921–2018) 等人的著作，獲得一些經驗。不過，英國史家托馬斯 (Keith Thomas, 1933–) 對於英國十六、十七世紀「通俗信仰」(popular belief) 的研究，[19] 也給了我不少啟示。

留學普大，知識的成長主要來自書本。但是，師生的多元背景所匯聚的國際部落，也相當重要。就以東亞系的師生來說，華人之中就有來自臺灣、香港、中國、新加坡、馬來西亞的差異，亞洲各國則有韓國人、日本人、越南人。西洋人除了美國當地之外，還有來自比利時、荷蘭、法國、瑞士和英國

---

17. 詳見 Lawrence Stone, "Prosopography," in idem., *The Past and the Present Revisited* (London and New York: Routledge & Kegan Paul, 1987), pp. 45–73.

18. 詳見 C. K. Yang, *Religion in Chinese Society: A Study of Contemporary Social Functions of Religion and Some of Their Historical Factors* (Berkeley: University of California Press, 1961).

19. Keith Thomas, *Religion and the Decline of Magic* (New York: Charles Scribner's Sons, 1971).

的。校園中的學術氛圍與文化衝撞，經常帶給我不小的震撼。

五、歸鄉 (1994–2001)

1994 年，我通過博士論文口試，取得了學位，返回史語所，展開較長期而穩定的研究工作，並於 1995 年升等為副研究員，2001 年升等為研究員，個人的職等升遷算是相當順遂。但是，就在這七年之間，臺灣的大環境有了激烈的變化，我的學術研究興趣與重點也因此有了一些轉折。這也印證了余先生反覆述說的，史學、史家與時代密不可分。[20]

1994 年底，民進黨的陳水扁 (1950–) 在競選臺北市長時，喊出了「臺北新故鄉」的口號，感動了許多人。我雖然不沾惹政治，但也受到不小的刺激。我是雲林人，從高中起就在臺北讀書、工作，即使扣除當兵、出國的幾年，我在這個城市生活的歲月，已遠超過在家鄉的時間，可是，我老是覺得家在雲林。在臺北，像我這樣的移居人口非常多，有從臺灣中南部來的，有從山地部落來的，也有在 1949 年從中國大陸來的，那時候，我們的認同大多還是「祖籍」、「原鄉」。阿扁的口號神似東晉南朝的「土斷」，提醒許多人要認同當下生活的環境。事實上，那也是臺灣「本土化運動」逐漸從政治向社會、文化擴散的關鍵時期。認識臺灣，認識本土蔚為風潮。我也因而投入北臺灣的宗教研究。

不過，我的「本土」研究其實還是聯繫著原先的巫覡研究，只是將焦點放在臺灣。厲鬼在《周禮》所建構或描述的鬼神體系中並不重要，但「祭厲」一直在中國官方宗教與民間信仰中占有一席之地，從六朝時起，厲鬼更成為巫者主要的祭拜對象，而臺灣民間廟宇及童乩的主祀神明也是以厲鬼為最主。因此，我以一年的時間，蒐羅各種歷史資料，並以臺北為主，以雲林和臺南為

---

20. 詳見余英時，〈史學、史家與時代〉，收入氏著，《歷史與思想》（臺北：聯經出版事業公司，1976），頁 247–270。

輔，進行祠廟的田野調查和童乩的儀式觀察，最後完成了《孤魂與鬼雄的世界》一書，完整的描述北臺灣厲鬼信仰的類型、源起、信徒，及其與佛、道、巫三者的交涉。我一方面探索這種信仰和漢人文化圈血脈相連的關係，另一方面則剖析其與臺灣的歷史發展過程及特有的生態、文化、政治、社會、經濟環境之間的關聯。[21] 這也可以說是我服膺歷史人類學理念的實驗之作。

　　在完成臺灣的本土研究之後，我回頭省視自己的博士論文，覺得有些課題必須深化討論。我主要的關懷還是在於厲鬼信仰，因此，便針對「女性人鬼」及蔣子文信仰進行專題研究。[22] 其次，為了充分比較各地巫者交通鬼神方式的異同，並強調樂舞在早期中國巫覡儀式中的重要性，我特別以《論衡》所載的「巫叩元絃下死人魂」為切入點，展開較為精細的討論。[23] 再者，由於巫者在許多人類社會中都扮演醫療者的角色，因此，我特別針對六朝時期的巫覡與醫療進行專題研究，並將博士論文中未處理的北朝案例納入討論。[24] 此外，在我博士論文口試答辯時，余先生曾問我：如何區別巫者和道士？當時我的回答過於簡略，論文中也沒有完整的討論，因此，我便藉由參加余先生榮退紀念研討會的機會，在 2001 年返回普大，宣讀〈試論六朝時期的道巫之別〉一文，算是回答老師當年的質問。[25]

---

21. 詳見林富士，《孤魂與鬼雄的世界──北臺灣的厲鬼信仰》（臺北：臺北縣立文化中心，1995）。

22. 詳見林富士，〈六朝時期民間社會所祀「女性人鬼」初探〉，《新史學》7：4（臺北，1996），頁 95–117；Fu-shih Lin, "The Cult of Jiang Ziwen in Medieval China," *Cahier d'Extrême-Asie*, 10 (1998), pp. 357–375；林富士，〈中國六朝時期的蔣子文信仰〉，收入傅飛嵐、林富士編，《遺跡崇拜與聖者崇拜》（臺北：允晨文化出版社，2000），頁 163–204。

23. 詳見林富士，〈「巫叩元絃」考釋──兼論音樂與中國的巫覡儀式之關係〉，《新史學》7：3（臺北，1996），頁 195–218。

24. 詳見林富士，〈中國六朝時期的巫覡與醫療〉，《中央研究院歷史語言研究所集刊》70：1（臺北，1999），頁 1–48。

事實上，在這七年之間，我的研究重心並不是巫覡，而是道教史和醫療文化史這兩大領域，而且仍然以中國為主要的研究範疇。不過，1997 年 1 月的一趟意外之旅，倒是打破了我原先固守的畛域。那時，我和史語所的同事宋光宇(1949–2016) 以及民族所的張珣一起到馬來西亞的吉隆坡，進行為期一周的「華人宗教調查」，考察了當地華人的新興宗教、佛教、民間信仰，同時也訪查了童乩的活動。那是我首度接觸東南亞華人社會的宗教研究，讓我對於海外華人的世界產生莫大的興趣。更巧的是，1997 年 1 月 23 日剛好是印度教的大寶森節 (Thaipusan Festival)，我們便臨時變更行程，加入當地信徒和觀光客的行列，搭火車到黑風洞 (Batu Caves) 的「寺廟洞」(Gua Kuil) 朝聖。在途中，我首度看到印度教徒的祈福、贖罪儀式，他們或是戴上「枷鎖」(kavadi)，或是以長針穿透面頰或舌頭，或是以釘鉤釘在背部以繩索拖曳「枷鎖」。他們有的成群結隊，隨鼓樂而舞動，神情恍惚，似乎已進入「迷離」(trance) 的狀態，頗似臺灣進香隊伍中的童乩，只是很少「流血」。這也讓我興起針對宗教體驗和朝聖儀式進行比較研究的念頭。遺憾的是，這次海外之行所引發的研究興趣，至今都還沒有實踐。

六、冒險 (2001–2015)

2001 年，在年滿四十一歲前，我升等為研究員，同時獲得一張聘期到六十五歲的聘書 。這意味著我從此可以海闊天空、自由自在的進行任何課題的研究。我先是重整自己的知識領域和研究版圖，以身體史研究統整了我過去的閱讀世界和研究成果，找出過去較為硬、實的板塊，進行了一些修飾和補強的工作，並將若干論文集結成《中國中古時期的宗教與醫療》一書。[26] 其後，我決

25. 詳見林富士，〈試論六朝時期的道巫之別〉，收入周質平、Willard J. Peterson 編，《國史浮海開新錄──余英時教授榮退論文集》(臺北：聯經出版事業公司，2002)，頁 19–38。
26. 這十七篇學術論文發表於 1993–2004 年，主要是道教史、巫覡史、疾病史和醫療文化史

定走一條過去不敢走的路，也就是貫穿古今的通史式專題研究，同時擇定了四個課題：一、精魅（妖怪）文化；[27] 二、祝由醫學；[28] 三、檳榔文化；[29] 四、巫覡研究。我希望自己在退休之前能走完全程，看看若干「昔日之芳草」如何變成「今日之蕭艾」。

　　這四個課題的研究都正在開展之中，而我用力最多，耕耘最久，關懷最深的還是巫覡研究。我先是著眼於臺灣的童乩，採取歷史人類學和人群學的研究取徑，除了使用傳統文獻及各種文字資料之外，還展開一項名為「臺灣童乩基本資料」的調查工作，完成大約六百個童乩的初步訪談工作，並長時間在廟會

方面的研究；詳見林富士，《中國中古時期的宗教與醫療》（臺北：聯經出版事業公司，2008）；簡體字版：林富士，《中國中古時期的宗教與醫療》（北京：中華書局，2012）。書評：陳昊，〈林富士《中國中古時期的宗教與醫療》〉，《唐研究》第 14 卷（北京，2008），頁 628-636；加藤千惠，〈林富士著『中國中古時期的宗教與醫療』〉，《東方宗教》117（京都，2011），頁 48-52；Michael Stanley-Baker, "Lin Fushi 林富士 , Zhongguo zhonggu shiqi de zongjiaoyu yiliao 中國中古時期的醫療與宗教 [Medicine and Religion in Medieval China]," *East Asian Science, Technology and Society: An International Journal*, 6 (Durham, NC, 2012), pp. 137–141。

27. 到目前為止，共發表兩篇論文。詳見林富士，〈釋「魅」——以先秦至東漢時期的文獻資料為主的考察〉，收入蒲慕州主編，《鬼魅神魔：中國通俗文化側寫》（臺北：麥田，2005），頁 109-134；林富士，〈人間之魅：漢唐之間「精魅」故事析論〉，《中央研究院歷史語言研究所集刊》78：1（臺北，2007），頁 107-182。

28. 到目前為止，共發表兩篇論文。詳見林富士，〈「祝由」釋義——以《黃帝內經・素問》為核心文本的討論〉，《中央研究院歷史語言研究所集刊》83：4（臺北，2012），頁 671-738；林富士，〈「祝由」醫學與道教的關係：以《聖濟總錄・符禁門》為主的討論〉，收入劉淑芬、康豹編，《信仰、實踐與文化調適：第四屆漢學會議論文集・宗教篇》（臺北：中央研究院，2013），頁 403-448。

29. 到目前為止，共發表兩篇論文。詳見林富士，〈瘟疫、社會恐慌與藥物流行〉，《文史知識》2013：7（北京，2013），頁 5-12；林富士，〈試論影響食品安全的文化因素——以嚼食檳榔為例〉，《中國飲食文化》10：1（臺北，2014），頁 43-104。

場合進行田野考察，針對「進香」活動和童乩的儀式進行影像拍攝，大約記錄了四百位童乩的儀式展演，鮮活的描繪了臺灣童乩的面貌。[30]

其次，我轉而回歸中國的巫覡研究，企圖補足過去遺落的環節。我補述了從先秦到兩漢巫者社會形象與社會地位的變化，[31] 魏晉南北朝時期巫者與政治的關係，[32] 以及宋代巫覡信仰的特色。[33] 遺憾的是，我仍然未能處理隋唐五代、宋遼金元和明清時期的巫覡。不過，透過「巫醫」傳統的考察，我仍然完成了一項貫通性的研究。[34] 而在處理「巫醫」問題的時候，我發現在中國古代與中古時期的醫療世界中，卜者與巫、醫密不可分，因此，又以專文探討這個課

---

30. 詳見林富士，〈清代臺灣的巫覡與巫俗──以《臺灣文獻叢刊》為主要材料的初步探討〉，《新史學》16：3（臺北，2005），頁 23–99；林富士，〈醫者或病人：童乩在臺灣社會中的角色與形象〉，《中央研究院歷史語言研究所集刊》76：3（臺北，2005），頁 511–568；林富士，〈當代臺灣本土宗教的文化史詮釋──童乩儀式裝扮的新探〉，《世界宗教文化》2013：4（北京，2013），頁 10–14。這三篇論文都收入本書。

31. 詳見 Fu-shih Lin, "The Image and Status of Shamans in Ancient China," in John Lagerwey and Marc Kalinowski eds., *Early Chinese Religion: Part One: Shang through Han (1250 BC–220 AD)* (Leiden: Brill, 2009), vol. 1, pp. 397–458；中文版：林富士，〈中國古代巫覡的社會形象與社會地位〉，收入林富士主編，《中國史新論‧宗教史分冊》（臺北：中央研究院‧聯經出版事業公司，2010），頁 65–134。中文版收入本書。

32. 詳見 Fu-shih Lin, "Shamans and Politics," in John Lagerwey and Lü Pengzhi eds., *Early Chinese Religion: Part Two: The Period of Division (220–589 AD)* (Leiden: Brill, 2010), vol. 1, pp. 275–318。中文版收入本書。

33. 詳見林富士，〈「舊俗」與「新風」──試論宋代巫覡信仰的特色〉，《新史學》24：4（臺北，2013），頁 1–54；英文版：Fu-shih Lin, "Old Customs and New Fashions: An Examination of Features of Shamanism in Song China," in John Lagerwey and Pierre Marsone eds., *Modern Chinese Religion I: Song-Liao-Jin-Yuan (960–1368 AD)* (Leiden: Brill, 2014), vol. 1, pp. 229–281。中文版收入本書。

34. 詳見林富士，〈中國的「巫醫」傳統〉，收入生命醫療史研究室編，《中國史新論‧醫療史分冊》（臺北：中央研究院‧聯經出版事業公司，2015），頁 61–150。此文收入本書。

題，並以此祝慶余先生八十大壽。[35]

　　在這期間，我也大膽的到「域外」探險。2001 年 2 月，我首度踏上朝鮮半島，到大田地區進行韓國「巫堂」（巫者）的田野調查和訪談，也相當完整的拍攝、記錄了一套喪禮中的「降靈」（牽亡）與「功德」儀式。其後，我分別在 2010 年 7 月和 2011 年 3 月兩度到香港考察傳統的廟宇和宗教活動。我希望藉此比較臺灣和中國的巫覡信仰。可惜的是，停留的時間都太短暫。而另外一種「域外」探險則是踏入「數位人文學」(Digital Humanity) 的領域，希望未來能結合數位科技與人文研究，創造新的研究典範。

七、未央 (2015-)

　　回顧這段進出巫覡世界的歷程，突然驚覺青春消逝之迅捷與無情，匆匆之間，竟然已過三十載，我在史語所工作的日子也已占人生的一半。我來自窮鄉僻壤，出身寒微之家，所幸在成長的過程中，一直有良師益友牽成，才能廁身士林，在學術的王國中開墾自己的樂園。遺憾的是，過去十餘年，我未能秉持道家「用志不分」、「守一」之訓，不自量力，既想盡讀書人的社會責任，故投身一些公共事務，消磨不少精力；又想馳騁於不同的學術疆域，故兵分多路，同時作戰，以致無法在任何單一的領域中出類拔萃。

　　如今年華已由盛壯步入衰老，心中的惶恐也日益增加。而 2014 年接獲余先生出版的新書《論天人之際：中國古代思想起源試探》，讀後更是讓我惆悵、感傷。余先生從思想史的角度，詮釋中國從巫覡傳統轉向禮樂傳統的文化意涵，清晰的剖示了古代巫者政治、社會地位滑落的文化脈絡。[36] 這是我始終不

---

35. 詳見林富士，〈略論占卜與醫療之關係——以中國漢隋之間卜者的醫療活動為主的初步探討〉，收入田浩 (Hoyt Tillman) 編，《文化與歷史的追索：余英時教授八秩壽慶論文集》（臺北：聯經出版事業公司，2009），頁 583-620。此文收入本書。

36. 詳見余英時，《論天人之際：中國古代思想起源試探》（臺北：聯經出版事業公司，

敢，也無法碰觸的面向。但我終究必須面對，必須處理在各個重要的文化轉型
或突破時期，巫覡信仰如何調適與變遷。讀罷，真有「路漫漫其修遠兮，吾將
上下而求索」之慨！因此，我便開始整理舊作，打算以此為基礎，繼續下一個
階段的探索之旅。也就在這個時候，我接獲了李懷宇先生的稿約，便決定將最
近十年左右的巫覡研究成果，先行結集出版，其餘則俟來日。這樣的因緣，也
算巧妙。

　　總之，這本書能夠出版，必須感謝廣東人民出版社李懷宇先生的邀約與安
排、稻鄉出版社李明仁學長的慷慨協助、蘇婉婷小姐與林盈君小姐的排版與校
訂，以及史語所同仁長期的鞭策與砥礪。而在我知識的探索之旅中，始終扮演
導師角色的杜先生與余先生，更讓我永遠感懷，他們一逾七十，一過八十，卻
仍然著述不輟，熱情一如往年，也讓我不敢怠惰。當然，我還必須感謝內人倪
曉容數十年的相知、相惜，從美國普林斯頓的「取經」，到法國巴黎的遊學、
馬來西亞的考察、日本京都的交流與香港的城市訪查，她始終是我身邊最親密
的伴侶與照護者。最後，謹將此書獻給先父林德源 (1925–2006)、先母林吳晚
(1929–2013)。

2015 年 3 月 18 日寫於南港中研院史語所
2016 年 8 月 7 日立秋，補記

2014)。

巫者的世界

目次

中國古代巫覡的社會形象與社會地位*

一、引　言

東漢末年，當時著名的儒者鄭玄 (127–200) 在注解《周禮．家宗人》「凡以神仕者，掌三辰之灋，以猶鬼神示之居，辨其名物」之時說：

> 《國語》曰：「古者民之精爽不攜二者，而又能齊肅中正，其知能上下比義，其聖能光遠宣朗，其明能光照之，其聰能聽徹之，如是則神明降之，在男曰覡，在女曰巫。是之使制神之處位、次主，而為之牲器、時服。」巫既知神如此，又能居以天法，是以聖人祭之。今之巫祝，既闇其義，何明之見？何法之行？或於淫厲，苟貪貨食，遂誣人神，令此道滅，痛矣！[1]

此外，他在注釋《禮記．祭法》「王為群姓立七祀，曰司命，曰中霤，曰國門，曰國行，曰泰厲，曰戶，曰竈。……庶士、庶人立一祀，或立戶，或立竈」之時說：

> 此非大神所祈報大事者也，小神居人之間，司察小過，作譴告者爾。《樂記》曰：「明則有禮樂，幽則有鬼神。」鬼神謂此與？司命主督察三命，

---

* 本文初稿完成於 2007 年 4 月 20 日，穀雨之日。二稿完成於 7 月 7 日，小暑之日。

1. 《周禮》〔十三經注疏本〕（臺北：藝文印書館，1981 翻印），卷 27，〈家宗人〉，頁 423–424。

中霤主堂室居處，門戶主出入，行主道路行作，厲主殺罰，竈主飲食之
事……。《士喪禮》曰：「疾病禱於五祀。」司命與厲，其時不著，今時
民家或春秋祠司命、行神、山神，門、竈在旁。是必春祠司命，秋祠厲
也。或者，合而祠之。山即厲也，民惡言厲，巫祝以厲山為之，繆乎？
《春秋傳》曰：「鬼有所歸，乃不為厲。」[2]

透過這兩段文字，鄭玄不僅闡釋了經義，也同時指出「禮制」的「古今之變」。
其中，最主要的變化有四。第一，古代「國家」（或「社會」）祭祀鬼神（天
神、地祇、人鬼）之事，原由「巫覡」主掌，東漢末年的「巫祝」則無法招降
或憑降「正神」（正神不降），只是祭拜一些「厲鬼」，變成國家「祀典」之外
的「淫祀」。[3] 第二，古代的巫覡熟知鬼神之事以及奉事鬼神的禮儀，東漢的
「巫祝」卻已喪失和鬼神相關的知識與技能。[4] 明顯的例子之一便是當時「巫
祝」將山神與厲鬼等同視之。[5] 第三，古代的「巫覡」是由聖智聰明、品格高
超的人出任，東漢末年的「巫祝」則是一些貪求財物的狡詐之徒。[6] 第四，古
代的巫覡為人所敬重，在祭祀方面，統治者或聖賢之士會奉行其禮儀，[7] 至於
東漢的巫祝，在鄭玄看來，其知識和行徑已變得荒誕不經，令人不齒和痛心。

　　總之，在鄭玄的認知裡，巫覡曾經在中國古代的「宗教」（祭祀）世界中
扮演重要的角色，而且受人崇敬，但這樣的一個「傳統」（或可稱之為「巫
道」），到了東漢末年卻徹底斷絕了，而「令此道滅」的罪魁禍首就是巫者本

---

2. 《禮記》〔十三經注疏本〕，卷46，〈祭法〉，頁801-802。

3. 也就是原文所說的「或（惑）於滛厲」。

4. 也就是原文所說的「既闇其義，何明之見？何法之行？」

5. 關於這一點，鄭玄的觀察不一定完全正確，因為在漢代山神和厲鬼信仰基本上仍然涇渭
　分明，不過，在六朝之時，的確有一些混淆的情形。

6. 也就是原文所說的「苟貪貨食，遂詆人神」。

7. 也就是原文所說的「聖人祭之」。按：「聖人祭之」，一方面可能是指巫覡所崇祀的鬼神，
　「聖人」也會「祭之」。另一方面，也有可能是指巫覡死後，「聖人」會「祭之」。

身，他們既喪失其技能，行為又不端，因此，讓「巫道」淪為「淫祀」。

　　鄭玄對於巫覡「古今之變」的觀察相當敏銳，而且，寥寥數語便將「古巫」和「今巫」截然不同的社會形象勾勒得一清二楚。不過，他的論述仍留下了若干有待釐清的疑點，其中，最具關鍵性的兩點是：第一，擁有崇高地位的「古巫」究竟從什麼時候開始喪失其地位？如何判斷？第二，「古巫」地位的淪落是否真的是肇因於巫覡本身技能的退化和道德的敗壞？若是，又是什麼因素所造成？

　　關於這兩個問題，前人的若干研究已多少有所碰觸。事實上，早在十九世紀末和二十世紀初，巫覡已引起學界的重視，不過，要到最近的一、二十年左右，才吸引了較多學者的注意。而綜觀最近的一些研究來看，可以發現，學界最關切的不外下列三項課題。

　　首先便是巫者的政治和社會地位。有人認為，古代的巫即王，至少是統治集團的核心成員，地位尊崇，擁有極大的威權和影響力。[8] 但也有人認為，巫

8. 最具代表性的學者如陳夢家、張光直等。詳見陳夢家，〈商代的神話與巫術〉，《燕京學報》20（北京，1936），頁485-576；張光直，〈中國遠古時代儀式生活的若干資料〉，《中央研究院民族學研究所集刊》9（臺北，1960），頁253-268；張光直，《中國青銅時代》（臺北：聯經出版事業公司，1983）；張光直，〈商代的巫與巫術〉，收入氏著，《中國青銅時代第二集》（臺北：聯經出版事業公司，1990），頁41-65；張光直，〈仰韶文化的巫覡資料〉，《中央研究院歷史語言研究所集刊》64：3（臺北，1993），頁611-625；張光直，〈人類歷史上的巫教的一個初步定義〉，《國立臺灣大學考古人類學刊》49（臺北，1993），頁1-3；Kwang-chih Chang, *Art, Myth, and Ritual: The Path to Political Authority in Ancient China* (Cambridge, Mass.: Harvard University Press, 1983); Kwang-chih Chang, "Shang Shamans," in Willard J. Peterson et al. eds., *The Power of Culture: Studies in Chinese Cultural History* (Hong Kong: The Chinese University Press, 1994), pp. 10-36; 王子今，〈祭政合一制度與中國古代政治迷信〉，《世界宗教研究》1990：1（北京，1990），頁15-26；童恩正，〈中國古代的巫〉，《中國社會科學》1995：5（北京，1995），頁180-197。

者的地位並不高，甚至相當卑賤。⁹ 兩者的說法都各有所據，但大多未能將神話、傳說的階段和已進入歷史時期的商周時代分別看待，也未能充分意識到現在所謂的「中國」在先秦時期其實尚未成形，各個地方的社會形態和文化特色不盡相同。

其次是巫者在中國文化發展過程中所扮演的角色。不少學者認為，舉凡文學、藝術、音樂、戲劇、醫學等技藝莫不起源於巫，或與巫有密切的關聯。[10]但也有人持否定的態度。持平而論，無論正反雙方，都只是建立在間接的推論或臆測上，唯獨巫與醫之間的密切關係有較多的文獻資料可供論辯。

第三是巫者的神靈世界和宗教儀式。早期的研究大多純賴文獻的記載，近來由於考古材料日益豐富，不少研究都以圖像、器物材料為根據，[11] 不過，這

9. 最具代表性的學者如饒宗頤、李零。詳見饒宗頤，〈歷史家對薩滿主義應重新作反思與檢討——巫的新認識〉，收入《中華文化的過去，現在，和未來》（北京：中華書局，1992），頁396–412；李零，〈先秦兩漢文字史料中的「巫」〉，收入氏著，《中國方術續考》（北京：東方出版社，2000），頁41–79。

10. 詳見白川靜著，溫天河、蔡哲茂合譯，《甲骨文的世界——古殷王朝的締構》（臺北：巨流圖書公司，1977）；周策縱，《古巫醫與「六詩」考——中國浪漫文學探源》（臺北：聯經出版事業公司，1986）；吳全蘭，〈巫風的餘韻——《國風》中的歌舞〉，收入中國詩學會編，《詩經研究叢刊（第五輯）》（北京：學苑出版社，2003），頁196–206。

11. 最常被討論的主要是巫師的畫像或塑像，以及所謂的祭器（巫具）、「神獸」和鬼神圖像、塑像等材料。相關的研究或介紹，參見林巳奈夫，〈中國古代の神巫〉，《東方學報（京都）》38（京都，1967），頁211–218；林巳奈夫，《漢代の神々》（京都：臨川書店，1989）；林巳奈夫，《中國古代の神がみ》（東京：吉川弘文館，2002）；楊淑榮，〈中國考古發現在原始宗教研究中的價值與意義〉，《世界宗教研究》1994：3（北京，1994），頁85–95；于錦绣，〈從中國考古發現看原始宗教對中國傳統文化的影響〉，《世界宗教研究》1994：1（北京，1994），頁48–57；吳榮曾，〈戰國、漢代的「操蛇神怪」及有關神話迷信的變異〉，收入氏著，《先秦兩漢史研究》（北京：中華書局，1995），頁347–361；李零，〈楚帛書的再認識〉，收入氏著，《李零自選集》（桂林：廣西師範大學出版社，1998），頁227–262；宋光宇，〈從巫覡及相關的宗教概念探討中國古代出土資料〉，《國

一類的研究往往必須和文字材料交互驗證，而且常常流於言人人殊的局面。[12]

　　除此之外，還有一些個別的議題也被提出，例如，從性別史的角度談「女巫」；從文字學解析「巫」字的構造和意涵；或是考證與巫有關的神話及傳說人物；分析巫與道教的關係等。[13]

　　這些研究都有其特定的價值，但是，由於材料上和研究方法上的限制，到目前為止，學者對於巫者在中國古代社會與文明形成過程中所扮演的角色，及其政治社會地位，仍然有相當紛歧的看法。因此，本文擬結合文獻和考古材料，綜合前人的研究成果，選擇其中較為可信者，解析巫覡在中國古代社會中的形象，考釋巫覡的政治社會地位從先秦到秦漢時期的陵替和緣由。

　　而在展開相關的討論之前，讓我們重新檢視鄭玄論斷「古巫」的主要根據，也就是上引《國語》中對於巫覡的界定。事實上，那一段話應該是源自楚昭王 (515–489 BC) 和其大夫觀射父 (fl. 515–489 BC) 的問答，其原文云：

> 昭王問於觀射父曰：「《周書》所謂重、黎寔使天地不通者，何也？若無，然民將能登天乎？」對曰：「非此之謂也。古者民神不雜。民之精爽不攜貳者，而又能齊肅衷正，其智能上下比義，其聖能光遠宣朗，其明能光照之，其聰能聽徹之，如是則明神降之，在男曰覡，在女曰巫。是使制神之處位次主、而為之牲器時服，而後使先聖之後之有光烈，而

立臺灣大學考古人類學刊》60（臺北，2003），頁 36–63；楊伯達，《巫玉之光——中國史前玉文化論考》（上海：上海古籍出版社，2005）。

12. 參見李零，〈考古發現與神話傳說〉，收入氏著，《李零自選集》，頁 59–84。

13. 詳見周策縱，〈「巫」字初義探源〉，《大陸雜誌》69：6（臺北，1984），頁 21–23；羅漫，〈女嬃為巫三論〉，《江漢論壇》1986：6（武漢，1986），頁 52–55；劉昭瑞，〈論「禹步」的起源及禹與巫、道的關係〉，收入中山大學人類學系編，《梁釗韜與人類學》（廣州：中山大學出版社，1991），頁 264–279；吳榮曾，〈鎮墓文中所見到的東漢道巫關係〉，《文物》1981：3（北京，1981），頁 56–63；王子今，〈戰國秦漢時期的女巫〉，收入氏著，《古史性別研究叢稿》（北京：社會科學文獻出版社，2004），頁 3–37。

能知山川之號、高祖之主、宗廟之事、昭穆之世、齊敬之勤、禮節之
宜、威儀之則、容貌之崇、忠信之質、禋絜之服，而敬恭明神者，以為
之祝。使名姓之後，能知四時之生、犧牲之物、玉帛之類、采服之儀、
彝器之量、次主之度、屏攝之位、壇場之所、上下之神、氏姓之出，而
心率舊典為之宗。於是乎有天地神民類物之官，是謂五官，各司其序，
不相亂也。民是以能有忠信，神是以能有明德，民神異業，敬而不瀆，
故神降之嘉生，民以物享，禍災不至，求用不匱。

及少皞之衰也，九黎亂德，民神雜糅，不可方物。夫人作享，家為巫
史，無有要質。民匱於祀，而不知其福。烝享無度，民神同位。民瀆齊
盟，無有嚴威。神狎民則，不蠲其為。嘉生不降，無物以享。禍災薦
臻，莫盡其氣。顓頊受之，乃命南正重司天以屬神，命火正黎司地以屬
民，使復舊常，無相侵瀆，是謂絕地天通。

其後，三苗復九黎之德，堯復育重、黎之後，不忘舊者，使復典之。以
至於夏、商，故重、黎氏世敘天地，而別其分主者也。其在周，程伯休
父其後也，當宣王時，失其官守，而為司馬氏。寵神其祖，以取威於
民，曰：『重寔上天，黎寔下地。』遭世之亂，而莫之能禦也。不然，
夫天地成而不變，何比之有？」[14]

這段引文曾經引起學者廣泛的討論，至少有三、四種完全不同的研究角度和途
徑，其結論也紛歧不一，[15] 不過，絕大多數的學者都認為觀射父陳述了中國古

---

14. 《國語》〔嶄新新注本〕（臺北：里仁書局，1981），卷 18，〈楚語下〉，頁 559–564。又
　　見班固，《漢書》（北京：中華書局，1962），卷 25，〈郊祀志〉，頁 1189–1190。

15. 相關研究的介紹與評論，參見張京華，〈古史研究的三條途徑——以現代學者對「絕地
　　天通」一語的闡釋為中心〉，《漢學研究通訊》26：2（臺北，2007），頁 1–10。

代宗教的三個發展階段。[16] 無論如何，在上引這段記載之中，楚昭王的問題代表了一種質樸的「神話」式的思維，亦即：人是否能「登天」？天地之間有沒有溝通的管道？而觀射父的回答，則充斥著春秋晚期已日漸昂揚、成熟的理性的人文思維，[17] 他將「中國」古代的宗教畫分為三個發展階段，依序為：「民神不雜、民神異業」、「民神雜揉、家為巫史」、「絕地天通、使復舊常」。在第一個階段，宗教事務（神事）是由「巫覡」（即祝、宗、卜、史）這一類的人專門負責。在第二個階段，任何人都可以參與宗教事務，巫覡之流的人不再能完全主導祭祀與宗教儀式。到了第三個階段，則是將管理宗教事務交由巫覡之流的人專門負責，統治集團再度壟斷祭祀權力。

　　觀射父在陳述古代宗教的三階段發展之時，其實是和一些神話、傳說中的古代「帝王」（顓頊、少昊、堯）和「民族」（如：九黎、三苗）的「歷史」（傳說、故事）聯結在一起，已將「中國」古代的歷史視為一種一元的單線發展過程。[18] 其實，傳說中的五帝和三代，或許不能用帝制中國時期王朝更迭的情形加以擬測，換句話說，五帝和三代不一定是時代先後接續的五個、三個政權，也有可能是同時並存的幾個「文化圈」或「政治體」或氏族社會，只是在不同時期呈現了相對的強弱之分。

　　其次，在五帝和三代時期，秦漢之後所謂的「中國」尚未成形，各地的文明、發展程度很不一致，其社會分化和宗教形態也不齊一。因此，觀射父所描

16. 詳見徐旭生，《中國古史的傳說時代》（北京：科學出版社，1960），頁74-85；何浩，〈顓頊傳說中的神話與史實〉，《歷史研究》1992：3（北京，1992），頁69-84；張樹國，〈絕地天通——上古社會巫覡政治的隱喻剖析〉，收入《中國楚辭學第二輯》（北京：學苑出版社，2003），頁219-237；許兆昌，〈重、黎絕地天通考辨二則〉，《吉林大學社會科學學報》2001：2（長春，2001），頁104-111。

17. 關於觀射父的生平和思想，參見蕭漢明，〈觀射父——春秋末期楚國宗教思想家〉，《江漢論壇》1986：5（武漢，1986），頁60-65。

18. 近現代的學者仍有人沿襲這樣的觀點；參見晁天義，〈「巫術時代論」影響下的中國古史研究〉，《求是學刊》32：1（哈爾濱，2005），頁121-128。

述的宗教發展階段，應該可以理解為古代中國各個地區存在著不同的宗教類型，有的社會（社群）「民神不雜」，有的社會則「民神雜揉」，而隨著社會內外情境的變化，宗教類型有時也會隨之改變。一般來說，時代愈古，社會規模愈小，社會分工愈不細密，其宗教類型大多是「民神雜揉」，亦即欠缺專業的巫覡，也沒有人能壟斷宗教事務。因此，「民神不雜」通常會出現在規模較大的社會（國家）之中。事實上，也有學者將顓頊的「絕地天通」視為古代中國的第一次「宗教改革」，[19] 自此之後，才有專業巫師的出現。

　　無論如何，我們應該可以相信，古代中國，在顓頊和堯所代表（控制）的社會（或國家），其宗教事務主要是由巫覡主導，宗教的權力是由統治者壟斷，至於其他社會，例如所謂的九黎、三苗，在未被顓頊、堯這些部族所征服、影響或同化之前，其社會中，即使有巫覡這種靈媒，也不見得能獨攬祭祀大權。

　　至少，從觀射父的論述可以知道，以周王室及其封建體制為主體的「中國」，其宗教類型一直到春秋晚期（西元前六世紀左右），仍然是「民神不雜」，巫覡在宗教領域占有極為重要的地位。

　　至於巫覡的政治社會地位之高下，我們大概可以從三個標準來加以衡量。第一，對於公共事務的決定權之大小；第二，所能掌握的社會資源之多寡；第三，受其他社會成員敬重和仰賴的程度。因此，我們勢必要先探討巫覡在古代社會中所扮演的角色，及其職事，至少，我們必須知道他們在當時人心目中的形象。

---

19. 詳見徐旭生，《中國古史的傳說時代》，頁 74–85；蕭漢明，〈論中國古史上的兩次「絕地天通」〉，《世界宗教研究》1981：3（北京，1981），頁 88–98。

二、神話與傳說中的古代巫覡

(一)巫覡與醫療

　　首先，我們會發現，巫覡在早期的社會中，最重要的職事之一，應該是醫療。[20] 例如，從源頭來看，雖然現代學者對於中國醫學的起源仍有若干不同的看法，但在傳統中國社會中，有不少神話或傳說，似乎都將「醫藥」這種知識或行業的創發指向巫者。以行業的起源來說，《莊子》便說：

> 游鳧問於雄黃曰：逐疫出魅，擊鼓噪呼，何也？曰：黔首多疾，黃帝氏立巫咸，使之沐浴齋戒，以通九竅，鳴鼓振鐸，以動其心，勞其形，趨步以發陰陽之氣，飲酒茹蔥，以通五藏，擊鼓噪呼，逐疫出魅，黔首不知，以為魅祟耳。[21]

由此可見，有人認為在黃帝的時代，首由巫咸掌管治療「黔首之疾」。

　　其次，《世本》也說：

> 巫咸，堯臣也，以鴻術為帝堯之醫。[22]

這雖然將時代放在黃帝之後的帝堯時期，但更明確的指出，巫咸「為帝堯之醫」，大概是擔任「醫官」的意思。無論如何，從先秦以來，在中國傳統文獻

---

20. 參見周策縱，《古巫醫與「六詩」考——中國浪漫文學探源》；李建國，〈先秦醫巫的分流和鬥爭〉，《文史知識》1994：1（北京，1994），頁 39–42。

21. 按：這是《莊子》的佚文，引自《路史後紀》五注；詳見王充，《論衡》〔黃暉，《論衡校釋》〕（北京：中華書局，1990），〈訂鬼〉，頁 939。

22. 李昉等編，《太平御覽》（臺北：臺灣商務印書館，1975），卷 721，〈方術部‧醫〉，頁 3325a 引。

中，巫咸存活的時代、地域及面貌雖然有種種紛歧的說法，但基本上都被視為一名醫者。[23]

不過，最早從事「醫者」這個行業的，或是「創作」醫療技能的，也有人認為是巫彭，例如，《呂氏春秋》在敘述帝堯之時的百官分職時便說：

> 大橈作甲子，黔如作虜首，容成作厤，羲和作占日，尚儀作占月，后益作占歲，胡曹作衣，夷羿作弓，祝融作市，儀狄作酒，高元作室，虞姁作舟，伯益作井，赤冀作臼，乘雅作駕，寒哀作御，王冰作服牛，史皇作圖，巫彭作醫，巫咸作筮，此二十官者，聖人之所以治天下也。[24]

據此，則巫咸是「作筮」，「作醫」者是巫彭。其後，東漢許慎 (30–124)《說文》也說：「巫彭初作醫」。[25]

無論作醫者是巫咸還是巫彭，他們二人在《山海經》中都是和藥物有關的群巫之一。例如，〈大荒西經〉便云：

> 大荒之中，……有靈山，巫咸、巫即、巫盼、巫彭、巫姑、巫真、巫禮、巫抵、巫謝、巫羅十巫，從此升降，百藥爰在。[26]

針對這段文字，晉代郭璞說：

---

23. 事實上，巫咸在中國古代文化中是一個「神通廣大」的人物，除了醫藥之外，他同時是天文、占卜、巫覡的宗師；詳見顧炎武，《日知錄》〔點校原抄本〕（臺北：明倫出版社，1971），卷 26，〈巫咸〉，頁 719–721。

24. 呂不韋等，《呂氏春秋》〔許維遹集釋，《呂氏春秋集釋》〕（臺北：世界書局，1983），卷 17，〈審分覽〉，頁 1077–1078。

25. 許慎，《說文解字》〔段玉裁注，《說文解字注》〕（臺北：黎明文化事業股份有限公司，1985），十四篇下，頁 40 下。

26. 《山海經》〔袁珂，《山海經校注》〕（上海：上海古籍出版社，1980），卷 11，〈大荒西經〉，頁 396。

群巫上下此山采之也。[27]

其次，〈海外西經〉記載巫咸國登葆山的情景時亦云：

巫咸國在女丑北，右手操青蛇，左手操赤蛇，在登葆山，群巫所從上
下也。[28]

對此，郭璞注云：

即登葆山，群巫所從上下也，採藥往來。[29]

另外，〈海內西經〉則說：

開明東有巫彭、巫抵、巫陽、巫履、巫凡、巫相，夾窫窳之尸，皆操不
死之藥以距之。[30]

對於文中的六名巫者，郭璞認為「皆神醫也」。[31]

　　由《山海經》的這幾則神話可以知道，至少從先秦到晉代，一直都有人相
信，早期的巫者就是掌握療病、不死之藥的醫者。

　　除此之外，在「中醫」的分科中有所謂的「祝由科」。「祝由」二字確切的
意涵尚有爭議，不過，在中醫的傳統中，仍保有以咒術療病的技能，應該是不
爭的事實，即使是非常「正統」的主流醫書，如孫思邈的《千金翼方》（〈禁
經〉）及《儒門事親》，也仍保留這樣的療法。而「祝由」之創始者，據說便是
巫者。例如，《黃帝內經・靈樞》便云：

---

27. 《山海經》，卷11，〈大荒西經〉，頁397。
28. 《山海經》，卷2，〈海外西經〉，頁219。
29. 《山海經》，卷2，〈海外西經〉，頁219。
30. 《山海經》，卷6，〈海內西經〉，頁301。
31. 《山海經》，卷6，〈海內西經〉，頁301。

> 黃帝曰：今夫子之所言者，皆病人之所自知也。其毋所遇邪氣，又毋怵
> 惕之所志，卒然而病者，其故何也？唯有因鬼神之事乎？岐伯曰：此亦
> 有故邪留而未發，因而志有所惡，及有所慕，血氣內亂，兩氣相搏。其
> 所從來者微，視之不見，聽而不聞，故似鬼神。黃帝曰：其祝而已者，
> 其故何也？岐伯曰：先巫者，因知百病之勝，先知其病之所從生者，可
> 祝而已也。[32]

類似的文字，還可見於其他醫籍，如晉代皇甫謐的《針灸甲乙經》、[33] 孫一奎
《醫旨緒餘》，[34] 都曾引述《黃帝內經》的論述。無論如何，醫者將「祝由」
這樣的傳統歸諸於「先巫」的創作或影響，或許不是謙抑或搪塞之詞，因為，
自先秦以來，巫者療病最常用的方法之一就是咒術。[35]

(二)巫覡與占卜

從上引《呂氏春秋》的說法可以知道，巫咸也被人認為是占卜之術的發明
人或是曾在堯時主管占卜之事。事實上，巫咸和占卜的關係不淺。例如，《周
禮‧春官宗伯下‧簭人》云：

> 簭人掌三易，以辨九簭之名。一曰連山，二曰歸藏，三曰周易。九簭之
> 名，一曰巫更，二曰巫咸，三曰巫式，四曰巫目，五曰巫易，六曰巫

---

32. 《黃帝內經‧靈樞》〔楊維傑，《黃帝內經靈樞譯解》〕（臺北：臺聯國風出版社，1984），
〈賊風〉，頁 411。

33. 皇甫謐，《黃帝針灸甲乙經》（北京：學苑出版社，1995），卷 6，〈四時賊風邪氣大論〉，
頁 760。

34. 孫一奎，《醫旨緒餘》，收入《赤水玄珠全集》〔收入氏著，凌天翼點校，《赤水玄珠全
集》〕（北京：人民衛生出版社，1986），下卷，〈賊風篇〉，頁 1246–1247。

35. 詳見林富士，〈試論漢代的巫術醫療法及其觀念基礎〉，《史原》16 （臺北，1987），頁
29–53；林富士，〈中國六朝時期的巫覡與醫療〉，《中央研究院歷史語言研究所集刊》
70：1 （臺北，1999），頁 1–48。

比，七曰巫祠，八曰巫參，九曰巫環。以辨吉凶。凡國之大事，先簭而後卜。上春相簭，凡國事共簭。[36]

所謂「三易」和「九簭」應該是指卜筮的方法或流派。其中，「九簭」之名，都以「巫某」命名，其「巫」字，傳統注疏家大多釋為「筮」字，可見二者之間的關係。不過，我認為，「巫」字仍可能指巫覡而言，其連接的更、咸、式、目、易、比、祠、參、環等字，都是巫覡的名字或氏族名。其中，巫咸在後代的傳說中，更是占卜之術主要流派的代表性人物。例如，《史記》便云：

昔之傳天數者：高辛之前，重、黎；於唐、虞，羲、和；有夏，昆吾；殷商，巫咸；周室，史佚、萇弘；於宋，子韋；鄭則裨竈；在齊，甘公；楚，唐昧；趙，尹皋；魏，石申。[37]

這是太史公在敘述先秦各個時期的「天文」（星占）大家，其中，殷商時期便以巫咸為代表。[38] 而以「巫咸」為名的星占書，從漢到唐一直是「天文學」者引述和研究的主要著作。[39]

除了星占之外，巫咸也和占夢有關，例如，東漢張衡〈東京賦〉便有「抨巫咸以占夢兮，遒貞吉之之符」之語。[40] 事實上，巫咸在「術數」這個領域的盛名，一直到北宋仍未稍減，例如，宋徽宗大觀年間「置算學」學校，三年(1109) 三月：

---

36. 《周禮》，卷 24，〈春官宗伯下‧簭人〉，頁 376。

37. 司馬遷，《史記》（北京：中華書局，1959），卷 27，〈天官書〉，頁 1343。

38. 又見范曄，《後漢書》（北京：中華書局，1965），卷 10，〈天文志〉，頁 3214。

39. 房玄齡等，《晉書》（北京：中華書局，1974），卷 11，〈天文志〉，頁 277–278；葛洪，《抱朴子內篇》〔王明，《抱朴子內篇校注》（增訂本）〕（北京：中華書局，1985），卷 8，〈釋滯〉，頁 141；司馬彪，《續漢書志》（與前引范曄《後漢書》新校本合刊），卷 10，〈天文志〉，頁 3220，3222，3234，3235，3236，3238，3372。

40. 《後漢書》，卷 59，〈張衡列傳〉，頁 1932。

下詔云：以文宣王為先師，克、鄒、荊三國公配饗，十哲從祀，而列自昔著名算數之人，繪像於兩廊，加賜五等之爵。於是中書舍人張邦昌定其名，風后、大橈、隸首、容成、箕子、商高、常僕、鬼臾區、巫咸九人封公。[41]

巫咸從先秦以降，在中國傳統文獻中一直是個知名的人物，但似乎又有若干不同的形象和面貌，在〈詛楚文〉中，他是在盟誓時被人祭拜的大神，[42] 在《莊子》書中，他則是通達「天道」之士，[43]《楚辭・離騷》云：「巫咸將夕降兮，懷椒糈而要之。百神翳其降兮，九疑繽其並迎」，而西漢揚雄〈甘泉賦〉也說：「選巫咸兮叫帝閽」，似乎暗指他是天庭之神或能通天之人。不過，最常見的說法是，巫咸為殷代之巫（巫官），也是殷代太戊之時重要的「賢臣」，而他的兒子巫賢則是祖乙之時的「賢臣」。[44] 雖然唐代孔安國認為，巫咸、巫賢之「巫」是指氏而言，不過，以官或以事為氏，是古代常有之事，咸、賢父子有可能是殷代長期擔任巫官的氏族成員。事實上，巫咸也現身於甲骨卜辭中，應該可以算是一名歷史人物，而且曾擔任巫官。[45]

---

41. 洪邁，《容齋隨筆・容齋三筆》（上海：古籍出版社，1978），卷13，〈大觀算學〉，頁570。

42. 詳見姜亮夫，〈秦詛楚文考釋——兼釋亞駝・大沈久湫兩辭〉，《蘭州大學學報（哲學社會科學版）》1980：3（蘭州，1980），頁54-71；陳昭容，〈從秦系文字演變的觀點論詛楚文的真偽及其相關問題〉，《中央研究院歷史語言研究所集刊》62：4（臺北，1993），頁569-621。

43. 《莊子》〔郭慶藩，《莊子集釋》〕（臺北：世界書局，1981），卷5，〈外篇・天運〉，頁496。

44. 《尚書》〔十三經注疏本〕，卷8，〈商書・咸有一德〉，頁122；卷16，〈周書・君奭〉，頁245；《史記》，卷3，〈殷本紀〉，頁100-101；卷27，〈天官書〉，頁1344；卷28，〈封禪書〉，頁1356-1357；卷34，〈燕召公世家〉，頁1549-1550。

45. 饒宗頤，〈歷史家對薩滿主義應重新作反思與檢討——巫的新認識〉，頁396-397。

　　巫覡與術數（占卜）的關係，還可見於鄭國神巫季咸的故事，如《莊子》云：

　　鄭有神巫曰季咸，知人之死生存亡，禍福壽天，期以歲月旬日，若神。[46]

此外，《淮南子》也說：「鄭之神巫相壺子林，見其徵」，東漢高誘對這段話的注釋便說：

　　神在男曰覡，在女曰巫。巫能占骨法吉凶之氣。[47]

東漢王充 (27-97?)《論衡・是應篇》也說：「巫知吉凶，占人禍福，無不然者。」[48]

　　由以上所述可以知道，在古人的認知中，巫者在中國古代社會中，不僅是一種負責交通、祭祀鬼神的宗教人物，同時也精通醫藥和占卜之術（包括卜筮、星占、占夢、相法等）。此外，據說在堯及殷商時期，都設有巫官。[49] 換句話說，根據先秦、兩漢之時人的看法，巫者在古代社會曾經是統治階層的一分子，其技能也受到社會肯定。

---

46. 《莊子》，卷 3，〈內篇・應帝王〉，頁 297。類似的故事也見於《列子》〔楊伯峻，《列子集釋》〕（北京：中華書局，1979），卷 2，〈黃帝篇〉，頁 70。

47. 劉安等，《淮南子》〔何寧，《淮南子集釋》〕（北京：中華書局，2006），卷 7，〈精神訓〉，頁 534。

48. 王充，《論衡》〔四部備要本〕（臺北：臺灣中華書局，1981），卷 17，〈是應篇〉，頁 9 上。

49. 參見張榮明，〈關於殷周宗教若干問題的探討〉，《天津師大學報》 1988：5（天津，1988），頁 38-44；張榮明，〈殷周時代的宗教組織〉，《世界宗教研究》1998：3（北京，1998），頁 127-134。

三、先秦時期的巫官、官巫及其職事

　　巫覡在中國古代社會中是統治階層的一分子，只根據神話和傳說或許不易令人信服。但到了商周時期，我們已有比較充分的證據可以說明。

　　以商代（約西元前十六至西元前十一世紀）來說，「巫」確實頻頻出現於卜辭之中。從字義上來說，甲骨文中的「十」字，大致有下列六義：

　　　一、卜筮之「筮」。[50]

　　　二、一種祭祀的名稱，類似「方祀」、「望祀」。[51]

　　　三、國名。[52]

　　　四、地名。[53]

　　　五、神名。[54]

　　　六、一種具有特定身分或職務的人（以下稱之為巫者）。[55]

這充分說明，「巫」這個字在殷商時期已有相當豐富的義涵。至於甲骨文中所見到的巫者的行事，幾乎都與祭祀、禳災以及交通鬼神之事有關，[56] 值得注意

---

50. 詳見饒宗頤，《殷代貞卜人物通考》（香港：香港大學出版社，1959），上冊，頁 41–42。

51. 詳見陳夢家，《殷墟卜辭綜述》（北京：科學出版社，1956），頁 578–579。

52. 陳夢家，《殷墟卜辭綜述》，頁 577–578。

53. 陳夢家，《殷墟卜辭綜述》，頁 577–578。

54. 陳夢家，《殷墟卜辭綜述》，頁 577–578；林巳奈夫，〈中國古代の神巫〉，頁 211–218。

55. 詳見李孝定，《甲骨文字集釋》（臺北：中央研究院歷史語言研究所，1965），第 5 冊，頁 1599；饒宗頤，《殷代貞卜人物通考》，下冊，頁 663；林巳奈夫，〈中國古代の神巫〉，頁 210–218。

56. 詳見李孝定，《甲骨文字集釋》，第 5 冊，頁 1599；饒宗頤，《殷代貞卜人物通考》，下冊，頁 663；饒宗頤，〈歷史家對薩滿主義應重新作反思與檢討——巫的新認識〉，頁 396–397；林巳奈夫，〈中國古代の神巫〉，頁 210–218；王暉，〈商代卜辭中祈雨巫術的

的是，商人在祭祀時，有時會以巫者作為祭品（犧牲），[57] 有些學者因此推斷當時巫者的地位低賤，但也有人認為，這正是「巫祝王」的表徵。[58] 總之，我們無法確切知道卜辭中所提到的巫者究竟是諸多學者所認為的「王」或統治集團的核心成員，還是「地位不高」、「其職甚卑」的下層人物，但是，在一個崇信鬼神、凡事求神問卜、講求祭祀祈禳的社會及統治集團中，[59] 我們似乎也很難相信巫者這種人不具有重要性。

　　至少，我們可以確信，到兩周時期（約西元前十一至西元前三世紀），在周人的封建體制中應該有巫官及官巫的存在。[60] 這兩者在《周禮》中都有清楚的記載，例如，《周禮》所載的「司巫」、「男巫」和「女巫」都是巫官，其〈春官‧宗伯〉便云：

文化意蘊〉，《文史知識》1999：8（北京，1999），頁 65–70；Gilles Boileau, "Wu and Shaman," *Bulletin of the school of Oriental and African Studies*, 65:2(2002), pp. 350–378; 趙容俊，《殷商甲骨卜辭所見之巫術》（臺北：文津出版社，2003），頁 162–284；張書豪，〈卜辭所見的巫者及其主要職事〉，《新世紀宗教研究》3：4（臺北，2005），頁 116–140。

57. 詳見裴錫圭，〈說卜辭的焚巫尪與作土龍〉，收入胡厚宣編，《甲骨文與殷商史》（上海：上海古籍出版社，1983），頁 21–35；饒宗頤，〈歷史家對薩滿主義應重新作反思與檢討──巫的新認識〉，頁 396–412；饒宗頤，〈巫的新認識〉，收入鄭志明編，《宗教與文化》（臺北：臺灣學生書局，1990），頁 1–15；周鳳五，〈說巫〉，《臺大中文學報》3（臺北，1989），頁 1–23；李零，〈先秦兩漢文字史料中的「巫」〉，頁 41–79。

58. 參見吹野安，〈焚巫の俗と禱祝文──『後漢書』「獨行列傳」の記事〉，《國學院雜誌》46（東京，1997），頁 1–18。

59. 參見陳夢家，《殷墟卜辭綜述》，頁 561–603；白川靜，《甲骨文的世界──古殷王朝的締構》；許進雄，《中國古代社會──文字與人類學的透視》（臺北：臺灣商務印書館，1995）。

60. 本文所謂「巫官」意指掌管巫覡事宜之官吏，而「官巫」意指在「官方機構」或統治集團中擁有特定職位並負責特定工作的巫覡。

司巫，中士二人，府一人，史一人，胥一人，徒十人。[61]

在此條下，鄭玄便注云：「司巫，巫官之長」。[62] 〈春官‧宗伯〉又云：

男巫，無數。女巫，無數。其師，中士四人，府二人，史四人，胥四人，徒四十人。[63]

在此條下，鄭玄注云：「巫，能制神之處位次主者」。[64] 〈春官‧宗伯〉又云：

凡以神士者，無數。以其藝為之貴賤之等。[65]

在此條下，鄭玄注云：「神士者，男巫之後，有學問才知者。藝謂禮樂射御書數，高者為上士，次之中士，又次之為下士。」[66]

至於他們的職掌，《周禮》載云：

司巫：掌群巫之政令。若國大旱，則帥巫而舞雩。國有大災，則帥巫而造巫恒。祭祀則共匰主及道布及蒩館。凡祭事守瘞。凡喪事，掌巫降之禮。[67]

男巫：掌望祀、望衍，授號，旁招以茅。冬堂贈，無方無筭。春招弭，以除疾病。王弔，則與祝前。[68]

---

61. 《周禮》，卷17，〈春官‧宗伯〉，頁265。

62. 《周禮》，卷17，〈春官‧宗伯〉，頁265。

63. 《周禮》，卷17，〈春官‧宗伯〉，頁265。

64. 《周禮》，卷17，〈春官‧宗伯〉，頁265。

65. 《周禮》，卷17，〈春官‧宗伯〉，頁267。

66. 《周禮》，卷17，〈春官‧宗伯〉，頁267。

67. 《周禮》，卷26，〈春官‧司巫〉，頁399–400。所謂「巫降」鄭玄注云：「降，下也，巫下神之禮。今世或死既斂，就巫下楊。」

68. 《周禮》，卷26，〈春官‧男巫〉，頁400。王弔喪之時，巫、祝同職共事，尚可見於《周

> 女巫：掌歲時祓除釁浴。旱暵則舞雩。若王后弔，則與祝前。凡邦之大災，歌哭而請。[69]

由此可知，巫官主要是掌管祭祀鬼神之事，或祈或禳，以解除各種凶災。但最主要的工作還是祈雨、喪葬、逐疫、祭祀之事。[70]

除了《周禮》之外，還有許多典籍都有關於「巫官」的記載。例如，《荀子》說：

> 天子者，勢至重而形至佚，心至愉而志無所詘，而形不為勞，尊無上矣。……出戶而巫覡有事，出門而宗祝有事。[71]

文中的巫覡、宗祝應該都是指職官而言。《禮記》也說：

> 故宗祝在廟，三公在朝，三老在學。王前巫而後史，卜筮瞽侑皆在左右，王中心無為也，以守至正。[72]

這在說明王有眾官輔弼，而巫者正是其中之一。

至於巫官的職責，《荀子》說：

禮》，卷26，〈喪祝〉，頁397。

69. 《周禮》，卷26，〈春官・女巫〉，頁400。

70. 綜合傳統文獻及新出土的考古材料來看，先秦時期巫者的職事大致包括：交通鬼神、祭祀、占卜、祈雨、喪葬、逐疫、醫療、禳災等；參見瞿兌之，〈釋巫〉，收入杜正勝編，《中國上古史論文選集》（臺北：華世出版社，1979），下冊，頁991–1009；陳夢家，〈商代的神話與巫術〉，頁533–539；張光直，〈商代的巫與巫術〉，頁41–65；李零，〈先秦兩漢文字史料中的「巫」〉，頁69–75；許兆昌，〈先秦社會的巫、巫術與祭祀〉，《世界宗教研究》1990：1（北京，1990），頁15–26；童恩正，〈中國古代的巫〉，頁186–193；Gilles Boileau, "Wu and Shaman," pp. 350–378；趙容俊，〈文獻資料中的「巫」考察〉，《中國歷史文物》2005：1（北京，2005），頁38–52。

71. 荀況，《荀子》〔嶄新校注本〕（臺北：里仁書局，1983），〈正論〉，頁352–353。

72. 《禮記》，卷22，〈禮運〉，頁438。

相陰陽，占祲兆，鑽龜陳卦，主攘擇五卜，知其吉凶妖祥，傴巫跛擊之
事也。[73]

這是以巫官掌占卜之事。其次，《禮記》說：

君臨臣喪，以巫祝桃茢執戈，惡之也，所以異於生也。[74]

《禮記》又說：

大夫、士既殯，而君往焉，使人戒之。主人具殷奠之禮，俟于門外，見
馬首，先入門右，巫止于門外，祝代之先。[75]

《儀禮》也說：

君至，主人出迎于外門外，見馬首，不哭，還，入門右，北面，……巫
止于廟門外，祝代之，小臣二人，執戈先，二人後。[76]

這都可以證明巫者在古代「君臨臣喪」的禮儀中扮演著重要的角色，而以《周
禮》的記載來看，協助國君弔喪應該是「男巫」的職責。此外，《大戴禮記》
載云：

凡民之藏貯，以及山川之神明加于民者，發國功謀，齋戒必敬，會時必
節。曰麻巫祝，執伎以守官，俟命以作。祈王年，禱民命，及畜穀蜚征
庶虞草。[77]

---

73. 《荀子》，〈王制〉，頁 156。

74. 《禮記》，卷 9，〈檀弓下〉，頁 171。

75. 《禮記》，卷 45，〈喪服大記〉，頁 784。

76. 《儀禮》〔十三經注疏本〕，卷 37，〈士喪禮〉，頁 436。

77. 戴德，《大戴禮記》（臺北：臺灣商務印書館，1981），〈千乘〉，頁 302。

這是掌管祭祀和祈禱的巫官。

至於具體的事例，《左傳》僖公十年 (650 BC) 載：

> 晉侯改葬共大子。秋，狐突適下國，遇大子。大子使登僕而告之曰：「夷
> 吾無禮，余得請於帝矣，將以晉畀秦，秦將祀余。」對曰：「臣聞之：
> 『神不歆非類，民不祀非族。』君祀無乃殄乎？……」君曰：「諾。吾
> 將復請。七日，新城西偏將有巫者而見我焉。」許之，遂不見。及期而
> 往，告之曰：「帝許我罰有罪矣，敝於韓。」[78]

文中的「下國」就是「新城」，也就是僖公四年 (656 BC) 共太子申生自殺之地，
也是晉的舊都，先王宗廟所在，[79] 因此，文中能「見」到申生鬼魂或是被申生
的鬼魂所憑降的巫者，由《周禮》「司巫」之職「掌巫降之禮」來看，應該是
當時晉的巫官。其他的事例還有：

一、隱公十一年 (712 BC)，隱公被鄭大夫尹氏所囚，便「賂尹氏有而禱其
主鍾巫。遂與尹氏歸而立其主（立鍾巫於魯）。十一月，公祭鍾巫，齊于社
圃」。[80]

二、僖公二十一年 (639 BC)，夏大旱，魯僖公想要「焚巫尪」以求雨。[81]

三、文公十年 (617 BC)，秦晉之間爆發「城濮之役」，在這之前，楚國的
范巫矞似（范邑之巫、名矞似）便「謂成王與子玉、子西曰：『三君皆將強
死。』」[82]

四、成公十年 (581 BC)，晉景公「夢大厲」，加桑田巫以占夢。[83]

---

78. 左丘明，《左傳》〔十三經注疏本〕，卷 13，〈僖公十年〉，頁 221。

79. 《左傳》，卷 13，〈僖公十年〉，頁 221，孔穎達疏文。另見《左傳》，卷 12，〈僖公四
　　年〉，頁 204；《國語》，卷 8，〈晉語二〉，頁 292。

80. 《左傳》，卷 4，〈隱公十一年〉，頁 83。

81. 《左傳》，卷 14，〈僖公二十一年〉，頁 241–242。

82. 《左傳》，卷 19，〈文公十年〉，頁 322。

五、襄公十八年 (555 BC)，晉獻子荀偃夢與晉厲公訟，弗勝，而見「梗陽之巫皋」，巫預言其死期。[84]

六、襄公二十九年 (544 BC)，魯襄公在楚，親襚楚康王之喪，「使巫以桃、茢先祓殯」。[85]

以上這些事例中的巫者，文獻雖然沒有明文說是官巫，但就他們的行事（占夢、求雨、祓殯），以及他們和國君、諸侯的關係來看，應該都具有官巫的身分。而由第一個事例來看，古代確有以「先巫」為祭祀對象者。

由以上所述可以知道，周王室設有巫官，其長官為司巫，轄下有男巫、女巫、神士等職官，而且，還有所謂的師、府、史、胥、徒，似乎有一些負責訓練及庶務工作的人員。[86] 此外，封建體制中的魯、晉（桑田巫、梗陽巫）、楚（范巫）、鄭（鍾巫），也都有巫覡，他們的身分應該是巫官或官巫，而桑田、梗陽、范、鍾或許是他們的居住地或采邑。他們不應該是「民巫」，因為，根據前引觀射父的說法，「家為巫史」的情形在顓頊、堯之後便被禁止了，即使這並非真的是古代的情形，也應該是觀射父當時（約 515–489 BC 左右）的「實況」，至少，反映了當時統治階層的一種「理想」。在周人的封建體制及禮法尚未崩解之前，統治階層恐怕不會允許巫覡脫離其掌控而在民間活動（詳下文）。

因此，至少到西元前六世紀末為止，我們相信，在周人封建體制統轄或影響範圍之內，巫覡應該仍然是統治集團中不可或缺的一員，即使「司巫」在《周禮》中只是「中士」的位階，並不能因此判斷他們身分地位低下。當然，相較於商代的巫者，周代巫者的職權與地位似乎有逐漸下滑的趨勢。[87] 而要判

83. 《左傳》，卷 26，〈成公十年〉，頁 450。
84. 《左傳》，卷 33，〈襄公十八年〉，頁 576–577。
85. 《左傳》，卷 39，〈襄公二十九年〉，頁 664–665。另見《禮記》，卷 10，〈檀弓〉，頁 190–191。
86. 參見 Lothar von Falkenhausen, "Reflections on the Political Role of Spirit Mediums in Early China: The Wu Officials in the *Zhou Li*," *Early China*, 20 (1995), pp. 279–300.

斷巫覡政治社會地位的變動，最清楚的指標應該是「民巫」的出現。

四、先秦時期的民巫與營業之巫

在一個嚴格要求「民神不雜揉」、「民神異業」的古代社會裡，巫覡往往會成為專門的職業，而且會成為統治階層的一分子，被統治者或一般人基本上不能學習或擁有巫覡的知識與技能，也不能從事類似巫覡的工作。然而，從近代的「民族誌」中，我們發現，統治者似乎沒有辦法完全壟斷「憑附」(possession) 這種溝通人神的技能，「憑附」往往也會成為弱者的武器，成為被統治者或被壓迫者爭取權利或宣洩憤怒、不滿的管道。[88] 因此，在西元前六世紀之前的中國社會中，除了巫官和官巫之外，也很難說完全沒有「民巫」容身的空間，但是，即使有所謂的「民巫」，亦即以巫之技能擔任一般民眾和鬼神之間的媒介，其人數應該不多，也不容易成為一種專門的行業，亦即以此直接從一般民眾取得生活所需，而非由統治者供養或因其身分而由社會供養，而且，恐怕會受到統治者或官巫的禁斷。

因此，當民間出現職業巫者之時，應可視為舊有格局的一大變動。這可能意謂著統治階層喪失對於巫覡的控制能力，也可能意謂著統治階層不再重視對於巫覡的控制以及對於巫術的壟斷。另一方面，也可以解釋為原本的官巫集團無法保有其特權地位，無法自統治者手中獲得供養，因此，部分巫覡只好轉而服務民眾以換取生活所需，有一些可能因此逐漸喪失其官巫身分。當然，也有可能是在統治階層不再壓制「民巫」的活動之後，民巫才逐漸壯大，形成可以

87. 參見陶希聖，《辯士與游俠》（臺北：臺灣商務印書館，1982），頁 4–15；黃曉峰，〈周代民間宗教信仰的一個側面——以巫的演變為視角〉，《華東師範大學學報（哲學社會科學版）》1999：5（上海，1999），頁 13–25。

88. 詳見 I. M. Lewis, *Ecstatic Religion: A Study of Shamanism and Spirit Possession*, second edition (London and New York: Routledge, 1989).

和官巫並存和競爭的勢力。

那麼，具有職業性質的「民巫」什麼時候出現在中國社會呢？首先，從姓氏來看，東漢王符《潛夫論》論古代姓氏之由來時曾說：

> 昔者聖王觀象於乾坤，考度於神明，探命歷之去就，省群臣之德業，而賜姓命氏，因彰德功。傳稱民之徹官百，王公之子弟千世能聽其官者，而物賜之姓，是謂百姓。姓有徹品十，於王謂之千品。……下及三代，官有世功，則有官族，邑亦如之。後世微末，因是以為姓，則不能改也。故或傳本姓，或氏號邑諡，或氏於國，或氏於爵，或氏於官，或氏於字，或氏於事，或氏於居，或氏於志。若夫五帝三王之世，所謂號也；文、武、昭、景、成、宣、戴、桓，所謂諡也；齊、魯、吳、楚、秦、晉、燕、趙，所謂國也；王氏、侯氏、王孫、公孫，所謂爵也；司馬、司徒、中行、下軍，所謂官也；伯有、孟孫、子服、叔子，所謂字也；巫氏、匠氏、陶氏，所謂事也；東門、西門、南宮、東郭、北郭，所謂居也；三烏、五鹿、青牛、白馬，所謂志也：凡厥姓氏，皆出屬而不可勝紀也。[89]

東漢應劭的《風俗通義》也說：

> 巫氏，凡氏於事，巫、卜、匠、陶也。殷有巫咸、巫賢，漢有冀州刺史巫捷，又有巫都著《養性經》也。[90]

所謂「氏於事」，似乎是說因其祖先「世職世事」，故因其「事」（職業或職事）而為氏（即秦漢以後之姓）。由此可知，巫者可以指一種專門的職業者，而具

---

89. 王符，《潛夫論》〔汪繼培箋，彭鐸校正，《潛夫論箋校正》〕（北京：中華書局，1985），卷9，〈志氏姓〉，頁401。

90. 應劭，《風俗通義》〔王利器校注，《風俗通義校注》〕（臺北：明文書局，1982翻印），〈姓氏〉，頁506。

有這種義涵的巫者，不僅有「執技以守官」的官巫，還包括在民間以「巫」的專技謀生的人（以下簡稱「民巫」）。然而，民巫究竟出現於什麼時代，還是不得而知，典籍所記載的巫者往往也無法判別究竟是官巫還是民巫。

不過，仍有一些疑似為民巫的例證。例如，《孟子》載：

> 孟子 (372–289 BC) 曰：「矢人豈不仁於函人哉？矢人惟恐不傷人，函人惟恐傷人。巫匠亦然，故術不可不慎也。」[91]

這段文字中的「巫匠」之術，漢代趙岐的注文解釋如下：

> 巫欲祝活人，匠，梓匠作棺，欲其蚤售，利在於人死也。[92]

根據趙岐的解釋，則《孟子》文中的巫者是指一種為人行祝以取利的人，和矢人、函人、梓匠一樣，都是以專門的技術營生之人。

其次，韓非（約 281–233 BC）的《韓非子》說：

> 今巫祝之祝人曰：「使若千秋萬歲」，千秋萬歲之聲聒耳，而一日之壽無徵於人，此人所以簡巫祝也。[93]

《呂氏春秋》也說：

> 今世上卜筮禱祠，故疾病愈來。……夫以湯止沸，沸愈不止，去其火則止矣，故巫醫毒藥逐除治之，故古之人賤之也。[94]

這兩條材料雖然都不曾明言其指斥的對象是民巫，但從其泛言巫者被人賤視、

---

91. 孟軻，《孟子》〔十三經注疏本〕，卷3，〈公孫丑上〉，頁66。

92. 《孟子》，卷3，〈公孫丑上〉，頁66。

93. 韓非，《韓非子》〔王先謙，《韓非子集解》〕（臺北：世界書局，1980），卷19，〈顯學〉，頁356。

94. 《呂氏春秋》，卷3，〈季春紀‧盡數〉，頁152–153。

輕視，而不言巫者為人君所輕賤來看，二書所說的巫者至少應該兼指官巫和民巫而言，而從後來漢代民巫的職事來看，這兩條材料所描述的或許正是戰國末年民巫為人祈福、治病以牟利的情形。

除此之外，《史記》記載了魏文侯（446–396 BC 在位）之時，西門豹治鄴（今河北省臨漳縣附近）的故事云：

> 魏文侯時，西門豹為鄴令。豹往到鄴，會長老，問之民所疾苦。長老曰：「苦為河伯娶婦，以故貧。」豹問其故，對曰：「鄴三老、廷掾常歲賦斂百姓，收取其錢得數百萬，用其二三十萬為河伯娶婦，與祝巫共分其餘錢持歸。當其時，巫行視小家女好者，云是當為河伯婦，即娉取。洗沐之，為治新繒綺縠衣，閒居齋戒；為治齋宮河上，張緹絳帷，女居其中。為具牛酒飯食，十餘日。共粉飾之，如嫁女床席，令女居其上，浮之河中，始浮，行數十里乃沒。其人家有好女者，恐大巫祝為河伯取之，以故多持女遠逃亡。以故城中益空無人，又困貧，所從來久遠矣。民人俗語曰『即不為河伯娶婦，水來漂沒，溺其人民』云。」西門豹曰：「至為河伯娶婦時，願三老、巫祝、父老送女河上，幸來告語之，吾亦往送女。」皆曰：「諾。」
>
> 至其時，西門豹往會之河上。三老、官屬、豪長者、里父老皆會，以人民往觀之者三二千人。其巫，老女子也，已年七十。從弟子女十人所，皆衣繒單衣，立大巫後。西門豹曰：「呼河伯婦來，視其好醜。」即將女出帷中，來至前。豹視之，顧謂三老、巫祝、父老曰：「是女子不好，煩大巫嫗為入報河伯，得更求好女，後日送之。」即使吏卒共抱大巫嫗投之河中。有頃，曰：「巫嫗何久也？弟子趣之！」復以弟子一人投河中。有頃，曰：「弟子何久也？復使一人趣之！」復投一弟子河中。凡投三弟子。西門豹曰：「巫嫗弟子是女子也，不能白事，煩三老為入白

之。」復投三老河中。西門豹簪筆磬折，嚮河立待良久。長老、吏傍觀
者皆驚恐。西門豹顧曰：「巫嫗、三老不來還，柰之何？」欲復使廷掾
與豪長者一人入趣之。皆叩頭，叩頭且破，額血流地，色如死灰。西門
豹曰：「諾，且留待之須臾。」須臾，豹曰：「廷掾起矣。狀河伯留客
之久，若皆罷去歸矣。」鄴吏民大驚恐，從是以後，不敢復言為河伯
娶婦。[95]

假如這則故事真的發生在魏文侯之時，那麼，最晚到了西元前五世紀，中國社
會，至少在魏國，應該已出現了利用宗教活動向民眾收取財物的職業巫者。

五、先秦諸子對巫覡的態度

「民巫」出現的確切時間與緣由，確實很難斷定。不過，應該和周代封建
體制的崩解有緊密的關聯。周人所建立的封建秩序大概從春秋中期（大約是西
元前七、六世紀）開始便逐漸動搖，孔夫子「禮壞樂崩」的喟歎，或是漢人所
說的「王官失守」，其實都已相當準確的指出這個新的歷史階段的特質。

「王官失守」意謂許多「執技以守官」者必然會淪落民間，至少，統治階
層不再能壟斷舊有「王官」的技能與知識，學術與思想也不再能定於一尊，春
秋戰國時期，諸子百家的興起與爭勝，便充分反映出這樣的歷史鉅變。而在這
樣的大變動之中，巫覡也遭受到前所未有的挑戰。我們可以看到，若干當時知
名的人士或執政者開始針對巫者的職事和法術提出質疑。

首先對於巫覡抱持輕蔑態度或對其巫術有所懷疑而見於記載的，似乎是魯
國的大夫臧文仲，《左傳》載魯僖公二十一年之事云：

夏，大旱。公欲焚巫尪。臧文仲曰：「非旱備也。脩城郭，貶食省用，

---

95. 《史記》，卷 126，〈滑稽列傳〉，頁 3211-3212。

務穡勸分，此其務也。巫尪何為？天欲殺之，則如勿生。若能為旱，焚之滋甚。」公從之。是歲也，饑而不害。[96]

大旱之時，「焚巫尪」是古代的禮俗，晉朝杜預對此有所解釋，他說：

> 巫尪，女巫也，主祈禱請雨者。或以為尪，非巫也，瘠病之人，其面上向，俗謂天哀其病，恐雨入其鼻，故為之旱，是以公欲焚之。[97]

這是對於《左傳》原文中所指涉的對象，以及其旱災之時「焚巫尪」的緣由作出解釋。至於「巫尪」究竟只是指「女巫」而言，還是兼指「女巫」及「尪」這兩種人，傳統的注疏家似乎有不同的看法，唐代孔穎達對此有進一步的討論，他說：

> 《周禮·女巫》職云：「旱暵則舞雩」，此以為旱欲焚之，故知巫尪女巫也。并以巫尪為女巫，則尪是劣弱之稱，當以女巫尪弱，故稱尪也。或以為尪非巫也，巫是禱神之人，尪是瘠病之人，二者非一物也。尪是病人，天恐雨入其鼻，俗有此說，不出傳記，義或當然，故兩解之也。《檀弓》云：歲旱，穆公召縣子而問焉，曰：「天久不雨，吾欲暴尪而奚若？」曰：「天則不雨，而暴人之疾子，虐，無乃不可與？」鄭玄云：「尪者面鄉天，覬天哀而雨之。」又曰：「然則吾欲暴巫而奚若？」鄭玄云：「巫主接神，亦覬天哀而雨之。」彼欲暴人疾而求雨，故鄭玄以為覬天哀而下雨。此欲燒殺以求雨，故杜以為天哀之而不雨。意異故解異也。《禮記》既言暴尪，又別言暴巫，巫尪非一物，《記》言暴人之疾，則尪是病人，或說是也。[98]

---

96. 《左傳》，卷 14，〈僖公二十一年〉，頁 241–242。
97. 《左傳》，卷 14，〈僖公二十一年〉，頁 241。
98. 《左傳》，卷 14，〈僖公二十一年〉，頁 241–242。

總之，根據上引《左傳》的記載來看，至遲到西元前七世紀，已有人對這種儀式的效力提出質疑，而這種質疑其實也是挑戰巫者在求雨活動中所扮演的角色。

提出這種質疑的，除了臧文仲之外，還有前引孔穎達注疏中所提到的魯穆公（約 407–375 BC 在位）時期的縣子，《禮記》載其事云：

> 歲旱，穆公召縣子而問然。曰：「天久不雨，吾欲暴尪而奚若？」曰：「天久不雨，而暴人之疾子，虐，毋乃不可與？」「然則吾欲暴巫而奚若？」曰：「天則不雨，而望之愚婦人。於以求之，毋乃已疏乎？」「徙市則奚若？」曰：「天子崩，巷市七日。諸侯薨，巷市三日。為之徙市，不亦可乎？」[99]

在此，尪和巫確實判然兩分，而鄭玄對於求雨之時何以要曝晒這兩種人也有所解釋，他說：

> 尪者，面鄉天，覬天哀而雨之。……巫主接神，亦覬天哀而雨之。《春秋傳》說巫曰：在女曰巫，在男曰覡。《周禮》：女巫，旱暵則舞雩。[100]

無論利用「天哀」（引起天的同情）以求雨的解釋合不合理，鄭玄似乎沒有討論縣子何以將「主接神」、負責「舞雩」祈雨的女巫視為「愚婦人」，並以此為理由勸說穆公不要「暴巫」求雨。對此，唐代孔穎達倒有所留意，他說：

> 縣子云：天道遠，人道近，天則不雨，而望於愚鄙之婦人，欲以暴之，以求其雨，已甚也。無乃甚疏遠於求雨道理乎？言甚疏遠於道理矣！所引《春秋傳》者，《外傳・楚語》昭王問觀射父絕地通天之事。觀射父對云：民之精爽不攜貳者，明神降之，在男曰覡，在女曰巫。然案《楚語》精爽不攜貳者，始得為巫。此經而云愚婦人者，據末世之巫，非復

---

99. 《禮記》，卷 10，〈檀弓〉，頁 201。
100. 《禮記》，卷 10，〈檀弓〉，頁 201。

　　是精爽不攜貳之巫也。[101]

根據孔穎達的看法，魯穆公之時，已是「末世」，當時的巫者已經不是「古代」
「精爽不攜貳」的聰明才俊之士，而是「愚婦人」。而他說縣子云：「天道遠，
人道近」，這其實並非《禮記》的原文，而是《左傳》所載魯昭公十八年 (524
BC) 鄭國大夫子產 (?–522 BC) 拒絕負責「天官」（星占）的大夫裨竈用「瓘斝
玉瓚」禳火的建議時所說，原文是：

　　天道遠，人道邇，非所及也，何以知之？竈焉知天道？是亦多言矣，豈
　　不或信？[102]

這雖然不是針對巫者求雨之事而言，裨竈也不一定是巫者，[103] 但子產顯然和西
元前七世紀的臧文仲以及西元前五世紀的縣子一樣，都不再那麼相信「巫術」
禳災那一套禮制或風俗。換句話說，巫者的若干作為確實逐漸受到質疑。就此
而言，或許從西元前七世紀開始，巫者的「末世」便已來臨，也就是說，他們
藉以維繫其身分、地位、職權的「巫術」開始面臨挑戰，這也是他們地位動搖
的一種表徵。

　　對於巫者的質疑，也可見於齊景公 (547–490 BC) 之時的一件「軼事」或
「傳聞」，《晏子春秋》載其事云：

　　楚巫微導裔款以見景公，侍坐三日，景公說之。楚巫曰：「公，明神之
　　主，帝王之君也。公即位有七年矣，事未大濟者，明神未至也。請致五
　　帝，以明君德。」景公再拜稽首。楚巫曰：「請巡國郊以觀帝位。」至
　　于牛山而不敢登，曰：「五帝之位，在于國南，請齋而後登之。」公命
　　百官供齋具于楚巫之所，裔款視事。晏子聞之而見于公曰：「公令楚巫

---

101. 《禮記》，卷 10，〈檀弓〉，頁 201。

102. 《左傳》，卷 48，〈昭公十八年〉，頁 841。

103. 無論如何，他確實和巫咸一起被列為古代星占傳統中的重要人物。

齋牛山乎？」公曰：「然。致五帝以明寡人之德，神將降福于寡人，其
有所濟乎？」晏子曰：「君之言過矣！古之王者，德厚足以安世，行廣
足以容眾，諸侯戴之，以為君長，百姓歸之，以為父母。是故天地四時
和而不失，星辰日月順而不亂，德厚行廣，配天象時，然後為帝王之
君，明神之主。古者不慢行而繁祭，不輕身而恃巫。今政亂而行僻，而
求五帝之明德也？棄賢而用巫，而求帝王之在身也？夫民不苟德，福不
苟降，君之帝王，不亦難乎！惜乎！君位之高，所論之卑也。」公曰：
「裔款以楚巫命寡人曰：『試嘗見而觀焉』寡人見而說之，信其道，行
其言。今夫子譏之，請逐楚巫而拘裔款。」晏子曰：「楚巫不可出。」
公曰：「何故？」對曰：「楚巫出，諸侯必或受之。公信之，以過于內，
不知；出以易諸侯于外，不仁。請東楚巫而拘裔款。」公曰：「諾。」
故曰：送楚巫于東，而拘裔款于國也。[104]

《晏子春秋》的作者和成書年代一直有爭議，因此，晏子 (?–500 BC) 是否真的
曾勸諫齊景公不要用楚巫禱祀，不易斷定。不過，這至少代表其作者或編者對
於巫者的態度。[105] 文中藉晏子之口明確表示，應效法古人「不慢行而繁祭，不
輕身而恃巫」，倘若「政亂而行僻」、「棄賢而用巫」，則無法「求五帝之明德」，
帝王本身也無法得到神的「降福」。在此，巫者被視為站在「賢者」的對立面，
可見其對巫者的評價與態度。

　　除此之外，當時思想界著名的「諸子」幾乎無不對巫覡提出批判。例如，
墨子（約 486–376 BC）雖然「明鬼」，重視宗教，但卻主張「非樂」，並說：

　　為樂非也。何以知其然也？曰先王之書，湯之官刑有之。曰：「其恒舞

---

104. 《晏子春秋》（北京：中華書局，1961），卷 1，〈內篇諫上‧景公欲使楚巫致五帝以明德
　　 晏子諫第十四〉，頁 50–51。
105. 一般認為，此書的作者可能不僅一人，大致成書於戰國中晚期；也就是西元前四、三
　　 世紀。

于宮，是謂巫風」。其刑，君子出絲二衛。[106]

「先王之書」、「湯之官刑」中對於「恒舞于宮」的「巫風」是否真的會抱持負面態度，其實並不可知。[107] 但至少可以確知，墨子本人是反對的。不僅如此，他還主張在戰爭「守城」之時，要嚴格管制巫者的行動和言論。他說：

> 望氣者舍必近太守，巫舍必近公社，必敬神之。巫祝史與望氣者必以善言告民，以請上報守，守獨知其請而已。無與望氣妄為不善言驚恐民，斷弗赦。[108]

又說：

> 敵以東方來，迎之東壇，壇高八尺，堂密八。年八十者八人，主祭青旗。青神長八尺者八，弩八，八發而止。將服必青，其牲以雞。……從〔徙〕外宅諸名大祠，靈巫或禱焉，給禱牲。[109]

這是主張在守城、迎敵之時，要充分掌控、利用巫者，禱祀神明，協助安定民心、鼓舞士氣，不能讓他們妄言，以免造成民眾的驚恐，若有違反者，必須「斷弗赦」。在戰爭頻仍的年代，墨子的主張應該可以得到一些將領及武士階層的認同。

此外，《墨子》曾記載了墨子和孔門弟子公孟子之間的對話，云：

> 公孟子謂子墨子曰：「實為善人，孰不知？譬若良玉（巫），處而不出，

---

106. 墨翟，《墨子》〔孫詒讓，《墨子閒詁》〕（臺北：華正書局，1987），卷8，〈非樂〉，頁234–235。

107. 《尚書》，卷8，〈伊訓〉云：「敢有恒舞于宮，酣歌于室，時謂巫風。」（頁115）這似乎是援引《墨子》之言而加以發揮，一般認為這是後人之偽作，非殷商之舊文。

108. 《墨子》，卷15，〈號令〉，頁561。

109. 《墨子》，卷15，〈迎敵祠〉，頁528–529。

有餘糈。譬若美女，處而不出，人爭求之。行而自衒，人莫之取也。今子徧從人而說之，何其勞也？」子墨子曰：「今夫世亂，求美女者眾，美女雖不出，人多求之；今求善者寡，不強說人，人莫之知也。且有二生，於此善筮。一行為人筮者，一處而不出者。行為人筮者，與處而不出者，其糈孰多？」公孟子曰：「行為人筮者其糈多。」子墨子曰：「仁義鈞。行說人者，其功善亦多，何故不行說人也？」[110]

假如文中的「良玉」確如孫詒讓所說，應改為「良巫」，那麼，根據這一段對話，在墨子的時代，應該已經有為人祭祀、卜筮以換取糧食的「民巫」，他們甚至可能和當時的「游士」一樣，行走各地，謀求生計。因此，上引〈號令〉、〈迎敵祠〉中所提到的巫，也有可能是指「民巫」而言，所以，才會有守城者給巫者「禱牲」的意見。

　　不過，墨子對於巫者基本上並無輕賤之心，這可能和他的宗教立場有關。墨子曾屢屢反駁「無鬼」論者，舉了不少「鬼故事」證明世間有鬼神，其中，他提到說：

昔者，宋文君（公）鮑之時，有臣曰祐（祝）觀辜，固嘗從事於厲。祏子杖揖（楫）出與言曰：「觀辜，是何珪璧之不滿度量？酒醴粢盛之不淨潔也？犧牲之不全肥？春秋冬夏選（饌）失時？豈女為之與？意鮑為之與？」觀辜曰：「鮑幼弱在荷繈之中，鮑何與識焉？官臣觀辜特為之。」祏子舉揖（楫）而槀（敲）之，殪之壇上。當是時，宋人從者莫不見，遠者莫不聞，著在宋之春秋。諸侯傳而語之曰：「諸不敬慎祭祀者，鬼神之誅，至若此其憯遫也！」[111]

根據孫詒讓的看法，文中的觀辜是負責準備祭禮的祝官，而祏子則是「能接

---

110. 《墨子》，卷 12，〈公孟〉，頁 413–414。

111. 《墨子》，卷 8，〈明鬼下〉，頁 208–209。

神」的巫者,因此,「屬神降於其身」,開口責備祝官並將他杖斃。由這段故事可以知道,在宋文公(610–589 BC 在位)之時,邦國「祭屬」,仍由巫官和祝官共同負責。換句話說,大約在西元前七世紀末,巫者仍在國家祀典中扮演重要的角色。

總之,墨子完全相信巫覡具有降神的能力,通曉禱祀、祈福之道,但是,對於巫覡,他並無鄙夷或輕視之意,他也主張,統治者對於巫覡的行事和言論必須加以限制,利用他們的宗教技能協助自己的統治,但也要提防他們可能的危害。

至於莊子(約 369–286 BC)則是以「故事」、「軼事」這一類的手法,直接或間接的表達對巫者的輕視,例如,《莊子‧人間世》便載云:

> 宋有荊氏者,宜楸柏桑。其拱把而上者,求狙猴之杙者斬之;三圍四圍,求高名之麗者斬之;七圍八圍,貴人富商之家求樿傍者斬之。故未終其天年,而中道之夭於斧斤,此材之患也。故解之以牛之白顙者與豚之亢鼻者,與人有痔病者不可以適河。此皆巫祝以知之矣,所以為不祥也。此乃神人之所以為大祥也。[112]

對此,西晉郭象注云:

> 巫祝解除,棄此三者,必妙選駿具,然後敢用。巫祝於此亦知不材者全也。夫全生者,天下之所謂祥也,巫祝以不材為不祥而弗用也,彼乃以不祥全生,乃大祥也。神人者,無心而順物者也。故天下所謂大祥,神人不逆。[113]

唐代成玄英對此進一步申論云:

---

112. 《莊子集釋》,卷 2,〈內篇‧人間世第四〉,頁 177。
113. 《莊子集釋》,卷 2,〈內篇‧人間世第四〉,頁 179。

顙，額也。亢，高也。痔，下漏病也。巫祝陳蒭狗以祠祭，選牛豕以解
除，必須精簡純色，擇其好者，展如在之誠敬，庶冥感於鬼神。今乃有
高鼻折額之豚，白額不駢之犢，痔漏穢病之人，三者既不清潔，故不可
往於靈河而設祭奠者也。古者將人沈河以祭河伯，西門豹為鄴令，方斷
之，即其類是也。女曰巫，男曰覡。祝者，執板祭文者也。祥，善也。
巫師祝史解除之時，知此三者不堪享祭，故棄而不用，以為不善之物
也。然神聖之人，知侔造化，知不材無用，故得全生。是知白顙亢鼻之
言，痔病不祥之說，適是小巫之鄙情，豈曰大人之適智！故才不全者，
神人所以為吉祥大善之事也。[114]

由此可見，站在莊子或其後學的立場，對於「祥」與「不祥」的判斷，「小巫」
的見識遠不如於其稱頌的「神人」（大人）。

其次，《莊子‧應帝王》則藉神巫季咸相壺子的故事有所發揮，其原文云：

鄭有神巫曰季咸，知人之死生存亡、禍福壽夭，期以歲月旬日，若神。
鄭人見之，皆棄而走。列子見之而心醉，歸，以告壺子，曰：「始吾以
夫子之道為至矣，則又有至焉者矣。」壺子曰：「吾與汝既其文，未既
其實。而固得道與？眾雌而无雄，而又奚卵焉！而以道與世亢，必信，
夫故使人得而相汝。嘗試與來，以予示之。」

明日，列子與之見壺子。出而謂列子曰：「嘻！子之先生死矣！弗活
矣！不以旬數矣！吾見怪焉，見濕灰焉。」列子入，泣涕沾襟以告壺子。
壺子曰：「鄉吾示之以地文，萌乎不震不正，是殆見吾杜德機也。嘗又
與來。」

---

114. 《莊子集釋》，卷2，〈內篇‧人間世第四〉，頁179。

　　明日，又與之見壺子。出而謂列子曰：「幸矣！子之先生遇我也，有瘳
矣！全然有生矣！吾見其杜權矣！」列子入，以告壺子。壺子曰：「鄉
吾示之以天壤，名實不入，而機發於踵。是殆見吾善者機也。嘗又與
來。」

　　明日，又與之見壺子。出而謂列子曰：「子之先生不齊，吾无得而相焉。
試齊，且復相之。」列子入，以告壺子。壺子曰：「吾鄉示之以太沖莫
勝，是殆見吾衡氣機也。鯢桓之審為淵，止水之審為淵，流水之審為
淵。淵有九名，此處三焉。嘗又與來。」

　　明日，又與之見壺子。立未定，自失而走。壺子曰：「追之！」列子追
之不及。反，以報壺子曰：「已滅矣，已失矣，吾弗及已。」壺子曰：
「鄉吾示之以未始出吾宗。吾與之虛而委蛇，不知其誰何，因以為弟
靡，因以為波流，故逃也。」

　　然後列子自以為未始學而歸。三年不出，為其妻爨，食豕如食人，於事
无與親。彫琢復朴，塊然獨以其形立。紛而封哉，一以是終。[115]

這一則故事主要寓意在於彰顯壺子的道行遠超過所謂的「神巫」，對此，唐代
成玄英屢屢有所發揮，如云：「此是大聖無感之時，小巫謂之弗活也」；「小巫
庸瑣，近見於此矣！」「小巫寡識，有茲叨濫者也。」「至人德滿智圓，……豈
小巫能測耶！」「小巫近見，不能遠測，心中迷亂，所以請齊（齋）耳。」「季
咸逃逸之後，列子方悟己迷，始覺壺丘道深，神巫術淺。自知未學，請乞其退
歸，習尚無為，伏膺玄也。」[116] 這些論述，應該相當忠實的反映了莊子或其後

---

115. 《莊子集釋》，卷3，〈內篇・應帝王第七〉，頁297–306。按：這一則故事也可見於《淮
　　南子》，卷7，〈精神訓〉，頁233；《列子》，卷2，〈黃帝篇〉，頁70–76。

學對於巫者識見、法術之鄙夷或輕視。[117]

　　除此之外，荀子（約 313–238 BC）對於巫者，也有其評價，首先，在討論設官分職之事時，他說：

> 相陰陽，占祲兆，鑽龜陳卦，主攘擇五卜，知其吉凶妖祥，傴巫跛擊（覡）之事也。[118]

這是主張或肯定在政府（官方）的體制中應設有巫官，以負責「占卜」、「吉凶」之事，但他不直接使用「巫覡」之詞，而冠上「傴、跛」以突顯這種人的生理缺陷，似乎暗示應由肢體殘障者出任這種工作，或是說巫覡這種人通常都有生理上的殘缺，隱含輕賤之意。事實上，他還說：

> 故天子唯其人。天下者，至重也，非至彊莫之能任；至大也，非至辨莫之能分；至眾也，非至明莫之能和。此三至者，非聖人莫之能盡。故非聖人莫之能王。聖人備道全美者也，是縣天下之權稱也。桀紂者，其志慮至險也，其至志意至闇也，其行之為至亂也；親者疏之，賢者賤之，生民怨之。禹湯之後也，而不得一人之與；剚比干，囚箕子，身死國亡，為天下之大僇，後世之言惡者必稽焉，是不容妻子之數也。故至賢疇四海，湯武是也；至罷不能容妻子，桀紂是也。今世俗之為說者，以桀紂為有天下，而臣湯武，豈不過甚矣哉！譬之，是猶傴巫跛匡大自以為有知也。[119]

這是荀子的「聖王觀」。他認為只有聖人才能成為完美無缺的王者，而其理想

---

116. 《莊子集釋》，卷 3，〈內篇・應帝王第七〉，頁 300–306。
117. 《莊子》內篇的作者，歷代學者意見紛歧，或謂莊周自撰，但也有人懷疑是漢初莊學後人所作。
118. 《荀子》，〈王制〉，頁 184。
119. 《荀子》，〈正論〉，頁 389。

典型則是商湯和周武王，不過，當時人對於古代的帝王（桀、紂、湯、武等人）的評價並不是都和荀子一致，因此，他譏諷那些和他有不同意見的人「猶傴巫跛匡（尪）」「大自以為有知」。在此，他再一次強調傴、跛這種生理缺陷，流露他對於巫覡的輕蔑態度。事實上，司馬遷 (145–86 BC) 替他立傳時便說：

> 荀卿嫉濁世之政，亡國亂君相屬，不遂大道而營於巫祝，信機祥，鄙儒小拘，如莊周等又滑稽亂俗，於是推儒、墨、道德之行事興壞，序列著數萬言而卒。[120]

不僅儒家、墨家、道家對於巫覡有所批評，法家的代表人物韓非也是如此。他說：

> 今巫祝之祝人曰：「使若千秋萬歲。」千秋萬歲之聲聒耳，而一日之壽無徵於人，此人所以簡巫祝也。今世儒者之說人主，不善今之所以為治，而語已治之功；不審官法之事，不察姦邪之情，而皆道上古之傳，譽先王之成功。儒者飾辭曰：「聽吾言則可以霸王。」此說者之巫祝，有度之主不受也。故明主舉實事，去無用；不道仁義者故，不聽學者之言。[121]

這段話主要的用意雖然是在於批評儒者的「學者之言」都是「不實」、「無用」之辭，但他所用來譬喻的，卻是「巫祝」的「祝人」行為，而「人所以簡巫祝」一語似乎也顯示，當時已有不少人對於巫祝抱持輕視的態度。韓非對於巫覡的批評還可見於他所引述的一則「故事」，他說：

> 衛嗣君 (?–293 BC) 謂薄疑曰：「子小寡人之國以為不足仕，則寡人力能仕子，請進爵以子為上卿。」乃進田萬頃。薄子曰：「疑之母親疑，以

---

120. 《史記》，卷 74，〈孟子荀卿列傳〉，頁 2348。
121. 《韓非子》，卷 19，〈顯學〉，頁 1102。

疑為能相萬乘所不宄也。然疑家巫有蔡嫗者，疑母甚愛信之，屬之家事
焉。疑智足以信言家事，疑母盡以聽疑也。然已與疑言者，亦必復決之
於蔡嫗也。故論疑之智能，以疑為能相萬乘而不宄也；論其親，則之母
之間也；然猶不免議之於蔡嫗也。今疑之於人主也，非子母之親也，而
人主皆有蔡嫗。人主之蔡嫗，必其重人也。重人者，能行私者也。夫行
私者，繩之外也；而疑之所言，法之內也。繩之外與法之內，讎也，不
相受也。」[122]

這一段話對於巫者雖然沒有明白的斥責或輕視之意，但是，家巫蔡嫗事實上是
被來比擬在人君之旁「行私」的「親信小人」。由此也可見巫者在薄疑及韓非
子心目中的形象。而這一段故事也間接證實，最晚到了西元前四、三世紀時，
已有「民巫」出現，他們有人轉為貴富之家服務，成為文中所謂的「家巫」。

　　上述諸子的言論，所代表的應該不僅僅是少數人對於巫者的態度和評價，
因為，他們之中，有人是春秋戰國時期統治階層中握有實權的知名之士，有的
是當時在列國之間享有大名的思想流派（包括儒、墨、法、道）的領導人物或
代表性人物。他們對於巫者及其巫術，或是抱持懷疑、輕賤、否定的態度，或
是主張統治者必須嚴加控管、善加利用。這種情形顯示，巫覡在當時的中國社
會中，即使仍有人身屬統治階層，但他們在政治事務和宗教領域中，已不再擁
有太高的權威。當然，諸子的批判和質疑，也有可能是導致巫覡喪失其權威性
地位的原因之一。

六、禁巫與抑巫

　　諸子的批判和質疑，或許曾損及巫覡的社會形象，但是，造成巫者政治、
社會地位下降，最直接的力量還是來自政治上的禁令或打擊。

122.《韓非子》，卷 13，〈外儲說右上〉，頁 745。

　　然而，在先秦時期，巫覡似乎還不曾真的遭受過統治階層全面性的壓制或禁斷。前引西門豹治鄴的故事，可能只是漢人「獵巫」心態的投射。至於《墨子》「湯之官刑」對於「巫風」（恒舞于宮）的禁止和處罰（罰君子出絲二「縱」），基本上，不是禁止巫覡的活動，而是禁止「君子」（統治階層的成員）過度佚樂（恒舞于宮）。

　　不過，從前引《墨子》的內容來看，大概從春秋、戰國時起，便逐漸有人主張對於巫者的行事要有所管控，例如，大約成書於戰國時期的《六韜》（《太公六韜》）便說：

　　　偽方異技，巫蠱左道，不祥之言，幻惑良民，王者必止之。[123]

其次，《禮記》的作者（應該是戰國時期的儒家學者）也主張：

　　　析言破律，亂名改作，執左道以亂政，殺。[124]

鄭玄對於這段話的注釋為：

　　　析言破律，巧賣法令者也。亂名改作，謂變易官與物之名，更造法度。
　　　左道，若巫蠱及俗禁。[125]

由此可見，巫者所專擅的「巫蠱」之術，曾令人相當畏惡，也擔心巫覡以此「幻惑良民」、「亂政」，因此，有人主張加以禁斷。而這樣的主張，到了漢武帝之時，便因爆發「巫蠱之禍」而被統治者付諸行動，巫覡的政治社會地位也才發生根本性的變化。

---

123. 《六韜》（臺北：臺灣商務印書館，1990），〈文韜・上賢第九〉，頁70。
124. 《禮記》，卷13，〈王制〉，頁260。
125. 《禮記》，卷13，〈王制〉，頁260。

七、秦漢時期的巫覡

㈠官巫與民巫

　　巫覡的政治社會地位從東周以來便逐漸下滑，到了秦漢時期，從原本的封建列國進入「編戶齊民」的統一帝國之後，這種趨勢不僅沒有改變，還加速進行。許多學者都已指出，漢代巫者的政治社會地位相當低賤。[126] 但是，在早期，至少還有部分的巫覡能廁身於統治階層。例如，《史記》便說：

> 天下已定，……長安置祠祝官、女巫。其梁巫，祠天、地、天社、天水、房中、堂上之屬；晉巫，祠五帝、東君、雲中君、司命、巫社、巫祠、族人、先炊之屬；秦巫，祠社主、巫保、族纍之屬；荊巫，祠堂下、巫先、司命、施糜之屬；九天巫，祠九天；皆以歲時祠宮中。其河巫祠河於臨晉，而南山巫祠南山、秦中。秦中者，二世皇帝。各有時日。[127]

這是漢高祖六年 (201 BC) 所設置的梁、晉、秦、荊、九天、河、南山等七種巫官，他們的主要職掌在於奉祀各地特有的鬼神。其後，武帝元封二年 (109 BC)

---

126. 詳見森三樹三郎，〈秦漢に於ける民間祭祀の統一〉，《東方學報（京都）》11：1（京都，1940），頁 84–87；增淵龍夫，〈漢代に於ける巫と俠〉，收入氏著，《中國古代の社會と國家》（東京：弘文堂，1960），頁 98–100；許地山，《道教史》（臺北：牧童出版社，1976），頁 10–172；瞿兌之，〈釋巫〉，頁 1008–1009；T'ung-tsu Ch'u（瞿同祖），*Han Social Structure* (Seattle: University of Washington Press, 1972), pp. 125–126; 林富士，《漢代的巫者》（臺北：稻鄉出版社，1999）；孫家洲，〈巫術の盛行と漢代社會〉，《古代文化》47：8（京都，1995），頁 38–47；馬新，〈論兩漢民間的巫與巫術〉，《文史哲》2001：3（濟南，2001），頁 119–126。

127. 《史記》，卷 28，〈封禪書〉，頁 1378–1379。

滅南越後又增置越巫。[128] 這「八巫」到了成帝建始二年 (31 BC)，因為匡衡和張譚的建議而遭罷除，[129] 但是，可能在成帝崩殂前便又復置，[130] 最晚在哀帝即位後，便因哀帝「盡復前世所常興諸神祠官」，[131] 而在復置之列。到了東漢時期，中央政府則仍設有「家巫八人」。[132]

這種官巫應該是正式官僚組織中的一員，而且有一定的職掌。在西漢，是「太常」（奉常）之下六令丞之一「太祝」（祠祀；廟祀）的員吏，主要是掌管祠廟的祭祀。[133] 在東漢，則屬於「少府」之下「祠祀令」的員吏，「典（宮）中諸小祠祀」。[134] 他們的品秩和俸祿雖然不見於記載，但其直屬官長「祠祀」（即西漢的太祝；廟祀）在西漢屬於太常（外朝，朝廷官），秩祿似乎是「比六百石」，[135] 而到了東漢，秩祿雖然仍是「六百石」，原本屬於「太常」後來卻轉屬「少府」（內朝，宮中官），[136] 這個轉折似乎也意味著巫者在國家祀典中的角色更加不重要。

---

[128]. 《史記》，卷28，〈封禪書〉，頁1399–1400。

[129]. 詳見《漢書》，卷25下，〈郊祀志下〉，頁1257–1258。

[130]. 成帝末年因為「無繼嗣」，便令皇太后下詔，命有司恢復從前所罷棄的甘泉泰畤、汾陰后土、雍五畤、陳寶畤，又「復長安、雍及郡國祠著明者且半」，其中應該包括「八巫」在內；詳見《漢書》，卷25下，〈郊祀志下〉，頁1259。

[131]. 詳見《漢書》，卷25下，〈郊祀志下〉，頁1264。

[132]. 詳見《續漢書志》，卷26，〈百官志〉，頁3595，劉昭注引王隆《漢官》。

[133]. 《史記・封禪書》只記載「置祠祝官、女巫」（頁1378），不曾說明二者的關係，但班固在《漢書・高帝紀》贊便說：「及高祖即位，置祠祀官，則有秦、晉、梁、荊之巫。」（頁81）可見「七巫」應該是「祠祀」的員吏，而「祠祀」在西漢是太常六令丞之一。詳見《漢書》，卷19上，〈百官公卿表上〉，頁726。

[134]. 詳見《續漢書志》，卷26，〈百官志〉，頁3595，劉昭注引王隆《漢官》。

[135]. 西漢祠祀官的秩祿並不見於記載，不過，同屬「太常」屬官之一的「博士」是「比六百石」，因此，祠祀官的秩祿應該和博士相差不多；詳見《漢書》，卷19上，〈百官公卿表上〉，頁726。

[136]. 詳見《續漢書志》，卷25，〈百官志〉，頁3574。

在中央政府之中，除了上述的「巫官」之外，還有所謂的「待詔」。東漢
王隆《漢官》說：

> 太史待詔三十七人，其六人治曆，三人龜卜，三人廬宅，四人日時，三
> 人易筮，二人典禳，九人籍氏、許氏、典昌氏，各三人，嘉法、請雨、
> 解事各二人，醫一人。[137]

其中，典禳、請雨、解事三者都屬於巫者的職事，很可能是由巫者充任。這種
待詔並非正式的官員，例如，應劭便說：「諸以材技徵召，未有正官，故曰待
詔」，[138] 而西漢確實有徵召巫者之事。例如，《漢書》便說：

> 哀帝即位，寢疾，博徵方術士，京師諸縣皆有侍祠使者。[139]

文中雖然只說「方術士」，但由當時龔勝對於哀帝的建言中可以知道，其中確
有巫者。《漢書》說：

> 勝曰：「竊見國家徵醫、巫，常為駕，徵賢者宜駕。」[140]

可見巫者可以透過「方術」這個科目而獲得徵召。

至於地方政府，在正式的組織中，似乎沒有「巫官」。不過，在地方政府
的官方祭祀活動中，仍有巫者參與，可能是由民間徵召而來。[141]

總之，漢代雖然有「官巫」，但是，只有中央「祠祀」官的員吏，確定為
正式官僚組織中的成員，西漢時有「八巫」，東漢時則有「家巫」八人。這也
就是說，巫者若想仕宦為吏，只能擔任這種職位，而且員額也很有限。此外，

---

137. 《續漢書志》，卷25，〈百官志〉，頁3572，劉昭注引。
138. 《漢書》，卷11，〈哀帝紀〉，頁340，顏師古注引。
139. 《漢書》，卷25下，〈郊祀志下〉，頁1264。
140. 《漢書》，卷72，〈王貢兩龔鮑傳〉，頁3080。
141. 詳見林富士，《漢代的巫者》，頁41–42。

巫者雖然還可能以應「徵召」而成為「待詔」，但是，待詔並不是正式的官員，而且「徵召」也不是「常舉」（不定期舉行、無一定人數、無一定科目），因此，能透過這個途徑而仕宦的巫者恐怕極少。[142] 至於在地方上，巫者雖然可以參與官方的祭祀活動，但究竟是以何種身分參加，很難斷定，從僅有的資料來看，大概是屬於臨時徵用的性質，並非常設的專吏。[143] 換句話說，巫官的員額極少，在整個官僚組織中所占的地位和分量也都極為微小。

至於巫者成為一般官吏（也就是巫官之外的官職）的可能性，更是微乎其微。這可以以高鳳的事例作為討論的基礎。《後漢書》說：

> 高鳳字文通，南陽葉人也。少為書生，家以農畝為業，而專精誦讀，畫夜不息。……其後遂為名儒，乃教授業於西唐山中。……鳳年老，執志不倦，名聲著聞。太守連召請，恐不得免，自言本巫家，不應為吏，又詐與寡嫂訟田，遂不仕。建初中，將作大匠任隗舉鳳直言，到公車，託病逃歸。[144]

根據這段材料，高鳳為了拒絕出仕所提出的理由是「本巫家，不應為吏」，這究竟是什麼意思呢？是一種律令上正式的禁令？或僅是一般的俗見和慣例呢？

倘若這是一種律令上的禁令，則「巫家」在仕宦上所受到的限制，可以說相當類似賈人和有市籍者。《史記》說：

---

142. 有關兩漢「選舉」人材的途徑和應舉的科目，參見宋代徐天麟，《西漢會要》（臺北：世界書局，1981），卷 44–45，〈選舉〉，頁 451–473；徐天麟，《東漢會要》（臺北：世界書局，1981），卷 26–27，〈選舉〉，頁 279–302；鄭欽仁，〈鄉舉里選——兩漢的選舉制度〉，收入氏編，《中國文化新論・制度篇・立國的宏規》（臺北：聯經出版事業公司，1982），頁 193–199；韓復智，〈東漢的選舉〉，原載《國立臺灣大學歷史學系學報》4(1977)，收入氏著，《漢史論集》（臺北：文史哲出版社，1980），頁 113–114。

143. 詳見林富士，《漢代的巫者》，頁 38–43。

144. 《後漢書》，卷 83，〈逸民列傳〉，頁 2768–2769。

天下已平，高祖乃令賈人不得衣絲乘車，重租稅以困辱之。孝惠、高后時，為天下初定，復弛商賈之律，然市井之子孫亦不得仕宦為吏。[145]

其次，《漢書》載有景帝後元二年 (142 BC) 五月所發布的詔書說：

今訾算十以上乃得官，廉士算不必眾。有市籍不得官，無訾又不得官，朕甚愍之。訾算四得官，亡令廉士久失職，貪夫長利。[146]

由此可見，在景帝之前，在仕宦上，不但有財產上的限制，還對「有市籍者」[147] 加以限制。

到了武帝時，因為長期征伐，財政困難，而有「入物者補官」、「入奴婢」「入羊」者郎、「買武功爵官首者試補吏」、「除故鹽鐵家富者為吏」種種措施，因而導至「選舉陵遲」，「吏道益雜」「而多賈人矣」。[148] 因此，武帝以後，賈人（或有市籍者）不得為吏的禁令即使存在，大概也沒有嚴格執行，也因此，宣帝時何武兄弟五人「皆為郡吏」，而何武之弟何顯卻「家有市籍」。[149] 不過，哀帝一即位 (6 BC) 便立刻下詔重申禁令：

賈人皆不得名田、為吏，犯者以律論。[150]

這個禁令究竟有沒有確實施行，施行多久，已不得而知，但到了東漢安帝之後，政府又開始有「鬻官」之事，[151] 因此，這種禁令即使沒有廢除，恐怕也沒有太大的約束力。

---

145. 《史記》，卷 30，〈平準書〉，頁 1418。

146. 《漢書》，卷 5，〈景帝紀〉，頁 152。

147. 《史記》作「市井子孫」、「賈人」。

148. 詳見《史記》，卷 30，〈平準書〉，頁 1420–1429。

149. 詳見《漢書》，卷 86，〈何武王嘉師丹傳〉，頁 3482。

150. 《漢書》，卷 11，〈哀帝紀〉，頁 336。

151. 詳見《東漢會要》，卷 25，〈職官七・鬻官〉，頁 275–276。

但是，當禁令被執行的時候，一個巫者雖然不是賈人，卻可能因為具有
「市籍」而會被禁錮為吏。例如，王莽之時所制定的「貢法」便規定：

> 工匠、醫、巫、卜、祝及它方技、商販、賈人坐肆列、里區、謁舍，皆
> 各自占所為於其所在之縣官，除其本，計其利，十一分之，而以其一為
> 貢。敢不自占，自占不以實者，盡沒入所采取，而作縣官一歲。[152]

這是對工匠、醫、巫、卜、祝、商賈等行業課徵營業稅的規定。[153] 其中，「肆
列」（即城中的商業區）、「里區」（即一般住宅區）、「謁舍」（即客舍）[154] 都是
指營業地點。而在「肆列」中營業者，按規定似乎必須著錄「市籍」。[155] 由「貢
法」來看，巫者應當有住在市區或在市區營業而占著市籍者。這種有市籍的巫
者，仕宦為吏的可能性應該比較小。

然而，高鳳所說的「本巫家」似乎不是指有市籍而言。因為，當時高鳳家
是以「農畝為業」，高鳳本身也不是一名巫者，而是一名儒者，以教授為業，
自然不可能有市籍。倘若是他的父、祖有市籍，則漢代禁錮賈人或有市籍者為
吏也是及身而止，[156] 不可能到高鳳這一代還會用「市籍」作為託詞。因此「本

---

152. 《漢書》，卷 24 下，〈食貨志下〉，頁 1181。

153. 韓國在高麗時代 (918–1392) 和李朝時期 (1393–1910) 也都有向職業巫者徵收稅賦的情
形；詳見李能和，《朝鮮巫俗考》(1927；臺北：東方文化書局，1971 翻印本)，頁 19–
23。

154. 詳見李劍農，《先秦兩漢經濟史稿》(臺北：華世出版社，1981)，頁 221–229。

155. 或以為：「市籍者因市而籍，也就是住在市廛內者的名冊記錄，與經商無必然關係」，這
是以「地著」（居住）而不以「職業」釋「市籍」。不過，在市區有固定的營業處以經營
各種行業而不住在市區者，似乎也會被登錄為市籍。有關漢代的「市籍」，參見杜正勝，
〈周秦城市的發展與特質〉，《中央研究院歷史語言研究所集刊》51：4（臺北，1980），
頁 691。

156. 戰國時期，魏國「魏戶律」禁錮作買賣的「賈門」、經營「逆旅」的店主、以及招贅於
人的「贅婿」和「後父」不得仕宦，而且禁令及於三世。但在漢代，則只有「七科謫」

巫家，不應為吏」應該不是一種律令上的正式規定，更何況，就情理來說，漢代政府似乎不會單獨針對巫者採取如此嚴厲的禁錮措施，這從後來任隗仍然再次薦舉高鳳一事也可以知道。

「本巫家，不應為吏」倘若不是官方的正式禁令，便有可能是一般選舉時的慣例，這和漢代的入仕途徑、選舉科目，以及官僚階層的成分有很大的關係。漢人的入仕途徑比較重要的有任子、納貲、學官弟子、辟召、徵召、選舉（察舉）諸途，而徵辟、選舉的科目則有賢良、方正、文學、直言、極諫、明經、博士、武猛、兵法、陰陽災異、天文、曆算、小學、方術、本草、敦朴、有道、高節、清白、孝廉、秀才（茂才）等科。[157] 這些入仕途徑和選舉科目，大致來說，在西漢初期是以任子和納貲為主，中葉以後逐漸有經術、辟召、孝廉之選，東漢時期則是以歲舉孝廉成為最主要的途徑，其次是辟召和任子。[158]

在這種選舉制度之下，大約從武帝以後，「儒生」便漸漸成為官僚組織中的骨幹之一（另外則是「文吏」）。到了東漢時期，「儒生」更是成為官僚階層的主體。[159] 當儒生成為官僚組織的主要成分之後，他們對於選舉自然擁有較大

中的「故有市籍、父母有市籍、大父母有市籍」，似乎三代都會成為譴發的對象。至於仕官的限制則僅及於「有市籍者」本身。「魏戶律」的內容，詳見睡虎地秦墓竹簡整理小組，《睡虎地秦墓竹簡》（北京：文物出版社，1978），〈為吏之道・魏戶律〉，頁 292–293。「七科謫」的內容，詳見《漢書》，卷 6，〈武帝紀〉，頁 205，顏師古注引張晏之說。相關研究，參見堀敏一，〈漢代の七科謫とその起源〉，《駿臺史學》57（東京，1982），頁 1–27。

157. 詳見《西漢會要》，卷 44–45，〈選舉〉，頁 451–473；《東漢會要》，卷 26–27，〈選舉〉，頁 279–302；鄭欽仁，〈鄉舉里選——兩漢的選舉制度〉，頁 193–199；韓復智，〈東漢的選舉〉，頁 113–114。

158. 參見劉增貴，〈漢代豪族研究——豪族的士族化與官僚化〉（臺北：國立臺灣大學歷史學研究所博士論文，1985），頁 190–191。

159. 參見永田英正，〈漢代の選舉と官僚階級〉，《東方學報（京都）》41（京都，1970），頁 157–196。

的操縱能力,無論是察舉還是辟召,儒生往往相互援用而排除異己,在這種情形下,凡是不合於儒家經典和義理所要求的,自然會被視為「異端」而遭到排擯和打擊,至少會被他們鄙視。[160] 而從當時知識分子和官僚階層對於巫者的態度來看,巫者應該是在「異端」之列,因此,巫者若是想由一般的選舉途徑入仕,恐怕相當困難,久而久之,巫者或巫家子,即使沒有市籍,也會被認為或是自認為沒有應舉的資格。高鳳說「本巫家,不應為吏」,或許便是在這種社會情境下的真實告白,不過,他所說的「吏」,應該不包括可以由巫者專任的「巫官」,而是指一般性的官吏。

由此可見,巫者仕宦為一般官吏的可能性相當小,在東漢時期更是機會渺茫,因為,他們若是住在市區或在市區營業,便有可能因為占著市籍而被禁錮不得為吏。即使沒有市籍,巫者的職業也被知識分子和官吏階層所輕賤,他們的活動又背離儒家經典的要求,甚至觸犯律令,因而被以「儒生」為主體的官吏階層所排斥,難以被察舉、辟召而進入仕途。

而由上述王莽之時所制定的「貢法」也可以知道,在兩漢時期,「巫」應該已經成為民間的一種職業。事實上,當時絕大部分的巫覡似乎已淪落在社會的底層,成為職業的巫者,例如,西漢昭帝始元六年 (81 BC) 在長安舉行的「鹽鐵之議」中,[161] 代表官方的「大夫」桑弘羊也說:

> 議不在己者易稱,從旁議者易是,其當局則亂。……若疫歲之巫,徒能鼓口舌耳。[162]

這是在譏諷來自民間的「賢良文學」因未在其位而空發議論,形容他們「若疫

---

160. 參見許倬雲,〈秦漢知識分子〉,收入氏著,《求古編》(臺北:聯經出版事業公司,1984),頁 483–514。

161. 有關「鹽鐵之議」的問題,參見徐復觀,〈鹽鐵論中的政治社會文化問題〉,收入氏著,《兩漢思想史・卷三》(臺北:臺灣學生書局,1979),頁 117–216。

162. 桓寬,《鹽鐵論》(臺北:臺灣商務印書館,1980),卷 6,〈救匱〉,頁 60。

歲之巫，徒能鼓口舌」。從這個譬喻可以知道桑弘羊對於巫者祈禳之術的輕賤，事實上，他還說「巫祝不可與並祀，諸生不可與逐語」。[163] 同樣的，來自民間各地的「賢良文學」對於巫者也沒有好感，他們說：

> 世俗飾偽行詐，為民巫祝，以取釐謝。堅額健舌，或以成業致富，故憚事之人，釋本相學，是以街巷有巫，閭里有祝。[164]

從辯論雙方的言談可以知道，巫者的社會形象在西漢中期已經被知識階層和官方形塑為「飾偽行詐」、「憚事」之人。但從「街巷有巫，閭里有祝」一語來看，他們的人數之眾及在民間的影響力絕不可輕忽。[165]

(二)輕巫與抑巫

由於絕大多數的巫者被阻絕於官宦體系之外，「民巫」不可能成為當時社會所尊崇的對象。當時的文獻中，屢屢可見鄙視、輕賤巫者的言論，例如，武帝時（141–87 BC 在位）司馬遷論「病之六不治」便說：

> 驕恣不論於理，一不治也；輕身重財，二不治也；衣食不能適，三不治也；陰陽并，藏氣不定，四不治也；形羸不能服藥，五不治也；信巫不信醫，六不治也。有此一者，則重難治也。[166]

其中所謂「信巫不信醫，六不治也」便是對於巫者治病之術的否定和賤視。

其次，西漢成帝綏和二年 (7 BC) 時，曾任太常，位為列侯的杜業也因丞相翟方進逝世而上書說：

---

163. 《鹽鐵論》，卷 9，〈論菑〉，頁 93。

164. 《鹽鐵論》，卷 6，〈散不足〉，頁 57。

165. 詳見林富士，《漢代的巫者》，頁 49–86，133–155；文鏞盛，〈秦漢巫覡的地域分布〉，《文史知識》1999：8（北京，1999），頁 107–112。

166. 《史記》，卷 105，〈扁鵲倉公列傳〉，頁 2794。

案師丹行能無異，及光祿勳許商被病殘人，皆但以附從方進，嘗獲尊官。丹前親薦邑子丞相史能使巫下神，為國求福，幾獲大利。幸賴陛下至明，遣使者毛莫如先考驗，卒得其姦，皆坐死。假令丹知而白之，此証罔罪也；不知而白之，是背經術惑左道也：二者皆在大辟。[167]

由此可見，杜業認為官吏信用巫者是「背經術、惑左道」的行為，觸犯了「大辟」之罪。

此外，西漢末年，揚雄 (53 BC–18 AD) 在他晚年的作品《法言》[168] 之中也說：

或問黃帝終始。曰：託也。昔者姒氏治水土而巫步多禹，扁鵲盧人也而醫多盧。夫欲讎偽者必假真，禹乎？盧乎？終始乎？[169]

這段文字主要是在批駁當時流行的五德終始說，並兼駁巫醫的偽託附會。[170] 其中「巫步多禹」一語，晉代李軌《法言》注文解釋說：「姒氏，禹也。治水土，涉山川，病足，故行跛也。禹自聖人，是以鬼神猛獸蜂蠆蛇虺莫之螫耳，而俗巫多效禹步」。無論巫者「禹步」的起源是否真是如此，[171] 揚雄認為巫者的這

---

167. 《漢書》，卷60，〈杜周傳〉，頁2679–2680。

168. 徐復觀認為，揚雄寫《法言》的時間可能開始於五十八歲前後，即平帝元始元年 (1) 前後，而應完成於新莽始建國二年 (10)；詳見氏著，〈揚雄論究〉，收入氏著，《兩漢思想史·卷二》（臺北：臺灣學生書局，1979），頁501。

169. 揚雄，《法言》〔四部備要本〕（臺北：臺灣中華書局，1983），卷10，〈重黎〉，頁1上–1下。

170. 詳見徐復觀，〈揚雄論究〉，頁522–523。

171. 有關「禹步」的討論，詳見饒宗頤、曾憲通合著，〈禹符、禹步、禹須臾〉，收入氏著，《雲夢秦簡日書研究》（香港：中文大學出版社，1982），頁20–23；藤野岩友，〈禹步考〉，收入氏著，《中國の文學と禮俗》（東京：角川書店，1976），頁302–316；劉昭瑞，〈論「禹步」的起源及禹與巫、道的關係〉，頁264–279。

種行徑是「託」，是「假真以雛偽」，其輕視之意相當明顯。此外，揚雄還說：

> 仲尼之道，猶四瀆也。經營中國，終入大海。……淮南說之用不如太史
> 公之用也。必也儒乎？乍出乍入，淮南也。文麗用寡，長卿也。多愛不
> 忍，子長也。仲尼多愛，愛義也。子長多愛，愛奇也。或曰：甚矣，傳
> 書之不果也。曰：不果則不果矣，人以巫鼓。[172]

這段文字在闡述書（文章、言論）的有用無用和傳或不傳。其中「巫鼓」一
語，李軌的注文解釋說：「巫鼓，猶妄說也。妄說傷義，甚於不言」。以「巫
鼓」比喻虛妄之說，等於在指斥巫者的不實和無用。

到了東漢時期，的知識分子和官吏階層對於巫者的輕賤態度更加明顯。例
如，遍習五經，在光武帝時（25–57 在位）擔任議郎給事中的桓譚 (13? BC–56
AD)，在他獻給光武帝的著作《新論》一書[173]中便說：

> 昔楚靈王驕逸輕下，簡賢務鬼，信巫祝之道，齋戒潔鮮以祀上帝，禮群
> 神，……吳人來攻，其國人告急，而靈王鼓舞自若，……，而吳兵遂
> 至，俘獲其太子及后，甚可傷。[174]

由這段對於楚靈王的評述可以知道，桓譚對於「巫祝之道」頗不以為然。

其次，以儒生而任職於地方政府的王充，在《論衡》一書中說：

> 今世信祭祀，……不修其行而豐其祝，不敬其上而畏其鬼，身死禍至，
> 歸之於祟，謂祟未得。得祟修祀，禍繁不止，歸之於祭，謂祭未敬。夫
> 論解除，解除無益。論祭祀，祭祀無補。論巫祝，巫祝無力。[175]

---

172. 《法言》，卷 12，〈君子〉，頁 2 上–2 下。
173. 詳見《後漢書》，卷 28 上，〈桓譚馮衍列傳上〉，頁 955–961。
174. 桓譚，《新論》〔四部備要本〕（臺北：臺灣中華書局，1976），頁 22 下。
175. 王充，《論衡》，卷 25，〈解除篇〉，頁 7 下–8 上。

這是王充對於當時民間信仰的描述和批評，從他斷言「巫祝無力」來看，王充似乎完全否定巫者祈福解禍的能力。

第三，深具儒學教養的班固 (32–92)，在《漢書・敘傳》中說：

> 昔在上聖，昭事百神，類帝禋宗，望秩山川，明德惟馨，永世豐年。季末淫祀，營信巫史，……放誕之徒，緣間而起。瞻前顧後，正其終始。述〈郊祀志〉第五。[176]

由此可見，班固是站在儒家的立場撰述〈郊祀志〉，企圖透過對於歷代禮制變革的傳述和批判，以儒家正統的「祀典」規範、糾正當時崇信巫者和淫祀的社會現象，他對巫者活動所抱持的拒斥態度可以說相當明顯。

第四，「少好學」，與儒者馬融、張衡等相友善，終身不仕的王符 (90–165?)，[177] 在其《潛夫論》中說：

> 夫治世不得真賢，譬猶治疾不得真藥也。治疾當得真人參，反得支羅服。當得麥門冬，反得丞穬麥。已而不識真，合而服之，病以侵劇。不知為人所欺也，乃反謂方不誠而藥皆無益於療病。因棄後藥而弗敢飲，而便求巫覡者，雖死可也。[178]

這雖然是譬喻之說，但由此也可以知道，王符並不贊同世人罹病時求助於巫者。他還說：

> 詩刺：不績其麻，女也婆娑。今多不修中饋，休其蠶織，而起學巫祝，鼓舞事神，以欺誣細民，熒惑百姓。……疾病之家，懷憂憒憒，皆易恐懼。至使奔走便時，去離正宅，……益禍益祟，以至重者，不可勝數。

---

176. 《漢書》，卷 100，〈敘傳下〉，頁 4242–4243。
177. 詳見《後漢書》，卷 49，〈王充王符仲長統列傳〉，頁 1630–1643。
178. 王符，《潛夫論》，卷 2，〈思賢〉，頁 80。

或棄醫藥，更往事神，故至於死亡，不自知為巫所欺誤，乃恨事巫之晚，此熒惑細民之甚者也。[179]

這在痛斥巫者「欺誣細民、熒惑百姓」之可惡，其中，他認為最嚴重的是欺騙罹病者，使他們棄用醫藥，因而延誤治療而死。此外，王符又說：

凡人吉凶，以行為主，以命為決。……在於己者，固可為也，在於天者，不可知也。巫覡祝請，亦其助也，然非德不行。巫、史、祈祝者，蓋所以交鬼神而救細微爾，至於大命，末如之何。[180]

這雖然不否定巫者具有某種功用，但他仍認為巫者所能救助的只是細微末節的事，可見王符對於巫者之術頗為輕視。

第五，曾在東漢末年任職尚書郎，又參丞相曹操軍事的仲長統 (180–220)，[181] 在其《昌言》中說：

然則天下作大臣者，不待于知天道矣。所貴乎用天之道者，則指星辰以授民事，順四時而興功業，其大略也。吉凶之祥，又何取焉？故知天道而無人略者，是巫醫卜祝之伍，下愚不齒之民也。[182]

文中將巫者和「下愚不齒之民」等同視之，可見仲長統對於巫者的鄙視。

第六，范曄《後漢書》記載順帝時（125–144 在位）宮崇進獻《太平清領書》之事曾說：

初，順帝時，琅邪宮崇詣闕，上其師干吉於曲陽泉水上所得神書百七十

---

179. 王符，《潛夫論》，卷3，〈浮侈〉，頁125。
180. 王符，《潛夫論》，卷6，〈巫列〉，頁301。
181. 詳見《後漢書》，卷49，〈王充王符仲長統列傳〉，頁1646。
182. 嚴可均校輯，《全上古三代秦漢三國六朝文》（京都：中文出版社，1981），第一冊，《全後漢文》，卷89，頁955。

卷，……號《太平清領書》。其言以陰陽五行為家，而多巫覡雜語。有
司奏崇所上妖妄不經，乃收藏之。[183]

陰陽五行在漢代是相當流行而普遍的觀念，因此，有司所以會認為這本書「妖
妄不經」，恐怕是因為其中「多巫覡雜語」的緣故。後來，桓帝之時 (147–167)
襄楷再度獻上這本書又不被接受。根據范曄《後漢書》的記載，延熹九年
(166)，因為當時「宦官專朝，政刑暴濫，又比失皇子，災異尤數」，因此襄楷
又上疏言事，疏中並再次提及《太平清領書》能夠讓皇帝「興國廣嗣」，[184] 但
是，尚書奏曰：

> （襄）楷不正辭理，指陳要務，而析言破律，違背經藝，假借星宿，偽
> 託神靈，造合私意，誣上罔事。請下司隸，正楷罪法，收送洛陽獄。[185]

襄楷所以會被論處，雖然和他批評宦官專擅有關，[186] 但尚書論斷他的罪狀卻是
根據前引《禮記・王制》之文，[187] 而他的罪狀則又與《太平清領書》「假借星
宿，偽託神靈」以言事的性質有關，也就是說，這和《太平清領書》「多巫覡
雜語」有關。[188] 從順帝和桓帝之時，朝廷官吏以「多巫覡雜語」為由拒斥《太

---

183. 《後漢書》，卷 30 下，〈郎顗襄楷列傳〉，頁 1084。

184. 《後漢書》，卷 30 下，〈郎顗襄楷列傳〉，頁 1076–1081。

185. 《後漢書》，卷 30 下，〈郎顗襄楷列傳〉，頁 1083。

186. 《後漢書》，卷 30 下，〈郎顗襄楷列傳〉，頁 1083。

187. 詳見《禮記》，卷 13，〈王制〉，頁 260。

188. 學者大多認為，現在仍殘存在《正統道藏》中的《太平經》應該就是東漢時期問世的
　　《太平清領書》，這部書也被認為是道教的第一部經典。無論如何，這部書的內容相當
　　複雜，思想來源多端，其中確實有巫覡的色彩；詳見林富士，〈試論《太平經》的疾病
　　觀念〉，《中央研究院歷史語言研究所集刊》62：2（臺北，1993），頁 225–263；林富士，
　　〈試論《太平經》的主旨與性質〉，《中央研究院歷史語言研究所集刊》69：2（臺北，
　　1998），頁 205–244。

平清領書》來看，當時官吏階層似乎相當敵視巫者。

除此之外，有一些官吏還對巫者採取更為嚴厲而實質的打擊措施。例如，《風俗通義》便說：

> 九江逡遒有唐、居二山，名有神，眾巫共為取公嫗，歲易，男不得復娶，女不得復嫁，百姓苦之。……時太守宋均到官，……曰：「眾巫與神合契，知其旨欲，卒取小民不相當。」於是勑條巫家男女以備公嫗，巫扣頭服罪，乃殺之，是後遂絕。[189]

這大約是光武帝中元元年 (56) 前後，宋均出任九江太守時的事，[190] 他對巫者不僅僅是抱持一種賤視的態度，而是採取誅殺的嚴厲手段。

其次，《風俗通義》又說：

> 會稽俗多淫祀，好卜筮，民一以牛祭，巫祝賦斂受謝。……太守司空第五倫到官，先禁絕之，……曰：「夫建功立事在敢斷，為政當信經義，經言：『淫祀無福』，『非其鬼而祭之，諂也。』 律 『不得屠殺少齒。』……」遂移書屬縣，曉諭百姓：「民不得有出門之祀，……依託鬼神，恐怖愚民，皆按論之。有屠牛，輒行罰。」……後遂斷。[191]

第五倫是在光武帝建武二十九年 (53) 至明帝永平五年 (62) 期間擔任會稽太守，[192] 他以儒家經義[193] 和漢律為據以禁斷當地巫俗，正是漢代知識分子和官吏階層賤視、拒斥巫者的具體表現。

---

189. 《風俗通義》，卷 9，〈怪神〉，頁 400。

190. 詳見《後漢書》，卷 41，〈第五鍾離宋寒列傳〉，頁 1412–1413。

191. 《風俗通義》，卷 9，〈怪神〉，頁 401–402。

192. 詳見《後漢書》，卷 41，〈第五鍾離宋寒列傳〉，頁 1397。

193. 文中所引「淫祀無福」和「非其鬼而祭之，諂也」，分別是《禮記・曲禮下》和《論語・為政》之文。

再者，《後漢書》載有順帝末年欒巴擔任豫章太守時禁絕巫者活動之事說：

> 郡土多山川鬼怪，小人常破貲產以祈禱。巴……乃悉毀壞房祀，翦理姦
> 巫，於是妖異自消。[194]

這是另外一則以政治權力打擊巫者的事例。[195]

㈢禁巫的緣由

漢代部分官吏對於巫者進行打擊和禁斷，主要的考量或理由大致不外下列數點。

1.祀典與淫祀

或許是受到先秦禮制或儒家的影響，秦、漢王朝在統一天下之初，很快的便建立國家的「祀典」，明文規定官方所崇祀的對象以及相關的禮儀，「祀典」的內容雖然屢有變化，但只要不在「祀典」的範圍，便會被視為「淫祀」，官方便可以取締和禁止。[196] 誠如前述，在秦漢之初，巫者還被包容在「祀典」之內，擔負部分官方的祭祀工作，但是，從元帝（48–33 BC 在位）開始，一直到新莽 (9–23) 代漢，漢代祀典的發展進入一個新的階段。在這個階段中，由於儒生（如貢禹、韋玄成、匡衡等）相繼為公卿，而且藉著「明經」或「孝廉」入仕的儒生逐漸在官僚階層中占據重要的地位，[197] 因此，在儒生引經據典的討

---

194. 《後漢書》，卷 57，〈杜欒劉李劉謝列傳〉，頁 1841。

195. 欒巴事實上不只是一個官吏，還是一個精通道術的術士，在道教的形成過程中似乎也扮演了相當重要的角色；參見柳存仁，〈欒巴與張天師〉，收入李豐楙、朱榮貴主編，《儀式、廟會與社區——道教、民間信仰與民間文化》（臺北：中央研究院中國文哲研究所籌備處，1996），頁 19–48。

196. 詳見林富士，《漢代的巫者》，頁 89–96。

197. 參見永田英正，〈漢代の選舉と官僚階級〉，頁 161–177。

論下，「祀典」的內容也由先前變動不居的局面，逐漸變得秩序井然、明確不移。[198] 其中，最大的二個變革是「郡國廟」的罷除以及長安「南北郊」制度的形成。[199] 至於其他在成帝時一度被排除於祀典之外的許多鬼神之祠，則大致仍被奉祀。[200] 東漢祀典大致倣效西漢末年平帝元始年間的制度，[201] 但是，巫者在國家祀典中的角色卻有了變化，因為，原有的巫官原本屬於「太常」，東漢之時卻轉屬「少府」，似乎不再能掌管一些官方的神祠和祭祀活動。這種變化，應該和儒生集團企圖全面性的掌控國家祀典有關，因為，在這個領域，巫者是他們最主要的競爭者之一。

---

198. 有關這個時期的儒生根據儒家經典的義理，企圖改造當時政制和禮制的情形，參見徐復觀，〈西漢經學史〉，收入氏著，《中國經學史的基礎》（臺北：臺灣學生書局，1982），頁 223–233。

199. 有關南北郊祀的興立過程，詳見張寅成，〈西漢的宗廟與郊祀〉（臺北：國立臺灣大學歷史學研究所碩士論文，1986）。值得一提的是，「南郊」建築遺址在近代考古工作中已被發現，1956 年，大陸的考古工作者便在現今的西安市西郊（漢代長安古城南郊）發現至少有九處漢代的建築遺址。這些遺址在 1958 年進行挖掘、整理後，發現其中至少八處遺址的形制都非常接近，成正方形，輪廓如「回」字，每邊長 180–260 公尺，都由中心建築、圍牆、門，和圍牆四隅的曲尺形配房等組成，很可能是一種「禮制建築群」。根據學者研判，這可能是西漢平帝時，王莽當權後所興建的各種「禮制建築」之一，至於究竟是指何種祭祀場所則很難判定，不過，依照其方位、形制，對照文獻的記載來看，有可能是「明堂」、「辟雍」、「祝融時」或「社稷」這類建築；詳見雒忠如，〈西安西郊發現漢代建築遺址〉，《考古通訊》1957：6（北京，1957），頁 26–30；考古研究所漢城發掘隊，〈漢長安城南郊禮制建築遺址群發掘簡報〉，《考古》1960：7（北京，1960），頁 36–39；黃展岳，〈漢長安城南郊禮制建築的位置及其有關問題〉，《考古》1960：9（北京，1960），頁 52–58。

200. 詳見《漢書》，卷 25 下，〈郊祀志下〉，頁 1257–1264。

201. 詳見林富士，《漢代的巫者》，頁 98–100。

2.經濟與治安

秦漢社會主要是以小農經濟為基礎,「重農」一直是國家主要的政策,「耕織」被視為「本業」,商賈以及其他的「服務業」則不被鼓勵,甚至會受到壓制。也就是在這樣的思維之下,職業巫者被視為蠹財傷民之人,前引「賢良文學」批評習巫者「釋本相學」,第五倫和欒巴因為「民一以牛祭,巫祝賦斂受謝」、「小人常破貲產以祈禱」而禁巫,便是具體的例子。

不過,當時統治者最擔憂的或許是巫者會「欺誣細民,熒惑百姓」(仲長統語)、「恐怖愚民」(第五倫語)、「疑眾」、「亂政」(《禮記・王制》文)。從知識階層或官方的角度來看,巫者的行事不僅會讓百姓耗費資財、延誤醫療,還可能藉此聚眾滋事,擾亂治安,甚至威脅政權。他們的擔憂也不是毫無根據,因為從新莽時期到東漢末年期間,的確曾爆發多起的所謂的「妖賊」叛亂事件,其中,不乏由巫者領導或參與的團體。[202]

3.祝詛、巫蠱與媚道

除了明顯的暴力和武裝之外,巫者的祝詛、巫蠱與媚道更被視為一種難以防備的威脅。這三種技能基本上都是一種咒術,[203] 和其他的「巫術」一樣,都被用來祈福解禍,不過,這種咒術往往是以危害他人為手段,謀求施術者的福利。例如,秦漢宮廷和民間都曾流行過所謂的「祝移」之術,而這種法術基本的操作機制就是以「咒術」將一個人所遭受的禍害轉移到他人身上,例如,《論衡》便說:

---

202. 林富士,《漢代的巫者》,頁 140–155;方詩銘,〈黃巾起義先驅與巫及原始道教的關係——兼論「黃巾」與「黃神越章」〉,《歷史研究》1993:3 (北京,1993),頁 3–13;東晉次,〈後漢初期の巫者の反亂について〉,《名古屋大學東洋史研究報告》 25 (名古屋,2001),頁 113–127。

203. 詳見林富士,《漢代的巫者》,頁 71–80。

　　巫咸能以祝延人之疾，愈人之禍者，生於江南，含烈氣也。[204]

「延」就是「移」，有移轉的意思，[205] 可見漢人認為巫者能以「祝」（咒術）解除一個人的災禍（疾病只是其中之一）。事實上，在宮廷中，最晚從秦代起便設有專官掌管這種「祝移」之事。例如，《史記》說：

　　祝官有祕祝，即有菑祥，輒祝祠移過於下。[206]

這是秦始皇和二世之時的設置，似乎直到漢文帝才被廢除，《史記》說：

　　（孝文帝）即位十三年，下詔曰：「今祕祝移過于下，朕甚不取，自今除之。」[207]

然而，漢代宮廷中，這種祕祝移過（禍）之事是否從此斷絕，很難斷定。無論如何，一般民間巫祠似乎仍然施行這種法術。例如，《漢書》說：

　　（武帝天漢二年）秋，止禁巫祠道中者。[208]

對於這件事，顏師古注說：

　　文穎曰：「始漢家於道中祠，排禍咎移之於行人百姓，以其不經，今止之也。」師古曰：「文說非也。祕祝移過，文帝久已除之，今此總禁百姓巫覡於道中祠祭者耳。」[209]

---

204. 《論衡》，卷 23，〈言毒篇〉，頁 1 下。

205. 詳見王充，《論衡》〔劉盼遂，《論衡集解》〕（臺北：世界書局，1975），〈言毒篇〉，頁 457，劉注。

206. 《史記》，卷 28，〈封禪書〉，頁 1377。

207. 《史記》，卷 28，〈封禪書〉，頁 1380。

208. 《漢書》，卷 6，〈武帝紀〉，頁 203。

209. 《漢書》，卷 6，〈武帝紀〉，頁 203。

由於《漢書》的記載過於簡略，因此很難斷定「巫祠道中」究竟是什麼意思。文穎認為是漢代朝廷或皇室在道中祭祀作法，將皇帝或皇家的「禍咎」轉移到百姓行人身上。顏師古則認為「秘祝移過」已被文帝廢除，因此文穎的說法並不正確。事實上，文穎也不曾明言「巫祠道中」便是「秘祝移過」，不過，顏師古的說法也有可採之處，他說行道中之祠者是巫覡百姓而不是「漢家」，應該接近事實。

　　總之，漢代人對於這一種可以傷害人的咒術似乎深信不疑，也有不少巫者及其「雇主」因涉及以咒術害人而受到政府嚴厲的懲罰。例如，《史記》便說：

> （武帝）後元年 (88 BC) 四月甲辰，（遒）侯則坐使巫齊少君祠祝詛，大逆無道，國除。[210]

這是利用巫者（齊少君）使用祝詛的具體事例，而文中的遒侯則也因此而被除國。其次，《漢書》說：

> 是時治巫蠱獄急，內者令郭穰告丞相夫人以丞相數有譴，使巫祠社，祝詛主上，有惡言。[211]

這也是武帝時事，文中的丞相夫人是指劉屈氂的妻子，她使巫祠社祝詛武帝的下場是「梟首」（詳見下文）。《漢書》又說：

> 始，昭帝時，（廣陵屬王）胥見上年少無子，有覬欲心。而楚地巫鬼，胥迎女巫李女須，使下神祝詛。……胥多賜女須錢，使禱巫山。……及昌邑王徵，復使巫祝詛之。後王廢，……宣帝即位，……復令女須祝詛如前。[212]

---

210. 《史記》，卷 19，〈惠景閒侯者年表〉，頁 1019。

211. 《漢書》，卷 66，〈劉屈氂傳〉，頁 2883。

212. 《漢書》，卷 63，〈武五子傳〉，頁 2760–2761。

廣陵屬王劉胥是武帝之子，武帝死後，他和其他皇室子弟一樣，都有繼承皇位的機會，因此，無論是昭帝、昌邑王，還是宣帝在位，他一律利用巫者的「祝詛」和禱祠加以「謀害」，希望在位者駕崩之後，能由他繼承皇位，這也是漢代諸侯王利用巫者祝詛皇帝，爭奪皇位的一個典型例子。《漢書》又說：

> （中山）孝王薨，有一男，嗣為王，時未滿歲，有眚病，太后自養視，數禱祠解。哀帝即位，遣……張由將醫治中山小王。由素有狂易病，……因誣言中山太后祝詛上及太后。……因是遣御史丁玄案驗，……巫劉吾服祝詛。[213]

這似乎是一件冤案，但從這個案子可以知道，當時人必然相信巫者能以祝詛害人，否則巫者劉吾供認行使祝詛之事便無法理解。而哀帝時也發生類似的事件，《漢書》說：

> 哀帝時，無鹽危山土自起覆草，如馳道狀，又瓠山石轉立。（東平煬王）雲及后謁自之石所祭。……建平三年，息夫躬、孫寵等共因幸臣董賢告之。是時，哀帝被疾，多所惡，事下有司，逮王、后謁下獄驗治，言使巫傅恭、婢合歡等祠祭詛祝上，為雲求為天子。……雲自殺，謁棄市。[214]

無論東平煬王劉雲和他的王后是否曾經指使巫者傅恭和女婢合歡祝詛哀帝，至少當時哀帝或朝廷相信，哀帝生病應該是有人施行法術所致，因此，當息夫躬等人指控東平煬王時便很輕易的被採信，而東平煬王也確實和巫者有所往來。

　　其次，還有所謂的「巫蠱」，這是指由巫者所施行的蠱術，由於名稱上的關係，常被學者誤以為是魏晉及後代西南邊區流行的「蠱毒」，[215] 其實這二種

---

213. 《漢書》，卷97，〈外戚傳〉，頁4006。
214. 《漢書》，卷80，〈宣元六王傳〉，頁3325。
215. 「巫蠱」是一種咒術行為，「蠱毒」則是以「蠱物」（通常為有毒的蟲物或蛇類）毒害他

法術並不完全一樣，這從北魏時代所定的律令中便可獲得證明。《魏書》說：

> 世祖即位，以刑禁重，神䴥中，詔司徒崔浩定律令。……為蠱毒者，男
> 女皆斬，而焚其家。巫蠱者，負殺羊抱犬沉諸淵。[216]

在崔浩新定的律令中，很清楚的將「為蠱毒者」和「為巫蠱者」區分開來。「為
蠱毒者」是施放蠱物以毒害人，懲罰只是純粹刑罰意義的「斬」刑，「焚其家」
的目的在於消滅蠱物。至於「巫蠱」則是一種咒術行為，和鬼神作祟有關，因
此，對於使用這種法術的人便採取一種具有「儀式制裁」意味的「沉淵」之
刑。[217] 在漢代，這種法術基本上是由巫者所操控。

　　武帝征和年間 (91–89 BC) 曾經因為「巫蠱」而爆發一件牽連甚廣的政治鬥
爭事件，史稱「巫蠱之禍」。《漢書・武帝紀》對於這個事件有很簡要的描述：

> 征和元年，……冬十一月，發三輔騎士大搜上林，閉長安城門索，十一
> 日乃解。巫蠱起。二年春正月，丞相賀下獄死。……閏月，諸邑公主、
> 陽石公主皆坐巫蠱死。……秋七月，按道侯韓說，使者江充等掘蠱太子
> 宮。壬午，太子與皇后謀斬充，以節發兵與丞相劉屈氂大戰長安，死者
> 數萬人。庚寅，太子亡，皇后自殺。……八月辛亥，太子自殺于
> 湖。……（三年）三月，遣貳師將軍廣利將七萬人出五原，……廣利
> 敗，降匈奴。……六月，丞相屈氂下獄要斬，妻梟首。[218]

人的方法，一般研究者常將這兩種行為混為一談；詳見李卉，〈說蠱毒與巫術〉，《中央
　研究院民族學研究所集刊》9（臺北，1960），頁 271–282；瞿兌之，《中國社會史料叢
　鈔・甲集》（臺北：臺灣商務印書館，1965），頁 513–525。

216. 魏收，《魏書》（北京：中華書局，1974），卷 111，〈刑罰志〉，頁 2874。

217. 詳見林富士，〈試釋睡虎地秦簡中的「癘」與「定殺」〉，《史原》15（臺北，1986），頁
　15–16。此外，日本學者手塚隆義也認為，漢代「巫蠱」應該是一種咒術行為（祝詛）；
　詳見手塚隆義，〈胡巫考〉，《史苑》11：3&4（東京，1938），頁 422–432。

218. 《漢書》，卷 6，〈武帝紀〉，頁 208–210。按：李廣利之降匈奴，係因巫蠱之事起，廣利

從這段記載可以知道，在這個事件中，不只有數萬人被殺，所涉及的人物更包括皇后、太子、公主、丞相、將軍，這在兩漢的政治事件中，可以說是階層相當高的一次。[219]

　　至於當時人所謂的「巫蠱」，《漢書》說：

> （朱安世）從獄中上書，告（公孫）敬聲與陽石公主私通，及使人巫祭祠詛上，且上甘泉當馳道埋偶人，祝詛有惡言。下有司案驗賀（按：即公孫敬聲之父，時為丞相），窮治所犯，遂父子死獄中，家族。巫蠱之禍起自朱安世，成於江充，遂及公主、皇后、太子，皆敗。[220]

這是在敘述巫蠱之禍的肇端，而從文中可以知道，所謂巫蠱，其實和祝詛並沒有太大差異，只是附帶有「埋偶人」的舉動。此外，《漢書》還說：

> 上幸甘泉，疾病。（江）充見上年老，恐晏駕後為太子所誅，因是為姦，奏言上疾祟在巫蠱。於是上以充為使者治巫蠱。充將胡巫掘地求偶人，捕蠱及夜祠，視鬼，染汙令有處，輒收捕驗治，燒鐵鉗灼，強服之。民轉相証以巫蠱，吏輒劾以大逆亡道，坐而死者前後數萬人。是時，上春秋高，疑左右皆為蠱祝詛，……充既知上意，因言宮中有蠱氣，先治後宮希幸夫人，以次及皇后，遂掘蠱於太子宮，得桐木人。[221]

───────────

　　牽連在內，恐返國會被誅，故降，《史記‧匈奴列傳》載此云：「貳師聞其家以巫蠱族滅，因并眾降匈奴。」（頁 2918）

219. 有關「巫蠱之禍」的研究，詳見蒲慕州，〈巫蠱之禍的政治意義〉，《中央研究院歷史語言研究所集刊》57：3（臺北，1986），頁 511–538；吳剛，〈「巫蠱之禍」新探〉，《中國史研究》1993：2（北京，1993），頁 81–90；王子今，〈西漢長安的「胡巫」〉，《民族研究》1997：5（北京，1997），頁 64–70。

220. 《漢書》，卷 66，〈公孫劉田王楊蔡陳鄭傳〉，頁 2878–2879。

221. 《漢書》，卷 45，〈蒯伍江息夫傳〉，頁 2178–2179。

從江充辦理這件案子的過程可以知道，巫蠱不外祠祭、祝詛和埋偶人（桐木人），核心成分還是在於咒術的使用，這從東漢和帝永元十四年 (102) 的另一件巫蠱之事也可以得到證明。《後漢書》說：

> 和帝陰皇后，……愛寵稍衰，數有恚恨。后外祖母鄧朱出入宮掖。十四年夏，有言后與朱共挾巫蠱道，……帝遂使中常侍張慎與尚書陳褒於掖庭獄雜考案之。朱及二子奉、毅與后弟軼、輔、敞辭語相連及，以為祠祭祝詛，大逆無道。[222]

陰皇后和她的外祖母被控的罪名是「為巫蠱道」，而她們的罪行則是「祠祭祝詛」，可見「巫蠱」和「祝詛」並沒有本質上的差異。

巫者也許不是唯一能操作或指導「巫蠱」之術的人，但嫻熟這種法術的巫者應該不少。例如，《漢書》說：

> 初，（車）千秋始視事，見上連年治太子獄，誅罰尤多，群下恐懼，思欲寬廣上意，尉安眾庶。乃與御史、中二千石共上壽頌德美，勸上施恩惠，緩刑罰，玩聽音樂，養志和神，為天下自虞樂。上報曰：「朕之不德，自左丞相與貳師陰謀逆亂，巫蠱之禍流及士大夫。朕一食者累月，乃何樂之聽？……今丞相親掘蘭臺蠱驗，所明知也。至今餘巫頗脫不止，陰賊侵身，遠近為蠱，朕媿之甚，何壽之有？敬不舉君之觴！……毋有復言。」[223]

從武帝的話可以知道，在巫蠱事件爆發之後，應該有不少巫者被捕殺，但仍然有人走脫，而且還「遠近為蠱」，可見當時似乎認為巫者的主要工作之一便是「為蠱」。

---

222. 《後漢書》，卷 10，〈皇后本紀〉，頁 417。

223. 《漢書》，卷 66，〈公孫劉田王楊蔡陳鄭傳〉，頁 2884–2885。

　　至於所謂的「媚道」，有人認為就是「房中術」，也有人認為是一種「可以使人失寵遭殃，亦可以使己承恩致福」的婦人厭魅之術，[224] 這兩種說法其實並不完全衝突，無論如何，其核心成分也是咒術。例如，《史記》說：

> 景帝長男榮，其母栗姬。栗姬，齊人也。立榮為太子。長公主嫖有女，欲予為妃。栗姬……不許。……長公主怒，而日讒栗姬短於景帝曰：「栗姬與諸貴人幸姬會，常使侍者祝唾其背，挾邪媚道。」[225]

　　這一段文字可以有兩種不同的解讀，一是指栗姬既使侍者「祝唾」又「挾邪媚道」；二是說使侍者「祝唾」的行為是一種「邪媚道」。若是指第二種情形，那麼，「邪媚道」（「媚道」）便是一種咒術（祝唾）。無論如何，「祝唾」和「邪媚道」既然同時出現，兩者之間的關係便值得注意。

　　第二件和「媚道」有關的事件發生在武帝之時。《史記》說：

> （武帝）陳皇后挾婦人媚道，其事頗覺，於是廢陳皇后。[226]

陳皇后挾「婦人媚道」的事，《漢書》有更清楚的記載：

> （元光）五年 (130 BC)，……皇后陳氏廢。捕為巫蠱者，皆梟首。[227]

《漢書》又載：

> 孝武陳皇后，長公主嫖女也。……擅寵嬌貴，十餘年而無子，……又挾婦人媚道，頗覺。元光五年，上遂窮治之，女子楚服等坐為皇后巫蠱祠

---

224. 詳見錢鍾書，《管錐編》（北京：中華書局，1979），第 1 冊，頁 296–299；李建民，〈「婦人媚道」考——傳統家庭的衝突與化解方術〉，《新史學》7：4（臺北，1996），頁 1–32。

225. 《史記》，卷 49，〈外戚世家〉，頁 1976。

226. 《史記》，卷 49，〈外戚世家〉，頁 1979。

227. 《漢書》，卷 6，〈武帝紀〉，頁 164。

祭祝詛，大逆無道，相連及誅者三百餘人。楚服梟首於市。使有司賜皇
后策曰：「皇后失序，惑於巫祝，不可以承天命。其上璽綬，罷退居長
門宮。」[228]

將《史記》和《漢書》的記載合看，則所謂「媚道」、「婦人媚道」，似乎近似
於一種「罪名」，其內容和所謂的祝詛、巫蠱並沒有太大差別，也都以咒術為
基礎，而施行這種法術的人顯然是巫者，策文中便說陳皇后「惑於巫祝」，文
中所提及的楚服，在偽託為班固所撰的《漢孝武故事》中也被載明是一名「女
巫」。[229]

第三件和「媚道」有關的事件發生在成帝宮中。《漢書》說：

（成帝）鴻嘉三年 (18 BC)，趙飛燕譖告許皇后、班倢伃，挾媚道，祝
詛後宮，詈及主上。許皇后坐廢。[230]

又說：

久之，皇后寵亦益衰，而後宮多新愛。后姊平安剛侯夫人謁等為媚道祝
詛後宮有身者王美人及鳳等，事發覺，⋯⋯許后坐廢處昭臺宮。[231]

許皇后這個事例和景帝栗姬的事件很像，「媚道」和「祝詛」連稱並舉，
可以有不同的解讀，但從以上三個事例來看，我們至少知道，「媚道」都和婦
人爭寵有關，而且都涉及咒術的使用。不過，「媚道」和祝詛、巫蠱似乎也有
一些差異，至少，所使用的「物具」並不相同。例如，巫蠱要用偶人、桐木
人，「媚道」則用其他東西，《史記》說：

---

228. 《漢書》，卷 97，〈外戚傳〉，頁 3948。

229. 詳見錢鍾書，《管錐編》，第 1 冊，頁 297。

230. 《漢書》，卷 97，〈外戚傳〉，頁 3984。

231. 《漢書》，卷 97，〈外戚傳〉，頁 3982。

（將陵侯）史子回，以宣帝大母家封為侯。……子回妻宜君，故成王孫，嫉妒，絞殺侍婢四十餘人，盜斷婦人初產子臂膝以為媚道，為人所上書言，論棄市。[232]

這是使用嬰兒的臂膝來行使媚道。另外，《後漢書》說：

章德竇皇后，……寵幸殊特，專固後宮。初，宋貴人生皇太子慶，……后既無子，並疾忌之，……因誣宋貴人挾邪媚道。[233]

關於「宋貴人挾邪媚道」一事，《後漢書》有比較詳細的說明：

竇皇后寵盛，以貴人姊妹並幸，慶為太子，心內惡之，與母比陽主謀陷宋氏。……後於掖庭門邀遮得貴人書，云「病思生菟，令家求之」，因誣言欲作蠱道祝詛，以菟為厭勝之術，日夜毀譖，貴人母子遂漸見疏。[234]

兩相對照，可以知道，在漢人的用語中，媚道確實和祝詛、蠱道同類，而「菟」（即兔）則是其中一種施術用的物具。

從以上所論來看，「祝詛」、「巫蠱」、「媚道」三者所用的物具或許有所不同，[235]但基本上都是一種咒術，而漢代的巫者似乎精通這種法術。由於這種咒術被認為具有實際殺傷力，又具有隱密性，因此常被用來作為「政治謀殺」的工具。這應該也是統治階層對於巫者始終必須嚴密管控或壓制的重要緣由之一。

---

232. 《史記》，卷20，〈建元以來侯者年表〉，頁1065。
233. 《後漢書》，卷10，〈皇后本紀〉，頁415。
234. 《後漢書》，卷55，〈章帝八王列傳〉，頁1799。
235. 三者所用的物具或許並不限於本書所列舉的這幾項，而且也沒有一定的規矩，所以，這三種法術所使用的物具也有可能並沒有任何差異，但因資料上的限制，因此，暫以相異視之。

八、結　語

由以上所述可以知道，在中國古代社會中，巫覡的確曾經扮演過重要的角色，至少，在春秋、戰國時期以前，他們應該擁有相當良好的社會形象。至於他們的政治、社會地位之高下，則很難一言以蔽之。

在商周之前的「傳說」時代，在若干較為「平權」的「氏族社會」或是所謂的「小規模社會」(small-scale society) 之中，或由於社會分化、分工並不細密，巫覡並非「專業」，[236] 雖然並非人人都有足以擔任巫覡的精神特質和聰明才智，但宗教事務（尤其是交通鬼神、祭祀鬼神之事）並非巫覡所能壟斷，也沒有人能以此為業而接受社會的供養。這或許可稱之為「民神雜揉」的社會。在這樣的社會中，巫覡雖然有其受人仰賴和崇敬之處（主要是擔任醫療、占卜之事），但對於其他社會成員或公共事務，不見得具有支配性的力量和地位，但也不至於像秦漢之後的巫覡那樣受人鄙視。

然而，在若干組織較為複雜、階級分化較為清楚的社會，或是所謂的「國家」、「城邦」之中，[237] 似乎有些統治者為了獨占「神權」和「神聖的知識」，便將宗教事務交由「專業」的巫覡負責，並禁止其他社會成員任意從事宗教活動或擁有巫覡的技能。這或許可稱之為「民神不雜」的社會。在這樣的社會中，巫覡是少數的社會精英，位居統治階層，能以其宗教專業涉入「國家」或社會的公共事務之決策，也能分享統治階層應有的政治、社會、經濟資源和權力。其地位之崇高，學者甚至以「巫王」稱之。

到了殷商時期，無論殷王可不可以稱之為「巫王」，無論「貞人」算不算是「巫者」，從神話、傳說及卜辭的記載來看，以當時的社會形態和宗教信仰

---

236. 也就是不能單以擔任巫覡或從事巫覡的工作維生。

237. 關於中國古代「國家」、「城邦」的出現及發展，詳見杜正勝，《古代社會與國家》（臺北：允晨文化出版社，1992）。

而言，巫覡不太可能被排除於統治集團之外，透過降神、占卜、醫療、祈福、解禍的技能和活動，他們在「好鬼」、「重祀」的商人社會中，應該曾扮演非常重要的角色，並擁有相當大的影響力。

到了周代，至少在西周時期，在周人的封建體制之內，無論是周天子的京畿之地還是各個邦國，應該都設有巫官及官巫，以負責統治階層及整個社會（國家）的祭祀工作和宗教事務。在高度階層化的周代社會中，巫覡的身分應該是貴族而非平民或奴隸。

而從春秋 (770–476 BC)、戰國 (475–221 BC) 時期開始，由於列國之間的生存競爭日漸激烈，戰亂頻仍，不少小國紛紛被消滅，不僅「禮壞樂崩」，封建體制逐漸解體，而且，若干原本依附在封建領主之下的「王官」（如巫覡及祝、宗、卜、史等）也紛紛「失守」，不再能憑藉其舊有技能（如祭祀、天文、占卜、醫療等）占據統治階層的職位而獲得供養，只好轉為直接以其宗教技能「服務」（或「詐騙」、「威嚇」）一般的社會成員，以取得生活所需。[238] 也有人轉而游走列國王公、貴族之間，尋求新的供養者。[239]

不過，並非所有的巫覡都淪落為「民巫」或「游巫」，在「國之大事，在祀與戎」的時代裡，巫覡仍然是統治集團不可或缺的一員，只是隨著生存的競爭更加激烈，「武士」（軍事）階層及「文官」（負責行政管理）階層逐漸壯大，失守的各種「王官」逐漸變成「游士」，為了在新的世界中搶奪有利的位置，甚至主導新時代的方向和社會排序，代表著新思維的諸子百家（儒、墨、道、法、陰陽等）紛紛崛起，他們不僅互相攻擊、爭勝，也一致批判代表傳統宗教文化的巫覡和巫術。換句話說，春秋、戰國時期，中國不僅經歷了激烈的政治、社會變革，也產生了宗教、文化和思想上的重大轉折。

這種有形的政治、社會體制和無形的文化、思想變動，到了秦王朝「統一

---

238. 前引西門豹治鄴故事中的巫覡便是典型的例子。
239. 前引《晏子春秋》中的巫覡便是由楚到齊。

中國」(221–207 BC) 之後，隨著皇帝制、郡縣制的確立，「編戶齊民」社會的成形，[240] 才逐漸穩定下來。而在這種新的王朝體制和文化思維之下，在早期，少數巫覡還能在國家「祀典」之中找到容身之處，擁有較高的政治社會地位，但絕大多數的巫覡只能逐步淪落民間，成為營業取利的「民巫」，成為皇帝和官吏隨時都可以打擊或禁斷的對象。進入中國王朝體制的巫覡，從此之後，便淪落為社會的底層，很難恢復先秦時期的榮光。

240.關於秦漢時期政治社會結構之特質，詳見杜正勝，《編戶齊民——傳統政治社會結構之形成》(臺北：聯經出版事業公司，1990)。

中國中古時期的巫者與政治[*]

一、引　言

　　根據春秋時期 (770–476 BC) 楚國大夫觀射父的說法，巫覡是中國社會最古老的宗教人物。[1] 許多古代文獻和考古資料也都顯示，在先秦時期（221 BC 之前），無論是在官方宗教或是民間宗教的領域裡，巫覡都扮演相當重要的角色。但是，最晚到了戰國時期，巫者的政治社會地位開始有逐漸下滑的趨勢。[2]

[*] 本文初稿完成於 2006 年 10 月 30 日　（九九重陽節），發表於法國高等實驗學院 (Ecole Pratique des Hautes Etudes) 主辦，"Rituals, Pantheons and Techniques: A History of Chinese Religion Before the Tang" 國際研討會（巴黎：法國高等實驗學院，2006/12/18–21）【本人因故未能親自出席，由戴麗娟博士代為宣讀並記錄評論意見，特此致謝】，會中承蒙評論人李剛教授及多位與會學者惠賜意見，無限感激。二稿修訂完成於 2007 年 2 月 28 日。

1. 詳見《國語》〔嶄新新注本〕（臺北：里仁書局，1981），卷 18，〈楚語〉，頁 559。按：關於觀射父針對 「絕地天通」 和巫覡起源的說法，學者有許多不同的解讀；詳見徐旭生，《中國古史的傳說時代》（北京：科學出版社，1960），頁 74–85；蕭漢明，〈觀射父——春秋末期楚國宗教思想家〉，《江漢論壇》1986：4（武漢，1986），頁 60–65；何浩，〈顓頊傳說中的神話與史實〉，《歷史研究》1992：3（北京，1992），頁 69–84；許兆昌，〈重、黎絕地天通考辨二則〉，《吉林大學社會科學學報》，2001：2（長春，2001），頁 104–111。

2. 巫者在古代中國的政治、社會地位之高低，巫者與中國古代國家、文明之間的關係，以及巫者地位改變的緣由和時間點，一直是學界爭論不休的課題。有人認為，巫者即是王者，也是中國古代宗教和文化重要的創發者，至少是統治集團的一分子。但也有人認為，這只是 「神話」，只是近代學者的臆測或誇大之詞。雙方的意見相當分歧，在此無

　　到了兩漢時期 (206 BC–220 AD)，巫者的處境有了更大的變化。首先，大約從漢武帝的時候開始，由於受到儒家官僚的排斥和打擊，巫覡在官方宗教（國家「祀典」）的領域中便逐漸喪失主導性的地位，在民間活動也不時受到

法詳述，以下僅列若干比較具有代表性的說法以及最近一、二十年來的最新研究：瞿兌之，〈釋巫〉，原載《燕京學報》7（北京，1930），收入杜正勝編，《中國上古史論文選輯》（臺北：華世出版社，1979），下冊，頁 991–1009；陳夢家，〈商代的神話與巫術〉，《燕京學報》20（北京，1936），頁 533–539；林巳奈夫，〈中國古代の神巫〉，《東方學報（京都）》38（京都，1967），頁 199–224；白川靜著，溫天河、蔡哲茂合譯，《甲骨文的世界——古殷王朝的締構》（臺北：巨流圖書公司，1977），頁 22–23，37；加藤常賢，〈中國古代の宗教と思想〉，收入氏著，《中國古代文化の研究》（東京：二松學舍大學出版部，1980），頁 48–57；K. C. Chang, *Art, Myth, and Ritual: The Path to Political Authority in Ancient China* (Cambridge, Mass.: Harvard University Press, 1983), pp. 44–55; 張光直，〈商代的巫與巫術〉，收入氏著，《中國青銅時代・第二集》（臺北：聯經出版事業公司，1990），頁 41–65；張光直，〈仰韶文化的巫覡資料〉，《中央研究院歷史語言研究所集刊》64：3（臺北，1994）；周策縱，《古巫醫與「六詩」考——中國浪漫文學探源》（臺北：聯經出版事業公司，1986），頁 69–165，181–184；Lothar von Falkenhausen, "Reflections on the Political Role of Spirit Mediums in Early China: The Wu Officials in the *Zhou Li*," *Early China*, 20 (1995), pp. 279–300; 童恩正，〈中國古代的巫〉，《中國社會科學》1995：5（北京，1995），頁 180–197；許兆昌，〈先秦社會的巫、巫術與祭祀〉，《世界宗教研究》1990：1（北京，1990），頁 15–26；饒宗頤，〈歷史家對薩滿主義應重新作反思與檢討——巫的新認識〉，收入中華書局編，《中華文化的過去，現在，和未來》（北京：中華書局，1992），頁 396–412；黃曉峰，〈周代民間宗教信仰的一個側面——以巫的演變為視角〉，《華東師範大學學報（哲學社會科學版）》1999：5（上海，1999），頁 13–25；李零，〈先秦兩漢文字史料中的「巫」〉，收入氏著，《中國方術續考》（北京：東方出版社，2000），頁 41–79；王子今，〈祭政合一制度與中國古代政治迷信〉，《世界宗教研究》1990：1（北京，1990），頁 15–26；王子今，〈戰國秦漢時期的女巫〉，收入氏著，《古史性別研究叢稿》（北京：社會科學文獻出版社，2004），頁 3–37；白興發，〈從民族誌材料看巫的起源與發展〉，《青海民族學院學報》27：2（西寧，2001），頁 28–33；Gilles Boileau, "Wu and Shaman," *Bulletin of the school of Oriental and African Studies*, 65:2 (2002), pp. 350–378; 趙容俊，《殷商甲骨卜辭所見之巫術》（臺北：

官吏的壓制以及知識分子的輕賤，在法律上也逐漸淪為所謂的非「良家子」（賤民）。[3] 接著，到了東漢中晚期的時候（西元二世紀），由於道教的崛起以及佛教傳入中國，巫者原本在民間宗教中所占有的優勢地位也逐漸喪失，必須和道士、僧尼競爭以吸引信徒。[4]

　　到了魏晉南北朝時期 (220–589)，隨著佛教和道教日益興盛，巫覡在中國宗教市場上的勢力似乎也日漸衰微。因此，研究中國宗教史的學者，大多不再注意巫覡信仰在漢代之後的發展。有人認為，巫覡信仰已被道教充分吸收，成為道教信仰的一部分。[5] 也有人認為，在近代中國社會中巫覡與道士已很難加

文津出版社，2003）；張書豪，〈卜辭所見的巫者及其主要職事〉，《新世紀宗教研究》3：4（臺北，2005），頁 116–140；晁天義，〈「巫術時代論」影響下的中國古史研究〉，《求是學刊》32：1（哈爾濱，2005），頁 121–128。

3. 詳見林富士，《漢代的巫者》（臺北：稻鄉出版社，1999），頁 27–48；馬新，〈論兩漢民間的巫與巫術〉，《文史哲》2001：3（濟南，2001），頁 119–126。

4. 詳見宮川尚志，《六朝史研究‧宗教篇》（京都：平樂寺書店，1964），頁 10–26，336–365；宮川尚志，《中國宗教史研究‧第一》（京都：同朋舍，1983），頁 175–192；Rolf A. Stein, "Un exemple de relations entre taoïsme et religion populaire," 收入《福井博士頌壽紀念‧東洋文化論集》（東京：早稻田大學出版社，1969），頁 79–90；Rolf A. Stein, "Religious Taoism and Popular Religion from the Second to Seventh Centuries," in H. Welch and A. Seidel eds., *Facets of Taoism: Essays in Chinese Religion* (New Haven and London: Yale University Press, 1979), pp. 53–81；羊華榮，〈道教與巫教之爭〉，《宗教學研究》1996：1（成都，1996），頁 35–42；Chi-tim Lai, "The Opposition of Celestial-Master Taoism to Popular Cults during the Six Dynasties," *Asia Major*, third series, 11:1 (1998), pp. 1–20。

5. 研究道教起源的學者通常都會指出，道教是在巫覡信仰（或稱之為「巫教」、「巫術」或「巫覡道」）的基礎之上發展而來，至少也會承認，早期道教有不少法術、儀式和信仰都是襲自巫覡的傳統。詳細的說法見陳國符，〈天師道與巫覡有關〉，收入氏著，《道藏源流考》（北京：中華書局，1963），「附錄二：道藏劄記」，頁 260–261；許地山，《道教史》（臺北：牧童出版社，1976），頁 161–182；傅勤家，《中國道教史》（臺北：臺灣商

以分別。[6]

　　不過，巫覡及其信仰，似乎不曾因為被道教或其他宗教所吸收而從中國社
會中消失。早期的道教文獻便顯示，六朝的道士一再聲明自己和巫覡是兩種不

務印書館，1980），頁43；卿希泰，《中國道教思想史綱，第一卷：漢魏兩晉南北朝時
期》（成都：四川人民出版社，1980），頁32–34；吳榮曾，〈鎮墓文中所見到的東漢道巫
關係〉，《文物》1981：3（北京，1981），頁56–63；窪德忠，《道教百話——仙人へのあ
こがれ》（東京：世界聖典刊行協會，1983），頁25；丁煌，〈漢末三國道教發展與江南
地緣關係初探——以張陵天師出生地傳說、江南巫俗及孫吳政權與道教關係為中心之一
般考察〉，《歷史學報（成大）》13（臺南，1987），頁155–208；葛兆光，《道教與中國文
化》（上海：上海人民出版社，1987），頁78–132；王家祐，〈張陵五斗米道與西南民
族〉，收入氏著，《道教論稿》（成都：巴蜀書社，1987），頁151–166；福永光司，《道教
思想史研究》（東京：岩波書店，1987），頁437–454；任繼愈主編，《中國道教史》（上
海：上海人民出版社，1990），頁8–10；張繼禹，《天師道史略》（北京：華文出版社，
1990），頁4–31；酒井忠夫、福井文雅，〈什麼是道教〉，收入福井康順等監修，朱越利
譯，《道教·第一卷》（上海：上海古籍出版社，1990），頁1–24；金正耀，《道教與科
學》（臺北：曉園出版社，1994），頁18–28；方詩銘，〈黃巾起義先驅與巫及原始道教之
關係——兼論「黃巾」與「黃神越章」〉，《歷史研究》1993：3（北京，1993），頁3–13；
劉鋒，《道教的起源與形成》（臺北：文津出版社，1994），頁87–110；卿希泰、唐大潮，
《道教史》（北京：中國社會科學出版社，1994），頁15–34；卿希泰主編，《中國道教
一》（上海：知識出版社，1994），頁8–15；卿希泰主編，《中華道教簡史》（臺北：中華
道統出版社，1996），頁13–32；黃海德、李剛，《中華道教寶典》（臺北：中華道統出版
社，1995），頁2；Peter Nickerson, "Introduction to *The Great Petition for Sepulchral
Plaints,*" in Stephen R. Bokenkamp, *Early Daoist Scriptures* (Berkeley: University of
California Press, 1977), pp. 230–260；柳存仁，〈道教是什麼？〉，收入氏著，《和風堂新文
集》（臺北：新文豐出版公司，1997），頁221–239。

6. 有些學者在其論著中，甚至將道士和巫覡混為一談，詳見 J. J. M. de Groot, The Religious
System of China (Leiden: E. J. Brill, 1892–1910), vol. 6, pp. 1243–1268; Mircea Eliade,
Shamanism: Archaic Techniques of Ecstasy, trans. by Willard R. Trask (Princeton: Princeton
University Press, 1972), pp. 447–461; Kristofer Schipper, *Taoist Body*, trans. by Karen C.

同的宗教人物，並且屢屢攻擊巫覡的信仰。事實上，從兩者的信仰對象、儀式
特質和通神方式來看，道和巫在當時仍有相當大的差異。[7] 因此，若要對中國
中古時期的宗教有比較全面性的認識，我們仍必須對於當時的巫者和巫俗有所
瞭解。我個人在 1994 年所完成的「六朝時期中國江南地區的巫者和巫俗」為
題的博士論文之中，[8] 曾針對巫者的活動、儀式、信仰、社會功能，以及巫者
和儒（官）、佛教、道教之間的競爭關係，有比較全面性的敘述和討論，雖然
地理範圍是以江南地區為主，但就巫者的活動和社會功能來說，當時南北的差
異並不明顯。[9] 因此，本文不擬再次重述十多年前的研究成果，而僅就當年討
論較為不足的課題，補充北朝及隋朝的資料，以君主為核心，以年代之先後為
序，深入探討巫者與政治的關係。

Duval (Berkeley: University of California Press, 1993), p. 6; M. Arthur Gump, "Re-visioning Shamanism," in Ruth-Inge Heinze ed., *Proceedings of the Second International Conference on the Study of Shamanism* (California: Independent Scholars of Asia, 1985), pp. 1–24, esp. pp. 14–22.

7. 林富士，〈試論六朝時期的道巫之別〉，收入周質平、Willard J. Peterson 編，《國史浮海開新錄——余英時教授榮退論文集》（臺北：聯經出版事業公司，2002），頁 19–38。

8. Fu-shih Lin, "Chinese Shamans and Shamanism in the Chiang-nan Area During the Six Dynasties Period (3rd–6th Century A.D.)," Ph.D. dissertation (Princeton: Princeton University, 1994).

9. 除了我的博士論文及相關著作之外，有關這段時期的巫者與巫俗研究，主要有以下研究成果：宮川尚志，《六朝史研究・宗教篇》，頁 10–26，336–365；宮川尚志，《中國宗教史研究・第一》，頁 175–192；小南一郎，《中國の神話と物語り》（東京：岩波書店，1984），頁 278–330；胡孚琛，〈魏晉前後社會上的巫祝、方士和隱士〉，《宗教學研究》1988：2&3（成都，1988），頁 42–47。

二、三國時期 (220–265)

(一)魏文帝曹丕（220–226 在位）

　　西元 220 年，曹丕接受了東漢獻帝的「禪讓」，登上帝位，正式終結長達四百餘年的劉氏王朝，當時，在四川的劉備和在江南的孫權雖然沒有立刻稱帝，但早已形同獨立，魏、蜀、吳三國鼎立的局勢已經確立。

　　曹丕即位之後，國政大致依循其父親曹操所立下的規矩，即連個人的宗教信仰似乎也和曹操相去不遠。基本上，他們喜歡接近各種方士（術士）。喜歡談論神仙，但又抱持懷疑的態度，對當時新興的「道教」則有好感，甚至和天師道的張氏聯姻。[10] 但是，對於傳統的巫覡信仰，他們都採取打擊的策略。例如，《宋書》便載云：

> 漢時城陽國人以劉章有功於漢，為之立祠。青州諸郡，轉相放效，濟南尤盛。至魏武帝為濟南相，皆毀絕之。及秉大政，普加除翦，世之淫祀遂絕。至文帝黃初五年 (224) 十一月，詔曰：「先王制禮，所以昭孝事祖，大則郊社，其次宗廟，三辰五行，名山川澤，非此族也，不在祀典。叔世衰亂，崇信巫史，至乃宮殿之內，戶牖之間，無不沃酹，甚矣其惑也。自今其敢設非禮之祭，巫祝之言，皆以執左道論，著于令。」[11]

---

10. 詳見唐長孺，〈魏晉期間北方天師道的傳播〉，收入氏著，《魏晉南北朝史論拾遺》（北京：中華書局，1983），頁 218–232；Howard L. Goodman, *Ts'ao P'i Transcendent: The Political Culture of Dynasty-founding in China at the End of the Han* (Seattle, Wash.: Scripta Serica, 1998).

11. 沈約 (441–513)，《宋書》（北京：中華書局，1974），卷 17，〈禮志〉，頁 487。

文中，曹丕下詔的時間或應在十二月。[12] 無論如何，城陽景王的信仰基本上是由巫者所推動，而且，從西漢末年起一直到東漢時期，不斷有巫者集團參與或領導叛亂活動，其中不乏信仰城陽景王者，[13] 這應該是曹操要毀絕城陽景王祠的原因。[14]

　　而曹丕在黃初五年所下達的禁令，其嚴厲的程度是空前的。因為，在這之前，巫者除非有具體的「不法」行為（如巫蠱、祝詛、害人、詐財等），否則，其活動並不會受到禁止。但是，曹丕卻下令「其敢設非禮之祭，巫祝之言，皆以執左道論」。換句話說，凡是未經官方認可的祭祀及巫覡活動，都屬非法，都有被處死刑的危險。這可以說是前所未有的宗教管制命令。不過，是否真的執行或能不能執行，頗令人懷疑，因為，在文帝在位期間，並沒有任何毀祠或殺巫的記載。

(二)吳大帝孫權（222–252 在位）

　　相對而言，巫風向來鼎盛的江南地區，我們不僅看不到任何禁巫的舉措，反而可以頻頻看到君主信巫的記載，吳國的開國之君孫權 (182–252) 便是首開記錄者。例如，六朝時期風靡中國南方的蔣子文信仰，便是由蔣子文的故吏和巫者聯手推動，但最主要的關鍵還是孫權「封神」、「立廟」的舉動。《搜神記》載其事云：

> 蔣子文者，廣陵人也。嗜酒，好色，挑撻無度。常自謂：「己骨清，死當為神。」漢末，為秣陵尉，逐賊至鍾山下，賊擊傷額，因解綬縛之，有頃遂死。及吳先主之初，其故吏見文於道，乘白馬，執白羽，侍從如

---

12. 詳見陳壽 (233–297)，《三國志》（北京：中華書局，1959），卷2，〈魏文帝傳〉，頁84。

13. 詳見林富士，《漢代的巫者》，頁 140–154。

14. 關於東漢末年的城陽景王信仰，以及曹操毀其祠廟的經過，詳見林富士，〈東漢晚期的疾疫與宗教〉，《中央研究院歷史語言研究所集刊》66：3（臺北，1995），頁 695–745。

平生。見者驚走。文追之謂曰:「我當為此土地神,以福爾下民。爾可宣告百姓,為我立祠。不爾,將有大咎。」是歲夏,大疫,百姓竊相恐動,頗有竊祠之者矣。文又下巫祝:「吾將大啟祐孫氏,宜為我立祠;不爾,將使蟲入人耳為災。」俄而小蟲如塵蝱,入耳,皆死,醫不能治。百姓愈恐。孫主未之信也。又下巫祝:「若不祀我,將又以大火為災。」是歲,火災大發,一日數十處。火及公宮。議者以為鬼有所歸,乃不為厲,宜有以撫之。於是使使者封子文為中都侯,次弟子緒為長水校尉,皆加印綬。為立廟堂。轉號鍾山為蔣山,今建康東北蔣山是也。自是災厲止息,百姓遂大事之。[15]

根據這段記載,我們知道,蔣子文是廣陵(今江蘇揚州)人,嗜好酒色,東漢末年時,任職秣陵縣尉(轄區在現今的南京一帶),在某一次的逐捕行動中,被盜賊殺傷,因公殉職於鍾山之下。在當時人的觀念裡,蔣子文基本上是一名死於非命的「厲」鬼,立祠和給封號都是為了平息他的怨戾之氣和他所帶來的災禍。而孫權答應眾人的要求,尊崇蔣子文,可能和蔣子文宣示要「啟祐孫氏」有關。[16]

不過,他也有可能確實是一名巫者的信徒,例如,劉義慶 (403–444) 的《幽明錄》便說:

孫權病,巫啟云:「有鬼著絹巾,似是故將相,呵叱初不顧,徑進入宮。」其夜,權見魯肅來,衣巾悉如其言。[17]

---

15. 干寶,《搜神記》〔汪紹楹校注,《搜神記校注》〕(北京:中華書局,1979),卷 5,頁 57。

16. 詳見林富士,〈中國六朝時期的蔣子文信仰〉,收入傅飛嵐 (Franciscus Verellen)、林富士編,《遺跡崇拜與聖者崇拜》(臺北:允晨文化出版社,2000),頁 163–204。

17. 李昉 (925–996),《太平廣記》(北京:中華書局,1961),卷 317,頁 2513,引《幽明錄》。

這是孫權晚年生病之時，令巫者旁侍、視疾之事。而由於文中提及魯肅的鬼魂，可知這件事應該發生在魯肅 (172–217) 死亡之後，甚至可能就是孫權病死之年 (252)。[18]

㈢魏明帝曹叡（226–239 在位）

北方的魏國，自從曹操和天師道聯姻之後，曹氏在宗教上基本上是採取「信道反巫」的態度，如前所述，魏文帝曹丕在即位之初更曾針對巫風下達禁令。不過，其子魏明帝曹叡似乎另有提擇，例如，魚豢《魏略》便云：

> 明帝時，蘭見外有二難，而帝留意於宮室，常因侍從，數切諫。帝雖不能從，猶納其誠款。後蘭苦酒消渴，時帝信巫女用水方，使人持水賜蘭，蘭不肯飲。詔問其意？蘭言治病自當以方藥，何信於此？帝為變色，而蘭終不服。後渴稍甚，以至於亡。[19]

由此可見，至少在醫療方面，曹叡相信巫女的「水方」。

㈣吳廢帝孫亮（252–258 在位）

吳國的第二位君主孫亮也是巫者的信徒。他在西元 258 年被廢為會稽王，兩年後 (260)，他的宮人向朝廷告發他為了奪回帝位，曾經「使巫禱祠，有惡言」，似乎是企圖利用巫術「詛殺」繼位的景帝，以便奪回政權。景帝並未深究，只將他「黜為候官侯，遣之道」。結果，孫亮在途中便自殺了。[20]

---

18. 魯肅死於東漢獻帝建安二十二年 (217)，孫權自太元元年 (251) 十一月「寢疾」，次年 (252) 四月即逝世；詳見《三國志》，卷 47，〈魯肅傳〉，頁 1272。

19. 《三國志》，卷 5，〈武宣卞皇后傳〉，頁 159，裴松之注引。

20. 《三國志》，卷 48，〈孫休傳〉，頁 1158–1159。

(五)吳景帝孫休（258-264 在位）

　　然而，吳景帝孫休本身也深信此道。他生病時，也曾求助於巫覡。干寶 (286?-336)《搜神記》載云：

> 吳孫休有疾，求覡視者，得一人，欲試之。乃殺鵝而埋於苑中，架小屋，施床几，以婦人屐覆服物著其上。使覡視之，告曰：「若能說此家中鬼婦人形狀者，當加厚賞，而即信矣。」竟日無言。帝推問之急，乃曰：「實不見有鬼，但見一白頭鵝立墓上，所以不即白之。疑是鬼神變化作此相，當候其真形而定。不復移易，不知何故，敢以實上。」[21]

這則故事主要在於說明巫覡確實具有「視鬼」的能力，但仍明白指出，孫休召喚「覡視者」，[22] 是為了診視他的病情。

(六)吳末帝孫皓（264-280 在位）

　　吳國的最後一位君主孫皓更是以信巫著稱。《江表傳》載云：

> 歷陽縣有石山臨水，高百丈，其三十丈所，有七穿駢羅，穿中色黃赤，不與本體相似，俗相傳謂之石印。又云，石印封發，天下當太平。下有祠屋，巫祝言石印神有三郎。時歷陽長表上言石印發，皓遣使以太牢際歷山。巫言，石印三郎說「天下方太平」。使者作高梯，上看印文，詐

---

21. 干寶，《搜神記》，卷 2，頁 26。按：裴松之注《三國志》也引述這段文字，除孫休寫作景帝及若干文字略有出入外，內容並無差異，但卻說引自《抱朴子》；詳見《三國志》，卷 63，頁 1427，注文。

22. 覡視者當時又叫做「見鬼者」、「見鬼人」，或只稱「覡」。「視鬼」是六朝江南地區巫者的主要技能和職事之一；詳見 Fu-shih Lin, "Chinese Shamans and Shamanism in the Chiang-nan Area During the Six Dynasties Period (3rd-6th Century A.D.)," 第五章討論「視鬼」 (Seeing the Spirits) 的部分。

　　以朱書石作二十字，還以啟皓。皓大喜曰：「吳當為九州作都、渚乎！
　　從大皇帝逮孤四世矣，太平之主，非孤復誰？」重遣使，以印綬拜三郎
　　為王，又刻石立銘，褒贊靈德。以答休祥。[23]

這是聽從巫者之言，封「石印三郎」為王之事，其動機和吳大帝孫權封蔣子文
兄弟為侯很像，都是為了鞏固自己的政權。

　　其次，孫皓曾想要廢棄皇后滕夫人，但因太史諫言「於運曆，后不可易」，
而他又「信巫覡」，滕夫人才沒被廢。[24] 除了皇后的廢立之外，孫皓在處理國
家大事時也會受到巫者的左右，例如，《江表傳》便載云：

　　皓用巫史之言，謂建業宮不利，乃西巡武昌，仍有遷都之意。[25]

由此可見，孫皓差點因為「風水」的理由而遷都。

　　再者，孫皓為了瞭解其父親孫和在死後世界的生活，曾命巫覡察看孫和神
靈的「起居動止」、「被服、顏色」。[26] 此外，其伯母（或叔母）朱主被孫峻殺
害後埋於石子岡，孫皓登基之後想要替她改葬，卻無從辨識究竟埋在那一座墳
墓之中，也是利用巫者「察看」出朱主的鬼魂出入之處。[27] 由此可見，孫皓在
私領域中也頻頻利用巫者「視鬼」的能力。

三、兩晉十六國時期 (265-420)

　　晉武帝司馬炎（265-290 在位）於西元 265 年滅魏，280 年滅吳，統一中

---

23. 《三國志》，卷 48，〈孫皓傳〉，頁 1171-1172，裴松之注引。

24. 《三國志》，卷 50，〈孫皓滕夫人傳〉，頁 1202-1203。

25. 《三國志》，卷 65，〈王蕃傳〉，頁 1453，裴松之注引。

26. 《三國志》，卷 59，〈孫和傳〉，頁 1371，裴松之注引《吳書》。

27. 《三國志》，卷 50，〈孫休朱夫人傳〉，頁 1201，裴松之注引《搜神記》。

國，終結了分裂的三國時期，也開創了長達一百多年的晉王朝 (265–420)。奇怪的是，無論是以中國北方為基地的西晉 (265–316)，還是遷至南方的東晉 (317–420)，雖然司馬氏的宗室及后妃不乏巫者的信徒，但諸帝之中，卻沒有崇信巫者的相關記載。在這段期間，所有和巫有所交涉的帝王，都是非漢民族。

㈠成（前蜀）李雄（304–334 在位）

西晉末年，天下大亂，不僅司馬氏宗室內部爆發所謂的「八王之亂」(291–306)，境內的非漢民族也紛紛起兵，其中，最早獨立建國的是在中國西南的巴蜀一帶，由巴氏族所創建的成國。[28] 其第二任君主李雄，應該是一名巫者的信徒，《晉書》載其事云：

> 雄母羅氏死，雄信巫覡者之言，多有忌諱，至欲不葬。其司空趙肅諫，雄乃從之。[29]

君主喪母，不是個人私事而是國家大事，因此臣下對於喪禮也可以表達意見。不過，從文中可以知道，李雄原本是要依巫覡的建議，甚至不打算舉行葬禮。

㈡後趙石虎（335–349 在位）

西元 319 年，來自西域一帶的羯族以石勒（319–333 在位）為首，以現在的河北為基地，建立了趙國（史稱後趙），其姪子石虎在西元 335 年繼位為第三任君主。

石虎的宗教信仰應該較傾向於巫覡。《晉書》載云：

---

28. 關於成國的歷史、族群、宗教 （尤其是和道教的關係） 和統治者，參見 Terry F. Kleeman, *Great Perfection: Religion and Ethnicity in a Chinese Millennial Kingdom* (Honolulu: University of Hawaii Press, 1998).

29. 房玄齡 (578–648) 等，《晉書》（北京：中華書局，1974），卷 121，〈李雄載記〉，頁 3037。

> 石邃保母劉芝初以巫術進，既養邃，遂有深寵，通賄賂，豫言論，權傾
> 朝廷，親貴多出其門，遂封芝為宜城君。[30]

文中所提到的石邃是石虎之子，而劉芝應該是一名女巫，因擔任石邃的保母，
又通「巫術」，獲得石虎的寵信，以致「權傾朝廷」，甚至被封為「宜城君」。
這雖非官位，但畢竟是官方正式的封號。這在漢代是一件不可能的事。

㈢北魏道武帝拓跋珪 (386–409 在位)

　　在西晉末年至東晉十六國時期，原居內蒙古一帶的鮮卑部落紛紛南下，建
立不少獨立的王國，如代 (310–376)、前燕 (337–370)、後燕 (384–409)、西燕
(385–394)、西秦 (385–431)、南涼 (397–414)、南燕 (398–410) 都是，但大多是
短命的小政權，唯拓跋氏所建立的北魏 (386–534) 勢力最大，國祚最長，[31] 而
其立國的基礎則是其開國君主道武帝拓跋珪 (372–409) 所奠立。

　　拓跋珪在當時以殘酷好殺聞名，例如，《宋書》便載：

> 先是，鮮卑慕容垂僭號中山，晉孝武太元二十一年 (396)，垂死，開率
> 十萬騎圍中山。明年四月，剋之，遂王有中州，自稱曰魏，號年天賜。
> 元年，治代郡桑乾縣之平城。立學官，置尚書曹。開頗有學問，曉天
> 文。其俗以四月祠天，六月末率大眾至陰山，謂之卻霜。陰山去平城六
> 百里，深遠饒樹木，霜雪未嘗釋，蓋欲以暖氣卻寒也。死則潛埋，無墳
> 壟處所，至於葬送，皆虛設棺柩，立冢槨，生時車馬器用皆燒之以送亡
> 者。開暴虐好殺，民不堪命。先是，有神巫誡開當有暴禍，唯誅清河殺

30.《晉書》，卷 106，〈石季龍載記〉，頁 2763。

31. 關於早期鮮卑的社會狀況及其建國經過，參見馬長壽，《烏桓與鮮卑》（上海：上海人民
　　出版社，1962）；曹永年，〈早期拓跋鮮卑的社會狀況和國家的建立〉，《歷史研究》
　　1987：5（北京，1987），頁 30–44；康樂，《從西郊到南郊——國家祭典與北魏政治》
　　（臺北：稻鄉出版社，1995）。

萬民，乃可以免。開乃滅清河一郡，常手自殺人，欲令其數滿萬。或乘
小輦，手自執劍擊槍輦人腦，一人死，一人代，每一行，死者數十。夜
恒變易寢處，人莫得知，唯愛妾名萬人知其處。萬人與開子清河王私
通，慮事覺，欲殺開，令萬人為內應。夜伺開獨處，殺之。開臨死，
曰：「清河、萬人之言，乃汝等也。」是歲，安帝義熙五年。開次子齊
王嗣字木末，執清河王，對之號哭，曰：「人生所重者父，云何反逆。」
逼令自殺。嗣代立，諡開道武皇帝。[32]

這段文字相當扼要的敘述拓跋珪（開）立國及被殺的經過，[33] 其間還提及鮮卑
之風俗。其中，最令人觸目驚心的就是他因聽信巫者之言而誅殺清河郡成千上
萬的百姓。

上述記載雖然可能是出自其敵對陣營的醜化，不過，他崇信巫者之事應無
疑問。例如，其本國史官所修的《魏書》便載云：

太祖初 (386) 有兩彗星見，劉后使占者占之，曰：「祈之則當掃定天
下。」后從之，故立其祀。又立□□神十二，歲一祭，常以十一月，各
用牛一、雞三。又立王神四，歲二祭，常以八月、十月，各用羊一。又
置獻明以上所立天神四十所，歲二祭，亦以八月、十月。神尊者以馬，
次以牛，小以羊，皆女巫行事。又於雲中及盛樂神元舊都祀神元以下七
帝，歲三祭，正、冬、臘，用馬牛各一，祀官侍祀。明年 (387) 春，帝
始躬耕籍田，祭先農，用羊一。祀日於東郊，用騂牛一。秋分祭月於西
郊，用白羊一。[34]

這是北魏立國之初的國家祀典，由祭祀的神祇、地點、時間和祭品來看，顯然

---

32. 《宋書》，卷 95，〈索虜列傳〉，頁 2322。

33. 拓跋開是拓跋珪的異譯；詳見《宋書》，卷 95，〈索虜列傳〉，頁 2360，校勘記。

34. 魏收 (505–572)，《魏書》（北京：中華書局，1974），卷 108，〈禮志〉，頁 2735–2736。

和漢族帝王的祭典有不小的差異，[35] 其中，值得我們注意的是，單是「天神」
就有四十所，而王神、天神等大神之祭，都是「女巫行事」，這似乎是鮮卑舊
有的部族傳統。

　　讓女巫掌管官方祠廟或祭祀活動，自漢武帝之後，便罕見於漢族主政的中
國王朝，但鮮卑舊屬東胡，又和匈奴長期交流，其宗教信仰應屬巫覡一脈，也
就是近代學者所說的 「薩滿信仰」 (shamanism)。這種習俗在鮮卑入主中原之
後，並未立刻放棄。例如，道武帝末年祭天時仍是用女巫，《魏書》云：

> 天賜二年 (405) 夏四月，復祀天于西郊，為方壇一，置木主七於上。東
> 為二陛，無等；周垣四門，門各依其方色為名。牲用白犢、黃駒、白羊
> 各一。祭之日，帝御大駕，百官及賓國諸部大人畢從至郊所。帝立青門
> 內近南壇西，內朝臣皆位於帝北，外朝臣及大人咸位於青門之外，后率
> 六宮從黑門入，列於青門內近北，並西面。廩犧令掌牲，陳於壇前。女
> 巫執鼓，立於陛之東，西面。選帝之十族子弟七人執酒，在巫南，西面
> 北上。女巫升壇，搖鼓。帝拜，后肅拜，百官內外盡拜。祀訖，復拜。
> 拜訖，乃殺牲。執酒七人西向，以酒灑天神主，復拜，如此者七。禮畢
> 而返。自是之後，歲一祭。[36]

這是西元 405 年「西郊」祭天大典，女巫依然在儀式中扮演舉足輕重的角色。

---

35. 詳細的討論，參見康樂，《從西郊到南郊──國家祭典與北魏政治》，頁 167–169。
36. 《魏書》，卷 108，〈禮志〉，頁 2736。

四、南北朝時期 (420–589)

㈠北魏太武帝拓跋燾（423–452 在位）

巫覡信仰是鮮卑拓跋氏的傳統信仰，當他們在中原建立政權之後，並未立即捨棄舊信仰，不過，從北魏的開國之君道武帝開始，便開始對於中國的文化及當時新興的宗教產生濃厚的興趣，據說他「見諸沙門、道士，皆致精敬」，「好黃老，頗覽佛經」，「好老子之言，誦詠不倦」，而且在天興年間 (398–404)「置仙人博士，立仙坊，煮鍊百藥」，[37] 最後還因服食「寒食散」中毒而深受其苦。[38]

其後，太武帝拓跋燾則是以崇道滅佛聞名。當時，北方天師道在道士寇謙之的努力之下，透過儒士崔浩的協助，獲得了太武帝的崇信和獎掖而聲勢大振。太武帝也開啟了北朝皇帝接受道士符籙的風氣。[39] 或許是在崔浩等人及道士的影響之下，他對於其部族的舊有信仰及非漢政權普遍接受的佛教都沒有好感，首先，在即位後不久的神麚年間 (428–431)，便透過修訂「律令」的方式，進行管束。《魏書》載云：

---

37. 《魏書》，卷 114，〈釋老志〉，頁 3030，3049。

38. 《魏書》，卷 2，〈太祖紀〉，頁 44。

39. 詳見楊聯陞，〈老君音誦誡經校釋：略論南北朝時代的道教清整運動〉，《中央研究院歷史語言研究所集刊》28 上（臺北，1956），頁 17–54，收入氏著，《楊聯陞論文集》（河北：中國社會科學出版社，1992），頁 33–83（頁 33–53）；Richard Mather, "K'ou Ch'ien -chih and the Taoist Theocracy at the Northern Wei Court, 425–451," in H. Welch and A. Seidel eds., *Facets of Taoism: Essays in Chinese Religion* (New Haven: Yale University Press, 1979), pp. 103–122; A. Seidel, "Imperial Treasures and Taoist Sacraments," in M. Strickmann ed., *Tantric and Taoist Studies in Honour of R. A. Stein*, vol. II (Bruxelles: Institut belge des hautes etudes chinoises, 1983), pp. 291–371.

世祖即位，以刑禁重，神𪊨中，詔司徒崔浩定律令。除五歲四歲刑，增
一年刑。分大辟為二科死，斬死，入絞。大逆不道腰斬，誅其同籍，年
十四已下腐刑，女子沒縣官。害其親者轘之。為蠱毒者，男女皆斬，而
焚其家。巫蠱者，負殺羊抱犬沉諸淵。[40]

這雖然是為了減輕「刑禁」而做的法律修訂，但是，和巫者的作為有緊密關係
的「蠱毒」和「巫蠱」卻都是唯一死刑。[41] 不過，這仍只限於對巫者的「犯
罪」行為所做的規範。

　　太武帝對於巫者所採取的進一步打擊，是在他熱切的接受道教信仰之後。
西元 440 年，他將年號改為「太平真君」以符應道教信仰，到了太平真君五年
(444) 春正月，便下詔壓制非道教的信仰。《魏書》載云：

戊申，詔曰：「愚民無識，信惑妖邪，私養師巫，挾藏讖記、陰陽、圖
緯、方伎之書；又沙門之徒，假西戎虛誕，生致妖孽。非所以壹齊政
化，布淳德於天下也。自王公已下至於庶人，有私養沙門、師巫及金銀
工巧之人在其家者，皆遣詣官曹，不得容匿。限今年二月十五日，過期
不出，師巫、沙門身死，主人門誅。明相宣告，咸使聞知。」庚戌，詔
曰：「自頃以來，軍國多事，未宣文教，非所以整齊風俗，示軌則於天
下也。今制自王公已下至於卿士，其子息皆詣太學。其百工伎巧，騶卒
子息，當習其父兄所業，不聽私立學校。違者師身死，主人門誅。」[42]

這是兩道非常嚴厲的宗教和文化控制命令。果真落實這樣的要求，則北魏轄下

---

40. 《魏書》，卷 111，〈刑罰志〉，頁 2874。

41. 「巫蠱」是一種咒術行為，「蠱毒」則是以「蠱物」（通常為有毒的蟲物或蛇類）毒害他
　　人的方法，一般研究者常將這兩種行為混為一談；詳見林富士，〈試釋睡虎地秦簡中的
　　「癘」與「定殺」〉，《史原》15（臺北，1986），頁 1–38。

42. 《魏書》，卷 4，〈世祖太武帝紀〉，頁 97；又見李延壽，《北史》（北京：中華書局，
　　1974），卷 2，〈世祖太武帝本紀〉，頁 56。

的官民在宗教上只能歸向道教，在學術、思想上只能遵循儒家。

　　在這之前，漢代及多數朝代的巫者，雖然被排除於官方宗教和官僚體系之外，但在民間基本上都還有自由活動的空間，而太武帝則連這樣的空間也不允許。不過，這並不意味著官方祀典中的「女巫行事」一定也被取消。雖然太武帝曾聽從崔浩的建議罷棄了不少北魏立國以來不斷增置的神祠，但畢竟沒有全數取消，[43] 至少，沒有確切的證據顯示他徹底改變道武帝當年的禮制。

(二)南朝‧宋帝劉劭（453 在位）

　　在三國時代之後，漢人政權之中，信巫的帝王要到南北朝時期才再度出現。首先是在西元 453 年短暫在位的宋帝劉劭。他在位時大力推崇當時江南一帶巫覡的信仰中心蔣子文，將原本只是封侯的蔣子文晉升為王。不過，其信巫之因緣應起源於他還是太子之時的「巫蠱」事件。[44] 沈約的《宋書》記載事件的經過如下：

> 上時務在本業，勸課耕桑，使宮內皆蠶，卻以諷勵天下。有女巫嚴道育，本吳興人，自言通靈，能役使鬼物。夫為劫，坐沒入奚官。（劉）劭姊東陽公主應閤婢王鸚鵡白公主云：「道育通靈有異術。」主乃白上，託云善蠶，求召入，見許。道育既入，自言服食，主及劭並信惑之。始興王（劉）濬素佞事劭，與劭並多過失，慮上知，使道育祈請，欲令過

---

43. 《魏書》，卷 108，〈禮志〉，頁 2739。

44. 有關 「巫蠱」 及相關事件的初步研究，詳見 Han-yi Feng and J. K. Shryock, "The Black Magic in China Known as Ku," *Journal of the American Oriental Society*, 55 (1935), pp. 1–30；李卉，〈說蠱毒與巫術〉，《中央研究院民族學研究所集刊》9 （臺北，1960），頁 271–282；蒲慕州，〈巫蠱之禍的政治意義〉，《中央研究院歷史語言研究所集刊》57：3 （臺北，1986），頁 511–538；吳剛，〈「巫蠱之禍」 新探〉，《中國史研究》1993：2 （北京，1993），頁 81–90；胡新生，〈論漢代巫蠱的歷史淵源〉，《中國史研究》1997：3 （北京，1997），頁 60–66。

不上聞。道育輒云：「自上天陳請，必不泄露。」劭等敬事，號曰天師。
後遂為巫蠱，以玉人為上形像，埋於含章殿前。[45]

由此可見，這個事件是由當時的太子劉劭 (424–453) 和其弟劉濬 (429–453) 等
人所主導，企圖利用女巫嚴道育的巫蠱之術，謀害宋文帝劉義隆（424–453 在
位）。

「巫蠱」之事，因參與者之一的慶國在元嘉二十九年 (452) 向皇帝告發而
被揭露。宋文帝得知之後，既驚又怒，於是：

即遣收鸚鵡，封籍其家，得劭、濬書數百紙，皆咒詛巫蠱之言，得所埋
上形像於宮內。道育叛亡，討捕不得，上大怒，窮治其事，分遣中使入
東諸郡搜討，遂不獲。上詰責劭、濬，劭、濬惶懼無辭，唯陳謝而已。
道育變服為尼，逃匿東宮，濬往京口，又載以自隨。[46]

到了元嘉三十年 (453)，宋文帝得知太子等人仍和嚴道育有所交結，便決定廢
太子、殺劉濬，但因消息外洩，劉劭等人搶先發動武裝政變，殺了宋文帝，而
即位後的年號「太初」便是出自女巫嚴道育的建議。[47]

劉劭即位之後不久，皇室之中的武陵王劉駿 (430–464) 便聯合南譙王劉義
宣、隨王劉誕等人舉兵反叛。而當劉劭屢屢敗戰，被困京城時，蔣子文便成為
在位君王的希望所在，史書記載：

（劉劭）以輦迎蔣侯神像於宮內，啟顙乞恩，拜為大司馬，封鍾山郡
王，食邑萬戶，加節鉞。蘇侯為驃騎將軍。使南平王鑠為祝文，罪狀
世祖。[48]

---

45. 《宋書》，卷 99，〈二凶列傳〉，頁 2424。
46. 《宋書》，卷 99，〈二凶列傳〉，頁 2425。
47. 《宋書》，卷 99，〈二凶列傳〉，頁 2426–2427。
48. 《宋書》，卷 99，〈二凶列傳〉，頁 2433。相關的記載，詳見《宋書》，卷 72，〈文九王列

儘管如此，劉劭等人還是失敗了，不久之後全遭殺害。[49]

無論如何，這個事件讓我們對當時巫者的蔣子文信仰的發展有了更多的認識。首先，蔣子文在鬼神世界的地位主要是依賴世俗君王的敕封，而且以改變封號來提升神明的位階，這似乎是首例。不過，蔣子文此時仍只獲得「鍾山郡王」和「大司馬」的頭術，主要轄區仍然限於首都一帶。

其次，或許是因為鍾山的蔣侯祠已毀，神像於是成為蔣子文信仰最重要的表徵。由此也可以知道，這個信仰可以藉由神像向鍾山祠廟以外的地區擴散，而這也是蔣子文首度進入皇宮。

第三，這也是第一次有皇帝以帝王之尊主動向蔣子文求授，以誅滅反叛者，贏得戰場上的勝利。蔣子文的「國家」（或「首都」）守護神的形象似乎更為確定。

第四，劉劭同時尊奉蔣子文和女巫嚴道育，似乎可以證明巫者和蔣子文信仰之間從三國時期到南朝一直有著密切的關係，事實上，女巫嚴道育的故鄉吳興也有一座蔣子文祠。[50]

㈢南朝・宋孝武帝劉駿（454–464 在位）

劉駿雖然是因擊敗劉劭而登上帝位，但他在信仰上卻和劉劭沒有什麼不同，他在西元 454 年登基之後，便立刻著手修復蔣子文和其他諸神的祠廟，史書記載：

> 宋武帝永初二年 (421)，普禁淫祀，由是蔣子文祠以下，普皆毀絕。孝

傳〉，頁 1857；李延壽，《南史》（北京：中華書局，1975），卷 14，〈宋宗室及諸王列傳〉，頁 391。

49. 《宋書》，卷 99，〈二凶列傳〉，頁 2433–2435，2438–2439。

50. 道世（死於西元 683 年），《法苑珠林》〔《大正新脩大藏經》，no. 2212〕（東京：大正一切經刊行會，1924–1934），卷 6，頁 317 上，引《幽明錄》。

武孝建初，更修起蔣山祠，所在山川，漸皆修復。[51]

由此可見，在劉宋皇室的血腥鬥爭中，蔣子文不僅不曾受害，反而大獲其利，不僅加官晉爵，還收復了其舊有的祠廟。同時，這也證明孝武帝應該也是巫者的信徒。

事實上，他還曾經因為思念其亡故的貴妃，而求助於巫者，《南史》載其事云：

> 時有巫者能見鬼，說帝言貴妃可致。帝大喜，令召之。有少頃，果於帷中見形如平生。帝欲與之言，默然不對。將執手，奄然便歌，帝尤哽恨，於是擬李夫人賦以寄意焉。謝莊作哀策文奏之，帝臥覽讀，起坐流涕曰：「不謂當今復有此才。」都下傳寫，紙墨為之貴。[52]

這是巫者的「見鬼」之術，也是協助陽世之人和死者溝通的主要法術之一。

㈣南朝‧宋前廢帝劉子業（465 年在位）

劉子業十七歲就登上帝位，但在位一年就被謀殺，《宋書》記載其緣由云：

> 時帝凶悖日甚，誅殺相繼，內外百司，不保首領。先是訛言云：「湘中出天子。」帝將南巡荊、湘二州以厭之。先欲誅諸叔，然後發引。太宗與左右阮佃夫、王道隆、李道兒密結帝左右壽寂之、姜產之等十一人，謀共廢帝。戊午夜，帝於華林園竹林堂射鬼。時巫覡云：「此堂有鬼。」故帝自射之。壽寂之懷刀直入，姜產之為副。帝欲走，寂之追而殞之。時年十七。[53]

51.《宋書》，卷 17，〈禮志〉，頁 488。
52.《南史》，卷 11，〈后妃列傳〉，頁 324。
53.《宋書》，卷 7，〈前廢帝本紀〉，頁 146。

這位年輕的皇帝被描述成「凶悖」、好殺之徒。不過，從文中隱約可以知道，他的統治應該飽受其宗室長輩的威脅，才會有「欲誅諸叔」的舉動，最後也確實被其叔父劉彧等人所殺。[54]

文中還有一事值得我們注意，那就是劉子業被殺當晚是在華林園的竹林堂「射鬼」，因為巫覡告訴他「此堂有鬼」，而劉子業之所以會深信不疑，似乎也有其緣故，《南史》對此有較詳細的敘述，其文云：

> 時帝凶悖日甚，誅殺相繼，內外百官，不保首領。先是，訛言湘中出天子，帝將南巡荊、湘以厭之，期旦誅除四叔，然後發引。是夜湘東王彧與左右阮佃夫、王道隆、李道兒密結帝左右壽寂之、姜產之等十一人，謀共廢帝。先是，帝好遊華林園竹堂，使婦人保身相逐，有一婦人不從命，斬之。經少時，夜夢游後堂，有一女子罵曰：「帝悖虐不道，明年不及熟矣。」帝怒，於宮中求得似所夢者一人戮之。其夕復夢所戮女罵曰：「汝枉殺我，已訴上帝。」至是，巫覡云「此堂有鬼」。帝與山陰公主及六宮綵女數百人隨群巫捕鬼，屏除侍衛，帝親自射之。事畢，將奏靡靡之聲，壽寂之懷刀直入，姜產之為副，諸姬迸逸，廢帝亦走。追及之，大呼：「寂！寂！」如此者三，手不能舉，乃崩於華光殿，時年十七。太皇太后令奉湘東王彧纂承皇統。於是葬帝於丹陽秣陵縣南郊壇西。[55]

由此可見，劉子業「射鬼」，雖然是出自巫者的建議，但與他誅殺二名宮女引發惡夢有關。

---

54. 有關劉子業被殺始末，尚可見於《宋書》，卷54，〈恩倖列傳〉，頁2313；《魏書》，卷97，〈島夷劉裕〉，頁2146–2147；《南史》，卷77，〈恩倖列傳〉，頁1920–1921。

55. 《南史》，卷2，〈宋前廢帝本紀〉，頁70。

㈤南朝・宋明帝劉彧（466–472 在位）

　　因謀殺劉子業而登上帝位的劉彧，仍然面臨宗室反叛的威脅，即位之初，晉安王劉子勛的挑戰便令他相當苦惱，他甚至採用巫術作為對抗的工具，《宋書》載其事云：

> 先是晉安王子勛未平，巫者謂宜開昭太后陵以為厭勝。修復倉卒，不得如禮。上性忌，慮將來致災。泰始四年 (468) 夏，詔有司曰：「崇憲昭太后修寧陵地，大明之世，久所考卜。前歲遭諸蕃之難，禮從權宜。奉營倉卒，未暇營改。而塋隧之所，山原卑陋。頃年頹壞，日有滋甚，恒費修整，終無永固。且詳考地形，殊乖相勢。朕蚤蒙慈遇，情禮兼常，思使終始之義，載彰幽顯。史官可就巖山左右，更宅吉地。明審龜筮，須選令辰，式遵舊典，以禮創制。今中宇雖寧，邊虜未息，營就之功，務在從簡。舉言尋悲，情如切割。」[56]

在戰爭中使用「厭勝」之術，在中國傳統社會並不罕見，但以挖開太后的陵墓作為手段，則很奇特，而建議者正是巫者。由以上引文也可以知道，劉彧應該相當相信「風水」和巫者之言。

㈥北魏孝文帝元宏（471–499 在位）

　　北魏的巫者在太武帝的禁令之下，短期之內至少在民間喪失了活動的空間，在官方祀典中的活動也因神祠被大量罷廢而受到限制。不過，文成帝拓跋濬（452–465 在位）繼位之後，到了和平元年 (460)，便全數恢復原先被罷棄的神祠。[57] 至於祭天大典，除了太武帝所增添的道教元素之外，似乎沒有結構上

---

56. 《宋書》，卷 41，〈后妃列傳〉，頁 1288。又見《南史》，卷 11，〈后妃列傳〉，頁 322。
57. 《魏書》，卷 108，〈禮志〉，頁 2739。

的變化，一直到孝文帝元宏在太和十年 (486) 親政之後，才有所改變。[58]

孝文帝從西元 486 年起在北魏所做的一連串禮制改革，基本上是一種全面性的「文化改革運動」，其目的在於逐步去除其北方草原民族的文化色彩，轉向中原文化。[59] 其中，巫覡信仰也受到不小的衝擊。根據延興三年 (473) 的統計，當時全國「天地五郊、社稷已下及諸神，合一千七十五所，歲用牲七萬五千五百」，[60] 到了太和十五年 (491)，再次統計的結果是「國家自先朝以來，饗祀諸神，凡有一千二百餘處」。[61] 針對這種情形，孝文帝所做的改革，一方面是改變「用牲」的傳統，代以「酒脯」，另一方面則是減少祭祀所、祭祀時節及祭祀對象的數量。[62] 不過，最重要的改變還是將祭天的大典由北方民族傳統的「西郊」改為中原式的「南郊」，以及在京師立孔廟，親自祭孔。[63]

這些措施雖然不是針對巫者而來，但至少嚴重壓縮了巫者在官方祀典中的活動空間。事實上，早在他進行系統性的禮制改革之前，便對巫者在官方神祠中的活動有所不滿，例如，延興二年 (472) 二月便下詔曰：

> 尼父稟達聖之姿，體生知之量，窮理盡性，道光四海。頃者淮徐未賓，廟隔非所，致令祀典寢頓，禮章殄滅，遂使女巫妖覡，淫進非禮，殺生鼓舞，倡優媟狎，豈所以尊明神敬聖道者也。自今已後，有祭孔子廟，制用酒脯而已，不聽婦女合雜，以祈非望之福。犯者以違制論。其公家有事，自如常禮。犧牲粢盛，務盡豐潔。臨事致敬，令肅如也，牧司之官，明糾不法，使禁令必行。[64]

---

58. 詳見康樂，《從西郊到南郊：國家祭典與北魏政治》，頁 167–168。

59. 詳見康樂，《從西郊到南郊：國家祭典與北魏政治》，頁 178–206。

60. 《魏書》，卷 108，〈禮志〉，頁 2740。

61. 《魏書》，卷 108，〈禮志〉，頁 2748。

62. 《魏書》，卷 108，〈禮志〉，頁 2740，2748–2749。

63. 詳見康樂，《從西郊到南郊：國家祭典與北魏政治》，頁 184–192。

64. 《魏書》，卷 7，〈高祖孝文帝紀〉，頁 136。又見《北史》，卷 3，〈魏高祖孝文帝本紀〉，

在此，等於正式將巫覡排除於祭孔的禮典之外。到了太和九年 (485) 春正月，他又下詔云：

> 圖讖之興，起於三季。既非經國之典，徒為妖邪所憑。自今圖讖、祕緯
> 及名為孔子閉房記者，一皆焚之。留者以大辟論。又諸巫覡假稱神鬼，
> 妄說吉凶，及委巷諸卜非墳典所載者，嚴加禁斷。[65]

這是針對言論及思想所進行的控制，其中，禁斷的主要對象之一便是巫覡在降神之時的「吉凶」之說。在此，雖不直接禁巫，但巫者的行事及言論隨時都有觸法的危險，都受到政府嚴格的限制。

　　不過，孝文帝是否曾將巫者完全逐出國家的祀典之外，仍無明確的證據。至少，我們知道，在這之後，北朝的君主並無任何禁巫的舉措，反倒有不少人崇信巫者。

㈦南朝・齊前廢帝蕭昭業（494 在位）

　　在中國歷代的帝位爭奪戰中，運用武力雖然最為常見，但是，利用巫者的情形也不罕見，齊廢帝蕭昭業 (473–494) 便是相當典型的例子。

　　他是齊武帝（482–493 在位）的皇太孫，在通往帝位的路途上，他面臨兩個障礙，一個是他的父親文惠太子，另一個則是祖父武帝，而他排除障礙的方法則全靠巫術。《南史》載云：

> 文惠太子自疾及薨，帝侍疾及居喪，哀容號毀，旁人見者，莫不鳴咽。
> 纔還私室，即歡笑酣飲，備食甘滋。葬畢，立為皇太孫。……武帝往東
> 宮，帝迎拜號慟，絕而復蘇，武帝自下輿抱持之，寵愛日隆。又在西州

頁 88。

65. 《魏書》，卷 7，〈高祖孝文帝紀〉，頁 155。又見《北史》，卷 3，〈魏高祖孝文帝本紀〉，
　　頁 100。

令女巫楊氏禱祀，速求天位。及文惠薨，謂由楊氏之力，倍加敬信，呼楊婆。宋氏以來，人間有楊婆兒哥，蓋此徵也。武帝有疾，又令楊氏日夜禱祈，令宮車早晏駕。……侍武帝疾，憂容慘慼，言發淚下。武帝每言及存亡，帝輒哽咽不自勝。武帝以此謂為必能負荷大業，謂曰：「五年中一委宰相，汝勿厝意。五年以後，勿復委人。若自作無成，無所多恨。」臨崩，執帝手曰：「阿奴，若憶翁，當好作。」如此再而崩。大斂始畢，乃悉呼武帝諸伎，備奏眾樂，諸伎雖畏威從事，莫不哽咽流涕。[66]

由這段文字來看，蕭昭業可說相當工於心計和偽裝，也希望能早日登基，但他畢竟不敢或無力以武力奪取帝位，只能求助於女巫楊氏，利用「禱祀」之法，讓其父、祖早日病亡，以便自己承繼帝位。不過，他也只在位一年，便被其叔父蕭鸞所廢。

　　至於文中所提到的楊氏，應該是蕭昭業隨其叔父蕭子良 (460–494) 住在京口（南徐州首府）之時所遇到的女巫，[67] 其全名和生平不詳，但其子楊旻據說頗受皇室寵信。[68] 除了敬信楊氏母子之外，蕭昭業也曾派其臣下綦母珍之前往「蔣王廟祈福」。[69]

(八)南朝・齊明帝蕭鸞（494–498 在位）

　　蕭鸞罷廢蕭昭業之後，自己登基為明帝。或許是因為取得皇位的正當性有問題，或許是他的稟性所致，蕭鸞在位期間似乎一直惴惴不安，這也可能導致

---

66. 《南史》，卷 5，〈齊廢帝鬱林王本紀〉，頁 136。

67. 《南史》，卷 44，〈齊武帝諸子列傳〉，頁 1097–1104。

68. 詳見徐堅 (659–729) 等，《初學記》（北京：中華書局，1962），卷 15，頁 376；杜佑 (735–812)，《通典》（北京：中華書局，1988），卷 145，頁 3740。

69. 《南史》，卷 77，〈恩倖列傳〉，頁 1929。

他偏信巫者。《南齊書》載其事云：

> 性猜忌多慮，故亟行誅戮。潛信道術，用計數，出行幸，先占利害，南
> 出則唱云西行，東遊則唱云北幸。簡於出入，竟不南郊。上初有疾，無
> 輟聽覽，秘而不傳。及寢疾甚久，勑臺省府署文簿求白魚以為治，外始
> 知之。身衣絳衣，服飾皆赤，以為厭勝。巫覡云：「後湖水頭經過宮內，
> 致帝有疾。」帝乃自至太官行水溝，左右啟：「太官若無此水則不立。」
> 帝決意塞之，欲南引淮流。會崩，事寢。[70]

由此可見，蕭鸞無論是食、衣、住、行，還是身體疾病，幾乎都會參酌巫者及
術士的意見，即使因而影響宮廷的事務也毫不在乎。

㈨南朝‧齊東昏侯蕭寶卷（498–501 在位）

明帝之子蕭寶卷 (483–502) 應該也是巫者忠實的信徒。他在西元 498 年登
上帝位，到了西元 502 年初，便被廢、被殺。在正史中，他被描繪成一名極為
昏庸、荒唐的皇帝。據說，他極喜愛各種新奇、刺激的遊戲，不與朝臣士人親
近，身邊老是圍繞著閹人、倡伎、士兵、樂人和巫者。[71]

特別值得我們注意的是他的宗教信仰。蕭子顯 (489–537) 的《南齊書》說他：

> 後宮遭火之後，更起仙華、神仙、玉壽諸殿，刻畫雕綵，……窮極綺
> 麗。繫役工匠，自夜達曉，猶不副速，乃剔取諸寺佛剎殿藻井仙人騎獸
> 以充足之。[72]

---

70. 蕭子顯，《南齊書》（北京：中華書局，1972），卷 6，〈明帝本紀〉，頁 92。又見《南
　　史》，卷 5，〈齊明帝本紀〉，頁 146。

71. 詳見《南齊書》，卷 7，〈東昏侯本紀〉，頁 97–108；《南史》，卷 5，〈齊廢帝東昏侯本
　　紀〉，頁 146–158。詳細名單見《南史》，卷 77，〈恩倖列傳〉，頁 1934–1935。

72. 詳見《南齊書》，卷 7，〈東昏侯本紀〉，頁 104。按：引文中所提到的「諸寺佛剎」，知
　　其名的有莊嚴寺、外國寺、禪靈寺；詳見《南史》，卷 5，〈齊廢帝東昏侯本紀〉，頁

可見他對佛教的寺廟並無多大敬意，而且，據說他還曾經命令士兵殺死一名又病又老的佛教僧侶。[73] 相對的，他對於巫者的信仰對象蔣子文之態度可就非常虔敬。《南齊書》寫道：

> 及義師起，江、郢二鎮已降，帝遊騁如舊，……義師至近郊，乃聚兵為固守之計。……又信鬼神，崔慧景事時，拜蔣子文神為假黃鉞、使持節、相國、太宰、大將軍、錄尚書、揚州牧、鍾山王。至是又尊為皇帝。迎神像及諸廟雜神皆入後堂，使所親巫朱光尚禱祀祈福。[74]

文中所提到的「義師至近郊」是指齊東昏侯永元三年 (501) 末，由蕭寶融所率領的軍隊攻至京師近郊一事，而「崔慧景事」，指的是崔慧景於永元二年 (500) 反叛一事。由此可知，每當蕭寶卷面臨反叛者的壓力時，他總是乞援於蔣子文，給予蔣子文許多尊榮的頭銜和職權。《南史》也說他：

> 又偏信蔣侯神，迎來入宮，晝夜祈禱。左右朱光尚詐云見神，動輒諮啟，並云降福。始安之平，遂加位相國，末又號為「靈帝」，車服羽儀，一依王者。[75]

由此可知，蕭寶卷素來便頗為崇信蔣子文，因此每遇急難時，便會向他求援。他首次敕封蔣子文，即在原本的鍾山郡王之外加位「相國」，應是在永元元年 (499) 平定始安王蕭遙光的叛亂之後，[76] 第二次加封則是在永元二年敕平崔慧景的叛亂之後，頭銜為：假黃鉞、使持節、相國、太宰、大將軍、錄尚書、揚州牧、鍾山王。第三次則是在永元三年被叛軍包圍時，這一次，蔣子文獲得的封

153–154。

73. 詳見《南史》，卷5，〈齊廢帝東昏侯本紀〉，頁153。

74. 《南齊書》，卷7，〈東昏侯本紀〉，頁105。

75. 《南史》，卷5，〈齊廢帝東昏侯本紀〉，頁155–156。

76. 《南史》，卷5，〈齊廢帝東昏侯本紀〉，頁147–148。

號是皇帝（靈帝）。至此，由侯而王，由王而帝，蔣子文於是確立他在當時鬼神世界中至高無上的地位。

　　根據以上記載，我們也可以知道，蕭寶卷的宗教信仰基本上是與巫覡有關的祠廟信仰，他最信賴的巫者朱光尚似乎就是蔣子文的靈媒。這名巫者最主要的技能就是能「見神」，並替人禱祀祈福。《南史》曾記載他和其他巫者在蕭寶卷身邊的一些作為：

> （蕭寶卷）又曲信小祠，日有十數，師巫魔媼，迎送紛紜。光尚輒託云神意。范雲謂光尚曰：「君是天子要人，當思百全計。」光尚曰：「至尊不可諫正，當託鬼神以達意耳。」後東入樂游，人馬忽驚，以問光尚，光尚曰：「向見先帝大瞋，不許數出。」帝大怒，拔刀與光向等尋覓，既不見處，乃縛菰為明帝形，北向斬之，縣首苑門。[77]

由此可見，蕭寶卷相當信賴巫者之言，事實上，當時百姓因為苦於力役之徵，紛紛「注籍詐病」，蕭寶卷為了查驗百姓是否「詐病」，還派遣「醫巫」（醫者和巫者）到各郡實地檢查。[78]

㈩南朝‧梁武帝（502–549 在位）

　　梁武帝蕭衍雖然是以「菩薩皇帝」著稱，但我們似乎不能將他個人的宗教信仰簡化為佛教。至少，早年他曾和道教有非常密切的關係，而在改信佛教、登上帝位之後，他和巫覡信仰似乎也還有某種聯繫，例如，《南史》記載：

> 先是旱甚，詔祈蔣帝神求雨，十旬不降。帝怒，命載荻欲焚蔣廟并神影。爾日開朗，欲起火，當神上忽有雲如繖，倏忽驟雨如寫，臺中宮殿皆自振動。帝懼，馳詔追停，少時還靜。自此帝畏信遂深。自踐阼以

---

77. 《南史》，卷5，〈齊廢帝東昏侯本紀〉，頁 155–156。
78. 《南史》，卷5，〈齊廢帝東昏侯本紀〉，頁 156。

來，未嘗躬自到廟，於是備法駕將朝臣修謁。是時，魏軍攻圍鍾離，蔣
帝神報敕，必許扶助。既而無雨水長，遂挫敵人，亦神之力焉。凱旋之
後，廟中人馬腳盡有泥濕，當時並目睹焉。[79]

因旱災而下詔令人向蔣子文求雨，事在梁武帝天監五年 (506)，《藝文類聚》所
收的梁代陸倕〈請雨賽蔣王文〉和任孝恭的〈賽鍾山蔣帝王〉，似乎都是因這
次祈雨活動而作。[80] 而由這段記載來看，梁武帝對於蔣子文原本似乎並無好
感，甚至可能想以乾旱不雨、不應祈請為理由，剷除蔣子文，但因神蹟出現，
迫使他不得不率領群臣前往蔣帝祠謝恩。

其次，這段記載曾提到天監五年歲末魏軍攻圍鍾離（在今日的安徽蚌埠附
近）之事，而蔣子文在這個事件當中，主動而積極的幫助梁軍在次年 (507) 夏
天挫敗北方的敵人，所扮演的是往常戰爭之神的角色，這也是蔣子文唯一一次
涉入南朝的對外戰爭。

由此可見，雖然沒有記載明確指出梁武帝曾和巫者有所往來，但當時蔣子
文廟的管理者，以及蔣子文信仰的護持和推動者都是巫者，梁武帝既曾親臨蔣
子文廟拜謁，至少可以證明他不曾完全棄絕巫覡之道。

㈩南朝・梁元帝蕭繹（552–555 在位）

梁武帝和巫者是否有往來或許並不明確，但其子梁元帝蕭繹的情形則比較
清楚。當時相當著名的文學家庾信 (513–581) 在他的名著〈哀江南賦〉中曾說：

問諸淫昏之鬼，求諸厭劾之巫。[81]

---

79. 《南史》，卷 55，〈曹景宗列傳〉，頁 1356。

80. 詳見歐陽詢，《藝文類聚》（上海：上海古籍出版社，1999），卷 100，〈災異部・祈雨〉，
頁 1728。

81. 令狐德棻 (583–666) 等，《周書》（北京：中華書局，1971），卷 41，〈庾信傳〉，頁 740。

這是在梁朝覆亡之後，庾信對於梁元帝諸多指責之中的一項。將梁之亡歸咎於元帝的宗教信仰或許並不公平，但這或許可以證明元帝對於巫覡確實有所信仰。[82]

㈡南朝陳武帝（557–559 在位）

南北朝之時，佛教在中國已經大盛，不少君王都成為佛教徒，陳的開國之君武帝陳霸先 (503–559) 便是以虔信佛教著稱，但是，當他登基告天之後，第一個宗教活動卻是「輿駕幸鍾山祠蔣帝廟」。[83] 可見蔣子文在當時國家祀典中的地位是何等崇高。

其後，在永定三年 (559) 夏天，陳霸先再次親自前往鍾山蔣帝祠祭拜。《陳書》說：

> 是時久不雨，景午，輿駕幸鍾山祠蔣帝廟，是日降雨，迄于月晦。[84]

在此，蔣子文又成為掌控晴雨水旱的神明。

總之，陳武帝在位三年之間二度親往蔣帝廟祭祀，可以充分說明，蔣子文的地位在六朝末年應該已爬升到頂峰，而陳武帝即使歸依了佛教，但基於統治上的考量，也無法完全和巫覡斷絕關係。

㈢北齊幼主高恒（577 在位）

北魏在孝武帝 （532–535 在位） 死亡之後分裂為東魏 (534–550) 和西魏 (535–557) 兩個政權，雖仍由拓跋氏（改姓元）宗族掌政，但一、二十年之間，便先後被北齊高氏 (550–577) 和北周宇文氏 (557–581) 兩個異姓政權所取代。

---

82. 關於庾信的〈哀江南賦〉，見陳寅恪，〈讀哀江南賦〉，收入氏著，《金明館叢稿初編》（臺北：里仁書局，1981 翻印本），頁 209–216。

83. 姚思廉 (557–637)，《陳書》（北京：中華書局，1972），卷 2，〈高祖本紀〉，頁 33。

84. 《陳書》，卷 2，〈高祖本紀〉，頁 39。

北齊政權僅存在二十多年，其末代皇帝幼主高恒在位僅一年便亡於北周。
而高恒也是北朝諸帝中最後一位崇信巫者而見於記載者，《北齊書》載其事云：

> 帝幼而令善，及長，頗學綴文，置文林館，引諸文士焉。而言語澀吶，
> 無志度，不喜見朝士。自非寵私昵狎，未嘗交語。性懦不堪，人視者，
> 即有忿責。其奏事者，雖三公令錄莫得仰視，皆略陳大旨，驚走而出。
> 每災異寇盜水旱，亦不貶損，唯諸處設齋，以此為修德。雅信巫覡，解
> 禱無方。[85]

在此，高恒主要是在「災異、寇盜、水旱」發生之際，信用巫者以便「解禱」
（解除、祈禱）除禍。

五、隋朝 (581–618)

㈠隋文帝楊堅（581–604 在位）

結束中國中世時期分裂格局的君王是隋文帝楊堅。他先在西元 581 年滅北
周，統一中國北方，繼而在西元 589 年滅南朝陳，統一全中國。

楊堅雖然是漢人，但楊氏長期處身北方，奉事胡族政權，且和非漢民通
婚，因此，在文化認同與生活行事方面，和北方的非漢族君主似乎沒有太大的
不同。以宗教信仰來說，楊堅及其家庭雖然以虔信佛教著稱，但北方民族的
「薩滿信仰」似乎也對他產生不小的影響，例如，《隋書》便載云：

> 高祖既受命，遣兼太保宇文善、兼太尉李詢，奉策詣同州，告皇考桓王
> 廟，兼用女巫，同家人之禮。上皇考桓王尊號為武元皇帝，皇妣尊號為

---

85. 李百藥 (565–648)，《北齊書》（北京：中華書局，1972），卷 8，〈幼主帝紀〉，頁 112。
   又見《北史》，卷 8，〈齊幼主本紀〉，頁 300。

元明皇后，奉迎神主，歸于京師。犧牲尚赤，祭用日出。是時帝崇建社廟，改周制，左宗廟而右社稷。[86]

這是他即位之初 (581) 遣使者祭告其父之禮，其中，便有「兼用女巫」之事。

後來，統一全國之後，他在進一步訂定全國性的祀典時，也將巫者納入體制之內，《隋書》云：

開皇十四年 (594) 閏十月，詔東鎮沂山，南鎮會稽山，北鎮醫無閭山，冀州鎮霍山，並就山立祠。東海於會稽縣界，南海於南海鎮南，並近海立祠。及四瀆、吳山，並取側近巫一人，主知灑掃，並命多蒔松柏。其霍山，零祀日遣使就焉。十六年 (596) 正月，又詔北鎮於營州龍山立祠。東鎮晉州霍山鎮，若修造，並準西鎮吳山造神廟。[87]

據此，巫者似乎又正式被統治階層所接納，在全國性的官方祭祀體制及巫官系統之中占有位置。事實上，在「百官」之中，巫者也有一席之地。例如，《隋書》便載隋文帝之時的官制云：

太常寺又有博士四人，協律郎二人，奉禮郎十六人。統郊社、太廟、諸陵、太祝、衣冠、太樂、清商、鼓吹、太醫、太卜、廩犧等署。各置令（並一人。太樂、太醫則各加至二人）、丞（各一人。郊社、太樂、鼓吹則各至二人）。郊社署又有典瑞（四人）。太祝署有太祝（二人）。太樂署、清商署，各有樂師員（太樂八人，清商二人）。鼓吹署有哄師（二人）。太醫署有主藥（二人）、醫師（二百人）、藥園師（二人）、醫博士（二人）、助教（二人）、按摩博士（二人）、祝禁博士（二人）等員。太卜署有卜師（二十人）、相師（十人）、男覡（十六人）、女巫（八

---

86. 魏徵 (580–643) 等，《隋書》（北京：中華書局，1973），卷7，〈禮儀志〉，頁136。

87. 《隋書》，卷7，〈禮儀志〉，頁140。

人)、太卜博士、助教（各二人）、相博士、助教（各一人）等員。[88]

據此，則巫覡在太卜署之中占有不少員額（二十四人），而太卜署則隸屬於掌管國家祀典及醫療事務的太常寺之下。由此可見，巫覡在隋代的官方宗教體系中擁有合法的地位以及參與的機會和權利。

然而，楊堅對於巫者的崇信並不僅限於公共事務，例如，《隋書》便載云：

> 未幾，爽寢疾，上使巫者薛榮宗視之，云眾鬼為厲。爽令左右驅逐之。居數日，有鬼物來擊榮宗，榮宗走下階而斃。其夜爽薨，時年二十五。[89]

文中之病者是文帝之弟衛昭王楊爽 (563–587)，剛於開皇七年 (587) 被徵調到京師長安任納言，不料，到任不久後便罹患重病，文帝於是派巫者薛榮宗前去診視。這名巫者斷定為一群厲鬼作祟所致，楊爽便令其左右趕鬼。可是數日之後，巫者薛榮宗卻反而被「鬼物」擊斃，而楊爽也隨之病死。由此可見，楊堅對於巫者，即使其家人的私事，也有所仰賴。

㈡隋煬帝楊廣（604–618 在位）

隋煬帝楊廣和他的父親一樣，對於巫者也有所信仰。他除了繼續將巫者保留在百官的體制之內，還在宮廷之中增置「女官」，「準尚書省，以六局管二十四司」，其中，尚食局的「司藥」職權便是「掌醫巫藥劑」。[90] 至此，巫者也能合法的進出或入駐後宮。

隋朝的諸多制度基本上是承繼北朝（北魏、北齊、北周）的傳統而來，其用巫之事，應和北亞游牧民族的薩滿信仰有關。無論如何，隋煬帝在公、私事

---

88. 《隋書》，卷 28，〈百官志〉，頁 776。

89. 《隋書》，卷 44，〈衛昭王楊爽傳〉，頁 1224。

90. 《隋書》，卷 36，〈后妃列傳〉，頁 1107–1108；《北史》，卷 13，〈后妃列傳〉，頁 489–490。

務方面，對於巫者都曾有所諮詢，例如，《隋書》載其皇太子楊昭 (584–606) 生病之事云：

> 年十二，立為河南王。……煬帝即位，便幸洛陽宮，昭留守京師。大業元年 (605)，帝遣使者立為皇太子。昭有武力，能引強弩。性謙沖，言色恂恂，未嘗忿怒，有深嫌可責者，但云「大不是」。所膳不許多品，惟席極於儉素。臣吏有老父母者，必親問其安否，歲時皆有惠賜。其仁愛如此。明年 (606)，朝於洛陽。後數月，將還京師，願得少留，帝不許。拜請無數，體素肥，因致勞疾。帝令巫者視之，云：「房陵王為祟。」未幾而薨。[91]

這和隋文帝一樣，也是遣巫者探視兒子生病之事。

此外，宮廷內的災禍之事，煬帝也會令巫者探查，例如，《隋書》便載云：

> 大業四年 (608)，太原廄馬死者太半，帝怒，遣使案問。主者曰：「每夜廄中馬無故自驚，因而致死。」帝令巫者視之。巫者知帝將有遼東之役，因希旨言曰：「先帝令楊素、史萬歲取之，將鬼兵以伐遼東也。」帝大悅，因釋主者。洪範五行傳曰：「逆天氣，故馬多死。」是時，帝每歲巡幸，北事長城，西通且末，國內虛耗，天戒若曰，除廄馬，無事巡幸。帝不悟，遂至亂。[92]

這是出征遼東之前的事，廄馬可能因爆發傳染病而紛紛死亡，但隋煬帝或因出征在即，或因深信巫者，便完全採信巫者的解釋，將明顯的禍事視為吉祥之兆。

91.《隋書》，卷 59，〈元德太子楊昭傳〉，頁 1436。又見《北史》，卷 59，〈元德太子楊昭列傳〉，頁 2474。

92.《隋書》，卷 23，〈五行志〉，頁 669。

六、帝王崇信巫者之緣由

在兩漢四百多年之間，除了漢高祖劉邦 (206–195 BC) 和漢武帝劉徹之外，其他皇帝都沒有崇信巫者的明確證據，相較之下，從魏到隋朝 (220–618)，將近四百年期間，即使有三位皇帝曾經採取壓制巫者的措施，但卻有二十一位君主有信巫的記錄。

他們之中，或因個人（及其家人、臣下）的疾病、煩惱而尋求巫者診療，或因要和已故的親人溝通而請巫者擔任媒介，或為了國家祀典之需而讓巫者負責神祠或祭祀之工作，或為了爭取權位、鞏固自己的統治而請巫者詛咒國內、外的敵對者。因此，巫者不僅介入君主的私領域，也直接或間接的涉入國家大政，舉凡遷都、巡狩、戰爭、政爭、官方祭典、廢后等事，都曾有巫者參與過意見。由此可見，在這兩個時期，巫者和最高統治者之間的關係，已有了相當大的改變。

造成這種變革的因素相當複雜，不過，有四個因素是絕對不能忽略的。

㈠江南地區的巫覡文化

首先，六朝（吳國、東晉及南朝）都定都於建康，[93] 其勢力範圍基本上是以長江中、下游為主，這個區域是先秦以來所謂的荊楚、吳越文化之分野，而且，在風俗方面都是「信巫鬼、重淫祀」的典範。[94] 六朝之時，以巫者為主事者的各種神祠也遍布於江南地區。[95] 身處其間，耳濡目染，即使不深信其事，

---

93. 參見劉淑芬，《六朝的城市與社會》（臺北：臺灣學生書局，1992），頁 3–165。
94. 詳見林富士，《漢代的巫者》，頁 169–170。關於荊楚、吳越的風俗、信仰，參見辛土成，〈論吳越的民俗〉，《浙江學刊》1987：2（杭州，1987），頁 121–135；曹文柱，〈六朝時期江南社會風氣的變遷〉，《歷史研究》1988：2（北京，1988），頁 50–66。
95. 詳見 Fu-shih Lin, "Chinese Shamans and Shamanism in the Chiang-nan Area During the Six

也很難完全不知不問，若非有其他宗教信仰，否則，在某些場合和情境之下，信用巫者並非意外之事。而且，不僅皇帝會受到影響，其他官吏也是如此，例如，南朝齊高帝建元二年 (480)，驍騎將軍虞玩之便說：

> 四鎮戍將，有名寡實，隨才部曲，無辨勇懦，署位借給，巫媼比肩，彌山滿海，皆是私役。行貨求位，其塗甚易。[96]

這段文字顯示，當時不僅君主喜歡親近、信用巫者，地方將領、官吏也會私募巫者在側，而巫者也有可能用錢買官而任職於地方政府。

雖然在中國南方的國家祀典或官僚體制中，沒有巫者正式的位置，但是，官方似乎並不完全排除讓巫者參與，例如，南朝齊明帝建武二年 (495) 發生旱災，官員建議採取傳統的「雩祭」求雨，當時掌管祭祀的祠部郎何佟之便說：

> 「周禮司巫云『若國大旱，則帥巫而舞雩』。鄭玄云『雩，旱祭也。天子於上帝，諸侯以下於上公之神』。又女巫云『旱暵則舞雩』。鄭玄云『使女巫舞旱祭，崇陰也』。鄭眾云『求雨以女巫』。……晉永和中 (345–356)，中丞啟，雩制在國之南為壇，祈上帝百辟，舞童八列六十四人，歌雲漢詩，皆以孟夏。得雨，報太牢。于時博士議，舊有壇，漢、魏各自討尋。月令云『命有司祈祀山川百原，乃大雩』。又云『乃命百縣雩祀百辟卿士』。則大雩所祭，唯應祭五精之帝而已。……至於旱祭舞雩，蓋是吁嗟之義，既非存懽樂，謂此不涉嫌。其餘祝史稱辭，仰祈靈澤而已。禮舞雩乃使無闋，今之女巫，竝不習歌舞，方就教試，恐不應速。依晉朝之議，使童子，或時取舍之宜也，司馬彪禮儀志云雩祀著皂衣，蓋是崇陰之義。今祭服皆緇，差無所革。其所歌之詩，及諸供

Dynasties Period (3rd–6th Century A.D.)."

96. 《南齊書》，卷 34，〈虞玩之傳〉，頁 609。

須，輒勒主者申攝備辦。」從之。[97]

這是當時朝廷討論如何進行雩祭的總結報告，其中，值得我們注意的是，他們
知道依古禮雩祭要用女巫，他們也不反對用女巫，但從東晉穆帝永和年間開
始，雩祭已無用巫的習慣，只用童子，而到了南朝時期，南方的女巫已不懂如
何以歌舞祈雨，短期內又無法教導，只好作罷，仍依東晉的辦法進行。

在這樣的情境之中，巫風熾盛可以想見。事實上，南朝宋孝武帝 （454–
464 在位） 之時，儒士周朗 (425–460) 曾針對當時的政治、社會情勢向皇帝提
出建言，其中，有關巫俗的部分，他便寫道：

> 凡鬼道惑眾，妖巫破俗，觸木而言怪者不可數，寓采而稱神者非可算。
> 其原本是亂男女，合飲食，因之而以祈祝，從之而以報請，是亂不誅，
> 為害未息。凡一苑始立，一神初興，淫風輒以之而甚，今修隄以北，置
> 園百里，峻山以右，居靈十房，糜財敗俗，其可稱限。又針藥之術，世
> 寡復修，診脈之伎，人鮮能達，民因是益徵於鬼，遂棄於醫，重令耗惑
> 不反，死夭復半。今太醫宜男女習教，在所應遣吏受業，如此故當愈於
> 媚神之愚，懲艾媵理之敝矣。[98]

在此，周朗不僅描述當時巫覡活躍及京城祠廟林立的情形，還將巫風之熾盛歸
諸於醫藥之不發達，導致人民在疾病之時，只好求助於巫者，因此，他認為，
要改良社會崇信巫覡的風俗，只有強化醫學教育，使一般人能接受專業醫者的
服務，不過，他的建議不僅沒有被接受，甚至還觸怒了崇信巫覡的孝武帝，因
而自動去職。但我們也不能否認，當時南方除了周朗之外，還有一些官吏和儒
士對於巫者和巫俗抱持蔑視與輕賤的態度，少數地方長官還曾採取比較激烈的

---

97. 《南齊書》，卷 9，〈禮志〉，頁 126–128。
98. 《宋書》，卷 82，〈周朗傳〉，頁 2100–2101。

打擊行動。[99]

(二)非漢民族的巫覡傳統

　　至於非漢民族的君王，在宗教信仰方面，通常頗受其族群既有文化傳統的影響。

　　以成國李雄來說，其族群屬於巴氏的賨人，其風俗「敬信巫覡」。[100] 至於其境內的巴蜀及其鄰近地區的族群，也多以信巫為主，[101] 例如，散布於漢中及巴蜀一帶的獠，據說是「南蠻之別種」，「俗畏鬼神，尤尚淫祀巫祝，至有賣其昆季妻孥盡者，乃自賣以祭祀焉」。[102] 據常璩《華陽國志》的記載，則蜀地的僰道縣民「徵巫，好鬼妖」，南中的夷人「徵巫鬼，好詛盟」，其牂柯郡「俗好鬼巫，多禁忌」，其南廣郡也是「俗妖巫，惑禁忌，多神祠」，巴西宕渠的賨民「俗好鬼巫」。[103] 在這樣的氛圍和民俗之中，李雄信奉巫覡應該是極其自然之事。

　　其次，北方的「胡人」鮮卑、羯、匈奴、羌族大抵都屬於阿爾泰語系的民族，或是和阿爾泰語系的族群長期混雜、通婚。他們無論是森林中的漁獵部落，還是草原上的游牧社會，在宗教方面，從見於文字記載開始（如《史記》）

---

99. 詳見 Fu-shih Lin, "Chinese Shamans and Shamanism in the Chiang-nan Area During the Six Dynasties Period (3rd–6th Century A.D.)."

100. 《晉書》，卷120，〈李特載記〉，頁3022。

101. 關於巴人及其鄰近族群的風俗習慣，參見張勛燎，〈古代巴人的起源及其與蜀人、僚人的關係〉，收入四川大學博物館、中國古代銅鼓研究學會編，《南方民族考古》第一輯（成都：四川大學出版社，1987），頁45–71；阮榮華，〈試論古代巴人的文化原型及其影響〉，《廈門大學學報》1993：3（廈門，1993），頁105–111。

102. 《周書》，卷49，〈異域列傳〉，頁890–891。

103. 常璩，《華陽國志》〔任乃強校注，《華陽國志校補圖志》〕（上海：古籍出版社，1987），頁175，247，260，279，483。

一直到現代，始終以崇信巫覡為主，[104] 也是近代學者所稱的 「薩滿信仰」
(shamanism) 的大本營。[105] 前述鮮卑拓跋氏的祭天和神祠諸祀便是典型的代表。

此外，《北史》和《隋書》提到突厥風俗時都說其俗「敬鬼神，信巫覡，
重兵死」，「大抵與匈奴同俗」。[106] 《魏書》描述高車之俗則說：

> 俗不清潔。喜致震霆，每震則叫呼射天而棄之移去。至來歲秋，馬肥，
> 復相率候於震所，埋殺羊，燃火，拔刀，女巫祝說，似如中國祓除，而
> 群隊馳馬旋繞，百帀乃止。人持一束柳槺，回豎之，以乳酪灌焉。[107]

可見巫者在高車部落的宗教儀式中也相當重要。[108]

再者，和西魏帝室聯姻的蠕蠕應該也是信巫的族群，例如，西魏文帝
（535–551 在位）的悼皇后 (525–540) 於生產之時，便有巫醫在側。李延壽的
《北史》載其事云：

---

104. 詳見手塚隆義，〈胡巫考〉，《史苑》11：3&4（東京，1938），頁 422–432；王子今，〈西
漢長安的「胡巫」〉，《民族研究》1997：5（北京，1997），頁 64–70。

105. 詳見莊吉發，《薩滿信仰的歷史考察》（臺北：文史哲出版社，1996），頁 1–50；圖齊
(Giuseppe Tucci)、海西希 (Walther Hessig) 著，耿昇譯，《西藏和蒙古的宗教》（天津：天
津古籍出版社，1989），頁 401–511；迪木拉提‧奧瑪爾，《阿爾泰語系諸民族薩滿教研
究》（烏魯木齊：新疆人民出版社，1995）。

106. 《北史》，卷 99，〈突厥列傳〉，頁 3287–3289；《隋書》，卷 84，〈突厥列傳〉，頁 1864。
關於突厥及其風俗和宗教信仰，參見林幹，〈突厥的習俗和宗教〉，《民族研究》1981：6
（北京，1981），頁 43–48；林幹，《突厥史》（呼和浩特：內蒙古人民出版社，1988）；
薛宗正，〈古突厥的宗教信仰和哲學思想〉，《世界宗教研究》1988：2（北京，1988），
頁 130–142。

107. 《魏書》，卷 103，〈高車列傳〉，頁 2308。又見《北史》，卷 98，〈高車列傳〉，頁 3271。

108. 有些學者認為，高車即後來的回紇（維吾爾），其宗教以薩滿信仰為主；參見段連勤，
〈高車的經濟、社會制度與風俗習慣〉，《西北史地》1987：4（蘭州，1987），頁 5–11；
何星亮，〈維吾爾族的早期信仰〉，《民族研究》1995：6（北京，1995），頁 36–44。

文帝悼皇后郁久閭氏，蠕蠕主阿那瓌之長女也。容貌端嚴，夙有成智。大統初，蠕蠕屢犯北邊，文帝乃與約，通好結婚，扶風王孚受使奉迎。……四年 (538) 正月至京師，立為皇后，時年十四。六年 (540) 后懷孕將產，居於瑤華殿，聞上有狗吠聲，心甚惡之。又見婦人盛飾來至后所，后謂左右：「此為何人？」醫巫傍侍，悉無見者，時以為文后之靈。產訖而崩，年十六，葬於少陵原。[109]

悼皇后郁久閭氏原是蠕蠕的長公主，西魏文帝基於「和親」的考量，派人迎她到京師（長安），立她為皇后，並因此逼使其原先之皇后（文皇后乙弗氏）遜位，出家為尼，其後，更進一步迫使文皇后自殺。[110] 後來，悼皇后在大統六年「懷孕將產」時，曾看見一名盛裝打扮的婦人來到其面前，然而隨侍在側的「醫巫傍侍」卻沒有人看見，不過，經由悼皇后的描述，其他人都認為那是被迫自殺的文皇后鬼魂返回復仇，而悼皇后果然在產後就去世。無論如何，根據這段記載，當時皇后待產之時，似有「醫巫」在旁助產。至於旁侍的巫究竟是何族之人，雖然無法知道，但蠕蠕確有巫醫，例如，《魏書》便載有其女巫地萬之事云：

初，豆崘之死也，那蓋為主，伏圖納豆崘之妻候呂陵氏，生醜奴、阿那瓌等六人。醜奴立後，忽亡一子，字祖惠，求募不能得。有屋引副升牟妻是豆渾地萬，年二十許，為醫巫，假託神鬼，先常為醜奴所信，出入去來，乃言此兒今在天上，我能呼得。醜奴母子欣悅，後歲仲秋，在大澤中施帳屋，齋潔七日，祈請天上。經一宿，祖惠忽在帳中，自云恒在天上。醜奴母子抱之悲喜，大會國人，號地萬為聖女，納為可賀敦，授夫副升牟爵位，賜牛馬羊三千頭。地萬既挾左道，亦有姿色，醜奴甚加

---

109. 《北史》，卷 13，〈后妃列傳〉，頁 507。

110. 《北史》，卷 13，〈后妃列傳〉，頁 506–507。

重愛，信用其言，亂其國政。如是積歲，祖惠年長，其母問之，祖惠言：「我恒在地萬家，不嘗上天，上天者地萬教也。」其母具以狀告醜奴，醜奴言：「地萬懸鑒遠事，不可不信，勿用讒言也。」既而地萬恐懼，譖祖惠於醜奴，醜奴陰殺之。[111]

雖然女巫是豆渾地萬可能真的是以詐術取得蠕蠕君主醜奴的崇信，但是，上天入地以求索亡魂，一直到近代，始終是北亞薩滿 (shaman) 之類巫者主要的技能之一，[112] 地萬宣稱從天上找回醜奴之子，之所以能被人相信，應和這樣的習俗有關。

(三)疾病的陰影

前面討論江南地區的巫覡文化時曾提到，周朗將當時京師巫風大盛的原因歸之於醫療資源不足，醫者的醫術不高明，讓民眾生病時只好尋求巫者的醫治，或使用宗教的方法。而大約在半世紀之後，也就是在梁武帝之時，郭祖琛「興櫬詣闕上封事」，又提出了類似的看法。他說道：

臣見疾者詣道士則勸奏章，僧尼則令齋講，俗師則鬼禍須解，醫診則湯熨散丸，皆先自為也。臣謂為國之本，與療病相類，療病當去巫鬼，尋華、扁，為國當黜佞邪，用管、晏。[113]

這段話的主旨雖然在論治國之道，但其療病的譬喻卻恰好反映出當時人尋求醫療救助時的四種選擇：道士、僧尼、俗師（巫覡）[114] 和醫者。同時，他也指

---

111. 《魏書》，卷 103，〈蠕蠕列傳〉，頁 2297–2298。又見《北史》，卷 98，〈蠕蠕列傳〉，頁 3258。
112. 參見莊吉發，《薩滿信仰的歷史考察》。
113. 《南史》，卷 70，〈循吏列傳〉，頁 1720–1721。
114. 文中之「俗師」是否專指巫覡而言還有待商榷，不過，就文章的脈絡和上下文義來看，若說郭祖琛此處所指斥的「俗師」主要是指巫覡而言，應無大誤，因「鬼禍須解」的疾

出，這四種人所使用的療法各有其特色，即道士用「奏章」（上章悔過）；僧尼用「齋講」（齋戒講經）；巫覡用「解除鬼禍」；醫者則用「湯熨散丸」（針灸和藥物）。道、佛、巫、醫在醫療上的特色，是否如郭祖琛所說，還值得進一步探究。[115]

無論如何，郭祖琛這段話似乎也透露出當時人生病之時的恐慌；只要是宣稱有醫療技能的人，都可以成為被求助的對象。我想這不是少數的個人行為或一時的現象。因為，中國社會從西元第二世紀開始，一直到西元第六世紀，便不斷受到瘟疫一波又一波的襲擊，僅就「正史」所記載的「大疫」來說，粗略統計，便有四十一次，大約每十年左右便會爆發一次。[116] 瘟疫帶來的衝擊是全面性的，政治、經濟、社會、文化、宗教等各個層面，無一不受到影響，因此，當時人面對瘟疫和死亡的恐懼所造成的心理不安，便格外需要宗教的慰藉和實際的救助。這給了佛、道二教很好的發展機會，當然也給了巫者活躍的最佳舞臺。[117] 在崇信巫者的君主之中，便有不少是因為自己或其家人、臣下生病

病觀念和醫療方式及巫覡醫療文化的特質，恰相吻合。其次，其下文曾明言「療病當去巫鬼」，可見上文所說之「俗師」應與「巫」有關。除此之外，六朝文獻中，巫者有時又被稱為「巫師」（《法苑珠林》，卷62，頁756上–756中，引《幽明錄》；陶弘景，《真誥》〔《正統道藏》第637–640冊〕〔臺北：新文豐，1985〕，卷11，頁9下）或「師巫」（《晉書》，卷31，〈后妃列傳〉，頁965；《南史》，卷5，〈齊廢帝東昏侯本紀〉，頁155；陶弘景，《周氏冥通記》〔《正統道藏》第152冊〕，卷1，頁13上），因此，以「俗師」稱巫覡似乎並不突兀。不過，在當時的社會之中，除了巫者之外，卜者和其他術士也常從事醫療活動；詳見林富士，〈略論占卜與醫療之關係——以中國漢隋之間卜者的醫療活動為主的初步探討〉，收入田浩（Hoyt Tillman）編，《文化與歷史的追索：余英時教授八秩壽慶論文集》（臺北：聯經出版事業公司，2009），頁583–620。

115. 詳見林富士，〈中國六朝時期的巫覡與醫療〉，《中央研究院歷史語言研究所集刊》70：1（臺北，1999），頁1–48。

116. 林富士，《疾病終結者——中國早期的道教醫學》（臺北：三民書局，2001），頁11–16，179–189。

117. 詳見林富士，〈東漢晚期的疾疫與宗教〉，頁695–745；林富士，《疾病終結者——中國早

才請巫者診療。

㈣戰亂的威脅

前述二十一位崇奉巫者的君主之中，大約有一半是開國之君或是末代皇帝，或是被罷廢、謀殺的帝王。我想這應該和當時的政治情勢有所關聯。

相對於秦漢時期的統一格局，中國在魏晉南北朝時期，基本上陷入所謂的「分裂」格局，或是三國鼎立，或是雙雄對立，或是多國並存。而從魏晉到隋，多數的王朝都不長命，除了東晉和北魏超過百年之外，大多只存活數十年。在這期間，君王易位之速，政權換手之快，遠遠超過其他時代。因此，任何一個統治者，都會同時面臨來自外敵或內患的威脅，大都有強烈的不安全感。

雖然傳統的史家往往明指或暗示崇信巫者是君主亡國或下臺的主因之一。但我並不認為應將他們的成功或失敗歸諸於巫覡的功過。相反的，我認為無論是開國之君還是亡國、失位之君，通常都經歷過慘烈的武力爭戰或殘酷而血腥的政治鬥爭。在獲得權位的過程之中，或是在力保權位之際，其不安、疑慮和驚懼，勢必要尋求各種協助，其中，仰賴宗教信仰和巫術大概是最尋常的舉動。這個時期多數的君主都有非常明顯的宗教傾向（或信巫，或信佛、道），或是積極參與宗教活動，我想，和這種戰亂頻仍的情境應該不無關係。

七、結　語

雖然絕大多數的學者在敘述、討論中國中古時期的宗教時，都會將注意力放在佛教和道教上面，而佛、道這二個新興的宗教在當時的中國社會中也的確

期的道教醫學》，頁 33–130；林富士，〈中國中古時期的瘟疫與社會〉，收入中央研究院科學教育推動委員會主編，《2003，春之煞——SARS 流行的科學和社會文化回顧》（臺北：聯經出版事業公司，2003），頁 85–114。

吸引了不少信徒，不過，這並非當時宗教世界的全貌。

　　僅透過君主崇信巫者與否的分析，我們便可以確信，古老的巫覡信仰並不曾因為佛、道二教的興盛而消失。儘管佛、道這兩個宗教逐漸蠶食巫者原本在民間近乎獨占的市場，但是，巫者也有了新的收獲。

　　由於連綿而來的瘟疫、戰爭、流離，由於政爭激烈和政權快速移易，再加上來自北方的草原游牧民族入主中原，帶來了他們傳統的薩滿信仰，而漢人的政治、文化中心又移至巫風原本便相當熾盛的江南地區，使得當時不少君王在史書上留下了崇信巫者的記錄。巫者不僅進入了統治者的私領域，也有機會參與國家祀典和國家大政。雖然也有三位君主對於巫者的行事下達全面或部分的禁令，[118] 但是，從魏晉到隋朝，將近四百年之間，至少有二十一位君主和他們有所交往。巫者基本上也享有相當自由的活動空間，可以出入帝室、宮廷，也可以行走於王公大臣、將軍豪貴、編戶齊民之間。他們提供了各種的服務（如視鬼、祭祀、祈福、解禍、醫療、助戰、性愛、生育、喪葬、求雨、占卜、巫蠱、祝詛等），吸引了各個社會階層的信徒，在各地興建或主導了各式各樣的神祠。[119]

　　在這樣的情況之下，當時巫者在政治上所受到的待遇已較東漢時期大有改善。例如，後趙之時，女巫劉芝不僅「權傾朝廷，親貴多出其門」，還被石虎

---

118. 事實上，當時另有一些君主也曾下達一些類似的禁令，但主要是針對比較廣泛的「淫祀」、「左道」而言，其影響所及可能包括巫者在內，可是也未必都是如此，因此，本文只針對巫者的部分做討論。關於這個課題，參見李剛，〈試論十六國政府宗教政策〉，《四川大學學報（哲學社會科學版）》1989：2（成都，1989），頁 90–97；李剛，〈魏晉南北朝政府對宗教徒參政及對淫祀左道的政策〉，《宗教學研究》1990：1&2（成都，1990），頁 47–53。

119. 詳見 Fu-shih Lin, "Chinese Shamans and Shamanism in the Chiang-nan Area During the Six Dynasties Period (3rd–6th Century A.D.)," 第五、六章；林富士，〈六朝時期民間社會所祀「女性人鬼」初探〉，《新史學》7：4（臺北，1996），頁 95–117；林富士，〈中國六朝時期的蔣子文信仰〉，頁 163–204；林富士，〈中國六朝時期的巫覡與醫療〉，頁 1–48。

封為「宣城君」。其次，南朝王敬則 (428?–498) 的母親雖然是一名女巫，但是在她死後，齊高帝（479–482 在位）仍然在建元三年 (481) 詔贈她為「尋陽公國太夫人」。[120] 還有一名男巫（死於 498 年），也是在齊高帝之時曾任職於宮廷之中，擔任侍衛的工作。[121] 就此而言，漢代所謂的「巫家子不應為吏」、「七科謫」、非「良家子」，無論是一種法律規範還是一種社會慣習，[122] 到了這個時期幾乎已不見蹤影。不僅女巫之子能擔任官吏，受寵於皇室，少數巫者還能受到皇帝正式的封賞。

更重要的是，從西元第四世紀末開始，至少在中國北方，巫者似乎又重新回到國家祀典的系統之中，到了隋朝，他們不僅再度掌控多數的官方祠廟，一如西漢初期的情況，也成為朝廷的「百官」及後宮的「內官」之一。在這期間，他們似乎不再像漢代巫者那樣多次領導叛亂（革命）團體，[123] 不過，他們偶而也會參與激烈的政治鬥爭或反亂活動，[124] 例如，在當時著名的「李弘之

---

120. 《南齊書》，卷 26，〈王敬則傳〉，頁 482。

121. 《南史》，卷 7，〈梁武帝本紀〉，頁 224。

122. 巫者到了兩漢時期逐漸淪為「賤民」。在政治上，中央政府的組織中雖然仍設有巫官，但只有八個員額，不僅層級甚低，還只能從事和祭祀有關的工作。地方政府的組織之中則完全沒有巫者的位置，他們只能以「服役」或「雇傭」的身分參與官方所舉辦的祭祀活動。更嚴酷的是，具有「市籍」的巫者（亦即住在市區或在市區營業的巫者），便不能擔任一般性的官吏，甚至有「本巫家，不應為吏」社會慣例。而且，他們還和商賈、工匠等並列為「七科謫」中的一員，成為政府在戰爭或緊急時期率先徵調從軍或戍邊的對象。至少，在漢代政府官員和儒生眼中，巫者已成為低賤的非「良家」之民。詳見堀敏一，〈漢代の七科謫とその起源〉，《駿臺史學》57（東京，1982），頁 1–27；林富士，《漢代的巫者》，頁 27–48；孫家洲，〈巫術の盛行と漢代社會〉，《古代文化》47：8（京都，1995），頁 38–47。

123. 有關漢代巫者的叛亂活動，詳見林富士，《漢代的巫者》，頁 140–154；東晉次，〈後漢初期の巫者の反亂について〉，《名古屋大學東洋史研究報告》25（名古屋，2001），頁 113–127。

124. 詳見 Fu-shih Lin, "Chinese Shamans and Shamanism in the Chiang-nan Area During the Six

亂」中，似乎便有巫者參與其中。[125] 至少，他們還是經常幫助有政治野心的
人，以「巫蠱」、「祝詛」這一類的巫術，剷除通往權位的障礙。

Dynasties Period (3rd–6th Century A.D.)," 第五章討論巫者參與戰亂的事例。

125. 在魏晉南北朝時期，曾爆發多次以「李弘」為名義的「起義」事件，這些事件，雖然學
　　者大多將之歸為「道教」的叛亂活動，但根據《老君音誦誡經》的記載，其集團之中有
　　人曾宣稱老君「降附」其身以鼓動群眾，因此，這似乎不能完全排除是巫者參與其中的
　　結果。關於魏晉南北朝的「李弘之亂」，參見 Anna K. Seidel, "The Image of the Perfect
　　Ruler in Early Taoist Messianism: Lao-tzu and Li Hung," *History of Religions*, 9: 2/3
　　(1969.11–1970.2), pp. 216–247; 湯用彤，〈妖賊李弘〉，收入氏著，《湯用彤學術論文集》
　　（北京：中華書局，1983），頁 309–311；唐長孺，〈史籍與道經中所見的李弘〉，收入氏
　　著，《魏晉南北朝史論拾遺》（北京：中華書局，1983），頁 208–217；王明，〈農民起義
　　所稱的李弘和彌勒〉，收入氏著，《道教和道家思想研究》（北京：中國社會科學出版社，
　　1984），頁 372–380。

「舊俗」與「新風」
——試論宋代巫覡信仰的特色[*]

一、引　言

　　巫覡曾經在中國古代社會中扮演過重要的角色，研究中國宗教史的學者也不否認，巫覡信仰是中國宗教的基盤。不過，在秦漢時期之後，學者大多將目光轉向新興的佛、道二教及其他宗教，只有少數學者從歷史發展的角度探討巫覡在中古及近、現代中國社會中的活動及巫覡信仰的變化。而唐、宋時期的巫覡信仰，或許是因為佛、道二教大盛及儒學復興，更是長期受到宗教史研究者的忽視，只有少數學者曾有所留意。其中，以中村治兵衛 (1916–1991) 對此著墨最多。事實上，他應是研究唐宋時期「巫覡信仰」(shamanism) 的先鋒，從 1970 年代開始，陸續發表〈唐代の巫〉(1971)、〈五代の巫〉(1975)、〈北宋朝と巫〉(1978)、〈宋代の巫の特徵〉(1982)、〈中國古代の王權と巫覡〉(1984) 等文章。[1] 這些文章的主旨，除了揭示巫覡的各種面貌（包括其名稱、儀式、職

*　本文初稿完成於 2012 年 5 月 18 日，寫作過程之中，承蒙王章偉博士惠賜寶貴意見，特此致謝；於「宋遼金元時期的中國宗教」(Modern Chinese Religion: Song-Liao-Jin-Yuan) 國際學術研討會（香港：香港中文大學，2012.6.25–28）發表時，又蒙評論人譚偉倫教授暨與會學者指正，無限感謝。二稿完成於 2012 年 10 月 8 日，寒露。本文投稿後，再蒙匿名之審查人提供修改意見，在此特表謝意。三稿完成於 2013 年 5 月 17 日，立夏之後。

1. 詳見中村治兵衛，〈中國古代の王權と巫覡〉、〈唐代の巫〉、〈五代の巫〉、〈北宋朝と

事、社會功能、類型、地域分布、「入巫過程」等）之外，最重要的是探討巫
覡與王權之間的關係及其變革的情形。他認為巫覡信仰在唐宋之際最大的變化
是，巫者被排除於官僚體制之外，淪落在民間，而且，巫者的活動還頻頻受到
政府的禁斷與壓制。[2]

　　關於宋代 (960–1279) 的巫覡信仰研究，在中村治兵衛之後，大約從 1990
年代開始，才逐漸有些零星的論著出現，[3] 但大多集中於探討宋代的官方禁巫
和「巫醫」問題；[4] 或是泛論所謂的「巫術」、「巫文化」，[5] 以及巫覡的「犯

巫〉、〈宋代の巫の特徵——入巫過程の究明を含めて〉，收入氏著，《中國シャーマニズ
ムの研究》（東京：刀水書房，1992），頁 3–28，29–68，69–84，85–106，107–138。

2. 中村治兵衛，〈北宋朝と巫〉，頁 85–106；〈宋代の巫の特徵〉，頁 107–138。

3. 關於宋代巫覡研究的回顧與討論，詳見王章偉，《在國家與社會之間——宋代巫覡信仰
　　研究》（香港：中華書局，2005），頁 3–10；李小紅，《宋代社會中的巫覡研究》（北京：
　　光明日報，2010），頁 8–12。

4. 詳見史繼剛，〈宋代的懲「巫」揚「醫」〉，《西南師範大學學報（哲學社會科學版）》
　　1992：3（重慶，1992），頁 65–68；楊倩描，〈宋朝禁巫述論〉，《中國史研究》1993：1
　　（北京，1993），頁 76–83；蔡捷恩，〈宋朝禁巫興醫述略〉，《醫古文知識》1997：3（上
　　海，1997），頁 4–7；木村明史，〈宋代の民間醫療と巫覡觀——地方官による巫覡取締
　　の一側面〉，《東方學》101（東京，2001），頁 89–104；李小紅，〈宋代的尚巫之風及其
　　危害〉，《史學月刊》2002：10（鄭州，2002），頁 96–101；李小紅，〈宋代「信巫不信
　　醫」問題探析〉，《四川大學學報（哲學社會科學版）》2003：6（成都，2003），頁 106–
　　112；李小紅，〈宋代民間「信巫不信醫」現象探析〉，《學術研究》2003：7（廣州，
　　2003），頁 94–99；李小紅，〈以醫制巫——宋代地方官治巫芻議〉，《科學與無神論》
　　2004：3（北京，2004），頁 16–17；安春平、程偉，〈宋代政府禁巫興醫的意義〉，《中醫
　　藥訊息》2004：3（哈爾濱，2004），頁 73–74；黃純怡，〈國家政策與左道禁令——宋代
　　政府對民間宗教的控制〉，《興大歷史學報》16（臺中，2005），頁 171–198；李玉清，
　　〈宋代禁巫興醫原因之分析〉，《醫學與哲學（人文社會醫學版）》2008：12（大連，
　　2008），頁 58–59。

5. 詳見范熒，〈宋代的民間巫術〉，收入張其凡、陸勇強編，《宋代歷史文化研究》（北京：
　　人民出版社，2000），頁 130–147；劉黎明，《宋代民間巫術研究》（成都：巴蜀書社，

罪」 問題。[6] 除此之外，有些學者在研究宋代道教與民間信仰 （尤其是祠
廟），[7] 乃至醫學史與思想史之時，[8] 或多或少也會觸及巫覡問題。但是，真正

2004）；方燕，《巫文化視域下的宋代女性》（北京：中華書局，2008）。

6. 詳見澤田瑞穗，〈夷堅妖巫志〉，收入氏著，《中國の咒法》（東京：平河出版社，1984），
頁 290–304；趙章超，〈宋代巫術邪教犯罪與法律懲禁考述〉，收入項楚主編，《新國學》
（成都：巴蜀書社，2002），第 4 卷，頁 231–238；王章偉，〈《清明集》中所見的巫覡信
仰問題〉，《九州學林》32（香港，2013），頁 131–152。

7. 詳見金井德幸，〈南宋祭祀社會の展開〉，收入立正大學史學會創立五十周年記念事業實
行委員會編集，《宗教社會史研究》（東京：立正大學史學會，1977），頁 591–610；
Valerie Hansen, *Changing Gods in Medieval China, 1127–1276* (Princeton: Princeton
University Press, 1990); 程民生，〈論宋代神祠宗教〉，《世界宗教研究》1992：2（北京，
1992），頁 59–71；程民生，《宋代地域文化》（開封：河南大學出版社，1997），頁 259–
297；沈宗憲，〈國家祀典與左道妖異——宋代信仰與政治關係之研究〉（臺北：國立臺
灣師範大學歷史研究所博士論文，2000），頁 67–127；Edward L. Davis, *Society and the
Supernatural in Song China* (Honolulu: University of Hawai'i Press, 2001), pp. 87–170; 水越
知，〈宋代社會と祠廟信仰の展開——地域核としての祠廟の出現〉，《東洋史研究》60：
4（京都，2002），頁 1–38；松本浩一，《宋代の道教と民間信仰》（東京：汲古書院，
2006），頁 37–135；皮慶生，《宋代民眾祠神信仰研究》（上海：上海古籍出版社，
2008），頁 272–317；廖咸惠，〈宋代士人與民間信仰——議題與檢討〉，收入復旦大學文
史研究院編，《「民間」何在，誰之「信仰」》（北京：中華書局，2009），頁 57–77；蔣竹
山，〈宗教史研究的文化轉向——近來宋至清代民間信仰研究再探〉，《「民間」何在，誰
之「信仰」》，頁 123–139；楊俊峰，〈唐宋之間的國家與祠祀——兼論祠祀走向政教中心
的變化〉（臺北：國立臺灣大學歷史學系博士論文，2009），頁 168–187；王見川、皮慶
生，《中國近世民間信仰——宋元明清》（上海：上海人民出版社，2010）；金相範，〈宋
代祠廟政策的變化與地域社會——以福州地域為中心〉，《臺灣師大歷史學報》46（臺
北，2011），頁 141–168。

8. 詳見 T. J. Hinrichs, "The Medical Transformation of Governance and Southern Customs in
Song Dynasty China (960–1279 C.E.)," Ph.D. dissertation (Cambridge Mass.: Harvard
University, 2003), pp. 20–60, 76–100; 葛兆光，《中國思想史》（上海：復旦大學出版社，
2009），第 2 卷，頁 253–279。

比較全面性的研究宋代巫覡及巫覡信仰的專著，其實只有三種。

　　首先是劉佳玲的〈宋代巫覡信仰研究〉(1996)。此文詳論巫覡的產生方式與存在形態、巫覡的職掌、巫覡的「法術」（儀式）和「巫術」內涵、巫覡信仰與社會政治的依存和衝突。[9] 其次是王章偉的《在國家與社會之間——宋代巫覡信仰研究》(2005)。此書依序討論巫覡和巫術的定義與內涵（包括巫覡施術的場所、器具和儀式）、巫風盛行的區域及巫覡活動的社會空間、巫覡與醫療的關係、巫覡信仰流行的原因、國家對巫覡信仰的重塑。[10] 再者是李小紅的《宋代社會中的巫覡研究》(2010)。此書依序探討巫覡政治社會地位的演變、巫覡的基本形貌、巫覡的技能和手段、巫覡的社會參與、巫覡的官方「定性」、巫覡的影響力、巫女媽祖及其信仰。[11]

　　根據上述研究成果，我們對於宋代巫覡的面貌、政治與社會地位、職掌與技能、以及空間分布，已經可以有不錯的掌握。不過，還是有一些問題有待釐清。例如，學界對於官方禁斷巫覡是否有效、巫覡的社會影響力究竟如何、「巫風」是否盛行等問題，都還有所爭議（詳下文），而最值得探討的則是宋代巫覡信仰的特色。對此，中村治兵衛雖已討論過宋代巫者的「特徵」，但他的研究過於偏重巫者與王權之間的關係變化，亦即「禁巫」問題。至於其他的觀察，如巫的「存在形態」（巫與祠廟、社、叢祠的關係；巫的類型；巫的空間分布）、巫的特質（稱謂；作法或儀式；入巫過程）等，[12] 由於僅從外緣關係而未能從宗教內涵入手詳細比對前代的情況，也未能與其他宗教進行比較，因

---

9. 詳見劉佳玲，〈宋代巫覡信仰研究〉（臺北：國立臺灣師範大學歷史研究所碩士論文，1996）。

10. 詳見王章偉，《在國家與社會之間——宋代巫覡信仰研究》。按：此書是根據其香港大學博士論文 (2003) 改寫而成。

11. 詳見李小紅，《宋代社會中的巫覡研究》。按：此書是根據其浙江大學歷史系博士論文〈巫覡與宋代社會〉(2004) 改寫而成。

12. 詳見中村治兵衛，〈宋代の巫の特徵〉，頁 107–138。

此,無法判定那是不是宋代巫覡才有的特色。事實上,劉佳玲也認為,就巫覡的產生方式和存在形態而言,「宋代並未有任何劇烈的變化」,在巫者的職能和施術的內容方面,「亦僅有些微的變化」。唯一的「重大變化」是「巫覡的地位」,其活動空間因政府的「禁巫」而受到「重大的衝擊」。[13] 同樣的,李小紅雖然格外注意不同時代的比較,但他所著眼的是巫覡(人;社會群體)的地位變遷,而不是信仰(宗教)的改變。[14] 至於王章偉,他雖然對於巫覡的儀式和信仰內涵有較多的著墨,但是,由於欠缺和其他時代或宗教進行比較,也未能有效指出宋代巫覡信仰的特色。[15]

總之,宋代官方長時期反覆「禁巫」,的確是一個顯著的歷史現象,也可以說是宋代巫覡信仰的一大特色,不過,這應該不是唯一的重大變革。因此,本文擬從宗教本身的信仰和儀式入手,從宗教的內涵考察宋代巫覡信仰的變化與特質。但在展開相關討論之前,本文擬先界定若干基本用語與概念。首先,本文所謂的「巫覡信仰」,是指宋代文獻所指稱的「巫俗」、「巫風」及巫者(巫、巫覡)的宗教信仰與宗教活動。至於何謂巫覡、巫俗、巫風,宋代的書寫者大多不會特別界定其意涵,但從文章的脈絡和所敘述的實質內容,以及宋代人針對古代經典所進行的注疏與討論來看,宋人筆下的巫覡、巫俗、巫風,其含義大多與先秦以來的文獻所載並無差異。[16] 其次,本文所謂的「特色」,

13. 詳見劉佳玲,〈宋代巫覡信仰研究〉,頁 216。
14. 詳見李小紅,《宋代社會中的巫覡研究》,頁 12–14。
15. 詳見王章偉,《在國家與社會之間——宋代巫覡信仰研究》,頁 23–77,265–341。
16. 關於宋代及宋代以前傳統文獻對於巫覡及相關詞彙的定義與討論,詳見林富士,〈中國古代巫覡的社會形象與社會地位〉,收入氏編,《中國史新論‧宗教史分冊》(臺北:中央研究院、聯經出版事業公司,2010),頁 65–134;林富士,《漢代的巫者》(臺北:稻鄉出版社,1999),頁 15–26;Fu-shih Lin, "Chinese Shamans and Shamanism in the Chiang-nan Area During the Six Dynasties Period (3rd–6th Century A.D.)," Ph.D. dissertation (Princeton: Princeton University, 1994), pp. 16–25;中村治兵衛,〈唐代の巫〉,頁 29–68;〈五代の巫〉,頁 69–84;王章偉,《在國家與社會之間——宋代巫覡信仰研究》,頁 29–

主要是指進行跨代的「巫覡信仰」比較之後所見的宋代「新風」。若借用傳統的詞彙，一般所謂的「巫俗」常指長期存在的巫覡信仰，已成為一種宗教或社會「習俗」，宋代文獻有時會逕指其為「舊俗」。「巫風」或「新風」則是指新興的或由沉寂變得活躍的巫覡信仰，近乎某種文化「風潮」(tide) 或宗教、社會「運動」(movement)。兩者有時候並不容易完全切割或清楚區分，因為，新興的巫風經過一段時間之後，可能就會因為長期存在而成為巫俗。但究竟要多少時間才能化風成俗，則無一定的判準。而沉寂的巫俗，有時也會因為某些人增添新的薪材，予以扇揚而活躍，甚至成為新的流行，這種情形很容易讓人誤以為那仍是「舊俗」。當然，某些現象或習俗也有可能在當地存在已久，只是未被「外人」或「他者」(the Other) 所注意或書寫，因而被視為「新風」，不過，這不容易證實。

二、祀神的改變

任何有關宗教內涵的討論，勢必要探討其信仰對象，因此，我們可以先看看宋代巫覡的祀神 (pantheon) 是否有了新的變化。有的學者認為宋代巫覡已由「信奉多神」轉變為奉事「專神」，[17] 但我認為這個說法有待商榷。從古至今，中國巫覡的神壇或祠廟雖然大多以單一的「專神」為其主祀神，但大多仍有多神陪祀，只是在巫覡「入巫」過程和「降神」儀式中，其主神基本上都只有一位。我們似乎不能因此就說中國巫覡奉事「專神」。然而，在兩宋時期，的確有一些不被奉祀或很少被奉祀的鬼神成為巫覡及其信徒祭拜與祈求的對象。

根據《周禮》的分類，傳統中國社會將「鬼神世界」分成「天神」、「地祇」、「人鬼」（帝王、聖賢、英雄、祖先、厲鬼等）、「物」（百物；物怪；物

37。

17. 詳見楊倩描，〈宋朝禁巫述論〉，頁 76-77。

魅；精魅；妖怪）四大類，但是，歷代政府「祀典」及民眾所奉祀的鬼神，絕大多數都只限於前三大類，[18] 至於「物怪」則被視為是一種只會侵擾、傷害人類的兇惡之物，是人類必須迴避或逐除的對象。[19] 在宋代以前，巫覡所奉祀的鬼神基本上和「祀典」所載並無太大的不同，只不過會因為時代、地域的不同，對於「天神」、「地祇」和「人鬼」會有不同的偏好。例如，先秦至兩漢時期，天神和地祇顯然較占優勢，但從六朝時起，「人鬼」（尤其是其中的「厲鬼」）便日趨重要。[20]

(一)精魅與動物崇拜

但是，在兩宋時期，我們卻看到不少巫覡的祠廟奉祀著物魅、精怪，而且，絕非如某些學者所說的只限於「龍王」。[21] 其中，最著名的應該是所謂的「五通」神，洪邁 (1123–1202)《夷堅志》云：

---

18. 詳見林富士，《漢代的巫者》，頁 1–2，88–105；晏昌貴，《巫鬼與淫祀——楚簡所見方術宗教考》（武昌：武漢大學出版社，2010），頁 77–178。

19. 詳見林富士，〈釋「魅」——以先秦至東漢時期的文獻資料為主的考察〉，收入蒲慕州主編，《鬼魅神魔——中國通俗文化側寫》（臺北：麥田出版社，2005），頁 109–134；林富士，〈人間之魅——漢唐之間「精魅」故事析論〉，《中央研究院歷史語言研究所集刊》78：1（臺北，2007），頁 107–182。

20. 詳見 Fu-shih Lin, "Chinese Shamans and Shamanism in the Chiang-nan Area During the Six Dynasties Period (3rd–6th Century A.D.)," pp. 121–150; 林富士，〈六朝時期民間社會所祀「女性人鬼」初探〉，《新史學》7：4（臺北，1996），頁 95–117；林富士，〈中國六朝時期的蔣子文信仰〉，收入傅飛嵐 (Franciscus Verellen)、林富士編，《遺跡崇拜與聖者崇拜》（臺北：允晨文化出版社，2000），頁 163–204。

21. 例如，包偉民認為「南宋民間宗教有兩個十分有意思的現象」，其中之一是「除龍王外，民眾幾乎已不再崇拜其他動物神，所有神祇生前都被認為是人身」；詳見韓森 (Valerie Hansen) 著，包偉民譯，《變遷之神——南宋時期的民間信仰》（杭州：浙江人民出版社，1999），〈譯者前言〉，頁 4。按：李小紅似乎也接受了此一論點，詳見氏著，《宋代社會中的巫覡研究》，頁 215。

　　大江以南地多山，而俗禨鬼。其神怪甚佹異，多依巖石樹木為叢祠，村
村有之。二浙江東曰五通；江西閩中曰木下三郎；又曰木客；一足者曰
獨腳五通。名雖不同，其實則一。考之傳記，所謂林石之怪夔罔兩及山
獟是也。李善注東京賦云：野仲游光，兄弟八人，常在人間作怪害，皆
是物云。變幻妖惑，大抵與北方狐魅相似。或能使人乍富，故小人好
之，致奉事以祈無妄之福。若微忤其意，則又移奪而之他。遇盛夏，多
販易材木於江湖間。隱見不常，人絕畏懼，至不敢斥言，祀賽惟謹。尤
喜淫，或為士大夫美男子，或隨人心所喜慕而化形。或止見本形，至者
如猴猱，如尨，如蝦蟆，體相不一，皆趫捷勁健，冷若冰鐵。陽道壯
偉，婦女遭之者，率厭苦不堪，羸悴無色，精神奄然，有轉而為巫者，
人指以為仙，謂逢忤而病者為仙病。又有三五日至旬月，僵臥不起，如
死而復蘇者，自言身在華屋洞戶，與貴人歡狎。亦有攝藏挾去，累日方
出者。亦有相遇，即發狂易，性理乖亂，不可療者。所淫據者，非皆好
女子。神言宿契當爾，不然，不得近也。交際詫事，遺精如墨水。多感
孕成胎，怪媚百端。[22]

由此可見，江南一帶奉祀「五通」（木下三郎、木客、獨腳五通）的「叢祠」
應該相當普遍（「村村有之」）。而此神雖然在各地名稱不同，但根據洪邁的看
法，其實都是「林石之怪」（夔、罔兩）或山獟，也就是山魈之類的精魅。[23]
這種「神怪」能隨意變化其形體（通常是人形，但有時則呈現動物或人獸合體
的形狀），「常在人間作怪害」，類似北方的狐魅。其最特殊之處在於「能使人

---

22. 洪邁，《夷堅志》〔何卓點校，《夷堅志》〕（北京：中華書局，1981），丁志卷19，〈江南
　　木客〉，頁695–696。

23. 洪邁，《夷堅志》，甲志卷14，〈漳民娶山鬼〉，頁119；乙志卷2，〈樹中罋〉，頁195；
　　乙志卷7，〈汀洲山魈〉，頁240–241；丙志卷1，〈九聖奇鬼〉，頁364–369；丙志卷10，
　　〈方氏女〉，頁446–447。

乍富」及「喜淫」二事，而被侵害的婦女會罹「仙病」而後轉為巫者，可見這種神怪與巫覡信仰之間的親密關係。[24]

兩宋時期的道教經典中有不少治除「山魈」的符咒和法術，[25] 而《夷堅志》中有不少記載都涉及延請道士或僧人劾治「五通」的故事，可見當時此一信仰的風行程度。想發財或免禍者或許會奉祀此神，[26] 但也有人轉而求助於佛、道二教。

至於這種木石精怪（「山魈」、「五通」）和巫者之間的關係，蘇頌 (1020–1101) 曾提到錢侯於北宋仁宗慶曆七、八年間 (1047–1048) 知潤州（今江蘇鎮江）時的風俗說：

> 吳楚之俗，大抵信機祥而重淫祀，潤介其間，又益甚焉。民病且憂，不先醫而先巫。其尤蠹者，羣巫掊貨財，偶土工，狀夔、獝、傀魁、泆陽、彷徨之象，聚而館之叢祠之中，鼓氣燄以興妖，假鬼神以譁眾。奇衺譎觚之人，殖利擅私，公行于道，顧科禁莫之警也，甚矣！風俗之窳薄。[27]

---

24. 中村治兵衛認為這就是「入巫」過程中的「巫病」現象；詳見中村治兵衛，〈宋代の巫の特徵〉，頁 132–133。

25. 利用中央研究院的「漢籍全文資料庫」查詢「山魈」的資料，在《正統道藏》中至少可以找到一百五十八筆，如《無上玄元三天玉堂大法》、《靈寶無量度人上經大法》、《靈寶領教濟度金書》、《上清天樞院回車畢道正法》、《上清天心正法》、《法海遺珠》等，都有相關的記載，其中不少都是宋代的道經或道法。

26. 關於宋代的「五通」信仰，詳見 Richard von Glahn, *The Sinister Way: The Divine and the Demonic in Chinese Religious Culture* (Berkeley, Los Angeles & London: University of California Press, 2004). 按：此一信仰在明清時期的中國社會仍然相當興盛，詳見蔣竹山，〈湯斌盡毀五通神──清初政治菁英打擊通俗文化的個案〉，《新史學》6：2（臺北，1995），頁 67–112；Qitao Guo, *Exorcism and Money: The Symbolic World of the Five-Fury Spirits in Late Imperial China* (Berkeley: Institute of East Asian Studies, University of California, Berkeley, Center for Chinese Studies, 2003).

由此可見，當地巫者所經營的叢祠，所奉祀的神靈就是夔（一足怪物）、獏（妖怪）、傀彪（奇異之魅）這一類的精魅、物怪。此外，洪邁《夷堅志》曾提到南宋孝宗隆興二年 (1164)，永嘉郡（今浙江永嘉）有西廟奉祀「五通九聖」，其主事者便是一名巫者沈安之，最後因道士張彥華以道術考召、誅殺「九聖」及其魑黨才毀祠。[28]

巫者所奉祀的物怪，物類和名稱其實不少，如《名公書判清明集》便記載南宋胡穎（胡石壁，1232 年進士）在湖南一帶處理過的一個案例云：

> 楚俗尚鬼，其來已久，而此邦為尤甚。當職正欲極攘卻詆排之力，毀淫昏妖厲之祠，開明人心，變移舊習，庶幾道德一、風俗同，庶民安其田里，無或譸張為幻，以干先王之誅。而黃六師者，乃敢執迷不悛，首犯約束。觀其所犯，皆祀典之所不載。有所謂通天三娘、有所謂孟公使者、有所謂黃三郎、有所謂太白公，名稱恠誕，無非魑魅魍魎之物。厭勝咀呪，作孽興妖。若此者真所謂執左道、假鬼神、亂政疑眾者矣。若不誅鋤一二以警動其餘，則異時傳習，日滋妖訛者甚埋桐人以造蠱，用生人以代犧，何所不至哉。宜伸國禁，毋俾世迷。姑以榜示之初恐未聞，知之未徧，未欲重作施行，且從輕杖一百，編管鄰州。其烏龜大王廟，帖縣日下拆毀，所追到木鬼戲面等，並當廳劈碎，市曹焚燒。但李學諭既為士人，當曉義理，豈不知人之疾病，或因起居之失節，或因飲食之過傷，或因血氣之衰，或因風邪之襲，但當惟醫藥之是急，不當於鬼神而致疑，而乃謂其父病之由，起於師巫之呪。釘神之脅，則父之痛在脅；釘神之心，則父之痛在心。此何等齊東野人之語，而發於學者之口哉？當職於其初詞，已嘗訓以博奕之事，尚不通曉，而又見之所供，

27. 蘇頌，《蘇魏公文集》〔收入《景印文淵閣四庫全書》第 1092 冊〕（臺北：臺灣商務印書館，1983），卷 64，〈潤州州宅後亭記〉，頁 6。

28. 洪邁，《夷堅志》，丙志卷 1，〈九聖奇鬼〉，頁 364–369。

胸中所存，亦可知矣。其何以訓諭諸生乎？以其昏昏，使人昭昭，無乃不可乎。牒學且與罷職，請教授勉令篤志學問，無使復為異端所惑。[29]

這篇文章提到當地有一名巫者黃六師，其祠廟叫「烏龜大王廟」，奉祀多種名稱各異的神明（通天三娘、孟公使者、黃三郎、太白公），胡穎認為這些都是「魑魅魍魎之物」。而這名巫者還能行使厭勝、詛呪之術，即連職掌學校教育的李學諭都深信不疑。面對楚地「尚鬼」之俗，胡穎一如漢代以來的儒家「循吏」，想要「開明人心、變移舊習」，「一道德」、「同風俗」，因此，便積極展開摧毀「淫昏妖厲之祠」的行動，不僅懲罰巫者，也罷去士人的官職。這可以說是宋代地方官員整飭巫者，改易巫俗的典型例子。由此例也可以知道，當時部分巫者所奉祀的主神是各種「物怪」，而其中之一則是烏龜。

其次，也有奉祀蜜蜂者。例如，《夷堅志》載有南宋高宗紹興年間 (1131–1162) 宣州南陵縣（今安徽南陵）「蜂王祠」之事云：

> 宣州南陵縣舊有蜂王祠，莫知所起，巫祝因以鼓眾，謂為至靈，里俗奉事甚謹。既立廟，又崇飾龕堂貯之，遇時節嬉游，必迎以出。紹興初，臨安錢諲為縣宰，到官未久，因闕雨有祈，吏民啟曰：「此神可恃。」乃為具威儀，導入縣治。才升廳，錢焚香致敬，望其中無他像，獨設一蜂，大如拳，飛走自若。錢素習行天心正法，知為恠妄，于是大聲語之曰：「爾為蠢蠢小蟲，當安窟穴，那得憑託妖祟，受人血食。吾今與汝約，此日之事，理無兩全。爾實有靈，宜即出螫我，雖死不憚。苟為不然，當焚爾作灰，以洗愚俗。」語畢，蜂如不聞。錢固已蓄乾荻，命積於庭下，緊閉龕戶，舁出加爇。蜂在內喧咆撞突，聲音哀怨。頃之，煨燼無餘，遂并火其廟邑。人自是不敢復言。[30]

---

29. 胡石壁，〈巫覡以左道疑眾者當治士人惑於異者亦可責〉，收入張四維輯，《名公書判清明集》〔收入《續修四庫全書》第 973 冊〕（上海：上海古籍出版社，1997），卷 14，〈狂惑·巫覡〉，頁 563–564。

這則故事中的巫者所奉祀的是一隻巨蜂，因碰到修行道教「天心正法」的官吏而被劏除。[31]

再者，自從唐代以來在中國北方逐漸流行的狐神信仰，[32] 到了宋代也被巫覡納入其祀神體系之中。如北宋真宗大中祥符四年 (1011)，王嗣宗 (944–1025) 知邠州（今陝西彬縣），其治所城東有一座「靈應公廟」，「傍有山穴，群狐處焉，妖巫挾之為人禍福，民甚信向，水旱疾疫悉禱之。」歷任官員上任之初，都會「先謁廟然後視事」，但王嗣宗不僅不信，還「毀其廟，燻其穴，得數十狐，盡殺之，淫祀遂息」。[33]

此外，蛇也是宋代巫覡的奉祀對象之一。例如，王剛中 (1108–1170) 在蜀

---

30. 洪邁，《夷堅志》，支志乙卷 5，〈南陵蜂王〉，頁 830。

31. 關於宋代道教（尤其是天心正法）與民間宗教、巫覡信仰之間的競爭關係，詳見 Judith M. Boltz, "Not by the Seal of Office Alone," in Patrica B. Ebrey and Peter N. Gregory eds., *Religion and Society in T'ang and Sung China* (Honolulu: University of Hawai'i Press, 1993), pp. 241–305; Robert P. Hymes, *Way and Byway: Taoism, Local Religion, and Models of Divinity in Sung and Modern China* (Berkeley, Los Angeles & London: University of California Press, 2002), pp. 36–42; 李志鴻，《道教天心正法研究》（北京：社會科學文獻出版社，2011），頁 16–159。

32. 關於中國的狐狸信仰，詳見胡堃，〈中國古代狐信仰源流考〉，《社會科學戰線》1989：1（長春，1989），頁 222–229；山民，《狐狸信仰之謎》（北京：學苑出版社，1994）；李壽菊，《狐仙信仰與狐狸精故事》（臺北：臺灣學生書局，1995）；劉宗迪，〈狐魅淵源考：兼論戲劇與小説的源流關係〉，《攀枝花大學學報（綜合版）》1998：1（攀枝花，1998），頁 37–41；Xiaofei Kang, "The Fox [*hu* 狐] and the Barbarian [*hu* 胡]: Unraveling Representations of the Other in Late Tang Tales," *Journal of Chinese Religions*, 27 (1999), pp. 35–67; *The Cult of the Fox: Power, Gender, and Popular Religion in Late Imperial and Modern China* (New York: Columbia University Press, 2006); 李劍國，《中國狐文化》（北京：人民文學出版社，2002）。

33. 王稱，《東都事略》〔收入《景印文淵閣四庫全書》第 382 冊〕，卷 43，〈王嗣宗傳〉，頁 5–7；脫脫等，《宋史》（北京：中華書局，1977），卷 287，〈王嗣宗傳〉，頁 9650。

地當官時，發現成都有夷人王思聰挾女巫「蓄一蛇」，「晝夜聚男女為妖」。[34]
這種蛇神崇拜，還可見於江南東路的池州建德縣（今安徽東至）、兩浙西路的
嘉慶府華亭縣（今江蘇松江）、福建路的建寧府政和縣（今福建政和）等地。[35]
到了明清時期，蛇王廟則更為普遍，不少地方（尤其是南方）都有其蹤跡。[36]

　　而在宋代相當興盛的廣德軍（今安徽廣德）祠山張王，雖然絕大多數的文
獻都說其來歷是西漢人張渤或是古人張姓某某，基本上都指向人神或人鬼，但
也有人認為這是「精怪」所化。[37] 如《道法會元》不僅認為「諸五通乃魔鬼至
靈」，還說「祠山」神是「大精」，其文云：

> 世有大精，為精至靈，威德備足而至神者，祠山也。世有水鬼，為鬼
> 至靈曰魔者，公安二聖也。此為水部之至聖耳。其神皆畏奉北帝，敬
> 仰正令，不敢犯也。……夫如此等，乃鬼神之通為聖者，法官可遠而
> 不可敬。[38]

這或許是道士的貶抑之詞，但南宋吳曾 (fl. 1141–1162)《能改齋漫錄》也說此
神曾現形「為大豬，驅役陰兵，開鑿河瀆」，因「變形未及」，被其夫人看見，
「從此恥之，遂不與夫人相見」。當地人「以王故，呼豬而曰烏羊」。[39] 而祭祀

---

34. 孫覿，《鴻慶居士集》〔收入《景印文淵閣四庫全書》第 1135 冊〕，卷 38，〈宋故資政殿
　　大學士王公墓誌銘〉，頁 6。

35. 王章偉，《在國家與社會之間——宋代巫覡信仰研究》，頁 304–306。

36. 劉仲宇，《中國精怪文化》（上海：上海人民出版社，1997），頁 228–231。

37. 關於宋代的祠山張王信仰，詳見中村治兵衛，〈宋代廣德軍祠山廟の牛祭について〉，頁
　　157–186；皮慶生，《宋代民眾祠神信仰研究》，頁 34–96，325–347。

38. 《道法會元》〔收入《正統道藏》第 51 冊〕（臺北：新文豐出版公司，1977），卷 267，
　　〈泰玄酆都黑律儀格・邪精品〉，頁 14 下 –15 上。

39. 吳曾，《能改齋漫錄》（北京：中華書局，1985），卷 18，〈神仙鬼怪・廣德王開河為豬
　　形〉，頁 453。按：「現形為豬」的說法最早可見於北宋成悅所撰的《祠山事迹》（大約完
　　成於 1005–1006 年）；詳見皮慶生，《宋代民眾祠神信仰研究》，頁 46–47。

此神，或用牛（五代至宋），或用狗（明清時期），就是不能用豬肉，因此，有些學者認為祠山張王應該是豬精。[40]

㈡瘟神與厲鬼

兩宋時期，中國境內頻頻爆發瘟疫流行，[41] 因此，無論是道教還是「民間宗教」（popular religion），都相當尊崇「瘟神」，[42] 巫覡也將他們納入其神靈體系之中。例如，南宋孝宗時（1162–1189 在位），王栐（1166 年進士）知兩浙西路的江陰軍（今江蘇江陰）時，發現當地民眾「事瘟神謹，巫故為陰廁複屋，塑刻詭異」，於是「鞭巫撤祠，壞其像」。[43]

其次，張子智知常州（今江蘇常州）時，也有類似的發現與作為，洪邁《夷堅志》記載其事云：

> 張子智貴謨知常州，慶元乙卯春夏間，疫氣大作，民病者十室而九，張多治善藥，分諸坊曲散給，而求者絕少，頗以為疑。詢於郡士，皆云：此邦東嶽行宮後有一殿，士人奉事瘟神，四巫執其柄。凡有疾者，必使來致禱，戒令不得服藥，故雖府中給施而不敢請。張心殊不平，他日至嶽祠奠謁，戶庭悄悄，香火寥落。問瘟廟所在，從吏謂必加瞻仰，命炷

---

40. 劉仲宇，《中國精怪文化》，頁 234–236。

41. 關於宋代瘟疫流行的情形，詳見張全明，〈兩宋時期疫災的時空分布統計與評析〉，收入徐少華主編，《荊楚歷史地理與長江中游開發》（武漢：湖北人民出版社，2009），頁 360–371 ； Asaf Goldschmidt, *The Evolution of Chinese Medicine: Song Dynasty, 960–1200* (London and New York: Routledge, 2009), pp. 69–102.

42. 陳元朋，〈《夷堅志》中所見之南宋瘟神信仰〉，《史原》19 （臺北，1993），頁 39–84 ； Paul R. Katz, *Demon Hordes and Burning Boats: The Cult of Marshal Wen in Late Imperial Chekiang* (Albany: State University of New York Press, 1995).

43. 葉適，《水心集》〔收入《景印文淵閣四庫全書》第 1164 冊〕，卷 23，〈朝議大夫秘書少監王公墓誌銘〉，頁 23。類似的內容，又見黃震，《黃氏日抄》〔收入《景印文淵閣四庫全書》第 707–708 冊〕，卷 68，〈墓誌銘〉，頁 18。

香設褥，張悉徹去。時老弱婦女祈賽闐咽，見使君來，爭叢繞環視。張指其中像袞冕者，問為何神，巫對曰：太歲靈君也。又指左右數軀，或擎足、或怒目、或戟手，曰：此何物？曰：瘟司神也。張曰：人神一也，貴賤高卑，當有禮度，今既以太歲為尊，冠冕正坐，而侍其側者，顧失禮如此，于義安在？即拘四巫還府，而選二十健卒，飲以酒，使往擊碎諸象，以供器分諸剎。時薦福寺被焚之後，未有佛殿，乃拆屋付僧，使營之，掃空其處。杖巫而出諸境。螢螢之氓意張且貽奇譴，然民病益瘳，習俗稍革，未終，更召入為吏部郎中。[44]

由此可見，常州的瘟神信仰，雖然是依附在東岳（東嶽）行宮（泰山府君）與太歲靈君之下，但瘟廟的香火之盛還在岳祠之上，其中緣由或許和南宋寧宗慶元元年 (1195) 瘟疫流行及巫者趁機活動有關。而由塑像來看，當地瘟神數量非一，且有「怒目」、「擎足」、「戟手」的特殊形象。

再者，南宋黃震 (1213–1281) 在撫州（今江西撫州）任官期間，也曾下令禁止當地的「划船迎神」活動，「燒毀划船千三百餘隻」，並且拆毀「邪廟」，「禁絕瘟神」 等會 。[45] 事實上 ， 根據蘇東坡 (1037–1101) 在北宋元豐七年 (1084) 四月六日所寫的〈黃州安國寺記〉，早在北宋時期，江淮一帶便有正月「祠瘟神」的舊俗。[46] 不過，他所說的瘟神信仰是否和巫覡有關，就不得而知。

至於「瘟神」究竟為何神，道教與民間宗教各有其說法，但根據宋元以來的諸多傳說來看，民間宗教及巫覡所奉祀的瘟神大多是指一些「敗軍死將」或橫死、冤死所化的「厲鬼」，因受人奉祀崇拜而成「瘟神」。[47] 就以死守睢陽的

---

44. 洪邁，《夷堅志》，支志戊卷 3，〈張子智毀廟〉，頁 1074–1075。

45. 黃震，《黃氏日抄》，卷 79，〈禁划船迎會榜〉，頁 21–22。

46. 蘇軾，《東坡全集》〔收入《景印文淵閣四庫全書》第 1107–1108 冊〕，卷 33，〈黃州安國寺記〉，頁 10–12。

47. 詳見林富士，《孤魂與鬼雄的世界——北臺灣的厲鬼信仰》（臺北：臺北縣立文化中心，1995），頁 115–154。

唐代將軍張巡 (709–757) 來說，其信仰從宋代起逐漸興盛，許多地方都立廟奉
祀，而且還有固定的廟會。[48] 而根據元代謝應芳 (1295–1392) 在無錫（今江蘇
無錫）所見的一次「迎神」活動來看，當地的張巡神像「赤髮青面，吻出四
牙，狀極詭異」，當地人認為張巡是「厲鬼」轉化的「疫髮之神」。[49] 清代俞正
燮 (1775–1840) 在考辨「張王神」時，也直言張巡為厲鬼，也是「瘟神」，而此
神在明代也與東嶽信仰有所關連。[50]

　　另外，巫者所奉祀的厲鬼之中，還有所謂的「傷神」（殤神）。例如，黃震
通判廣德軍之時，撰〈申諸司令禁社會狀〉，針對「祠山張王廟」所引發的諸
多社會問題提出批判，其中，曾提到當地「春會」之時，有以「兵器」迎「傷
神」之俗，而根據他的認知，「傷神」「必皆罪死不靈之鬼」，[51] 這也就是古代
所謂的「兵死」（因刑罰、戰爭、爭鬥而死）之鬼，或即前面所說的「敗軍死
將」。這種「傷神」原本只是「附祀」（陪祀）於祠山張王廟，後來獨立，另設
「方山」祠，黃震說：

> 又有並緣祠山，關係尤大者焉，其名曰方山。聞其臣事祠山，列在廊
> 廡，曾藉餘休，亦霑封爵，近祠山改封真君，而世俗指為冷職，遂創今
> 祠，別為香火，遠近響應，反過祠山。[52]

可見由祠山獨立出來的方山傷神祠，其聲勢逐漸凌駕於祠山之上。黃震甚至認
為「祠山漸衰，而方山驟興」，以「殺牛」祭神而言，祭祠山張王，每年只用

---

48. 詳見松本浩一，《宋代の道教と民間信仰》，頁 74–77。

49. 謝應芳，《辨惑編》〔收入《景印文淵閣四庫全書》第 709 冊〕，卷 13，〈附錄・瘟鬼辨〉，
　　頁 8–9。

50. 俞正燮，《癸巳存稿》〔收入《續修四庫全書》第 1160 冊〕，卷 13，〈張王神〉，頁 171–
　　172。

51. 《黃氏日抄》，卷 74，〈申諸司令禁社會狀〉，頁 19。

52. 《黃氏日抄》，卷 74，〈申諸司令禁社會狀〉，頁 21。

一頭牛，但祭方山「傷神」，「則廣德縣管下七百二十餘保，各用一牛，歲用七百二十餘牛」。[53] 朝廷接到黃震的書狀之後，諸司都做出了回應，其中提舉司右史黃鏞（1262 年進士）便說：

> 好淫祠，尚巫鬼，楚越之俗然也，而江東為尤甚。……傷神既嘗準朝旨毀撤，不許迎以兵器。……方山事尤駭見聞，不惟冒法越禮，慢神虐民以為風俗之蠹，又且執兵持仗，召釁稔禍，以貽州縣之害，……豈可不行禁戢。[54]

其餘官員、官署多持相同意見，並下令禁止相關宗教、社會活動。[55]

方山「傷神」應該也就是所謂的「殤神」。[56] 例如南宋曾三異 (1146–1236)《同話錄》曾說：「江鄉淫祠有馬陂大王，為盜者多祀之，亦能出為靈響，俗呼殤神，必是小人死鬥，忿怒之氣不泯而為厲者也。」[57] 由此可見，當時有人認為這種「殤神」就是厲鬼，而且是因爭鬥受傷而死的「小人」（罪犯、平民百姓）。而「盜者」奉祀這種「殤神」或許是出於身分或處境上的認同。[58]

除此之外，寧鄉（今湖南寧鄉）的「東沙文皇帝」似乎也是同一類型的神靈。范西堂（范應鈴，1205 年進士）〈寧鄉段七八起立恇祠〉云：

> 昏淫之鬼，散在荊楚，習尚尤甚，禮已亡矣。……近有白劄子，指言寧

---

53. 《黃氏日抄》，卷 74，〈以申尚書省乞禁本軍再行牛祭事〉，頁 28。

54. 《黃氏日抄》，卷 74，〈申諸司令禁社會狀〉，頁 23–24。

55. 《黃氏日抄》，卷 74，〈申諸司令禁社會狀〉，頁 24–28。

56. 詳見中村治兵衛，〈宋代廣德軍祠山廟の牛祭について〉，頁 171–173。

57. 史夢蘭，《止園筆談》〔收入《續修四庫全書》第 1141 冊〕，卷 5，頁 178。按：明代陶宗儀，《說郛》〔收入《景印文淵閣四庫全書》第 876–882 冊〕，卷 23 上，〈殤神〉，頁 19–20 亦有類似內容，但未說明其出處。

58. 臺灣民間信仰中的廖添丁、李師科等，便是這一類的「義賊」（厲鬼）崇拜；詳見林富士，《孤魂與鬼雄的世界——北臺灣的厲鬼信仰》，頁 81–97。

鄉段七八，因刦墓事發，禱神得免，竭力為祠，奉于水濱，謂之東沙文
皇帝。此何神也？……據本縣體究回申，朱書年命，埋狀屋下，更相詛
咒，專行巫蠱之事，廟非所當。今棟宇宏狀，圖像炳煥，愈為民惑。刲
羊刺豕，日享血食之奉，此猶可也。用人於亳社，必有周公之所不享者，
豈容聽其滋長以為風俗之蠹，……楚之為俗，荒於巫風，久其日矣，牢
不可破。……段七八決脊杖五十，刺配武岡軍，……使之改業。[59]

根據他的判詞，我們雖然不知「東沙文皇帝」的來歷，但這顯然是盜墓者崇奉
之神，而寄寓其廟宇中的「盜者」（可能也有巫者），能施行詛咒之術，「專行
巫蠱之事」，應屬巫覡信仰。

這種「殤神」信仰也和宋代的「起傷」習俗有關。[60] 例如，南宋寧宗嘉泰
元年 (1201) 九月十九日，有一位臣僚上書言：

臣昨試郡吳興，首問獄囚，自當年正月至月終，境內已殺四十九人，而
鄰里掩蓋不以聞者不預焉。臣甚駭之，力詢其故，皆淫祠有以啟之。所
謂淫祠者，始因愚民無知，以謂殺人而死可得為神，其家父子兄弟與夫
鄉黨鄰里又憚聞官之擾，相與從臾，使之自經，於是立廟以祠，稱之為
神。故後之凡欲殺人者，三五為群，酹酒割牲，謂之起傷。起傷之廟蓋
徧于四境之內矣。生不正典刑，死乃得立廟，遞相傚傚，皆以殺人為
喜，豈清明之世、近畿之地所宜有哉！臣近禱雨祠山，訪之道途，頗言
廣德愚民殺人之風漸入吳興。寖寖不已，其害將有不可勝言者。[61]

---

59. 張四維輯，《名公書判清明集》，卷14，〈淫祀‧寧鄉段七八起立惟祠〉，頁562。

60. 關於「殤神」信仰與「起傷」習俗的關係，詳見中村治兵衛，〈宋代廣德軍祠山廟の牛
祭について〉，頁171–172。

61. 徐松輯，《宋會要輯稿》（臺北：中央研究院歷史語言研究所，2008），〈刑法二‧禁約〉，
頁131–132。

由此可見，在吳興（今浙江湖州）一帶有「殺人而死可得為神」的信仰，而當地人也有替「殺人而自殺者」立廟、稱神的風氣。但據這一位臣僚的訪察，這種風氣似乎是起源於廣德軍的祠山，更精確的說，應該是由祠山分出的 「傷神」方山祠。

　　巫覡崇信厲鬼並不是從宋代開始，不過，厲鬼逐漸成為巫覡鬼神世界中的主要成員，並且扮演較為重要的角色，應該始於六朝，最典型的例子是蔣子文（蔣侯；蔣王；蔣帝）信仰。[62] 而到了兩宋時期，不僅建康（今江蘇南京）仍有「蔣帝廟」，[63] 各地也紛紛建立以這類「厲鬼」（包括兵死、自殺、橫死、冤死之鬼）為主要奉祀對象的祠廟，[64] 其普遍的程度似乎超過前代。即連官員也曾為在戰場上死難的將士立廟或建議朝廷設道場奠祭各種孤魂野鬼。[65]

　　可以想像，在一個充滿戰亂、瘟疫的年代，兵死、疫死者的數量應該相當龐大，這種厲鬼帶給生者的心理恐懼想必不小，因此，立祠祭祀，不僅意在撫慰亡魂，可能也是為了免禍。例如，北宋黃休復 (fl. 1001)《茅亭客話》載有一則相當有趣的「鬼話」，主角是一名佛教信徒孫處士（孫知微），他為了畫圖，向一位導江縣（今四川灌縣附近）的女巫請教「鬼神形狀」，那位女巫於是介紹一位冥間之鬼王三郎和孫處士直接對談，其中一段提到：

---

62. 林富士，〈中國六朝時期的蔣子文信仰〉，頁 163–204。

63. 張敦頤，《六朝事蹟編類》〔收入《叢書集成・初編》第 3214 冊〕（上海：商務印書館，1936），卷下，〈廟宇門・蔣帝廟〉，頁 214–217。

64. 詳見韓森著，包偉民譯，《變遷之神》，頁 35–37，152–159；水越知，〈伍子胥信仰與江南地域社會——信仰圈結構分析〉，收入平田茂樹、遠藤隆俊、岡元司編，《宋代社會的空間與交流》（開封：河南大學出版社，2008），頁 316–351。

65. 關於宋代政府針對戰死將士所採取的宗教的措施，詳見金井德幸，〈南宋荊湖南北路における鬼の信仰について——殺人祭鬼の周邊〉，《駒澤大學禪研究所年報》5（東京，1994），頁 49–64，特別是頁 50–52；劉佳玲，〈宋代巫覡信仰研究〉，頁 146；Mark Halperin, "Buddhist Temples, the War Dead, and the Song Imperial Cult," *Asia Major*, third series, 12:2 (1999), pp. 71–99; 楊俊峰，〈唐宋之間的國家與祠祀〉，頁 200–215。

知微曰：「敢問三郎鬼神形狀，欲資所畫。」俄有應者曰：「今之所問，形狀醜惡怪異之者，皆是魑魅輩。神者，一如陽間尊貴大臣，體貌魁梧，氣岸高邁。蓋魂魄強盛，是以有精爽，至於神明，非同淫屬之鬼爾。」知微曰：「鬼神形狀已得知矣。敢問鬼神何以侵害於生人？」應者曰：「鬼神之事，人皆不知。凡鬼神必不能無故侵害生人。或有侵害者，恐是土木之精、千歲異物、血食之妖鬼也。此物猶人間之盜賊，若無故侵害生人，偶聞於神明，必加侵害，亦不異盜賊之抵干憲法爾。」[66]

這段文字反映了部分宋代民眾對於鬼神形象的理解與分類，凡是怪異、醜陋者，都是魑魅魍魎之類的物怪之神，而會「無故侵害生人」的則是精物與妖鬼（厲鬼）。因此，畏惡其「侵害」，可能也是巫者及其信徒奉祀這類厲鬼與物怪的緣由之一。[67]

(三)先　巫

從先秦到兩漢，中國巫者的祭祀對象中一直有所謂的「巫先」（先巫），也就是生前為巫的亡者。不過，其所祭祀者似乎只限於「巫咸」這類歷史上或傳說中的神人大巫，[68] 且在兩漢之後便少有相關記載。但在兩宋時期，我們卻可

---

66. 黃休復，《茅亭客話》〔收入《景印文淵閣四庫全書》第 1042 冊〕，卷 10，〈孫處士〉，頁 2。

67. 關於宋代的鬼怪及厲鬼信仰，參見沈宗憲，《宋代民間的幽冥世界觀》（臺北：商鼎文化出版社，1993），頁 10–84。按：在某些地方，物怪與厲鬼甚至會被雜揉為一；詳見金井德幸，〈南宋荊湖南北路における鬼の信仰について〉，頁 49–64；金井德幸，〈南宋妖神信仰素描——山魈と瘟鬼と社祠〉，《駒澤大學禪研究所年報》7（東京，1996），頁 51–65，特別是頁 52–54。

68. 詳見林巳奈夫，〈中國古代の神巫〉，《東方學報（京都）》38（京都，1967），頁 211–218；晏昌貴，《巫鬼與淫祀》，頁 176–178；林富士，《漢代的巫者》，頁 90–91。

以看到部分宋代巫者及民眾對於唐、五代及宋朝當代巫者的崇拜。最明顯的例子是「閩俗」,[69]《仙溪志》載云:

> 閩俗禨鬼,故邑多叢祠。惟袁侯以死捍寇,於法得祀。餘或以神仙顯,或以巫術著,皆民俗所崇敬者,載在祀典,所當紀錄,其不在祀典者,不書。[70]

其中,「以巫術著」而又「載在祀典」者,有興福廟主神林義縣,「生為巫醫,歿而有靈」;[71] 慈感廟「神姓陳氏」,「生為女巫,歿而人祠之,婦人妊娠者,必禱焉」;[72] 縣東北三妃廟中的順濟廟,神「本湄洲林氏女,為巫,能知人禍福,歿而人祠之。航海者,有禱必應」,「沿海郡縣皆立祠焉」;[73] 三妃廟中的

69. 參見徐曉望,《福建民間信仰》(福州:福建教育出版社,1993),頁183-195。

70. 趙與泌修,黃巖孫纂,《仙溪志》〔收入《宋元方志叢刊》第8冊〕(北京:中華書局,1990),卷3,〈祠廟〉,頁8307。

71. 趙與泌修,黃巖孫纂,《仙溪志》,卷3,〈祠廟〉,頁8308-8309。

72. 趙與泌修,黃巖孫纂,《仙溪志》,卷3,〈祠廟〉,頁8309。按:慈感廟的陳氏女巫,應該就是陳靖姑。關於宋代的陳靖姑信仰,詳見徐曉望,《福建民間信仰》,頁329-348;陳芳伶,〈陳靖姑信仰的內容、教派及儀式探討〉(臺南:國立臺南師範學院研究所碩士論文,2003);黃新憲,〈陳靖姑信仰的源流及在閩臺的發展〉,《福州大學學報(哲學社會科學版)》2008:6(福州,2008),頁5-8。

73. 趙與泌修,黃巖孫纂,《仙溪志》,卷3,〈祠廟〉,頁8309。按:順濟廟的林氏女巫,應即媽祖林默娘。關於宋代的媽祖信仰,詳見李獻璋,《媽祖信仰的研究》(東京:泰山文物社,1979),頁3-24,205-229,317-376;石萬壽,〈明清以前媽祖信仰的演變〉,《臺灣文獻》40:2(臺北,1989),頁1-21;張桂林、羅慶四,〈福建商人與媽祖信仰〉,《福建師範大學學報(哲學社會科學版)》1992:3(福州,1992),頁105-110;James L. Watson, "Standardizing the Gods: The Promotion of T'ien Hou Along the South China Coast, 960-1960," in David Johnson et al. eds., *Popular Culture in Late Imperial China* (Berkeley, Los Angeles & London: University of California Press, 1985), pp. 292-324; 徐曉望,《福建民間信仰》,頁313-328;李小紅,《宋代社會中的巫覡研究》,頁202-221。

昭惠廟，神本興化縣「女巫，自尤溪來。善禁呪術，歿為立祠」。而三妃廟的
另一廟是縣西的慈感廟，這三廟之所以合而為一，也是因為「有巫自言神降，
欲合三廟為一，邑人信之，多捐金樂施」，故「殿宇之盛，為諸廟冠」，俗名
「三宮」。[74] 由此可見，至少在福建地區（尤其是今福建莆田、仙游一帶），已
經有巫者崇信其亡故不久的同行、前輩。[75]

　　宋代人崇拜「先巫」的緣由之一，可能和奉祀其他的英雄、聖賢、神仙一
樣，是出自景仰或為了祈福，但是，也有部分可能出自對於巫師「降禍」能力
的畏惡。事實上，宋代有不少巫者都宣稱能夠「施法」，以「禁呪」、「巫蠱」
之術禍害於人，令人心生畏惡。例如，石龍縣（廣西化州市）巫者能「禁人生
魂，使之即病」；襄陽鄧城（湖北襄陽）巫覡能用「妖術邪呪，敗酒家所釀」，
酒坊畏之。[76] 而華南一代的「蠱毒」之術，在宋代更是大為流行，巫者以此害
人的傳聞也不時可見。[77]

㈣無稽與附會之神

　　除了上述三種較為獨特的神祇之外，宋代巫者還奉祀了一些來歷不明或是
事蹟無法稽考，因傳說或穿鑿附會而成的神明。例如，趙師古在北宋太宗淳化
元年 (990) 所寫的〈題工部祠序〉便說：

> 湘楚間好鬼神，事無文之祀，廟貌棋布。牲宰之薦，厭于神腹；祝告之
> 詞，倦於巫工。獨工部之祠缺焉。[78]

---

74. 趙與泌修，黃巖孫纂，《仙溪志》，卷3，〈祠廟〉，頁8309。

75. 李小紅，《宋代社會中的巫覡研究》，頁 206–208。

76. 詳見趙章超，〈宋代巫術邪教犯罪與法律懲禁考述〉，頁 231–238；王章偉，《在國家與社
　　會之間》，頁 40–41，51。

77. 詳見澤田瑞穗，《中國の呪法》，頁 245–332；川野明正，《中國の〈憑きもの〉——華南
　　地方の蠱毒と呪術的傳承》（東京：風響社，2005）；劉黎明，《宋代民間巫術研究》，頁
　　217–255。

此文主要是在替杜甫 (712–770) 受到冷落抱不平，因此對於湘楚間的巫俗或許
有些誇張，不過，所謂「無文之祀」應該是存在的，意指當地所奉祀的鬼神有
一些完全不見於載籍或毫無根據可言。陳淳 (1159–1223)〈上趙寺丞論淫祀〉
一文也指出這種情形，稱漳州（今福建漳州）「好尚淫祀」，廟宇數百所，而所
奉祀的對象「其無封號者，固無根原來歷；而有封號者，亦不過出於附會」。[79]
此外，張邦基 (fl. 1127–1131) 也說：

> 予每憤南方淫祠之多，所至有之。陸龜蒙所謂有雄而毅、黝而碩者則曰
> 將軍；有溫而愿、哲而少者則口某郎；有媼而尊嚴者則曰姥；有婦而容
> 者則曰姑。而三吳尤甚，所主之神不一，或曰太尉，或曰相公，或曰夫
> 人，或曰娘子。村氓家有疾病，不服藥劑，惟神是恃。事必先禱之，謂
> 之問神。……近時士大夫家亦漸習此風。[80]

這些相貌各異、稱謂不一的神明，或許不是全無來歷，只是不夠顯赫，或是多
了一些穿鑿附會的傳說與靈驗故事，因此，在某些士大夫眼中，便一律被歸為
淫祠之鬼。

事實上，巫者所奉祀的神明之中，如眉州（今四川眉山）的茅將軍、宣州
涇縣（今安徽涇縣）的丁先生、長沙縣（今湖南長沙）的影株神、洞庭湖的劉
舍人，以及名稱怪異的澧州（今湖南澧縣）摩駞神、荊湖南路的稜騰神、荊湖
北路的稜睜神、京畿路的獰瞪神，和分布各地的所謂「妖神」、「邪神」等，[81]

78. 趙師古，〈題工部祠序〉，收入《全宋文》（成都：巴蜀書社，1988），卷 134，頁 89。
79. 陳淳，《北溪大全集》〔收入《景印文淵閣四庫全書》第 1168 冊〕，卷 43，〈上趙寺丞論淫祀〉，頁 12–14。
80. 張邦基，《墨莊漫錄》〔收入《四部叢刊・三編》第 34 冊〕（上海：上海書店，1985），卷 8，頁 8。
81. 中村治兵衛，〈宋代の巫の特徵〉，頁 110，112；王章偉，《在國家與社會之間——宋代巫覡信仰研究》，頁 56，238，298–308。

基本上，都是這一類的「無稽」之神，但因有人覺得「靈驗」而獲得奉祀。[82]
韓森在說明宋代「民間信仰」的特色時指出，一些死於意外事故、戰爭或疾病
的男女（通常是夭折而死），出身不一定高貴，在宋代都成了民眾奉祀的對象。
他們大多是平民百姓出身。[83] 這個觀察也可適用於巫覡信仰，換句話說，默默
無聞甚至是姓名與身世不詳的「平民百姓」，在宋代也有機會成為巫覡奉祀的
主神。他們之中，雖以「橫死」的屬鬼較受青睞，但也不盡然。

上述鬼神之中，尤其是物怪、瘟神（屬鬼）、先巫這三大類，基本上都會
帶來災難與禍害，故經常是民眾、士大夫與政府畏惡的對象，[84] 也是各種宗教
人物必須應付的對象，而佛教的僧尼和道教的道士、法師（法官）通常會採取
禳除、辟除的手段。[85] 如宋代道教「天心正法」、「雷法」中便有譴治「邪魅」、
「山魈精怪」、「瘟神」的法術，[86] 大約成書於宋元時期的咒法專書《太上三洞
神呪》也收錄有「都天大雷火呪」，其功用便在於驅逐、消滅「山魈、木客、
古怪、妖精」以及「妖魔、五猖、邪巫、鬼怪、瘟神」等，而這些正是巫者奉
祀的神靈。[87]

---

82. 詳見韓森著，包偉民譯，《變遷之神》，頁 25；王章偉，《在國家與社會之間──宋代巫
    覡信仰研究》，頁 287。

83. 詳見韓森著，包偉民譯，《變遷之神》，頁 35。

84. 沈宗憲，《宋代民間的幽冥世界觀》，頁 10–84 ； Hsien-huei Liao, "Encountering Evil:
    Ghosts and Demonic Forces in the Lives of the Song Elite," *Journal of Song Yuan Studies*, 37
    (2007), pp. 89–134.

85. 在宋代的醫療與宗教市場上，巫者最強勁的對手是佛、道二教，但三者的若干法術和儀
    式，有時也互有融通之處。相關討論，參見 Edward L. Davis, *Society and the
    Supernatural in Song China*, pp. 45–66, 87–170.

86. 詳見松本浩一，《宋代の道教と民間信仰》，頁 297–402。

87. 《太上三洞神呪》〔收入《正統道藏》第 2 冊〕，卷 8，〈禬禳驅治諸呪‧都天大雷火呪〉，
    頁 14 上–下。按：此呪亦見於《道法會元》，卷 121，〈南宮火府烏暘雷師祕法‧火鈴
    符〉，頁 14 下–15 上。

　　至於巫覡，雖然也會應信眾之請，以禳辟的手段對付災禍之神，但是，有時則會採取祈祭、立祠的方式，予以撫慰，將原先的禍害力量轉化為福佑的神祇。這種情形雖然不始於宋代，但至少就典籍的記載來看，確實要到了宋代才較為普遍。換句話說，到了宋代，這四大類鬼神才在巫者與民眾的鬼神世界中占有重要的位置。[88]

三、儀式的新貌

　　除了祀神對象有了變化之外，宋代巫覡在儀式方面也有了一些新貌。早期的「弦歌與鼓舞」、「酒肉與犧牲」等巫覡儀式的特質依然存在，[89] 有時也會成為宋代文人詩文描述的主題，[90] 但在兩宋時期，還是出現了一些微妙的變化。

㈠立祠──撫慰儀式

　　基於「鬼有所歸，乃不為厲」的思維，傳統中國社會往往以立祠或立壇祭祀的方式，安頓、安撫那些死於非命的厲鬼，以平息或防止他們帶來的災禍，[91] 因此「立祠」本身也可以說是一種撫慰儀式。這種儀式雖然不始於宋代，也不是巫覡所獨有的作法，但宋代的巫覡不僅將這種儀式用於瘟神（疫鬼）這一類的厲鬼，還擴及於那些會帶來災禍的物怪及其他神靈。如李薦

---

88. 在此是就案例的數量及分布的空間範圍而言。類似的情形，也可以在十七世紀以後一直到當代的臺灣社會中看到，只是其中的「物怪」崇拜在臺灣較為罕見。詳見林富士，《孤魂與鬼雄的世界──北臺灣的厲鬼信仰》；林富士，〈清代臺灣的巫覡與巫俗──以《臺灣文獻叢刊》為主要材料的初步探討〉，《新史學》16：3（臺北，2005），頁 23-99。
89. 詳見林富士，〈試論六朝時期的道巫之別〉，收入周質平、Willard J. Peterson 編，《國史浮海開新錄──余英時教授榮退論文集》（臺北：聯經出版事業公司，2002），頁 19-38。
90. 詳見王章偉，《在國家與社會之間──宋代巫覡信仰研究》，頁 23-77。
91. 詳見林富士，〈試釋睡虎地秦簡中的「癘」與「定殺」〉，《史原》15（臺北，1986），頁 1-38。

(1059–1109) 便說:「眉州或有神降,日茅將軍,巫覡皆狂,禍福紛錯,州皆畏而禱之,共作大廟,像宇皆雄,祈驗如響。」[92] 由此可見,眉州人可能是基於「畏禍」 而拜茅將軍, 而這個信仰可能是由江淮地區傳入。 據北宋錢易 (fl. 997–1025) 記載,「江淮間多九郎廟和茅將軍祠」,「九郎」是「苻堅之第九子」,而茅將軍 「廟中多畫縛虎之像」。[93] 茅將軍信仰的起源在唐末五代,最早的一座廟建立於舒州(今安徽安慶)往桐城(今安徽桐城)之間的路上,也是茅將軍初次顯靈之處,而立廟十年左右,附近的村落便遍設「茅將軍祠」,隨後逐漸向外擴散。[94] 在兩宋時期,其祠廟見於記載的至少有江淮一帶、溧陽(今江蘇溧陽)、建昌(今江西建昌)、[95] 善化(今湖南善化)、[96] 劍門(今四川劍閣)附近的七家嶺等地。[97]

類似茅將軍祠這樣的祠廟,在兩宋時期可能散布各處。例如,戚舜臣 (996–1052) 知撫州(今江西撫州)時,當地「詭祠有大帝號者,祠至百餘所」。[98] 其次,楚人胡石壁對家鄉湖湘一帶的風俗也有如下描述:

> 某楚產也,楚之俗實深知之。蓋自屈原賦離騷,而九歌之作,辭旨已流於神恠,其俗信鬼而好祀,不知幾千百年。……女巫男覡,乘釁興妖,

---

92. 李薦,《師友談記》〔收入《景印文淵閣四庫全書》第 863 冊〕,頁 29。

93. 錢易,《南部新書》〔收入《景印文淵閣四庫全書》第 1036 冊〕,卷 8,頁 9。

94. 關於茅將軍顯靈及立廟的故事,最早見於徐鉉,《稽神錄》〔收入《景印文淵閣四庫全書》第 1042 冊〕,卷 6,〈僧德林〉,頁 35。

95. 呂南公,《灌園集》〔收入《景印文淵閣四庫全書》第 1123 冊〕,卷 9,〈茅將軍廟記〉,頁 78。

96. 李俊甫,《莆陽比事》〔收入《續修四庫全書》第 734 冊〕,卷 5,〈鄭伐妖木王去淫祠〉,頁 239。

97. 李薦,《師友談記》,頁 29。

98. 曾鞏,《元豐類藁》〔收入《景印文淵閣四庫全書》第 1098 冊〕,卷 42,〈虞部郎中戚公墓誌銘〉,頁 2。

自此湖湘之民，蓋將聽於神而不聽於人矣。……某為此懼，於是自守郡以來，首以禁絕淫祠為急，計前後所除毀者，已不啻四五百處。[99]

此外，陳淳也針對福建漳州的風俗指出：「南人好尚祭祀，而此邦之俗尤甚，自城邑至村落，淫鬼之名號者不一，而所以為廟者，亦何啻數百所。」[100] 再者，宋仁宗天聖元年 (1023) 夏竦 (985–1051) 知洪州 （今江西南昌） 時也說當地「舊俗尚巫」，「皆於所居塑畫魅魑，陳列幡幟，鳴擊鼓角，謂之神壇」。而民眾對於巫者「從其言甚於典章，畏其威重於官吏，奇神異像，圖繪歲增，怪籙祅符，傳寫日夥」。[101] 可見當地巫者似乎也是利用「災禍」之神，立祠塑像，威嚇百姓。另外，北宋毛維瞻 (1011–?) 在北宋仁宗慶曆四年 (1044) 擔任縉雲（今浙江麗水）縣尉時，對於處州縉雲縣的情形也說：「俗獷而縱，近惑巫鬼，爭為高祠廣宇」。[102] 北方的情形似乎也差不多，[103] 如張方平 (1007–1091) 便說：

> 京東西之民，多信妖術。凡小村落，輒立神祠，蚩蚩之民，惑於禍福。
> 往往奔湊，相從聚散，遞相蔽匿，官不得知。惟知畏神，不復憚法。[104]

這是北宋時期北方京東西路（大致包括今河南東部、山東中西部、江蘇北部、安徽小部分地區）的情形。

事實上，「立祠」可以說是巫覡信仰非常核心的成分，有時候甚至可以視

---

99. 張四維輯，《名公書判清明集》，卷 14，〈淫祠・不為劉舍人廟保奏加封〉，頁 560。

100. 陳淳，《北溪大全集》，卷 43，〈上趙寺丞論淫祀〉，頁 12。

101. 夏竦，《文莊集》〔收入《景印文淵閣四庫全書》第 1087 冊〕，卷 15，〈奏議・洪州請斷祅巫奏〉，頁 12–13。

102. 毛維瞻，〈處州縉雲縣新修文宣王廟記〉，收入《全宋文》，卷 992，頁 149–150。

103. 宋代巫者在南北各地汲汲於創設各種祠廟的情形，詳見李小紅，《宋代社會中的巫覡研究》，頁 71–73。

104. 張方平，《樂全集》〔收入《景印文淵閣四庫全書》第 1104 冊〕，卷 22，〈論地震請備寇盜事〉，頁 19。

為儀式的一種。因此，其數量的多寡往往可以視為巫風是否興盛的指標，以北宋汴京的情形來說，當時佛寺大約有一百零五座，道觀約七十九座，但徽宗在政和元年 (1111) 春正月下詔毀開封府的「神祠」時，其數量便高達一千一百三十八座（包括五通、石將軍、妲己等），[105] 這些祠廟或許不全然由巫覡駐守，但即使以十分之一計算，其數量也已不在佛、道二教之下。而各地巫覡祠廟的數量之多，從各個時期地方官吏「毀祠」的報告和記載中，便可知其梗概。[106]

㈡殺人祭鬼

宋代巫覡另一個引人側目的活動就是所謂的「殺人祭鬼」。[107] 僅以南宋時期來說，從高宗到寧宗四朝 (1127–1224)，百年左右，政府至少下達十三道有關「祭人祭鬼」的禁令，有人甚至認為這就是宋代政府禁巫的主要動機或藉口之一。[108] 不過，也有人認為「殺人祭鬼」不是真實發生或存在的風俗或儀式。[109]

---

105. 上述數字，參見劉黎明，《宋代民間巫術研究》，頁 526。

106. 詳見劉佳玲，〈宋代巫覡信仰研究〉，頁 164–166。

107. 詳見王章偉，《在國家與社會之間——宋代巫覡信仰研究》，頁 317–319。

108. 詳見劉佳玲，〈宋代巫覡信仰研究〉，頁 174，153；王章偉，《在國家與社會之間》，頁 318–319。

109. 田海 (Barend ter Haar) 認為宋代的「殺人祭鬼」不是真實發生或存在的風俗或儀式，只是反映對「他者」的「恐懼」(it was a fear projected on the "other," rather than a real practice)。他又說道：「殺人祭鬼」突然在宋代首度被提及 ("Killing people to serve demons" was suddenly mentioned for the first time in the Song period)。詳見 Barend J. ter Haar, *Telling Stories: Witchcraft and Scapegoating in Chinese History* (Leiden: Brill, 2006), pp. 101–102. 按：此說並非根據原始材料詳細推演而來，而是參考二手研究之後便否定前人之說，遽下結論，也完全不考慮或不知宋代以前的情形。事實上，「殺人祭鬼」這個詞彙的首次出現或許真的是在宋代，但是，只要利用一些較大型的漢籍全文資料庫，使用「以人祀」、「以人祠」、「殺人祀」、「殺人以祠」、「用人於」、「用人祭」等關鍵詞查詢，便可以知道從先秦以下一直到宋以前，「殺人以祭祀鬼神」這樣的事還真是不絕於書，而且，漢與非漢民族都有。

　　事實上，從宗教信仰的角度來看，「殺人祭鬼」可以說是傳統中國社會自古即有的一種祭祀儀式。[110] 南宋真德秀 (1178–1235) 說湘民受巫覡勸誘而有「採生」之俗，「以人為畜」，[111] 基本上已指出其核心意義。至於其宗教功能或意涵，學者有許多不同的解釋，[112] 但若從獻祭的角度來看，這可能和傳統祭儀中「同類相祭」的思惟與習慣有關，亦即殺羊以祭羊神，殺馬以祭馬神，殺人以祭「人神」（人鬼）。[113] 其次，最晚從六朝時期開始，巫覡的鬼神世界就呈現一種類似先秦時期「封建」王國林立的結構，每一位神明在其領域之內，都自有疆域（一般而言就是祠廟所在地及其鄰近地區），並享有最高的統治權，與其他祠廟的神明互不隸屬，但有時會形成聯盟、聯姻關係。彼此之間有時也會有爭鬥或戰爭。在各自的邦國之內，一如封建王侯，神明往往需要配偶、臣僚、

110. 詳見楊景鷴，〈殉與用人祭〉，《大陸雜誌》13：6（臺北，1956），頁 19–29；金祥恆，〈殷人祭祀用人牲設奠說〉，《中國文字》48（臺北，1973），頁 1–7；李健民，〈略談我國新石器時代的人祭遺存〉，《中原文物》1981：3（鄭州，1981），頁 27–29；王克林，〈試論我國人祭和人殉的起源〉，《文物》1982：2（北京，1982），頁 69–72；顧德融，〈中國古代人殉、人牲者的身份探析〉，《中國史研究》1982：2（北京，1982），頁 112–123；周慶基，〈人祭與人殉〉，《世界宗教研究》1984：8（北京，1984），頁 89–96；楊升南，〈商代人牲身份的再考察〉，《歷史研究》1988：1（北京，1988），頁 134–146；黃展岳，《古代人牲人殉通論》（北京：文物出版社，2004）。

111. 真德秀，《西山文集》〔收入《景印文淵閣四庫全書》第 1174 冊〕，卷 40，〈勸民文〉，頁 35。

112. 詳見澤田瑞穗，〈殺人祭鬼〉、〈殺人祭鬼・証補〉、〈殺人祭鬼・再補〉，收入氏著，《中國の民間信仰》（東京：工作舍，1982），頁 331–373；譚蟬雪，〈敦煌祈賽風俗〉，《敦煌研究》1993：4（蘭州，1993），頁 61–67。

113. 從先秦到兩漢時期，禮儀專家曾針對祭祀時的「用牲」問題（包括「用人」祭社）展開論辯，一派主張「同類不相祭」，亦即前面討論「祠山張王廟」時提過的，不以豬肉祭豬神。另一派則主張「同類相祭」，亦即應該殺羊以祭羊神，殺馬以祭馬神。詳見林富士，〈試釋睡虎地秦簡中的「癘」與「定殺」〉，頁 20–22。

侍從、將士、兵馬等，而其主要來源就是「取」生人魂以充其配偶或部屬，[114]因此，就宗教儀式而言，「殺人祭鬼」的其中一種功能，其實就在於貢獻鬼魂供神明用以填充其部屬、家人，以強大其邦國與家庭的力量。而根據金井德幸研究，宋代「殺人祭鬼」所祭祀的對象大半確實是「厲鬼」或是所謂的「妖神」（由厲鬼與物怪揉合而成）。[115]

不過，這樣的宗教儀式似乎還有其他的社會意涵或功能，在某些地區可能被用來強化某些社會群體 (social group) 或族群 (ethnic group) 成員的 「身分認同」(identity)。例如，洪邁便提到湖北的情形說：

> 殺人祭祀之姦，湖北最甚。其鬼名曰稜睜神。得官員士秀，謂之聰明人，一可當三。師僧道士，謂之修行人，一可當二。此外，婦人及小兒，則一而已。……此風浸淫，被于江西撫州。……此類不勝紀。今湖北鬼區，官司盡已除蕩，不容有廟食。木陰石片，蓋其祀所也。[116]

這段文字反映出巫者對於儒家士大夫（官員士秀）和佛、道二教人士的憎恨，表面上雖然給予較高的評價，可以一當三或以一當二，其實無異於鼓勵其信徒捕殺儒、釋、道三教之士，事實上，三者也是巫者在宋代社會最強大的敵對者和宗教市場的競爭者。[117]

其次，南宋魏了翁 (1178–1237) 記載江塤（江淑文，1169–1233）在嘉定元年 (1208) 之後任職於荊湖南路武岡軍（今湖南武岡）之事云：「有淫祠號

---

114. 詳見 Fu-shih Lin, "Chinese Shamans and Shamanism in the Chiang-nan Area During the Six Dynasties Period (3rd–6th Century A.D.)," pp. 151–162.

115. 詳見金井德幸，〈南宋前湖南北路における鬼の信仰について〉，頁 49–64；金井德幸，〈宋代における妖神信仰と「喫菜事魔」、「殺人祭鬼」再考〉，《立正大學東洋史論集》8（東京，1995），頁 1–14。

116. 洪邁，《夷堅志》，三志壬卷 4，〈湖北稜睜鬼〉，頁 1497–1498。

117. 李小紅，《宋代社會中的巫覡研究》，頁 221–224，269–270。

剗平王，巫祝憑附，至用人于廟。叔〔淑〕文請焚祠毀像，籍巫祝之資以犒軍。」[118] 由此可見，當地的剗平王祠也有殺人祭祀的儀式。

我們對於這位剗平王的來歷並不清楚，宋代以前及宋遼金元時期的相關記載似乎也僅見於此。但是，從明代文獻卻可以知道，明正統十三年 (1448)，四川後洞三十六種黑苗反叛，其領袖曾自稱剗平王。[119] 正統十四年間 (1449)，也有湖貴一帶的苗人領袖蟲富自稱剗平王，起兵反叛。[120] 同年，「福建反寇鄧茂七」造反，亦自稱剗平王，「延蔓八府，破二十餘縣，東南諸郡皆騷動」，連浙江、江西等地都有人響應。[121] 其後，天順元年 (1457) 又有柳、慶等府的賓州（今廣西賓陽）、上林（今廣西上林）、武緣（今廣西武鳴）等地的「蠻賊」反叛，其「賊首」黃公好也自稱剗平王。[122] 又其後，約在明弘治年間 (1488–

---

118. 魏了翁，《鶴山集》〔收入《景印文淵閣四庫全書》第 1172–1173 冊〕，卷 83，〈知南平軍朝請江君塤墓誌銘〉，頁 2。

119. 詳見洪价，《（嘉靖）思南府志》〔收入《天一閣藏明代方志選刊》第 67 冊〕（上海：上海古籍出版社，1982），卷 7，〈拾遺志〉，頁 6；張萱，《西園聞見錄》〔收入《續修四庫全書》第 1168 冊〕，卷 19，〈殉難〉，頁 483。

120. 詳見陳元素，《古今名將傳》〔收入《中國武術大典》第 40 冊〕（北京：中國書店，2012），卷 16，〈王驥〉，頁 591；彭時，〈王驥墓誌銘〉，收入程敏政，《明文衡》〔收入《歷代詩文總集》第 40 冊〕（臺北：世界書局，1962），卷 90，頁 4；何喬遠，《名山藏》〔收入《續修四庫全書》第 426 冊〕，卷 42，〈勳封記二〉，頁 342；李賢，〈王驥神道碑銘〉，收入焦竑，《國朝獻徵錄》〔收入《四庫全書存目叢書》史部第 100 冊〕（臺南：莊嚴文化事業公司，1996），卷 9 伯 1，頁 302。

121. 詳見中央研究院歷史語言研究所校勘，《明實錄・英宗實錄》（臺北：中央研究院歷史語言研究所，1966），卷 175，正統十四年二月丁巳，頁 3363–3364；卷 185，正統十四年十一月乙未，頁 3695。

122. 詳見《明實錄・英宗實錄》，卷 275，天順元年二月戊申，頁 5848；方孔炤輯，《全邊略記》〔收入《續修四庫全書》第 738 冊〕，卷 8，〈兩廣略〉，頁 470；徐日久，《五邊典則》〔收入《四庫禁燬書叢刊》史部第 26 冊〕（北京：北京出版社，2000），卷 19，〈西南〉，頁 503。

1505)，荊南道又有「劇寇」何准號劉平王。[123] 由此可見，「劉平王」似乎和散布於湖南、貴州、四川、廣西以及東南（閩、浙）一帶的非漢民族或叛亂團體有非常密切的關係，至少是明中葉的反叛者愛用的稱號。因此，南宋時期武岡軍的劉平王祠，恐怕是當地非漢民族的信仰，「用人于廟」可能是其族群的傳統祭儀，可藉以彰顯其族群標誌，或是藉以宣示對於漢族統治者的「反抗」。由此可見，「殺人祭鬼」雖然是「舊俗」，但因社會情境的改變，如族群衝突的加劇，在宋代（尤其是南宋）的南方似乎變得更加活躍或顯著，乃至可以稱之為「新風」。

㈢迎神賽會

宋代巫覡信仰另外一個備受矚目的儀式是迎神賽會。基本上，這和民眾或佛道二教利用社日或神明誕辰所舉行的宗教活動（即當時所謂的「社火」、「社會」），乃至政府所支持、資助的宗教節慶或儀典（如大儺），在儀式的結構、功能和主要「節目」方面，並無太大不同。[124] 但是，部分士大夫對那些不在官方掌控之下的民間和巫覡的「淫祀」與「迎神賽會」，卻嚴加批判或取締，其所持的理由或是內心的憂慮，除了較為抽象或含糊的「惑眾」、「敗俗」、「害民」之外，不外乎：一、浪費財物（民眾蠹財，巫者或其他人則趁機聚斂財富）；二、擾亂治安（民眾之間發生衝突、械鬥，乃至有心人士藉機聚眾、串連而反叛）。[125] 而這樣的論述提出之後，往往會引發討論與附和，甚至是集體性的共鳴，朝廷與地方官員的禁巫命令與措施，更是接二連三，此起彼落。由

123. 詳見《明實錄‧孝宗實錄》，卷182，弘治十四年十二月辛未，頁3366；張岳，《（嘉靖）惠安縣志》〔收入《天一閣藏明代方志選刊》第32冊〕，卷13，〈人物〉，頁16。

124. 詳見中村治兵衛，〈宋代廣德軍祠山廟の牛祭について〉，頁158–160；王章偉，《在國家與社會之間——宋代巫覡信仰研究》，頁288–296。

125. 詳見王章偉，《在國家與社會之間——宋代巫覡信仰研究》，頁284–291；皮慶生，《宋代民眾祠神信仰研究》，頁130–142。

此可見，宋代巫覡的宗教活動似乎不斷對政府產生某種威脅，而這可能和部分地區迎神賽會的規模與性質有了新的變化有關。

　　宋代的迎神賽會和宋以前類似的宗教活動相較，最明顯的差異在於其「跨境」集結與流動。舉例來說，《琴川志》記載北宋仁宗至和年間 (1054–1056) 常熟（今江蘇常熟）東嶽行祠的「社火」云：

> 東嶽行祠，在縣北四十里福山，……經始於至和之初，每歲季春，嶽靈誕日，旁郡人不遠數百里，結社火，具舟車，齎香信，詣祠下致禮敬者，吹簫擊鼓，揭號華旗，相屬於道。[126]

這已經不是局限於某一郡縣、村里的「地方」性信仰，而頗類官方獎掖下的道教宮觀和佛教寺院，可以吸引「旁郡」的信眾前來「進香」或「朝山」。[127] 這樣的信仰甚至可以透過「分香」、「分靈」的方式，擴散並連結成某種「類組織」的「區域性」宗教。這在宋以前相當罕見，但從宋代開始則逐漸普遍。[128]

　　除了江蘇有這樣的「跨境」活動之外，福建的情形也頗引人注目。例如，陳淳撰〈上趙寺丞論淫祀〉，對漳州的「巫風」詳加描述，並提出批判。[129] 他先是指出當地有數百座名號不一的祠廟，每座廟「各有迎神之禮」、「迎神之會」。接著，他便細膩的描述「迎神」之會的過程，並指出「神像」（土偶）的重要性，以及信眾如何透過在祠廟塑神像和街中的「迎神」活動，呈現「鬼神世界」（包括主祀之神及其家庭、隨從等）。他還指出，這種宗教性的活動，能

---

126. 孫應時纂修，鮑廉增補，盧鎮續修，《琴川志》〔收入《宋元方志叢刊》第 2 冊〕，卷 10，〈敘祠〉，頁 1244。

127. 關於東嶽信仰在宋代的發展過程，詳見水越知，〈宋元時代の東嶽廟〉，《史林》86：5（京都，2003），頁 73–104。

128. 詳見韓森著，包偉民譯，《變遷之神》，頁 126–159；皮慶生，《宋代民眾祠神信仰研究》，頁 204–271。

129. 陳淳，《北溪大全集》，卷 43，〈上趙寺丞論淫祀〉，頁 12–16。

讓「四境聞風鼓動」、「男女聚觀」。[130] 對於這樣的風氣，陳淳相當不以為然。他指斥當地所祭拜的鬼神都是「淫祀」之鬼，特別提到「聖妃」和「廣利」二神，認為他們一是來自莆田的「莆鬼」（媽祖），另一為源自廣州的「廣祠」（廣南的南海洪聖廣利王），都不是漳州當地的鬼神，與當地無關。此外，他還批判當地的泰山信仰和「朝嶽」之會。除了認為嶽神和「聖妃」及「廣利」一樣，都是「他鄉之神」或「越界之神」之外，[131] 他還說山嶽之神不是人神，廟宇中不應該有人形塑像，也不應有生辰（三月二十七日）。而「闔境男女混雜，徹晝夜而朝禮之，以會于嶽廟」的活動，無論是替亡者祈哀、拔度的「朝嶽」，或是預為生者死後祈福的「朝生嶽」，他都不能認同。[132] 但當地「州有州嶽」，「邑有邑嶽」，嶽神生辰之日，州境之內的城邑和周邊地區的民眾都會往嶽廟「朝會」。陳淳認為這一類活動，無論是「迎鬼」（迎神賽會）還是「朝嶽」，或觸犯國家法令，或是鄙俚之俗，都應該予以禁止。[133]

事實上，宋代的「朝嶽」活動早在北宋時期便已在各地流行，而且已引起注意和討論，仁宗天聖五年 (1027) 和徽宗崇寧元年 (1102)，朝廷都曾下令禁止民眾在「朝嶽」活動中使用類似官方的乘輿、器服、儀衛、旗幟、兵仗等物。[134]

---

130. 這種「迎神賽會」所以能吸引大量人潮，除宗教信仰的因素外，似乎也和活動之中的娛樂表演（如優戲隊）與歡樂氣氛有關。關於傳統中國宗教活動與戲劇、娛樂活動之間的緊密關係，詳見田仲一成著，雲貴彬、于允譯，《中國戲劇史》（北京：北京廣播學院，2002），頁 78–113；田仲一成著，布和譯，《中國祭祀戲劇研究》（北京：北京大學出版社，2008）。

131. 「他鄉之神」或「越界之神」是現代學者的用語；詳見皮慶生，《宋代民眾祠神信仰研究》，頁 204–271。

132. 陳淳對於「朝嶽」、「朝生嶽」（「生朝之禮」）的批判，另見氏著，《北溪字義》〔收入《景印文淵閣四庫全書》第 709 冊〕，卷下，頁 40–42。

133. 原文詳見文末附錄，陳淳，《北溪大全集》，卷 43，〈上趙寺丞論淫祀〉，頁 12–16。

134. 詳見徐松輯，《宋會要輯稿》，〈刑法二·禁約一·仁宗天聖五年〉，頁 2 之 16；〈刑法二·

　　類似的觀察和討論，還可見於黃震的〈申諸司乞禁社會狀〉。[135] 他認為廣德軍的「祠山春會，四方畢集」，雖有利於活絡當地經濟（市井雖賴之稍康），卻會敗壞風俗，其主要理由有五：「一謂埋藏，祭以太牢」；「二謂傷神，迎以兵器」（被視為祓禳凶祥與災禍之道，類似大儺之儀）；「三謂罪案，迎以囚帽、枷索」（被視為厭勝罪惡之方，類似道教和佛教的懺悔、贖罪儀式）；「四謂差會首」；「五謂差機察」。「祭以太牢」著眼於禮儀、祭品的僭越和浪費（尤其是多殺牛）。「迎以兵器」和「迎以囚帽、枷索」則是著眼於禮儀的不合宜，因為二者都和祠山之神（掌管水旱）及其附庸之祠「傷神」（罪死之鬼）的職能與性質不符。「差會首」和「差機察」則著眼於郡官利用廟會對於民眾及商家所進行的力役和財物之徵。除了上述五點，他更關切從「祠山」的附庸之祠獨立出來的「方山」之祠（即前面所討論過的「傷神」），他說此祠：

> 別為香火，遠近響應，反過祠山。起四月，止八月。盡用鎗刀為社，自安吉暨宜興，率聚千百為群，……皆江湖出沒之徒，蔓則難圖，……區區所憂，又不止敗壞風俗而已。[136]

由此可見，宋代官方禁止巫覡和迎神賽會，最大的憂慮恐怕還是在於巫覡之類的人物在這樣的場合展現跨境聚眾的能力，以及這種社會動員對其統治可能造成的威脅或破壞。事實上，歐陽守道（1241 年進士）在〈與王吉州論郡政書〉中提到吉州（今江西吉安）的「巫鬼之俗」也說：

> 閣下開藩在去秋，當秋狸俗妖習略息，不審亦有以神廟罪人告者乎？十

禁約一・徽宗崇寧元年〉，頁 2 之 42；〈禮・山川祠〉，頁 20 之 7。

135. 此文相關討論，詳見中村治兵衛，〈宋代廣德軍祠山廟の牛祭について〉，頁 162–178；金井德幸，〈宋代浙西の鄉社と土神──宋代鄉村社會の宗教構造〉，收入宋代史研究會編，《宋代の社會と宗教》（東京：汲古書院，1985），頁 81–118，特別是頁 98–102。

136. 詳見黃震，《黃氏日抄》，卷 74，〈申諸司乞禁社會狀〉，頁 19–21。

> 四五年以來，神枷神杖，處處盛行，巫者執權，過於官府。一廟之間，
> 負枷而至，動以數千計。重者裝為大辟籠，首帶鈴，其家自以子弟親戚
> 擁曳之，至廟以聽釋放，或受所謂神杖而還。此為何等風俗耶？[137]

「巫者執權，過於官府」，可見巫者對人民的支配能力之大。而文中所述應該
和前面所提到廣德軍「祠山」的「迎以囚帽、枷索」一樣，都是民眾的懺悔、
贖罪儀式。[138]

其次，南宋初年，廖剛 (1070–1143) 指出其所「訪聞」的宣州涇縣（今安
徽涇縣）女巫活動的情形云：

> 臣訪聞宣州涇縣六十里內地名同公坑，有女巫，奉邪神名丁先生，不知
> 所起之因，一二年來，邪道甚盛，一方之人，為所狂誘，焚香施財，略
> 無虛日。……其徒利於所得，更倡神怪之事。……即日，鄰比鄉村，往
> 往食菜，結為邪黨。近因旱暵，輒以祈雨為名，聚集不逞之徒，率數百
> 為群，持棒鳴鑼，遍行村落，穿歷市井，至於鄰境州縣，亦有相應祈雨
> 來者。竊恐小人無故群聚，別致生事。[139]

這也是跨境聚眾的活動。

再者，朱熹 (1130–1200) 提到王師愈 (1122–1190) 於高宗末年知長沙縣（今

---

137. 歐陽守道，《巽齋文集》〔收入《景印文淵閣四庫全書》第 1183 冊〕，卷 4，〈與王吉州論
郡政書〉，頁 16–17。

138. 類似的儀式還有可見於近代以來中國及臺灣若干地方祠廟的「審瘋子」和「扮犯人」習
俗，當代臺灣屏東的東港「東隆宮」王爺（瘟神）祭典中，也有扮犯人、神枷、神杖之
俗；詳見 Paul R. Katz, *Divine Justice: Religion and the Development of Chinese Legal
Culture* (London and New York: Routledge, 2009), pp. 105–115; 李豐楙等，《東港迎王：東
港東隆宮丁丑正科平安祭典》（臺北：臺灣學生書局，1998），頁 180–194。

139. 廖剛，《高峯文集》〔收入《景印文淵閣四庫全書》第 1142 冊〕，卷 2，〈乞禁奉邪神劄
子〉，頁 23。

湖南長沙）時的情形：

> 楚俗尚巫鬼，窮山中有叢祠，號影株神，愚民千百輩，操兵會祭，且欲
> 為亂。……因撤其廟，禁勿復祠。民間疾病婚嫁，舊皆決於巫史，俗以
> 甚弊，而官利其多齎乳香，不之禁也。公復下令，毋以香市於巫，其為
> 奇衺以惑眾者，必罰無赦。俗為少變。[140]

由此可見巫者的聚眾能力、支配力及財力。而當時宗教活動與地方經濟發展之
間的緊密關係，由此亦可見一斑。事實上，宋代巫覡的活躍，包括興建祠廟、
迎神賽會等，雖被士大夫視為斂財、蠹財，但這也表示民間的財富足以支持這
樣的宗教事務（活動），因此，巫覡信仰在宋代的進一步發展，其中一個因素
可能與經濟繁榮有關，尤其是市舶司所在的幾個地區（兩浙、福建）。[141]
　　此外，宋仁宗天聖元年，夏竦〈洪州請斷袄巫奏〉也提到：

> 編氓右鬼，舊俗尚巫。在漢欒巴，已嘗剪理。爰從近歲，傳習滋多。假
> 託機祥，愚弄黎庶，剿絕性命，規取貨財。……浸淫既久，習熟為常，
> 民被非辜，了不為訝。奉之愈謹，信之益深，從其言甚於典章，畏其威
> 重於官吏。……婚葬出處，動必求師。劫盜鬥爭，行須作水。蠹耗衣
> 食，眩惑里閭，設欲扇搖，不難連結。在於典憲，固亦靡容。……宜頒
> 嚴禁，以革袄風。[142]

依此，則「尚巫」為當地自漢以來的「舊俗」，雖經前代官吏禁斷，但到宋代，
巫者對居民的影響力及控制力卻反而比政府還大，故夏竦主張嚴禁，其考慮有
二：一為「扇搖」（反叛）；二為浪費財力（衣食）。而當地巫者的支配能力，

---

140. 朱熹，《晦庵集》〔收入《景印文淵閣四庫全書》第 1143–1146 冊〕，卷89，〈中奉大夫直
　　　煥章閣王公神道碑銘〉，頁 35–36。
141. 劉佳玲，〈宋代巫覡信仰研究〉，頁 169–170。
142. 夏竦，《文莊集》，卷15，〈奏議‧洪州請斷袄巫奏〉，頁 12–13。

似乎來自民眾對於巫者及其奉祀神明的「畏惡」。其「扇搖」的可能性,則來自巫者的「連結」(聚眾與串連)能力。

這種基於宗教信仰而來的跨境、聚眾與移動的「迎神賽會」,在宋代似乎蔚為風潮。除前述的朝嶽之會、祠山(張王)春會外,其他所謂的「區域性」或「越界」神靈,包括五通或五顯(祖廟在徽州婺源,即今江西婺源)、仰山(發源地在袁州宜春縣,即今江西宜春)、天妃(本廟在福建莆田)、梓潼(本廟在今四川梓潼)等,幾乎都有類似的宗教活動。其宗教性、娛樂性和經濟性的功能,及所隱含的顛覆性和暴力色彩,也都相類似。[143]

這些祠廟和「行祠」的建立與擴散,可能是以官員和士人為主體,但商人在財富和通路上的支持,恐怕也不能忽視。[144] 這類「越界」傳播的祠廟和宗教活動,雖然和佛、道二教有相當密切的關係,[145] 但巫者在建立之初和傳播過程中所扮演的角色,也不應該忽略。尤其是祠山所分化的「方山」(傷神)之祠,天妃本身的女巫身分,更說明其巫覡信仰的色彩。而仰山所奉祀的二神原為「龍神」,雖被佛教馴化、吸納,但在北宋時期也曾一度被巫祝所控制。[146] 至於梓潼,最早似乎是以蛇精的原形出現,[147] 恐怕也和巫覡信仰中的精魅崇拜不無關係。至於宋代文獻所載的「五通」神,至少有二種很不一樣的形象,一是

---

143. 詳見皮慶生,《宋代民眾祠神信仰研究》,頁 204–271,97–116。

144. 詳見韓森著,包偉民譯,《變遷之神》,頁 126–159;Paul R. Katz, *Demon Hordes and Burning Boats: The Cult of Marshal Wen in Late Imperial Chekiang*, pp. 176–178; 水越知,〈宋代社會と祠廟信仰の展開——地域核としての祠廟の出現〉,頁 21–26;皮慶生,《宋代民眾祠神信仰研究》,頁 250–252。

145. 詳見程民生,〈論宋代神祠宗教〉,頁 69–71;皮慶生,《宋代民眾祠神信仰研究》,頁 253–254。

146. 詳見皮慶生,《宋代民眾祠神信仰研究》,頁 236。

147. 關於梓潼信仰的形成與發展,詳見 Terry Kleeman, *A God's Own Tale: The Book of Transformations of Wenchang, the Divine Lord of Zitong* (Albany: State University of New York Press, 1994), pp. 1–27; 皮慶生,《宋代民眾祠神信仰研究》,頁 246。

指精魅（物怪）山魈，通常是猴形、獨足。二是指「五聖」或「五顯」、「五侯」，通常是以五名少年的形象出沒。[148] 因此，我們也不能排除其中若干五通祠是由巫者掌控。總之，無論是精魅還是少年「五聖」，宋代的「五通」都是一種跨境的流行神。

四、結　語

由以上所述可知，宋代的巫覡信仰的確有了一些新的風貌，其鬼神世界在組成結構上有了一些變化。傳統中國官方「祀典」所奉祀的鬼神，基本上分成天神、地祇、人鬼三大類，但人鬼的位階遠不及天神、地祇。宋代巫覡已被完全排除於政府的職官體系，無法參與「祀典」。因此，不在「祀典」之列或較不占據重要位置的物怪（精魅）、厲鬼（瘟神）、先巫及一些無稽與附會之神，似乎轉而成為巫者主要的奉祀對象，其受奉祀或普及的程度，應該超過先前較為重要的天神、地祇，或是聖賢、英雄崇拜，至少也和他們居於同樣的地位。而這些神祇似乎有個共同的特質，亦即能降災禍於人，因此他們廣受奉祀的原因之一，可能和當時人為了辟除災難與禍害有關。

事實上，這也和宋代特殊的社會情境有關。首先，由於宋遼、宋金、宋元之間的長期對峙與戰亂，一方面產生了大量的「兵死」厲鬼，另一方面則迫使漢民族南遷，進入山林之地和非漢民族所居之處，進而衍生出族群之間的爭鬥與仇殺，或是與山林中的生物、非生物力量（包括自然災害）產生接觸與衝突，而這或許就是一些物怪之神和「怪神」、「邪神」受到崇奉的由來。其次，兩宋時期頻頻爆發的疫癘之災，除了製造出更多的「疫死」厲鬼之外，也讓瘟神信仰更加普遍。而瘟疫流行有時是由北人南遷的「水土不服」，或是進入南

---

148. 相關材料的輯存，詳見王章偉，《在國家與社會之間——宋代巫覡信仰研究》，頁300–308。

方的「瘴癘之鄉」（山林、水澤之屬）所引起。或許是這個緣故，在某些地方，物怪（魑魅魍魎、山魈）和瘟神（厲鬼），甚至會被雜揉為一。[149] 至於「先巫」崇拜的出現，雖有其古老的傳統，但是，宋代官方不斷打擊巫者，以及民間害人巫術（如巫蠱、蠱毒、祝詛等）的流行，似乎反而讓一般民眾更加畏懼巫覡的力量，相信巫術的作用。

隨著崇拜對象的改變，宋代巫覡在儀式方面也做了一些調整。最明顯的是在各地大量的設立祠廟，以撫慰、安置上述的神靈，以平息或防止災禍，進而祈求賜福消災。其次，則是頻頻出現所謂「殺人祭鬼」的傳說和政府頒布的禁令。從宗教信仰來說，以人牲祭人鬼（包括厲鬼及一般的人神）是中國古老的宗教習俗，不難理解。不過，由於南宋似較北宋時期更為盛行，而且某些地方還特別注重人牲的「身分」（以儒生、官員為上，僧尼道士次之，一般的婦人小兒為下），或是盛行於非漢民族、叛亂團體的聚居之地（四川及兩湖的山林之地），因此，這樣的祭儀恐怕還涉及到「社會群體」或族群之間的爭鬥或復仇。

宋代巫覡信仰另一受人矚目的儀式是「迎神賽會」。由於有不少巫覡崇奉的神明，除了本廟之外，往往還有所謂的「行祠」（分廟），擴大原本的祭祀圈；有些甚至跨越本廟所在的城邑或村落，成為許多州、府、軍、監、郡，乃至諸路的祭神對象。因此，在神誕之日舉行的宗教活動，通常會成為巫覡跨境收斂財物、聚集信眾，進行朝拜的時機。由於人數眾多且越界連結，又有比擬宮廷的輿服、儀仗、器物、兵器等，常令地方官吏憂慮不已，不時會加以禁

---

149. 詳見金井德幸，〈南宋荊湖南北路における鬼の信仰について〉，頁 49–64；金井德幸，〈南宋妖神信仰素描——山魈と瘟鬼と社祠〉，頁 52–54。即使是在宋代的「醫學」觀念中，瘟疫的源由也是自然與超自然、生物與非生物因素混和，包括氣候、水土、鬼神、精魅、蠱毒、瘴癘之氣等，都被認為是疫癘流行的原因。詳見 T. J. Hinrichs, "The Medical Transformation of Governance and Southern Customs in Song Dynasty China (960–1279 C.E.)," pp. 130–202.

止。但因這種活動兼具宗教性、娛樂性和經濟性，而且也涉及「身分」（族群、性別、階層等）認同，一旦風行，有時連官吏也會參與，因此，時禁時行，始終不絕。

　　就此而言，宋代各地雖然承襲了舊有的「巫俗」(shamanistic custom)，但也開創或扇揚了新的「巫風」(shamanistic fashion)。因此，雖說宋代朝廷頒布的禁巫詔令之多、範圍之廣、時間之久，都遠超過以往任何一朝，[150] 巫覡的數量、地位、生存和活動空間必然受到一些影響，[151] 但也似乎不能因此就斷定宋代巫覡的影響力或是所謂的「社會能量」「日趨弱化」，[152] 因為宋代政府屢頒禁巫的法令，也可以解讀為「巫風熾烈」的明證。[153] 事實上，也有人認為宋代政府全面禁巫，反倒成為巫風盛行的緣由。[154] 然而，我們似乎也不能簡單地說「巫俗」與巫覡問題一直都存在，只是較被忽略或較少被書寫，隨著北宋政府為強化其內部的控制以及南宋朝廷的南遷，政府或「中原」文化與「南方」的「巫俗」產生直接的接觸與衝突，才會有一連串的官方禁巫措施以及士大夫豐富的反巫論述。[155] 因為，這樣很容易忽略「巫俗」（巫覡信仰）的最新發展以

---

150. 詳見李小紅，《宋代社會中的巫覡研究》，頁 171。

151. 中村治兵衛，〈宋代の巫の特徵〉，頁 126；劉佳玲，〈宋代巫覡信仰研究〉，頁 213–218。

152. 例如，李小紅便認為在宋代政府的打擊之下，巫覡的影響力無論在地理空間、社會空間還是職業空間上都削弱了，實力出現質變；詳見李小紅，《宋代社會中的巫覡研究》，頁 183–201。

153. 例如，王章偉便認為宋代巫者雖屢遭打擊，但「尚巫右鬼」之風仍然熾盛；詳見王章偉，《在國家與社會之間──宋代巫覡信仰研究》，頁 28，79–138。

154. 例如，王章偉便認為宋代中央政府禁巫，讓巫者在官方體制之內無容身之處，徹底走入民間，脫離政府的控制，反而是巫風盛行的首因。當然，他也承認，瘟疫流行造成「信巫不信醫」、「巫醫並用」的結果，民間地方里社、祠廟的興起，讓巫者找到棲息地，得以展演其儀式，傳播其信仰，也是巫風盛行的原因；詳見王章偉，〈溝通古今的薩滿──研究宋代巫覡信仰的幾個看法〉，收入《「民間」何在，誰之「信仰」》，頁 140–154。

155. 相關討論，詳見王章偉，〈溝通古今的薩滿〉，頁 152–153；王章偉，〈文明推進中的現實

及「巫風」的強弱變化。

　　總之，無論宋代政府「禁巫」的成效如何，從政治、社會的角度來看，宋代巫者及其信仰所受到的打擊和挑戰，應該是前所未有的，這也可以說是宋代巫覡信仰的特質之一。但是，從宗教信仰的角度來看，宋代的巫覡信仰無論在信仰對象和宗教儀式方面，其實也有了一些新的變化，而其新貌，甚至成為元明至今中國巫覡信仰與民間宗教的共同特色。[156]

附錄：陳淳，〈上趙寺丞論淫祀〉

　　自城邑至村墟，淫鬼之名號者至不一，而所以為廟宇者，亦何啻數百所。逐廟各有迎神之禮，隨月送為迎神之會。……凡此皆游手無賴、好生事之徒，假託此以刮掠錢物，憑藉使用。……錢既裒集富衍，遂恣為無忌憚。既塑其正鬼之夫婦，被以衣裳、冠帔，又塑鬼之父母，曰聖考聖妣，又塑鬼之子孫，曰皇子皇孫，一廟之迎，動以十數像，群舁於街中，且黃其傘，龍其輦，黼其座，又裝御直班以導於前，僭禮踰越，恬不為怪。四境聞風鼓動，復為優戲隊相勝以應之，人各全身新製羅帛金翠以悅神。……男女聚

與想像——宋代嶺南的巫覡巫術〉，《新史學》23：2（臺北，2012），頁 1–55。

156. 明清時期一些民間祀神、廟會活動以及巫覡信仰的特質，幾乎都可找到其宋代的「原型」。相關研究，參見小島毅，〈正祠と淫祠——福建の地方志における記述と論理〉，《東洋文化研究所紀要》114（東京，1991），頁 87–213；Susan Naquin and Chün-fang Yü eds., *Pilgrims and Sacred Sites in China* (Berkeley: University of California Press, 1992)；金井德幸，〈宋代の屬鬼と城隍神——明初「祭屬壇」の源流を求めて〉，《立正大學東洋史論集》13（東京，2001），頁 1–24；趙世瑜，《狂歡與日常——明清以來的廟會與民間社會》（廈門：廈門大學出版社，2002）；濱島敦俊著，朱海濱譯，《明清江南農村社會與民間信仰》（廈門：廈門大學出版社，2008）；林富士，《孤魂與鬼雄的世界——北臺灣的屬鬼信仰》；林富士，〈清代臺灣的巫覡與巫俗〉，頁 23–99。

觀，淫奔酗鬭。一歲之中，若是者凡幾廟？民之被擾者凡幾番？不惟在城皆然，而諸鄉下邑，亦莫非同此一習。前後有司，不能明禁，復張帷幕以觀之，謂之與民同樂，且賞錢賜酒，是又推波助瀾，鼓巫風而張旺之。……非所祭而祭之，曰淫祀，淫祀無福，……所謂聖妃者，莆鬼也，於此邦乎何關？所謂廣利者，廣祠也，於此邦乎何與？假使有或憑依言語，亦妖由人興，不足崇信。……至於朝嶽一會，又將次第而起，復鄙俚可笑。嶽，泰山，魯鎮也，為魯邦之所得祭，而立祠於諸州也何謂？國朝以帝封之，帝以氣之主宰者而言，非有人之謂也。……而以三月二十七日為嶽生之辰者，又為何據？闔境男女混雜，徹晝夜而朝禮之，以會于嶽廟，入門則群慟，謂為亡者祈哀，以為陰府縲絏之脫慶，侍者亦預為他日之祈，謂之朝生嶽。州有州嶽，而近城之民朝會焉。是有邑嶽，而環邑之民朝會焉。……與前迎鬼者同一律，皆蠹壞風俗，汩亂教化之尤者也。端人正士，德政之下，恐非所宜容。國家法令，迎鬼有禁，前政方宗丞嘗列其條於譙門，故榜在案，可考也。某愚區區欲望臺慈特喚法司，開具迎鬼諸條，令明立榜文，並朝嶽俚俗，嚴行禁止，仍頒布諸鄉下邑而齊一之。

資料來源：陳淳，《北溪大全集》，卷 43，〈上趙寺丞論淫祀〉，頁 12–16。

清代臺灣的巫覡與巫俗
——以《臺灣文獻叢刊》為主要材料的初步探討[*]

一、引　言

　　童乩（乩童）是臺灣宗教世界裡備受爭議卻又耀眼無比的明星。他們人數之多，分布之廣，影響之大，讓政府、學者和異教的傳教人絲毫不敢輕忽，傳播媒體也不時關注他們的舉動。因此，從二十世紀初期到現在，百年來關於臺灣童乩的各種研究，包括他們的名稱、信仰、儀式、社會功能、人格與精神特質、社會地位等，始終不曾中斷。然而，在眾多研究者之中，卻絕少有人是歷史學者或是從歷史學的角度研究童乩。換句話說，幾乎所有的研究者都是利用

[*] 本文是中央研究院「亞太研究計畫」分支計畫「巫者的面貌」(2001–2003) 以及中央研究院新興主題研究計畫「宗教與醫療」之子計畫「巫者與中國醫療文化之關係」(2002–2004) 的研究成果之一。本文初稿原題〈清代臺灣的童乩——以《臺灣文獻叢刊》為主要材料的初步探討〉，完成於 2004 年 4 月 20 日，穀雨之日，發表於中央研究院歷史語言研究所九十三年度第八次講論會（臺北：中央研究院歷史語言研究所，2004 年 5 月 3 日），承蒙與會同仁及康豹 (Paul Katz) 教授、詹素娟博士等人惠賜寶貴意見，特此致謝。二稿改為今題，完成於 2004 年 3 月 5 日，驚蟄之日。投稿後蒙匿名之兩位審查人提供修正意見，無限感激。三稿完成於 2005 年 6 月 6 日。

他們當時所觀察、調查所得的當代資料進行分析和敘述，這樣的研究途徑基本上近乎「同時性」(synchronic) 的「民族誌」式的研究。[1] 因此，我們對於臺灣童乩的瞭解便有兩大限制，一是侷限於近一百年左右的面貌，二是無法理解童乩在歷史長河中的常與變。

為了解除這兩大限制，我希望能利用更早（尤其是二十世紀以前）的文獻，勾勒出童乩在清代臺灣社會中的大致輪廓，[2] 然後，再進行「貫時性」(diachronic) 的歷史研究。不過，涉及臺灣的文獻，無論是語言、屬性或數量都相當多，受限於時間和個人的能力，本文擬只從清代及日治初期中國士人（及少數日人）所留下的方志、筆記、詩文、碑銘等漢文資料入手，藉助數位化的資料庫及檢索系統，以掌握關鍵性的資料。其次，由於當時有些漢文資料的作者是以巫或巫覡稱呼「童乩」這種人，而有時候，廣義的巫或巫覡還包括了「童乩」之外的一些宗教人物，因此，本文擬採取較為寬鬆的作法，以所謂的「巫覡」作為探討的對象，但仍聚焦於現今所說的「童乩」。以下便先闡明「童乩」與「巫覡」這兩個名詞所指涉的對象及彼此之間的關係。

二、「童乩」與巫覡釋義

倘若以「童乩」作為關鍵詞，使用中央研究院「漢籍電子文獻」「瀚典全

---

1. 詳見林富士，〈童乩研究的歷史回顧〉，收入氏著，《小歷史——歷史的邊陲》（臺北：三民書局，2000），頁 40–60；林富士，〈臺灣童乩的社會形象初探（二稿）〉，發表於中央研究院歷史語言研究所、中央研究院亞太研究計畫主辦，「巫者的面貌」學術研討會（臺北：中央研究院歷史語言研究所，2002 年 7 月 17 日）；陳藝勻，〈童乩的社會形象與自我認同〉（臺北：輔仁大學宗教學研究所碩士論文，2003）。

2. 本文所說的「清代」，大致是指清廷統治臺灣時期 (1683–1895)，不過，這只是為了行文的方便及簡潔，事實上，文中所引的文獻，其撰述或其所反映的時代，有些稍早於 1683年，有些則稍晚於 1895 年。

文檢索系統」查索其中的「臺灣方志」、「臺灣檔案」、「臺灣文獻」(1–5) 這七
個資料庫,我們會發現,並沒有任何一筆與「童乩」有關的資料。[3]

　　這項查詢結果相當令人意外,因為,這七個資料庫事實上便是臺灣銀行經
濟研究室於 1957–1972 年所出版的《臺灣文獻叢刊》之電子版,共計有三百零
九種文獻。這個叢刊雖然並未收入所有早期的漢籍文獻,但已涵蓋了各種類型
的方志和公、私檔案及文獻。[4]

　　因此,有人或許會推測,清代的臺灣社會可能根本沒有「童乩」。也有人
可能會認為,當時的士人根本不知道或忽視臺灣「童乩」的存在。更審慎一點
的可能會說,士人的書寫傳統中並不使用或極少使用「童乩」這個詞彙。

　　這三種揣測,應該以第三種最有可能。事實上,「童乩」是近代閩南語中
的口語詞彙,讀為 dang-gi,無論是在福建、臺灣,還是在東南亞的閩南語族群
中,都可以耳聞這個詞彙,主要用來指稱那些可以「降神」(神靈附體)以替
人祈福解禍的「靈媒」,但是,轉寫成文字時卻大多寫成「乩童」。[5] 因此,當

---

3. 漢籍電子文獻資料庫,網址:http://hanji.sinica.edu.tw/。

4. 詳見詹素娟,〈「臺灣方志資料庫」簡介〉、〈「臺灣檔案資料庫」簡介〉、〈「臺灣文獻資料
　庫」(一)(二)(三)簡介〉。

5. 詳見 J. J. M. de Groot, *The Religious System of China*, vol. 6 (Leiden: E. J. Brill, 1892–
　1910), pp. 1269–1294; Alan J. A. Elliott, *Chinese Spirit-medium Cults in Singapore* (London:
　London School of Economics and Political Science, 1955); 陳潤棠,〈巫術、童乩與降頭〉,
　收入氏著,《東南亞華人民間宗教》(香港:基道書樓,1989),頁 162–198;佐佐木宏
　幹,〈東南アジア華人社會のシャーマニズム〉,收入關西外國語大學國際文化研究所
　編,《シャーマニズムとは何か:國際シンポジウム・南方シャーマニズム》(東京:春
　秋社,1983),頁 18–30;佐佐木宏幹,《シャーマニズムの人類學》(東京:弘文堂,
　1984),第 3 部,〈東南・南アジアのシャーマニズム〉,頁 279–367;佐佐木宏幹,〈シ
　ンガポールにおける童乩 (Tang-ki) の治病儀禮について〉,收入白鳥芳郎、倉田勇編,
　《宗教的統合の諸相》(名古屋:南山大學人類學研究所,1985),頁 175–194;佐佐木
　宏幹,〈東南アジア華人社會における童乩信仰のヴァリエーション考〉,收入直江廣

我們改以 「乩童」 作為關鍵詞進行查索，便會發現，在上述的資料庫中確有
「乩童」，不過，只有十四筆資料，而且只出現在十九世紀下半葉至二十世紀
初的文獻中。[6]

　　這個結果不免又會引發一些不同的推測：一、童乩在當時的臺灣社會中是
否並不常見或不活躍 ？ 二、 當時的士人階層是否有意或無意的忽視童乩的活
動？三、童乩在當時人的書寫習慣中是否有其他的稱謂？

　　這三種猜測似乎都有其可能性，但也無法輕易確判。不過，從查詢所獲的
資料來看，我們至少可以知道，當時有不少文獻都將「乩童」和所謂的「巫」
連繫在一起。例如，幾乎所有方志都曾提到臺灣有「尚巫」的風俗，而完成於
十九世紀下半葉的一些方志，包括陳培桂（曾任淡水同知，fl. 1849–1871）的
《淡水廳志》(1871)、[7] 沈茂蔭（曾任苗栗知縣，fl. 1873–1893）的《苗栗縣
志》(1893)、[8] 蔡振豐（附生，fl. 1877–1897）的《苑裏志》(1897)、[9] 鄭鵬雲

治、窪德忠編，《東南アジア華人社會の宗教文化に關する調査研究》（東京：南斗書
　房，1987），頁 107–134；藤崎康彦，〈童乩〉，收入植松明石編，《神々の祭祀》（東京：
　凱風社，1991），頁 294–419；劉枝萬，〈臺灣之 Shamanism〉，《臺灣文獻》54：2（南
　投，2003），頁 1–31；林富士，《孤魂與鬼雄的世界——北臺灣的厲鬼信仰》（臺北：臺
　北縣立文化中心，1995），頁 159–164。

6. 關於這個詞彙出現年代的初步討論，詳見林富士，《孤魂與鬼雄的世界——北臺灣的厲
　鬼信仰》，頁 162–164。

7. 陳培桂，《淡水廳志》〔《臺灣文獻叢刊》 本〕（臺北 ：臺灣銀行經濟研究室，1957–
　1979），卷 11，〈風俗考〉，頁 303–304。按：本文所提到的人物相當多，為免繁瑣，其
　生卒年（或大致的存活年代）以及簡略的社會背景和事蹟，除非另外註明或依其著作之
　自敘，否則全依張子文、郭啟傳、林偉洲編撰之《臺灣歷史人物小傳——明清暨日據時
　期》（臺北：國家圖書館，2003）一書之考訂。其次，本文所使用的史料，除非特別註
　明，否則全部援用臺灣銀行經濟研究室於 1957–1972 年所出版的《臺灣文獻叢刊》的版
　本，為免繁瑣，個別史籍之出版年代便不一一註明，而其原刊年代之考訂，主要是根據
　書前之序文或臺灣銀行經濟研究室之出版說明。

8. 沈茂蔭，《苗栗縣志》〔《臺灣文獻叢刊》本〕，卷 7，〈風俗考〉，頁 119–120。

（新竹士紳，1862–1915）、曾逢辰（新竹附生，1858–1929）的《新竹縣志初稿》(1898)、[10] 林百川（附生，fl. 1878–1898）、林學源（曾任訓導，fl. 1878–1898）的《樹杞林志》(1898)，[11] 在具體闡述「巫俗」之時，大都會列舉菜堂、客師、乩童和紅姨的活動。唯《苑裏志》增道士而去「菜堂」，《樹杞林志》則將「菜堂」吃齋者視為「道士」。而《新竹縣志初稿》則不提「客師」，但尚存「進錢補運」之說。

　　此外，二十世紀初期，連橫 (1876–1936)《臺灣通史》（撰寫於 1909–1918）在介紹臺灣的「道教」時也說：

> 然臺灣道士，非能修煉也。憑藉神道，以贍其身，其賤乃不與齊民齒。……顧此猶未甚害也，其足惑世誣民者，莫如巫覡。臺灣巫覡凡有數種：一曰瞽師，賣卜為生，所祀之神，為鬼谷子，師弟相承，秘不授人，造蠱壓勝，以售其奸；二曰法師，不人不道，紅帕白裳，禹步作法，口念真言。手持蛇索，沸油於鼎，謂可驅邪；三曰紅姨，是走無常，能攝鬼魂，與人對語，九天玄女，據之以言，出入閨房，刺人隱事；四曰乩童，裸體散髮，距躍曲踴，狀若中風，割舌刺背，鮮血淋漓，神所憑依，創而不痛；五曰王祿，是有魔術，剪紙為人，驅之來往，業兼醫卜，亦能念咒，詛人死病，以遂其生。凡此皆道教之末流，而變本加屬者也。[12]

由這段文字可以知道，在連橫的觀念裡，巫覡是道教之「末流」或「變種」，而巫覡則包括瞽師、法師、紅姨、乩童、和王祿這五種人。

　　根據晚近學界的研究來看，清代方志中的「菜堂」也許就是「齋教」的

---

9. 蔡振豐，《苑裏志》〔《臺灣文獻叢刊》本〕，下卷，〈風俗考〉，頁 89。

10. 鄭鵬雲、曾逢辰，《新竹縣志初稿》〔《臺灣文獻叢刊》本〕，卷 5，〈風俗〉，頁 186。

11. 林百川、林學源，《樹杞林志》〔《臺灣文獻叢刊》本〕，〈風俗考〉，頁 103–104。

12. 連橫，《臺灣通史》〔《臺灣文獻叢刊》本〕，卷 22，〈宗教志〉，頁 575–576。

「齋堂」，[13] 而「客師」或許就是現在習稱的「法師」，[14] 他們能否和乩童、紅姨歸為同一宗教類型，還有待商榷。而道士與巫覡、法師之間錯綜複雜的關係，也有待進一步釐清。不過，道士、法師和童乩三者，在閩臺一帶，在儀式和信仰方面常有融混的現象。而且，有人兼習道、法（即所謂的「道法二門」），或是兼具法師與童乩二者的技能，而有時候（如建醮、喪禮之場合），三者（或其中二者）還會合作、參與儀典。因此，無論是當時的士人或是近代的學者，有時候也不容易分辨他們之間的差異。[15] 有人以巫統稱之，有人將他們全部歸為道家（道教），有人則含混其詞。例如，闕名者所撰之《安平縣雜記》（大約撰於日治初期）介紹臺灣的「僧侶及道士」時便說：

> 道士，臺灣名曰「師公」。不蓄全髮、不持齋，大約即巫覡之類。就其家中設壇。凡民間有沖犯土煞者，請其到家作法，名曰「起土收煞」。有命運不佳者，請到廟中祈禱作法，男人曰「補運」，女人曰「栽花換斗」。其大者，城廂及村莊各里廟建三、五天醮事，或作王醮，……必延請道士演科儀、誦經咒、上表章於天曹以祈福。……法官者，自謂能

13. 關於臺灣的齋教，參見江燦騰、王見川主編，《臺灣齋教的歷史觀察與展望》（臺北：新文豐出版公司，1994）；王見川，《臺灣的齋教與鸞堂》（臺北：南天書局，1996）。

14. 關於臺灣的「客師」，參見李豐楙，〈臺灣中部「客仔師」與客家移民社會〉，收入宋光宇編，《臺灣經驗（二）——社會文化篇》（臺北：東大圖書公司，1994），頁121-157。按：李豐楙先生關於「客師」的研究前後發表多篇論文，但大體意見並無太大不同，故本文不一一具引。

15. 參見劉枝萬，〈臺灣的靈媒——童乩〉，《臺灣風物》31：1（臺北，1981），頁104-115；劉枝萬，〈臺灣のシャマニズム〉，收入氏著，《臺灣の道教と民間信仰》（東京：風響社，1994），頁143-172；劉枝萬，〈臺灣之 Shamanism〉，頁1-31；黃有興，〈澎湖的法師與乩童〉，《臺灣文獻》38：3（南投，1987），頁133-164；林富士，〈試論六朝時期的道巫之別〉，收入周質平、Willard J. Peterson 編，《國史浮海開新錄：余英時教授榮退論文集》（臺北：聯經出版事業公司，2002），頁19-38；Edward L. Davis, *Society and the Supernatural in Song China* (Honolulu: University of Hawai'i Press, 2001), pp. 87-152.

召神遣將，為人驅邪治病，作一切禳解諸法（其派有紅頭師、青頭師之分，其弟子均名曰「法仔」）。神佛出境、淨油及踏火必用之，以請神焉，……為人治病，亦有時應驗。謝賞亦多少不一。餘若男巫、女巫，作種種幻法，亦近於師公者流，合附錄焉。[16]

在此，道士（師公）、法官（法師）、巫覡便被「合錄」，因為，作者認為他們的種種「作法」都很接近。另外，周凱《廈門志》(1832) 也說：

別有巫覡一種，俗呼為「師公」，自署曰道壇；倡為作福度厄之說，以蠱惑人心。[17]

在此，則是將所謂的「師公」視為「巫覡」之「一種」，而由其「名目」來看，則廈門的「師公」似乎是「道法二門」者流，稱之為道士或法師大概都無不可。

　　無論如何，從以上的材料來看，我們至少可以確信，當時人在記述童乩的作為之時，除了使用「乩童」這個詞彙以外，有可能以「巫覡」作為代稱。換句話說，目前我們所認知的「童乩」，在清代的臺灣社會中，除了「乩童」之外，可能還有其他的稱呼。因此，關於清代「童乩」面貌的探索，絕不能拘泥於「童乩」或「乩童」一詞，尤其是在漢籍文獻中，他們似乎更常以「巫覡」、巫者的名義出現。而從先秦時期以來，漢籍文獻所載的巫或巫覡通常是「指一種具有某種精神特質和特殊知能，而又能交通鬼神以祈福解禍者」，至於其「交通鬼神」的方式則主要是「降神」（神靈附體）與「視鬼」。[18] 因此，就狹義而言，「童乩」與「巫覡」幾乎可以等同。當然，當時士人筆下的巫者有時並不

16. 《安平縣雜記》〔《臺灣文獻叢刊》本〕，〈僧侶並道士〉，頁 21–23。
17. 周凱，《廈門志》〔《臺灣文獻叢刊》本〕，卷 15，〈風俗記〉，頁 651。
18. 詳見林富士，《漢代的巫者》（臺北：稻鄉出版社，1999），頁 15–26，50–53；Fu-shih Lin, "Chinese Shamans and Shamanism in the Chiang-nan Area during the Six Dynasties Period (3rd–6th Century A.D.)," Ph.D. dissertation (Princeton: Princeton University, 1994), pp. 15–24.

專指童乩。

總之，本文將以有關「乩童」的材料為主，以有關巫覡的材料為輔，概略推估日治時期 (1895–1945) 之前臺灣童乩的信仰對象、儀式特質、社會角色，以及士人對他們的態度。

三、巫覡的信仰對象

巫者在傳統中國社會中的主要職能是擔任人神之間的「媒介」，但巫者及其信徒所崇奉的神靈常會因時代和地域的不同而有所差異。[19] 以日治時期之前的臺灣地區來說，童乩（巫者）所奉祀的神明，有文獻可考者，大致有下列七種。

㈠王爺與瘟神

根據最近幾年的調查，臺灣童乩所奉祀的神明以所謂的「王爺」占最大多數，[20] 而這種情形似乎從清代以來便是如此。例如，新竹士紳陳朝龍 (1859–1903) 的〈竹塹竹枝詞〉便說：

> 里社殘冬競賽神，王爺骨相儼如真；刀輿油鑊甘心試，堪笑乩童不惜身。[21]

這是關於新竹地區迎神賽會時童乩儀式的描述和批判。從中可以知道，當地有童乩以「王爺」為主神。至於「王爺」究竟是何神，參酌其他文獻來看，應該是流行於中國南方一帶（尤其是浙、閩、粵濱海地區）的瘟神。例如，金門人

---

19. 詳見 Fu-shih Lin, "Chinese Shamans and Shamanism in the Chiang-nan Area during the Six Dynasties Period (3rd–6th Century A.D.)," pp. 116–170.

20. 詳見林富士，《孤魂與鬼雄的世界──北臺灣的厲鬼信仰》，頁 173–178；林富士，〈臺灣童乩的社會形象初探（二稿）〉。

21. 收入鄭鵬雲、曾逢辰，《新竹縣志初稿》，卷 6，〈文徵〉，頁 256。

林豪 (1831–1918)《澎湖廳志》(1894) 便記載澎湖的風俗說：

> 各澳皆有大王廟，神各有姓，民間崇奉維謹。甚至造王船、設王醮，其說亦自內地傳來。內地所造王船，有所謂福料者，堅緻整肅，旗幟皆綢緞，鮮明奪目；有龍林料者，有半木半紙者。造畢，或擇日付之一炬，謂之遊天河；或派數人駕船遊海上，謂之遊地河。皆維神所命焉。神各有乩童，或以乩筆指示，比比然也。澎地值豐樂之歲，亦造王船，顧不若內地之堅整也，具體而已。間多以紙為之，然費已不貲矣。或內地王船偶遊至港，船中虛無一人，自能轉舵入口，下帆卜椗，不差分寸，故民間相驚以為神。曰王船至矣，則舉國若狂，畏敬持甚，聚眾鳩錢，奉其神於該鄉王廟，建醮演戲，設席祀王，如請客然，以本廟之神為主，頭家皆肅衣冠，跪進酒食。祀畢仍送之遊海，或即焚化，亦維神所命云。竊謂造船送王，亦古者逐疫之意，使遊魂滯魄有所依歸，而不為厲也。南人尚鬼，積習相沿，故此風特甚，亦聖賢所不盡禁。[22]

又說：

> 又有法師與乩童相結，欲神附乩，必請法師催咒。每賽神建醮，則乩童披髮仗劍，跳躍而出，血流被面。或豎長梯，橫排刀劍，法師猱而上，乩童隨之。……或堆柴爇火熾甚，躍而過之，婦女皆膜拜致敬焉。[23]

這兩段文字相當清楚的說明，澎湖各地都有所謂的「大王廟」，廟神各有「姓」，也各有乩童。而這種「大王」的信仰主要是「內地」（中國大陸）傳來，和「王船」、「王醮」的宗教活動息息相關。這種活動的主要目的在於「逐疫」（送瘟），而負責「賽神建醮」儀式的宗教人物則是法師和乩童。事實上，

---

22. 林豪，《澎湖廳志》〔《臺灣文獻叢刊》本〕，卷9，〈風俗・風尚〉，頁 325。

23. 林豪，《澎湖廳志》，卷9，〈風俗・風尚〉，頁 326–327。

這和學者近年來在澎湖的觀察和研究是相當一致的，而所謂的各姓「大王」，其實便是臺灣地區普稱的諸姓「王爺」。[24]

以上所述是十九世紀下半葉的情形，而若不要拘泥於「乩童」一詞，那麼我們會發現，除了新竹和澎湖之外，臺灣各地似乎也都有此信仰，而且其時代相當早。例如，曾於清康熙五十三至五十八年 (1714–1719) 擔任「知諸羅縣事」的周鍾瑄 (1671–1763)，其主修的《諸羅縣志》(1717) 提到臺灣的「風俗」時便說：

> 斂金造船，器用幣帛服食悉備；召巫設壇，名曰王醮。三歲一舉，以送瘟王。醮畢，盛席演戲，執事儼恪跽進酒食；既畢，乃送船入水，順流揚帆以去。或泊其岸，則其鄉多厲，必更禳之。相傳昔有荷蘭人夜遇船於海洋，疑為賊艘，舉礟攻擊，往來閃爍；至天明，望見滿船皆紙糊神像，眾大駭；不數日，疫死過半。近年有艤船而焚諸水次者，代木以竹，五采紙褙而飾之。每一醮動數百金，少亦中人數倍之產；雖窮鄉僻壤，莫敢惜者。[25]

這大致是「王醮」的情景及「瘟王」信仰的概況。其後，由貢生陳文達纂修的《臺灣縣志》(1720)、[26] 劉良璧的《重修福建臺灣府志》(1741)、[27] 曾任鳳山知縣的王瑛曾 (fl. 1744–1764) 所修的《重修鳳山縣志》(1764)、[28] 金門貢生林焜熿所修的《金門志》(1882)，[29] 也都有關於以「王醮」「逐疫」的記載。

---

24. 詳見黃有興，《澎湖的民間信仰》(臺北：臺原出版社，1992)，頁 185–248；黃有興、甘村吉，《澎湖民間祭典儀式與應用文書》(澎湖：澎湖縣文化局，2003)，頁 308–417。

25. 周鍾瑄，《諸羅縣志》〔《臺灣文獻叢刊》本〕，卷 8，〈風俗志〉，頁 150–151。按：福建監生陳夢林 (1770–1845) 擔任此書之編纂，在編寫過程中，扮演關鍵性的角色。

26. 陳文達，《臺灣縣志》〔《臺灣文獻叢刊》本〕，〈輿地志・風俗〉，頁 60–61。

27. 劉良璧，《重修福建臺灣府志》〔《臺灣文獻叢刊》本〕，卷 6，〈風俗〉，頁 95–96。

28. 王瑛曾，《重修鳳山縣志》〔《臺灣文獻叢刊》本〕，卷 3，〈風土志・風俗〉，頁 59。

　　由此可見，從十八世紀初期一直到十九世紀末，這樣的記載始終不斷，而其所描述的內容，和現代臺灣東港東隆宮三年一度的「王醮（瘟醮）」似乎沒有太大的差別。只不過當時是「召巫設壇」，而目前主持醮典的一般都是道士，但仍有童乩參與祭典。[30] 也許在當時士人的觀念裡，道士與童乩都可以統稱為巫。

　　事實上，在清代的臺灣各地，所謂的「送王」（迎王）、「王船」祭典應該極為盛大，當時士人的詩文對此也有所描述。例如，新竹貢生林占梅 (1821–1868) 在乙卯年（清咸豐五年，1855）所寫的〈與客談及崁城妓家風氣偶成〉一詩便云：

> 臺郡盛秋娘，相欣馬隊裝（各境七月盂蘭會，夜放水燈，多以妓女裝成
> 故事。年紀至二十餘者，尚辦馬隊；殊不雅觀）；倩粧簪茉莉，款客捧
> 檳榔。最尚巫家鬼，頻燒野廟香；儘觀花與柳，須待送迎王（有神曰南
> 鯤身王爺，廟在鹿耳口。每年五月初至郡，六月初始回；迎送之際，群
> 妓盛服，肩輿列於街道兩傍，任人玩擇）。[31]

由此可見，除了「七月盂蘭會」，當時臺南地區每年五月至六月會有熱鬧的「迎王」、「送王」慶典。

　　其次，丁紹儀根據其 1847–1848 年留臺期間見聞所撰成的《東瀛識略》(1873)，在記述臺灣的「習尚」時也說：

---

29. 林焜熿，《金門志》〔《臺灣文獻叢刊》本〕，卷 15，〈風俗記‧雜俗〉，頁 397。

30. 關於臺灣東港東隆宮的「王醮」，參見李豐楙，《東港王船醮》（屏東：屏東縣政府，1993）；李豐楙等，《東港迎王：東港東隆宮丁丑正科平安祭典》（臺北：臺灣學生書局，1998）；康豹，《臺灣的王爺信仰》（臺北：商鼎文化出版社，1997）；黃文博，〈航向不歸海──臺灣的王船文化〉，收入氏著，《臺灣風土傳奇》（臺北：臺原出版社，1989），頁 110–118。

31. 林占梅，《潛園琴餘草簡編》〔《臺灣文獻叢刊》本〕，〈乙卯（咸豐五年）〉，頁 72–73。

> 臺民皆徙自閩之漳州、泉州、粵之潮州、嘉應州。其起居、服食、祀
> 祭、婚喪,悉本土風,與內地無甚殊異。惟氣性剛強,浮而易動。……
> 南人尚鬼,臺灣尤甚。病不信醫而信巫。……凡寺廟神佛生辰,合境斂
> 金演戲以慶,數人主其事,名曰頭家。最重者,五月出海,七月普度。
> 出海者,義取逐疫,古所謂儺。鳩貲造木舟,以五彩紙為瘟王像三座,
> 延道士禮醮二日夜或三日夜,醮盡日,盛設牲醴演戲,名曰請王;既
> 畢,舁瘟王舟中,凡百食物、器用、財寶,無不備,鼓吹儀仗,送船入
> 水,順流以去則喜。或泊於岸,則其鄉多屬,必更禳之。每醮費數百
> 金。亦有閒一、二年始舉者。福州諸郡亦興出海,船與各物皆紙為之,
> 象形而已。[32]

這是將「五月出海」和「七月普度」視為臺灣巫俗的兩大盛典。而他更進一步
指出,這都是源自中國大陸的原鄉。

此外,曾以知府身分來臺的何澂 (fl. 1874–1881),其《臺陽雜詠》(1881) 也
有詩云:

> 閩人信鬼世無儔,臺郡巫風亦效尤:出海大儺剛仲夏(出海在五月,義
> 取逐疫。造木舟,以五彩紙為瘟神像;禮醮演戲畢,舁像舟中,鼓吹儀
> 仗,送船入海),沿鄉普度又初秋(普度,自七月初起至月盡止。設壇
> 禮醮、搭臺演劇、結綵張燈,鋪設極盛;豬魚雞鴨等類,積如岡阜);
> 婦男桎梏虔迎送(出會之日,頳衣遍路;閨閣婦女,亦荷枷、帶鎖跪迎
> 道左),酒肉池林敬獻酬。讕語客師能愈病,喧天鑼鼓妄祈求(有非僧、
> 非道專事祈禳者曰「客師」;書符、行法,謂能愈病)。[33]

這是對於臺灣閩人「巫風」的描述,而其中最令他注目的也是初秋七月的「普

---

32. 丁紹儀,《東瀛識略》〔《臺灣文獻叢刊》本〕,卷 3,〈習尚〉,頁 32–35。

33. 臺灣銀行經濟研究室編,《臺灣雜詠合刻》〔《臺灣文獻叢刊》本〕,頁 67。

度」和仲夏五月「出海」的「送船」、瘟神醮典。

　　必須注意的是，「王爺」或「瘟神」信仰並不必然和「王船」、「王醮」連結在一起。閩臺一帶另有所謂的「五帝」信仰，事實上也是「瘟神」信仰。[34] 總之，從相關的文獻來看，十七、十八世紀的閩、臺一帶，瘟神信仰曾相當興盛，並受到官方的壓制和批判，祠廟和神像都曾遭破壞。[35]

(二)媽　祖

　　誠如眾多研究所示，媽祖從宋元以後，由一地方小神逐漸成為中國南方一帶的海神，乃至「萬能」的「天妃」、「天上聖母」，而從十七世紀以來，也在臺灣地區擁有眾多的信徒和廟宇，似乎可以和「王爺」並稱為臺灣民間信仰的兩大支柱。[36] 因此，臺灣童乩奉祀媽祖應該是理所當然之事。最近的調查也顯

34. 關於中國江南及閩臺一帶的「五帝」與瘟神信仰，詳見王振忠，〈徽州「五通（顯）」與明清以還福州的「五帝」信仰〉，《徽州社會科學》1995：1&2（黃山，1995），頁 68-75；王振忠，〈歷史自然災害與民間信仰：以近 600 年來福州瘟神「五帝」信仰為例〉，《復旦學報（社會科學版）》2（上海，1996），頁 77-82；王見川，〈西來庵事件與道教、鸞堂之關係：兼論其周邊問題〉，收入王見川、李世偉，《臺灣的宗教與文化》（臺北：博揚文化事業有限公司，1999），頁 309-335；Qitao Guo, *Exorcism and Money: The Symbolic World of the Five-Fury Spirits in Late Imperial China* (Berkeley: Institute of East Asian Studies, University of California, Berkeley, Center for Chinese Studies, 2003); Richard von Glahn, *The Sinister Way: The Divine and the Demonic in Chinese Religious Culture* (Berkeley, CA; London: University of California Press, 2004); 木津祐子，〈赤木文庫藏《官話問答便語》校〉，《沖繩文化研究》31（東京，2004），頁 543-657(618-621)。

35. 詳見劉枝萬，〈臺灣之瘟神信仰〉、〈臺灣之瘟神廟〉，收入氏著，《臺灣民間信仰論集》（臺北：聯經出版事業公司，1983），頁 225-234，235-284；李豐楙，〈行瘟與送瘟——道教與民眾瘟疫觀的交流與分歧〉，收入漢學研究中心編，《民間信仰與中國文化國際研討會論文集》（臺北：漢學研究中心，1994），頁 373-422；Paul R. Katz, *Demon Hordes and Burning Boats: The Cult of Marshal Wen in Late Imperial Chekiang* (Albany: State University of New York Press, 1995).

示，以媽祖為主神的童乩仍不在少數。

但是，以清代士人的描述來看，目前甚為熱鬧的「三月迎媽祖」的場面，
在當時似乎還比不上前述的「七月普度」和「五月出海」。而且，在清代的漢
籍文獻中，童乩或巫者幾乎和媽祖沒有任何關聯，唯王松 (1866–1930)《臺陽
詩話》(1905) 載云：

> 「六街炬火與天齊，隊伍堂堂東又西。為掃妖魔驅魍魎，癡人癡夢自癡
> 迷」。此永井甃石（完久）觀竹城追疫祭而作也。甃石有記云：「爆竹漫
> 天，炬火匝地，人山人海，編隊成行，蜂擁而過者，名為追疫祭。奉媽
> 祖於神輿，前後從行數千百人。其間有捧旗者、舁輿者，敲金鳴鼓，騎
> 馬徒行。或奇裝被假面者、或牛首而人面者，群相追隨，誠不異觀一幅
> 百鬼夜行圖也。甚有乩童袒裼立輿上，右持劍、左執斧，自傷其額，鮮
> 血淋漓，慘不畏死。或把銅針貫頰咬之，備極慘刻之狀。……」。甃石
> 先生此記，誠善於敘事矣。吾臺此俗，相傳已久；今地經易主，而遺俗
> 猶有存者！[37]

這是日治初期日人永井甃石對於新竹「追疫祭」場景的描述及批判。[38] 以「追
疫祭」這個名稱來看，這似乎是前述「五月出海」的「逐疫」、「放瘟」之祭，
應是以王爺為主神，但以他所見，交雜在各種「陣頭」中的神輿所奉祀者卻是

---

36. 參見李獻璋，《媽祖信仰の研究》（東京：泰山文物社，1979）；蔡相煇，《臺灣的王爺與
     媽祖》（臺北：臺原出版社，1989）；黃美英，《臺灣媽祖的香火與儀式》（臺北：自立晚
     報出版社，1994）；林美容、張珣、蔡相煇主編，《媽祖信仰的發展與變遷》（臺北：臺
     灣宗教學會，2003）；林美容，《媽祖信仰與漢人社會》（哈爾濱：黑龍江人民出版社，
     2003）；張珣，《文化媽祖：臺灣媽祖信仰研究論文集》（臺北：中央研究院民族學研究
     所，2003）。

37. 王松，《臺陽詩話》〔《臺灣文獻叢刊》本〕，下卷，頁 77–78。

38. 王松《臺陽詩話》的〈自序〉雖然紀年為 1905 年，但書前另兩篇他人序文之紀年則分
     別為 1898 及 1899 年，可見此書之主要內容應該完成於 1898 年之前。

媽祖，另外還有乩童也站立在神轎上。倘若這是「實見」之作，觀察又無誤失，那麼，不管這是不是「追疫祭」，當時新竹的童乩似乎有以媽祖為主神者。不過，這也不能排除另一種可能，那就是奉祀其他神明的童乩和供奉媽祖的神轎一起出現在當地的祭典之中。

　　無論如何，以當時媽祖信仰之興盛，童乩不可能捨棄此神而不奉。事實上，明神宗萬曆七年 (1579) 蕭崇業與謝杰等人奉命出使琉球的過程中，便曾多次祈求媽祖庇祐，並記錄天妃之「顯異」事蹟，而「記錄」中也再三提及「巫者」、「巫女」、「巫師」。[39] 根據他們的記載，當時航行海中之驚險與航海人對於各種奇光異景之畏怖，而其對應之道幾乎全賴祈禳之術；船上設有「神舍」以供祈禱，也有「巫者」負責「降箕」（降乩）。而當時航海人船上的「神舍」所奉祀的主神應該就是媽祖。

　　總之，以明清之時臺海地區海上活動之頻密，以及媽祖信仰之興盛的情勢來看，[40] 臺灣童乩似乎不可能沒有人以媽祖為主祀神明。至少，到了日治初期 (1897)，彰化南瑤宮 （媽祖廟） 曾有主祀媽祖的童乩降神消災、開示藥方的記載。[41]

(三)城　隍

　　中國城隍信仰的起源也許相當早，但是一直要到明太祖重新整頓國家「祀

---

39. 夏子陽，《使琉球錄》〔《臺灣文獻叢刊》 本〕（臺灣銀行經濟研究室編，《使琉球錄三種》），卷上，〈敬神〉，頁 250–251；蕭崇業，《使琉球錄》〔《臺灣文獻叢刊》本〕（收入臺灣銀行經濟研究室編，《使琉球錄三種》），卷上，〈使事紀〉，頁 78–79；卷上，〈敬神‧天妃顯異記〉，頁 104；卷上，〈敬神〉，頁 106–107。

40. 詳見李獻璋，《媽祖信仰の研究》，頁 387–460。

41. 詳見王見川，〈日據時期的彰化南瑤宮與臺南大天后宮：兼談藝閣廣告化問題〉，收入王見川、李世偉，《臺灣的寺廟與齋堂》（臺北：博揚文化事業有限公司，2004），頁 77–104（頁 83）。

典」之後，城隍才成為明清時期中國社會中相當重要的一位神明，[42] 其重要性幾乎可以等同於漢代的社和社神。[43]

基本上，城隍廟係依傳統「祀典」而設置，屬於官方宗教的系統，因此，臺灣現存的城隍廟幾乎都是創建於清廷統治時期。[44] 而當時的童乩似乎也有人以此為主神。例如，於清光緒二十四年 (1898) 來臺，寓居基隆的徐莘田 (fl. 1898)，[45] 其〈基隆竹枝詞〉便云：

> 跳童袒臥鐵釘床，斫腦穿腮血滿腔；金鼓喧闐人逐隊，神輿顛倒戲街坊。⋯⋯城隍娶婦事真奇，彼妄言之此聽之；安得西門豹重出，嚴懲巫覡破群疑！[46]

由此可見，當時基隆地區的迎神賽會，童乩似乎是必有的靈魂人物。此外，當地有所謂的「城隍娶婦」之事，而據詩文末句研判，此事似乎也是由「巫覡」（童乩）主導。

另外，曾於清乾隆四十至四十三年 (1775–1778) 擔任臺灣知府的蔣元樞 (1738–1781)，在〈新修郡城隍碑記〉中也說：

---

42. 詳見濱島敦俊著，沈中琦譯，〈明清江南城隍考〉，《中國社會經濟史研究》1991：1（廈門，1991），頁 39–43，108；濱島敦俊，〈朱元璋政權城隍改制考〉，《史學集刊》1995：4（上海，1995），頁 7–15；濱島敦俊，《總管信仰：近世江南農村社會と民間信仰》（東京：研文出版，2001），頁 113–176；鄭土有、王賢淼，《中國城隍信仰》（上海：上海三聯書店，1994）。

43. 詳見林富士，《漢代的巫者》，頁 175–177。

44. 關於臺灣的城隍廟，詳見增田福太郎，《東亞法秩序序說》，收入氏著，黃有興譯，《臺灣宗教論集》（南投：臺灣省文獻委員會，2001），頁 21–67；仇德哉，《臺灣之寺廟與神明》（臺中：臺灣省文獻委員會，1983），頁 167–173。

45. 臺灣銀行經濟研究室編，《臺灣詩鈔》〔《臺灣文獻叢刊》本〕，卷 13，頁 231。

46. 臺灣銀行經濟研究室編，《臺灣詩鈔》，卷 13，頁 233。

臺灣之設郡建官，創自康熙甲子。其置城隍祠，祀於郡署西偏，蓋即其
一時興舉者。……余深有感於幽明之故為甚微也。神人相接，理本幻
誕。愚夫愚婦，攜一囊之錢，動言施捨，靡頂踵於範金摶土之前，眩心
目於琳宇璿宮之次，而曰吾以求利益也，……若夫城隍之神，其接於人
也較近，則其利於人也較靈。古言守令為親民之官，然則城隍不當為親
民之神乎？此邦氓庶，昕夕來祠下，牲醴雜然，史巫紛若，摐金伐鼓，
報賽爭前，謂非神之靈之通於呼吸者為捷耶？[47]

由此可見，當時臺南之郡城隍雖然是官設、官修，但平時也是一般百姓禱祀之
所，而由「史巫紛若」一詞推斷，童乩可能也是其中一員。

不過，相關的資料顯示，從清到現代，以城隍為主祀神明的童乩相當罕
見，這也許和城隍的官方色彩太濃，而官方又禁巫有關。

㈣水　仙

臺灣是濱海的島嶼，居民的水上活動又多，崇祀水神、水仙似乎是相當自
然之事，但事實上，全臺的水仙廟並不多，至於「水仙」究竟指何神，也眾說
紛紜，大禹、伍員、屈原、王勃、李白、項羽等人都在名單之列。[48] 無論如
何，臺灣民眾奉祀水仙甚早，[49] 曾於清乾隆二十八至三十六年 (1763–1771) 至
臺灣任官的蔣允焄在〈水仙宮清界碑記〉中便說：

水仙之祀，不知所昉，祠官闕焉；獨濱海間漁莊蟹舍、番航賈舶崇奉
之。然其說杳幻，假借附會，殆如所稱「東君」、「河伯」、「湘夫人」流
亞歟？郡西定坊，康熙五十四年建廟，志稱「壯麗工巧，甲他祠宇」。

---

47. 收入謝金鑾，《續修臺灣縣志》〔《臺灣文獻叢刊》本〕，卷7，〈藝文〉，頁 509–511。

48. 目前全臺的水仙廟大約有十二座；詳見仇德哉，《臺灣之寺廟與神明》，頁 54–56。

49. 關於清代臺灣的水仙信仰及相關祠廟，詳見李泰翰，〈清代臺灣水仙尊王信仰之探討〉，
《民俗曲藝》143（臺北，2004），頁 271–303。

蓋有其舉之，莫敢廢矣。廟前舊有小港，通潮汐，滌邪穢，居民便之，
亦神所藉以棲託。歲久汙塞，市廛雜沓，交相逼處，遂侵官道；非所以
奉神，即非所以奠民。甲申歲，予諭左右居民撤除之，自祠前達小
港，……氣局軒敞，廟貌莊嚴。繼自今父老子弟操盂酒豚蹄走祠下者，
可無時怨時恫之虞矣。即勒諸石，侑之以歌曰：神所棲兮元冥宮，侶陽
侯兮友任公。風颯颯兮雨瀟瀟，驂文魚兮渡洪潮。吹簫兮繫鼓，靈巫酌
酒兮醉代神語。蛟龍遠避兮黿鼉迴，浪不使溯湀兮風不使喧與豗。神降
福兮祝告虔，祐利濟兮年復年！……蔣諱允焄撰文。乾隆三十年歲次乙
酉孟夏穀旦。[50]

重修「水仙宮」應該是清乾隆二十九年（甲申歲；1764）之事。而勒碑之事則
是在乾隆三十年 (1765)。事實上，此碑目前仍在。[51]

　　總之，由這段碑文來看，當時臺南西定坊有一座「水仙宮」，係創建於清
康熙五十四年 (1715)，是港口一帶居民的信仰中心。而由「碑文」「靈巫酌酒
兮醉代神語」一語研判，當地的水仙之祀也許有巫者（童乩）介入其中。不
過，這畢竟是詩文，蔣氏也有可能只是用《楚辭》之典，而非記實之作。事實
上，根據近年來的調查，也尚未見童乩以水仙為主祀神明。然而，水仙中之伍
員（伍子胥）、屈原、項羽等都是橫死的「厲鬼」，而且最晚從六朝以來便成為
中國江南地區巫者主要的奉祀對象，[52] 因此，臺灣童乩以水仙為主神的情形仍
有其可能性。

---

50. 臺灣銀行經濟研究室編，《臺灣南部碑文集成》〔《臺灣文獻叢刊》本〕，〈甲‧記（上）〉，
頁 68–69。

51. 《臺灣南部碑文集成》編者黃典權說：「碑現龕臺南市西區神農街水仙宮廟大殿右壁，
高 221 公分，寬 93 公分，花崗岩。碑記本文，謝金鑾《續修臺灣縣志》卷七收之，然
缺作者及年月、題款，並文後商人跋記及題名均不錄」，見臺灣銀行經濟研究室編，《臺
灣南部碑文集成》，頁 70。

52. 詳見宮川尚志，《六朝史研究‧宗教篇》（京都：平樂寺書店，1964），頁 336–414。

㈤七　娘

在傳統中國社會,不同的宗教或社會階層對於某一些節日的意涵,往往有不同的解讀或各自採行其獨有的慶典,七月十五日是最明顯的例子,而臺灣的七月七日也是如此。例如,曾任雲林訓導的倪贊元在《雲林縣采訪冊》(1894)中描述「斗六堡」的風俗時便說:

> 七月初七日,士子為魁星誕。是日世傳為牛女渡河,巫家以為七娘誕,登壇說法,鼓角諠譁;兒女多惑其術,冀為解厄消災。臨期赴會,曰過關限度。[53]

由此可見,七月七日既被認為是魁星誕,又被認為是牛郎、織女渡河相遇之日,而「巫家」則認為是「七娘」誕。

「七娘」又稱「七娘媽」、「七仙姊」、「七仙姑」,有人懷疑此七娘為北斗七星之配偶神,也有人認為指「牛郎織女星」或指「織女星」。無論如何,在1980年代的雲林地區至少還有兩座主祀「七娘媽」、「七仙姑」的廟宇。[54] 可見雲林當地的「七娘」信仰至少從十九世紀一直延續到二十世紀。

至於文中所說的「巫家」是否包括童乩在內,還有待考察,因為,所謂的「登壇說法」、「過關限度」似乎是指法師的儀式而言,[55] 但也不能排除當地童乩兼習法師的儀典,或是由童乩聯合法師舉行儀典。[56]

---

53. 倪贊元,《雲林縣采訪冊》〔《臺灣文獻叢刊》本〕,〈斗六堡・風俗〉,頁26。

54. 雲林縣斗六鎮重光里竹頭路11號「湄安宮」奉祀「七仙姑」;雲林縣水林鄉後寮村後寮埔29號「七星宮」祀「七娘媽」;詳見仇德哉,《臺灣之寺廟與神明》,頁289–290。

55. 關於臺灣的法師及其儀式,詳見劉枝萬,〈臺灣のシャマニズム〉,頁173–188。

56. 由真德大師和永靖大師兩位法師所出版的家傳科儀書《閭山乩童咒語秘法》(臺北:進源書局,2002),就其內容來說,其科儀既有所謂的「開關打限」,又有「乩童法科」,可見兩者之間以及他們和「過關限度」這一類科儀之間確有緊密的關係。

㈥何仙姑

在臺灣民間信仰中,「八仙」是相當重要的崇拜對象,但很少有廟宇主祀「八仙」,唯主祀八仙之一「呂洞賓」的祠廟數量相當多。[57] 不過,吳子光 (1819–1883) 在〈淡水廳志擬稿〉中談到淡水地區的「方技」時曾說:

> 淡水以三百餘里之地、四十餘萬之生靈,且開闢至百餘年之久,豈無事可紀者乎?曰:誠有之。有非仙才而名仙者,如今世女巫力能召神面談,遂襲潛確類書何仙姑之號是也。有無道行而名道者,如今道家者流為人治病驅邪魅是也。或謂野狐禪教主,即此一家,不知道可道非常道,老子為道教宗主者已言之矣。[58]

這是對當時民間俗信的批判,但無意間也透露,當時淡水有「女巫」能「召神面談」(降神),並以「何仙姑」為號,而此何仙姑或許就是「八仙」之一的唐代女仙。可惜的是,目前臺灣似乎尚無任何祠廟主祀此神,[59] 在田野調查中,也尚未見以她為主神的童乩。

不過,當地女巫所祀之「何仙姑」也有可能是一名未婚早夭的女性亡靈。於十九世紀末來臺的馬偕博士 (George Leslie Mackay, 1844–1901) 曾記載了當時淡水附近一位「仙女娘」成神的故事說:

> 1878 年有個少女住離淡水不遠的地方,患肺病而死了。附近有個狡點旳人(按:應是一名童乩或法師),散布謠言,說她已經成神,竟能使她的枯骨成為聞名的偶像。他稱她為「仙女娘」,為她造了一個小廟,把她的屍體放在鹽水中過些時候,然後使她坐在一把椅子上,肩上披著紅

---

57. 詳見仇德哉,《臺灣之寺廟與神明》,頁 222,225–230。

58. 吳子光,《臺灣紀事》〔《臺灣文獻叢刊》本〕,附錄三,〈淡水廳志擬稿〉,頁 85–86。

59. 詳見仇德哉,《臺灣之寺廟與神明》,頁 224–225。

布，頭戴結婚用的禮帽，外面加上一個玻璃框子。這個女神臉孔烏黑，露著牙齒，很像埃及的木乃伊。前面點著香燭，時時焚燒紙錢。那個人逢人就講女神的故事；他們原有輕信神佛的習慣，所以都盲從附和，輾轉傳述，以致善男信女紛至沓來，頂禮膜拜。[60]

這是一則死後成神、稱仙的故事，背景就在淡水附近。此外，在關渡地區，有一座已歷百年而不頹的「玉女宮」（又稱「玉女娘廟」），宮中所奉祀的「玉女娘娘」也是一名未曾出嫁就去世的少女。據該廟信徒所寫的「玉女娘娘傳略」來看，「玉女娘」姓林，生於清朝道光年間，其父在淡江以捕魚為業，家在「關渡宮」（主祀天上聖母）旁。這位林姑娘自幼便茹素，聰穎過人，鄰里譽為神童。長大後修得法術，具有神通，能替人占卜，並曾替新莊縣丞祈雨成功，遠近聞名。清道光十六年 (1836)，得道升天，年十八歲。值得注意是，在她死後，村民「將其玉體，塑裝金身，建廟奉祀，香火鼎盛」。[61] 這段傳說和馬偕所敘述的「仙女娘廟」，雖然在年代上有些出入，[62] 但二者的遺體都被人塑裝成神像，並立廟供奉，又有地緣上的關係，因此極有可能是同一間廟。即使不是同一間廟，至少，關渡玉女宮的存在可以證明，十九世紀的北臺灣確有崇奉這類未曾出嫁就去世的「仙女娘」的風俗，而根據蔡佩如於 1997 年在南臺灣

---

60. George Leslie Mackay, *From Far Formosa* (London: Oliphant Anderson & Ferrier, 1896), pp. 126–128. 中文譯文引自周學普譯，《臺灣六記》（臺北：臺灣銀行經濟研究室，1960），頁 53。按：譯文中所說的「有個狡點的人」，原文是說這個人 "more gifted than the rest"，並無狡點之意，似乎是指童乩、法師這類具有「特殊才能」的人物。

61. 詳見謝金撰，〈關渡玉女娘廟種種〉，《臺灣風物》22：1（臺北，1972），頁 22–24。

62. 上引謝金撰的文章中所提到的一些年代似乎有些錯謬，假如關渡的「玉女娘廟」就是馬偕所記載的「仙女娘廟」，那麼，該名少女的死期應如馬偕所說，是在 1878 年，因為根據北投公學校長在 1916 年所做的調查報告顯示，「玉女娘廟」係建成於清光緒十一年 (1885)，距 1878 年才七年之久，因此 1878 年應該比較可能是其死亡的年代；詳見臺灣總督府，《社寺廟宇ニ關スル調查（臺北廳）》〔稿本〕（臺北：臺灣總督府，1915）。

一帶所做的調查，當地有不少女性童乩所奉祀的神靈（「偎身神」）也是這種早夭的未嫁女，而且，大多以「仙姑」為名。[63] 因此，我們或許可以大膽的推測，臺灣童乩崇奉這種神靈的傳統至少可以追溯至十九世紀的北臺灣。

㈦九天玄女

連橫《臺灣通史》在介紹臺灣各種「巫覡」的時候，曾提到一種被稱之為「紅姨」的人，至於其行事，他說：

> 紅姨，是走無常，能攝鬼魂，與人對語，九天玄女，據之以言，出入閨房，刺人隱事。[64]

這段文字和其他文獻對於「紅姨」主要職能的描述大致相同，也就是「牽亡」（降死人魂）。但是，唯獨他提到「九天玄女，據之以言」，可見「紅姨」也可以「降神」，而「九天玄女」似乎是其中相當重要的一位神明。但是，《臺灣文獻叢刊》三百零九種著作中提到「九天玄女」的，也只有這一條資料，因此，我們很難做進一步的討論。

然而，這是相當值得注意的記載。因為有些學者認為，「紅姨」（又作「尪姨」）和童乩雖然都可以讓鬼神附體，但童乩主要為男性，所降者為屬「陽」（尊）之「神」，紅姨主要為女性，所降者為屬「陰」（卑）之「鬼」（亡魂），因此，有所謂「扶童乩問神」、「為亡魂牽尪姨」之說。[65] 但根據連橫的記載，則最晚在二十世紀初期，已有「紅姨」可以降神。

更值得注意的是，近年來以「牽亡」聞名全臺的花蓮慈惠堂（石壁部堂、

---

63. 詳見蔡佩如，《穿梭天人之際的女人：女童乩的性別特質與身體意涵》（臺北：唐山出版社，2001），頁 149–192。

64. 連橫，《臺灣通史》，卷22，〈宗教志〉，頁 575–576。

65. 詳見謝世忠，〈試論中國民俗宗教中之「通神者」與「通鬼者」的性別優勢〉，《思與言》23：5（臺北，1986），頁 511–518；劉枝萬，〈臺灣之 Shamanism〉，頁 5。

勝安宮），其負責儀式的靈媒便有男有女，而且能降亡魂也能降神明（主神為
瑤池金母），而學者對於他們的稱呼以及他們的自稱，也莫衷一是，或稱尪姨、
或稱童乩、或稱靈乩、或稱鸞生。[66] 此外，興起於 1980 年代，深受慈惠堂影
響的所謂「會靈山」現象，其信徒所要「會」的主要就是所謂的「五母」，包
括：金母、王母、地母、九天玄女和準提佛母，而主祀「九天玄女母娘」的苗
栗仙山靈洞宮則是「會靈山」的五大聖地之一。[67] 至於以「九天玄女」為主祀
神的童乩，在田野調查中也不少見。由此可見，九天玄女應該可以列入早期童
乩的信仰對象之中。

四、童乩的儀式特質

　　要全面而深入的探討任何一個宗教的儀式或任何一種宗教儀式，自應從儀
式的結構、功能、象徵、過程等層面入手，但是，多數的清代士人並非宗教專
家，其有關童乩的寫作大半也不是為了詳實而完整的記錄宗教儀式。不過，也
正因為如此，我們反而可以從他們有限度的描述中知道童乩儀式中最能吸引當

---

66. 參見詹碧珠，〈尪姨與其儀式表演：當代臺灣女性靈媒的民族誌調查〉（新竹：國立清華
　　大學社會人類學研究所碩士論文，1998）；彭榮邦，〈牽亡：惦念世界的安置與撫慰〉（花
　　蓮：國立東華大學族群關係與文化研究所碩士論文，2000）；張開基，《臺灣首席靈媒：
　　花蓮「石壁部堂」牽亡法會現場報導與探索》（臺北：新潮社，2000）。
67. 參見呂一中，〈「會靈山」運動興起及其對民間宗教之影響〉，《臺灣宗教學會通訊》7（臺
　　北，2001）；丁仁傑，〈會靈山現象的社會學考察：去地域化情境中民間信仰的轉化與再
　　連結〉，發表於國家科學委員會社會科學研究中心、中央研究院民族學研究所主辦，「宗
　　教教義、實踐與文化：一個跨學科的整合研究」（臺北：中央研究院民族學研究所，
　　2004 年 4 月 16–17 日）；Yi-jia Tsai, "The Reformative Visions of Mediumship in
　　Contemporary Taiwan," Ph.D. dissertation (Houston, Texas: Rice University, 2003); Yi-jia
　　Tsai, "The Writing of History: The Religious Practices of the Mediums' Association in
　　Taiwan," *Taiwan Journal of Anthropology*, 2:2 (2004), pp. 43–80.

時人注意的究竟是什麼。換句話說，從一些「局外人」或旁觀者眼中，有時候我們反而更容易掌握童乩儀式的主要特質。例如，臺灣銀行經濟研究室所編的《福建省例‧雜例》十六集中有一案為「禁迎神賽會」，其中便提到：

> 乾隆三十二年 (1767) 十一月，奉巡撫部院崔示諭：……查閩省向有迎神賽會惡習。本部院自幼親泛澎臺外海，還經八閩地方，每見誕妄之徒，或逢神誕，或遇令節，必呼朋引類，旗鼓喧鬧，或擡駕鬧神，或迎賽土鬼。更有一種私巫馬子，妄降假神，用大椎貫穿口內，茨毬捽擊其背，血肉模糊，竟立駕上，繞市號召，竟同兒戲。且若與他迎神相遇，則又彼此爭途。稍有不讓，群起互毆，反置神駕於道旁，每致滋生事端，身蹈刑法。是求福而反得禍者，總由狎褻不敬之所致也。近年法禁森嚴，此風或亦稍息。第恐法久禁弛，愚頑之輩，或有仍蹈故轍，擾害地方，亦未可定。合行明白示禁。[68]

崔應階 (?–1780) 是在清乾隆三十二年七月代莊有恭為福建巡撫，[69] 上任才三、四個月，便有這道禁令，可見閩（臺）一帶「迎神賽會」的「惡習」是他上任後急欲處理的要務。[70] 而他之所以嫌惡「迎神賽會」，一則是擔心民眾「滋生事端」，另一則是無法認同所謂的「私巫馬子」在迎神賽會中的種種舉止。他認為，這種人「妄降假神」，「用大椎貫穿口內，茨毬捽擊其背，血肉模糊」，「竟立駕上，繞市號召」，簡直是「兒戲」。

值得注意的是，這是崔應階「自幼親泛澎臺外海，還經八閩地方」的親自

---

68. 臺灣銀行經濟研究室編，《福建省例》〔《臺灣文獻叢刊》本〕，卷34，〈雜例〉，頁 1201–1202。

69. 詳見趙爾巽等，《清史稿》（北京：中華書局，1976–1977），卷13，〈本紀〉，頁 476。

70. 事實上，這並不是崔應階的創舉，在乾隆年間，各地的地方首長曾多次針對類似的「迎神賽會」下達禁令，但卻屢禁屢復。參見木津祐子，〈赤木文庫藏《官話問答便語》校〉，頁 550–553。

見聞，而他在「示諭」中針對「私巫馬子」儀式展演所做的描述，基本上已非常扼要的勾勒出臺灣（及福建）童乩儀式的主要場景和特點。以下便根據十九至二十世紀初的材料，做進一步的剖析。

(一)場合——迎神賽會

崔應階的「示諭」是為了禁止「迎神賽會」而下，因此，提及巫者（童乩）活動的場會自然會限於「神誕」、「令節」之時，不過，其他的文獻述及童乩也多半和迎神賽會有關。例如，前引林豪《澎湖廳志》便云：

> 每賽神建醮，則乩童披髮仗劍，跳躍而出，血流被面。[71]

其次，鄭鵬雲、曾逢辰的《新竹縣志初稿》也說：

> 里社迎神賽會，乩童以刀劍、油鑊遍試身體，以示神靈顯赫。[72]

此外，徐莘田〈基隆竹枝詞〉也說：

> 臺俗：遊神賽會，必有跳童相隨。[73]

至於確切的日子，則會因各地所奉神明之「誕辰」或節慶不同而有所差異，不過，如前所述，清代童乩多半以「王爺」為主神，其主要的節慶多半在夏季，尤其是仲夏「五月」應該是各地童乩最活躍的日子。

除了「迎神賽會」的場合之外，童乩應該也會應信眾之要求，臨時或在特定的日子舉行宗教儀式。但因欠缺資料，在此無法細說。

71. 林豪，《澎湖廳志》，卷9，〈風俗〉，頁327。
72. 鄭鵬雲、曾逢辰，《新竹縣志初稿》，卷6，〈文徵〉，頁256。
73. 臺灣銀行經濟研究室編，《臺灣詩鈔》，卷13，頁233。

㈡通神——憑附與視鬼

任何一種宗教儀式都不免會涉及如何與鬼神「交通」，而童乩在儀式中最常採用的就是所謂的「憑附」(possession)。[74] 前引崔應階的「示諭」中雖然曾批判巫者「妄降」「假神」，但似乎不曾否定巫者能「降神」，而前引徐莘田〈基隆竹枝詞〉中所說的「跳童」其實也就是「降神」，例如，連橫《臺灣語典》便說：

> 跳童：童為乩童，為巫者之類；謂有靈憑附，能與人問答也。靈至之時，必先跳動，故俗有「熟童快觀」之語。[75]

又說：

> 牽亡：猶靈子也；謂能牽死者之魂，與人問答也。俗以女巫為之。[76]

「跳童」大多由「童乩」擔任，所降大多是公眾奉祀的各種「神明」，而「牽亡」則大多由所謂的「紅姨」（尪姨）擔任，所降大多是亡魂。例如，沈茂蔭的《苗栗縣志》便說：

> 有為乩童，扶輦跳躍，……手持刀劍，披髮剖額，以示神靈。有為紅姨，託名女佛，採人隱事。[77]

蔡振豐的《苑裏志》也說：

> 有乩童焉，作神替身，披髮執劍，扶輦狂跳，……有紅姨焉，能代已死

---

74. 詳見林富士，《孤魂與鬼雄的世界——北臺灣的厲鬼信仰》，頁 155–172。
75. 連橫，《臺灣語典》〔《臺灣文獻叢刊》本〕，卷 3，頁 71。
76. 連橫，《臺灣語典》，卷 3，頁 83。
77. 沈茂蔭，《苗栗縣志》，卷 7，〈風俗考〉，頁 119–120。

魂靈現身發話；探人隱事，多奇中。[78]

鄭鵬雲、曾逢辰的《新竹縣志初稿》便說：

> 有為乩童者，披髮露臂，手持刀劍剖額、刺膚以示神靈，……有紅
> 姨焉，託名女佛，為人問鬼探神，雖遠代祖先，能勾其魂附紅姨以
> 傳言。[79]

林百川、林學源的《樹杞林志》也說：

> 又有扶輦跳躍而為乩童者，披髮妄言，執劍剖額，……有代魂靈說話而
> 為紅姨者，探人隱事，宛如現身與言，言則屢中。[80]

連橫《臺灣通史》也說：

> 紅姨，是走無常，能攝鬼魂，與人對語，九天玄女，據之以言，出入閨
> 房，刺人隱事；……乩童，裸體散髮，距躍曲踊，狀若中風，割舌刺
> 背，鮮血淋漓，神所憑依，創而不痛。[81]

上述引文的內容可以說大同小異，但都將童乩和紅姨相提並論。因此，兩者在
主要職事和性別比例上雖然有一些差異，但他們都可以招降鬼神，基本上應視
為同一類型的宗教人。事實上，吳子光《臺灣紀事》便說：

> 周禮，司巫掌群巫之政令，又有男巫、女巫。……今臺中女巫，強半不
> 假師授，至時輒有神附其身，常為人家治病，與託訴幽冥事，有驗有不
> 驗。鬼神以生人代之，理雖迂誕，惟事有徵信，故民間婦女奉祀尤虔，

78. 蔡振豐，《苑裏志》，下卷，〈風俗考〉，頁 89。
79. 鄭鵬雲、曾逢辰，《新竹縣志初稿》，卷 5，〈風俗〉，頁 186。
80. 林百川、林學源，《樹杞林志》，〈風俗考〉，頁 104。
81. 連橫，《臺灣通史》，卷 22，〈宗教志〉，頁 576。

謹厚者亦復如之。按此與漢代宛若神君事相類。[82]

由此可見，臺灣女性巫者既可降神也可令亡魂附身，文中所說的漢代「宛若神君」，其實便是女巫奉其因產難而死的妯娌為神，[83] 類似現在金門、澎湖、臺南一帶所說的「查某佛」。[84]

　　無論如何，以近年來的田野調查資料來看，童乩之中其實也有不少女性（約占 30%），[85] 而無論男性還是女性童乩，都有人能在「降神」之外從事「牽亡」的工作，至於以「牽亡」為主要職能的「紅姨」目前多半也會被稱之為「靈乩」或「童乩」，他們也是有男有女，而且在亡魂之外，也可以讓神明附體。[86] 更重要的是，根據臺灣的鬼神觀念，絕大多數的「神」其實都是由人的「亡魂」經由特定的程序轉化而成，[87] 因此，神鬼之差別其實不大，童乩與紅

---

82. 吳子光，《臺灣紀事》，附錄三，〈淡水廳志擬稿・師巫〉，頁 95–96。

83. 詳見林富士，《漢代的巫者》，頁 92。

84. 參見鍾幼蘭，〈金門查某佛的初步研究〉，收入余光弘、魏捷滋編，《金門暑期人類學田野工作教室論文集》（臺北：中央研究院民族學研究所，1994），頁 129–161；李翹宏、莊英章，〈夫人媽與查某佛：金門與惠東地區的女性神媒及其信仰比較〉，收入黃應貴、葉春榮主編，《從周邊看漢人的社會與文化：王崧興先生紀念論文集》（臺北：中央研究院民族學研究所，1997），頁 63–89；余光弘，〈臺灣區神媒的不同形態〉，《中央研究院民族學研究所集刊》88（臺北，1999），頁 91–105；蔡佩如，《穿梭天人之際的女人：女童乩的性別特質與身體意涵》，頁 149–192。

85. 從 1999 年歲末開始，我和一群年輕的學生展開一項名為「臺灣童乩基本資料」的調查工作，截至 2003 年 12 月底為止，共計完成五百九十六個童乩的初步訪談工作，其中，男女童乩的比率各為 70.3% 及 29.7%。

86. 詳見劉枝萬，〈臺灣之 Shamanism〉，頁 4–5；詹碧珠，〈尪姨與其儀式表演：當代臺灣女性靈媒的民族誌調查〉；彭榮邦，〈牽亡：惦念世界的安置與撫慰〉；蔡佩如，《穿梭天人之際的女人：女童乩的性別特質與身體意涵》，頁 12–20。

87. 詳見林富士，《孤魂與鬼雄的世界——北臺灣的厲鬼信仰》；蔡佩如，《穿梭天人之際的女人：女童乩的性別特質與身體意涵》，頁 149–164。

姨也沒有本質上的差異，都可以稱之為巫。例如，俞樾 (1821-1907) 為其兄俞林（俞任甫，1814-1873）所寫的〈家傳〉中曾說：

> 閩俗：故信鬼，有巫者自言為神所馮，握利刃刳其腹，血漉漉注盤盂，不膚撓；俄創合如故。取竹箸百，寸寸斷之，雜碎甕咽之；又或跣足行烈燄中，均無所苦：信者甚眾。[88]

文中既言閩俗「信鬼」，而巫者又「自言為神所馮」，可見在俞氏的用語中，鬼與神可以互通。而這名巫者的「神異」表演幾乎和臺灣的童乩沒有兩樣。

此外，陳梅峰 (1858-1937)《西瀛誌異》所提到的幾則澎湖童乩的軼事也顯示，澎湖童乩「通神」的方式也是以「降神」、「降乩」為主，而其主祀之神的性格也與人無異。同時，陳梅峰也將乩童與法師、尪姨、巫女連稱並舉。[89]

除了憑降鬼神之外，中國傳統巫者還擅長所謂的「視鬼」，亦即能看見鬼神之形貌、舉止，甚至與之酬酢言談。[90] 而根據田野調查，目前臺灣的童乩也有人具有這樣的技能，不過，他們通常自稱「通靈者」或「靈乩」，以顯示自己的能力或道行高於一般的童乩。[91] 可惜的是，傳統文獻中較少這一類的記載，唯明末清初盧若騰 (1598-1664)〈鬼鳥〉詩〈序〉（寫於清康熙元年壬寅之歲；1662）曾提到金門的巫者既能「視鬼」，又能讓冤魂附身說話。[92]

這種於病中召巫「視鬼」以診斷病因、吉凶的習俗可以說自漢以後，一直久存於中國社會，[93] 明清士人在詩文中往往也有所提及，例如，董應舉在《崇

---

88. 臺灣銀行經濟研究室編，《續碑傳選集（一）》〔《臺灣文獻叢刊》本〕，頁 110。

89. 收入連橫編，《臺灣詩薈・下》（南投：臺灣省文獻委員會，1992），頁 269-272。按：此一材料係由審查人賜告，特此致謝。

90. 詳見林富士，《漢代的巫者》，頁 52-53。

91. 詳見林富士，〈臺灣童乩的社會形象初探（二稿）〉。

92. 盧若騰，《島噫詩》〔《臺灣文獻叢刊》本〕，頁 27-28。

93. 詳見林富士，〈中國六朝時期的巫覡與醫療〉，《中央研究院歷史語言研究所集刊》70：1

相集》(1639) 中也說：

> 譬如病人不調理氣血，但使巫視鬼；巫說多端，病亦不起矣。[94]

董應舉是閩人，明神宗萬曆二十六年 (1598) 的進士，[95] 因此，當時福建地區應
該也有病人「使巫視鬼」的習俗。

㈢裝扮與展演——裸體披髮與鮮血淋漓

幾乎所有的宗教人在舉行宗教儀式時都會以特殊的裝扮和展演突顯自己
的身分和角色，有時候，裝扮和展演甚至是達成儀式目的不可或缺的一部分。

以清代臺灣的童乩來說，他們最引人注目的似乎是「裸體」、「散髮」的裝
扮，及狂跳和以各種利器自傷造成鮮血淋漓的展演。諸多方志都有類似的記
載，例如，沈茂蔭的《苗栗縣志》說：

> 有為乩童，扶輦跳躍，……手持刀劍，披髮剖額。[96]

林豪《澎湖廳志》說：

> 每賽神建醮，則乩童披髮仗劍，跳躍而出，血流被面。或豎長梯，橫排
> 刀劍，法師猱而上，乩童隨之。鄉人有膽力者，亦隨而上下。或堆柴蓺
> 火熾甚，躍而過之，婦女皆膜拜致敬焉。[97]

蔡振豐的《苑裏志》說：

（臺北，1999），頁 1–48。

94. 董應舉，《崇相集選錄》〔《臺灣文獻叢刊》本〕，〈與畢見素〉，頁 16–17。

95. 張廷玉等，《明史》（臺北：中華書局，1974），卷 242，〈董應舉傳〉，頁 6289。

96. 沈茂蔭，《苗栗縣志》，卷 7，〈風俗考〉，頁 119。

97. 林豪，《澎湖廳志》，卷 9，〈風俗〉，頁 327。

有乩童焉，……披髮執劍，扶輦狂跳。[98]

鄭鵬雲、曾逢辰的《新竹縣志初稿》說：

有為乩童者，披髮露臂，手持刀劍剖額、刺膚以示神靈。[99]

林百川、林學源的《樹杞林志》說：

有扶輦跳躍而為乩童者，披髮妄言，執劍剖額。[100]

連橫《臺灣通史》也說：

乩童，裸體散髮，距躍曲踊，狀若中風，割舌刺背，鮮血淋漓。[101]

對此，當時士人在詩文中也有所描述。例如，吳德功 (1850–1924)《施案紀略》(1893) 記載清光緒十四年 (1888) 九月施九緞 (1829–1890)「圍彰化縣城」一案時說：

〔施〕九緞，彰之二林上堡浸水莊人，耕作營生，家頗饒，性戇戇，信鬼神，常仗劍破額作乩童狀。……初一日，施九緞身立神轎後，如迎神乩童，率楊中成、許得龍、施慶、李盤等，并餘匪數百，以索焚丈單為名，旗書官激民變，下令不准搶劫人家財物。[102]

看來，此案的主角施九緞應該就是一名童乩，而他受人注目的展演則是「仗劍破額」，並運用神轎。

---

98. 蔡振豐，《苑裏志》，下卷，〈風俗考〉，頁 89。

99. 鄭鵬雲、曾逢辰，《新竹縣志初稿》，卷 5，〈風俗〉，頁 186。

100. 林百川、林學源，《樹杞林志》，〈風俗考〉，頁 104。

101. 連橫，《臺灣通史》，卷 22，〈宗教志〉，頁 576。

102. 吳德功，《戴施兩案紀略‧施案紀略》〔《臺灣文獻叢刊》本〕，頁 97–98。

其次,徐莘田〈基隆竹枝詞〉說:

跳童袒臥鐵釘床,斫腦穿腮血滿腔;金鼓喧闐人逐隊,神輿顛倒戲街坊。(臺俗:遊神賽會,必有跳童相隨;刀斫錐刺,略無痛苦。)[103]

這是基隆的童乩。

再者,陳朝龍〈竹塹竹枝詞〉也說:

臺俗:里社迎神賽會,乩童以刀劍、油鑊遍試身體,以示神靈顯赫。[104]

這是新竹的童乩。而日治初期,日人永井甃石對於新竹「追疫祭」場景的描述也說:

有乩童袒褐立輿上,右持劍、左執斧,自傷其額,鮮血淋漓,慘不畏死。或把銅針貫頰咬之,備極慘刻之狀。有心者所以顰蹙而不忍見也。嗚呼!民人習俗,有善有不善,宜存其善捨其不善者。夫乩童託言神靈,扶乩蠱惑愚夫愚婦,其行也蠻而野,於理不合;毀傷膚髮,更與聖人之教大相背馳,君子不取焉。[105]

此外,臺南進士施士洁 (1853–1922)〈泉南新樂府〉中有一首以「乩童」為題的詩歌也寫道:

咄哉!乩童爾何人?……爛頭破面驚為神!父老焚香婦孺拜。……此獠公然恣饕餮,既醉既飽神之旁。宴罷騰身立神轎,血汗淋漓路人笑。[106]

---

103. 臺灣銀行經濟研究室編,《臺灣詩鈔》,卷 13,頁 233。

104. 鄭鵬雲、曾逢辰,《新竹縣志初稿》,卷 6,〈文徵〉,頁 256。

105. 王松,《臺陽詩話》,下卷,頁 77–78。

106. 施士洁,《後蘇龕合集‧後蘇龕詩鈔》〔《臺灣文獻叢刊》本〕,卷 6,〈泉南新樂府〉,頁 122–123。

　　由以上所引這些材料可以知道，幾乎所有的作者都注意到童乩「披髮」（散髮）一事，有些則還提到他們「裸體」（袒裼）、「露臂」。這樣的裝扮，在今日臺灣各地迎神賽會的場合都經常可以看到，似乎不足為奇。但是，相對於道士之「束髮」戴冠，僧尼之「剃髮」，童乩之「披髮」確有其特色，更何況當時是對於「髮式」極為敏感的清代社會，[107] 士人自然會格外留意。同樣的，裸露身軀以當時的標準來看，也是不合「禮教」的。

　　而更令當時士人震驚的應該是童乩以「刀劍」（刀錐）割舌、刺背（刺膚）、剖額、斫腦、穿腮，以致「爛頭破面」、「鮮血淋漓」的展演。以現代田野調查的資料來看，童乩用以自傷的利器其實並不限於刀劍，較常用的便有俗稱「五寶」的七星劍、鯊魚劍（骨刀）、刺球（紅紺）、月斧和狼牙棒（釘棍），以及銅針、鋸刀等。[108] 事實上，前引崔應階「示諭」中所提到的利器便有「大椎」（貫穿口內）、「茨毬」（摔擊其背）。而十九世紀末年荷蘭漢學家高延 (J. J. M. de Groot, 1854–1921)[109] 在福建所做的調查也顯示，當地童乩在儀式中通常

---

107. 詳見李思純，〈說民族髮式〉，收入氏著，《江村十論》（上海：上海人民出版社，1957），頁 45–62；馮爾康，〈清初的剃髮與易衣冠〉，《史學集刊》1985：2（上海，1985），頁 32–42；大形徹，〈被髮考〉，《東方宗教》86（町田，1995），頁 1–23；林富士，〈頭髮的象徵意義〉、〈披髮的人〉，收入氏著，《小歷史——歷史的邊陲》，頁 165–170，171–179。

108. 參見黃文博，〈忘了我是誰——乩童巫器揮祭汩鮮血〉，收入氏著，《臺灣信仰傳奇》（臺北：臺原出版社，1989），頁 14–26。

109. 有關 J. J. M. de Groot 的生平及著述，參見 Maurice Freedman, "On the Sociological Study of Chinese Religion," in A. P. Wolf ed., *Religion and Ritual in Chinese Society* (Stanford: Stanford University Press, 1974), p. 25; Leonard Blussé, "Of Hewers of Wood and Drawers of Water: Leiden University's Early Sinologists (1853–1911)," in Willem Otterspeer ed., *Leiden Oriental Connections, 1850–1940* (Leiden: E. J. Brill, 1989), pp. 317–353; Wilt L. Idema, "Dutch Sinology: Past, Present and Future," in Ming Wilson and John Cayley eds., *Europe Studies China: Papers from an International Conference on the History of European Sinology* (London: Han-Shan Tang Books), pp. 88–110 (pp. 91–92).

是披散頭髮、赤腳、裸露上身，穿著圍兜（繡肚），手中持拿劍和刺球，並且
能以粗針（或大椎）貫穿兩頰或舌頭。[110]

　　這種以「自傷」（self-mutilation）造成鮮血淋漓的展演，有其儀式上的功能
和意義，學者雖無一致的看法，但歸結而言，不外乎是：用以淨化、除穢、驅
邪；用以獻祭；用以展示神靈附體；用以催化童乩進入精神迷離 (trance) 的狀
態。在世界各地的「巫俗」（shamanism) 之中，中國童乩（包括華南、臺灣及
東南亞華人社會）這種「自傷」的儀式可以說相當獨特。[111] 不過，在清代士人
的眼中，這無異違反「身體髮膚，受之父母，不敢毀傷」的聖人教訓，必須加
以譴責。

　　除了裸體披髮、以兵器自傷之外，根據上述文獻，我們知道，澎湖的童乩
還有「爬刀梯」和「過火」的儀式，基隆則有「袒臥鐵釘床」的展演，新竹則
會以「油鑊」試身。這些場景在現代臺灣也都還可以看到。

㈣法　器

　　在宗教儀式中，常會使用各式各樣的器具和物品，在此或可通稱之為「法
器」。而以上述童乩的展演內容來看，清代童乩常用的法器應該就是 「刀劍」
之類的兵器。

　　其次，神輦（神轎）幾乎也是必備的。前引文獻中有「扶輦」跳躍、狂跳

---

110. J. J. M. de Groot, *The Religious System of China*, vol. 6, pp. 1274–1278.

111. 詳見 Mitsuo Suzuki, "The Shamanistic Element in Taiwanese Folk Religion," in A. Bharati
ed., *The Realm of the Extra-Human: Agents and Audiences* (The Hague and Paris: Mouton
Publishers, 1976), pp. 253–260; Ruth-Inge Heinze, *Trance and Healing in Southeast Asia
Today* (Bangkok, Thailand: White Lotus Co., Ltd., 1988); Donald S. Sutton, "Rituals of Self-
Mortification: Taiwanese Spirit-Mediums in Comparative Perspective," *Journal of Ritual
Studies*, 4:1 (Winter 1990), pp. 99–125; 加藤敬，《童乩——臺灣のシャーマニズム》（東
京：平河出版社，1990）。

之語，有時則有童乩「立」於神轎之上或其前、後之語，對此，徐莘田〈基隆竹枝詞〉中的描述最為傳神，他說：

> 臺俗：遊神賽會，必有跳童相隨；刀斫錐刺，略無痛苦。神座以四人舁之，或二人舁之；右推左扶，東倒西歪：云是神力所為，雖壯夫莫禦。閩人信神，一何可笑！[112]

這種場景在現代迎神賽會的場合還經常可見。此外，吳德功《戴案紀略》在敘述清同治元年至三年 (1862–1864) 戴潮春之亂時，曾載有「白沙坑口莊」一役之事，在這一場戰役中，由於白沙坑的「福德爺（土地公）甚為靈應」，「凡賊來攻，輒先降乩示莊民」，甚至顯靈相助，令「賊死者數百人，負傷不計其數」，終於「鳴金而退」。[113] 而在許多靈異之事中，有一段便和童乩的神轎有關，他寫道：

> 神道設教，有識者詆其妄，然觀白沙坑一役，於不可信之中，亦有可信者。當與賊相持之時，凡賊欲來攻，必先降乩指示。莊民素信重之，輒著靈驗。常聞福神言，賊明天排長蛇陣，當排蜈蚣陣以破之。如是者甚多。雖莊民信而行之，屢打勝仗，或者會逢其適，而觀當日偵探人入莊，伏在廢塚內，乩童扶神輦直抵坑內廢塚窟擄之。……余舞象時，避亂莊中，親見其事，故知之詳。[114]

這是他親見之事，可見童乩也可以利用「扶輦」「降乩」。[115]

---

112. 臺灣銀行經濟研究室編，《臺灣詩鈔》，卷 13，頁 233。

113. 吳德功，《戴施兩案紀略・戴案紀略》，卷中，頁 25–26。

114. 吳德功，《戴施兩案紀略・戴案紀略》，卷中，頁 26–27。

115. 「扶輦」降乩有時也可以稱之為「扶箕」、「扶乩」或「扶鸞」，這和童乩的「憑降」儀式有相當密切關係，而兩者之間的異同也值得進一步探討。首先，「扶乩」與「憑降」都是一種「降神」儀式，但「扶乩」之時神是憑附在「乩筆」、神輦、神轎上書寫文字

神輦、神轎可以讓童乩「立」其上或「坐」其中，但主要還是「神明」的交通工具，其中通常會放置神像。例如，前引日人永井甃石對於新竹「追疫祭」的描述中便有「奉媽祖於神輿」一語。不過，神像主要還是設置於祠廟之中，供人膜拜。[116] 童乩舉行儀式之地點，包括祠廟、神壇和信徒家中，通常也都設有神像。事實上，神像幾乎可以說是童乩信仰、儀式中不可或缺之物，每一神皆有像，其信仰之傳播也往往透過神像的移動而散布。[117]

除此之外，符和紙錢也是其儀式中常用之物。例如，林焜熿《金門志》論金門之風俗時說：

> 惑鬼神，信機祥，病雖用醫，然扶鸞撞神問藥、延巫覡禳符燒紙，至死不悟；誣蔽甚矣。[118]

闕名者所撰的《嘉義管內采訪冊》（大約撰於 1897–1901 年）也說：

以傳達神意，而「憑降」則是憑附在童乩身上開口說話（有時也可以手寫）。其次，扶乩之「乩手」在儀式過程中可以保持清醒的意識狀態，甚至可以中途「換手」，不必經過特殊訓練的人就可以擔任。但童乩則不然，在儀式過程中，他們通常會進入精神迷離的狀態，而且不是一般人都可以擔任此一工作。然而根據近幾年的調查，我們發現，有若干童乩是由乩手轉變而成，而在成乩之初，他們往往還必須藉助扶乩（關手轎仔）的動作以讓神明附體。因此，有些人事實上是兼任乩手和童乩的工作，或許是這個緣故，也有人稱乩手為「文乩」，而稱那些能以兵器自傷的童乩為「武乩」。不過，「文乩」有時也被用以稱呼那些「通靈」而無激烈自傷動作的童乩。詳見許地山 (1893–1941)，《扶箕迷信底研究》（長沙：商務印書館，1941）；黃文博，〈神在輿中跳——輦轎狂舞與桌頭看字〉，收入氏著，《臺灣信仰傳奇》，頁 27–38；劉枝萬，〈臺灣之 Shamanism〉，頁 4–7。

116. 前引文獻中已多次提及，不再贅述。

117. 關於神像與童乩信仰之關係，參見林瑋嬪，〈臺灣漢人的神像：談神如何具象〉，收入黃應貴主編，《物與物質文化》（臺北：中央研究院民族學研究所，2004），頁 335–377。

118. 林焜熿，《金門志》，卷 15，〈風俗記·雜俗〉，頁 396。

俗尚巫家，動輒深信巫言。每年八月十五日，令其設臺禳災解厄，進錢補運，敕符作法，鼓角喧天，手舞足蹈，約費白金十餘元，俗曰「過關度限」。[119]

中國巫者用符的傳統由來已久，大概自先秦時期便已開始，至於用紙錢雖然較晚，但大約從南朝之時 (420–589) 開始也已見於記載。[120] 臺灣（包括金門）的童乩於祭祀、祈禳之時，用符請神、去邪，燒化紙錢以饗鬼神，大致是源自這個傳統。值得注意的是，臺灣的道士與法師在他們的儀式中也大量使用符和紙（錢）。[121]

五、童乩的社會角色

由信仰對象及儀式特質來看，童乩在清代臺灣社會中主要是在宗教儀式中擔任鬼神的代言人，扮演「靈媒」(medium) 的角色，替人祈福解禍。一如傳統中國社會中的巫者。[122] 至於具體的工作內容，從「禍福」的角度來看，大致可以畫分為下列四項。

---

119. 《嘉義管內采訪冊》〔《臺灣文獻叢刊》本〕，〈打貓南堡・雜俗〉，頁 43。

120. 參見 Ching-Lang Hou, *Monnaies d'offrande et la notion de trésorerie dans la religion chinoise* (Paris: Collège de France, Institut des Hautes Etudes Chinoises, 1975); Anna Seidel, "Buying One's Way to Heaven: The Celestial Treasury in Chinese Religions," *History of Religions*, 17:3&4 (1978), pp. 419–431; Hill Gates, "Money for the Gods," *Modern China*, 13:3 (July, 1987), pp. 259–277; Fu-shih Lin, "Chinese Shamans and Shamanism in the Chiang-nan Area during the Six Dynasties Period (3rd–6th Century A.D.)," pp. 104–105.

121. 參見峨嵋居士，《道壇作法》（臺北：逸群圖書公司，1984–1985），17 冊；Ching-Lang Hou, *Monnaies d'offrande et la notion de trésorerie dans la religion chinoise*.

122. 詳見林富士，《漢代的巫者》，頁 15–26。

㈠治　病

在童乩的各種工作項目之中，應該是以替人治病最受矚目。清代文獻中，這一類的記載也相當多。首先，各個時期各地的方志在談論「風俗」、「習俗」時幾乎都會提到閩、臺之人「信巫鬼」、「信鬼尚巫」，疾病時則求巫相助。例如，周鍾瑄《諸羅縣志》便說：

> 尚巫，疾病輒令禳之。又有非僧非道，名曰「客仔師」。攜一撮米，往占病者，謂之「米卦」，稱說鬼神，鄉人為其所愚，倩貼符行法而禱於神，鼓角喧天，竟夜而罷。病未愈，費已三、五金矣。不特邪說惑人，亦糜財之一竇也。[123]

其後，劉良璧的《重修福建臺灣府志》、[124] 范咸的《重修臺灣府志》(1747)、[125] 王必昌的《重修臺灣縣志》(1752)、[126] 余文儀的《續修臺灣府志》(1760) 都有同樣的記載。[127] 由此可見，十八世紀臺灣各地的病人通常會請巫者以禳除之法治病。而巫者之中，應含童乩在內（詳下文），但所謂的「客仔師」似乎又特別受人青睞，且以「米卦」診疾最具特色。

到了十九世紀，在方志中，類似的記載仍然不絕於書。例如，周璽的《彰化縣志》(1830) 便說：

> 俗素尚巫。凡疾病輒令僧道禳之，曰進錢補運。又有非僧非道，以紅布包頭，名紅頭司，多潮人為之。攜一撮米，往占病者，名占米卦。稱神

---

123. 周鍾瑄，《諸羅縣志》，卷 8，〈風俗志〉，頁 147–148。

124. 劉良璧，《重修福建臺灣府志》，卷 6，〈風俗〉，頁 96。

125. 范咸，《重修臺灣府志》〔《臺灣文獻叢刊》本〕，卷 13，〈風俗〉，頁 401。

126. 王必昌，《重修臺灣縣志》〔《臺灣文獻叢刊》本〕，卷 12，〈風土志‧風俗〉，頁 402。

127. 余文儀，《續修臺灣府志》〔《臺灣文獻叢刊》本〕，卷 13，〈風俗〉，頁 499。

說鬼，鄉人為其所愚，倩貼符行法，而禱於神，鼓角喧天，竟夜而罷。病未愈而費已十數金矣。不特邪說惑人，亦靡財之一竇也。又有尋神者，或男或女不等，到家排香燭金楮，其人以紅帕複首掩面，少頃即作鬼語，若亡魂來附其身而言者，竟日十數次，費數百錢。婦女尤信而好之。此風不可不嚴禁使止也。[128]

柯培元《噶瑪蘭志略》(1837) 也說：

俗尚巫，疾病輒令禳之。又有非僧非道者，以其出於粵客，名「客子師」，又以其頭纏紅布名「紅頭師」，拈一撮米往占病者，謂之「米卦」，稱說鬼神，鄉人為其所愚，倩貼符行法而禱於神，鼓角喧天，竟夕而罷，病未嘗減而費已三、五金矣。大抵村俗病甫臥褥，不思飲食，輒進以山東甜粉湯，稍愈則以一盞米泡九盞水煮食，名曰「九龍糜」，否則食以雛雞，苟不再起，則做紅頭師矣。至符咒無所施，於是請佛，佛更不靈，遂乃磨刀向豬，與棺槨衣衾而齊備。迨其亡也，弔客臨門，而豕亦就屠矣。[129]

陳淑均《噶瑪蘭廳志》(1852) 也說：

俗尚巫，疾病輒令禳之。又有非僧非道者，以其出於粵客，名客子師；以其頭纏紅布，又名紅頭師。所居門額各標壇號，實則道家者流也。[130]

倪贊元《雲林縣采訪冊》也說：

俗尚巫，凡疾病輒令僧道禳之。又有非僧非道以紅布包頭名紅頭司，鄉人為所愚：倩其貼符作法、鼓角諠天、跳舞達旦，曰進錢補運；動費十

---

128. 周璽，《彰化縣志》〔《臺灣文獻叢刊》本〕，卷9，〈風俗志〉，頁293。

129. 柯培元，《噶瑪蘭志略》〔《臺灣文獻叢刊》本〕，卷11，〈風俗志〉，頁111。

130. 陳淑均，《噶瑪蘭廳志》〔《臺灣文獻叢刊》本〕，卷5，〈風俗〉，頁191。

餘金。邪說惑人，婦女尤信。[131]

闕名者所撰的《嘉義管內采訪冊》也說：

> 俗又尚巫。凡人有疾病，或請道以禳災，或延僧以解厄，而最可用者，
> 紅頭司以紅布包頭，土神安胎更應（？）。一時鼓角喧天，跳舞動地，
> 安符作法，隨解而安。大則進錢補運，祈安植福，當天請神念經，香案
> 茶品潔淨，虔誠祈禱，無事不靈。是邪說惑人，拐騙財物，甚多婦女信
> 之，至若文明之士，則不然也。[132]

上述記載基本上是沿革十八世紀方志的內容，但都各有增刪，彼此也有所出
入。例如，有些地方（如彰化、噶瑪蘭）便指出，「客師」或「客仔師」又叫
「紅頭師」（「紅頭司」）。有些地方（如雲林、嘉義）則不提「客師」或「客仔
師」，只稱之為「紅頭師」（「紅頭司」）。《澎湖廳志》則直言：「澎俗雖有米卦，
而無客子師。」[133] 而值得注意的是，有些地方（如噶瑪蘭）也延請僧人、道士
參與治病的工作。

　　總之，由以上記載來看，清代臺灣社會的病人似乎慣於向各種宗教人物及
鬼神求救，而這些宗教人物，當時文獻往往以「巫」作為總稱。例如，曾於乾
隆三十一至三十四年 (1766–1769) 擔任澎湖通判的胡建偉，[134] 其《澎湖紀略》
(1771) 便說：

> 澎湖之人信鬼而尚巫；凡有疾病，不問醫藥，只求神問卜而已。[135]

131. 倪贊元，《雲林縣采訪冊》，〈斗六堡・風俗〉，頁 29。
132. 《嘉義管內采訪冊》，〈打貓西堡・雜俗〉，頁 13。
133. 林豪，《澎湖廳志》，卷 9，〈風俗〉，頁 325–327。
134. 林豪，《澎湖廳志》，卷 6，〈職官名宦傳〉，頁 222–223。
135. 胡建偉，《澎湖紀略》〔《臺灣文獻叢刊》本〕，卷 7，〈風俗紀〉，頁 149。

長期擔任學官的謝金鑾 (1757–1820) 在十九世紀初所修的 《續修臺灣縣志》
(1807) 也說：

> 居臺灣者，皆內地人，故風俗與內地無異。……俗信巫鬼，病者乞藥
> 於神。[136]

林焜熿的《金門志》也說：

> 惑鬼神、信禨祥，病雖用醫，然扶鸞擡神問藥、延巫覡禳符燒紙，至死
> 不悟；誣蔽甚矣。[137]

這是傳統中國社會「信巫不信醫」的舊習俗。

至於能替人治病的巫者所指的宗教人物，除了上述的僧、道和「客仔師」
（紅頭師）之外，應該也包括童乩在內。例如，陳培桂《淡水廳志》論當地
「雜俗」時說：

> 又信鬼尚巫，蠻貊之習猶存。……有為客師，遇病禳禱，曰進錢補運。
> 金鼓喧騰，晝夜不已。有為乩童，扶輦跳躍，妄示方藥。[138]

沈茂蔭的《苗栗縣志》論當地「雜俗」也說：

> 又信鬼、尚巫，蠻貊之習猶存：……有為「客師」，遇病禳禱，曰「進
> 錢補運」；金鼓喧騰，晝夜不已。有為乩童，扶輦跳躍，妄示方藥。[139]

蔡振豐的《苑裏志》也說：

136. 謝金鑾，《續修臺灣縣志》，卷1，〈地志・風俗〉，頁51。又見李元春，《臺灣志略》〔《臺灣文獻叢刊》本〕，卷1，〈風俗〉，頁35–36。
137. 林焜熿，《金門志》，卷15，〈風俗記・雜俗〉，頁396。
138. 陳培桂，《淡水廳志》，卷11，〈風俗考〉，頁304。
139. 沈茂蔭，《苗栗縣志》，卷7，〈風俗考〉，頁119–120。

> 苑裏習氣，與全臺同；大都信鬼神、惑巫蠱，……有道士、有客師，人
> 病則延為禳禱，曰「進錢補運」；又能建功德道場，以超昇亡靈也。有
> 乩童焉，作神替身，披髮執劍，扶輦狂跳，妄示藥方，且云能驅妖怪；
> 人信若狂。[140]

林百川、林學源的《樹杞林志》也說當地之俗：

> 尚巫信鬼，用財亦甚耗。……有菜堂吃齋而為道士者、有代人禳禱而為
> 客師者，遇病則延為祈保，曰「進錢補運」；金鼓喧騰，人謂其能建醮
> 功德，超度幽魂也。又有扶輦跳躍而為乩童者，披髮妄言，執劍剖額，
> 示以方藥，謂其能驅邪逐疫；人皆信之。[141]

鄭鵬雲、曾逢辰的《新竹縣志初稿》也說當地「雜俗」：

> 又信鬼、尚巫，遇病群相禱禳，曰「進錢補運」；金鼓喧騰，晝夜不息。
> 有為乩童者，披髮露臂，手持刀劍剖額、刺膚以示神靈，妄示方藥；
> 又有扶乩出字，謂神下降，指示方藥，並能作詩作文，事尤靈怪，不可
> 深知。[142]

由此可見，能替人治病的巫者所包括的宗教人物，各地都有些出入。有些地方
有「客仔師」，有些地方則無（如澎湖）或不見敘述（如新竹）。有些地方甚至
有「道士」（如樹杞林、苑裏、嘉義、彰化）和僧人（如彰化、噶瑪蘭）。不
過，僧道還是比較少見。但是，幾乎各地都會提到童乩，而更值得注意的是，
童乩替人治病的方法主要是用「方藥」，也就是由童乩憑降神明之後，開示方
藥給病人。

---

140. 蔡振豐，《苑裏志》，下卷，〈風俗考〉，頁 89。

141. 林百川、林學源，《樹杞林志》，〈風俗考〉，頁 103–104。

142. 鄭鵬雲、曾逢辰，《新竹縣志初稿》，卷 5，〈風俗〉，頁 186。

　　這和目前的情形很不一樣。根據近幾年的調查發現，雖然有不少童乩在開壇「濟世」（「辦事」）時仍扮演醫療者的角色，甚至以善於治病聞名或自豪，但是，卻極少會利用藥物或指示方藥。他們絕大多數都是利用符咒或藉助神力和儀式，偶而則會在宗教儀式之外，指示信徒前往醫院或尋覓某位醫師進行診療。[143]

　　這是極大的轉變，而其關鍵應該是日本殖民政府所採行的管理措施。在日治時期，政府嚴格禁止童乩開示藥方替人治病。而國民政府來臺之後 (1945–) 也持續這樣的政策。[144] 在明顯觸法的情形之下，童乩即使具備醫藥知識，也很少敢指示方藥。不過，以前童乩常用的方藥，目前倒還可以略知一二。[145]

　　以上都是方志對於臺灣地區用巫者治病的習俗所做的敘述。除此之外，當時士人的詩文中對此也有一些記述。例如，清初沈光文 (1612–1688)〈平臺灣序〉描述鄭成功治下之臺灣的幅員地理、「民情土俗、山川出產」時便說：

> 伏臘歲時，徒矜末節；冠婚喪祭，爭好虛文。病則求神而勿藥，巫覡如狂；貧則為盜而忘身，豺狼肆毒。[146]

其次，孫爾準 (1772–1832) 在〈臺陽雜詠〉「病來煩米卦」一句之下自注云：

> 俗尚巫，病，輒延客子師攜撮米占之，曰「米卦」。[147]

這應該是他在清道光四年 (1824) 擔任福建巡撫渡臺「巡閱」時的作品。而丁紹

---

143. 詳見林富士，〈醫者或病人——童乩在臺灣社會中的角色與形象〉，《中央研究院歷史語言研究所集刊》76：3（臺北，2005），頁 511–568，後收錄於本書頁 237–288。

144. 詳見林富士，〈臺灣童乩的社會形象初探（二稿）〉；林富士，〈醫者或病人——童乩在臺灣社會中的角色與形象〉。

145. 詳見峨嵋居士，〈道壇乩童常用藥方〉，收入峨嵋居士編，《道壇作法》，8 冊，頁 1–81。

146. 收入范咸，《重修臺灣府志》，卷 23，〈藝文〉，頁 704–705。

147. 臺灣銀行經濟研究室編，《臺灣詩鈔》，卷 4，頁 63。

儀《東瀛識略》也說：

> 南人尚鬼，臺灣尤甚，病不信醫，而信巫。有非僧非道專事祈禱者曰客
> 師，攜一撮米往占曰米卦；書符行法而禱於神，鼓角喧天，竟夜而罷。
> 病即不愈，信之彌篤。[148]

這都是對於臺人「信巫不信醫」的印象。此外，佚名者所撰之〈臺遊筆記〉（約
撰於 1877–1897）也提到：

> 風俗尚樸。惟男子大半食鴉片。……人有疾病，不用醫而用巫；巫為禱
> 告某神、某鬼，謂病立可愈。病愈之後，另請齋公謝神。齋公者，猶內
> 地之道士也；所穿袍服不倫不類，與戲中之小丑相似。……每年五月十
> 三日，迎觀音像遊行街市，甚為熱鬧；……惟與人治病之巫祝，以利刃
> 刺腦門或用鐵鍼穿入脣內，嬉笑自如，隨於神後。[149]

由此可見，從明末到十九世紀末葉，臺人治病一直有用巫不用醫的情形，至於
治病之巫，根據〈臺遊筆記〉的描述，至少包括童乩在內，而和童乩合作的
「齋公」，可能是「法師」。此外，前面曾提過的「客師」也被認為是以治病聞
名的巫者。

　　以上所引的材料都是針對「習俗」所做的概括性描述。除此之外，有一些
士人還留下若干比較個人性的記錄，例如臺中人林朝崧 (1875–1915)《無悶草
堂詩存》(1935) 收錄其〈哭內子謝氏端〉一詩便云：

> 歲在馬羊間，親見陵為谷；全家載以舟，辭鄉遠漂泊。吾母陳夫人，老
> 態太羸弱；避地遷徙頻，舊疾歲數作。我遍求巫醫，汝不離床蓐；雖勞
> 無倦容，歷久心轉肅。至誠感神明，病危輒平復；母得週花甲，汝功殊

---

148. 丁紹儀，《東瀛識略》，卷 3，〈習尚〉，頁 35。

149. 收入臺灣銀行經濟研究室編，《臺灣輿地彙鈔》〔《臺灣文獻叢刊》本〕，頁 101–102。

不薄。[150]

這是他十三首悼念亡妻詩作中的一首，所敘述的是 1894–1895 年 （歲在馬羊間）甲午之戰至乙未割臺之際，全家至中國大陸避難之後的情形。當時，其母陳夫人舊疾復發，林氏因而「遍求巫醫」，而其妻也悉心照料，才轉危為安。背景雖在大陸，但遇疾「求巫醫」卻是遵循臺俗。

其次，彰化舉人陳肇興 (1831–?)《陶村詩稿》（1878 年初刻）有〈觀我〉一詩，自述其對「生、老、病、死」的感受，其中，〈病〉云：

> 靈苗毒草強支持，藥性多從此日知。幾度驚疑防飲食，一家奔走為巫醫。茂陵秋雨相如賦，禪榻茶煙小杜詩，別有煙霞誇痼疾，餐英茹菊到期頤。[151]

這應該是他中、老年罹病之時，家人為他奔走，延請巫醫的記實之作。

又其次，林占梅《潛園琴餘草簡編》中有一首清咸豐四年 (1854) 所作的〈赴郡苦熱，得雨偶作〉之詩云：

> 酷暑風來亦為厄，暖風熛怒幾爍石；惡氛矧復逐征塵，白晝道傍鬼捉客。嘆我南行當其時，健夫十人九喪魄；徹夜傳呼巫與醫，身心交瘁莫安席。想見武侯渡瀘時，精誠在抱消癘疫；古今無數匡濟才，許國御微敢自惜！捧檄我亦奉命來，旅次焦勞熱反劇；欲逃樂土苦無從，救兵一夜來風伯。大塊噫氣夾雷鳴，俄頃滂沱勢漂麥；此時消盡胸中愁，旱魃成群皆辟易。……吁嗟乎！安得王師如此雨，露布一朝傳退僻！[152]

這應該是咸豐三年 (1853) 林恭之變（臺南、鳳山一帶）或是咸豐四年小刀會之

---

150. 林朝崧，《無悶草堂詩存》〔《臺灣文獻叢刊》本〕，卷 4，頁 148。

151. 陳肇興，《陶村詩稿》〔《臺灣文獻叢刊》本〕，卷 3，〈戊午〉，頁 45。

152. 林占梅，《潛園琴餘草簡編》，頁 48。

亂（基隆一帶）時，林占梅助官軍平亂之時的詩作。[153] 由詩中可以知道，當時正值暑熱的季節，軍中或許正流行「癘疫」，或是有這一方面的恐慌，因此才會有「徹夜傳呼巫與醫」的情形。

再其次，施士洁有〈癸卯歲除，病幾殆而獲愈；新正戚友來賀，書此以博一笑〉一詩云：

> 鯉城昏昏度新歲，沉疴乍起魂猶悸。登堂有客相疑年，主人笑以一歲對。四坐聞之大軒渠，云此讆言毋乃太！我為諸君道所以，主人滑稽客勿怪：去年賤子四十九，一病幾乎不可諱。年未五十尚稱夭，淒然茹痛徹心肺。巫醫束手妻孥哭，男兒死耳復誰懟？歲方云暮我告終，四序之功成者退。不圖有腳陽春回，我以轉否而為泰。[154]

癸卯歲在清光緒二十九年 (1903)，當時施士洁全家避居中國大陸。據此，則在他重病之際，家人也是遍求「巫醫」。另外，其〈四孫滄池殤，感懷書此〉一詩也說：

> 世運既不辰，長理亦顛倒，如何三歲孫，先反老人老？去年春秋間，于役榕門道。客從鷺江來，對予誇汝好。家書每及汝，語語平安報。洎予旋歸時，見汝貌殊槁，始悟友與孥，諱疾不以告。嗟予慣離家，內顧太草草；壯者不惜別，寧復戀幼小！汝爺正東渡，遠隔七鯤島，艱辛累汝孃，醫巫日紛擾。啟知衛生家，勿藥以為寶；況讀近世史，神權今以渺。女流苦迷信，久作驚弓鳥。開門向盜揖，救火將薪抱，殺人咎醫巫，噬臍悔不早！予本信天翁，天道究難曉，鼓盆方悼亡，喪明更傷天。惟有強達觀，忘情此禍祟！回顧諸兒嬉，膝下覓梨棗。翻想五嶽

153. 參見徐慧鈺，〈林占梅年譜〉（臺北：國立政治大學中國文學研究所碩士論文，1990）；林文龍，《林占梅傳》（南投：臺灣省文獻會，1998）。

154. 施士洁，《後蘇龕合集・後蘇龕詩鈔》，卷6，頁 141–142。

游，婚嫁何時了？咄哉鏡中人，兩鬢霜華皓![155]

這是他在三歲的孫子夭殤之後所作的感懷詩，由詩中可以知道，施士洁在乙未割臺之後，雖然攜眷避居大陸，但仍有子孫留居臺南，他也曾返回探視。而其孫得病之後，其媳婦大概是因「迷信」「神權」，不用醫藥（勿藥以為寶）而求「醫巫」，以致夭亡。

另外，日人鷹取田一郎〈臺灣孝節錄〉(1916) 載有清光緒十八年 (1892) 廖天維的事蹟云：

> 孝子廖天維，南投廳包尾莊人廖士朝子也。家世業農。……明治二十五年（光緒十八年），父罹於病。天維憂心不已，晝耕隴畝，夜侍藥爐，懇問其所望，……無不必侑之。……病漸革，不離席間，日夜侍側。及死，擗踊慟哭，鄰人莫不感激其孝心。三十八年（光緒三十一年）八月，南投廳長褒賞厚賕。父歿之年，母林氏（字險）亦患眼，醫藥巫祝，無方不試，遂失明，天維深傷之。爾來移床於母側，以窺安否。……湯藥不必使人奉之。……大正四年五月，內田民政長官接引於廳，厚賕賞恤。越十二月二日，特賜欽定綠綬褒章。[156]

這是日本殖民政府所褒揚的一名臺灣孝子，但他侍奉雙親的方式，其實和傳統中國的「孝子」非常類似，一方面「醫藥巫祝，無方不試」，另一方面又親奉湯藥。無論如何，由這個孝子故事也可以知道，並非所有人都棄用醫藥，但在求醫用藥之時，往往也會同時求助於巫者。

總之，無論是從方志作者或其他士人對於臺灣「習俗」的描述，或是從士人對於個人或旁人經驗的敘述來看，清代臺灣民眾生病之時確有「信巫不信醫」或「巫醫並用」的情形。而這種社會習尚應該和移民原鄉的習俗同源。[157]

---

155. 施士洁，《後蘇龕合集・後蘇龕詩鈔》，卷 6，頁 168。
156. 收入吳德功，《彰化節孝冊》〔《臺灣文獻叢刊》本〕，附錄，〈臺灣孝節錄〉，頁 81–82。

舉例來說，全祖望 (1705–1755) 所撰的〈大理悔廬陳公神道碑銘〉曾說陳汝咸 (1657–1713)：

> 出知漳浦縣。漳浦最健訟，胥吏能以一訟破中人產。……俗尚巫，民有病，昇諸妖師狂祈謬祝，費不貲。藥食皆卜之，食其吉者；食而死，則曰：「神所不佑也」！公開陳曉諭，巫風以息。[158]

陳汝咸出知閩省漳浦縣是在清康熙丙子歲 (1696)，前後達十三年之久 (1696–1708)。任期之內，主要工作都在「改良」當地「風俗」，禁毀各種宗教（包括天主教、佛教、無為教等），獎掖儒學。[159] 而在各種風俗之中，求巫治病的「巫風」便是他要禁絕的要項之一。雖然「碑銘」說當地在他「曉諭」之後「巫風以息」，但實情恐怕不是如此。清代臺灣移民有不少來自漳浦一帶，無論是在祖居地或是新住地，以巫治病之風似乎始終不息。

附帶一提的是，清代臺灣的「原住民」也有以巫者治病的習俗。例如，胡傳 (1841–1895) 的《臺東州采訪冊》(1894) 便說：

> 番俗疾病無醫藥，或宰牛、豬以祈禱，或請「响婆」禳之。……「响婆」，猶內地之女巫也。[160]

其次，吳子光《臺灣紀事》也說：

> 方書有華陀五禽之術，詭秘異常，後惟李笠翁深得此意，固不假藥物為

---

157. 詳見林富士，〈中國六朝時期的巫覡與醫療〉；林富士，〈中國的「巫醫」傳統〉，收入生命醫療史研究室編，《中國史新論·醫療史分冊》（臺北：中央研究院·聯經出版事業公司，2015），頁 61–150，後收錄於本書頁 305–390。
158. 臺灣銀行經濟研究室編，《碑傳選集（三）》〔《臺灣文獻叢刊》本〕，頁 400–401。
159. 詳見蔡世遠，〈大理寺少卿陳公汝咸墓誌銘〉，收入臺灣銀行經濟研究室編，《碑傳選集（三）》，頁 396–399。
160. 胡傳，《臺東州采訪冊》〔《臺灣文獻叢刊》本〕，〈風俗〉，頁 52。

醫也。今番俗亦有百道之說。其法令病者力疾出戶外，被髮正立東嚮；司禁魔者皆老番婦，亦散髮，手樹枝禹步作咒語，喃喃不可曉，時以樹枝拂病者毛髮，若梳櫛然，約食頓飯頃乃畢。問之，有驗有不驗。即番有竊盜之事，亦用此術治之。其術傳女不傳男，亦中國師巫之類耳。[161]

由此可見，清代的臺灣原住民主要也是由巫者以祈禳之法替人治病，而這種習俗也一直延續到現代。[162]

(二)逐　疫

除了個人性的疾病之外，清代臺灣的童乩也是民眾防治瘟疫時求助的主要對象之一。例如，周鍾瑄《諸羅縣志》論臺灣之風俗時便說：

斂金造船，器用幣帛服食悉備；召巫設壇，名曰王醮。三歲一舉，以送瘟王。醮畢，……乃送船入水，順流揚帆以去。或泊其岸，則其鄉多屬，必更禳之。[163]

類似的記載還可見於其他十八至十九世紀的方志。[164] 總之，以現代臺灣的情形來說，舉行「王醮」時，主要是由道士主持儀式，但在過程中，往往也有童乩

---

161. 吳子光，《臺灣紀事》，卷1，〈紀番社風俗〉，頁28。
162. 參見丘其謙，〈布農族卡社群的巫術〉，《中央研究院民族學研究所集刊》17（臺北，1964），頁73-94；丘其謙，〈布農族郡社群的巫術〉，《中央研究院民族學研究所集刊》26（臺北，1968），頁41-66；吳燕和，〈排灣族東排灣群的巫醫與巫術〉，《中央研究院民族學研究所集刊》20（臺北，1965），頁105-153；阮昌銳，《臺東麻老漏阿美族的社會與文化》（臺北：臺灣省立博物館，1994）；林明美，〈阿美族巫師儀式舞蹈研究：吉安鄉東昌村 miretsek 實例分析〉（臺北：國立藝術學院傳統藝術研究所碩士論文，1996）。
163. 周鍾瑄，《諸羅縣志》，卷8，〈風俗志〉，頁150-151。
164. 詳見本文第三節。

參與。事實上,清代澎湖的「王醮」便少不了童乩,而且是由「法師與乩童相結」演出。[165] 而目前澎湖的「王醮」,主要仍是由法師掌控,但在「請王」、「送王」之時,童乩也不可少,而且極少有道士參與的情形。[166]

童乩除了參與和「王爺」(瘟神)信仰結合的「逐疫」儀式之外,在瘟疫流行之際,應該也是病人求助的主要對象,例如,施士洁〈泉南新樂府〉中有〈避疫〉一詩云:

> 世間奇劫無不有,一疫乃至十年久!郡南山海萬人煙,鬼錄搜羅已八九。海氣普騰山氣淫,觸之不覺頭岑岑;耳邊隱約催鬼伯,活血斗然成死核。秦醫束手越巫逃,咄哉滿地腐鼠嚇!一人染疫一家危,百金求巫千金醫。劣醫驕蹇□□□,神道荒□□□□;□□□□□愈多,此輩何如□□者?渠渠□□□□□,□肉未敢張哭聲。惡乩呼群瞰其室,斷絕人蹤與鼠跡;昔乩而瘠今盜肥,阿堵探囊如鼠碩。炎天薰葬叢山紛,乩助負土營新墳。豈知狐埋復狐搰,是乩是盜二而一。「摸金校尉」、「發丘郎」,木石心腸鬼亦怵!晨酣午飫宵擭蒱,腦後不聞新鬼呼!惡乩之惡惡若此,彼蒼降罰何時已?君不見前明崇禎癸未春,邏卒驚倒喪門神;又不見河北羊毛入茄裏,千人食之萬人死!安得有司行大儺,黃金四目揚盾戈?騎士傳火倀子歌,逐之四裔投之河。疫鬼敢向天橋過?[167]

從詩中所描述的疫情(一疫乃至十年久、滿地腐鼠)及其他文獻來看,這首詩應該是日治時期「鼠疫」的實錄。這場鼠疫始於明治二十九年 (1896),一直到大正六年 (1917) 才被撲滅,前後達二十二年之久。若此詩果真寫於發生疫情之後的第十年 (1905),則該年及其前後數年正好是這一場瘟疫的高峰期,每年死亡人數都高達二、三千人。[168] 無論如何,當時的臺灣社會面對瘟疫,雖有殖民

---

165. 林豪,《澎湖廳志》,卷9,〈風俗〉,頁 325–327。
166. 詳見黃有興、甘村吉,《澎湖民間祭典儀式與應用文書》,頁 308–417。
167. 施士洁,《後蘇龕合集‧後蘇龕詩鈔》,卷6,〈泉南新樂府〉,頁 120。

政府以「公共衛生」的手段（捕鼠與清潔環境）進行防疫，但染疫者卻幾乎無藥可醫，患者的死亡率高達八成，[169] 因此，所造成的恐慌可想而知。「秦醫束手越巫逃」、「一人染疫一家危」，絕對不是詩人浮誇之詞。在這種情況之下，病者「百金求巫千金醫」的舉措便不令人意外，而在詩末，施士洁似乎也只好訴求「大儺」逐疫的宗教力量。

(三)生　育

在傳統中國社會，自先秦以來，婦女在生育之事上，無論是求子或是生產，常會尋求巫者相助，[170] 即使在現代臺灣，我們仍可看到不少「不孕」、「無子」的婦女至神壇向童乩求助。[171] 但在清代的臺灣社會，卻幾乎沒有任何文獻直接提及這一類的情事。唯周凱《廈門志》(1832) 曾說：

> 別有巫覡一種，俗呼為「師公」，……一切禱符、燒紙、噴油、栽花、步斗諸名目，率偽妄不經。愚婦人無識，為所簧鼓，花費尤多；書禮之家，亦所不禁。[172]

文中所說雖然是廈門的情形，但臺灣恐怕也有。而其中所謂的「栽花」又叫「栽花換斗」或「進花園」，基本上是一種替不孕、屢屢流產或殤子的婦女求子的儀式，在日治時期及「光復」初期的臺灣社會還相當流行，而能進行這種儀式的，除了法師之外，主要就是尪姨和童乩。[173]

---

168. 詳見小田俊郎著，洪有錫譯，《臺灣醫學 50 年》（臺北：前衛出版社，1995），頁 17–28。
169. 詳見小田俊郎著，洪有錫譯，《臺灣醫學 50 年》，頁 26–27。
170. 詳見林富士，《漢代的巫者》，頁 80–83；Fu-shih Lin, "Chinese Shamans and Shamanism in the Chiang-nan Area during the Six Dynasties Period (3rd–6th Century A.D.)," pp. 206–207.
171. 詳見林富士，〈臺灣童乩的社會形象初探（二稿）〉。
172. 周凱，《廈門志》，卷 15，〈風俗記〉，頁 651。
173. 參見片岡巖著，陳金田譯，《臺灣風俗誌》（臺北：眾文圖書公司，1990，譯自 1921 年

㈣咒　術

自漢代時起，傳統中國文獻屢屢有關於以「巫蠱」、「咒詛」（祝詛）、「厭魅」之術害人的記載。這一類的事多發生於宮廷、皇室之家，常引爆激烈的政治衝突。當事人也大多是后妃、皇族和王公大臣，但巫者通常也在其中扮演關鍵性的角色。[174] 童乩既擅長符、咒及相關的「法術」，似乎也容易被人認為具有害人的技能。

然而，清代臺灣並非中國政治中心之所在，因此，也未見主要發生在宮廷之中的巫蠱或祝詛事件。但是，民間仍有一些這一類的傳說。例如，丁紹儀《東瀛識略》便說：

> 《小琉球志》云，往時北路番婦能作法詛咒，謂之向；向者，禁制也，先試樹木，立枯，解而復蘇，然後用之，恐能向不能解也。田園阡陌，數尺插一杙，以繩環之，山豬麛鹿弗敢入；人有誤摘其瓜菓啖者，唇立腫，解之平復如初。問之諸番，近已無有。今聞淡水廳屬尚有能持符咒殺人者，以符灰雜烟茗檳榔閒食之，罔迷弗覺，劫財恣淫，一任所為；然皆未見。惟娼家遇客至，利其貲，不利其去，潛以妓口嚼餘檳榔汁濡客辮尾，客即留連不忍他適；或數日間闊，妓向所奉土神前焚香紙，默

臺灣日日新報社），頁 527–531；臺南州衛生課，《童乩》（臺南：臺南州衛生課，1937），頁 66–70；國分直一，〈乩童的研究〉，《民俗臺灣》（中譯本），1（臺北，1942），頁 90–102；國分直一，〈臺灣のシャマニズム——とくに童乩の落獄探宮をめぐって〉，收入氏著，《壺を祀る村：臺灣民俗誌》（東京：法政大學出版局，1981），頁 310–338；吳瀛濤，〈臺灣的降神術：關於觀童乩的迷信〉，《臺灣風物》9：5&6（臺北，1959），頁 25–27；吳瀛濤，《臺灣民俗》（臺北：眾文圖書公司，1975）；劉枝萬，〈臺灣のシャマニズム〉，頁 165–166。

174. 詳見澤田瑞穗，《中國の呪法》（東京：平河出版社，1984），頁 174–212；林富士，《漢代的巫者》，頁 71–80。

誦數語，客輒心動趨往。言者鑿鑿，當非臆造，是魘制餘習猶未絕也。[175]

這一段敘述透露了三個重要的訊息：第一，當時人相信「番婦」也有「祝詛」
之術；第二，當時人相信有人能「持符咒殺人」；第三，當時人相信，妓女有
「法術」能令客人留連不去或經常光顧。

其中，妓女「迷人」的法術頗類傳統社會中所謂的「媚道」或「厭魅」之
術。[176] 但不知妓女從何習得這種法術，也不知當時是否有巫者嫻習此術。

至於「持符咒殺人」的情事，陳培桂《淡水廳志》論當地「雜俗」時便說：

> 又信鬼尚巫，……最盛者莫如石碇堡：有符咒殺人者，或幻術而恣淫，
> 或劫財而隕命，以符灰雜於烟茗檳榔間食之，罔迷弗覺，顛倒至死。其
> 傳授漸廣。[177]

沈茂蔭《苗栗縣志》在敘述苗栗當地的民俗之時也有同樣的記載。[178] 而施行這
種法術的目的，以現在的流行語來說，就是「騙財」（劫財而隕命）和「騙色」
（幻術而恣淫）。至於精通這種法術的「巫者」，連橫認為，包括所謂的「瞽
師」和「王祿」。[179] 但是，似乎也不能將童乩排除在外。事實上，無論是令人
生病、死亡的祝詛、巫蠱之術，或是能令人著迷的「厭魅」之術，在近人所編
的《道壇作法》之中仍有不少相關的符咒。[180] 清代的童乩應該不難習得這一類
的法術。

此外，關於「原住民」的咒術，清乾隆二十二年 (1757) 的臺灣進士王必昌

---

175. 丁紹儀，《東瀛識略》，卷 3，〈習尚〉，頁 36。

176. 詳見林富士，《漢代的巫者》，頁 77–80。

177. 陳培桂，《淡水廳志》，卷 11，〈風俗考〉，頁 304。

178. 沈茂蔭，《苗栗縣志》，卷 7，〈風俗考〉，頁 119–120。

179. 連橫，《臺灣通史》，卷 22，〈宗教志〉，頁 575–576。

180. 詳見峨媚居士，《道壇作法》。

（王克捷），在其〈臺灣賦〉中便曾針對「番俗」有以下描述：

> 且聞遠社番婦，能作咒詛，犯之即死，解之即蘇。喝石能走，試樹立
> 枯。傳疑之語，豈其然乎？[181]

這種咒術，曾於清乾隆九至十二年 (1744–1747) 擔任巡臺御史的六十七也曾提
到，其〈秋日雜詩〉說：

> 眼底天民在，熙熙共往來。忘年驚鬓變……，改歲待花開……。即鹿群
> 看箭……，安家密咒灰（提防漢人掠取其物，以巫術咒灰土，名曰下
> 卦，過者畏之）。唱歌爭款客，喚取女郎回。[182]

「安家密咒灰」這一句的注文所說的「下卦」，應該就是丁紹儀引《小琉球志》
所說的「向」，而這個字或許也可以寫作「响」，也就是前面提過的「响婆」（女
巫）的「响」字。

事實上，向或响這個字，除了有「禁制」之意，可能還有「巫者」或「巫
術」之意，例如，《安平縣雜記》（大約撰於日治初期）敘述「四社番喪祭」時
便說：

> 四社番喪祭，一切禮節，猶若閩人。其掛孝一事，男人與閩人無殊；番
> 婦則不同。閩婦只用黃綠兩色之布捆於頭布上面。惟有「問向」一俗。
> 何曰「問向」？當人死將收殮之時，必請番婦為尪姨（即女巫者）到家，
> 就死人屍前祝告，請其投身詳說因何致死緣由，是否壽數當終，抑係誤
> 藥枉死，或是被人毒害；而死之魂，每能詳說細告親人。究其有無實
> 事，則不可知。奈俗例如斯，莫不如此；即自己家有尪姨，亦須他人尪
> 姨來問。徒此一事，番俗所有，其餘喪祭殮葬及延僧功果，均同閩人。[183]

---

181. 王必昌，〈臺灣賦〉，收入王必昌，《重修臺灣縣志》，卷 13，〈藝文志〉，頁 479。
182. 六十七，《使署閒情》〔《臺灣文獻叢刊》本〕，卷 1，〈秋日雜詩八首〉，頁 17–18。

文中所說的「問向」，就是在喪禮之時，請「尪姨」（紅姨；女巫）到家中讓亡魂附身，由家人問明其亡故之緣由。可見「問向」就是「問女巫」，這有點像漢代人死之後，請巫者「下死人魂」的習俗。[184] 此外，此書還提到四社番「作向」的習俗，其內容和意義有點類似漢人的「齋戒」，但期間長達六個月之久。而且，「向」又可以分成「公向」和「私向」。「私向」是由「尪姨」施行。四社番人相信，可以請「尪姨」以「向」傷害人，令人生病，也必須請「尪姨」解除才能免禍，[185] 可見「向」也可以指「巫術」。但不知道「向」是否為平埔族之語，而「尪姨」（「紅姨」）似乎也是緣於臺灣「原住民」的語詞。[186]

六、士人對於童乩的態度

以上所引諸多文獻的作者，除極少數是日本人之外，大都是中國人，其身分或是基層的生員、貢生、士紳，或是稍有名望的舉人、進士，或是擔任官職的士大夫。他們之中，有的是在臺灣土生土長，有的是從中國大陸移居來臺長住，有的是因為任官短暫來臺居留，有的則是因旅遊經臺，有的則只是在海峽對岸間接聽聞或想像臺灣的種種。無論如何，從文化或社會階層的角度來看，他們都可以統稱之為「士人」階層。

整體來說，他們雖然承認「尚巫」、「好鬼」是臺灣的「習俗」，也知道童乩這一類的巫者在宗教及醫療事務上深受民眾信仰與倚賴，在現實生活中甚至

183. 《安平縣雜記》，〈調查四番社一切俗尚情形詳底〉，頁59。
184. 詳見林富士，〈「巫叩元絃」考釋——兼論音樂與中國的巫覡儀式之關係〉，《新史學》7：3（臺北，1996），頁195–218。
185. 詳見《安平縣雜記》，〈調查四番社一切俗尚情形詳底〉，頁59–62。
186. 關於平埔族的「作向」及其與巫者的關係，參見國分直一，〈四社平埔族の尪姨と作向〉，收入氏著，《壺を祀る村：臺灣民俗誌》，頁265–272；李國銘，〈頭社夜祭與祀壺信仰初探〉，《臺灣風物》48：1（臺北，1998），頁63–136。

還可能尋求過巫者（童乩）的幫忙，但是，在形諸筆墨之時，對於童乩（及其他類型的巫者）及其相關的信仰和儀式，卻非常一致的抱持否定的態度。有人蔑視、譏諷，有人嚴加批判，有人痛恨不已，有人甚至採取禁斷的措施。以下便舉若干事例略加說明，並進一步探討他們採取這種態度的緣由。

㈠蔑視與批判

清代士人對於童乩（巫者）的蔑視主要表現在「語言」上。例如，湯彝（字幼尊，號柚村）《柚村文》(1847) 中有一篇〈臺灣內附考〉，敘述臺灣進入中國版圖之始末，而在「附論」中，他便說：

> 然臺灣本番土，一屯於日本，再攘於荷蘭，繼為鄭氏所據；淫巫之風、澆淩之習，雖大化旁流，驟難盡革。[187]

「淫巫」一詞顯然帶有貶損之意。

其次，彰化舉人陳肇興〈觀物〉一詩寫其對「仙、佛、鬼、神」四物的看法，其中，〈神〉這一首寫道：

> 下為河嶽上辰星，正氣歸然俎豆馨。萬古聖王資教化，一時木偶竊威靈。村巫作態非非想，婦女何知事事聽。不信聰明兼正直，任人游戲似優伶。[188]

詩中以「任人游戲似優伶」比擬降神之「村巫」，可見其態度之輕蔑。

此外，彰化進士丘逢甲 (1864–1912) 在清光緒二十六年庚子歲 (1900)，曾因感時局之紛亂而有詩云：

---

187. 收入臺灣銀行經濟研究室編，《臺灣關係文獻集零》〔《臺灣文獻叢刊》本〕，〈柚村文選錄〉，頁 60。

188. 陳肇興，《陶村詩稿》，卷 3，〈戊午〉，頁 44–45。

滿目獅章更鷲章，沉沉龍氣不飛揚。秋風石馬昭陵慟，夜雨金牛蜀道長。元老治軍收白芳，中朝厄閏等黃楊。若教死殉論忠義，何止區區李侍郎！金幣全輸玉並俘，止兵幡未下驪虞。六宮急作拋家髻，三界難飛召將符。殿下雷顛嘗大敵，軍中風角走妖巫。即今神聖猶爭頌，莫笑當時莽大夫。[189]

這首詩雖然是在表達他對當時「義和團之亂」的不滿和對朝廷的失望，但「妖巫」一語也顯示他對「巫」的蔑視。

無論是妖巫、淫巫還是優伶，都帶有輕賤之意，因此，對於童乩（巫者）的種種作為及相關的俗尚，清代士人也往往以愚陋、弊害視之。例如，周鍾瑄《諸羅縣志》論臺灣漢人之風俗時便說：

好巫、信鬼、觀劇，全臺之敝俗也。[190]

其次，臺灣銀行經濟研究室所編的《福建通志臺灣府》(1868)，[191] 在敘述臺灣「尚巫」之風俗及「客子師」、「米卦」之事後，也說：「鄉人為其所愚」。[192]

又其次，闕名者所撰之〈臺遊筆記〉（約撰於 1877–1897）在提到臺灣「與人治病之巫祝」（童乩）以利刃自傷的場景之後，也說：「以此愚人」。[193]

再其次，新竹士紳陳朝龍的〈竹塹竹枝詞〉，在描述當地迎神賽會時童乩的展演之後，也說：「此等頹風，不知何年得挽。」[194]

再者，林豪《澎湖廳志》論澎湖之風俗也說：

189. 丘逢甲，《嶺雲海日樓詩鈔》〔《臺灣文獻叢刊》本〕，卷7，〈庚子稿〉，頁159。
190. 周鍾瑄，《諸羅縣志》，卷8，〈風俗志・漢俗〉，頁136。
191. 輯自孫爾準等人所修的《重纂福建通志》〔1868年刊本〕。
192. 臺灣銀行經濟研究室編，《福建通志臺灣府》〔《臺灣文獻叢刊》本〕，頁206，引《臺灣縣志》。
193. 臺灣銀行經濟研究室編，《臺灣輿地彙鈔》，頁102。
194. 收入鄭鵬雲、曾逢辰，《新竹縣志初稿》，卷6，〈文徵〉，頁256。

夫澎之積習，守分則有餘，進取則未足。邇來生齒日眾，質者漸恣，悍
者漸漓，或尚鬼而信巫，或恃眾而暴寡，或托持齋以惑世，或搆刀筆以
陷民，或搶掠失水商船而漠不為怪。……民困彌甚，則民俗彌偷，非有
大力者主持於上，其孰從而挽之哉？[195]

而陳淑均《噶瑪蘭廳志·祀典》論「厲祭」之時，在「附考」中引用吳榮光
(1773–1843)《吾學錄》的意見說：

> 按「春秋傳」，子產為伯有立後，使鬼有所歸，遂不為厲。則厲壇之設，
> 正以無主孤魂，或能依草附木、求食殃民，故於季春、仲秋、孟冬，歲
> 祭者三；迎城隍神以為之主，即國僑治鄭之遺法也。然無主之鬼，既有
> 此祭，自不敢復為民害。即間有搏膺之晉厲、被髮之良夫，彼其冤孽相
> 尋，又豈祈禳可免？惟有省愆修德，以正勝邪，自能鄰路鬼之揶揄，而
> 為神明所默祐。晉人不禱桑林，楚子不修河禜，而鬼神究不得而祟也。
> 昧者不察，值陰陽偶戾、寒暑違和，不推其致病之由，輒以為群魔所
> 祟。雖有和、緩，不取驗於參苓。乃召巫師立為收魂袪鬼之計，遂使病
> 者僵臥在床，聽其日就沈錮；一家男婦，徒營營於飯巫化楮渺茫無益之
> 為。而巫師遂得憑其符笈，造作誑詞，謂某日某方鬼神作祟，竟使其家
> 愈增惶惑，乞靈荼於野廟，舁木偶於通衢，為門外之袪除，舍室中之湯
> 藥。及至病成縣憊，即使華扁重來，亦將望而郤走。是病原可治，一經
> 引邪入室，乃真為鬼所祟矣，豈不謬哉！[196]

這是對於民間「厲鬼」信仰及「巫醫」治病的批判。

此外，連橫在也指斥「開光」、「建醮」、「祈雨」、「報恩」、「收煞」、「補
運」、「求子」（栽花換斗）這些儀式都是道士「欺罔愚頑」的「迷信」。但他覺

---

195. 林豪，《澎湖廳志》，卷 9，〈風俗〉，頁 328。

196. 陳淑均，《噶瑪蘭廳志》，卷 3（中），〈祀典〉，頁 108–109。

得道士「猶未甚害」，真正足以「惑世誣民者」，「莫如巫覡」（包括童乩、紅姨
等），他甚至說他們「如蛇如蝎」。[197]

　　在這種觀念的影響之下，雲林地區的蕭氏婦女「嚴絕女巫輩往來」，也成
為當時士人頌揚她「節孝」的主要表現之一。[198]

(二)痛恨與禁斷

　　由於士人相當輕視或痛恨巫者（包括童乩）的作為，因此，一旦擔任官
吏，掌握權柄，有時便會壓制巫者的活動或禁斷巫俗。例如前面曾提過，崔應
階在乾隆三十二年擔任福建巡撫之後，不到四個月，便馬上頒布命令，禁止閩
臺一帶「迎神賽會」、「私巫馬子」（童乩）降神的「惡習」。[199] 而他的舉動其實
也是沿襲前人的作法，例如，曾任澎湖通判的胡建偉在《澎湖紀略》中便
提到：

> 傳曰：國之大事，在祀與戎。……唐狄仁傑毀天下淫祠四千七百餘所，
> 誠以惑人耳目、亂人心志，敗人風俗，愚夫愚婦赴之若渴、慕之如飴，
> 燒香結會，大為世道人心之蠹者，不可不懲也。況閩俗人情浮動，信鬼
> 而尚巫，如迎賽閩神、崇奉五帝（閩人稱瘟神為五帝），則尤為淫祀之
> 尤者也。督憲蘇、撫憲莊痛悉其弊，凡有土木之偶，盡毀而投諸水火，
> 於乾隆三十二年六月恭奏奉旨嚴禁，斯真振頹拯弊之一大政也哉！其習
> 俗相沿，無愆於義者，則亦例不禁焉。澎湖自歸版圖以後，即設有專官
> 以鎮斯土，以主斯祀。雖無山川、社稷、風雲雷雨諸壇與夫文廟春秋釋
> 菜之禮，而奉文致祭，載在國典者，歲時肇舉，斯亦守土者之所有事
> 也。至於一十三澳，澳各有廟，士庶奉為香火者，率皆土神，因地以

---

197. 連橫，《臺灣通史》，卷22，〈宗教志〉，頁574–576。

198. 倪贊元，《雲林縣采訪冊》，〈沙連堡・列女・節孝節〉，頁167。

199. 臺灣銀行經濟研究室編，《福建省例》，卷34，〈雜例〉，頁1201–1202。

祭；均無敗俗傷化，與闖神、五帝二事相似為淫惡之祀，在所必禁也，則亦仍之而已。[200]

文中所說的乾隆三十二年嚴禁閩省巫俗之事，是在崔應階的「示諭」之前，文中的蘇姓督憲或許是指閩浙總督蘇昌 (?–1768)，[201] 而莊姓撫憲則應該是崔應階之前一任的福建巡撫莊有恭。[202] 至於胡建偉本人，也同意禁止類似闖神、五帝（瘟神）這一類的「淫祀」。

　　其次，王凱泰 (1823–1875) 在同治九年 (1870) 擔任福建巡撫之後，次年 (1871) 十一月二十一日也下令禁止其轄內之「迎神賽會」，其禁令說：

照得迎神賽會，久干禁令。有司失察，並予處分。良以民間各有本業，要在務民之義，鬼神則敬而遠之可也。閩省俗尚虛誣，崇信神鬼。刁徒惡棍，藉賽會之名，為染指之計。甚有淍殿、塔骨等項不經名目。疊次諭禁，未盡欲跡。他如神廟之夜戲，道旁之淫祠，門條之詭異，治病之荒謬，有降童以惑眾，亦魘魅而殺人。婦女入廟燒香，青年尤乖禮法。民人結會遊戲，醜態更駭聽聞。種種頹風，必應力挽。除出示禁止，並通飭內地九府、二州暨福防廳、閩縣、侯官一體查辦外，合并札司，即便會同藩司通飭遵辦，毋違。[203]

至於其「禁止」之細目則包括下列十項：一、「不准聚眾迎神，並捏造請相出海名目」；二、「不准迎神像赴家，藉詞醫病，駭人聽聞」；三、「不准道旁添搭矮屋，供奉土神，如男堂、女室、長爺、短爺之類，標榜名目，倏東倏西，最堪駭怪」；四、「不准沿街張貼某神行臺、公所字條，如威靈公、太子、及馬元

200. 胡建偉，《澎湖紀略》，卷2，〈地理紀‧廟祀〉，頁 36–37。

201. 趙爾巽等，《清史稿》，卷 309，〈蘇昌傳〉，頁 10607–10609。

202. 崔應階是在乾隆三十二年七月接任。

203. 臺灣銀行經濟研究室編，《福建省例》，卷 34，〈雜例〉，頁 1218。

帥、溫將軍各行臺、大班公所、隨駕公所之類」；五、「不准扮作長爺、矮爺」；
六、「不准假扮兇惡罪犯」；七、「不准各廳演唱夜戲」；八、「不准非僧、非道，
混號降童」；九、「不准挾嫌打牛頭。如與人有隙，將其姓名、年庚往訴牛頭
神，並買鐵板所印口紙，暗中飛打，期畢其命」；十、「不准青年婦女入廟燒
香，如請花、求子等類，情尤可鄙」。[204] 這些項目幾乎都和巫者的信仰對象與
儀式活動有關，其中，所謂「降童」就是指「童乩降神」，例如，俞樾便記載
黃巖縣（現屬浙江省，在浙閩交界之處）的「降童」之俗云：

> 降童者，焚符降神，求示機兆也。神依人而言，所依之人謂之童身。神
> 降，則童身自倒於地，口吐白沫，俄而躍起，竟登神坐，謂之上壇。於
> 是眾皆羅拜，求神指示，神輒示以隱語。酬對既畢，童身又倒地如初，
> 謂之退壇。[205]

這和目前臺灣各地神壇的「法師」以符咒讓童乩「降神」的過程並無太大不
同，至於其「科儀」的名稱，以普庵派的法師來說，或叫「降神童」，或叫「降
童子」，或叫「降乩童」，或叫「扶童」。咒語中則稱降神者為「童」、「童身」、
「靈童」。[206] 有趣的是，清代黃巖縣民眾的「降童」活動主要目的之一是為了
在「納花會」（類似近代臺灣的「大家樂」、「樂透」）的「賭博」中贏錢，但也
有人是為了治病。[207]

　　總之，閩地的巫風似乎在王凱泰禁斷之後稍有冷卻的跡象，例如，兩江總
督沈葆楨 (1802–1879) 在光緒元年 (1875) 十一月八日所上奏的〈福建撫臣王凱

---

204. 臺灣銀行經濟研究室編，《福建省例》，卷 34，〈雜例〉，頁 1219。

205. 俞樾著，徐明霞點校，《右臺仙館筆記》（上海：上海古籍出版社，1986），卷 12，頁
　　 203。

206. 詳見周沛松，《降乩童科文》（彰化：逸群圖書有限公司，2000，與《普庵陰陽鎮法度》
　　 合編）。

207. 俞樾，《右臺仙館筆記》，卷 12，頁 203–204。

泰請卹摺〉中提到：

> 閩省向有淫祠，每年賽會，舉國若狂，聚眾証民，莫此為甚；自經嚴
> 禁，乃息巫風。[208]

摺中所述的嚴禁「巫風」，便是王凱泰擔任福建巡撫期間 (1870–1875)，在閩臺
一帶所行的「德政」之一。[209]

此外，清光緒十一年 (1885)，劉銘傳也以福建巡撫的名義在澎湖媽宮設立
石碑，宣示禁令。其碑文提到：

> 左道異端，實閭閻之大害；妖言惑眾，為法律所不容。乃有不法之徒，
> 輒敢裝扮神像，妄作乩童，聚眾造謠，藉端滋事，往往鄉愚無知，被其
> 煽惑，此風斷不可長。……爾等須知：藉神惑眾，例禁甚嚴。[210]

無論是禁止「迎神賽會」、禁毀祠廟神像，還是禁制童乩活動，清代官員
其實都有法律上的依據，例如，大清律令中便有「禁止師巫邪術」律，其條文
規定：

> 凡師巫假降邪神，書符咒水，扶鸞禱聖，自號端公、太保、師婆（名
> 色）；及妄稱彌勒佛、白蓮社、明尊教、白雲宗等會，一應左道異端之
> 術；或隱藏圖像，燒香集眾，夜聚曉散，佯修善事，煽惑人民；為首
> 者，絞（監候）；為從者，各杖一百，流三千里。若軍民裝扮神像，鳴
> 鑼擊鼓，迎神賽會者，杖一百，罪坐為首之人。里長知而不首者，各笞

---

208. 臺灣銀行經濟研究室編，《福建臺灣奏摺》〔《臺灣文獻叢刊》本〕，〈附錄〉，頁 82。
209. 其他還有禁械鬥、火葬、溺女等舊俗；詳見趙爾巽等，《清史稿》，卷 426，〈王凱泰傳〉，頁 1250。
210. 轉引自伊能嘉矩，《臺灣文化志》（東京：刀江書院，1965，重印 1928 年版），中卷，頁 457–458。

四十。其民間春秋義社（以行祈報者），不在此限。[211]

這條律文規範的範圍遍及全國，因此，往往成為各地官員禁絕或改易「巫俗」時的主要依據。

(三)拒斥之緣由

清代士人之所以拒斥童乩與巫俗，主要可能是為了順應國家律令的要求，但是，制訂這樣的律令究竟有何考量，官吏為何要援引這樣的律令禁抑巫風，還有待進一步探查。

1.治安

首先，他們似乎擔心童乩具有集結與煽惑群眾的能力，怕他們會威脅社會治安。例如，崔應階禁止閩臺「迎神賽會」的主要理由便是由「私巫馬子」（童乩）帶隊的「陣頭」會有「互毆」鬧事的情形，容易「滋生事端」，「擾害地方」。[212]

更令他們擔心的是，童乩（巫者）有時候還會帶頭叛變或參與叛亂團體。例如，前述「施案」中的施九緞便是彰化地方的童乩，而戴潮春的陣營中，據說也有不少「星卜師巫之類」的人擔任參謀。[213]

不僅臺灣如此，福建原鄉也有類似的叛亂事件，例如，清康熙十六至十七年 (1677–1678) 在福建漳浦、泉州、同安一帶便有所謂的「蔡寅之亂」或「白頭賊」之亂，而其首領蔡寅便是一名巫者。[214]

---

211. 引自薛允升著，黃靜嘉編校，《讀例存疑》（臺北：成文出版社，1970 重刊本），卷 18，〈禮律〉，頁 421。

212. 臺灣銀行經濟研究室編，《福建省例》，卷 34，〈雜例〉，頁 1201–1202。

213. 吳子光，《臺灣紀事》，附錄一，〈奉旨建坊入祀昭忠祠贈忠信校尉羅公傳〉，頁 53–54。

214. 臺灣銀行經濟研究室編，《福建通志臺灣府》，〈雜錄〉，頁 974；臺灣銀行經濟研究室編，《漳州府志選錄》〔《臺灣文獻叢刊》本〕，〈志事・寇亂〉，頁 21；臺灣銀行經濟研究室

除此之外，社會一般相信巫者（童乩）能以咒術害人，這很容易引起社會恐慌，[215] 再加上他們常能吸引眾多信徒，甚至領導或參與叛亂活動，所以，巫者很容易被政府視為一種治理上的潛在威脅。[216] 事實上，有些學者便認為，咒術或「降神」之術是「弱者的武器」，是被壓迫者、社會底層的人反抗的主要工具。[217]

2.經濟

除了社會治安之外，清代士人拒斥童乩主要是擔心他們藉機「斂財」，或

編，《閩海紀略》〔《臺灣文獻叢刊》本〕，〈後紀略〉，頁 41–42；阮旻錫，《海上見聞錄》〔《臺灣文獻叢刊》本〕，卷 2，頁 52；彭孫貽，《靖海志》〔《臺灣文獻叢刊》本〕，卷 4，頁 83；周凱，《廈門志》，卷 16，〈舊事志‧紀兵‧國朝〉，頁 672。

[215.] 參見陳潤棠，〈巫術、童乩與降頭〉，收入氏著，《東南亞華人民間宗教》，頁 162–198；澤田瑞穗，《中國の呪法》，頁 123–332；中村治兵衛，《中國シャーマニズムの研究》（東京：刀水書房，1992）；林富士，《漢代的巫者》，頁 71–80；Fu-shih Lin, "Chinese Shamans and Shamanism in the Chiang-nan Area during the Six Dynasties Period (3rd–6th Century A.D.)," pp. 214–217; Philip A. Kuhn, *Soulstealers: The Chinese Sorcery Scare of 1768* (Cambridge and London: Harvard University, 1990).

[216.] 事實上，明清政府除了對於巫者有這一方面的顧忌之外，對於一些所謂的「教派宗教」（如白蓮教、白雲宗、羅教等），也是百般提防。詳見歐大年 (Daniel L. Overmyer) 著，劉心勇等譯，《中國民間宗教教派研究》〔*Folk Buddhist Religion: Dissenting Sects in Late Traditional China*〕（上海：上海古籍出版社，1993），頁 13–52；B. J. ter Haar, *The White Lotus Teachings in Chinese Religious History* (Leiden: E. J. Brill, 1992), pp. 173–195, 247–288.

[217.] 詳見 I. M. Lewis, *Ecstatic Religion: A Study of Shamanism and Spirit Possession*, second edition (London and New York: Routledge, 1989), pp. 25–31; Donald S. Sutton, "Ritual Trance and Social Order: The Persistence of Taiwanese Shamanism," in Andrew E. Barnes and Peter N. Stearns eds., *Social History and Issues in Human Consciousness* (New York: New York University Press, 1989), pp. 105–129.

是鼓勵民眾浪費太多財物於宗教活動上。例如，周鍾瑄《諸羅縣志》批評臺地以巫禳病的習俗說：

> 病未愈，費已三、五金矣。不特邪說惑人，亦糜財之一竇也。[218]

其次，周璽的《彰化縣志》也說這一類的巫俗：

> 費數百錢。婦女尤信而好之。此風不可不嚴禁使止也。[219]

又其次，蔡振豐的《苑裏志》也說當地童乩、紅姨這一類的巫者：

> 皆乘間取利，而惑之者則牢不可破。陋俗相沿，安得如西門豹者除而去之之為愈也。[220]

再其次，林百川、林學源的《樹杞林志》也斥當地巫者與巫俗說：

> 此皆乘間取利，蠱惑人心。種種陋俗相沿既久，已為牢不可破矣。[221]

同樣的，鄭鵬雲、曾逢辰的《新竹縣志初稿》也說當地巫者：

> 大抵皆乘便取利。婦女尤為酷信，其心牢不可破。蓋蠻貊之風猶存焉。[222]

此外，林豪《澎湖廳志》在敘述當地「造王船、設王醮」的習俗之後說：

> 南人尚鬼，積習相沿，故此風特甚，亦聖賢所不盡禁。然費用未免過

---

218. 周鍾瑄，《諸羅縣志》，卷8，〈風俗志〉，頁148。

219. 周璽，《彰化縣志》，卷9，〈風俗志〉，頁293。

220. 蔡振豐，《苑裏志》，下卷，〈風俗考〉，頁89。

221. 林百川、林學源，《樹杞林志》，〈風俗考〉，頁104。

222. 鄭鵬雲、曾逢辰，《新竹縣志初稿》，卷5，〈風俗〉，頁186。

奢，則在當局者之善於撙節已。[223]

這是比較溫和的批評。事實上，連橫在敘述臺灣的「王爺」信仰之餘，對於「造船建醮」之事便有相當嚴厲的指責，他說：

> 師巫之徒，且藉以斂錢，造船建醮，踵事增華，惑世誣民，為害尤烈。[224]

不僅志書的作者有這樣的批評，其他士人的詩文中也有類似的聲音。例如，施士洁的〈乩童〉一詩便說：

> 咄哉！乩童爾何人？一時見利不見身。賺錢攫物巧於盜，爛頭破面驚為神！父老焚香婦孺拜，搢紳坐視不敢怪。爾非孫泰斗米師，或是方臘紅巾派？釀觴賽會紛如狂，腥羶雜沓村醪強。此獠公然恣饕餮，既醉既飽神之旁。宴罷騰身立神轎，血汗淋漓路人笑。爾豈獨非父母身？世上無如此不肖！乩童！乩童！何為乎？爾何不為耕稼徒？爾何不為漁樵夫？或為僧道為醫巫，或為輿隸為傭奴；不然入市閴屠沽，不然浮海從賈胡！嗟□愚人還自愚，爾賣爾肉堪壺盧！爾□□□□區區，□□爾罰膺刀鈇；蓬飛爾首赤爾□，□□□□劍爾膚！童爾妄稱已足汗，乩爾偽託尤當誅！泉南豈乏君子儒，竟容此獠行通衢！何況媚灶俗所趨，紅男綠女相染濡。邇來妖氣無處無，妖而雌者為神姑。爾獷類鬼騷類狐，誰滅爾醜正爾辜！左道昔有琅邪于，安得江東孫伯符？[225]

詩中除了描述童乩的儀式場景（如「爛頭破面」、「騰身立神轎」、「血汗淋漓」）之外，大多以負面的話語批評童乩，如：「此獠公然恣饕餮」、「血汗淋漓路人

---

223. 林豪，《澎湖廳志》，卷9，〈風俗〉，頁325。

224. 連橫，《臺灣通史》，卷22，〈宗教志〉，頁573。

225. 施士洁，《後蘇龕合集‧後蘇龕詩鈔》，卷6，〈泉南新樂府〉，頁122–123。

笑」、「世上無如此不肖」。但其中最關鍵的地方還在於一開頭所說的「一時見利不見身，賺錢攫物巧於盜」，詩的後半段也反覆批評童乩「不事生產」，認為他們是「愚人還自愚」，而當時臺灣卻又是「妖氣無處無」，因此他認為應該有人出面誅滅童乩這種人。

其次，彰化鹿港人洪棄生 (1867–1929) 在癸巳年（清光緒十九年，1893）所寫的〈與邱仙根進士書〉也提到：

> 前為敝門徒託君拯溺，深蒙垂憫；敝門徒銘之，僕亦感焉！乃自仁臺北上，而事機遂棘。是即仁臺所云「言之行與不行，視地方之福運」；此亦南北投之無福，非僅敝東家之有禍也。是後變態非常，主人別請巫覡以為祈禳；悉索所至，幾致破家。[226]

信中所提到的事情，究竟詳情如何還有待考證，但至少透露出其主人曾因禍事而請巫覡祈禳，卻因巫者「悉索」無度，幾乎「破家」。可見，當時似乎有些巫者（包括童乩）確會乘機斂財。

總之，對於傳統中國社會的士人而言，農、桑（織）才是本業，基本的工、商活動也有其必要，宗教、祭祀、娛樂則應儉省，例如，王必昌 (fl. 1757) 的〈臺灣賦〉便說：

> 爰稽習尚，競事侈靡。土沃民逸，大抵如是；逐末既多，本務漸弛；工鍼繡而棄枲管，輕菽粟而艷羅綺；群尚巫而好鬼，每徵歌而角技。思易俗以移風，賴當途之經理。[227]

---

226. 洪棄生，《寄鶴齋選集》〔《臺灣文獻叢刊》本〕，〈文選・書札〉，頁 175。

227. 收入王必昌，《重修臺灣縣志》，卷 13，〈藝文志〉，頁 479。

3.禮教

　　除了社會治安和經濟上的考量之外，清代士人拒斥巫者（童乩）還有禮教上的因素。例如，六十七《使署閒情》(1747) 收錄臺灣廩生董夢龍 (fl. ca. 1747)〈臺灣風土論〉一文，其中便說明鄭至清初的臺灣居民：

> 無醇厚敦朴之意。相期以詐，相陵以力。好鬼好巫，婦女好遊，桑間濮上之風熾焉。[228]

所謂「桑間濮上之風」便是巫風，也就是「淫風流行」。[229] 事實上，吳子光《臺灣紀事》也說：

> 或疑鄭氏闢國時，屏聲色、絕紛華，貽謀宏遠；後乃風同鄭、衛，何耶？余按陳太姬好巫覡，國人化之，今株林月出諸詩，猶可考證，所謂楚人鬼而越人襪，自古巫祝紛挐之地，未有不淫亂者。……臺地多巫覡，卻少女冠子一流，蓋齋魚粥鼓、冷雨孤燈，非有根器者消受不得清涼世界耳。[230]

這都是將臺灣的巫風和「淫亂」畫上等號，而儒家的「禮教」完全無法容許「淫亂」之事，士人自然必須起而攻之。

　　此外，在儀式過程中，童乩裸體、披髮、自傷、流血、狂舞的展演，似乎也一一背反禮教的規範。

　　然而，更根本的是，自漢代以來，士人一直努力透過官方的「祀典」全面掌控各個宗教領域，而巫者卻常常不聽節制，不受規範，甚至透過「憑附」之技能，直接以神的身分和信眾交通，因此，歷代的士大夫幾乎無不以禁斷巫者

---

228. 收入六十七，《使署閒情》，卷3，〈雜著（一）〉，頁 101。
229. 收入六十七，《使署閒情》，卷3，〈雜著（一）〉，頁 102。
230. 吳子光，《臺灣紀事》，卷1，〈臺事紀略〉，頁 18。

（尤其是童乩這一類型的巫者）為其職責。清代臺灣士人之所以貶抑、批判、痛恨、鎮壓童乩，其實不過是延續漢代以來士大夫的傳統而已。[231]

七、結　語

人類許多事物乍看之下很新鮮，一經追查，卻是源遠流長，臺灣社會的童乩就是其中一個例子。

就一種研究對象或研究課題而言，童乩要到 1970 年代以後才逐漸受到學界的注意，而吸引較多人的目光則是最近十年左右的事，單是以童乩（包括尫姨）為主題的學位論文至少便有十篇左右。[232] 因此，童乩及與其相關的信仰和儀式，很容易被認為是近年來新興的宗教現象，至少，有人會認為最近幾年比較興盛。

但是，稍稍翻閱史籍便會發現，早在清代，臺灣的風俗就以「尚巫、信鬼」、「巫風」熾盛聞名，而前引施士洁〈乩童〉一詩也直陳「邇來妖氣無處無」，其他士人也屢屢針對與童乩相關的「陋習」提出批判，可見「童乩」絕對不是近年來的產物。

事實上，根據本文的研究結果來看，現代童乩與清代童乩確有一脈相承的關係。但是，兩者之間也有「古今之變」的地方。

以信仰對象來說，無論古今，「王爺」（瘟神）或是廣義的「厲鬼」信仰一

---

231. 詳見林富士，《漢代的巫者》，頁 27–48；Fu-shih Lin, "Chinese Shamans and Shamanism in the Chiang-nan Area during the Six Dynasties Period (3rd–6th Century A.D.)," pp. 266–278；王章偉，〈在國家與社會之間：宋代 (960–1279) 巫覡信仰研究〉（香港：香港大學博士論文，2003），頁 144–208；Donald S. Sutton, "From Credulity to Scorn: Confucians Confront the Spirit Mediums in Late Imperial China," *Late Imperial China*, 21:2 (2000), pp. 1–39.

232. 詳見林富士，〈童乩研究的歷史回顧〉；林富士，〈臺灣童乩的社會形象初探（二稿）〉；陳藝勻，〈童乩的社會形象與自我認同〉。

直是其主軸。可是，現代童乩常有的一些主祀神或偎身神，如濟公、三太子
（中壇元帥）、關公、王母娘娘（瑤池金母）等，在清代文獻中卻完全不見或
與童乩沒有任何關聯。而當時文獻所提到的一些較為次要的主祀神，除了媽祖
之外，其他像城隍、七娘、何仙姑、水仙等，在近年來的田野場合中已很少能
找到以其為主神的童乩。比較特殊的是九天玄女，這位女神在清代的臺灣社會
似乎非常罕見，但已和「紅姨」有所牽連，而近些年來卻又成為新興的「靈
乩」、「會靈」、「母娘」信仰的主神之一。

其次，以儀式特質來說，無論古今，迎神賽會一直是童乩現身於公眾的主
要場合，「憑附」與「視鬼」也一直是他們「通神」的主要方式。他們在儀式
過程中的裝扮也一直以裸露（赤裸上身、胸背、雙腳）與披髮（散髮）為基
調，並以各種兵器、利刃「自傷」，包括：破頭、剖額、砍背、割舌、刺膚、
穿腮等，以致鮮血淋漓，令人觸目驚心。有時則還會有爬刀梯、「過火」、「煮
油」、臥（坐）釘床（椅）的展演。至於他們所使用的法器，則是以用以「自
傷」的利器為主，另外則有神輦（神轎）、府、紙錢等物。就此而言，古今之
間幾乎沒有任何差別。不過，大約從 1970 或 1980 年代開始，日漸增多的私有
神壇，似乎也讓童乩現身或工作的場所不再以「公廟」為主。[233] 而且，當時的
記錄也不及於童乩在「開壇濟世」（「辦事」）時的儀式，而這一部分卻又是近
代學者關注的焦點之一。[234] 此外，現代童乩在迎神賽會中經常持拿或運用的香
（香爐）和令旗，清代文獻似乎也不曾提及。但是，這可能只是當時士人觀察
和描述上的疏漏所致，而不是不存在。事實上，清代士人對於童乩的裝扮及法
器的描述都非常簡略。

---

233. 詳見林衡道，〈臺灣寺廟的過去與現在〉，《臺灣文獻》27：4（南投，1976），頁 41–49；
　　李亦園，〈是真是假話童乩〉，收入氏著，《信仰與文化》（臺北：巨流圖書公司，1978），
　　頁 101–115；陳杏枝，〈臺北市加蚋地區的宮廟神壇〉，《臺灣社會學刊》 31 （臺北，
　　2003），頁 93–152。
234. 詳見林富士，〈童乩研究的歷史回顧〉；陳藝勻，〈童乩的社會形象與自我認同〉。

　　第三，就社會角色來說，古今之間也具有高度的延續性。基本上，童乩在臺灣社會始終扮演神人之間的「媒介」角色，確可稱之為「靈媒」，而其主要工作則在於替人「祈福解禍」。具體而言，其職事包括替人治病、逐疫、求子，或以咒術傷害或迷惑別人。其中又以醫療的工作為主軸。事實上，他們一直是臺灣社會中非常重要的醫療者。[235] 不過，清代童乩在替人治病時，除了宗教儀

235. 詳見王志明，〈臺北市基隆路的一個民俗醫生和他的信徒們〉（臺北：臺灣大學考古人類學系學士論文，1971）；鈴木滿男，〈臺灣の祭禮における男性巫者の登場──民間道教に對する巫術の位相〉，收入氏著，《マレビトの構造》（東京：三一書屋，1974），頁161-196；董芳苑，〈臺灣民間的神巫──「童乩」與「法師」〉，收入氏著，《臺灣民間宗教信仰》（臺北：長青文化事業股份有限公司，1975，1984 年增訂版），頁 246-266；Bruce Holbrook, "Chinese Psycho-Social Medicine, Doctor and Dang-ki: An Inter-Cultural Analysis," *Bulletin of the Institute of Ethnology, Academia Sinica*, 37 (1975), pp. 85–111; Emily M. Ahern, "Sacred and Secular Medicine in a Taiwan Village: A Study of Cosmological Disorders," in A. Kleinman et al. eds., *Medicine in Chinese Culture* (Washington, D.C.: U.S. Government Printing Office, 1976), pp. 91–113; K. Gould Martin, "Medical Systems in a Taiwan Village: The Plague God as Modern Physician," in A. Kleinman et al. eds., *Medicine in Chinese Culture*, pp. 115–141; Yi-yüan Li, "Shamanism in Taiwan: An Anthropological Inquiry," in W. Lebra ed., *Culture-Bound Syndromes, Ethnopsychiatry, and Alternate Therapies* (Honolulu: Hawaii University Press, 1976), pp. 179–188; 宋和，〈童乩是什麼〉，《健康世界》5（臺北，1976），頁 35-41；宋和，〈臺灣神媒的社會功能──一個醫藥人類學的探討〉（臺北：國立臺灣大學考古人類學研究所碩士論文，1978）；Arthur Kleinman, *Patients and Healers in the Context of Culture* (Berkeley: University of California Press, 1980); Richard C. Kagan and Anna Wasescha, "The Taiwanese *Tang-ki*: The Shaman as Community Healer and Protector," in S. L. Greenblatt, R. W. Wilson, and A. A. Wilson eds., *Social Interaction in Chinese Society* (New York: Praeger Publishers, 1982), pp. 112–141; 周榮杰，〈閒談童乩之巫術與其民俗治療〉，《高雄文獻》30 & 31（高雄，1987），頁 69-122；張珣，〈民俗醫生──童乩〉，收入氏著，《疾病與文化》（臺北：稻鄉出版社，1989），頁 73-82；林富士，〈臺灣童乩的社會形象初探（二稿）〉；林富士，〈醫者或病人：童乩在臺灣社會中的角色與形象〉。

式之外，往往會開示方藥，但經過日本殖民政府及國民政府長期的取締和禁止，目前已很少童乩敢或能提供病患藥方或藥物。

第四，就童乩的社會處境來說，無論古今，他們都遭受士人或知識階層的蔑視、貶抑、痛恨或批判，同時也受到官方的禁斷和壓迫。不過，清代士人（及官方）和近代知識分子（及政府）拒斥童乩的緣由和手段似乎不盡相同。前者主要著眼於社會秩序（暴力）、政治控制（叛亂）、經濟（糜財、斂財）和禮教的規範（淫佚、裸露、自殘、狂亂），並以律令明文禁斷。後者則主要強調童乩「騙財」、「騙色」等負面的社會行為，並以「迷信」、瘋狂、「不科學」指斥童乩的宗教行為和宗教活動，企圖否定其醫療者的角色而塑造其「病人」的形象。同時，其壓制童乩的方法也比較常透過大眾傳播、教育、宣導的手段，或是透過「非宗教」的法令取締童乩的作為（主要是醫藥、環保方面的法律）。無論如何，從清代到現代，童乩在臺灣社會中的處境始終相當艱困，可以說是被禁制和壓抑的弱勢族群。[236]

最後，我們不免要進一步追問，這樣的一個弱勢族群，究竟如何能在臺灣社會中長期存活？他們何以始終能吸引那麼多的信眾？他們並無經典及組織，又何以能傳承其信仰和儀式？各地童乩的儀式展演又何以會具有高度的相似性？臺灣近數百年來的社會變遷又對他們的宗教世界造成什麼樣的影響？[237]

---

236. 詳見林富士，〈臺灣童乩的社會形象初探（二稿）〉；林富士，〈醫者或病人：童乩在臺灣社會中的角色與形象〉；陳藝勻，〈童乩的社會形象與自我認同〉。

237. 初步的探討，參見 Donald S. Sutton, "Ritual Trance and Social Order: The Persistence of Taiwanese Shamanism," pp. 105–129; Paper Jordan, "Mediums and Modernity: The Institutionalization of Ecstatic Religious Functionaries in Taiwan," *Journal of Chinese Religions*, 24 (1996), pp. 105–129; Yi-Jia Tsai, "The Reformative Visions of Mediumship in Contemporary Taiwan;" 李亦園，〈社會變遷與宗教皈依：一個象徵人類學理論模型的建立〉，收入氏著，《文化的圖像：宗教與族群的文化觀察》（臺北：允晨文化出版社，1992），下冊，頁14–63；丁仁傑，〈會靈山現象的社會學考察：去地域化情境中民間信仰的轉化與再連結〉。

這些問題，恐怕不是單純歷史學式的文獻解析或是人類學式的田野調查就可以回答，也不是任何人單打獨鬥就可以完成任務。或許，我們必須等待更多人，以更多樣的研究方法和角度，投入臺灣童乩的研究，才能找尋一些比較可信的答案。

醫者或病人
——童乩在臺灣社會中的角色與形象[*]

一、引　言

在臺灣的各種宗教人物之中，童乩似乎最具爭議性。童乩的信徒大多視其為神明的「代言人」，具有神異的能力，可以降神以替人祈福解禍。但是，知識分子、異教徒、政府，以及大眾傳播媒體則往往稱之為「神棍」，視之為無恥、低賤、邪惡、瘋狂之人，指斥其信仰、活動及儀式為迷信、邪術、殘忍、陋習、騙術，並且主張必須加以根除。雖然也有一部分曾深入研究童乩的學者肯定其正面的社會功能，但他們大多不免也會批判其負面作為。[1]

---

* 本文是中央研究院新興主題研究計畫「宗教與醫療」之子計畫「巫者與中國醫療文化之關係」(2002–2004) 的研究成果之一。

初稿完成於 2004 年 8 月 7 日立秋之日，發表於中央研究院歷史語言研究所、中央研究院「宗教與醫療」主題研究計畫、亞洲醫學史學會主辦，「宗教與醫療」學術研討會（臺北：中央研究院歷史語言研究所，2004 年 11 月 16–19 日），會中承蒙主持人暨評論人陳弱水學長惠賜意見，特此致謝。二稿完成於 2005 年 1 月 12 日，蒙匿名之兩位審查人提供修正意見，無限感激。三稿完成於 2005 年 5 月 5 日，立夏之日。

1. 林富士，〈童乩研究的歷史回顧〉，收入氏著，《小歷史——歷史的邊陲》（臺北：三民書局，2000），頁 40–60；林富士，〈臺灣童乩的社會形象初探（二稿）〉，發表於中央研究院歷史語言研究所、中央研究院亞太研究計畫主辦，「巫者的面貌」學術研討會（臺北：

　　為了能比較充分的瞭解童乩在臺灣社會中引起爭議的緣由，從 1999 年歲末開始，我便和一群年輕的學生展開一項名為「臺灣童乩基本資料」的調查工作，截至 2003 年 12 月底為止，共計完成五百九十六名童乩的初步訪談工作。[2] 而在調查的過程之中，我們發現，多數童乩的「服務」（營業）項目之中，幾乎都有「治病」這個項目，信徒也大多是因為疾病才尋求童乩的救助。然而，我們同時也注意到，有若干童乩在受訪的過程之中，主動的反覆強調自己不是「瘋子」（「神經病」）、沒有「精神病」，似乎深怕被訪談者及外人視為精神異常者。這種恐懼可能和童乩長期以來被形塑成病人的形象有關，而這種形象卻又和他們在臺灣社會中所扮演的醫療者角色有些衝突。[3]

中央研究院歷史語言研究所，2002 年 7 月 17 日）；陳藝勻，〈童乩的社會形象與自我認同〉（臺北：私立輔仁大學宗教學研究所碩士論文，2003）。

2. 參加這項調查工作的學生，先後有丁元君、王雯鈴、吳育娟、李偉菁、林坤磊、林東鴻、林峰立、林梅雅、林群桓、洪肇苡、范淑玲、張育芬、張育峰、陳立斌、陳雅惠、陳漢洲、陳藝勻、黃琦翔、楊婷雅、謝家柔、龔瑞祥等二十一位同學。他們大多是我近年來在輔仁大學宗教研究所開授「宗教人物」、「巫覡文化」專題研究等課程時選修或旁聽的學生，部分則是透過在大學任教的朋友介紹的學生，因個人興趣及地緣關係而加入工作行列。他們是利用課餘時間及假日協助我進行訪談和記錄的工作，主要的調查程序是：一、由我設計「童乩資料調查表」；二、由我向負責調查的同學講解「調查表」的填寫方式及調查工作的要領和守則；三、由調查的同學赴各地查訪童乩，完成「調查表」的建檔工作；四、由我審閱「調查表」的內容，若有疑問或不詳之處，便請調查人員再次確認，必要時則由我親自再次查訪。這項調查工作從 1999 年底開始進行，到 2003 年 12 月底暫告一個段落，共進行四年左右，完成了五百九十六名童乩的初步訪談工作。在這過程之中，由於不少童乩對於訪談都抱持排拒的態度，因此，工作並不是進行得很順利，而且，負責調查工作的同學在校所受的訓練不一，同時大多缺乏這一類的工作經驗，因此，其所繳交的調查報告在品質上也參差不齊，地域的分布也不平均。然而，透過這一次的調查工作，我們對於臺灣童乩的現況仍有不少新的認識。正式的調查報告及分析，將另文處理。

3. 這種近乎矛盾的現象，在若干學者的論著中其實也有所反映，例如，《大學雜誌》 192

　　因此，本文擬結合傳統文獻的記載、前人的觀察記錄，以及近年來的田野調查資料，敘述童乩在臺灣社會中從事醫療工作的情形，分析他們的疾病觀念和醫療方法，並探討他們被形塑為病人形象的緣由。

二、「童乩」釋義

　　由於本文所憑藉的資料跨越了相當長的時間範圍，屬性也相當歧異，因此，在展開相關的論述之前，擬先約略界定本文使用的「童乩」一詞所指涉的對象。

　　「童乩」是近代閩南語的口語詞彙，讀為 dang-gi，dang 這個音有時又寫作銅、僮或獞，可能是外來語，有人推測其語源可能是南亞語系的越語。這個詞似乎不見於任何一種傳統的漢籍文獻，事實上，在臺灣，一般的書寫習慣大多寫作「乩童」，但即使是「乩童」這個詞彙，也要晚至十九世紀下半葉才出現在文獻中。不過，這並不意味著在這之前沒有這種人存在。傳統的知識分子大多以「巫」（巫覡）這個古老的詞彙稱呼他們。雖然早期士人在使用巫這個詞彙時，有時會採取較寬廣的定義，將所謂的「醫師」、「法師」、「王祿」、「尪姨」（紅姨）都包括在內，甚至連道士也被混為一談，但是，若就巫的原義與童乩的特質來看，兩者都是專精於「降神」（令鬼神降附於身而口談）以替人祈福解禍之人。因此，與臺灣有關的傳統文獻，凡是提到巫，無論就廣義或狹義而言，大致都會包括童乩在內。[4] 至於「尪姨」，雖然名稱與童乩（乩童）

　　（臺北，1986）曾推出「瘋子與社會」的專輯，其中便收錄張珣，〈民俗大醫生‧童乩〉一文（頁 16-26），此文雖然強調童乩的醫療功能，但也不忘提示「童乩大都先天的精神不很穩定」（頁 19）。

4. 林富士，《孤魂與鬼雄的世界──北臺灣的厲鬼信仰》（臺北：臺北縣立文化中心，1995），頁 155–172，230–231；林富士，〈清代臺灣的巫覡與巫俗：以《臺灣文獻叢刊》為主要材料的初步探討〉，《新史學》16：3（臺北，2005），頁 23–99。

不同，且大多由女性擔任，其主要的儀式也和童乩有所出入，但其特質也是在於「降神」（牽亡），而且近年來，彼此的界限也愈來愈模糊。因此，本文採取劉枝萬的意見，將尪姨視為廣義「童乩」的一種。[5]

三、童乩的醫療者角色

假如不拘泥於「童乩」這個詞彙，不要將考察的對象局限於「語言」而轉向其所指涉的人，那麼，我們會發現，這種人很早便在臺灣社會中活動，成為早期臺灣最主要的宗教人物之一。而且，從有歷史記錄以來，一直到現在，他們主要的職事之一都是醫療工作。

㈠ 1895 年之前

例如，臺灣廩生董夢龍的〈臺灣風土論〉提到明鄭至清初的臺灣居民時，便說：

> 好鬼好巫，婦女好遊。[6]

其次，十八世紀初，周鍾瑄的《諸羅縣志》論臺灣漢人之風俗時也說：

> 好巫、信鬼、觀劇，全臺之敝俗也。[7]

此外，王必昌的〈臺灣賦〉也指出：

> 群尚巫而好鬼，每徵歌而角技。[8]

---

5. 劉枝萬，〈臺灣之 Shamanism〉，《臺灣文獻》54：2（臺北，2003），頁 1–31。

6. 董夢龍，〈臺灣風土論〉，收入六十七，《使署閒情》〔《臺灣文獻叢刊》本〕（臺北：臺灣銀行經濟研究室，1957–1979），頁 220。

7. 周鍾瑄，《諸羅縣志》〔《臺灣文獻叢刊》本〕，卷 8，〈風俗志〉，頁 136。

這種信鬼、好巫的巫俗基本上是由其原鄉閩、粵一帶傳入臺灣。[9]

巫風熾盛主要表現於民眾生病時延巫醫治。例如，周鍾瑄的《諸羅縣志》便說臺灣居民：

> 尚巫，疾病輒令禳之。[10]

其後，劉良璧的《重修福建臺灣府志》、[11] 范咸的《重修臺灣府志》、[12] 王必昌的《重修臺灣縣志》、[13] 余文儀的《續修臺灣府志》、[14] 周璽的《彰化縣志》、[15] 柯培元的《噶瑪蘭志略》、[16] 陳淑均的《噶瑪蘭廳志》、[17] 倪贊元的《雲林縣采訪冊》、[18] 佚名者所撰的《嘉義管內采訪冊》，[19] 都有非常類似的記載。此外，胡建偉的《澎湖紀略》則說：

> 澎湖之人信鬼而尚巫；凡有疾病，不問醫藥，只求神問卜而已。[20]

謝金鑾的《續修臺灣縣志》也說：

> 居臺灣者，皆內地人，故風俗與內地無異。……俗信巫鬼，病者乞藥

8. 收入王必昌，《重修臺灣縣志》〔《臺灣文獻叢刊》本〕，卷13，〈藝文志〉，頁479。

9. 林富士，〈清代臺灣的巫覡與巫俗〉。

10. 《諸羅縣志》，卷8，〈風俗志〉，頁147-148。

11. 劉良璧，《重修福建臺灣府志》〔《臺灣文獻叢刊》本〕，卷6，〈風俗〉，頁96。

12. 范咸，《重修臺灣府志》〔《臺灣文獻叢刊》本〕，卷13，〈風俗〉，頁401。

13. 《重修臺灣縣志》，卷12，〈風土志·風俗〉，頁402。

14. 余文儀，《續修臺灣府志》〔《臺灣文獻叢刊》本〕，卷13，〈風俗〉，頁499。

15. 周璽，《彰化縣志》〔《臺灣文獻叢刊》本〕，卷9，〈風俗志〉，頁293。

16. 柯培元，《噶瑪蘭志略》〔《臺灣文獻叢刊》本〕，卷11，〈風俗志〉，頁111。

17. 陳淑均，《噶瑪蘭廳志》〔《臺灣文獻叢刊》本〕，卷5，〈風俗〉，頁191。

18. 倪贊元，《雲林縣采訪冊》〔《臺灣文獻叢刊》本〕，〈斗六堡·風俗〉，頁29。

19. 《嘉義管內采訪冊》〔《臺灣文獻叢刊》本〕，〈打貓西堡·雜俗〉，頁13。

20. 胡建偉，《澎湖紀略》〔《臺灣文獻叢刊》本〕，卷7，〈風俗紀〉，頁149。

於神。[21]

林焜熿的《金門志》也說：

> 惑鬼神、信禨祥，病雖用醫，然扶鸞擡神問藥、延巫覡禳符燒紙，至死
> 不悟；誣蔽甚矣。[22]

由這些方志的記載來看，從十八世紀初一直到十九世紀末，臺灣各地的病人通
常會請巫者以禳除、祭禱、賜藥之法治病。

上述方志提到的治病之巫，其實兼指許多不同類型的宗教人物，其中相當
重要的一種是所謂的「客仔師」（客師；紅頭師），但童乩也是要角之一。[23] 例
如，陳培桂的《淡水廳志》論當地「雜俗」時便說：

> 又信鬼尚巫，蠻貊之習猶存。……有為客師，遇病禳禱，曰進錢補運。
> 金鼓喧騰，晝夜不已。有為乩童，扶輦跳躍，妄示方藥。[24]

此外，沈茂蔭的《苗栗縣志》、[25] 蔡振豐的《苑裏志》、[26] 林百川和林學源的《樹
杞林志》、[27] 鄭鵬雲和曾逢辰的《新竹縣志初稿》，[28] 提到當地的「雜俗」、「習
俗」時也都有幾乎完全相同的描述。值得注意的是，根據這些文獻，當時童乩
替人治病的方法主要是用「方藥」，也就是由童乩憑降神明之後，開示方藥給

---

21. 謝金鑾，《續修臺灣縣志》〔《臺灣文獻叢刊》本〕，卷 1，〈地志・風俗〉，頁 51。又見李
　　元春 (1769–1854)，《臺灣志略》〔《臺灣文獻叢刊》本〕，卷 1，〈風俗〉，頁 35–36。

22. 林焜熿，《金門志》〔《臺灣文獻叢刊》本〕，卷 15，〈風俗記〉，頁 396。

23. 林富士，〈清代臺灣的巫覡與巫俗〉。

24. 陳培桂，《淡水廳志》〔《臺灣文獻叢刊》本〕，卷 11，〈風俗考〉，頁 304。

25. 沈茂蔭，《苗栗縣志》〔《臺灣文獻叢刊》本〕，卷 7，〈風俗考〉，頁 119–120。

26. 蔡振豐，《苑裏志》〔《臺灣文獻叢刊》本〕，卷下，〈風俗考〉，頁 89。

27. 林百川、林學源，《樹杞林志》〔《臺灣文獻叢刊》本〕，〈風俗考〉，頁 103–104。

28. 鄭鵬雲、曾逢辰，《新竹縣志初稿》〔《臺灣文獻叢刊》本〕，卷 5，〈風俗〉，頁 186。

病人。

　　除了帶有官方色彩的方志之外，當時士人的詩文中對此也有一些記述。例如，清初沈光文的〈平臺灣序〉描述鄭成功治下之臺灣的幅員地理、「民情土俗、山川出產」時便說：

> 伏臘歲時，徒矜末節；冠婚喪祭，爭好虛文。病則求神而勿藥，巫覡如狂；貧則為盜而忘身，豺狼肆毒。[29]

　　其次，孫爾準在〈臺陽雜詠〉「病來煩米卦」一句之下自注云：

> 俗尚巫，病，輒延客子師攜撮米占之，曰「米卦」。[30]

這應該是他在清道光四年擔任福建巡撫渡臺　「巡閱」　時的作品。而丁紹儀的《東瀛識略》也說：

> 南人尚鬼，臺灣尤甚，病不信醫，而信巫。有非僧非道專事祈禱者曰客師，攜一撮米往占曰米卦；書符行法而禱於神，鼓角喧天，竟夜而罷。病即不愈，信之彌篤。[31]

這都是對於臺人「信巫不信醫」的印象。此外，佚名者所撰之〈臺遊筆記〉也提到：

> 風俗尚樸。惟男子大半食鴉片。……人有疾病，不用醫而用巫；巫謂禱告某神、某鬼，謂病立可愈。病愈之後，另請齋公謝神。齋公者，猶內地之道士也；所穿袍服不倫不類，與戲中之小丑相似。……每年五月十三日，迎觀音像遊行街市，甚為熱鬧；……惟與人治病之巫祝，以利刃

---

29. 收入《重修臺灣府志》，卷 23，〈藝文〉，頁 704–705。

30. 臺灣銀行經濟研究室編，《臺灣詩鈔》〔《臺灣文獻叢刊》本〕，卷 4，頁 63。

31. 丁紹儀，《東瀛識略》〔《臺灣文獻叢刊》本〕，卷 3，〈習尚〉，頁 35。

刺腦門或用鐵鍼穿入脣內，嬉笑自如，隨於神後。[32]

由此可見，從明末（十六世紀中葉）到十九世紀末葉，臺人治病一直有用巫不用醫的情形。至於治病之巫，根據〈臺遊筆記〉的描述，至少包括童乩在內，而和童乩合作的「齋公」，以及所謂的「客師」、「客子師」，或許就是現在習稱的「法師」。[33]

以上所引的材料都是針對「習俗」所做的概括性描述。除此之外，有一些比較具體的個案。例如，彰化舉人陳肇興的《陶村詩稿》有〈觀我〉一詩，自述其對「生、老、病、死」的感受，其中，〈病〉云：

靈苗毒草強支持，藥性多從此日知。幾度驚疑防飲食，一家奔走為巫醫。茂陵秋雨相如賦，禪榻茶煙小杜詩。別有煙霞防痼疾，餐英茹菊到期頤。[34]

這應該是他中、老年罹病之時，家人為他奔走，延請巫醫的記實之作。

其次，林占梅的《潛園琴餘草簡編》中有一首清咸豐四年所作的〈赴郡苦熱，得雨偶作〉之詩云：

酷暑風來亦為咴，暖風燀怒幾爍石；惡氛矧復逐征塵，白晝道傍鬼捉客。嘆我南行當其時，健夫十人九喪魄；徹夜傳呼巫與醫，身心交瘁莫安席。想見武侯渡瀘時，精誠在抱消癘疫；古今無數匡濟才，許國御微敢自惜！捧檄我亦奉命來，旅次焦勞熱反劇；欲逃樂土苦無從，救兵一夜來風伯。大塊噫氣夾雷鳴，俄頃滂沱勢漂麥；此時消盡胸中愁，旱魃成群接辟易；吁嗟乎！安得王師如此雨，露布一朝傳遐僻！[35]

---

32. 收入臺灣銀行經濟研究室編，《臺灣輿地彙鈔》〔《臺灣文獻叢刊》本〕，頁 101–102。

33. 關於臺灣的「客師」，參見李豐楙，〈臺灣中部「客仔師」與客家移民社會〉，收入宋光宇編，《臺灣經驗（二）——社會文化篇》（臺北：東大圖書公司，1994），頁 121–157。

34. 陳肇興，《陶村詩稿》〔《臺灣文獻叢刊》本〕，卷3，〈戊午〉，頁 45。

這應該是咸豐三年林恭之變（臺南、鳳山一帶）或是咸豐四年小刀會之亂（基隆一帶）時，林占梅助官軍平亂時的詩作。[36] 由詩中可以知道，當時正值暑熱的季節，軍中或許正流行「瘟疫」，或是有這一方面的恐慌，因此才會有「徹夜傳呼巫與醫」的情形。

另外，日本人鷹取田一郎的〈臺灣孝節錄〉載有清光緒十八年廖天維的事蹟云：

> 孝子廖天維，南投廳包尾莊人廖士朝子也。家世業農。……明治二十五年（光緒十八年），父罹於病。天維憂心不已，晝耕隴畝，夜侍藥爐，懇問其所望，……無不必侑之。……病漸革，不離席間，日夜侍側。及死，擗俑慟哭。三十八年（光緒三十一年）八月，南投廳長褒賞厚貺。父歿之年，母林氏（字險）亦患眼，醫藥巫祝，無方不試，遂失明，天維深傷之。爾來移床於母側，以窺安否。……湯藥不必使人奉之。……大正四年五月，內田民政長官接引於廳，厚貺賞恤。越十二月二日，特賜欽定綠綬褒章。[37]

這是日本殖民政府所褒揚的一名臺灣孝子，但他侍奉雙親的方式，其實和傳統中國的「孝子」非常類似，一方面「醫藥巫祝，無方不試」，另一方面又親奉湯藥。無論如何，由這個孝子故事也可以知道，並非所有人都棄用醫藥，但在求醫用藥之時，往往也會同時求助於巫者。

總之，無論是從方志作者或其他士人對於臺灣「習俗」的描述，或是從士人對於個人或旁人經驗的敘述來看，在日本治臺 (1895) 之前，臺灣民眾生病之時確有「信巫不信醫」或「巫醫並用」的情形。[38] 而這種社會習尚應該和移民

---

35. 林占梅，《潛園琴餘草簡編》（臺灣文獻叢刊 202；臺北：臺灣銀行經濟研究室，1964），頁 48。

36. 參見徐慧鈺，〈林占梅年譜〉（臺北：國立政治大學中國文學研究所碩士論文，1990）；林文龍，《林占梅傳》（南投：臺灣省文獻會，1998）。

37. 收入吳德功，《彰化節孝冊》〔《臺灣文獻叢刊》本〕，附錄，〈臺灣孝節錄〉，頁 81-82。

原鄉的習俗同源。舉例來說，全祖望所撰的〈大理悔廬陳公神道碑銘〉曾說陳汝咸：

> 出知漳浦縣。漳浦最健訟，胥吏能以一訟破中人產。……俗尚巫，民有病，昇諸妖師狂祈謬祝，費不貲。藥食皆卜之，食其吉者；食而死，則曰：「神所不佑也！」公開陳曉諭，巫風以息。[39]

陳汝咸出知閩省漳浦縣是在清康熙丙子歲，前後達十三年之久。任期之內，主要工作都在「改良」當地「風俗」，禁毀各種宗教（包括天主教、佛教、無為教等），獎掖儒學。[40] 而在各種風俗之中，求巫治病的「巫風」便是他要禁絕的要項之一。雖然〈碑銘〉說當地在他「曉諭」之後「巫風以息」，但實情恐怕不是如此。清代臺灣移民有不少來自漳浦一帶，無論是在祖居地或是新住地，以巫治病之風似乎始終不息。

(二)日治時期 (1895–1945)

1895 年，中國將臺灣割讓給日本，但是，童乩在臺灣社會中所扮演的角色似乎不曾隨著政權的移易而改變，日本殖民政府及來臺的日本學者也很快的注意到這種人的存在及重要性。

事實上，日本人和臺灣童乩的接觸甚至還早於「乙未割臺」(1895)。例如，參與「牡丹社事件」(1874) 的日本軍醫落合泰藏，便曾撰寫《明治七年征蠻醫誌》一書，以日記的方式記錄該年日軍在臺和蕃人交戰的經過，描述軍醫病院

---

38. 詳見林富士，〈中國六朝時期的巫覡與醫療〉，《中央研究院歷史語言研究所集刊》70：1（臺北，1999），頁 1–48；林富士，〈中國的「巫醫」傳統〉，收入生命醫療史研究室編，《中國史新論・醫療史分冊》（臺北：中央研究院・聯經出版事業公司，2015），頁 61–150。

39. 臺灣銀行經濟研究室編，《碑傳選集（三）》〔《臺灣文獻叢刊》本〕，頁 400–401。

40. 詳見蔡世遠，〈大理寺少卿陳公汝咸墓誌銘〉，收入《碑傳選集（三）》，頁 396–399。

和戰地醫務的情形，同時也記載了他對臺灣風土、習俗的若干調查和瞭解。[41]
值得注意的是，他記載了當地人延巫醫病的儀式過程：

> 我曾看到一名「土人」（當地人）罹患此病（腹加太兒；腹炎）。病患的
> 親戚朋友相集，招來女巫祈禱。焚燒紙錢，燃放爆竹，鳴擊銅鼓，吹奏
> 竽笛，神巫拔劍飛舞於神（像）之前。忽然之間，女巫昏倒於地，旁人
> 將她扶起後，女巫的臉色神情奇異，彷如鬼魂、魔魅附體一般。其後，
> 神巫喃喃低語，旁人則肅耳敬聽。女巫說，此病是由於日本人來到我們
> 這個地方，胡亂鑿地開溝，以致觸怒「土神」（土地公），而「土人」（當
> 地人）和日本人親睦者，便會蒙受其譴責而致病。「土人」（當地人）恐
> 怖，因而向神巫謝罪。[42]

這不僅是少見的十九世紀巫者（疑為漢人之童乩）療病儀式的目擊描述，也是
巫者「反殖民主義活動」（反威權）的一項歷史佐證。而日本人在這個事件過
程中所遭遇的「反抗」，無論是疾病、原住民，還是巫者，都成為其日後治理
臺灣時所要對付的主要目標。[43]

以巫者來說，早在 1901 年，人類學家伊能嘉矩便已注意到以童乩為核心
的臺灣「迷信」之勢力及其對治安的影響，同時，也提到童乩替人治病之事及
「自殘」式的儀式活動。隨後，又在 1903 年再度以「戴萬生之亂」具體說明

41. 落合泰藏著，下條久馬一註，《明治七年征蠻醫誌》（臺北：臺灣熱帶醫學研究所「抄讀
　　會」，1944）。關於本書之介紹及中文譯文，參見賴麟徵譯，〈明治七年牡丹社事件醫誌〉
　　（上），《臺灣史料研究》5（臺北，1995），頁 85–110；賴麟徵譯，〈明治七年牡丹社事
　　件醫誌〉（下），《臺灣史料研究》6（臺北，1995），頁 107–129。
42. 落合泰藏著，下條久馬一註，《明治七年征蠻醫誌》，頁 27–28。中文譯文，參見賴麟徵
　　譯，〈明治七年牡丹社事件醫誌〉（下），頁 118。
43. 參見林子候，〈牡丹社事件及其影響〉，《臺灣文獻》27：3（臺北，1976），頁 33–58；
　　Paul R. Katz, "Germs of Disaster: The Impact of Epidemics on Japanese Military Campaigns
　　in Taiwan, 1874 and 1895," *Annales de Démographie Historique* (Paris, 1996), pp. 195–220.

童乩與政治叛亂之間的緊密關係。[44] 其後,明治四十一年 (1908),臺灣總督府頒布了「臺灣違警例」,其中有若干條文很明顯都是為了禁絕童乩的活動,[45] 這很可能是受到伊能嘉矩意見的影響。

不過,真正具有關鍵性影響的研究報告是由擔任臺灣總督府編修官兼翻譯官的丸井圭治郎在 1919 年所完成。在他的報告中,童乩和法師、符法師、尪姨同被歸類為巫覡,而有關童乩的守護神、法術、儀式、職能、出身、相關用語和社會影響,首度有系統的被記錄下來。根據他的看法,當時民眾崇信童乩的主要原因是為了求其治療疾病,至於其療法,則不外乎開示藥單(處方箋)或以祓禳之術逐除作祟的妖邪。[46]

在此之後,多數研究臺灣童乩的日本學者或政府官員,如片岡巖、[47] 鈴木清一郎、[48] 國分直一、[49] 池田敏雄、[50] 增田福太郎、[51] 飯沼龍遠等人,[52] 莫不

---

44. 梅陰生著,王世慶譯,〈乩童之由來〉(1901),臺灣省文獻委員會編譯,《臺灣慣習記事(中譯本)》(臺中:臺灣省文獻委員會,1984) 1:7,頁 36;伊能嘉矩,〈利用迷信的戴萬生之亂〉(1903),《臺灣慣習記事(中譯本)》3:7,頁 31–33;伊能嘉矩,〈迷信之勢力及影響〉(1901),《臺灣慣習記事(中譯本)》1:4,頁 115–116。

45. 黃有興,〈澎湖的法師與乩童〉,《臺灣文獻》38:3(臺北,1987),頁 133–164;林富士,〈臺灣童乩的社會形象初探(二稿)〉。

46. 丸井圭治郎,《臺灣宗教調查報告書第一卷》(臺北:臺灣總督府,1919),頁 102–103。

47. 片岡巖,《臺灣風俗志》(臺北:臺灣日日新報社,1921)。中文譯文,參見片岡巖著,陳金田譯,《臺灣風俗誌》(臺北:眾文圖書公司,1990),頁 525–531。

48. 鈴木清一郎,《臺灣舊慣・冠婚葬祭と年中行事》(臺北:臺灣日日新報社,1934)。中文譯文,參見鈴木清一郎著,馮作民譯,《臺灣舊慣習俗信仰》(臺北:眾文圖書公司,1989 增訂本),頁 67–78。

49. 國分直一,〈乩童的研究〉,《民俗臺灣》(中譯本) 1(臺北,1942),頁 90–102;國分直一,〈臺灣のシャマニズム――とくに童乩の落嶽探宮をめぐって〉,收入氏著,《壺を祀る村:臺灣民俗誌》(東京:法政大學出版局,1981),頁 310–338。

50. 池田敏雄著,黃有興、簡俊耀譯,〈關三姑〉,原載《民俗臺灣》1(臺北,1942),中文譯文刊於《臺灣文獻》38:3(臺北,1987),頁 28–31。

有類似的記載，論述的內容和基調也相當一致。

　　唯 1937 年由臺南州衛生課所完成的一份調查報告，由於是利用當地警務部所取締的數百名童乩的檔案撰成，因此，能比較廣泛且深入的探討和童乩有關的各項課題，其內容主要是：⑴童乩的檢舉和取締；⑵童乩的定義；⑶童乩由來的傳說；⑷童乩的人物調查（精神狀態、人格、性別、年齡、教育程度）；⑸童乩的修養及開業方法 ；⑹童乩的祈禱方法 （其實即各種儀式和法術的描述）；⑺神明的種類；⑻研究童乩的藥物之方法；⑼童乩常用藥物的種類；⑽處方；⑾藥物的服用方法；⑿童乩的信徒支付的費用；⒀童乩和通譯的收入；⒁童乩和通譯間的計謀；⒂童乩、通譯和藥種商的關係；⒃童乩、通譯和雜貨商的關係；⒄童乩的社會地位；⒅童乩盛行的原因及其對策。[53] 這雖然是一份官方的報告，卻是首度透過有系統的「偵訊」數百名童乩所獲得的資料，即使到了現在，以「材料」取得的方式和規模來看，仍然無人能超越。而這項報告也首度具體的披露童乩如何扮演其醫療者的角色。

㈢ 1945 至 2003 年

　　1945 年，日本因戰敗投降，臺灣的政權再度易手，重回中國的版圖。但是，童乩在臺灣社會中的遭遇和角色並沒有太大的變化。

　　臺灣「光復」初期，童乩並沒有受到太多人的注意，但在 1970 年代之前，僅有的幾篇論著，依然提及童乩持續在社會中替人治病。[54]

---

51. 增田福太郎，《東亞法秩序序說》，收入氏著，黃有興譯，《臺灣宗教論集》（南投：臺灣省文獻委員會，2001），頁 108–109。

52. 飯沼龍遠著，林永梁譯，〈關于臺灣的童乩〉，《南瀛文獻》2：3&4（臺南，1955），頁 83–85。

53. 臺南州衛生課，《童乩》（臺南：臺南州衛生課，1937）。

54. 何聯奎，《臺灣省通志稿・卷二・人民志・禮俗篇》（臺北：臺灣省文獻委員會，1955），頁 58–61；吳瀛濤，〈臺灣的降神術──關於觀乩童的迷信〉，《臺灣風物》9：5&6（臺

從 1970 年代開始，關於臺灣童乩的研究逐漸增多，課題也紛歧不一，不過，多數學者的焦點仍然放在童乩的醫療者角色及醫療活動上。[55] 相關的研究不少，以下僅舉較具代表性者略述其主要論述。

1. 人類學家

1971 年，在李亦園教授的指導下，王志明以〈臺北市基隆路的一個民俗醫生和他的信徒們〉為題，撰成他在國立臺灣大學考古人類學系的學士論文。這雖然只是一篇始終不曾正式出版，甚至只有四份抄繕稿的手寫學士論文，但其重要性卻不可低估。因為，這似乎是首度有人以人類學的田野調查方法進行童乩及宮廟（聖皇宮）的個案研究，而且將童乩定位為一種醫者。在此之後，李亦園和他其他的學生幾乎都是在這個基本架構下展開一系列的童乩研究，聖皇宮也成為他們主要的田野地點之一。例如，出身臺大人類學系的宋和與張珣都曾以聖皇宮的醫療活動作為研究對象。[56]

事實上，從 1970 到 1980 年代，有關臺灣童乩的重要研究，大多是由人類學家所完成，他們基本上是從「醫療人類學」(medical anthropology) 的角度出發，以田野調查的方式，針對個案，探討童乩的疾病觀念和醫療方法，及其在臺灣醫療體系和文化脈絡中的地位。他們幾乎無不承認，即使在所謂「醫學」（科學）「發達」的現代臺灣社會中，童乩仍然是重要的醫療者。[57]

北，1959），頁 25–27；吳瀛濤，《臺灣民俗》（臺北：眾文圖書公司，1975），頁 168–171。

55. 林富士，〈童乩研究的歷史回顧〉，頁 40–60；陳藝勻，〈童乩的社會形象與自我認同〉。

56. 宋和，〈臺灣神媒的社會功能——一個醫藥人類學的探討〉（臺北：國立臺灣大學考古人類學研究所碩士論文，1978）；張珣，〈民俗醫生——童乩〉，收入氏著，《疾病與文化》（臺北：稻鄉出版社，1989），頁 73–82。

57. David K. Jordan, *Gods, Ghosts and Ancestors: Folk Religion in a Taiwanese Village* (Berkeley: University of California Press, 1972), pp. 67–84; 鈴木滿男，〈臺灣の祭禮における男性巫者の登場——民間道教に對する巫術の位相〉，收入氏著，《マレビトの構造》

從 1990 年代開始，不知是何緣故，人類學家對於童乩的醫療活動似乎不再投注那麼多的心力。但是，以最近一、二十年的調查報告來看，童乩在臺灣社會的主要職事之一仍然是醫療，有些童乩甚至是以專擅治病聞名或自豪，[58]

（東京：三一書屋，1974），頁 161-196；Bruce Holbrook, "Chinese Psycho-Social Medicine, Doctor and Dang-ki: An Inter-Cultural Analysis," *Bulletin of the Institute of Ethnology, Academia Sinica* 37 (1975), pp. 85-111; Emily M. Ahern, "Sacred and Secular Medicine in a Taiwan Village: A Study of Cosmological Disorders," in A. Kleinman et al. eds., *Medicine in Chinese Culture* (Washington, D.C.: U.S. Government Printing Office, 1976), pp. 91-113; K. Gould Martin, "Medical Systems in a Taiwan Village: The Plague God as Modern Physician," in Kleinman et al. eds., *Medicine in Chinese Culture*, pp. 115-141; Yi-yüan Li （李亦園）, "Shamanism in Taiwan: An Anthropological Inquiry," in W. Lebra ed., *Culture-Bound Syndromes, Ethnopsychiatry, and Alternate Therapies* (Honolulu: Hawaii University Press, 1976), pp. 179-188; 宋和，〈童乩是什麼〉，《健康世界》 5 （臺北，1976），頁 35-41；宋和，〈臺灣神媒的社會功能〉；李亦園，〈是真是假話童乩〉，收入氏著，《信仰與文化》（臺北：巨流圖書公司，1978），頁 101-115；Arthur Kleinman, *Patients and Healers in the Context of Culture* (Berkeley: University of California Press, 1980); Richard C. Kagan and Anna Wasescha, "The Taiwanese *Tang-ki*: The Shaman as Community Healer and Protector," in S. L. Greenblatt, R. W. Wilson, and A. A Wilson eds, *Social Interaction in Chinese Society* (New York: Praeger Publishers, 1982), pp. 112-141; 張恭啟，〈多重宇宙觀的分辨與運用——竹北某乩壇問乩過程的分析〉，《中央研究院民族學研究所集刊》61 （臺北，1986），頁 81-103。

58. Lawrence Scott Davis, "The Eccentric Structure of Shamanism: An Ethnography of Taiwanese Ki-Thông, With Reference to the Philosophical Anthropology of Helmuth Plessner," Ph.D. dissertation (Cambridge, Mass.: Harvard University, 1992); Shin-yi Chao, "A Danggi Temple in Taipei: Spirit-Mediums in Modern Urban Taiwan," *Asia Major*, third series, 15:2 (2002), pp. 129-156; 梅慧玉，〈承繼、創造與實踐——綠島社會的乩童研究〉（臺北：國立臺灣大學人類學研究所碩士論文，1992）；Chung-min Chen （陳中民）, "What Makes dang-ki So Popular?" 發表於行政院文化建設委員會主辦，「社會、民族與文化展演國際研討會」（臺北：國家圖書館，1999 年 5 月 28-30 日）；蔡佩如，《穿梭天人

而我們在 1999 至 2003 年所完成的五百九十六名童乩調查資料也顯示，至少有
二百一十四名 (35.9%) 宣稱自己擅長替人治病。

2. 醫學研究者與心理學者

其次，從 1970 年代開始，有一些醫師和醫學研究者，尤其是精神醫學方面
的專家，也投身童乩的研究。他們也注意到了童乩的醫療活動，並且承認童乩
的醫療方法的確對某些病人或某些疾病 (尤其是心理方面的問題) 產生療效。[59]

他們有些是根據臨床醫療時問診所得的資料，有些則是以醫療社會學或流
行病學的角度，進行較大規模的訪談和調查。例如，精神科醫師文榮光便曾根

之際的女人——女童乩的性別特質與身體意涵》（臺北：唐山出版社，2001）；陳杏枝，
〈臺北市加蚋地區的宮廟神壇〉，《臺灣社會學刊》31 （臺北，2003），頁 93–152；王貞
月，〈臺灣薩滿信仰現狀及其民俗醫療作用——以問卷調查結果為中心〉，《輔仁國文學
報》17 （臺北，2001），頁 281–325；王貞月，〈シャーマニズムとその民俗醫療の役
割——臺灣シャーマン・タンキーを中心に〉，《文學研究論集（西南學院大學大學院）》
21 （福岡，2002），頁 85–123；王貞月，〈臺灣シャーマンの民俗醫療メカニズム——歷
史傳承による治療手法を中心に〉，《九州中國學會報》41 （福岡，2003），頁 122–139。
59. 曾炆煋，〈社會文化與精神醫學〉，《中央研究院民族學研究所集刊》32 （臺北，1971），
頁 279–286；Wen-hsing Tseng （曾炆煋）, "Psychiatric Study of Shamanism in Taiwan,"
Archives of General Psychiatry, 26 (1972), pp. 561–565; Wen-hsing Tseng, "Traditional and
Modern Psychiatric Care in Taiwan," in Kleinman et al. eds., *Medicine in Chinese Culture*,
pp. 177–194; 鄭信雄，〈乩童之形成〉，《臺灣臨床醫學》8：4 （高雄，1972），頁 519–
523；鄭信雄，〈從精神醫學論乩童及個案報告〉，《南杏》22 （高雄，1975），頁 70–73；
蔡瑞芳，〈從中國的醫學演變談乩童的由來〉，《南杏》22 （高雄，1975），頁 63–65；蔡
瑞芳，〈從臺灣民間信仰探討今日乩童存在〉，《南杏》22 （高雄，1975），頁 66–68；王
溢嘉，〈神諭與童乩〉，《健康世界》5 （臺北，1976），頁 42–45；文榮光等，〈靈魂附身
現象——臺灣本土的壓力因應行為〉，發表於中央研究院民族學研究所主辦，「中國人的
心理與行為」科際學術研究會 （臺北：中央研究院民族學研究所，1992 年 4 月 23–25
日）。

據若干樣本統計指出，臺灣的精神病患初步發病時，高達 76% 曾求助於童
乩。[60] 事實上，童乩是臺灣精神科醫師最主要的競爭對手之一。

此外，從 1990 年代開始，也有一些心理學者注意到童乩（及尪姨）在心
理及情緒治療方面的特殊表現。[61]

3.宣教師與民俗學者

在職業上和童乩有競爭關係的，還有各種宗教的專家和傳教者，不過他們
之中，似乎只有基督教的宣教師曾經從事和童乩有關的研究。可惜的是，他們
的論著之中，議論與批判往往多於客觀的描述，立論也大多基於前人的研究和
媒體的報導，或是其信徒的輾轉傳述。然而，他們也不否認，童乩仍在臺灣社
會中扮演著醫療者的角色。[62]

此外，有一些民俗學者則是以其自身的經驗或社會觀察為主要依據，注意
到童乩的醫療活動。[63]

60. 文榮光等，〈靈魂附身現象——臺灣本土的壓力因應行為〉，頁 2。

61. 陳志賢，〈臺灣社區輔導的省思——由乩童的助人行為談起〉，《諮商輔導文粹》2（高
雄，1997），頁 63–80；余德慧、彭榮邦，〈從巫現象考察牽亡的社會情懷〉，收入余安邦
主編，《情、欲與文化》（臺北：中央研究院民族學研究所，2003），頁 109–150。

62. 董芳苑，〈臺灣民間的神巫——「童乩」與「法師」〉，收入氏著，《臺灣民間宗教信仰》
（臺北：長青文化事業股份有限公司，1975，1984 增訂版），頁 246–266；小靈醫，《童
乩桌頭之研究》（臺南：人光出版社，1977）；廖昆田，〈薩滿——民俗醫療的心理輔導
者〉，收入氏著，《魅力——中國民間信仰探源》（臺北：宇宙光，1981），頁 90–103。

63. 劉枝萬，〈臺灣的靈媒——童乩〉，《臺灣風物》31：1（臺北，1981），頁 104–115；劉枝
萬，〈臺灣のシャマニズム〉，收入氏著，《臺灣の道教と民間信仰》（東京：風響社，
1994），頁 143–172；劉枝萬，〈臺灣之 Shamanism〉，頁 1–31；宋龍飛，〈手之、舞之、
足之、蹈之——假託神意替神說話的童乩〉，收入氏著，《民俗藝術探源》（臺北：藝術
家出版社，1982），頁 516–529；劉還月，〈神靈顯附乩童身〉，收入氏著，《臺灣民俗誌》
（臺北：洛城出版社，1983），頁 150–155；周榮杰，〈閒談童乩之巫術與其民俗治療〉，
《高雄文獻》30&31（高雄，1987），頁 69–122；鄭志明，〈「乩示」的宗教醫療〉，發表

四、童乩的疾病觀與醫療法

童乩在臺灣社會中一直扮演醫療者的角色，因此，他們對於疾病的看法以及治療疾病的方法，格外引人注意。

㈠疾病觀

關於童乩的疾病觀念，似乎以人類學家最感興趣。不過，臺灣的童乩並未構成一個組織性的團體，也大多不經由師傳而成乩，而且也沒有共同奉行的經典或教義，[64] 所以，他們對於人生病緣由的解釋便有相當大的歧異性和個人色彩。因此，如何找出他們之間的共相，並予以適切的分類，便有見仁見智的看法。例如，同樣出身臺灣大學考古人類學研究所的幾位學者，便根據不同的田野對象和學術觀點歸納出許多不同的類型。[65] 其中，李亦園利用童乩所治療的兩百二十個病例所做的研究最常被學界引述。他將童乩所解釋的病因歸納為：

1. 死去親屬的鬼魂作祟 (27%)
2. 風水問題引起麻煩 (36%)
3. 非親屬鬼魂作祟 (14%)
4. 被人做巫術 (3%)
5. 八字不對 (18%)
6. 其他 (2%) [66]

其中，1、3 都是「鬼魂」，合占 41%，而 2、4、5 其實也不全然和「鬼魂」、

於輔仁大學宗教學系主辦，「第三屆信仰與儀式：醫療的宗教對話」學術研討會（臺北：輔仁大學，2004 年 3 月 19 日）。

64. 林富士，〈臺灣童乩的社會形象初探（二稿）〉。
65. 張恭啟，〈多重宇宙觀的分辨與運用〉，頁 83。
66. 李亦園，〈是真是假話童乩〉，頁 108–109。

「鬼神」無關。此外,「鬼魂」(鬼神)的種類似乎也不宜簡單的分為「親屬」
(祖先)和非親屬兩類。例如,1937 年的調查便指出,童乩認為會作祟而令人
生病的鬼神至少有:無主家神、遊路將軍、前世父母、山神土地、把心婦人、
青驚婆姐、天狗、白虎、煞神、五鬼等。[67] 同時,他們令人生病的緣由也有許
多不同的狀況,值得進一步探討。因此,本文擬結合文獻記載和田野訪查,參
酌前人的記述,不以單一或少數的個案為依據,將童乩對於致病原因的解釋歸
納為下列八種。

1.鬼神降禍

　　大約從十六世紀中葉以來,瘟神(疫鬼)信仰便傳入臺灣社會,在臺灣民
間宗教中非常興盛的「王爺」信仰便是其具體的代表。這個信仰的核心觀念是
認為,瘟疫(流行病,傳染病)乃由瘟神、疫鬼定期或不定期的降災所造成。
至於降災的原因,則或歸之於人類(宇宙)注定之劫難,或認為和人類集體的
道德敗壞有關,或以為肇因於觸冒其禁忌(如漂流之「王船」)。[68] 而臺灣童乩
的主祀神明便是以「王爺」占最大多數。[69]

---

67. 臺南州衛生課,《童乩》,頁 34–35。

68. 詳見劉枝萬,〈臺灣之瘟神信仰〉、〈臺灣之瘟神廟〉,收入氏著,《臺灣民間信仰論集》
　　(臺北:聯經出版事業公司,1983),頁 225–234,235–284;李豐楙,〈東港王船和瘟
　　與送王習俗之研究〉,《東方宗教研究》新 3(臺北,1993),頁 229–265;李豐楙,〈臺
　　灣送瘟、改運習俗的內地化與本地化〉,收入許俊雅編,《第一屆臺灣本土文化學術研討
　　會論文集》(臺北:國立臺灣師範大學文學院國文學系,1994),頁 829–861;李豐楙,
　　〈行瘟與送瘟——道教與民眾瘟疫觀的交流與分歧〉,收入漢學研究中心編,《民間信仰
　　與中國文化國際研討會論文集》(臺北:漢學研究中心,1994),頁 373–422;林富士,
　　《孤魂與鬼雄的世界——北臺灣的厲鬼信仰》,頁 140–154;Paul R. Katz, *Demon Hordes
　　and Burning Boats: The Cult of Marshal Wen in Late Imperial Chekiang* (Albany: State
　　University of New York Press, 1995).

69. 詳見鈴木滿男,〈臺灣の祭禮における男性巫者の登場〉,頁 169–176;林富士,《孤魂與

2.厲鬼作怪

「厲鬼」是指「不正常」、「非自然」死亡之鬼魂，通常是橫死（自殺、意外、戰死等）、冤死或是死後乏嗣、乏祀者，一般又稱之為孤魂野鬼、「好兄弟」。他們或是為了「掠交替」，[70] 或是為了復仇，[71] 或是為了洩憤、求祀，因而傷害生者，令其生病。[72] 一般童乩解釋精神病人或是病症不清楚的病患時，常說「卡到陰的」、「孤魂」、「亡魂」、「無主家神」作祟，便是指此而言。[73] 晚近則又有所謂的「嬰靈」（主要是指墮胎、流產的胎兒的鬼魂）作祟之說。[74]

3.沖犯凶神惡煞

最晚從漢代開始，中國社會便普遍認為，個人的生命、時間和空間都由特定的鬼神所掌控，而且，每個人都有可能在某些特定的時日、場所和這些鬼神產生衝突而受到傷害、產生疾病。[75] 臺灣的漢人社會基本上也承繼這一套有關「流年」（八字；命運）、時日和居處（風水）的禁忌觀念。

鬼雄的世界——北臺灣的厲鬼信仰》，頁 173–178；林富士，〈臺灣童乩的社會形象初探（二稿）〉。

70. 「掠交替」意指鬼魂找替身以便投胎轉世，這種鬼魂以意外死亡者為主。

71. 這一類的鬼魂俗稱「冤親債主」。

72. 詳見小靈醫，《童乩桌頭之研究》，頁 90；宋和，〈臺灣神媒的社會功能〉，頁 29–35；林富士，《孤魂與鬼雄的世界——北臺灣的厲鬼信仰》，頁 11–19。

73. 丸井圭治郎，《臺灣宗教調查報告書第一卷》，頁 102；臺南州衛生課，《童乩》，頁 35；張珣，〈民俗醫生〉，頁 80–81；林富士，〈臺北市「此乃宮」訪查筆記〉（2004 年 7 月 10 日）。

74. 參見 Marc L. Moskowitz, *The Haunting Fetus: Abortion, Sexuality, and the Spirit World in Taiwan* (Honolulu: University of Hawaii Press, 2001).

75. 林富士，〈試論漢代的巫術醫療法及其觀念基礎〉，《史原》16（臺北，1987），頁 29–53；林富士，《漢代的巫者》（臺北：稻鄉出版社，1999），頁 105–110。

事實上，童乩也常用風水（包括陰宅、陽宅）、「八字」、「流年」、「運途」，這些語詞來解釋病因，[76] 或是明確指出是由所謂的遊路將軍、山神土地、青驚婆姐、太歲、天狗、白虎、煞神、五鬼作祟所致。[77]

4. 祖先作祟

祖先作祟也是童乩常用來解釋生病緣由的主因之一。有時是因其墳墓的風水不佳所致，有時則是因為絕嗣或子孫不依禮俗祭拜所致。[78] 這也是先秦兩漢以來的日者、巫者常用的解釋。[79] 比較特殊的是，這種「家鬼」有時會和「外鬼」勾結，返家傷害自己的子孫。[80]

5. 符咒與巫術

傳統中國社會一直相信，有些人能以符咒、巫術（尤其是所謂的巫蠱）害

---

76. 丸井圭治郎，《臺灣宗教調查報告書第一卷》，頁 102；李亦園，〈是真是假話童乩〉，頁 109；張珣，〈民俗醫生〉，頁 80–81；王雯鈴，〈臺灣童乩的成乩歷程——以三重童乩為主的初步考察〉（臺北：私立輔仁大學宗教學研究所碩士論文，2004），頁 25–26，64。

77. 臺南州衛生課，《童乩》，頁 35；張恭啟，〈多重宇宙觀的分辨與運用〉，頁 87–92；張珣，〈社會變遷中仰止鄉之醫療行為——一項醫藥人類學之探討〉（臺北：國立臺灣大學考古人類學研究所碩士論文，1981），頁 127–134；Lawrence Scott Davis, "The Eccentric Structure of Shamanism," pp. 202–301.

78. 丸井圭治郎，《臺灣宗教調查報告書第一卷》，頁 102；李亦園，〈是真是假話童乩〉，頁 109 ； Gary Seaman, "In the Presence of Authority: Hierarchical Roles in Chinese Spirit Medium Cults," in A. Kleinman and Tsung-yi Lin eds., *Normal and Abnormal Behavior in Chinese Culture* (Dordrecht, Holland: D. Reidel Publishing Co., 1981), pp. 61–74, esp. pp. 69–70; 張珣，〈民俗醫生〉，頁 80–81；蔡佩如，《穿梭天人之際的女人》，頁 66–67；蔡佩如，〈女童乩的神靈世界〉，《兩性平等教育季刊》18（臺北，2002），頁 37–50。

79. 林富士，〈試論漢代的巫術醫療法及其觀念基礎〉，頁 29–53；林富士，《漢代的巫者》，頁 108–110。

80. 林富士，〈臺北市「此乃宮」訪查筆記〉。

人,而巫者就是主要的施術者之一。[81] 在臺灣,無論是原住民還是漢人也都有類似的信仰。若干十九世紀的文獻也顯示,當時臺灣北部地區盛傳有些巫者能以「符咒殺人」,[82] 在近人所編的符咒書中仍收錄了不少「害人」的巫術和符咒。[83] 李亦園所調查的童乩以「被人做巫術」解釋其信徒的病因,[84] 可能和這樣的傳統信仰有關。我在臺北市「廣信府」從事田調時,也目睹一名疑似罹患精神病的年輕男子,在母、舅的陪同下前往廟中,向鄭姓童乩求助。據降乩後的診斷指出,這名男子是因服食過被人「作法」的食物才會「精神失常」,導致無法入眠,精神恍惚,神智不清。[85]

6.靈魂受驚

傳統漢人的生命觀認為,人的生命是由有形的身體和無形的靈魂(神)所構成,若魂魄(神)不存於形體,則會生病,甚至死亡。[86] 臺灣的童乩、道士及其他術士也常用這個觀念來解釋病因,尤其是對於嬰兒、小孩的疾病,便常以「著驚」(受到驚嚇因而部分魂魄離體)解釋病因。[87]

---

81. 林富士,《漢代的巫者》,頁 71–80。

82. 丸井圭治郎,《臺灣宗教調查報告書第一卷》,頁 101–102;林富士,〈清代臺灣的巫覡與巫俗〉。

83. 詳見峨嵋居士,《道壇作法》(臺北:逸群圖書公司,1984–1985)。

84. 李亦園,〈是真是假話童乩〉,頁 109。

85. 林富士,〈臺北市「廣信府」訪查筆記〉(2004 年 5 月 19 日)。

86. 杜正勝,〈形體、精氣與魂魄〉,《新史學》2:3(臺北,1991),頁 1–65;林富士,〈試論《太平經》的疾病觀念〉,《中央研究院歷史語言研究所集刊》62:2(臺北,1993),頁 225–263。

87. 張恭啟,〈多重宇宙觀的分辨與運用——竹北某乩壇問乩過程的分析〉,頁 89;張珣,〈臺灣漢人收驚儀式與魂魄觀〉,收入黃應貴編,《人觀、意義與社會》(臺北:中央研究院民族學研究所,1993),頁 207–231;張珣,〈道教與民間醫療文化——以著驚症候群為例〉,收入李豐楙、朱榮貴主編,《儀式、廟會與社區——道教、民間信仰與民間文

7.道德與因果

上述解釋都是將病因歸咎於鬼神或超自然力量，然而，童乩也不否認，有些時候人本身也要負責任。他們認為，人的「道德」瑕疵和行為過錯會引發因果報應或鬼神譴祟而招致疾病。[88] 不過，若和佛教、道教比較，則童乩（巫者）顯然較少採取這樣的解釋。[89]

8.身心與生活失常

除了宗教觀點的解釋之外，童乩也和常人一樣，多少具備一些傳統中國醫學或現代西方醫學的「常識」，在釋病時也會運用「臟腑有病」、「情緒」、「壓力」、飲食、起居不當這些觀念，也不反對或駁斥其信徒前往中、西醫院所受的治療，有時甚至會協助、指示病人前往中、西醫處接受診療。[90]

上述這些觀念，基本上都是漢人社會源遠流長的通俗信仰，也是童乩和其他社會成員共創、共享的文化架構。換句話說，臺灣的童乩針對疾病的緣由，並未提出一套嶄新而獨特的解釋系統，他們在診斷時所使用的「語言」，雖說

化》（臺北：中央研究院中國文哲研究所籌備處，1996），頁 427–457；王雯鈴，〈臺灣童乩的成乩歷程〉，頁 22–23，62，65；李豐楙，〈收驚——一個從「異常」返「常」的法術醫療現象〉，收入黎志添主編，《道教研究與中國宗教文化》（香港：中華書局，2003），頁 280–328。

88. 張恭啟，〈多重宇宙觀的分辨與運用——竹北某乩壇問乩過程的分析〉，頁 90；王雯鈴，〈臺灣童乩的成乩歷程〉頁 22，個案 57。

89. 詳見林富士，〈東漢晚期的疾疫與宗教〉，《中央研究院歷史語言研究所集刊》66：3（臺北，1995），頁 695–745；林富士，〈中國六朝時期的巫覡與醫療〉，頁 1–48；林富士，《疾病終結者——中國早期的道教醫學》（臺北：三民書局，2001），頁 63–85。

90. 張珣，〈社會變遷中仰止鄉之醫療行為〉，頁 127–129；張恭啟，〈多重宇宙觀的分辨與運用〉，頁 87–90；林富士，〈臺南市「保安宮」訪查筆記〉（1994 年 12 月 15 日）；王雯鈴，〈臺灣童乩的成乩歷程〉，頁 63–65。

是以「神」之名而發聲的「神話」,但其實質內容不曾超越「常民」已有的認知體系。[91]

(二)治療法

大多數的醫學體系,醫療的方法都會和其對於病因的解釋相符應;若歸咎於道德,則以懺悔、行善化解。若認為生活起居的方式有害,則由此加以改善。若生理機能異常或受病菌之害,則會以藥物或其他相關手段治療。但是,童乩的治療法和病因說之間卻不是完全符應。[92] 事實上,無論童乩如何解釋病因,他們所專擅的療法通常都只有二、三種,很少人是「全能」的醫者。

不過,無論採取什麼方法,他們的醫療活動通常都是在宗教儀式(降神)的進行過程中施行,都是仰賴神明或儀式(或法術)的力量,因此,都可以稱之為「儀式治療」(ritual healing)。若細加區分,則大致有下列六種:

1.禳除

清代多種方志都指稱,臺灣居民「尚巫,疾病輒令禳之」,[93] 可見在當時人的認知裡,童乩這一類的巫者是以禳除作為治病的方法。而所謂的「禳」(禳除),就是以某種力量強制那些困擾病人的鬼神、精怪停止作祟,甚至是將他們驅離、消滅。從清代以來一直在臺灣社會中盛行的「王醮」、「貢王」儀式,

91. Bruce Holbrook, "Chinese Psycho-Social Medicine, Doctor and Dang-ki," pp. 85–111; 宋和,〈臺灣神媒的社會功能〉,頁 83–87;Arthur Kleinman, *Patients and Healers in the Context of Culture*, pp. 203–258; 李亦園,〈現代化過程中的傳統儀式〉(1985),收入氏著,《文化的圖像——宗教與族群的文化觀察》(臺北:允晨文化出版社,1992),下冊,頁 95–116;張珣,〈臺灣漢人的醫療體系與醫療行為——一個臺灣北部農村的醫學人類學研究〉,收入氏著,《疾病與文化》,頁 101–147。
92. 張珣,〈臺灣漢人的醫療體系與醫療行為——一個臺灣北部農村的醫學人類學研究〉,頁 142。
93. 林富士,〈清代臺灣的巫覡與巫俗〉。

便是一種「逐疫」的禳除儀式。在這種集體性的醫療活動中，童乩通常是不可或缺的要角之一。[94]

另外，在一些個人性的治療活動中，童乩有時也會以符咒、兵器和各種法器進行「斬妖除魔」、「驅邪捉精」的儀式。[95]

2. 祭禱

對付作祟的鬼神，有時不能以強制性的手段，尤其是對於病人的祖先，更不宜加以驅除或斬殺。因此，以「祭禱」的方式求取人和鬼神之間的和解，也是童乩常用的治病方法。

祭禱的核心是獻祭，主要是「燒紙錢」，另外，大多會同時獻上一些其他的祭品（尤其是「牲禮」和酒）。這些祭品的種類和數量通常是由童乩和鬼神交涉，由病人出資或準備，至於表達願意「和解」的方式，則可以由童乩代達或由病人親自稟明。所謂的「上天庭」、「落地府」（落嶽探宮）、「進花園」、「脫身」、「做法事」等儀式，基本上，都是這個類型的治療方法。[96]

3. 歸依

有些病被認為是神靈對其可能的「乩身」所進行的考驗和磨練，這也就是人類學家所說的「巫病」(shamanic illness)，[97] 或童乩自稱的靈病（靈學病）。[98]

---

94. 臺南州衛生課，《童乩》，頁 70–72；黃有興，〈澎湖的法師與乩童〉，頁 133–164；黃有興、甘村吉，《澎湖民間祭典儀式與應用文書》（澎湖：澎湖縣文化局，2003），頁 308–417；林富士，〈清代臺灣的巫覡與巫俗〉。

95. 丸井圭治郎，《臺灣宗教調查報告書第一卷》，頁 102–105；董芳苑，〈臺灣民間的神巫〉，頁 253–257；黃有興，〈澎湖的法師與乩童〉，頁 133–164。

96. 丸井圭治郎，《臺灣宗教調查報告書第一卷》，頁 103–105；臺南州衛生課，《童乩》，頁 22–25，38–74；國分直一，〈乩童的研究〉，頁 94–99；國分直一，〈臺灣のシャマニズム〉，頁 310–338；吉元昭治著，楊宇譯，《道教與不老長壽醫學》（成都：成都出版社，1992），頁 110–118；林富士，〈臺北市「此乃宮」訪查筆記〉。

童乩治療這種病，幾乎都是要病人許諾擔任神明的靈媒，並接受「訓乩」。通常童乩會指示病人在神壇、宮廟中「靜坐」，甚至是住在神廟中，睡在神桌下，接受神明的護佑、訓練和治療。[99]

其次，有些小孩的不明疾病，所獲得的指示則是當神明的「契子」，佩戴神明的符令、香火，以接受護佑。至於成人的病，若不是太嚴重，或只是「運

---

97. 所謂「巫病」，是指巫者在「成巫」前或在「成巫」過程中所經歷的病痛。最常見的疾病是所謂的「鬼附」(possession) 或醫家所說的精神疾病，這種疾病常以幻聽、幻覺為主要表徵。此外，這種疾病往往也和病者在生活上所遭遇的挫折與痛苦連結在一起，其中最常見的是喪親之痛、感情受創和事業失敗。在這種情形之下，有些病人因祈禱或其他因緣，開始和神靈有所接觸，並接受其「召喚」(calling)、指導和治療，而在接受「神召」、「神療」之後，病人不但得以痊癒，而且還擁有療病的能力，其後，或經由神授，或經由其他巫者的傳授，終致獲得相關知識和技術，並成為一名巫者。在這樣的情境之中，疾病被視為神靈給予人的啟示、召喚和試煉，是一個巫者「成巫」的必經之途，而這也是世界各地的巫者最常有的「成巫」模式。參見 Mircea Eliade, *Shamanism: Archaic Techniques of Ecstasy*, trans. by Willard R. Trask (Princeton: Princeton University Press, 1972), pp. 23–44; I. M. Lewis, *Ecstatic Religion: A Study of Shamanism and Spirit Possession*, second edition (London and New York: Routledge, 1989), pp. 59–89; Joan Halifax, *Shaman: The Wounded Healer* (New York: The Crossroad Publishing Company, 1982), pp. 16–21; Michael Taussig, *Shamanism, Colonialism, and the Wild Man: A Study in Terror and Healing* (Chicago and London: The University of Chicago Press, 1987), pp. 447–467；朝鮮總督府編，《朝鮮の巫覡》(1932；東京：國書刊行會，1972)，頁52–164；櫻井德太郎，《東アジアの民俗宗教》(東京：吉川弘文館，1988)，頁26–29，97–102，299–303；林富士，〈中國六朝時期的巫覡與醫療〉，頁13–14；中村治兵衛，〈宋代の巫の特徵〉，《中國シャーマニズムの研究》(東京：刀水書房，1992)，頁107–138 (見頁131–136)。

98. 雲林地區有多位童乩在接受訪談時以「靈學病」、「靈病」稱述自己在成乩過程中不明原因的病痛或突發性的昏厥。

99. 張珣，〈民俗醫生〉，頁79–81；林富士，〈臺北市「此乃宮」訪查筆記〉；王雯鈴，〈臺灣童乩的成乩歷程〉，頁38–45。

途」差別所引起的,也會利用神明的符水加以治療。[100]

　　無論是接受「訓乩」、當「契子」,還是服用神明的「符水」、佩戴其符令,基本上都可以說是一種「歸依」療法;因成為神明虔誠的信徒而可以免除病痛。

4. 藥方

　　清代方志屢屢批評臺灣的童乩在降神之後「妄示藥方」,可見提供藥方曾經是童乩用來治療信徒疾病的主要方法之一。[101] 這種情形,到了日治時代仍然如此。雖然丸井圭治郎在 1919 年的報告不曾著墨於此,但 1930 年代臺南州衛生課的調查卻指出,開示藥方是當時童乩相當常見的治療方法,而且所使用的藥物種類(主要是本草)及對治的病症也相當多,他們和藥商之間有非常緊密的往來和合作關係。[102]

　　不過,在日本殖民政府及其後的國民政府立法禁絕和嚴格取締之下,童乩在儀式中開示藥方的情形似乎有逐漸減少的趨勢。在田野調查中,雖然不乏年紀稍長的童乩仍然有用藥物的案例,但已不多見,至少,很少童乩是以此作為主要療法。[103]

　　無論如何,必須注意的是,治病的藥方以及服用的方法,是在降神之後,以神明的名義開示而得,給藥者通常是中藥房的藥商或醫師。這和「藥籤」的使用模式很接近。[104] 不過,隨著「西醫」逐漸成為臺灣的主流醫學之後,有些

100. 林富士,〈臺南市「尊王壇」訪查筆記〉(1994 年 11 月 15 日);林富士,〈臺南市「保安宮」訪查筆記〉;林富士,〈臺北市「廣信府」訪查筆記〉;黃文博,〈下願做義子——臺灣民間的契神信仰〉,收入氏著,《臺灣風土傳奇》(臺北:臺原出版社,1989),頁 35–139;游謙,〈神明與收契子——以宜蘭地區為例〉,收入中央研究院民族學研究所編,《閩臺社會文化比較研究工作研討會》(臺北:中央研究院民族學研究所,1994)。
101. 林富士,〈清代臺灣的巫覡與巫俗〉。
102. 臺南州衛生課,《童乩》,頁 78–113,122–123。
103. 林富士,〈臺南市「尊王壇」訪查筆記〉;林富士,〈臺南市「保安宮」訪查筆記〉;林富士,〈臺北市「廣信府」訪查筆記〉。

童乩也會開出「西藥」的處方箋。[105]

5.按摩

有些童乩在治療儀式中會有拍打、按壓病人肢體的動作，[106] 有的甚至是以此為專長。例如，臺南縣歸仁鄉「懿旨無極皇龍宮」的蔡姓童乩（悟能師），奉濟公為主神，便以「佛手顯化」、「酸痛專科」為號召，以手替病人進行全身性的按摩治療。這雖然有點近似坊間的按摩、指壓和氣功療法，但童乩大多宣稱，這是神明透過他們的手在治療病人。[107]

6.轉診

多數的童乩不曾也不敢宣稱自己（神明）是「萬能」的，開壇「濟世」時，面對信眾的疑難雜症，他們有時也會承認自己「束手無策」，天命無法改變，而且也常要求其信徒，在神明的護佑之外要「自力」救濟。[108]

在醫療事務方面，這種情形也不罕見。例如，有些童乩有時會說這是「肉體」或「精神」方面的毛病，要信徒到醫院診治。[109] 有些時候，童乩則指示信徒應到某個地方（通常只指示方位或區域）尋訪某位醫師（通常只指示性別或姓氏）診療，或是裁定是否要「開刀」（動手術）及在何時進行。有時則只做病人在醫院接受治療的「預後」判斷。[110]

---

104. 吉元昭治著，楊宇譯，《道教與不老長壽醫學》，頁 56–78。

105. 林瑤棋，《透視醫療卡夫卡》（臺北：大康出版社，2004），頁 86–87。

106. 林富士，〈臺北市「廣信府」訪查筆記〉。

107. 林富士，〈雲林縣「安西府」訪查筆記〉（2004 年 7 月 25 日）。

108. 林富士，〈臺南市「保安宮」訪查筆記〉。

109. 林富士，〈臺南市「保安宮」訪查筆記〉；王雯鈴，〈臺灣童乩的成乩歷程〉，頁 64；《中國時報》，2004.08.01，〈A8·社會脈動版〉。

110. 參見張珣，〈臺灣漢人的醫療體系與醫療行為〉，頁 134–138。

就此而言，童乩其實並不拒斥世俗的醫療體系，有時甚至還扮演輔助性的角色。而民眾在尋求醫療時也大多相信「要人也要神」，同時尋求多種醫療體系的救助。[111]

然而，必須注意的是，上述病因觀念或醫療方法並未形成一套具有系統性的論述或醫技，每個童乩都會因其存活的時代、處身的社會文化網絡、個人的知識背景而採取不同的論述方式和治療對策，而且，由於欠缺「普查」式的資料，我們也很難知道上述疾病觀和醫療法的時代變遷及地域差異。

五、精神異常與人格解離

無論如何，根據以上敘述可以知道，從有歷史記錄以來，童乩在臺灣社會中始終扮演著醫療者的角色。但是，童乩卻不曾因此享有和其他醫者一樣的政治、社會地位和聲望。相反的，他們不斷受到政府官員和知識分子的壓制、責難和蔑視。即使是深受民眾仰賴的醫療行為，也常被安上「妄示藥方」、「陋習」、「騙術」、「愚妄」之類的污名，甚至受到法律制裁。[112] 更奇特的是，以醫療為其主要職能的童乩，最晚從日治時代開始，卻逐漸被認為是一種「病人」。

111. Emily M. Ahern, "Sacred and Secular Medicine in a Taiwan Village," pp. 91–113; K. Gould Martin, "Medical Systems in a Taiwan Village," pp. 115–141; Arthur Kleinman, *Patients and Healers in the Context of Culture*, pp. 179–203; 宋和，〈臺灣神媒的社會功能〉，頁 78–87；張珣，〈臺灣漢人的醫療體系與醫療行為——一個臺灣北部農村的醫學人類學研究〉，頁 143–146；宋光宇，〈二十世紀臺灣的疾病與宗教〉，《佛光人文社會學刊》1（宜蘭，2001），頁 27–45。

112. 林富士，〈臺灣童乩的社會形象初探（二稿）〉；陳藝勻，〈童乩的社會形象與自我認同〉。

㈠從傳統士人到心理學家的觀點

　　童乩被貼上「病人」的標籤，並非無跡可尋。早在十九世紀，清代的士人就已注意到童乩宗教儀式的主要特徵在於能讓鬼神附體說話，並且在公眾之前以各種利器割剖、砍刺自己的身體，造成鮮血淋漓的情景。不過，當時人似乎只當這是一種異常、奇怪的舉動而加以記錄，並未做太多的評論。[113] 唯連橫 (1876–1936) 說：

> 乩童，裸體散髮，距躍曲踊，狀若中風，割舌刺背，鮮血淋漓，神所憑依，創而不痛。[114]

其中，「狀若中風」一語，似乎隱指童乩和病人有相似之屬。

　　在日治時期，學者及官員也大多注意到了童乩的這種儀式特徵，他們還進一步以「失去知覺」、「失神」、「狂想」、「自我催眠」這一類的名詞，形容童乩在儀式中的舉止。[115] 而由官方出版的《童乩》一書，不僅將童乩降神附體的模樣形容為「夢遊病」，更直言有十分之二、三的童乩多少有精神方面的「欠陷」、「變質」。[116] 這也是文獻之中首度將童乩和精神病人等同視之。

　　其後，心理學家飯沼龍遠進一步指出：[117]

> 童乩的神明附體狀態是一種催眠狀態，就是人格變換現狀。……大概他

---

113. 林富士，〈清代臺灣的巫覡與巫俗〉。

114. 連橫，《臺灣通史》（南投：臺灣省文獻委員會，1992），卷 22，〈宗教志〉，頁 576。

115. 梅陰生著，王世慶譯，〈乩童之由來〉，頁 36；丸井圭治郎，《臺灣宗教調查報告書第一卷》，頁 104–107；鈴木清一郎著，馮作民譯，《臺灣舊慣習俗信仰》，頁 84–85。

116. 臺南州衛生課，《童乩》，頁 9，28。

117. 飯沼龍遠畢業於日本東京大學，曾於 1928 至 1941 年擔任臺北帝國大學「心理學講座」教授；參見國立臺灣大學心理學系「系史」，網址：http://www.psy.ntu.edu.tw/index.php/aboutus/history（檢索日期 2023/04/20）

們的感覺都脫落了，五官的作用也呈異常，或休止一時作用，所以他們橫在鐵釘床也不感覺痛疼，而揮劍傷身也不感覺痛疼，這樣一來，沒有智識的人，看為非常不可思議的神秘現象。[118]

他又說：

童乩以自己的武器劍傷自己的身體，使之流血，展出淒然的場面。……這樣過激的動作，是在普通的精神狀態下做不到的，在變態心理的狀態下失了知覺，才能平然做到這樣場面。……童乩的動作是基於變態心理的現象，……但人格變換的狀態深度，須看童乩的素質或練習的程度，如果變態狀態愈深度，他們的動作就愈酷行。……童乩的暴行自虐，一方面童乩可加強自己的信念，……又一方面依賴者看到這不可思議的神秘事，也自信童乩的確能夠治療病人。……就是說，童乩的自虐行動使祈禱師鞏固自信，使被祈禱者絕對信賴，而符合精神療法上的本質要素。[119]

這是首度以心理學或精神醫學的角度，針對童乩在儀式過程中的舉止及其醫療活動所做的「科學」性的解釋。飯沼龍遠似乎不曾將童乩視為精神或心理異常之人，但他的確認為，在儀式中，童乩進入了一種「人格變換」、「變態心理」的狀態。

㈡從心理學家到精神科醫師的看法

日治時期學者的看法，到了 1970 年代又獲得若干臺灣的心理及精神醫學研究者進一步的闡述。他們大多認為，多數的童乩和精神病患非常類似，具有「歇斯底里」(hysteric) 及「偏執」(paranoid) 的人格特質。例如，1972 年，曾

---

118. 飯沼龍遠著，林永梁譯，〈關于臺灣的童乩〉，頁 83。
119. 飯沼龍遠著，林永梁譯，〈關于臺灣的童乩〉，頁 84–85。

炆煋醫師曾利用兩名童乩個案的生命史，[120] 分析其成乩歷程中的生活情境及心理因素。他認為，超過一半的童乩在成乩之前都曾有過人格解離 (dissociation) 或身心症 (psychophysiological manifestation) 方面的問題，而成乩也是他們因應壓力或困境的一種方式。他認為童乩在情感上的確有可能是個病人或是比較容易精神崩潰，但他並不認為所有擔任神媒的童乩就是精神病患。[121]

　　雖然有人並不主張將童乩和精神病患等同視之，但仍有不少人斷言，有些童乩先前曾「害過精神病」，而且，其降神附身的狀態其實就是「解離型歇斯底里症」(hysterical dissociation) 的表現。例如，1975 年，醫學雜誌《南杏》刊載了四篇從醫學角度談論童乩的文章，其中，王興耀在〈乩童的形成〉一文中便說：

　　　乩童的形成有的先害過精神病，有的開始就有變成類似解離型歇斯底里亞病 (hysterical dissociation) 的精神恍惚狀態而被認為被神鬼附身，之後由自己揣摸或在別人指點下慢慢訓練而自成一格。[122]

可惜他不曾交代其論點的根據。而另一位精神科的鄭信雄醫師，則是根據其臨床醫療所碰到的一名女性童乩病患進行個案研究，這名女童乩的症狀被診斷為 "hysterical psychosis with hypomanic picture"。根據這個個案及相關的資料，他說：

　　　精神恍惚狀態 (trance state) 或狂奮狀態 (ecstatic state) 中的乩童，和精神醫學上的解離型歇斯得里亞症狀 (hysterical dissociation)，有很多相類似的地方。不僅有人格的改變，精神意識上的改變，同時均為過一般時間就可恢復原來狀態的變化。 至於乩童被鬼神所憑依的行為 (possessed

---

120. 其中一名因精神崩潰而送醫。

121. Wen-hsing Tseng, "Psychiatric Study of Shamanism in Taiwan," pp. 562–564.

122. 王興耀，〈乩童的形成〉，《南杏》22（高雄，1975），頁 69。

state) 在多種精神疾病中常可見到，並非獨特的現象。但乩童是依情況
須要而自行引導進入精神恍惚狀態，這是職業上的運用，正常情況下能
毫不影響日常生活；相反地，解離型歇斯特里症狀，常因心理上受刺激
或遇到困難才引起。……有許多乩童在開業之前，有類似歇斯得里樣的
暈倒或解離的經驗，也有些是患過精神疾病好轉以後，被解釋或認為有
被鬼神依附過。物色乩童後補者及訓練過程，實際上是選擇易接受暗示
性 (high suggestibility) 及高度解離性的個性的人，來做乩童。……在個
人具有對暗示感受性及易解離性的氣質，和心理因素傾向於當乩童時，
乩童很自然地從這種社會環境中訓練產生出來，所以乩童並不是與生俱
來或被神指定而當的。[123]

這是從儀式特徵和成乩過程這方面，說明童乩的精神狀態及人格特質和精神病
患之間的相似性，他甚至認為，有些童乩確實曾經是精神病患，而且，也容易
成為精神病患。

其次，1982 年，高雄療養院的醫師江英隆和黃正仁，則是以高雄旗津地區
的二十五名童乩為對象，進行五項與智能、性格相關的「測驗」，完成了一份
名為〈童乩之人格研究〉的研究報告。他們認為：

乩童的知覺、腦部功能都比較差。他們容易出現錯覺，處事衝動，行事
不按邏輯進行。……各種測驗可以證實，乩童的人格的確屬於不成熟
的，富有戲劇性歇斯底里及妄想型人格類型。[124]

此外，1992 年，高雄醫學院精神科的文榮光醫師及其研究團隊則是針對一
名女性精神病患進行個案研究。這一名病患曾擔任過童乩，被診斷為「共有型

---

123. 鄭信雄，〈從精神醫學論乩童及個案報告〉，頁 72。
124. 轉引自宋龍飛，〈手之、舞之，足之、蹈之〉，頁 520–521。按：原文將江英隆誤寫為江
英豪。

妄想症」。他們認為這名童乩的「通靈」和「靈魂附身現象」(spirit possession phenomena) 其實是一種因應壓力的方式。他們似乎暗指該名童乩並非真正的神媒 (medium)。同時，他們也認為，真正的童乩、尪姨在宗教儀式中的「靈魂附身現象」是「正常、正統、典型、自制、被群體期待、受眾人肯定」，「具有維護社會既有體制」之功能。[125]

上述這些研究報告，大多出自臨床的精神科醫師或是心理、精神醫學相關領域的研究者之手，他們大多抱持著「除魅」、「覺民」心態，企圖以「科學」、「理性」的工具揭露宗教的「神秘」世界。而從他們所參考的文獻也可以知道，他們的研究事實上深受歐美學者以心理學、精神醫學研究薩滿（shaman；巫者）的影響，企圖解開這種神媒擁有醫療能力的謎團，並「合理」解釋巫者的「附身」(possession) 現象究竟是正常的文化行為還是異常的精神病變或人格違常。[126] 可惜的是，他們的研究大多只根據極少數的個案，而且，通常是已被診斷為精神病患的童乩。因此，其說法仍有不少值得商榷的地方。

㈢人類學家及民俗學家的援引

不過，自從精神醫學方面的專家發言之後，不少人類學家及民俗學家便大加引述。例如，針對前述江英隆和黃正仁的〈童乩之人格研究〉報告，曾受過人類學訓練的民俗研究者宋龍飛便認為這是：

> 近年來最具科學基礎研究的論文，很具學術價值，它不僅用科學的測驗方法，揭開了乩童的奧秘，同時將乩童跨越陰陽兩界與神鬼相通的爛言拆穿，神鬼附身的說法，祇是由於他們本身智力低、易衝動、人格不夠

---

125. 文榮光等，〈靈魂附身現象〉。

126. 關於歐美學界對於這項課題的研究，參見 I. M. Lewis, *Ecstatic Religion*, pp. 160–184; Jane Monnig Atkinson, "Shamanisms Today," *Annual Review of Anthropology*, 21 (1992), pp. 307–330.

成熟，而產生神鬼附身的宗教妄想。[127]

他甚至因而斷定自己一位擔任童乩的王姓朋友「一定有妄想症」。[128]

其次，李亦園曾綜合性的援引人類學家、心理學家及精神科醫師的觀點說：

> 從科學的立場而言，童乩作法時的精神現象是一種習慣性的「人格解離」(personality dissociation)，在這一精神狀態下，童乩本人平常的「人格」暫時解離或處於壓制的狀態而不活動，並為另一個「人格」所代替，這另一人格也就是他所熟識的神的性格，因此並非真正是神降附在他身上的！

> 人類精神狀態差距的幅度相當大，大部分正常的人精神與行動都具整體性，但是有一些人的精神則不是很穩定的，而是很容易接受刺激或暗示即產生人格與精神意識的變化。這種精神不穩定的人在受到刺激與暗示時，其中樞神經系統對內外資料與訊息處理的方法，暫時失去以往的統一整合性，對思想及所表現的行動以及器官感覺的輸入都行高度的選擇性與壓制性，因此有人格解離與不同程度的意識上改變，同時在很短的時間內分離的狀態也隨時可復原。童乩作法時進入精神恍惚或狂奮 (ecstasy) 的狀態就是同一類的精神解離。[129]

他又說：

> 童乩這一類現象通稱為神媒或薩滿，薩滿 (shaman) 一詞是來自通古斯族。實際上通古斯族是出產神媒的正宗，最典型的神媒正是來自這一東北亞洲的民族。在通古斯族中假如有一個少年人很早出現精神萎靡多

---

127. 宋龍飛，〈手之、舞之，足之、蹈之〉，頁 521。

128. 宋龍飛，〈手之、舞之，足之、蹈之〉，頁 523。

129. 李亦園，〈是真是假話童乩〉，頁 104–105。

病，常會昏睡做幻夢的情形，即認為是神指定他做薩滿的徵象，他的家人就要特別保護他，並送到老薩滿那裏去學習，過了一段時間之後他就可以自己成為薩滿為人治病了。

從很多不同民族的比較，我們瞭解最早神媒的型式，應該就是這種先天性具有精神異常狀態的人，他們因為精神易進入恍惚或狂奮狀態，並且易於幻夢，所以認為是神所託請的人，可以為神與人之間作溝通，並為人服務。一旦在社會中神媒被大家所認可，並成為社會所賴以治病解難的人，慢慢地這就會成為文化的一部分。[130]

由此可見，在他的觀念裡，至少有部分童乩是「先天性具有精神異常狀態的人」，而其宗教儀式中的降神附體現象也只是一種「人格」或精神「解離」。[131]

此外，民俗學者周榮杰則是結合了民俗、「靈學」及心理學的觀點說：

能擔任童乩的，民間認為是「八字」（生庚）較輕者，或說是因為他的「靈波」（每個人都有）和神靈的「靈波」一致。心理學家則認為是精神異常者。體質上，他們必定比常人更易接受暗示，或較敏感，有異於常人的性格，而具有「被神附體」的特質。……一般說來，他們的精神狀態很不穩定，很容易接受刺激或暗示，而使其中樞神經系統對內外資料與訊息處理的方法，暫時失去以往的統一整合性，……因此，有人格解離與不同程度的意識上改變，同時，在很短的時間內分離的狀態也隨時可復原。[132]

這個說法的基調是認為，童乩是一種「先天性」的「異常」之人。而黃文博則

---

130. 李亦園，〈是真是假話童乩〉，頁 111–112。

131. 類似的看法又見 Yi-yüan Li, "Shamanism in Taiwan," pp. 179–188.

132. 周榮杰，〈閒談童乩之巫術與其民俗治療〉，頁 75–76。

著眼於童乩的儀式特質指出：

> 乩童不管是代神發言抑或玩刀弄劍，都得經過精神恍惚、昏迷忘我的
> 「跳神程序」，首由閉目晃腦、空嘔作呵的「神感」接觸，繼而手腳顫
> 動，渾身發抖的虛幻冥思，終至活蹦亂跳、飛奔狂舞的「脫魂」境界，
> 這種身不由己、宛若中邪一般的現象，精神醫學稱之為「人格解離」；
> 質言之，乩童人格必先「自我真空」之後，他我的神靈才能進入而「借
> 身發言」！[133]

　　總之，人類學家及民俗學家對於童乩的基本看法大多如 Gary Seaman 的觀
點，亦即認為童乩的「精神狀態」(psychic state) 是「異常的」(abnormal)，但
其「社會角色」(social role) 則是正常的。[134]

(四)基督教宣教師的闡述

　　基督教的宣教師在研究或談論童乩的時候，似乎也很喜歡引述心理學家和
精神科醫師的說法。例如，董芳苑牧師便說：

> 一般的「童乩」自常人狀態進入「上童」的失神狀態，都要經過所謂
> 「觀童乩」的手續。「觀童乩」時，必須先由「法師」敲桌唸請神咒，
> 或「調神」請軍，口吹角鼓、手打法索，並獻上「鼓仔紙」，……這些
> 動作足以擾亂「童乩」的視聽覺，容易使他進入催眠狀態，以致人格
> 失常。[135]

這是從「暗示」、「催眠」、「人格失常」的角度來解釋童乩的「降神」儀式。他

---

133. 黃文博，〈忘了我是誰——乩童巫器揮祭泗鮮血〉，收入氏著，《臺灣信仰傳奇》（臺北：
　　臺原出版社，1989），頁 14–26（頁 17）。

134. Gary Seaman, "In the Presence of Authority," p. 71.

135. 董芳苑，〈臺灣民間的神巫〉，頁 252。

又說：

> 並非人人都可以做「童乩」。能夠擔任「童乩」角色者，都與他先天性
> 的條件或後天的環境有關。就後天的環境論，「童乩」都是漁夫、農民
> 或低級職業者，又都是文盲或小學程度的人。因缺乏因果觀念與判斷
> 力，故容易著迷於巫術氣氛當中。從先天條件言，「童乩」都呈現神經
> 質，容易在宗教狂熱的氣氛中被催眠，以致人格失常。民間俗言「八字
> 輕」的人才能做「童乩」，所謂「八字輕」正是「神經質」(hysterical) 或
> 是有神經病體質者 (neuropath) 的最好說明。此一病態使其善觀異像，陷
> 入宗教狂熱，做出常人所不敢去嘗試的巫術來。宗教心理學家韋廉‧詹
> 姆士 (William James, 1842–1910) 把這類神經不穩症狀及心理變態症狀
> 者視為宗教天才 (religious geniuses)，因為他們常常陷入失神 (ecstasy) 幻
> 覺 (illusion) 與昏迷 (trance) 狀態，看異像聽神界的言語，表現一些被認
> 為心理病態的特殊行為。[136]

由此可見，在他眼中，童乩是「先天的」具有「神經質」或「神經病體質」
者。他還說：

> 像「童乩」這種以刺球擊背，以鯊劍砍額和背，以釘棍劈身的流血激烈
> 之動作，是在正常的心理狀態所辦不到的。他們的變態心理愈深，動作
> 愈殘酷，信徒見之便愈信以為真，以為神靈真正的附在其身。如此一
> 來，也就收到心理治療的功效。也就是說，「童乩」的自虐行為先強化
> 自己的信心，也鞏固「法師」的信念去解釋乩示，更因之獲得求問者的
> 信賴，而達到心理治療的目的。當然無知的施法者不懂這個道理，反而
> 委諸神明的醫治。[137]

---

136. 董芳苑，〈臺灣民間的神巫〉，頁 252–253。

137. 董芳苑，〈臺灣民間的神巫〉，頁 253。

這是從「變態心理」及「心理治療」的角度解釋童乩在儀式中的「自傷」行為及治病的能力，其觀點宛如已故的飯沼龍遠「憑附」而言。

其次，戴吉雄牧師在研究童乩時，也坦承前引鄭信雄醫師的研究是「較有深度的看法」，[138] 他還說，「童乩之產生與形成」所必須具備的條件是：

> 「八字」（出生之時辰）輕的人。一般相信，八字輕的人容易作夢，會見到鬼神，用現代的話，是神經衰弱，易接受暗示，或較敏感的人，而具有「被神附身」之特質。[139]

針對法師（桌頭）唸咒「調神」以使神明降附於童乩身上的儀式，他則說：

> 這種唸咒調神降童，是一種心理作用。童乩會自己感到好像真的有神來附身。吾人認為這是一種暗示心理作用 (suggestion)。如同催眠作用一樣。一直不停地唸，可增強他的觀念 (re-enforcement)，故會感到似有神附身一樣。本人曾與徐鼎銘教授討論過童乩現象。他說，他曾在廣州做一次實驗破除迷信。他找來十位學生，施以催眠術，使他們跳起童來，宛如童乩上童一樣，他們向廟前的群眾說：「神明說，這些童乩都是假的，不要信他……」由此可見 T 先生這種解釋是可接受的。[140]

看來，他幾乎完全信從心理學的解釋。

此外，曾修習過人類學的廖昆田牧師則是接受其老師李亦園的說法，認為童乩形成的三個途徑之一是：

---

138. 小靈醫，《童乩桌頭之研究》，頁 5。按：此書作者雖以「小靈醫」為名，但根據其序言及內容來看，應該是戴吉雄依據其碩士論文〈童乩桌頭之治病〉（臺南：臺南神學院神學碩士班碩士論文，1975）改寫而成。

139. 小靈醫，《童乩桌頭之研究》，頁 30。

140. 小靈醫，《童乩桌頭之研究》，頁 53。

具有先天性精神異常狀態的人，他們因為精神易於進入恍惚或狂奮的精
神狀況，能迅速進入夢幻。在其文化背景就被認定是神靈所託付的人
選，作為神與人之間的溝通，為人服務的對象。[141]

針對童乩降神之事及儀式中的「自傷」行為，他也說：

> 按心理學學者的分析，乩童作法時精神恍惚的現象，是一種習慣性的
> 「人格分離」 (personality dissociation)。人類的精神狀態差距的幅度很
> 大，一般正常人的精神與行為反應都具整體性；少部分的人就不是很穩
> 定，很容易接受外來的刺激或暗示，即刻產生人格與精神意識變化。自
> 我意識逐漸減弱，生理上體內的血糖快速降低，最後其人格完全分解，
> 感官上會產生各種幻覺。所以用刀劍、釘球砍擊自己的身體，或用鐵筋
> 穿鑽兩頰，或用刀割舌，亦不覺得非常疼痛。在廟神誕辰或村中賽會
> 時，這些乩童用巫術性的法器如鯊魚劍、狼牙棒、刺球、月眉斧、七星
> 劍，砍傷自己的身體，流血滿身。這些「特技」表演目的是在顯示乩童
> 本身有其守護神的守護，令觀眾信者信服。[142]

值得注意的是，這幾位牧師都受過良好的學術訓練，都擁有碩、博士學
位，而且主要的研究領域都是臺灣的民間宗教，甚至也有或多或少的田野調查
經驗。當然，從行文之中也處處可見，他們針對童乩所進行的研究，並不純粹
出自學術上的興趣，而是體認到童乩是臺灣民間信仰的「靈魂人物」，是他們
傳教時最強勁的對手之一。因此，除了透過學術研究瞭解這種人的面貌、儀式
及特質之外，他們也處處採取一種批判的態度，有意或無意的貶抑童乩的地
位。[143] 而在刻畫童乩負面形象的過程之中，心理學和精神醫學針對童乩所做的

---

141. 廖昆田，〈薩滿〉，頁 94。

142. 廖昆田，〈薩滿〉，頁 95–96。

143. 林富士，〈臺灣童乩的社會形象初探（二稿）〉。

「科學」解構，便成為最有力的武器。

㈤不同的解讀

　　雖然有不少學者都臣服於心理學和精神醫學針對童乩所做的剖析，但仍有人提出異見。例如，民俗、宗教學者劉枝萬便說：

> 童乩是村落守護神之代言人，可比擬地域社會日常生活之精神鎮定劑。……童乩往往被誤認為性格異常，加以有時遭到禍害……等因，精神狀態易變，終於導致失格。惟童乩做法，近乎瘋狂，其人卻絕非瘋子。[144]

這是反對精神醫學研究者的流行論調。不過，他也承認「賦有易受神靈憑附之先天的秉性者」，是一個人成為童乩的「前提條件」，換句話說，他也認為，童乩有異於常人的先天秉賦。[145] 此外，針對童乩的降神儀式，他則說：

> 憑依現象，必呈失神與狂態，故如果看做一種疾病，則可指摘一些症狀。當然，如同罹病，症狀因人而異，個人差別頗大，且未必所有症狀，全部出現。……綜而言之，入神狀態之未盡相同，歸根結底，在於個人差異與地域差異。正如俗諺：「熟童快關」，意指對於老練童乩，神靈容易憑依。……反言之，便是「生童離關」，則對門外漢，儘管神靈難以附身，然而一旦入神，不但喪失知覺，呈現狂亂狀態，而且一直瘋狂下去，不易收場了結。固然神靈附體，纔算 Shaman，然而真正憑依，完全進入他界，則無從當起 Shaman，完成職務。……雖然有人認為靈媒進入 Trance 狀態，便起一過性人格變換，可是鑑於臺灣實況，此說無從遽信。……童乩自認，正在入神，也保有一半理智。[146]

---

144. 劉枝萬，〈臺灣之 Shamanism〉，頁 9。

145. 劉枝萬，〈臺灣之 Shamanism〉，頁 9。

這也是對於流行說法的批駁。總之，他不認為儀式中的童乩曾經產生所謂「人格解離」的現象。

此外，在訪問、觀察眾多精神病患、童乩及宗教專家之後，醫療社會學的學者林淑鈴也認為，儀式性 (ritual)、神媒（童乩）的正常「附身」(possession) 和邊緣性 (peripheral)、精神異常者的「附身」，必須加以區別看待。[147]

六、巫病與成乩

學者將童乩和精神病人或心理（體質）異常者牽連在一起，主要是從兩方面著眼，一是童乩在宗教儀式中種種奇異的舉止，包括降神的過程、神靈附體說話、以利器自傷等，[148] 這些都被認為是一種「催眠」的後續反應或是「人格解離」後的現象。[149] 另一方面則是認為不少童乩在成乩之前就有先天性的精神或人格缺陷、精神異常，或是曾罹患精神疾病。

這兩種論述，前者純粹是學理上的推測和詮釋，很難說對錯，但後者則可透過童乩的生命歷程檢證。可惜的是，前述學者所掌握或探究過的童乩個案並不多，而且大多是因罹患精神病送醫才成為調查的對象。因此，其說法尚待進

---

146. 劉枝萬，〈臺灣之 Shamanism〉，頁 16–19。

147. 林淑鈴，〈關於臺灣本土靈魂附身現象的修正性看法〉，《臺灣史料研究》 4 （臺北，1994)，頁 36–150。

148. 關於臺灣童乩的 「自傷」 行為，詳見 Robert Hegel, "Of Men Possessed and Speaking Gods," *Echo*, 1:3 (1971), pp. 17–23; Mitsuo Suzuki, "The Shamanistic Element in Taiwanese Folk Religion," in A. Bharati ed., *The Realm of the Extra-Human: Agents and Audiences* (The Hague and Paris: Mouton Publishers, 1976), pp. 253–260; Donald S. Sutton, "Rituals of Self-Mortification: Taiwanese Spirit-Mediums in Comparative Perspective," *Journal of Ritual Studies*, 4:1 (1990), pp. 99–125; 黃文博，〈忘了我是誰〉，頁 14–26。

149. 關於臺灣童乩的「降神」儀式，參見藤崎康彥，〈臺灣の降神巫儀〉，收入諏訪春雄主編，《降神の秘儀——シャーマニズムの可能性》（東京：勉誠出版，2002），頁 26–57。

一步驗證。

　　事實上，根據最近幾年的田野調查資料來看，在臺灣童乩的成乩過程中，疾病的確扮演了一個非常重要的角色。但是，並非人人都有罹病的經驗，而且更重要的是，其所罹患的疾病，只有少部分才是精神疾病。

㈠三重經驗與臺灣經驗

　　以王雯鈴於 2001 至 2003 年間在臺北縣（今新北市）三重地區所進行的訪查結果來看，當地七十二位童乩之中，便有二十三位在成乩過程中有類似宗教及人類學家所說的「巫病」現象，約占全體人數的三分之一。他們的疾病包括：

1. 陳先生（個案 25）：工作時腳部意外受傷。
2. 黃仔（個案 33）：車禍受傷（手臂外傷）。
3. 楊女士（個案 46）：高血壓及足部酸痛。
4. 孫女士（個案 47）：先天性心臟病。
5. 阿輝（個案 48）：體弱多病，肺炎。
6. 棲伯（個案 49）：頭昏無法工作（症狀、病因不明）。
7. 阿柱（個案 50）：膽裂開刀。
8. 許元（個案 51）：腰部扭傷。
9. 金水仔（個案 52）：體弱多病。
10. 阿內（個案 53）：「飛蛇」（濾過性病毒，帶狀泡疹）。
11. 李大嫂（個案 54）：無名病痛。
12. 阿勇伯（個案 55）：長年感冒，不停打噴嚏。
13. 柯先生（個案 56）：心臟病。
14. 烏姨（個案 57）：腿疾（不明原因）。
15. 阿本（個案 58）：發燒、昏迷（不明原因）。
16. 簡文（個案 59）：無名病痛。
17. 王馨（個案 63）：體弱多病。

18.阿純姨（個案 66）：無名病痛。

19.林足（個案 67）：昏迷（不明原因）。

20.靜緣（個案 68）：頭昏、昏迷（不明原因）。

21.游師姐（個案 69）：車禍手受傷。

22.妙蓮師姐（個案 70）：無名病痛。

23.阿雲姨（個案 71）：體弱多病，子宮癌。[150]

歸結來看，其中有四位是車禍或意外所造成的肢體外傷；[151] 有三位是心臟、血管方面的病；[152] 有一位是帶狀泡疹；[153] 有一位是長年感冒、打噴嚏；[154] 有一位膽囊破裂；[155] 有一位得了子宮癌；[156] 另外十二位則或是長期體弱多病，健康狀況不佳；或是突然被無名的病痛纏身；或是突然發燒、頭昏或陷入昏迷，至醫院檢查卻都查不出病因；或無法判斷歸屬於什麼疾病。[157] 有人或許會認為，這種查不出病因的無名病痛，或自覺「體弱多病」者，可能有「身心症」、「慮病症」，或是有情緒、心理方面的困擾，但是在臨床診斷上，卻不曾有人被判定為精神病患。當然，這些受訪者也有可能隱匿其就醫時真正的診斷結果。不過，無論如何，他們都只占全體調查人數的六分之一。

　　至於疾病和他們成乩之間的關係，也有以下四種不同的模式：

　　一、至醫院診療無效後，突然和神明「靈通」（以附身、夢遇、見神等方式），被動的讓神明治療，並允諾痊癒之後成為其靈媒。[158]

---

150. 王雯鈴，〈臺灣童乩的成乩歷程〉，頁 18–27。

151. 個案 25，33，51，69。

152. 個案 46，47，56。

153. 個案 53。

154. 個案 55。

155. 個案 50。

156. 個案 71。

157. 個案 48，49，52，54，57，58，59，63，66，67，68，70。

158. 個案 25，48，51，55，58，67，70。

二、至醫院診療無效後，轉而求助於神明，許諾痊癒後成乩。[159]

三、求助於童乩、神明，在治療的過程中，以靜坐、符咒、祈禱等方式，逐漸獲得「靈通」的能力，並在痊癒後成為童乩。[160]

四、在重病昏迷中突然獲得靈通的能力，痊癒後成為童乩。[161]

前兩者都是以「治病」作為人、神之間的契約，神明替人治病，人則以擔任神明之媒介作為回報。基本上，人顯得比較被動、無奈。後兩種模式，則神明並未提出任何要求，人也無任何允諾，純粹是在醫療過程中或重病之時，人無意間獲得了靈通的能力，而在病癒之後，能力並未消失，因此，自然而然或基於感恩之情便開始擔任靈媒的工作。值得注意的是，前兩種模式的病人占較大多數 (65.2%)，而且，他們大多表示，自己帶有「成乩」以服務神明、濟世救人的「天命」。生病似乎成為神明向其揭示「天命」難違而強制其「認命」的手段。至於後兩種模式，則生病（尤其是重病、昏迷之時）似乎成為神明為了帶領其進入靈界而創造的情境。[162]

總之，無論是什麼樣的模式，從這些個案來看，疾病的確是不少臺灣童乩「啟悟」(initiation) 過程中相當關鍵的契機。[163]

三重地區的情形並不是特例。根據我們從 1999 至 2003 年在臺灣各地（包括三重）所完成的五百九十六位童乩的訪談資料來看，便有九十三人 (15.6%) 在成乩過程中有所謂的「巫病」現象，為了「治病」（包括自己及家人）而和神靈有所接觸因而成乩者也有八十九人 (14.9%)。此外，陳藝勻自 2000 年 11 月

---

159. 個案 33，46，52，54，57，63，66，71。

160. 個案 47，49，53，56，59，69。

161. 個案 50，68。

162. 王雯鈴，〈臺灣童乩的成乩歷程〉，頁 18–24；David K. Jordan, *Gods, Ghosts and Ancestors*, pp. 67–84.

163. 事實上，早在 1970 年代，David K. Jordan 就已在田野工作中注意到這種情形，詳見氏著，*Gods, Ghosts and Ancestors*, pp. 70–77.

到 2001 年 11 月在臺北縣新莊地區所完成的二十五名童乩訪談資料也顯示，有六位（約占 24%）是因病而成乩。[164] 其他零星的調查報告，也透露出類似的訊息。例如，前述臺北市基隆路「聖皇宮」的張姓童乩，便是個典型的例子。根據張珣的訪談記錄，他是因為：

> 身體常不舒服，一天胸悶，心頭難受，到木柵指南宮靜坐，回來便可「辦公」，替人問神，以後每天再到指南宮訓練，功力天天長進。[165]

而他替人治病時，往往宣稱：

> 某神是你師父（娘），你的病是神用來考驗你，要你來宮裡接受訓練。[166]

訓練成功，自然也就能成乩。

有一些神壇的童乩的確是以「訓乩」作為療病的方法。通常是要求病人住在宮廟中（晚上就睡在神桌或神龕之下），一方面接受神明的護佑，另一方面則接受童乩的「靜坐」訓練，以產生「靈動」或「靈通」現象，袪除疾病或邪氣。例如，臺北市「天心慈育堂」的許姓女童乩，便宣稱曾以「神明訓體」的方式治癒令群醫束手的病患。[167] 最近，我在臺北市「此乃宮」也觀察到類似的情形。吳姓女童乩告訴一位疑似「中邪」（或精神疾病）的年輕人，必須允諾替神明服務（成乩），才能獲得神的醫療。而那位年輕人事實上已在「此乃宮」的神桌下睡了十天左右。[168]

---

164. 陳藝勻，〈童乩的社會形象與自我認同〉。

165. 張珣，〈民俗醫生〉，頁 78–79。

166. 張珣，〈民俗醫生〉，頁 81。

167. 陳漢州，〈臺北市「許姓童乩」調查表〉（2002 年 9 月 7 日）。

168. 林富士，〈臺北市「此乃宮」訪查筆記〉。

㈡瘋狂與神召

　　雖然在三重地區並未發現任何精神病患成為童乩的例子，但是這並不表示其他地方或其他人的訪查中也全然不見。例如，住在高雄縣林園鄉的黃姓童乩，成乩之前便曾被家人送醫，並被診斷為精神病患，後來在童乩（神明）的「治療」之下轉換身分成為一名童乩。[169] 這一類的例子在田調資料中並不多見，這種情形所反映的可能是事實，但也有可能是當事人隱晦不談所造成的結果。

　　有一些接受訪談的童乩常會強調自己不是「神經病」，[170] 有時也意識到有些人會把他們當成「瘋子」。[171] 因此，當他們獲得「神召」之後，有些人會強烈抗拒，而主要的原因之一就是害怕被人當作「瘋子」。[172]

　　事實上，在成乩過程中，在「訓乩」的階段，種種「靈通」的現象，例如在清醒或夢中看見鬼神、聽見神明的指示、無緣無故的昏厥、肢體不由自主的顫動等，往往和民俗所認為的「中邪」、「邪病」，或是傳統中醫所說的「癲狂」、現代醫學所指稱的「精神病」，有相當多的雷同之處。因此，當事人及其家屬通常也會懷疑自己是否有病。當然，這種恐懼也和童乩被塑造成「精神病人」或「異常人」的社會形象有關。在這種情形之下，他們即使曾經因疑似精神病而就醫，或被醫生斷定為精神病人，大概也不願意承認或告訴陌生人。

七、另一種病人

　　任何社會，健康與疾病之間的區隔都有一些模糊的空間。狹義和廣義的「病」所包含的範圍也會有很大的出入。例如，中國道教的早期經典《太平

---

169. 林坤磊、張育芬，〈高雄縣林園鄉「黃姓童乩」調查表〉（2001 年 7 月 22 日）。
170. 丁元君、陳藝勻，〈臺北縣新莊市「李姓童乩」調查表〉（2000 年 11 月 6 日）。
171. 丁元君、陳藝勻，〈臺北縣新莊市「洪姓童乩」調查表〉（2000 年 12 月 8 日）。
172. 王雯鈴，〈臺北縣三重市「汪姓童乩」調查表〉（2002 年 7 月 5 日）。

經》便將由「不和」之氣所引起的天災、地變、人禍等「異常」現象都稱之為「病」,[173] 佛教經典所說的「病」往往也及於一切的煩惱和痛苦。[174] 臺灣閩南語口語中所說的「艱苦」(gan-kou),一方面指身、心方面的疾病,另一方面則是指工作、生活、事業上的艱辛、挫折和壓力。

而且,任何社會,也都會將某些人視同為生理、健康方面有障礙或「缺陷」的「病人」。例如,智能較低者(或俗稱的白痴、智障)、罪犯、鰥寡孤獨或窮困而乏人照料者(如乞丐等),往往會被「收容」或「禁閉」在同一個地方。他們和病人之間的共同特徵在於有某種「瑕疵」(生理、心理、道德、行為、經濟等),以致於無法發揮「正常」的社會功能,甚至成為社會群體的負擔,因此,都可能被界定為廣義的「病人」。[175]

事實上,無論是佛教還是道教,都有經典強調,某些人之所以會生病、貧厄、窮困、社會地位卑賤,往往是前世或今生為惡所得之「果報」。[176] 而從先秦時期以來,中國社會一般也認為,某些人罹病是因為暗中做惡,遭致鬼

---

173. 林富士,〈試論《太平經》的疾病觀念〉,頁 225–263;黎志添,〈從《太平經》的「中和」思想看人與自然的關係──天地疾病與人的責任〉,收入鄭志明主編,《道教文化的精華》(嘉義:南華大學宗教文化研究中心,2000),頁 49–75。

174. 關於佛教的疾病觀念,詳見 Paul Demiéville, *Buddhism and Healing*, trans. by Mark Tatz (1937; Lanham, MD: Univ. Press of America, 1985); 大日方大乘,《佛教醫學の研究》(東京:風間書房,1965),頁 453–624;福永勝美,《佛教醫學詳說》(東京:雄山閣,1972),頁 52–68;石川力山,〈玄沙三種病人考──禪僧の社會意識について〉,收入鎌田茂雄博士還曆記念論集刊行會編,《鎌田茂雄博士還曆記念論集・中國の佛教と文化》(東京:大藏出版株式會社,1988),頁 437–456;川田洋一著,許洋主譯,《佛法與醫學》(臺北:東大圖書公司,2002),頁 3–78。

175. 傅柯 (Michel Foucault) 著,劉北成、楊遠嬰譯,《瘋顛與文明》(臺北:桂冠圖書公司,1992)。

176. 福永勝美,《佛教醫學詳說》,頁 52–55;川田洋一著,許洋主譯,《佛法與醫學》,頁 99–117;吉岡義豐,〈三洞奉道科誡儀範の成立について──道教學成立の一資料〉,收入吉岡義豐、M. スワミエ編,《道教研究・第一冊》(東京:昭森社,1965),頁 5–108。

神「陰譴」所致，因此，病人和犯人其實都是違反社會規範（道德、法律）之人。[177]

從這個觀點來看，絕大多數的童乩，在臺灣社會中可以說都被視為某種「病人」。

㈠外部的觀點

清代的官員及士人雖然不曾指斥童乩為瘋子或身心有毛病之人，但是，童乩的宗教活動及其儀式，不僅違反了法律，而且還和儒家聖人的「禮教」相違背。[178] 同時，童乩也被視為治安的威脅和破壞者，對於經濟發展不僅無益還會造成奢靡、浪費。總之，童乩在清代的臺灣社會中，基本上被統治階層及知識分子視為傷風敗俗、違法亂紀、欺惑百姓、蠹壞財物的「不良」分子，是有害之人，是某些社會弊病的源由。[179]

到了日治時期，官方及知識分子對於童乩的看法和態度並沒有太大改變，除了開始以近代「科學」（心理學、醫學）的觀點替童乩安上「人格違常」、精神病的病名之外，還強調他們是「文盲」（無智）、「厚顏、無恥」、懶惰（怠惰）之人，並且以法律禁止他們的宗教活動（包括自傷的儀式及醫療工作）。[180] 總之，童乩的宗教活動被視為一種必須「打破」、「改造」的「陋習」、「迷信」，而童乩則被視為臺灣邁向「現代」「文明」之路的一種障礙。[181]

國民政府來臺之後 (1945–)，在官方、學者及基督教宣教師這三種社會主

---

177. 林富士，〈試釋睡虎地秦簡中的「癘」與「定殺」〉，《史原》15（臺北，1986），頁 1–38。

178. 如：「自傷」之毀傷「身體髮膚」、披髮、裸體、狂舞、淫佚等。

179. 詳見 Donald S. Sutton, "From Credulity to Scorn: Confucians Confront the Spirit Mediums in Late Imperial China," *Late Imperial China*, 21:2 (2000), pp. 1–39; 林富士，〈清代臺灣的巫覡與巫俗〉。

180. 臺南州衛生課，《童乩》，頁 1–6，9–10。

181. 林富士，〈臺灣童乩的社會形象初探（二稿）〉。

導力量的影響之下，童乩也被判定為一種具有邪惡、詐欺、瘋狂、病態、無恥之個性或人格特質的人，而其行為和宗教活動則被稱之為「非法」、「迷信」、「殘忍」、「騙術」、「弊害」、「陋習」。這樣的社會形象，透過教科書、研究報告、座談會、演講和媒體報導，反覆的刻畫和傳播，可謂深入人心，[182] 即連童乩本身也有人以此看待自己的行業和宗教角色，因而產生自卑、自賤、畏懼、矛盾的心理。[183]

(二)「艱苦」的生活

撇開外部的觀點或社會的歧視不談，多數童乩在現實社會中的確過得相當「艱苦」。有一些童乩在成乩之前，除了疾病的折磨之外，還經歷過不少的挫折和苦痛，有人遭逢喪親之痛（喪偶、喪父母、喪子、喪手足）；有人感情受創（失戀、妻妾爭寵失歡、配偶或情人移情別戀）；有人事業失敗（考試失利、經商不順、失業等）。這些挫折有時還和疾病同時到來，使當事人身心俱疲，生活困頓。

以陳藝勻在臺北縣新莊地區所做的調查來說，二十五名童乩之中，便有十二人因此走上成乩之路 (48%)。[184] 王雯鈴在三重地區的調查也顯示，在七十二名童乩之中，因自己或親人生病再加上生活中其他的壓力（主要是經濟）而成乩的，至少有二十九人，約占 40%。[185]

此外，陳杏枝從 2000 年 3 月到 2002 年 8 月在臺北市「加蚋」地區所訪查的一百一十三間宮廟和神壇資料也顯示，有 80% 的「宮主」設壇的起因是「生命中發生很大的危機」，其中包括「病危或窮苦潦倒」，而這些「宮主」有相當

---

182. 在此影響下的代表性著作是：文慧編集，《乩童與論集》（南投：人乘佛教書籍出版社，1984）。詳細的討論見林富士，〈臺灣童乩的社會形象初探（二稿）〉。

183. 林富士，〈臺灣童乩的社會形象初探（二稿）〉。

184. 陳藝勻，〈童乩的社會形象與自我認同〉，頁 115–118。

185. 王雯鈴，〈臺灣童乩的成乩歷程〉，頁 18–27。

高的比率都是童乩。[186]

　　而在成乩之後，除了健康似乎獲得改善之外，童乩的日子其實依然不好過，甚至更壞。他們大多必須服侍神明，開壇辦事，濟世救人，而且必須時常「待命」以應信眾之求或神明之命而降神，因此，在選擇職業時，便必須放棄一些專職或須固定上、下班的行業。但是，他們大多又無法透過其宗教服務獲得固定而正式的報酬，所以，經濟方面大多並不寬裕，甚至必須接受家人、親友的救助和供養。再加上他們又大多是低學歷者，因此，他們絕對可以稱之為「弱勢」族群。[187]

八、結語──另一種醫者

　　巫者、薩滿 (shaman) 這一類的靈媒 (medium) 究竟是不是一種精神病人？何以能扮演醫者的角色？何以能有效治療疾病？最晚從二十世紀初以來，便一直深受學者的注意和爭辯。有人認為他們就是瘋子；有人認為他們是「好了一半的瘋子」(half-healed madman)；有人則認為他們在日常生活中大多「心智健全」。不過，他們幾乎都一致認為，挫折、創傷或痛苦的經驗是多數巫者成巫過程中的必經之路，而在自我醫治（或接受神療）的過程中，他們也逐漸獲得醫療他人的能力，因此，也有人稱呼他們為「受創的醫者」(wounded healer)。[188]

　　臺灣的童乩大約在二十世紀中葉以後，也逐漸引發類似的討論，但卻只有

---

186. 陳杏枝，〈臺北市加蚋地區的宮廟神壇〉，頁 120，134–137。

187. 林富士，〈臺灣童乩的社會形象初探（二稿）〉；王雯鈴，〈臺灣童乩的成乩歷程〉，頁 68–79。

188. I. M. Lewis, *Ecstatic Religion*, pp. 160–184; Joan Halifax, *Shaman: The Wounded Healer*; Stanley W. Jackson, "The Wounded Healer," *Bulletin of the History of Medicine*, 75 (2001), pp. 1–36.

極少數的學者不贊成將童乩和病人（尤其是精神病人）相提並論。更重要的是，在臺灣，知識界針對童乩所進行的研究，其看法或「成果」往往和官方或主流媒體的態度相互為用。換句話說，關於童乩究竟是不是病人的討論，在臺灣不僅僅是一項學術研究的課題，還是社會主流價值的掌控者對於童乩社會形象的建構過程。[189]

　　無論如何，大家可以共同接受的事實是，童乩在臺灣社會一直扮演著醫療者的角色，在多數童乩的成乩過程中，疾病或生活中的「艱苦」，也的確是重要的觸媒。至於他們是不是一種病人，則可以有不同見解。至少，童乩本身大多自認為是奉神明之旨令，在從事濟世、救人的工作。他們有人心甘情願地作，有人則無可奈何的承擔起無法逃避的「天命」。有人覺得光榮，有人覺得委曲，有人覺得羞恥。總之，這似乎是他們的「宿命」。

---

[189] 詳見鈴木滿男，〈臺灣漢人社會と tangki の構造的連關〉，收入關西外國語大學國際文化研究所編，《シャーマニズムとは何か》（東京：春秋社，1983），頁 72–87；Peter Nickerson, "A Poetics and Politics of Possession: Taiwanese Spirit-Medium Cults and Autonomous Popular Cultural Space," *Positions*, 9:1 (2001), pp. 187–217; 林富士，〈臺灣童乩〉，收入氏著，《小歷史——歷史的邊陲》，頁 26–39；林富士，〈臺灣童乩的社會形象初探（二稿）〉；陳藝勻，〈童乩的社會形象與自我認同〉。按：在臺灣，除了童乩如此，一些所謂的「民間信仰」、「民間宗教」，在形成與發展過程當中，也都曾和政治、媒體與學者有過複雜的糾葛；參見 Philip Clart and Charles B. Jones eds., *Religion in Modern Taiwan: Tradition and Innovation in a Changing Society* (Honolulu: University of Hawaii Press, 2003); Paul R. Katz and Murray A. Rubinstein eds., *Religion and the Formation of Taiwanese Identities* (New York: Palgrave Macmillan, 2003).

臺灣童乩的儀式裝扮

一、引　言

　　「童乩」是臺灣社會備受矚目也屢屢引發爭議的宗教人物。[1] 他們被許多民眾認為可以「降神」（神靈附體）以替人祈福解禍，不僅扮演溝通人神（鬼）的「靈媒」(medium) 角色，有時還成為醫療者或社區守護者。但是，也有不少人認為他們是「神棍」，是邪惡、瘋狂之人。[2] 因此，歷年來有關臺灣童乩的各種研究始終不曾中斷，然而，多數的研究基本上都是從社會層面著眼，很少從宗教的角度看待童乩及其活動，尤其是童乩的儀式過程和細節的分析，更是相當罕見，其中，童乩的儀式裝扮 (ritual costume) 雖然非常醒目，卻仍被絕大多數的研究者所忽視。[3] 因此，本文擬以圖像資料為主，與文字資料交互參證，剖析臺灣童乩的儀式裝扮，並討論其古今之變。

---

1. 口語讀為 dang-gi，轉寫成文字時則大多寫成「乩童」。
2. 關於童乩在臺灣社會的形象與角色，詳見陳藝勻，〈童乩的社會形象與自我認同〉（臺北：輔仁大學宗教學研究所碩士論文，2003）；林富士，〈醫者或病人——童乩在臺灣社會中的角色與形象〉，《中央研究院歷史語言研究所集刊》76：3（臺北，2005），頁 511–568，後收錄於本書頁 237–288。
3. 詳見林富士，〈童乩研究的歷史回顧〉，收入氏著，《小歷史——歷史的邊陲》（臺北：三民書局，2000），頁 40–60。

二、童乩的服飾與法器

根據 2001–2004 年在臺灣中南部廟會場合所拍攝的童乩圖像來看，[4] 童乩在儀式場合的裝扮，以頭部來說，基本上以披頭、散髮為主。同時，有部分童乩會在額頭綁上「頭巾」（或布帕），其顏色以紅、黑居多，間有黃色者，其他顏色則非常罕見。此外，有些童乩則會因其「憑附神」的特殊性格或身分而戴上帽子，最典型的是濟公的童乩，往往會做僧人打扮而戴僧帽。

軀體的部分，許多童乩都會袒露上半身，但僅限於男性，女性童乩最多只露背部，有人則仍然穿著其日常的衣服。不過，無論裸露與否，童乩通常會在身上穿上圍兜狀的「神衣」（通常繡有八卦和神名），有些還外加「神裙」。比較簡單的則只在腰間綁上紅色或黑色的布巾，少數則將布巾斜繫於上半身。而有些童乩則會因其「憑附神」的「身分」（或民眾所認定的「造型」）而穿戴特殊的服裝。此外，有些則會穿著宮廟或宗教團體設計的「制服」。

至於腳足部位，有些童乩會赤腳跣足，但是，穿上鞋子的似乎較占多數，而且，各式各樣的鞋子都有，布鞋、皮鞋、球鞋、拖鞋、涼鞋……等都有人穿著，少數童乩則只穿襪子。

除了身上的服飾之外，童乩在儀式中的裝扮最引人注目的是其手中所持拿的各種「法器」。其中，最普遍也最典型的就是俗稱「五寶」的七星劍、鯊魚

---

4. 在 2001–2004 之間，我和兩位助理在臺灣中南部一帶的廟會場合進行田野考察工作，地點主要有：南投縣名間鄉松柏嶺「受天宮」（主祀：玄天上帝）、彰化縣彰化市「南瑤宮」（主祀：媽祖）、雲林縣臺西鄉五港村「安西府」（主祀：張、李、莫王爺）、雲林縣四湖鄉「參天宮」（主祀：關聖帝君）、臺南縣北門鄉南鯤鯓「代天府」（主祀：五府王爺）。我們針對各地進香團前往上述廟宇「進香」時的活動進行影像記錄，總共拍攝了大約一萬三千張的照片，其中，有四千張左右是以童乩的儀式（主要是「入廟」前的「安五營」儀式）為拍攝主體，大約記錄了四百位童乩的儀式裝扮和展演。

劍（又稱「骨刀」）、刺球（又稱「紅紺」）、月斧和狼牙棒（又稱「釘棍」）。[5]
其次，有些童乩會持拿其「憑附神」慣用的器具，例如「濟公」的酒壺和扇子、「關公」的青龍偃月刀（關刀）、「孫悟空」（大聖爺）的金箍棒、「三太子」（哪吒）的乾坤圈與火尖槍、「土地公」（福德正神）的拐杖等。此外，香（柱香、爐香）、紙錢（符）、鋸刀、長針、令旗也是常見之物。

三、傳統文獻對於「童乩」裝扮的描述

上述的童乩裝扮並不是二十一世紀才有的時尚，從文獻的描述來看，這樣的形象至少可以溯源至十九世紀。例如，吳德功《施案紀略》記載清光緒十四年九月施九緞「圍彰化縣城」這個案件時曾說：

> （施）九緞，彰化二林上堡浸水莊人，耕作營生，家頗饒，性獃戇，信鬼神，常仗劍破額作乩童狀。……初一日，施九緞身立神轎後，如迎神乩童，率楊中成、許得龍、施慶、李盤等，并餘匪數百，以索丈單為名，旗書官激民變，下令不准搶劫人家財物。[6]

此案的主角施九緞很可能就是一名童乩，當時他受人矚目的樣貌是「仗劍破額」、「身立神轎後」，這是彰化的情形。

其次，清光緒十八年接任苗栗縣知縣的沈茂蔭，在其編纂的《苗栗縣志》中說：

---

5. 關於童乩「五寶」的名稱、形制、顏色、尺寸、材質等，詳見黃文博，〈忘了我是誰——乩童巫器揮祭泅鮮血〉，收入氏著，《臺灣信仰傳奇》（臺北：臺原出版社，1989），頁 14–26。

6. 吳德功，《戴施兩案紀略‧施案紀略》〔《臺灣文獻叢刊》本〕（臺北：臺灣銀行經濟研究室，1957–1979），頁 97–98。

有為乩童，扶輦跳躍，……手持刀劍，披髮剖額，以示神靈。[7]

其後，蔡振豐的《苑裏志》、[8] 林百川與林學源的《樹杞林志》、[9] 鄭鵬雲與曾逢辰的《新竹縣志初稿》，[10] 也都有類似的記載。這都是在「乙未割臺」前後臺灣各地方志對於童乩裝扮的描述，都強調他們「披髮」的特徵，而且「手持刀劍」以「剖額」，另外，也有扶輦、油鑊試身的情景。

在臺灣本島之外，金門人林豪的《澎湖廳志》記載澎湖的風俗時也說：

各澳皆有大王廟，神各有姓，……神各有乩童，或以乩筆指示，比比然也。……又有法師與乩童相結，欲神附乩，必請法師催咒。每賽神建醮，則乩童披髮仗劍，跳躍而出，血流被面。或豎長梯，橫排刀劍，法師猱而上，乩童隨之。……或堆柴蓺火熾甚，躍而過之，婦女皆膜拜致敬焉。[11]

在此，主要特徵也是「披髮」、「仗劍」，而且也有以劍自傷的情形。此外，還有目前俗稱「爬刀梯」、「過火」的表演。

除了方志之外，若干詩文也有類似的描述。例如，新竹士紳陳朝龍有一首〈竹塹竹枝詞〉便說：

里社殘冬競賽神，王爺骨相儼如真；刀輿油鑊甘心試，堪笑乩童不惜身。[12]

這是關於新竹地區迎神賽會時童乩儀式的描述和批判，其中，刀、輿（神轎、

7. 沈茂蔭，《苗栗縣志》〔《臺灣文獻叢刊》本〕，卷7，〈風俗考〉，頁119–120。

8. 蔡振豐，《苑裏志》〔《臺灣文獻叢刊》本〕，下卷，〈風俗考〉，頁89。

9. 林百川、林學源，《樹杞林志》〔《臺灣文獻叢刊》本〕，〈風俗考〉，頁104。

10. 鄭鵬雲、曾逢辰，《新竹縣志初稿》〔《臺灣文獻叢刊》本〕，卷6，〈文徵〉，頁256。

11. 林豪，《澎湖廳志》〔《臺灣文獻叢刊》本〕，卷9，〈風俗·風尚〉，頁326–327。

12. 收入鄭鵬雲、曾逢辰，《新竹縣志初稿》，卷6，〈文徵〉，頁256。

扶輦）、油鑊就是童乩的法器及演示。

其次，在清光緒二十四年來臺，寓居於基隆的徐莘田，[13] 其〈基隆竹枝詞〉也說：

> 跳童袒臥鐵釘床，斫腦穿腮血滿腔；金鼓喧闐人逐隊，神輿顛倒戲街坊。[14]

由此可見，當時基隆地區的迎神賽會，童乩是必有的靈魂人物，而其法器及演示則包括：袒臥鐵釘床、斫腦穿腮、神輿顛倒（神轎、扶輦）。

再者，根據王松《臺陽詩話》的記載，在日治初期（約 1895–1898）來臺的日人永井甃石（永井完久），[15] 曾描述新竹「追疫祭」場景，並說：

> 甚有乩童袒裼立輿上，右持劍、左執斧，自傷其額，鮮血淋漓，慘不畏死。或把銅針貫頰咬之，備極慘刻之狀。[16]

由此可見當時新竹童乩的主要裝扮與演示包括：袒裼立輿上（袒露上身，站立在神轎之上）；手持劍、斧以自傷其額（導致鮮血淋漓）；以銅針貫頰。

此外，臺南進士施士洁〈泉南新樂府〉中有一首以「乩童」為題的詩歌也寫道：

> 咄哉！乩童爾何人？……爛頭破面驚為神！父老焚香婦孺拜。……此獠公然恣饕餮，既醉既飽神之旁。宴罷騰身立神轎，血汗淋漓路人笑。[17]

---

13. 臺灣銀行經濟研究室編，《臺灣詩鈔》〔《臺灣文獻叢刊》本〕，卷 13，頁 231。
14. 臺灣銀行經濟研究室編，《臺灣詩鈔》，卷 13，頁 233。
15. 王松《臺陽詩話》的〈自序〉雖然紀年為 1905 年，但書前另兩篇他人序文的紀年分別為 1898 及 1899 年，可見此書主要內容應該完成於 1898 年之前，因此，永井甃石來臺的時間應該是在 1895–1898 之間。
16. 王松，《臺陽詩話》〔《臺灣文獻叢刊》本〕，下卷，頁 77–78。
17. 施士洁，《後蘇龕合集・後蘇龕詩鈔》〔《臺灣文獻叢刊》本〕，卷 6，頁 122–123。

這應該是其家鄉臺南童乩的模樣，同樣指出其「爛頭破面」、「騰身立神轎」、
「血汗淋漓」的特點。而另一位臺南人連橫在《臺灣通史》中描述乩童時也說
他們：

> 裸體散髮，距躍曲踊，狀若中風，割舌刺背，鮮血淋漓，神所憑依，創
> 而不痛。[18]

由此可見，其主要特點是：裸體散髮；動作跳躍；割舌刺背（鮮血淋漓）。

四、近代學者對於「童乩」裝扮的觀察

　　除了十九世紀末至二十世紀初的傳統文獻、士人之外，從日治時期到臺灣
脫離日本統治之後，若干受過近代教育或學術訓練的學者（和官員）對於童乩
也有所注意，並對童乩的裝扮有一些零星的報告。而他們的觀察和傳統文獻的
記載以及我們的圖像資料所見，基本上大同小異。例如，臺南州衛生課在 1937
年所完成的一份調查報告便附有童乩的照片，約略可以知道當時男性童乩的裝
扮是裸露上半身，穿著圍兜狀的神衣。報告中也有法器的照片，並特別以繪圖
及文字解說的方式，介紹鯊魚劍、刺球、銅棍（釘棍）、月斧、七星劍、劍及
銅針這七種法器的材質、尺寸和形制。[19]

　　其次，曾經在 1928–1941 年擔任臺北帝國大學「心理學講座」教授的飯沼
龍遠也注意到童乩在「神明附體」的狀態下可以躺在鐵釘床上，或是以武器自
傷而導致流血。[20]

　　其後，在 1970–1980 年代，開始有較多的人類學家、民俗學家、基督教的

---

18. 連橫，《臺灣通史》〔《臺灣文獻叢刊》本〕，卷 22，〈宗教志〉，頁 576。

19. 詳見臺南州衛生課，《童乩》（臺南：臺南州衛生課，1937）。

20. 詳見飯沼龍遠著，林永梁譯，〈關于臺灣的童乩〉，《南瀛文獻》2：3&4（臺南，1955），
　　頁 83–85。

宣教師進行童乩的研究，雖然他們大多不關注童乩的裝扮，但是，在進行田野工作時，無論是文字描述或影像紀錄，或多或少都會呈現童乩的服飾、法器和演示。例如，民俗學家劉枝萬的著作中便附有多幅童乩「上童」（神明附體）、「過火」、「站立神轎之上」、「睏釘床」、「貫銅針」（「貫嘴針」）、「破額頭」、「割舌頭」、「弄刺球」、「舞釘棍」的照片，[21] 其所顯示的童乩裝扮不僅和先前的文獻紀錄可以對應，也和我們的圖像資料完全一致。類似的照片或文字描述也可見於同一時期的基督教牧師董芳苑、[22] 戴吉雄、[23] 廖昆田的著作中。[24]

　　在這之後，在 1980–1990 年代，又有一些民俗學家和民俗攝影家，針對童乩進行田野觀察和影像紀錄，也呈現了非常類似的童乩形象。[25]

五、童乩儀式裝扮的特點

　　綜合上述資料來看，童乩在儀式場合的裝扮，最吸引人目光的主要是：披髮（散髮）、裸身和赤足，若是不裸露（女性童乩一般不裸露），則大多會在頭上、腰際、身上綁上布巾，或是穿戴圍兜狀的神衣（有時還會加上裙子）。因此，我們可以說，童乩裝扮的主要特點是在於從頭到腳「解除束縛」，亦即解除

---

21. 詳見劉枝萬，《臺灣民間信仰論集》（臺北：聯經出版事業公司，1983）；劉枝萬，《臺灣の道教と民間信仰》（東京：風響社，1994）。

22. 詳見董芳苑，《臺灣民間宗教信仰》（臺北：長青文化事業股份有限公司，1975，1984 增訂版）；《認識臺灣民間信仰》（臺北：長青文化事業股份有限公司，1983，1986 增訂版）。

23. 詳見小靈醫，《童乩桌頭之研究》（臺南：人光出版社，1977）。

24. 詳見廖昆田，〈薩滿——民俗醫療的心理輔導者〉，收入氏著，《魅力——中國民間信仰探源》（臺北：宇宙光，1981），頁 90–103。

25. 詳見黃文博，〈忘了我是誰——乩童巫器揮祭泪鮮血〉，頁 14–26；加藤敬，《童乩——臺灣のシャーマニズム》（東京：平河出版社，1990）。

日常裝扮、正常規範的拘束。但是，也不是那麼簡單、畫一。尤其是近年以來，多數童乩的儀式裝扮，雖然還保留了傳統的「裸露」特性，但是，其無拘無束的「隨意性」似乎更加強烈。這和童乩欠缺組織及成文的經典、戒律應該有很大的關係。不過，其服飾中的若干「物件」，例如圍兜、圍裙、頭巾、腰巾以及「濟公」的衣帽等，除了細節上的差異之外，似乎又具有高度的一致性，而且從十九世紀末到二十一世紀初，幾乎沒有太大變化。這似乎顯示，部分童乩的儀式裝扮會因文化傳統或是倣效而呈現一些共同的特色。至於彼此之間的差異性，可能是受到性別及民眾對其「憑附神」的「刻板印象」所影響。[26]

童乩另一個備受矚目的儀式裝扮或演示則是手持兵器以自傷其體，通常是用所謂的「五寶」破頭、剖額、割舌、刺（割）臂、砍背，或是用長針貫穿兩頰，導致鮮血淋漓，讓觀眾怵目驚心。這樣的舉動和模樣，也是從十九世紀末到二十一世紀初，屢屢吸引人觀看、描述、攝影，而兵器的種類和樣式也沒有太大的變化，只是隨著時代和技術的改變，其材質和尺寸更具多樣性，而俗稱「紅紺」的刺球也不再只用紅色。而且，近些年來，我們還可以看到部分所謂的「靈乩」逐漸揚棄「操五寶」的傳統。[27]

---

26. 民眾對於童乩憑附神的「刻板印象」，主要可能是受到小說與戲劇（包括傳統戲劇和近代的電視劇、電影）的影響，尤其是關公、濟公、哪吒、孫悟空等。

27. 最近二、三十年來，「靈乩」一詞及所謂的「會靈山」活動開始流行於臺灣民間信仰的場域，但是，這究竟是一種全新的宗教運動或新興的宗教形式，還是舊有「童乩」的轉型或「現代化」，還有待細加考察。初步的探討，詳見 Yi-jia Tsai, "The Reformative Visions of Mediumship in Contemporary Taiwan," Ph.D. dissertation (Houston, Texas: Rice University, 2003); 丁仁傑，〈民間信仰的當代適應與重整：會靈山現象的例子〉，收入氏著，《當代漢人民眾宗教研究——論述、認同與社會再生產》（臺北：聯經出版事業公司，2009），頁 105–182。

六、童乩儀式裝扮的宗教與社會意涵

　　那麼，童乩為何要做如此裝扮呢？關於這個問題，由於童乩並不隸屬於組織性的宗教，也缺乏共同的經典，而且，他們多數不曾替自己的信仰或儀式留下隻字片語，因此，我們只能憑藉「他者」對於童乩的觀察、紀錄、批判、詮釋或想像，以及數量有限的科儀書和極少數的童乩訪談錄，[28] 進行嘗試性的解釋。

　　首先，我們發現童乩裸露軀體的目的，似乎是為了便於以刀、劍等利器自傷或展示神異（如袒臥釘床、跣足過火、「爬刀梯」等），讓信徒相信或知道神明已經附體，因此，能夠「創而不痛」、不畏流血，也就是傳統文獻所說的「以示神靈」。而「操五寶」以流血這一類的動作，也可視為是童乩向廟中主神的獻祭或禮拜，同時，其鮮血有時也被用來替其信眾除煞、淨化、治病。更重要的是，這樣的動作基本上都和所謂的「調五營」、「安五營」、「拔五營」儀式連結在一起，因此，其鮮血似乎也有淨化其「兵馬」行經之處或駐紮之地的功能。[29] 此外，我們甚至可以從「科學」或「比較宗教」的角度看待這樣的動

---

28. 從 1999 年歲末開始，我和一群年輕的學生展開一項名為「臺灣童乩基本資料」的調查工作，截至 2003 年 12 月底為止，共計完成五百九十六名童乩的初步訪談工作。在這過程中，不少童乩對於訪談都抱持排拒的態度，因此工作並不是進行得很順利，但也大致完成其社會背景和主要宗教歷程的資料收集。可惜的是，除了少數例外，訪談的場合都不是在廟會，因此，較少對其儀式裝扮和演示進行詢問，即使提問，也很少獲得回應。

29. 臺灣民俗認為廟宇、村落的五個方位（東、西、南、北、中）都有神將及其兵馬鎮守，平時擔任守衛的工作，當廟中神明或村落民眾到異地「進香」時，則會擔任隨從及護衛的工作。當村落遭逢外面的鬼怪入侵、攻擊時，也能發揮禳妖除邪的功能。因此，在某些特定的場合，法師或童乩便會舉行「調五營」（或叫「召五營」）的儀式，調動神將及其兵馬相助，進香時更會請祂們隨行，到達目的地則必須舉行「安五營」（或叫「放五營」）的儀式，讓神將及其兵馬安駐、休息。進香之後，還必須舉行「拔五營」（其實也就是「調五營」或「召五營」）的儀式，請神將及其兵馬起身，護衛神明及其信眾返回

作，因為，具有節奏性的揮擊兵器的動作、規律性的跳躍（又稱「跳童」）、「自傷」所造成的疼痛，再加上以點燃的香柱灼燙胸腹，或是猛烈嗅吸爐香的濃煙，或許可以催化童乩進入精神迷離 (trance) 的狀態。[30]

不過，這樣的儀式裝扮似乎還有另外一層的社會意涵。童乩「披髮」（散髮）、「裸體」（袒裼）、「露臂」、穿戴布巾或圍兜等物的裝扮，以今日的社會習尚來說，似乎並不足為奇。但是在傳統社會中，尤其是在對於「髮式」極為敏感的清代社會，「披髮」而不辮髮，若不被視為反叛也會被當作瘋子。[31] 同樣的，以當時的標準來看，裸露身軀、穿著兒童式的肚兜或婦人式的褻衣，也不合「禮教」，至少是一種異常的行為。至於持拿兵器（再加上聚眾、遊行、神轎、儀仗等），更容易引發官方的疑慮，被視為治安的隱憂或是對統治權威的挑戰。而使用兵器自傷的行為，在清代士人的眼中，無異違反「身體髮膚，受

村落。關於「五營」的信仰及相關科儀，參見黃有興、甘村吉，《澎湖民間祭典儀式與應用文書》（澎湖：澎湖縣文化局，2003），頁 83–94。

30. 根據一些神經生理學家和心理學家的說法，當巫者被鬼神所「憑附」(possession) 時，其精神狀態往往會進入所謂的「迷離」(trance) 的境界，也就是「意識的變異狀態」(Altered States of Consciousness)。這種精神狀態的改變主要是由腦部一種叫做安多芬（endorphin；腦啡）的化學物質所主導。至於促使腦部分泌這種物質的原因則包括：規律性的肢體動作（諸如顫抖、晃動和舞蹈）、節奏性的聲音（尤其是鼓聲和各種反覆不斷的敲擊聲）、極端恐怖或痛苦的經驗、夢（尤其是惡夢），以及服用「精神藥物」(psychedelic drugs) 或「致幻劑」(hallucinogens) 等。這也就是說，經由上述方式，即使是一個平常人也可以進入「迷離」的精神狀態。而大多的巫者則特別精擅於這些技能，並且具有比較特殊的體質，更容易變異其意識而造成所謂「鬼神附身」或「魂遊」(ecstasy) 的現象。相關的研究，參見 Raymond Prince, "Shamans and Endorphins: Hypotheses for a Synthesis," *Ethos*, 10:4 (Winter 1982), pp. 409–423; Jeanne Achterberg, *Imagery in Healing: Shamanism and Modern Medicine* (Boston and London: Shambhala, 1985), pp. 11–51, 113–141.

31. 詳見林富士，〈頭髮的象徵意義〉、〈披髮的人〉，收入氏著，《小歷史——歷史的邊陲》，頁 165–170，171–179。

之父母，不敢毀傷」的聖人教訓。從日治時期之後，這也常被政府官員及知識分子視為野蠻、瘋狂的舉動，事實上，童乩也因而被視為精神病患。[32]

七、結　語

上述的儀式裝扮並不是臺灣童乩獨有的特徵或創發。事實上，無論是在臺灣、福建，還是在東南亞的閩南語族群中，「童乩」這種人都不罕見。[33] 而這樣的裝扮似乎是起源於閩南一帶，例如，根據十九世紀末荷蘭學者高延所做的調查，[34] 福建當地的童乩在儀式中通常是披散頭髮、赤腳、裸露上身，穿著圍兜（繡肚），手中持拿劍和刺球，並且能以粗針（或大椎）貫穿兩頰或舌頭。

---

32. 詳見林富士，〈醫者或病人──童乩在臺灣社會中的角色與形象〉，頁 511–568；林富士，〈清代臺灣的巫覡與巫俗──以《臺灣文獻叢刊》為主要材料的初步探討〉，《新史學》16：3（臺北，2005），頁 23–99。

33. 詳見 J. J. M. de Groot, *The Religious System of China* (Leiden: E. J. Brill, 1892–1910), vol. 6, pp.1269–1294; Alan J. A. Elliott, *Chinese Spirit-medium Cults in Singapore* (London: London School of Economics and Political Science, 1955); 陳潤棠，〈巫術、童乩與降頭〉，收入氏著，《東南亞華人民間宗教》（香港：基道書樓，1989），頁 162–198；佐佐木宏幹，〈東南アジア華人社會のシャーマニズム〉，收入關西外國語大學國際文化研究所編，《シャーマニズムとは何か：國際シンポジウム・南方シャーマニズム》（東京：春秋社，1983），頁 18–30；佐佐木宏幹，《シャーマニズムの人類學》（東京：弘文堂，1984），第 3 部，〈東南・南アジアのシャーマニズム〉，頁 279–367；藤崎康彦，〈童乩〉，收入植松明石編，《神神の祭祀》（東京：凱風社，1991），頁 294–419。

34. 有關 J. J. M. de Groot (1854–1921) 的生平及著述，參見 Leonard Blussé, "Of Hewers of Wood and Drawers of Water: Leiden University's Early Sinologists (1853–1911)," in Willem Otterspeer ed., *Leiden Oriental Connections, 1850–1940* (Leiden: E. J. Brill, 1989), pp. 317–353; Wilt L. Idema, "Dutch Sinology: Past, Present and Future," in Ming Wilson and John Cayley eds., *Europe Studies China: Papers from an International Conference on the History of European Sinology* (London: Han-Shan Tang Books), pp. 88–110 (pp. 91–92).

他所留下的童乩照片，也很清楚的表現了這樣的特徵。[35]

　　而這種裝扮的起源至少還可以前推至十八世紀。例如，《福建省例‧雜例》中有一案名為「禁迎神賽會」，其中提到：

> 乾隆三十二年十一月，奉巡撫部院崔示諭：……查閩省向有迎神賽會惡習。本部院自幼親泛澎臺外海，還經八閩地方，每見誕妄之徒，或逢神誕，或遇令節，必呼朋引類，旗鼓喧鬧，或擡駕闖神，或迎賽土鬼。更有一種私巫馬子，妄降假神，用大椎貫穿口內，茨毬捽擊其背，血肉模糊，竟立駕上，繞市號召，竟同兒戲。且若與他迎神相遇，則又彼此爭途。稍有不讓，群起互毆，反置神駕於道旁，每致滋生事端，身蹈刑法。是求福而反得禍者，總由狎褻不敬之所致也。近年法禁森嚴，此風或亦稍息。第恐法久禁弛，愚頑之輩，或有仍蹈故轍，擾害地方，亦未可定。合行明白示禁。[36]

崔應階是在清乾隆三十二年七月代莊有恭為福建巡撫，[37] 上任才三、四個月，便有這道禁令，可見閩（臺）一帶「迎神賽會」的「惡習」是他上任後急欲處理的要務。[38] 他嫌惡「迎神賽會」，一是擔心民眾「滋生事端」，二是無法認同「私巫馬子」在迎神賽會中的種種舉止。他認為，這種人「妄降假神」，「用大椎貫穿口內，茨毬捽擊其背，血肉模糊」，「竟立駕上，繞市號召」，簡直是「兒戲」。這是崔應階的親自見聞，而他在「示諭」中針對「私巫馬子」儀式展演

---

35. 詳見 J. J. M. de Groot, *The Religious System of China*, vol. 6, pp. 1274–1278.

36. 臺灣銀行經濟研究室編，《福建省例》〔《臺灣文獻叢刊》本〕，卷 34，〈雜例〉，頁 1201–1202。

37. 詳見趙爾巽等，《清史稿》（北京：中華書局，1976–1977），卷 13，〈本紀〉，頁 476。

38. 事實上，這並不是崔應階的創舉，在乾隆年間，不少地方首長曾多次針對類似的「迎神賽會」下達禁令，但卻屢禁屢復；參見木津祐子，〈赤木文庫藏《官話問答便語》校〉，《沖繩文化研究》31（東京，2004），頁 543–657（550–553）。

所做的描述，基本上和臺灣（及福建）童乩的儀式場景及特點幾乎沒有差異。事實上，童乩或乩童在傳統文獻中大多被稱作巫覡或巫者，兩者應該沒有不同。[39] 事實上，在世界各地的「巫俗」(shamanism) 之中，童乩這種「自傷」的儀式可以說相當獨特，罕見於其他社會。[40]

　　總之，當代臺灣童乩的儀式裝扮，可以說相當成功的形塑了獨特的宗教形象，充分展現其「入神」狀態和神靈「代言人」身分，而其基本元素和特質則至少可以遠溯至十八世紀，而且和閩南地區的童乩（巫者）有高度的相似性，應該屬於同一宗教文化區（信仰圈），甚至有一脈相承的關係。不過，我們也不能忽略一些時代和地區的變異，尤其是近年來臺灣地區童乩在服飾穿著上的「隨意性」，以及部分童乩操持法器的「多樣性」。

---

39. 詳見林富士，〈清代臺灣的巫覡與巫俗──以《臺灣文獻叢刊》為主要材料的初步探討〉，收錄於本書頁 163–235。

40. 詳見 Mitsuo Suzuki, "The Shamanistic Element in Taiwanese Folk Religion," in A. Bharati ed., *The Realm of the Extra-Human: Agents and Audiences* (The Hague and Paris: Mouton Publishers, 1976), pp. 253–260; Ruth-Inge Heinze, *Trance and Healing in Southeast Asia Today* (Bangkok, Thailand: White Lotus Co., Ltd., 1988); Donald S. Sutton, "Rituals of Self-Mortification: Taiwanese Spirit-Mediums in Comparative Perspective," *Journal of Ritual Studies*, 4:1 (1990), pp. 99–125.

圖一　童乩的七星劍

圖二　童乩的鯊魚劍

圖三　童乩的月斧

圖四　童乩的刺球

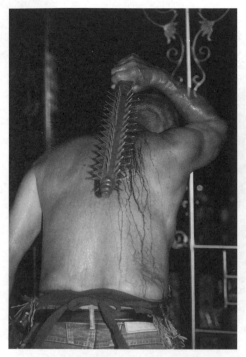

圖五　童乩的狼牙棒

圖六　童乩貫口針

中國的「巫醫」傳統[*]

一、引言——「獵巫」的醫學史？

    凡是具有「現代」心靈的人幾乎都會認為，「醫學」意味著理性與科學，「巫術」則是非理性與迷信的產物。因此，絕大多數的醫學史著作都不容巫者現身，不願巫術占據篇章。醫學史的撰述者最多只會在追溯醫學的「起源」或「原始」階段時述及巫者與巫術，[1] 而政府和多數的學者（尤其是醫者）則將

[*] 本文是中央研究院專題研究計畫「宗教與醫療」之子計畫「巫者與中國醫療文化之關係」(2002–2004) 的研究成果之一。初稿完成於 2005 年 10 月 2 日，發表於中央研究院歷史語言研究所主辦，「從醫療看中國史」學術研討會（臺北：中央研究院歷史語言研究所，2005/12/13–15），二稿完成於 2010 年 12 月 7 日。本文寫作過程中，承蒙研討會與會學者及審查人惠賜寶貴意見，特此致謝。三稿完成於 2014 年 4 月 10 日。

1. 例如：俞樾，《俞樓雜纂》〔收入氏著，《春在堂全書》第三冊〕（臺北：中國文獻出版社，1968 年翻印），卷 45，〈廢醫論〉，頁 2103–2108；劉師培，《左盦外集》〔收入氏著，錢玄同等編，《劉申叔先生遺書》〕（臺北：華世出版社，1975 翻印），卷 8，〈古學出於官守論〉，頁 1726–1727；K. Chimin Wong （王吉民） and Lien-teh Wu （伍連德），*History of Chinese Medicine: Being a Chronicle of Medical Happenings in China from Ancient Times to the Present Period* (Shanghai: National Quarantine Service, 1936), pp. 12–14；陳邦賢，《中國醫學史》（上海：商務印書館，1937），頁 6–11；嚴一萍，〈中國醫學之起源考略（上）〉，《大陸雜誌》2：8（臺北，1951），頁 20–22；北京中醫學院主編，《中國醫學史》（上海：上海科學技術出版社，1978），頁 1–10；賈得道，《中國醫學史略》（太原：山西人民出版社，1979），頁 5–17；鄭曼青、林品石編著，《中華醫藥學史》（臺北：臺灣商務印書館，1982），頁 7–10；趙璞珊，《中國古代醫學》（北京：中華書

他們視為醫學「進步」的阻力而加以撻伐。[2]

　　無論這樣的作法合不合理，至少就中國的情形來說，以這種「獵巫」的心態或思惟來寫中國醫學史，無法完整的交待中國人對付疾病的真實經驗，因為，一直到二十世紀為止，巫者始終是中國社會中主要的醫療者之一，他們的醫療活動及其與中國醫學、中國社會之間的關係，絕對不應被忽視。因此，本

局，1983），頁 1–8；俞慎初，《中國醫學簡史》（福州：福建科學技術出版社，1983），頁 1–43；姒元翼，《中國醫學史》（北京：人民衛生出版社，1984），頁 1–14；甄志亞主編，《中國醫學史》（上海：上海科學技術出版社，1984）；Paul U. Unschuld, *Medicine in China: A History of Ideas* (California: University of California Press, 1985), pp. 17–50；范行準，《中國醫學史略》（北京：中醫古籍出版社，1986），頁 1–20；郭成圩主編，《醫學史教程》（成都：四川科學技術出版社，1987），頁 45–63；陝西中醫學院主編，《中國醫學史》（貴陽：貴州人民出版社，1988），頁 1–16；傅維康，《中國醫學史》（上海：上海中醫學院出版社，1990），頁 23–26；李經緯、李志東，《中國古代醫學史略》（石家莊：河北科學技術出版社，1990），頁 14–52；王樹岐、李經緯、鄭金生，《古老的中國醫學》（臺北：緯揚文化，1990），頁 21–23；史蘭華等編，《中國傳統醫學史》（北京：科學出版社，1992），頁 10–18、37–38；馬伯英，《中國醫學文化史》（上海：上海人民出版社，1994），頁 138–215。

2. 詳見文欣，〈神秘的古代巫醫〉，《醫學文選》1994：5（南寧，1994），頁 81；武樹明、王繼恆，〈蒙古地區精神疾病患者看巫醫行為分析〉，《中國民政醫學雜誌》7：1（北京，1995），頁 49；李文彥，〈巫醫現象的文化學反思〉，《醫古文知識》1999：2（上海，1999），頁 7–9；應文輝，〈求醫問藥‧實話實說──四、不要相信游醫、神醫和巫醫〉，《開卷有益‧求醫問藥》2001：5（天津，2001），頁 26；華振鶴，〈古代醫、巫鬥爭故事（三則）〉，《科學與無神論》2001：6（北京，2001），頁 51–52；楊念群，《再造病人：中西醫衝突下的空間政治 (1832–1985)》（北京：中國人民大學出版社，2006），頁 186–242；許家和，〈水火不容話醫巫〉，《心血管病防治知識》2007：1（廣州，2007），頁 41–42；許家和，〈自古醫巫不相容〉，《祝您健康》2007：11（南京，2007），頁 50–51；王永珍，〈封面故事──以醫抗巫〉，《長壽》2010：4（天津，2010），頁 16–17；潘志麗、劉洋、潘艷麗，〈解析當代巫醫存在的原因〉，《中醫藥管理雜誌》2010：5（北京，2010），頁 390–391。

文擬從神話、語言、社會實況這三個角度，闡明巫者與中國醫藥之間的緊密關係、巫者的醫療活動、民眾仰賴「巫醫」的緣由、以及「巫醫」傳統在中國社會中所引發的爭議。[3]

二、巫為醫先

首先，從源頭來看，雖然現代學者對於中國醫學的起源仍有若干不同的看法，但在傳統中國社會中，有不少神話或傳說，似乎都將「醫藥」這種知識或行業的創發指向巫者。[4]

---

3. 由於本文研究的時間範圍太大，相關的史料眾多，再加上篇幅限制，因此，只能利用迪志文化出版有限公司製作的「文淵閣四庫全書電子版」、中央研究院歷史語言研究所建置的「漢籍電子文獻資料庫」(http://hanchi.ihp.sinica.edu.tw/ihp/hanji.htm)、中華電子佛典協會出版的《CBETA電子佛典集成》三個全文數位資料庫查詢相關的材料，並擇其重要者引述、申論。

4. 參見鐘克勛，〈「巫醫」小考〉，《西華師範大學（哲學社會科學版）》1982：4（南充，1982），頁86–87；薛鳳奎，〈論巫對醫的控制〉，《中華醫史雜誌》1984：1（北京，1984），頁59–60；張振平，〈一個應當重新認識的問題——巫、巫醫及其與醫藥起源、發展關係探析〉，《山東中醫藥大學學報》10：2（濟南，1986），頁57–62；李建國，〈先秦醫巫的分流與鬥爭〉，《文史知識》1994：1（北京，1994），頁39–42；宋鎮豪，〈商代的巫醫交合和醫療俗信〉，《華夏考古》1995：1（鄭州，1995），頁77–85；馬力，〈醫巫同源與分離〉，《貴州大學學報（社會科學版）》1998：6（貴陽，1998），頁51–54；王新中、尉書明，〈巫文化對古代醫學的影響〉，《陝西教育學院學報》17：1（西安，2001），頁35–65；沈晉賢，〈醫巫同源研究〉，《南京中醫藥大學學報（社會科學版）》4：4（南京，2003），頁197–201；鮑曉東，〈試論巫文化中「巫醫一體」的盛衰〉，《江西中醫學院學報》2003：4（南昌，2003），頁24–26；趙容俊，〈甲骨卜辭所見之巫者的醫療活動〉，《史學集刊》2004：3（長春，2004），頁7–15。

㈠巫咸與巫彭

以行業的起源來說，戰國時期的《莊子》便說：

> 游鳧問於雄黄曰：逐疫出魅，擊鼓噪呼，何也？曰：黔首多疾，黄帝氏
> 立巫咸，使之沐浴齋戒，以通九竅，鳴鼓振鐸，以動其心，勞其形，趨
> 步以發陰陽之氣，飲酒茹葱，以通五藏，擊鼓噪呼，逐疫出魅，黔首不
> 知，以為魅祟耳。[5]

由此可見，有人認為在黄帝的時代，首由巫咸掌管治療「黔首之疾」。

其次，戰國時代的另一文獻《世本》也說：

> 巫咸，堯臣也，以鴻術為帝堯之醫。[6]

這雖然將時代放在黄帝之後的帝堯時期，但更明確的指出，巫咸「為帝堯之
醫」，大概是擔任「醫官」的意思。無論如何，從先秦以來，在中國傳統文獻
中，巫咸存活的時代、地域及面貌雖然有種種紛歧的說法，但基本上都被視為
一名醫者。[7]

不過，最早從事「醫者」這個行業，或是「創作」醫療技能的，也有人認為
是巫彭，例如，《呂氏春秋》（成書於 239 BC）在敘述帝堯的百官分職時便說：

---

5. 這是《路史後紀》五注所引的《莊子》佚文；詳見王充，《論衡》〔黄暉，《論衡校釋》〕
　（北京：中華書局，1990），卷22，〈訂鬼〉，頁939。

6. 李昉等編，《太平御覽》（臺北：臺灣商務印書館，1975），卷721，〈方術部‧醫〉，頁
　3325a 引。

7. 事實上，巫咸在中國古代文化中是一個「神通廣大」的人物，除了醫藥之外，他同時是
　天文、占卜、巫覡的宗師；詳見顧炎武，《日知錄》（臺北：文史哲出版社，1979），卷
　26，〈巫咸〉，頁719–721；劉寶才，〈巫咸事跡小考〉，《西北大學學報（哲學社會科學
　版）》，1982：4（西安，1982），頁110–111；俞秉麟，〈巫咸之謎〉，《蘇州雜誌》2002：
　1（蘇州，2002），頁32–34。

巫彭作醫，巫咸作筮。[8]

據此，則巫咸是「作筮」，「作醫」者是巫彭。其後，東漢許慎《說文》也說：「巫彭初作醫。」[9]

(二)群巫與藥物

無論作醫者是巫咸還是巫彭，他們二人在《山海經》中都是和藥物有關的群巫之一。例如，〈大荒西經〉便云：

大荒之中，……有靈山，巫咸、巫即、巫肦、巫彭、巫姑、巫真、巫禮、巫抵、巫謝、巫羅十巫，從此升降，百藥爰在（晉代郭璞注云：「群巫上下此山采之也。」）。[10]

其次，〈海外西經〉記載巫咸國登葆山的情景時亦云：

巫咸國在女丑北，右手操青蛇，左手操赤蛇，在登葆山，群巫所從上下也（晉代郭璞注云：「即登葆山，群巫所從上下也，採藥往來。」）。[11]

另外，〈海內西經〉則說：

開明東有巫彭、巫抵、巫陽、巫履、巫凡、巫相（晉代郭璞注云：「皆神醫也。」），夾窫窳之尸，皆操不死之藥以距之。[12]

---

8. 呂不韋等，《呂氏春秋》（上海：上海古籍出版社，2002），卷 17，〈審分覽〉，頁 1078。

9. 許慎，《說文解字》〔《景印文淵閣四庫全書》 第 223 冊〕（臺北：臺灣商務印書館，1983–1986），十四篇下，頁 40 下。

10. 《山海經》〔袁珂，《山海經校注》〕（上海：上海古籍出版社，1980），卷 11，〈大荒西經・靈山十巫〉，頁 396–397。

11. 《山海經》，卷 2，〈海外西經・巫咸國〉，頁 219。

12. 《山海經》，卷 6，〈海內西經・開明東諸巫療窫窳〉，頁 301。

由《山海經》這幾則神話及後人的解讀可以知道,從先秦到晉代,一直都有人相信,早期的巫者就是掌握療病、不死之藥的醫者。

不僅早期如此,即使在後代,也有類似的傳說。例如,明代《本草綱目》所載的啄木鳥、桃、桃杙、無患子(鬼見愁、菩提子)、楓香脂等物,李時珍(約 1518–1593)在討論其藥性及功用時,都曾引述傳說,指出巫者曾使用這些東西辟除精魅、鬼怪,療治疾病。[13] 事實上,宋代有些巫者便曾使用藥方替人治病,[14] 而在清代的澎湖及臺灣,當地的巫者(乩童;童乩)在替人治病時,也往往會開示藥方,[15] 即使在日治時期,臺灣本地的童乩仍與「藥商」保持密切的關係。[16]

㈢先巫與祝由

在元明時期的官方醫學科目中,有所謂的「祝由科」。[17] 「祝由」這個科目名稱的確切意涵尚有爭議,不過,歷代的注釋家或研究者大多認為其詞源應該是《黃帝內經》。[18] 事實上,《黃帝內經・素問・移精變氣論篇》確云:

---

13. 詳見李時珍,《本草綱目》(北京:人民衛生出版社,1975),頁 1751,1952,2024,2197,2659。

14. 王章偉,《在國家與社會之間——宋代巫覡信仰研究》(香港:中華書局,2005),頁173–178。

15. 詳見林富士,〈清代臺灣的巫覡與巫俗——以《臺灣文獻叢刊》為主要材料的初步探討〉,收錄於本書頁 163–235。

16. 詳見臺南州衛生課,《童乩》(臺南:臺南州衛生課,1937);林富士,〈醫者或病人——童乩在臺灣社會中的角色與形象〉,收錄於本書頁 237–288。

17. 參見任冰心,〈元代醫學開設「祝由書禁科」原因考〉,《歷史教學(高校版)》2009:4(天津,2009),頁 92–98。

18. 參見王劍、賈鴻寶,〈《內經》「祝由」辨析〉,《中醫雜誌》1990:4(北京,1990),頁59–60;祈宏,〈「祝由」探析〉,《浙江中醫學院學報》1996:3(杭州,1996),頁 7–8;許振國,《黃帝內經》祝由考〉,《河南中醫學院學報》2005:2(鄭州,2005),頁 72–

> 黃帝問曰:「余聞古之治病,惟其移精變氣,可祝由而已。今世治病,
> 毒藥治其內,鍼石治其外,或愈或不愈,何也?」岐伯對曰:「往古人
> 居禽獸之間,動作以避寒,陰居以避暑,內無眷慕之累,外無伸宦之
> 形,此恬憺之世,邪不能深入也。故毒藥不能治其內,鍼石不能治其
> 外,故可移精祝由而已。當今之世不然,憂患緣其內,苦形傷其外,又
> 失四時之從,逆寒暑之宜,賊風數至,虛邪朝夕,內至五臟骨髓,外傷
> 空竅肌膚,所以小病必甚,大病必死,故祝由不能已也。」 帝曰:
> 「善。」[19]

由這段文字可以知道,「祝由」應該是一種治病的方法,而根據《黃帝內經》
的說法,在中國古代,擅長這種療法的就是巫者,例如,《黃帝內經·靈樞》
便云:

> 黃帝曰:「今夫子之所言者,皆病人之所自知也。其毋所遇邪氣,又毋
> 怵惕之所志,卒然而病者,其故何也?唯有因鬼神之事乎?」岐伯曰:
> 「此亦有故邪留而未發,因而志有所惡,及有所慕,血氣內亂,兩氣相
> 搏,其所從來者微,視之不見,聽而不聞,故似鬼神。」黃帝曰:「其
> 祝而已者,其故何也?」岐伯曰:「先巫者,因知百病之勝,先知其病
> 之所從生者,可祝而已也。」[20]

類似的文字,還可見於其他醫籍,例如晉代皇甫謐 (215–282) 的《針灸甲乙
經》、[21] 明代孫一奎 (1522–1619) 的《醫旨緒餘》等,[22] 都曾引述這樣的論

84;林富士,〈「祝由」釋義:以《黃帝內經·素問》為核心文本的討論〉,《中央研究院
歷史語言研究所集刊》83:4(臺北,2012),頁 671–738。

19. 佚名,《黃帝素問》〔陳夢雷等編,《醫部全錄》本〕(北京:人民衛生出版社,1988–
1991),卷 7,〈移精變氣論篇〉,頁 135。

20.《黃帝內經·靈樞》〔楊維傑,《黃帝內經靈樞譯解》〕(臺北:臺聯國風出版社,1984),
〈賊風〉,頁 411。

述。[23] 無論如何，醫者將「祝由」這樣的傳統歸諸於「先巫」的創作或影響，或許不是謙抑或搪塞之詞，因為，自先秦以來，巫者療病最常用的方法之一就是咒術。[24]

事實上，在中國醫學的傳統中，一直保有以咒術療病的技能，即使是非常「正統」的主流醫書，如唐代孫思邈（約 581–682）的《千金翼方·禁經》、北宋的《聖濟總錄》及明代的《普濟方》，也仍保留這樣的療法。而巫者就被認為是這種「祝由」療法的創始者或是早期的專擅者。[25]

㈣兒科與婦科

中國醫學中的「兒科」（幼科）與「婦科」（產科）何時「分科」雖然尚有爭議，不過，最晚到了六朝時期，專門針對小兒及婦女（尤其是胎產）的醫學

---

21. 皇甫謐，《黃帝針灸甲乙經》（北京：學苑出版社，1995），卷 6，〈四時賊風邪氣大論〉，頁 760。

22. 孫一奎，《醫旨緒餘》〔收入氏著，凌天翼點校，《赤水玄珠全集》〕（北京：人民衛生出版社，1986），下卷，〈賊風篇〉，頁 1246–1247。

23. 詳見林富士，〈「祝由」釋義——以《黃帝內經·素問》為核心文本的討論〉，頁 671–738。

24. 詳見林富士，〈試論漢代的巫術醫療法及其觀念基礎〉，《史原》16（臺北，1987），頁 29–53；林富士，〈中國六朝時期的巫覡與醫療〉，《中央研究院歷史語言研究所集刊》70：1（臺北，1999），頁 1–48。

25. 參見袁瑋，〈中國古代咒禁療法初探〉，《自然科學史研究》11：1（北京，1992），頁 45–53；廖育群，〈中國古代咒禁療法研究〉，《自然科學史研究》12：4（北京，1993），頁 373–383；廖育群，〈咒禁療法——「意」的神祕領域〉，收入氏著，《醫者意也——認識傳統中國醫學》（臺北：三民書局，2003），頁 69–86；曾文俊，〈祝由醫療傳衍之研究〉（臺中：中國醫藥學院中國醫學研究所中國醫史學組碩士論文，1998）；范家偉，〈禁咒法：從巫覡傳統到獨立成科〉，收入氏著，《六朝隋唐醫學之傳承與整合》（香港：中文大學出版社，2004），頁 59–89；黃敬愚，〈漢代醫、巫、仙之關係考〉，《中醫藥文化》2006：4（上海，2006），頁 4–7。

著作已有相當多的數量，[26] 而當時及後代醫者在討論其起源時，似乎也隱隱指
向巫者。例如，南朝時期陳延之 (fl. 454–473) 的《小品方》便云：

> 凡人年六歲已上為小，十六已上為少，三十已上為壯，五十已上為老，
> 其六歲已下，經所不載，所以乳下嬰兒有病難治者，皆為無所承據也。
> 中古有巫妨者，立《小兒顱囟經》，以占夭壽，判疾病死生，世相傳授，
> 始有小兒方焉。逮于晉宋，江左推諸蘇家，傳習有驗，流于人間，齊有
> 徐王者，亦有《小兒方》三卷，故今之學者，頗得傳授。[27]

類似的說法還可見於隋代巢元方 (fl. 605–618) 的《諸病源候論》[28] 以及唐代孫
思邈的《千金要方》。[29] 基本上他們都在探索「小兒」醫學的起源，陳述其在
六朝時期的發展，並將創始人歸諸於「中古」時期的巫妨（或作「巫方」），並
說他撰有《小兒顱囟經》。

　　從此之後，歷代醫者討論「兒科」起源者，大多會引述或根據上面的文
字，再做發揮，例如，北宋王懷隱 (925–997) 編的《太平聖惠方》便云：

> 中古有巫妨者，立《小兒顱顖經》，以占夭壽，判疾病死年。俗相傳授，
> 始有小兒方焉。凡百居家，皆宜達茲養小之術，則無橫夭之禍也。[30]

這與前人之說，幾乎毫無分別。

26. 參見李貞德，〈漢唐之間求子醫方試探——兼論婦科濫觴與性別論述〉，《中央研究院歷
　　史語言研究所集刊》68：2（臺北，1997），頁 283–367。

27. 引自金禮蒙輯，《醫方類聚》（北京：人民衛生出版社，1981–1982），卷 239，〈小兒門・
　　總論・千金方・序例〉，頁 3。

28. 巢元方，《諸病源候論》〔丁光迪，《諸病源候論校注》〕（北京：人民衛生出版社，1991–
　　1992），卷 45，〈小兒雜病諸候・養小兒候〉，頁 1274–1275。

29. 孫思邈，《備急千金要方》（臺北：中國醫藥研究所，1990），卷 5，〈少小嬰孺方・序
　　例〉，頁 947。

30. 王懷隱等編，《太平聖惠方》（臺北：新文豐，1980），卷 82，〈小兒序論〉，頁 8056。

　　其次，宋代陳自明（陳良甫；約 1190–1270）《婦人大全良方》（或作《婦人良方大全》）也說：

> 巢氏《病源論》：「妊娠一月，名胎胚，足厥陰脈養之。……十月五臟六腑、關節人神皆備。此其大略也。」又《五臟論》，有稱耆婆者論：「一月如珠露；……十月受氣足。」更有《顱顖經》云：「一月為胎胞精血凝也；……十月受氣足，萬象成也。」今推究數說，《五臟論》者，類皆淺鄙，妄託其名。至於三藏佛書，且涉怪誕，漫不可考。今按《顱顖經》三卷，云中古巫方所撰。其巢氏論妊娠，至三月始胎之時，欲談正言、行正事、佩弦韋、執弓矢、施環佩、佩白玉、讀詩書之類，豈非胎教之理乎？[31]

在此，作者具引《顱顖經》的原文，並對傳說的幾種「胎論」有所評述。類似的文字也可見於明代朱橚 (?–1425) 編的《普濟方》，但其文又進一步申論云：

> 凡婦人妊娠十月，其說見於古書有不同者多矣。……今按《顱顖經》三卷云，中古巫方所撰。隋人巢氏亦嘗序之。今巢氏論婦人妊娠，乃不見言之。《聖濟經·源化篇》亦獨取《顱顖經》，更不言巢氏論者何哉。《嬰童寶鑑集》云：「小兒方論，起自巫方。」黃帝云：「吾不能察幼小，賴國有巫方能知小兒之壽夭耳。」及觀巢氏論小兒候亦云：「中古有巫方，立《小兒顱顖經》，以占壽夭。世所相傳者，有《少小方》焉。」巢氏論小兒則取於《顱顖經》，則是未盡其理，故不言之。若《聖濟經》者，但取其文句不若巢氏之論。其間有胎教之法，為可取。[32]

---

31. 陳自明，《婦人良方大全》（臺北：文光圖書有限公司，1984），卷 10，〈胎教門·妊娠總論〉，頁 1–2。

32. 朱橚等編，《普濟方》（北京：人民衛生出版社，1959），卷 337，〈婦人·妊娠諸疾門·養胎胎教附論〉，頁 533。

這段文字和《婦人大全良方》大致相同，唯更明確指出巢元方雖然知道巫方的《顱囟經》，並曾留意其小兒方，但在討論婦人妊娠之時，卻不用該書之說。無論如何，由此也可見，《顱囟經》中應該有討論婦女胎產的篇章，畢竟，幼科與婦科很難完全兩分。

　　由以上引文也可以知道，《顱囟經》一直到宋明之時都還流傳於世。事實上，脫脫 (1238–1298) 等人所編著的《宋史・藝文志》「醫書類」便載有「師巫《顱囟經》二卷」，[33] 直到近代，也仍有「善本」傳世，[34] 也有人在此書之前添入〈序〉文云：

> 夫顱囟者，謂天地陰陽作感顱囟，故受名也。嘗覽黃帝內傳，王母金文，……黃帝得之昇天，祕藏金匱，名曰《內經》。百姓莫可見之。後穆王賢士師巫，於崆峒山得而釋之，叙天地大德，陰陽化工。父母交合，中成胎質。爰自精凝血室，兒感陽興。血入精宮，女隨陰住。……遂究古言，尋察端由，叙成疾目，曰《顱囟經》焉。真憑辯證，乃定死生。後學之流，審依濟疾。[35]

在此，前述的「中古」「巫方」（巫妨），成為周穆王時代的賢士「師巫」。無論如何，宋代兒科大盛，與此書之流行或許有密切的關係，例如，清代《四庫全書總目提要》便說：

> 《小兒藥證直訣》三卷，宋大梁閻季忠所編錢乙方論也。乙字仲陽，東平人，官至太醫院丞，事跡具《宋史・方技傳》。乙在宣和間，以巫方

---

33. 脫脫等，《宋史》（北京：中華書局，1977），卷 207，〈藝文志・子類・醫書類〉，頁 5306。

34. 詳見岡西為人，《宋以前醫籍考》（臺北：古亭書屋，1969 年翻印），第 3 冊，〈小兒方論・顱囟經・四刊本及鈔本・當歸草堂本〉，頁 1018。

35. 引自《宋以前醫籍考》，第 3 冊，〈小兒方論・顱囟經・序跋〉，頁 1015。

氏《顱顖經》治小兒，甚著于時，故季忠集其舊法，以為此書。上卷論證，中卷為醫案，下卷為方。[36]

總之，從宋代開始，「巫方」為兒科之祖師爺的說法便更加確定。例如，北宋董汲（生卒年不詳）《小兒斑疹備急方論・序》便說：

> 下逮中古，始有巫方氏者，著《小兒顱顖經》，以卜壽夭別死生。歷世相援，於是小兒方論興焉。然在襁褓之時，藏府嫩弱，脉促未辨，痒不知處，痛亦難言，祇能啼叫。至於變蒸驚風，客忤解顱，近世巢氏，一一明之。然於斑疹欲出症候，與傷風相類，而略無辨說，致多謬誤。……今採摭經效秘方，詳明證候，通為一卷，目之曰《斑疹備急方》。[37]

這是在說明自己於兒科發展過程之中的貢獻及地位。很明顯的，董汲是以巫方為其鼻祖。

其次，元代曾世榮 (1253–1332?)《省翁活幼口議》也說：

> 調理嬰孩小兒，上古黃帝未有言著，鬼臾區云，謂小兒受疾，今是一門，故不載入《素問》。始自巫人《顱囟經》篇章三舉，自後智者繼述本末，世傳諸家之善經，進詳要旨，証準繩之者。凡八十一家，近世湖南潭州周宅，廣收其文，專人編集，目曰《幼幼新書》四十冊，僅數十萬字，排列名方，似涉繁碎。[38]

---

36. 引自《宋以前醫籍考》，第 3 冊，〈小兒方論・錢氏小兒藥證直訣・考證〉，頁 1026–1027。
37. 引自《宋以前醫籍考》，第 3 冊，〈小兒方論・小兒斑疹備急方論・序跋〉，頁 1038。
38. 引自《醫方類聚》，卷 240，〈小兒門・總論・省翁活幼口議・議明至理二十五篇・議幼幼新書〉，頁 43。

在此，作者是在批評宋代劉昉 (?–1150) 等人所編的《幼幼新書》，順便提及幼科之始，而前面所說的巫方（巫妨）則被視為「巫人」。

此外，明代太醫院院使薛己 (1487–1559) 在嘉靖辛亥 (1551) 所寫的《校註錢氏小兒直訣‧序》也說：

> 中古始有巫方氏作《顱顖經》，以占夭壽，判疾病死生，而小兒方行焉。逮於晉宋，江左蘇氏、齊之徐王僉能相傳有驗。而後踵武厥科者，則不止於一家矣。至宋神宗時，有太醫丞錢仲陽氏，貫陰陽於一理，合色脈於萬全。……門人閻孝忠，記其典要，緝成《直訣》若干卷，而幼稺之色脉症治，無遺漏矣。先君嘗語余曰：「幼幼之藥，宜善調之。……錢氏之法，可以日用。錢氏之方，可以時省也。」愚服膺先人之言，僅有年矣。遇施之治，有一得驗者，輒自識之，用補註於錢文之下，同幼其幼，不敢以紫亂朱，以薰并蘭也。[39]

這是簡述「小兒」科從「巫方」到明代的發展歷程，以及自己在這個領域的貢獻。同樣的，他也視巫方為祖師爺。

與幼兒醫學息息相關的婦科，在起源的傳說方面，雖然不曾直指巫者，但早期中國社會將婦人生產之事視為關係整體社會生死存亡的大事，因此，巫者也很早介入這個領域，前引《顱顖經》中有妊娠方面的討論，便是一例。不過，比較明顯的還是表現在宗教信仰方面。例如，魏徵等人所撰的《隋書‧天文志》便云：

> 傳說一星，在尾後。傳說主章祝巫官也。章，請號之聲也。主王后之內祭祀，以祈子孫，廣求胤嗣。……星明大，王者多子孫。[40]

---

39. 引自《宋以前醫籍考》，第 3 冊，〈小兒方論‧錢氏小兒藥證直訣‧附　校註錢氏小兒直訣‧序跋〉，頁 1036–1037。

40. 魏徵等，《隋書》（北京：中華書局，1973），卷 20，〈天文志〉，頁 550。

馬端臨 (1254–1323)《文獻通考》也說：

> 傅說一星，在尾後，河中。主後宮女巫祝祀神靈，祈禱子孕，故曰主王
> 后之內祭祀以求子孫。……其星明大，王者多子孫。小而暗，後宮少
> 子。動搖，則後宮不安。星搖，則天子無嗣。[41]

這是星占之術。而由文中可以知道，在天象中有「傅說」星，主掌「章祝巫
官」或「後宮女巫」，以替王后祭祀、祈禱子孕。

至於此星名為「傅說」的緣由，則有不同說法，例如，《文獻通考》說：

> 夾漈鄭氏曰：「按傅說一星，惟主後宮女巫禱祠求子之事，謂之傅說者，
> 古有傅母有保母，傅而說者，謂傅母喜之也。今之婦人求子皆祀婆神，
> 此傅說之義也。偶商之傅說與此同音，諸子家更不詳審其義，則曰傅說
> 騎箕尾而去，殊不知箕尾專主後宮之事，故有傅說之佐焉。」[42]

又說：

> 《中興天文志》石氏云：「傅說者，章祝女巫官，一名太祝，司天王之
> 內祭祀以祈子孫，故有太祝以傅說於神宮，或讀傅為傳，遂謂之殷相，
> 說自莊周妄言。」[43]

此外，《宋史‧天文志》也說：

> 傅說一星，在尾後河中，主章祝官也，一曰後宮女巫也，司天王之內祭
> 祀，以祈子孫。明大，則吉，王者多子孫，輔佐出；不明，則天下多禱

---

41. 馬端臨，《文獻通考》（臺北：臺灣商務印書館，1987），卷 279，〈象緯考‧二十八宿‧
東方蒼龍七宿〉，頁 2212–2213。

42. 馬端臨，《文獻通考》，卷 279，〈象緯考‧二十八宿‧東方蒼龍七宿〉，頁 2213。

43. 馬端臨，《文獻通考》，卷 279，〈象緯考‧二十八宿‧東方蒼龍七宿〉，頁 2213。

祠；亡，則社稷無主；入尾下，多祝詛。《左氏傳》「天策焞焞」，即此
星也。彗星、客星守之，天子不享宗廟。赤雲氣入，巫祝官有誅者。[44]

由這三段引文來看，「傳說」之義大致有三：一是指殷相傳說；二是指傅母（傅
而說之）；三是指章祝女巫官（又名太祝）。

　　無論如何，從星占的傳統來看，婦女生育之事確與巫者有密切的關係。

三、「巫醫」考釋

　　除了神話、傳說之外，從文字、語言的角度來看，[45] 也可以發現巫者和醫
者、醫藥之間的緊密關係。

(一)醫與毉

　　「醫」這個字還有個「俗字」寫作「毉」。利用迪志文化出版有限公司製
作的「文淵閣四庫全書電子版」查詢，可以知道，醫字在《四庫全書》中共有
五萬八千五百一十五筆資料，毉字有一千四百六十八筆。利用中央研究院歷史
語言研究所建置的「漢籍電子文獻資料庫」查詢，則醫字有三萬兩千五百六
十五筆，毉字有兩百八十筆。[46] 由此可見，毉字雖然不多見，但也不是非常
罕見。

　　事實上，毉和醫字可以互通，例如，唐代釋慧琳 (737–820)《一切經音義》
釋「醫王」一詞時便說：

　　《周禮》醫師掌醫之政令，聚藥以療萬民之病。古者巫彭初作醫。毉字

44.《宋史》，卷 50，〈天文志・二十八舍・東方〉，頁 1008–1009。

45. 參見符友豐，〈「醫」字新譯——兼考醫、巫先后〉，《醫古文知識》1997：2（上海，
　　1997），頁 37–40；蘭云云，〈「巫」「醫」詞義淺析〉，《時代文學（下半月）》2009：12
　　（濟南，2009），頁 186。

46. http://hanchi.ihp.sinica.edu.tw/ihpc/hanji?@@1868275662（2010 年 11 月 8 日檢索）。

> 本從酉，或從巫作毉，亦通。《說文》治病工也，毉人以酒使藥，故從
> 酉，酉者，古文酒字也。[47]

釋「醫」時也說：

> 醫，於其反，《說文》治病工也。醫之為性，得酒而使藥，故醫字從酉，
> 殹聲。殹，亦病人聲也。酒所以治病者，藥非酒不散。殹音，於奚反，
> 有作毉。古者巫彭初作毉，從巫形，俗字也。[48]

釋「醫藥」時又說：

> 醫藥：上於其反。《廣雅》醫，巫也。《呂氏春秋》云：「巫彭作醫也。」
> 《周禮》云：「醫師掌醫之政令。」又云：「醫人掌養萬人之疾病也。」
> 《考聲》云：「療病人也，意也，夫療病必以酒，故字從酉也。」《說
> 文》云：「治病工也。從酉，殹聲。殹音，烏計反。」[49]

由此可見，醫字可以「從巫」作「毉」，而這似乎和「古者巫彭初作毉」的神
話有關。[50] 總之，從古人「造字」的思惟來看，醫和巫基本上被視為同一種
人，因此，三國時期的張揖 (fl. 227–232)《廣雅》便直言「醫，巫也」。

(二)巫與醫連稱、並舉

除了字形和字義上的關聯之外，在語彙方面，我們也可以看到巫、醫兩者

---

47. 釋慧琳，《一切經音義》〔高楠順次郎、渡邊海旭編，《大正新脩大藏經》，no. 2128〕（東
　　京：大正一切經刊行會，1924–1934），卷 29，頁 499 下。
48. 釋慧琳，《一切經音義》，卷 27，頁 488 上。
49. 釋慧琳，《一切經音義》，卷 32，頁 519 下。
50. 「古者巫彭初作毉」的神話，除見於上引材料之外，又見釋慧琳，《一切經音義》，卷
　　20，頁 429 下；卷 30，頁 506 中。

之間的親密性。事實上，在傳統漢語文獻中，「巫醫」或「醫巫」連稱、並舉的情形，並不罕見。以中央研究院的「漢籍全文資料庫」來說，「巫醫」連稱的詞例有一百一十三條，「醫巫」連稱的詞例有三百八十七條，[51] 合計五百條。而以迪志文化出版有限公司製作的「文淵閣四庫全書電子版」來看，則「巫醫」（含「巫毉」）連稱的詞例有五百零三條，「醫巫」（含「毉巫」）連稱的詞例有六百零三條，合計一千一百零六條。另外，巫醫並舉的情形也有不少。

　　不過，從相關的詞例來看，巫與醫被人相提並論的緣由，其實並不盡相同。例如，孔子曾引「南人」之言曰：「人而無恒，不可以作巫醫」，[52] 而傳統的注疏家對於這段話的解釋便有相當大的出入，他們的爭議至少有三點。

　　第一是關於無恒之人和「巫醫」之間的關係。東漢鄭玄認為這是指：「巫醫不能治無恒之人」，[53] 但是，絕大多數學者都認為，這是指無恒之人不能學習「巫醫」之技能或無法從事「巫醫」之工作，例如，宋代朱熹便說：

　　　巫，所以交鬼神。醫，所以寄死生。故雖賤役，而尤不可以無常。[54]

近人蔣伯潛 (1892–1956) 據此語譯為：

　　　一個人而沒有恒心，就是巫醫等技能職業，也是學不成功的。[55]

上述這兩種意見，究竟誰是誰非，不容易判定。其關鍵點在於對「作」這個字

---

51. http://hanchi.ihp.sinica.edu.tw/ihpc/hanji?@@1979892352（2010 年 11 月 9 日檢索）。

52. 《論語》〔十三經注疏本〕（臺北：藝文印書館，1981 翻印），卷 13，〈子路〉，頁 9 上。

53. 《論語》，卷 13，〈子路〉，頁 9 上，注文。宋代邢昺也說：「巫主接神除邪，醫主療病。南國之人嘗有言曰：「人而性行無恒，不可以為巫醫」，言巫醫不能治無恒之人也。」見《論語》，卷 13，〈子路〉，頁 9 上，疏文。

54. 朱熹集註，蔣伯潛廣解，《語譯廣解四書讀本‧論語》（上海：啟明書局，1948），〈子路〉，頁 203。

55. 《語譯廣解四書讀本‧論語》，〈子路〉，頁 203。

及整個句子的文法解讀有截然不同的看法。

第二是「巫醫」究竟指一種人還是兩種人。絕大多數的注釋家都認為「巫醫」包括「巫」和「醫」這兩種人，一般辭書也解釋為「巫覡與醫師」、「巫師和醫師」。[56] 但是，也有一些近代的詞典將「巫醫」一詞解釋為「古代以巫術替人治病的人」、「古代以祈禱鬼神替人治病的人」，或是「古代以祝禱為主或兼用一些藥物來為人消災治病的人」，[57] 換句話說，「巫醫」被認為是指某一種「替人治病的人」。這兩種意見，都可以找到支持其說法的例證。

第三是「南人」為什麼會將巫和醫相提並論。有人以兩者同為社會地位低賤之人釋之，例如，前引朱熹之文便認為兩者都是「賤役」。但是，蔣伯潛則不提「賤」或「不賤」的問題，而是從職事內容著眼，他說：

> 巫是古時候一種祈禱鬼神，替人治病求福的人，「醫」是醫生。[58]

他所強調的是巫、醫同為替人治病之人。

總之，上述三點爭議，所涉及的問題相當多，本文無法一一細論，但無論如何，巫與醫在傳統漢語文獻中常被連稱、並舉的緣由，似乎還是必須由兩者的共通性尋求解釋。

---

56. 詳見中文大辭典編纂委員會編，《中文大辭典》（臺北：中國文化大學出版部，1985），頁4529；諸橋轍次，《大漢和辭典》（東京：大修館書店，1955–1960），頁3775；商務印書館編審部編，《辭源》（臺北：商務印書館，1976），頁962；臺灣中華書局辭海編輯委員會編，《辭海》（臺北：臺灣中華書局，1986），頁1577；三民書局大辭典編纂委員會編，《大辭典》（臺北：三民書局，1985），頁1381；晁繼周、李志江、賈采珠編，《漢語學習詞典》（南昌：江西教育出版社，1998），頁696；羅竹風主編，《漢語大詞典》（上海：上海辭書出版社，1986），第一卷，頁973。

57. 詳見汪怡等編，《國語辭典》（出版地不詳：商務印書館，1943），第六冊，頁5369；古代漢語詞典編寫組編，《古代漢語詞典》（北京：商務印書館，1998），頁1642；羅竹風主編，《漢語大詞典》，第一卷，頁973。

58. 《語譯廣解四書讀本·論語》，〈子路〉，頁203。

㈢巫醫同為方技之士

前引朱熹對於巫、醫「兩者皆賤役」的說法，或許不盡妥當，[59] 但是，從其職事內容及社會地位考量兩者的關聯性，的確有其必要。

1.巫醫與方技

最晚從漢代開始，已有不少詞例顯示，「巫醫」或「醫巫」已成為「方技」之士的代稱。例如，西漢之時，龔勝曾向哀帝（7–1 BC 在位）進言：

> 竊見國家徵醫巫，常為駕，徵賢者宜駕。[60]

龔勝的建言是有感而發的，因為《漢書》便載云：

> 哀帝即位，寢疾，博徵方術士，京師諸縣皆有侍祠使者。[61]

可見當時所徵求的「方術士」主要是巫醫。

其次，西漢哀帝之時，桓譚向當時的皇后之父傅晏進言時也說：

> 刑罰不能加無罪，邪枉不能勝正人，夫士以才智要君，女以媚道求主，皇后年少，希更艱難，或驅使醫巫，外求方技，此不可不備。[62]

文中的「巫醫」大概和前引龔勝所說的「醫巫」一樣，意指「方技」之士。

再者，曾於西晉武帝太康年間 (280–289) 擔任司馬督的淳于智，「常自言短命」，並預言：

---

59. 參見劉運好、李飛，〈「巫醫」非為賤業考釋——《論語》「人而無恒，不可以作巫醫」的文化闡釋〉，《孔子研究》2007：1（濟南，2007），頁 112–121。

60. 班固，《漢書》（北京：中華書局，1962），卷 72，〈王貢兩龔鮑傳〉，頁 3080。

61. 《漢書》，卷 25，〈郊祀志〉，頁 1264。

62. 范曄，《後漢書》（北京：中華書局，1965），卷 28，〈桓譚傳〉，頁 955–956。

> 辛亥歲天下有事，當有巫醫挾道術者死，吾守易義以行之，猶當不應
> 此乎！[63]

後來，他果然因曾「有寵於楊駿」而被殺。淳于智以精通易占、卜筮聞名，[64]
因此，他所說的「巫醫」應該是「方技」之士、術士的一種代稱。

同樣的，《宋史·方技列傳》的序言也說：

> 昔者少皞氏之衰，九黎亂德，家為巫史，神人淆焉。……然而天有王相
> 孤虛，地有燥濕高下，人事有吉凶悔吝、疾病札瘥，聖人欲斯民趨安而
> 避危，則巫醫不可廢也。後世占候、測驗、厭禳、禜禬，至於兵家遁
> 甲、風角、鳥占，與夫方士修煉、吐納、導引、黃白、房中，一切君萬
> 妖誕之說，皆以巫醫為宗。漢以來，司馬遷、劉歆又亟稱焉。然而歷代
> 之君臣，一惑於其言，害於而國，凶於而家，靡不有之。宋景德、宣和
> 之世，可鑒乎哉！然則歷代方技何修而可以善其事乎？[65]

文中雖然「巫醫」連稱，並說「皆以巫醫為宗」，但所敘述的內容卻遠超過巫
醫的職事和技能範圍，因此，「巫醫」在此似乎也是「方技」之士的代稱。

此外，元憲宗（1251–1259 在位）即位之初，高智耀建議憲宗蠲免儒者的
徭役時，雙方有一段對話說：

> 帝問：「儒家何如巫醫？」對曰：「儒以綱常治大天，豈方技所得比。」[66]

在此，「巫醫」更明顯的是「方技」之士的代稱。

---

63. 房玄齡等，《晉書》（北京：中華書局，1974），卷 95，〈列傳·藝術·淳于智〉，頁
2478。

64.《晉書》，〈列傳·藝術·淳于智〉，頁 2477–2478。

65.《宋史》，卷 461，〈列傳·方技〉，頁 13495–13496。

66. 宋濂等，《元史》（北京：中華書局，1973），卷 125，〈高智耀傳〉，頁 3072–3073。

2.巫醫之貴賤

這種「方技」之士是傳統中國社會不可或缺的人物，但至遲從戰國時起，多數的「方技」之士便處身於低賤階層，屢遭政府壓制，並被士大夫所輕視。[67] 例如，《管子》便說：

上恃龜筮，好用巫醫，則鬼神驟祟。[68]

《呂氏春秋》也說：

今世上卜筮禱祠，故疾病愈來。……故巫醫毒藥，逐除治之，故古之人賤之也，為其末也。[69]

無論文中的「巫醫」做何解釋，其受人輕賤是很明顯的。

其次，新朝王莽（9–23在位）針對工商、服務業所訂的「貢法」（營業、所得稅）中規定：

諸取眾物、鳥獸、魚鱉、百蟲於山林水澤及畜牧者，嬪婦桑蠶、織紝、紡績、補縫，工匠、醫、巫、卜、祝及它方技、商販、賈人坐肆列、里區、謁舍，皆各自占所為於其在所之縣官，除其本，計其利，十一分之，而以其一為貢。敢不自占，自占不以實者，盡沒入所采取，而作縣

---

67. 詳見林富士，〈中國古代巫覡的社會形象與社會地位〉，收入氏編，《中國史新論・宗教史分冊》（臺北：中央研究院・聯經出版事業公司，2010），頁65–134；余英時，《論天人之際——中國古代思想起源試探》（臺北：聯經出版事業公司，2014），頁1–84，135–148。

68. 詳見管仲，《管子》〔李勉註譯，《管子今註今譯》〕（臺北：臺灣商務印書館，1990），〈權修〉，頁37。

69. 詳見《呂氏春秋》，卷3，〈季春紀〉，頁136。

官一歲。[70]

其中，醫者與巫者和工匠、卜者、祝者共同被歸為「方技」。而這些人在漢代
社會中都屬於低賤階層，例如，曹魏時期 (220–265) 的如淳注《史記》「良家
子」一詞時便說：

> 非醫、巫、商賈、百工也。[71]

由此可見，醫者與巫者和商人、百工一樣，被漢人視為「不良」之人，社會地
位低賤。

巫醫這一類的方技之士，在漢代之後，隨著政治、社會的變遷，地位也有
所變化，但整體來看，在近代以前，他們在中國社會中始終沒有太高的地位與
聲望。[72] 清高宗乾隆十二年 (1747) 十二月，針對道教張天師的封號、品級所做
的檢討和改變，頗能反映這種情形。《清實錄》記載此事云：

> 孔子至聖，後裔承襲公爵。顏曾思孟以下，不過博士。今張氏所襲，竟
> 與聖裔無別。請照提點演法之類，給與品級，停其朝覲筵宴等語。查正

---

70. 《漢書》，卷 24，〈食貨志〉，頁 1180–1181。

71. 司馬遷，《史記》（北京：中華書局，1959），卷 109，〈李將軍列傳〉，頁 2867。

72. 詳見中村治兵衛，〈中國古代の王權と巫覡〉、〈唐代の巫〉、〈五代の巫〉、〈北宋朝と
    巫〉、〈宋代の巫の特徵——入巫過程の究明を含めて〉，收入氏著，《中國シャーマニズ
    ムの研究》（東京：刀水書房，1992），頁 3–28，29–68，69–84，85–106，107–138；林
    富士，〈中國古代巫覡的社會形象與社會地位〉，頁 65–134；林富士，《漢代的巫者》（臺
    北：稻鄉出版社，1999）；Fu-shih Lin, "Chinese Shamans and Shamanism in the Chiang-nan
    Area During the Six Dynasties Period (3rd–6th Century A.D.)," Ph.D. dissertation (Princeton:
    Princeton University, 1994); 金仕起，〈古代醫者的角色——兼論其身分與地位〉，《新史
    學》6：1（臺北，1995），頁 1–48；金仕起，〈論病以及國——周秦漢方技與國政關係的
    一個分析〉（臺北：國立臺灣大學歷史學系博士論文，2003）；陳元朋，《兩宋的「尚醫
    士人」與「儒醫」：兼論其在金元的流變》（臺北：國立臺灣大學出版委員會，1997）。

一真人，世居江西龍虎山，至宋始有封號，元加封天師，秩視一品。明初改正一嗣教真人，秩視二品。本朝仍明之舊，而會典不載品級。蓋以類於巫史方外，原不得與諸臣同列。……查太醫院院使，秩正五品，巫醫本相類，請將正一真人，亦授為正五品。[73]

從上述這一段記載可以知道，張天師的品階一下子從元明之時的一、二品降為五品，主要是被比擬為「巫史方外」，其授品的根據也是基於「巫醫本相類」的原則，比照「太醫院院使」的位階。

㈣巫醫同為治病之人

在傳統中國社會，巫醫除了同被歸類為方技之士以外，兩者還共同被視為治病之人。醫者為治病之人應無疑義，例如，東漢許慎《說文》便說：「醫，治病工也。」[74] 至於巫者，雖有許多不同的技能和職事，但有人認為「治病」才是其主要職事，例如，東漢何休 (129–182) 便說：

巫者，事鬼神，禱解以治病請福者也。[75]

而劉安 (179–122 BC) 等所撰之《淮南子》則載云：

病者寢席，醫之用針石，巫之用糈藉，所救鈞也。[76]

東漢王充《論衡》也說：

---

73. 《清實錄・高宗純皇帝實錄》（北京：中華書局，1986），卷304，乾隆十二年十二月辛未條，頁981。另見崑岡等，《清會典事例》（北京：中華書局，1991），卷501，〈禮部・方伎・僧道〉，頁806。

74. 許慎，《說文解字》，第十四篇下，頁40下。

75. 《公羊傳》〔十三經注疏本〕，卷2，〈隱公四年〉，頁30，何休《解詁》文。

76. 劉安等，《淮南子》〔劉文典，《淮南鴻烈集解》〕（北京：中華書局，1989），卷16，〈說山訓〉，頁548。

病作而醫用,禍起而巫使。如自能案方和藥,入室求祟,則醫不售而巫不進矣。[77]

由此可見,至少在漢人的觀念裡,巫醫的治病方法雖然有所不同,但都是病人可以求助的對象。

此外,《明實錄》 載有明代宗景泰三年 (1452) 十二月丁巳日,劉定之 (1409–1469) 針對當時的外交情勢所發之言論云:

蓋和戰皆所以待敵,而兵部必不以和為請。如巫醫皆所以治病,而巫陽必不以藥為說,各護其所短而欲見其所長。保身愛國者,不可偏聽而當慎擇也。[78]

他基本上是主和不主戰,因此,建議代宗不可以偏聽兵部的意見。而他所用的比喻是巫者和醫者同為治病之人,但各有所長,治病的方法並不相同,巫者不會和醫者一樣在藥物上下工夫。這和漢代人的觀念相當接近。

總而言之,基於兩者同為治病之人而將巫醫連稱、並舉的情形,在傳統中國文獻中並不罕見,而且常將名巫與名醫並舉,以下便引數例略加說明。

首先,韓非為說明賢能之士也必須仰賴他人之助 (如管仲之賴鮑叔),曾引諺語云:

巫咸雖善祝,不能自拔也;秦醫雖善除,不能自彈也。[79]

在先秦時期,巫咸和秦醫分別是巫、醫的代表人物,二者並舉,主要是他們都

---

77. 王充,《論衡》,卷 12,〈程材〉,頁 535。

78. 中央研究院歷史語言研究所校勘,《明實錄‧英宗實錄》(臺北:中央研究院歷史語言研究所,1966),卷 224,〈廢帝郕戾王附錄〉,景泰三年十二月丁巳條,頁 4883–4885。

79. 《韓非子》〔陳奇猷校注,《韓非子集釋》〕(北京:中華書局,1958),卷 8,〈說林〉,頁 467–468。

善於祓除疾病。

其次，東漢王充在批評當時的「厚葬」風氣時曾說：

> 孝子之養親病也，未死之時，求卜迎醫，冀禍消、藥有益也。既死之
> 後，雖審如巫咸，良如扁鵲，終不復生（使）。[80]

在此，雖然是卜醫並舉，但其後又舉巫咸、扁鵲，可見在王充或漢人觀念中，
巫是以卜筮、解祟等手段替人治病，而醫者則主要以藥物療疾。

第三，巫醫雖然是治病之人，但有些病，即使是名巫與名醫也會束手無
策，東漢魏伯陽 (fl. 147–167)《周易參同契》便云：

> 冶葛、巴豆一兩入喉，雖周文兆著、孔丘占相、扁鵲操鍼、巫咸叩鼓，
> 安能蘇之。[81]

這是用來形容冶葛、巴豆毒性之烈。

第四，兩晉十六國時期，漢昭武帝劉聰（310–318 在位）曾因寵信王沈等，
誅殺大臣，引起恐慌，其太宰劉易等人便詣闕諫曰：

> 陛下心腹四支何處無患！復誅巫咸，戮扁鵲，臣恐成桓侯膏肓之疾，後
> 雖欲療之，其如病何！[82]

這是以國政和國君之體相比擬，並以忠臣比擬醫療者（巫咸和扁鵲）。

第五，凡是巫醫相提並論，巫者的代表人物通常是巫咸，[83] 但醫者則不一
定，扁鵲雖然常見，但西晉武帝泰始十年 (274) 元皇后楊氏崩，左思之妹左芬

---

80. 王充，《論衡》，卷 23，〈薄葬〉，頁 964–965。

81. 引自《太平御覽》，卷 990，〈藥部・冶葛〉，頁 4513 中。

82. 《晉書》，卷 102，〈載記・劉聰〉，頁 2671–2672。

83. 事實上，巫咸在中國古代文化中是一個「神通廣大」的人物，除了醫藥之外，他同時是
　　天文、占卜、巫覡的宗師；詳見顧炎武，《日知錄》，卷 26，〈巫咸〉，頁 719–721。

當時為貴嬪，曾獻誄曰：

> 云胡不造，于茲禍殃。寢疾彌留，寤寐不康。巫咸騁術，和鵲奏方。祈
> 禱無應，嘗藥無良。形神將離，載昏載荒。[84]

在此，醫者代表是由秦醫和以及扁鵲共同出任。

第六，南朝梁劉孝綽 (481–539) 的〈謝給藥啟〉則云：

> 一物之徵，遂留亭育。名醫上藥，爰自城府。雖巫咸視診，岐伯下鍼，
> 松子玉漿，衛卿雲液，比妙競珍，實云多愧。[85]

在此，醫者的代表成為黃帝之時的名醫岐伯。

第七，《北史 · 藝術列傳》的「序言」云：

> 夫陰陽所以正時日，順氣序者也；卜筮所以決嫌疑，定猶豫者也；醫巫
> 所以禦妖邪，養性命者也。……語醫巫則文摯、扁鵲、季咸、華佗。[86]

在此，醫者的代表人物有文摯、扁鵲、和華陀。

第八，明萬曆十六年 (1588) 冬，陳文燭在新刊《千金方》的〈序〉文中
則說：

> 上古巫咸、俞跗、華、扁諸人之精蘊在焉。然上者理于未然，善者察其
> 病否，亦存乎脈焉耳。得其脈而方可用。[87]

---

84. 《晉書》，卷 31，〈列傳 · 后妃〉，頁 958–960。

85. 引自歐陽詢，《藝文類聚》(上海：上海古籍出版社，1999)，卷 81，〈藥香草部 · 藥〉，
　　頁 1382。

86. 李延壽，《北史》(北京：中華書局，1974)，卷 89，〈藝術列傳〉，頁 2921–2922。同樣
　　的內容也見於《隋書》，卷 78，〈藝術列傳〉，頁 1763。

87. 引自《宋以前醫籍考》，第 2 冊，〈諸家方論 · 備急千金要方 · 序跋〉，頁 609。

在此，和巫者相提並論的古代良醫是華佗和扁鵲。

第九，明神宗萬曆二十八年 (1600) 十二月庚辰日，戶科給事中田大益曾上書諫礦稅云：

> 皇上矜奮自賢，沈迷不出。以豪璫姦弁為心膂，以礦砂稅銀為命脈。雖有苦心藥石之言，聽之猶如蒙耳。即令巫咸治外，倉公治內，龍逢剖心，舜禹籌策，亦安其解其徽纆而救敗亡哉。[88]

這也是以「身國互譬」的政治論述，[89] 而在此，倉公成為醫者的代表。

四、巫醫同職共事

巫、醫之間的親密性，不僅僅表現在抽象層次的神話、傳說或語言、文字上，還具體展現於實際的社會活動之中。而由於巫、醫都擁有治病的技能，因此，他們同職共事的機會不少。

㈠官方部門

首先，在政府組織中，巫醫往往被納入相同或相近的部門，例如《周禮》在夏官司馬之下列有「巫馬」之編制云：

> 巫馬，下士二人，醫四人，府一人，史二人，賈二人，徒二十人。[90]

巫馬基本上是由巫者出任，但其部門中另有醫者，針對「二官同職」的現象，

---

88. 《明實錄・神宗實錄》，卷 354，萬曆二十八年十二月庚辰條，頁 6620–6622。
89. 詳見林富士，〈試論《太平經》的主旨與性質〉，《中央研究院歷史語言研究所集刊》69：2（臺北，1998），頁 205–244；金仕起，〈論病以及國——周秦漢方技與國政關係的一個分析〉。
90. 《周禮》〔十三經注疏本〕，卷 28，〈夏官・司馬〉，頁 434。

東漢鄭玄解釋說：

> 巫馬知馬祖、先牧、馬社、馬步之神者，馬疾若有犯焉，則知之，是以
> 使與醫同職。[91]

唐代賈公彥（生卒年不詳）也說：

> 巫知馬祟，醫知馬病，故連類在此也。[92]

事實上，《周禮》針對「巫馬」的職事也說：

> 巫馬掌養疾馬而乘治之，相醫而藥攻馬疾。受財於校人。[93]

賈公彥對此的解釋是：

> 巫知馬祟，醫知馬疾，疾則以藥治之，祟則辨而祈之，二者相須，故巫
> 助醫也。云受財者，謂共祈具及藥直。[94]

由此可見，至少在漢、唐人眼中，馬疾和人的疾病一樣，有時是鬼神作祟所
致，因此，也有賴巫者以祈禳之法加以治療。其他狀況則賴醫者救護。

其次，在隋文帝之時 (581-604) 的中央政府組織中，巫、醫所在的部門也
很接近，例如，《隋書‧百官志》便云：

> 太常寺……統郊社、太廟、諸陵、太祝、衣冠、太樂、清商、鼓吹、太
> 醫、太卜、廩犧等署，各置令（並一人。太樂、太醫則各加至二人）、
> 丞（各一人。郊社、太樂、鼓吹則各至二人）。……太醫署有主藥（二

---

91. 《周禮》，卷 28，〈夏官‧司馬〉，頁 434。
92. 《周禮》，卷 28，〈夏官‧司馬〉，頁 434。
93. 《周禮》，卷 33，〈夏官‧司馬〉，頁 496。
94. 《周禮》，卷 33，〈夏官‧司馬〉，頁 496。

人)、醫師（二百人）、藥園師（二人）、醫博士（二人）、助教（二人）、按摩博士（二人）、祝禁博士（二人）等員。太卜署有卜師（二十人）、相師（十人）、男覡（十六人）、女巫（八人）、太卜博士、助教（各二人）、相博士、助教（各一人）等員。[95]

由此可見，醫者和巫者雖分別隸屬於太醫署和太卜署，但同在「太常寺」轄下。

再者，隋煬帝之時（604–618 在位）所制定的管理宮闈事務之「女官」制度，主要是「準尚書省」，「以六局管二十四司」，其中，「尚食局」管轄之內有司藥、司膳、司醞、司饎，[96] 而司藥的職權便是「掌醫巫藥劑」。[97]

再次，元憲宗二年 (1252) 十二月，大赦天下，並以阿忽察「掌祭祀、醫巫、卜筮」。[98] 這是將醫巫、祭祀、卜筮之事務和人員統由一官掌管。

此外，清代中央政府的職官中設有「祠祭」，以掌管「吉禮、凶禮」，並「籍領史祝、醫巫、音樂、僧道，司其禁令，有妖妄者罪無赦」。[99]

總之，當巫醫同時被納入政府組織中時，常有機會同職共事。以下便是歷代的一些事例。

第一，西漢之時鼂錯呈給文帝（180–157 BC 在位）的奏書便建議：

> 陛下幸募民相徙以實塞下，……為置醫巫，以救疾病，以脩祭祀，……此所以使民樂其處而有長居之心也。[100]

在移民邊塞的種種配套措施之中，鼂錯特別提到要同時設置醫者和巫者，擔任

95. 《隋書》，卷 28，〈百官志〉，頁 776。

96. 《北史》，卷 13，〈后妃列傳〉，頁 489–490；《隋書》，卷 36，〈后妃列傳〉，頁 1107。

97. 《北史》，卷 13，〈后妃列傳〉，頁 489–490；《隋書》，卷 36，〈后妃列傳〉，頁 1107。

98. 《元史》，卷 3，〈憲宗本紀〉，頁 46。

99. 趙爾巽等，《清史稿》（北京：中華書局，1976–1977），卷 114，〈職官志〉，頁 3280。

100. 《漢書》，卷 49，〈鼂錯傳〉，頁 2288。

救治疾病和從事祭祀的工作。

　　第二,《南史》記載齊廢帝東昏侯之時(498–501 在位)百姓「苦役」的情形說:

> 諸郡役人,多依人士為附隸,謂之「屬名」,又東境役苦,百姓多注籍詐病,遣外醫巫,在所檢占諸屬名,並取病身。凡屬名多不合役,止避小小假,並是役陰之家。凡注病者,或已積年,皆攝充將役,又迫責病者租布,隨其年歲多少。[101]

當時南齊境內百姓是以「屬名」和「詐病」逃避力役之徵,而政府的主要對策就是派遣「醫巫」一起前往診察是否真病。

　　第三,《北史》載有西魏文帝大統六年悼皇后郁久閭氏產難之事云:

> 后懷孕將產,居於瑤華殿,聞上有狗吠聲,心甚惡之。又見婦人盛飾來至后所,后謂左右:「此為何人?」巫醫旁侍,悉無見者,時以為文后之靈。產訖而崩,年十六。[102]

由這一則故事可以知道,當時皇室婦人生產之時,會有醫者和巫者共同協助照護。

　　第四,遼代(907–1125)祀典規定,每十二年,必須在「皇帝本命前一年季冬之月」,「擇吉日」,舉行一場非常特殊的「再生儀」,而在儀式中,「產醫嫗」和「太巫」共同扮演重要的角色,一如他們在皇帝實際誕生之際一樣,必須全程參與,隨侍在側。[103]

---

101. 李延壽,《南史》(北京:中華書局,1975),卷 5,〈齊本紀〉,頁 156。

102. 《北史》,卷 13,〈后妃列傳〉,頁 507。

103. 詳見脫脫等,《遼史》(北京:中華書局,1974),卷 3,〈禮志・嘉儀〉,頁 879–880。

　　按:關於遼人的「再生儀」,詳見武玉環,〈契丹族的「再生儀」芻議〉,《史學集刊》1993:2(長春,1993),頁 73–75。

第五，《元史》載有元文宗至順二年 (1331) 春正月癸卯日之事云：

> 以皇子古納答剌疹疾愈，賜燕鐵木兒及公主察吉兒各金百兩、銀五百
> 兩、鈔二千錠，撒敦等金、銀、鈔各有差；又賜醫巫、乳媼、宦官、衛
> 士六百人金三百五十兩、銀三千四百兩、鈔五千三百四十錠。[104]

這是在皇子「疹疾」病癒之後，皇帝針對有功人士所行的賞賜，其中，醫巫
（醫者和巫者）和乳媼，就像歷代宮廷一樣，應該共同參與了皇室幼兒的照護
工作，因此，才會同在受賞之列。

㈡民間活動

巫醫不僅在政府部門和皇宮有同職共事的機會，在民間也一樣。例如，宋
代洪邁《夷堅志》便載有一則巫醫聯手抗瘟的故事。據說，南宋孝宗乾道元年
(1165)，瘟神或疫鬼至人間（浙江）施瘟行疫，先到浙東，卻遭江東各地守護神
的拒絕，便轉而獨禍浙西，而最後則是在醫、巫聯手合作之下才讓瘟疫止息。[105]

除了大規模的瘟疫之外，個人的疾病有時也會請巫、醫共同會診。例如，
金朝名醫張從正（張子和；約 1156–1228）便有這樣的經驗，他說：

> 息城司候，聞父死于賊，乃大悲哭之，罷，便覺心痛，日增不已，月餘
> 成塊狀，若覆杯，大痛不住。藥皆無功，議用燔針炷艾，病人惡之，乃
> 求于戴人。戴人至，適巫者在其傍，乃學巫者，雜以狂言，以謔病者，
> 至是大笑不忍，回面向壁。一、二日，心下結塊皆散。[106]

---

104. 《元史》，卷 35，〈文宗本紀〉，頁 774–775。

105. 洪邁，《夷堅志·夷堅乙志》〔十萬卷樓本〕（北京：中華書局，1985），卷 17，〈宣州孟
　　郎中〉，頁 128–129。

106. 張從正，《儒門事親》〔收入氏著，鄧鐵濤等編校，《子和醫集》〕（北京：人民衛生出版
　　社，1994），卷 7，〈十形三療二·內傷形·因憂結塊〉，頁 206。

由此可知，在張從正之前，文中的病人早已找過不少醫者，因用藥無效，又不願意忍受針灸醫療的苦楚，便另找名醫，而當張從正前往診治之時，已有「巫者在其傍」，那名巫者應該是被病家請去治病的另一個醫療者。

五、病人巫醫兼致

　　巫醫同為治病之人，常有同職共事的機會，不過，其「共事」的形式有時候並不是同時出現，而是一前一後，或是交替進行。魏晉時期編撰的《列子》中有一則「故事」相當能說明這種情形，其文云：

> 宋陽里華子中年病忘，朝取而夕忘，夕與而朝忘；在塗則忘行，在室則忘坐；今不識先，後不識今。闔室毒之。謁史而卜之，弗占。謁巫而禱之，弗禁。謁醫而攻之，弗已。魯有儒生自媒能治之，華子之妻子以居產之半請其方。儒生曰：「此固非卦兆之所占，非祈請之所禱，非藥石之所攻。吾試化其心，變其慮，庶幾其瘳乎！」於是試露之，而求衣；飢之，而求食；幽之，而求明。儒生欣然告其子曰：「疾可已也。然吾之方密，傳世不以告人。試屏左右，獨與居室七日。」從之。莫知其所施為是也，而積年之疾一朝都除。[107]

這雖然是「寓言」，但是罹病之後，尋卜占病，請巫祈禱，謁醫求藥，可以說是傳統中國社會常見的一種就醫模式。[108]

---

107. 《列子》〔楊伯峻，《列子集釋》〕（北京：中華書局，1979），卷3，〈周穆王篇〉，頁108–110。

108. 關於占卜與醫療的關係，詳見林富士，〈略論占卜與醫療之關係——以中國漢隋之間卜者的醫療活動為主的初步探討〉，收入田浩 (Hoyt Tillman) 編，《文化與歷史的追索：余英時教授八秩壽慶論文集》（臺北：聯經出版事業公司，2009），頁 583–620。

其次，南宋宋慈 (1186–1249)《洗冤錄》提到「驗屍」程序時曾說：

> 凡官守戒訪外事，惟檢驗一事，若有大段疑難，須更廣布耳目以合之，
> 庶幾無誤。如鬥毆限內身死，痕損不明，若有病色曾使醫人、師巫救治
> 之類，即多因病患死。若不訪問，則不知也。[109]

根據他的看法，若死者有病色，且曾找過醫人和師巫診治，便大多可以推斷是
「因病患死」。這雖是「法醫」之說，但也透露當時病人會尋求巫、醫救治的
社會習俗。以下便舉歷代的一些「醫案」（病例）略加說明。

(一)先巫而後醫

病人雖然常會既求巫又求醫，但有時也會因病情或其他因素，先請其中之
一診療。例如，《左傳》載有魯成公十年 (581 BC) 晉侯病死之故事云：

> 晉侯夢大厲，被髮及地，搏膺而踊曰：「殺余孫不義，余得請於帝矣。」
> 壞大門及寢門而入。公懼，入于室，又壞戶。公覺，召桑田巫。巫言如
> 夢。公曰：「何如？」曰：「不食新矣！」公疾病，求醫于秦。秦伯使醫
> 緩為之。未至，公夢疾為二豎子曰：「彼良醫也，懼傷我，焉逃之？」
> 其一曰：「居肓之上，膏之下，若我何？」醫至，曰：「疾不可為也，在
> 肓之上，膏之下。攻之不可，達之不及，藥不至焉，不可為也。」公
> 曰：「良醫也。」厚為之禮而歸之。六月，丙午，晉侯欲麥，使甸人獻
> 麥，饋人為之，召桑田巫，示而殺之。將食，張，如廁，陷而卒。[110]

這是一則相當有名的故事，研究古代「夢」、「厲鬼」、「巫覡」及醫學者都必須
分析這條材料。在此值得一提的是，晉侯在「夢大厲」之後，其實已知道是災

109. 宋慈，《洗冤錄》〔楊奉琨校譯，《洗冤集錄校譯》〕（北京：群眾出版社，1980），卷1，
〈檢覆總說〉，頁16。

110. 左丘明，《左傳》〔十三經注疏本〕，卷26，〈成公十年〉，頁449–450。

禍的前兆，而且，這種「惡夢」通常被視為是疾病或疾病的徵兆，[111] 因此，召來巫者「解夢」，其實也是在問病因及「預後」。但因巫者認為其病情惡劣，無法醫治，且斷言其死期，因此病發之後，便轉向秦人求醫，而醫緩雖是用針石、藥物的高手，卻也束手無策，晉侯終告死亡。

其次，北宋錢乙 (1032–1113)《小兒藥證直訣》載有小兒病「誤用巫」之病例云：

> 王駙馬子，五歲，病目直視而不食，或言有神祟所使，請巫師祝神燒紙錢，不愈，召錢至，曰：「臟腑之疾，何用求神？」錢與瀉肝丸愈。[112]

一般來說，只要是懷疑由鬼神作祟所引起的病，大多會先尋求巫者的治療，無效才會轉而求醫。

第三，金朝名醫李杲 (1180–1251) 也記載了他師父醫治過的一個案例說：

> 劉經歷之內，年三十餘，病齒痛不可忍，須騎馬外行，口吸涼風則痛止，至家則其痛復作。家人以為祟神，禱於巫師而不能愈，遂求治於先師。師聞其故，曰：「此病乃濕熱為邪也……。」……又以調胃承氣去硝，加黃連，以治其本。服之下三兩行，其痛良愈，遂不復作。[113]

這也是先求巫，無效才轉而求醫而被治癒的例子。

第四，元朝羅天益 (1220–1290) 在《衛生寶鑑》中記載了一個他自己治好的病例云：

---

111. 詳見林富士，〈試釋睡虎地秦簡《日書》中的夢〉，《食貨月刊》復刊 17：3&4（臺北，1988），頁 30–37；Fu-shih Lin, "Religious Taoism and Dreams: An Analysis of the Dream-data Collected in the *Yün-chi ch'i-ch'ien*," *Cahier d'Extrême-Asie*, 8 (1995) pp. 95–112.
112. 引自《醫方類聚》，卷 239，〈小兒門・總論・小兒藥證直訣・脈證治法〉，頁 8。
113. 李杲，《東垣試效方》〔收入氏著，《東垣醫集》〕（北京：人民衛生出版社，1993），卷 6，〈牙齒門〉，頁 492。

　　甲寅歲四月初，予隨斡耳朵行至界河裏住，丑廝兀閭病五七日，發狂
　　亂，棄衣而走，呼叫不避親疏，手執潼乳，與人飲之，時人皆言風魔
　　了，巫師禱之不愈而反劇。上聞，命予治之，脈得六至，數日不得大
　　便，渴飲潼乳。予……急以大承氣湯一兩半，加黃連二錢，水煎服之。
　　是夜下利數行，燥屎二十餘塊，得汗而解。翌日再往視之，身涼脈靜，
　　眾人皆喜曰：「羅謙甫醫可風么（魔）的也。」由此見用。[114]

文中的病人（丑廝兀閭）因為發狂被視為是「風魔」之病，因此，先請巫師祭
禱，無效之後，皇帝才命醫者羅天益（羅謙甫）診治。

　　第五，清代魏之琇 (1722–1772)《續名醫類案》記載了醫者劉宏璧的一個
醫案云：

　　劉宏璧治一富室女，正梳洗間，忽見二婦相拘，方奔逸，復擠至，遂大
　　叫。叫後乃大哭，哭已，即發狂，寒熱相繼，目眩不眠，以為鬼祟。召
　　巫符咒而益困，因診之，肺脈直上魚際，肝亦雙弦，知所見者，本身之
　　魂魄也。蓋肺藏魂，肝藏魄，因用小柴胡湯，去甘草之戀，加羚羊角、
　　龍骨、牡蠣，清肺肝、鎮驚怯，一服而安。[115]

病家認為病是「鬼祟」，因此先請巫者以「符咒」之術治療，無效才轉而求醫。

(二)先醫而後巫

　　有時候，病人則會先求醫者治療，倘若無效，再轉而求巫。例如，宋代洪
邁《夷堅志》載有一則「生人休死妻」的故事云：

　　岳州平江令吉搗之，唐州湖陽人。初娶王氏，樞密倫女第也。既亡，復

114. 引自《醫方類聚》，卷130，〈三焦門・衛生寶鑑・瀉熱・發狂辨〉，頁579。又見江瓘，
　　《名醫類案》（北京：人民衛生出版社，1957），卷8，〈顛狂心疾〉，頁244。
115. 魏之琇，《續名醫類案》（北京：人民衛生出版社，1957），卷21，〈顛狂〉，頁525。

娶同郡張氏，居于長沙。張氏生女數日，得危疾，醫不能治，其母深憂
之，邀巫嫗測視。云：「王氏立於前，作祟甚劇。」命設位禱解，許以
醮懺，不肯去。巫語撝之曰：「必得長官效人間夫婦決絕寫離書與之，
乃可脫。」撝之不忍從，張日加困篤，不得已，灑淚握筆，書以授巫，
即雜紙錢焚付之。巫曰：「婦人執書展讀竟，慟哭而出矣。」張果愈。
生人休死妻，古未聞也，張與予室為同堂姊妹，今尚存。[116]

這是已死之前妻「忌妒」續絃者而引起的禍祟，先是求醫，「醫不能治」才轉
而請巫嫗治療。

其次，明代陸容 (1436–1494) 也說：

崑山周知縣景星家一婦病腹中塊痛，有產科專門者診之為氣積，投以流
氣破積之劑，……不效。聞有巫降神頗靈，往問之，云：「此胎氣也，
勿用藥。」信之，後果生一男。南京戶部主事韓文亮妻病，腹中作痛，
按之，若有物在臍左右者。適淛中一名醫至京，請診視之，云是癥瘕。
服三稜蓬朮之劑，旬餘覺愈長，亦以其不效乃止。後數月生二男。[117]

他主要是舉兩個孕婦被庸醫誤診、誤醫的例子，勸人不要輕信醫藥。而值得注
意的是，周景星家的婦人之所以停止服藥，除了服後無效之外，主要還是聽信
巫者之言。

(三)迎巫呼醫

另一種情形則是既迎巫又呼醫，尤其是病人具有特殊的身分或地位，或是
病情危急、奇異之時。以個人疾病來說，便有以下事例。

第一，《史記》載有西漢武帝罹患重病時的情形說：

---

116. 《夷堅志・夷堅丁志》，卷 12，〈吉撝之妻〉，頁 92。

117. 陸容，《菽園雜記》（北京：中華書局，1985），卷 4，頁 37–38。

文成死明年，天子病鼎湖甚，巫醫無所不致，不愈。[118]

事實上，「巫醫無所不致」或「巫醫並進」、「巫醫並用」，可以說是中國權貴、富厚之家生病時常見的醫療行為，皇帝更是如此。

第二，東漢末年，孫堅屯兵南陽之時，曾「詐得急疾」，並「迎呼巫醫，禱祀山川」。[119] 這是詐病，但其動作應該相當符合當時人的就醫習慣，才不會引人懷疑。

第三，《周書》載有北周武帝建德三年 (574) 文宣太后之事云：

> 建德三年，文宣太后寢疾，醫巫雜說，各有異同。高祖御內殿，引僧垣同坐，曰：「太后患勢不輕，諸醫並云無慮，……公為何如？」對曰：「臣無聽聲視色之妙，特以經事已多，准之常人，竊以憂懼。」……尋而太后崩。[120]

太后非「常人」，重病之時，皇室自然多方救治，醫巫並用。

第四，《博異志》載有唐文宗開成五年 (840) 一則「復生」的故事云：

> 鄭潔，本榮陽人。寓於壽春郡，……婚李氏……。開成五年，四月中旬，日向暮，李氏忽得心痛疾。乃如狂言，拜於空云，且更乞，須臾間而卒，唯心尚暖耳。一家號慟，呼醫命巫，竟無效者，唯備死而已。至五更，雞鳴一聲，忽然迴轉，眾皆驚捧。良久，口鼻間覺有噓吸消息，至明，方語云：……。[121]

---

118. 詳見《史記》，卷 12，〈孝武本紀〉，頁 459；《史記》，卷 28，〈封禪書〉，頁 1388。另參《漢書》，卷 25，〈郊祀志〉，頁 1220。

119. 詳見陳壽，《三國志》（北京：中華書局，1959），卷 46，〈孫堅傳〉，頁 1098，裴松之注引《吳歷》。

120. 令狐德棻等，《周書》（北京：中華書局，1971），卷 47，〈藝術列傳〉，頁 842。又見《北史》，卷 90，〈藝術列傳〉，頁 2978。

這是鄭潔自己記錄之事，[122] 雖然有玄妙難信的情節，但李氏「昏死」之後，其家人「呼醫命巫」的搶救行動，應該不假。

第五，北宋徐鉉 (917–992)《稽神錄》記載了江南內臣朱延禹所說的幾則神奇故事。其中一則提到，有一名十一歲的孩童在旅途中失蹤，被家人尋獲後，自陳曾被人召入茂林之中，並教以「吹指長嘯」以召集山禽之法。從此之後，便「時時吹嘯」，而「眾禽必至」。家人於是「博訪醫巫治之，久乃愈」。[123] 故事中這名孩童在失蹤期間大概有些神秘的經驗，從而獲得奇異的能力，但可能因舉止異常而被視為有病，因此，其家人才會尋求各種醫者和巫者加以治療。

第六，北宋名醫龐安時（大約 1042–1099）曾治療過一名「發狂」的富家子，其過程為：

> 龐安時治一富家子，竊出遊倡，鄰有鬭者，排動屋壁，富人子大驚懼，疾走。惶惑，突入市。市方陳刑尸，富人子走仆尸上，因大恐，到家發狂，性理遂錯。醫巫百方，不能已。龐為劑藥，求得絞囚繩，燒為灰，以調藥一劑而愈。[124]

案例中的富家子主要是驚嚇過度才「發狂」，以致「性理」錯亂，用盡「醫巫百方」都無效，最後才靠龐安時以「絞囚繩」入藥見效。

第七，《夷堅志》載有南宋高宗建炎年間 (1127–1130) 發生於韶州的一則故事云：

> 吳玕正仲，娶劉仲馮樞密女，生一子曰祖壽。建炎中，隨父責居韶州。夢有人著唐衣冠，如舊相識，來謁曰：「吾相尋二百年，天涯地角，游

---

121. 引自李昉等編，《太平廣記》（北京：中華書局，1961），卷 380，〈再生〉，頁 3028。

122. 引自《太平廣記》，卷 380，〈再生〉，頁 3029。

123. 引自《太平廣記》，卷 314，〈神〉，頁 2484。

124. 《名醫類案》，卷 8，〈顛狂心疾〉，頁 245。

訪殆遍，不謂得見於此。」祖壽曰：「君為何人？有何事見尋？如是其
切。」其人曰：「君當唐末為縣令，吾一家十口，皆以非罪死君手，歲
月久矣，君忘之邪？」因邀往一處，稍從容，祖壽問曰：「君處地下久，
當能測人未來事。吾欲知前程，壽夭通塞，盍為我言之？」曰：「君命
只止此，官爵年壽，榮富福祿，皆如是而已，無一可言者。」祖壽愀然
不樂。夢中鞅鞅成氣疾，瘤生於肩。驚而寤，覺枕畔如有物，捫之，真
有小瘤在肩上。明日而浸長，俄成大癭，高與頭等，痛楚徹骨不可臥。
劉夫人迎醫召巫，延道士作章醮，萬方救療之，竟不起。[125]

吳祖壽的遭遇和前引晉侯夢大厲的情形非常類似，只是吳家除了「迎醫召巫」
之外，因時代之異，還能「延道士作章醮」，總之，「萬方救療」仍挽不回因厲
鬼（被冤殺者）索命而致之病。

第八，《夷堅志》載有練師中之女被桐樹精所魅惑之事云：

練師中為臨安新城丞，丞廨有樓，樓外古桐一株，其大合抱，蔽陰甚
廣。師中女及笄，嘗登樓外顧，忽若與人語笑者，自是日事塗澤，而處
樓上，雖風雨寒暑不輟。師中頗怪之。呼巫訪藥治之，不少衰。家人但
見其對桐笑語，疑其為祟，命伐之。女驚嗟號慟，連呼桐郎數聲，怪乃
絕。女後亦無恙。詢其前事，蓋恍然無所覺也。[126]

這是相當典型的精怪作祟的故事，[127] 而在故事中，練師中對其女「魅病」的反
應則是既「呼巫」又「訪藥」，可以說兼用巫醫之術。

第九，宋代陳自明《婦人大全良方》載有一名孕婦因妊娠而「悲傷」的

---

125. 《夷堅志‧夷堅乙志》，卷 19，〈吳祖壽〉，頁 148–149。

126. 《夷堅志‧夷堅丙志》，卷 7，〈新城桐郎〉，頁 51。

127. 詳見林富士，〈人間之魅——漢唐之間「精魅」故事析論〉，《中央研究院歷史語言研究
所集刊》78：1（臺北，2007），頁 107–182。

「醫案」，故事的主角是程虎卿之妻，她的病狀像是被鬼物「憑附」，因此，程
虎卿自己雖然也懂醫藥，也只好「醫與巫者兼治」，無效之後，才因陳自明的
建議，改用大棗湯治癒。[128]

　　第十，金代名醫張從正記載了他自己治療婦人夢「鬼交」而無孕的案例云：

> 一婦，年三十四歲，夜夢與鬼神交，驚怕異常，及見神堂陰府，舟楫、
> 橋梁，如此一十五年，竟無娠孕，巫祈覡禱，無所不至，鑽肌灸肉，孔
> 穴萬千，黃瘦發熱引飲，中滿足腫，委命於天。一日，苦請戴人，⋯⋯
> 凡三涌、三泄、三汗，不旬日而無夢，一月而有孕，戴人曰：「余治婦
> 人使有娠，此法不誣。」[129]

「鬼交」病通常被認為是由鬼神作祟所致，[130] 因此這名婦人才會「巫祈覡禱，
無所不至」，而且，又因屢請醫者診治，才會「孔穴萬千」，渾身都有針灸的痕
跡。最後，苦請張從正（號戴人）治療才得以安康，並順利懷孕。

　　第十一，元朝羅天益《衛生寶鑑》在說明「八毒赤丸」之功效時舉了一個
病例說：

> 八毒赤丸：治鬼痓病。⋯⋯海青陳慶玉第三子，因晝（畫）臥於水仙廟
> 中，夢得一餅食之，心懷憂思，心腹痞滿，飯食減少，約一載有餘，漸
> 漸瘦弱，腹脹如蠱，屢易醫藥及師巫禱之，皆不效，又不得安臥，召予
> 治之。⋯⋯予思李子豫八毒赤丸頗有相當，遂合與五七丸服之，下清黃
> 涎斗餘，漸漸氣調，而以別藥理之，數月良愈，不二年，身體壯實

---

128. 引自《醫方類聚》，卷225，〈婦人門・妊娠・婦人大全良方・妊娠臟燥悲傷方・大棗
　　湯〉，頁474。又見魏之琇，《續名醫類案》，卷24，〈胎前・悲傷〉，頁617。

129. 張從正，《儒門事親》，卷6，〈十形三療一・濕形・瀉兒〉，頁194–195。

130. 詳見陳秀芬，〈在夢寐之間——中國古典醫學對於「夢與鬼交」與女性情欲的構想〉，《中
　　央研究院歷史語言研究所集刊》81：4（臺北，2010），頁701–736。

如故。[131]

文中的病者曾「屢易醫藥及師巫禱之」,都無效,才找名醫羅天益診治得癒。

第十二,馮夢龍 (1574–1646) 在《警世通言》中記載了一則屬鬼索命的故事,主角是張二官的妻子,她因犯下偷情、通姦、謀殺之罪,被鬼神所祟而病倒,被蒙在鼓裡的張二官對於妻子卻頗關心,不僅「請醫調治,倩巫燒獻」,還「藥必親嘗,衣不解帶」。後來還前往卦肆卜卦求治。[132] 這雖是「警世」故事,但在傳統中國社會中,富厚人家碰到疾病,大概都是到處請醫延巫,求神問卜。

第十三,「巫醫並治」的情形也常見於人子奉侍雙親的疾病,例如,《彰化節孝冊》便載有清光緒十八年廖天維的事蹟云:

> 孝子廖天維,南投廳包尾莊人廖士朝子也。家世業農。……明治二十五年(光緒十八年),父罹於病。天維憂心不已,畫耕隴畝,夜侍藥爐,懇問其所望,……及死,擗踊慟哭,鄰人莫不感激其孝心。三十八年(光緒三十一年)八月,南投廳長褒賞厚賑。父歿之年,母林氏(字險)亦患眼,醫藥巫祝,無方不試,遂失明。天維深傷之。爾來移床於母側,以窺安否。……大正四年(民國四年)五月,內田民政長官引接於廳,厚賑賞恤。越十二月二日,特賜欽定綠綬褒章。[133]

這是日本殖民政府所褒揚的一名臺灣孝子,但他侍奉雙親的方式,其實和傳統中國的「孝子」非常類似,一方面「醫藥巫祝,無方不試」,另一方面又親奉

---

131. 引自《醫方類聚》,卷 161,〈中惡門·衛生寶鑑·八毒赤丸〉,頁 640。又見《名醫類案》,卷 8,〈鬼疰〉,頁 242。

132. 馮夢龍,《警世通言》(臺北:三民書局,1983),卷 38,〈蔣淑真刎頸鴛鴦會〉,頁 434。

133. 吳德功,《彰化節孝冊》〔《臺灣文獻叢刊》本〕(臺北:臺灣銀行經濟研究室,1957–1979),附錄,〈臺灣孝節錄〉,頁 81–82。

湯藥。

第十四，清代臺灣的一位士人林朝崧有首詩描述其母由危轉安的經過云：

> 歲在馬羊間，親見陵為谷；全家載以舟，辭鄉遠飄泊。吾母陳夫人，老
> 態太羸弱；避地遷徙頻，舊疾歲數作。我遍求巫醫，汝不離床蓐；雖勞
> 無倦容，歷久心轉肅。至誠感神明，危症輒平復；母得週花甲，汝功殊
> 不薄。[134]

由此可見，即使是臺灣士人，「遍求巫醫」仍是人子對於父母之疾常見的反應。

第十五，清代另一位臺灣詩人陳肇興有一詩描述自己長年苦於痼疾的心
情云：

> 靈苗毒草強支持，藥性多從此日知。幾度驚疑防飲食，一家奔走為巫
> 醫。茂陵秋雨相如賦，禪榻茶煙小杜詩。別有煙霞誇痼疾，餐英茹菊到
> 期頤。[135]

文中雖然只談「藥」，不過，「一家奔走為巫醫」也反映出其家人多方奔走，延
請各地巫者和醫者的情形。

除了上述這些個人的疾病、重症之外，瘟疫流行之時，社會中的成員，或
因感染瘟疫，或出於恐慌，更容易請巫聘醫，無所不致。例如，西漢劉向 (77–
6 BC)《說苑》便說：

> 古者有菑者謂之屬，君一時素服，使有司弔死問疾，憂以巫醫，匍匐以
> 救之，湯粥以方之。……其有重尸多死者，急則有聚眾，童子擊鼓苣
> 火，入官宮里用之，各擊鼓苣火，逐官宮里，家之主人冠立於阼，事畢
> 出乎里門，出乎邑門，至野外；此匍匐救屬之道也。[136]

---

134. 林朝崧，《無悶草堂詩存》〔《臺灣文獻叢刊》本〕，卷4，〈哭內子謝氏端〉，頁148。
135. 陳肇興，《陶村詩稿》〔《臺灣文獻叢刊》本〕，卷3，〈戊午·觀我·病〉，頁45。

此處之「厲」應該是指「疫癘」，也就是流行病，[137] 而古時的救治之道，往往「巫醫」並用。巫所用的主要方法就是文中所提到的「匍匐救厲之道」，也就是漢代人常說的「逐疫」、「大儺」，[138] 至於醫者則是用「湯粥」之方，湯或指湯藥、湯液，[139] 粥則是中國傳統社會救災（飢荒、瘟疫）時施食災民常用之物，當然，「湯粥」也可能指加入藥物或具有療效的粥品。[140]

其次，清代的臺灣士人施士洁〈泉南新樂府〉中有〈避疫〉一詩，描述臺灣久困於瘟疫的情形云：

> 世間奇劫無不有，一疫乃至十年久！郡南山海萬人煙，鬼錄搜羅已八
> 九。海氣嘗騰山氣淫，觸之不覺頭岑岑；耳邊隱約催鬼伯，活血斗然成
> 死核。奉醫束手越巫逃，咄哉滿地腐鼠嚇！一人染疫一家危，百金求巫
> 千金醫。[141]

這是明治二十九年到大正六年期間「鼠疫」侵襲臺灣的寫照，[142] 雖然醫者和巫

---

136. 劉向，《說苑》〔盧元駿註譯，《說苑今註今譯》〕（臺北：商務印書館，1988），卷 19，〈脩文〉，頁 678。

137. 詳見林富士，〈試釋睡虎地秦簡中的「癘」與「定殺」〉，《史原》15（臺北，1986），頁 1–38；林富士，〈東漢晚期的疾疫與宗教〉，《中央研究院歷史語言研究所集刊》66：3（臺北，1995），頁 695–745。

138. 詳見林富士，〈試論漢代的巫術醫療法及其觀念基礎〉，頁 29–53。

139. 參見山田慶兒，〈鍼灸と湯液の起源〉，收入氏編，《新發現中國科學史資料の研究‧論考篇》（京都：京都大學人文科學研究中心，1985）。

140. 參見陳元朋，《粥的歷史》（臺北：三民書局，2001）；邱仲麟，〈明代北京的粥廠煮賑〉，《淡江史學》9（臺北，1998），頁 113–130。

141. 施士洁，《後蘇龕合集‧後蘇龕詩鈔》（臺北：臺灣銀行經濟研究室，1965），卷 6，〈泉南新樂府‧避疫〉，頁 120。

142. 詳見林富士，〈清代臺灣的巫覡與巫俗——以《臺灣文獻叢刊》為主要材料的初步探討〉，收錄於本書頁 163–235。

者都無能為力,但染病者或其家人仍會不惜千金以求醫治。

雖然病人常會「巫醫兼致」,但多數醫者都不喜巫者參與診治工作,不過,有些時候,醫者還是要靠巫者之力,例如,清代魏之琇輯的《續名醫類案》便記載,一名女子因思念亡母而成疾,醫者用藥無效之後,於是藉由當地人對於女巫降神的信仰,私下請求巫者「假託」亡者之言以激怒病人,使其停止對於亡母的思念,以治好其「思母成疾」的毛病。[143]

六、信巫不信醫

中國民眾在生病之時不僅會「巫醫並致」,有時候甚至會只仰賴巫者,這也就是傳統文獻常會提到的「信巫不信醫」的社會現象。

雖然中國社會最晚在春秋、戰國時期就已出現專業有別於巫者或「巫醫」的醫者,中國醫學的核心理論和經典也在戰國到兩漢時期成形,並在往後的歲月裡逐步建立其完整的體系,[144] 而且,醫者也逐漸成為病人求助的主要對象之一,但是,從醫學的萌芽階段開始一直到現在,中國社會始終有「信巫不信醫」的情形。

㈠士大夫與官方的記載

我們知道中國社會「信巫不信醫」的情形,主要是得自士大夫、官方及醫者的批評與描述。

首先,我們發現,西漢司馬遷在敘述扁鵲的醫療事蹟時便曾寫道:

> 使聖人預知微,能使良醫得蚤從事,則疾可已,身可活也。人之所病,

---

143. 《續名醫類案》,卷 10,〈鬱症〉,頁 232。

144. 參見李建民,《死生之域——周秦漢脈學之源流》(臺北:中央研究院歷史語言研究所,2000)。

病疾多；而醫之所病，病道少。故病有六不治：驕恣不論於理，一不治
也；輕身重財，二不治也；衣食不能適，三不治也；陰陽并，藏氣不
定，四不治也；形羸不能服藥，五不治也；信巫不信醫，六不治也。有
此一者，則重難治也。[145]

有人認為這段話是扁鵲或倉公之見（詳下文），但從上下文來看，應該是太史
公的議論，[146] 事實上，時代稍早於司馬遷的陸賈 (240–170 BC) 也說：

昔扁鵲居宋，得罪於宋君，出亡之衛，衛人有病將死者，扁鵲至其家，
欲為治之。病者之父謂扁鵲曰：「言子病甚篤，將為迎良醫治，非子所
能治也。」退而不用，乃使靈巫求福請命，對扁鵲而咒，病者卒死，靈
巫不能治也。夫扁鵲天下之良醫，而不能與靈巫爭用者，知與不知也。
故事求遠而失近，廣藏而狹棄，斯之謂也。[147]

這是利用扁鵲的故事批評病者視靈巫為「良醫」，棄用真正的醫者，以致殞命。
司馬遷或許是承繼陸賈的意見而進一步提出 「病有六不治」 的看法。無論如
何，從兩漢時起，「病有六不治」中最「難治」的「信巫不信醫」，便常被反對
巫者介入醫療事務的士大夫和醫者引述，用以批評病者之無知、迷信，以及巫
者之誤人性命。以下便大致依時代之先後，略舉士大夫與官方文獻之記載，說
明「信巫不信醫」之情形。

---

145. 《史記》，卷 105，〈扁鵲倉公列傳〉，頁 2793–2794。

146. 對於《史記‧扁鵲倉公列傳》的這段話，錢鍾書在其《管錐編》中有不少發揮和討論，
　　　詳見氏著，《管錐編》（北京：中華書局，1979），第 1 冊，頁 344–346。另參孫文鐘，
　　　〈錢鍾書評「信巫不信醫」〉，《醫古文知識》2004：4（上海，2004），頁 11；金仕起，
　　　《中國古代的醫學、醫史與政治——以醫史文本為中心的一個分析》（臺北：政大出版
　　　社，2010），頁 211–289。

147. 陸賈，《新語》（北京：中華書局，1986），卷下，〈資質〉，頁 110。

1. 東漢至南北朝時期

　　中國社會在東漢到魏晉南北朝期間曾遭受瘟疫一波又一波的侵襲，這也提供了各式各樣的醫療者大展身手的機會，巫者也不曾缺席。[148] 不過相較於其他類型的醫療者，巫者及其信從者似乎受到較多的責難，例如東漢王充便說：

> 人之疾病，希有不由風濕與飲食者。當風臥濕，握錢問祟，飽飯饜食，齋精解禍，而病不治謂祟不得，命自絕謂巫不審，俗人之知也。[149]

這是對當時「俗人」信從巫者之疾病觀及治療法的批評。

　　其次，東漢王符也說：

> 夫治世不得真賢，譬猶治疾不得真藥也。治疾當得真人參，反得支羅服。當得麥門冬，反得烝穬麥。己而不識真，合而服之，病以侵劇，不自知為人所欺也。乃反謂方不誠而藥皆無益於療病，因棄後藥而弗敢飲，而便求巫覡者，雖死可也。[150]

這是以「治疾」之法論述「治世」之道。文中，王符以「巫覡」比「俗吏」，認為信用他們都是自取滅亡之道。另外，他還說：

> 詩刺：不績其麻，女也婆娑。今多不修中饋，休其蠶織，而起學巫祝，鼓舞事神，以欺誣細民，熒惑百姓。婦女羸弱，疾病之家，懷憂憒憒，皆易恐懼，至使奔走便時，去離正宅，崎嶇路側，上漏下濕，風寒所

---

148. 詳見林富士，〈東漢晚期的疾疫與宗教〉，頁 695–745；林富士，《疾病終結者——中國早期的道教醫學》（臺北：三民書局，2001），頁 11–32。

149. 王充，《論衡》，卷 24，〈辨祟〉，頁 1010。

150. 王符，《潛夫論》〔汪繼培箋，彭鐸校正，《潛夫論箋校正》〕（北京：中華書局，1985），卷 2，〈思賢〉，頁 79–80。

傷，姦人所利，賊盜所中，益禍益祟，以致重者不可勝數。或棄醫藥，
更往事神，故至於死亡，不自知為巫所欺誤，乃反恨事巫之晚，此熒惑
細民之甚者也。[151]

這是對當時巫者「熒惑細民」，以致病者「棄醫藥」而死亡的批評。

到了魏晉南北朝時期，類似的批評聲音仍然不斷。例如，兩晉之際的葛洪
（約 284–363）便說：

又云，有吳普者，從華陀受五禽之戲，以代導引，猶得百餘歲。此皆藥
術之至淺，尚能如此，況於用其妙者耶？……俗人猶謂不然也，寧煞生
請福，分著問祟，不肯信良醫之攻病，反用巫史之紛若，況乎告之以金
丹可以度世，芝英可以延年哉？[152]

這是對於當時「俗人」「不肯信良醫之攻病」，反用巫者之類的術士以占卜診病
（分著問祟）、以祭祀治疾（煞生請福）的批評。另外，他還說：

俗所謂率皆妖偽，轉相誑惑，久而彌甚，既不能修療病之術，又不能返
其大迷，不務藥石之救，惟專祝祭之謬，祈禱無已，問卜不倦，巫祝小
人，妄說禍祟，疾病危急，唯所不聞，聞輒修為，損費不訾，富室竭其
財儲，貧人假舉倍息，田宅割裂以訖盡，篋櫃倒裝而無餘。或偶有自
差，便謂受神之賜，如其死亡，便謂鬼不見赦，幸而誤活，財產窮罄，
遂復飢寒凍餓而死，或起為劫剽，或穿窬斯濫，喪身於鋒鏑之端，自陷
於醜惡之刑，皆此之由也。或什物盡於祭祀之費耗，穀帛淪於貪濁之師
巫，既沒之日，無復凶器之直，衣衾之周，使尸朽蟲流，良可悼也。愚

151. 王符，《潛夫論》，卷 3，〈浮侈〉，頁 125。按：類似的內容又見《後漢書》，卷 49，〈王
符傳〉，頁 1634。

152. 葛洪，《抱朴子內篇》〔王明，《抱朴子內篇校注》（增訂本）〕（北京：中華書局，1985），
卷 5，〈至理〉，頁 113。

民之蔽，乃至於此哉！淫祀妖邪，禮律所禁。然而凡夫，終不可悟。[153]

這是對於當時百姓、「愚民」信用「淫祀妖邪」之巫祝、師巫，以致疾病之時「不務藥石之救」，「惟專祝祭之謬」，仍至耗盡資財，甚至死亡的批評。

其後，南北朝之時，周朗 (425–460) 也說：

> 凡鬼道惑眾，妖巫破俗，觸木而言怪者不可數，寓采而稱神者非可算。其原本是亂男女，合飲食，因之而以祈祝，從之而以報請，是亂不誅，為害未息。凡一苑始立，一神初興，淫風輒以之而甚，今修隄以北，置圍百里，峻山以右，居靈十房，靡財敗俗，其可稱限。又針藥之術，世寡復修，診脈之伎，人鮮能達，民因是益徵於鬼，遂棄於醫，重令耗惑不反，死夭復半。今太醫宜男女習教，在所應遣吏受業，如此故當愈於媚神之愚，懲艾媵理之敝矣。[154]

這是將當時民眾生病之時「徵於鬼」、「棄於醫」，乃至「耗惑不反，死夭復半」之情形，歸咎於「妖巫破俗」所致。不過，他也指出這和當時「醫藥」欠缺有關。

此外，另一位南北朝時期的士大夫郭祖深 (fl. 500–526) 則說：

> 夫君子小人，智計不同，君子志於道，小人謀於利。志於道者安國濟人，志於利者損物圖己。道人者害國小人也，忠良者捍國君子也。臣見疾者詣道士則勸奏章，僧尼則令齋講，俗師則鬼禍須解，醫診則湯熨散丸，皆先自為也。臣謂為國之本，與療病相類，療病當去巫鬼，尋華、扁，為國當黜佞邪，用管、晏。[155]

---

153. 《抱朴子內篇》，卷9，〈道意〉，頁172。

154. 沈約，《宋書》（北京：中華書局，1974），卷82，〈周朗傳〉，頁2100–2101。

155. 《南史》，卷70，〈循吏列傳〉，頁1720–1721。

這是以「治國」和「治病」之道互譬。文中，郭祖深指出當時人治病主要仰賴
四種人，亦即道士、僧尼、俗師（巫、卜之類的人物）、醫者。其中，他認為
「巫鬼」就像「佞邪」，應該罷黜不用。

2.隋唐五代時期

到了隋唐時期，雖然政府似乎投入更多心力在醫藥知識的研究、整理和醫
學教育上，但是，「信巫不信醫」的情形仍然存在。例如，《新唐書》記載李德
裕 (787–849) 在潤州的行事云：

> 初，潤州承王國清亂，寶易直傾府庫賚軍，貲用空殫，而下益驕。德裕
> 自檢約，以留州財贍兵，雖儉而均，故士無怨。再期，則賦物儲切。南
> 方信祅巫，雖父母癘疾，子棄不敢養。德裕擇長老可語者，諭以孝慈大
> 倫，患難相收不可棄之義，使歸相曉敕，違約者顯寘以法。數年，惡俗
> 大變。又按屬州非經祠者，毀千餘所，撤私邑山房千四百舍，寇無所廋
> 蔽。天子下詔褒揚。[156]

在史書所稱揚的一連串「德政」之中，李德裕變革南方人罹病時「信祅巫」的
「惡俗」所用的手段相當值得注意，因為，他在傳統的「教化」手段之外，事
實上還用「法」治。

此外，唐代詩人元稹 (779–831) 在酬答白居易 (772–846) 的詩中曾說：「病
賽烏稱鬼，巫占瓦代龜」，並自注云：「南人染病，並賽烏鬼。」[157] 這首詩中的
「烏鬼」究竟指何而言，曾引起宋人的激烈爭辯和多方考證。[158] 無論如何，從

---

156. 歐陽修，《新唐書》（北京：中華書局，1975），卷 180，〈李德裕傳〉，頁 5328。

157. 引自吳曾，《能改齋漫錄》（北京：中華書局，1985），卷 6，〈實事・烏鬼〉，頁 135。

158.《能改齋漫錄》，卷 6，〈實事・烏鬼〉，頁 135；沈括，《夢溪筆談》（北京：中華書局，
1959），卷 16，〈藝文〉，頁 530–534。關於宋人對於「烏鬼」問題的爭論，參見雷祥麟、
傅大為，〈夢溪裡的語言與相似性──對《夢溪筆談》「人命運之預知」及「神奇」、「異

元稹的詩來看,當時南方人生病之時應有尋求鬼神、巫者救治之俗。

3.宋遼金元時期

宋遼金元時期可以說是中國醫學發展的另一個高峰。不過,「信巫不信醫」的情形不僅沒有消失,反而有更多的士大夫提及這種「風俗」。就以宋代的來說,從各種筆記、文集、方志、地理志、史籍的記載來看,幾乎各地都有「信巫不信醫」的情形。由於事例甚多,學者亦已有所整理和討論,[159] 本文不擬複述,以下僅舉《宋史》及《文獻通考》中的若干事例,略加說明。[160]

一、《宋史》載李惟清 (fl. 968–976) 擔任涪陵尉時之事云:

> 李惟清字直臣,下邑人。……開寶中 (968–976),以三史解褐涪陵尉。
> 蜀民尚淫祀,病不療治,聽於巫覡,惟清擒大巫笞之,民以為及禍。他
> 日又加箠焉,民知不神。然後教以醫藥,稍變風俗。[161]

蜀民「病不療治,聽於巫覡」,因此,李惟清先是擒治大巫,毀其神威,再「教以醫藥」。但從「稍變風俗」一語來看,效果大概也不是太大。

二、《宋史》載周湛 (fl. 1019)「通判戎州」時之事云:

事」二門之研究〉,《清華學報》新 23:1(新竹,1993),頁 31–60。

159. 詳細的資料參見王章偉,《在國家與社會之間:宋代巫覡信仰研究》,頁 140–148,表六:「宋代信巫不信醫事例表」。相關問題的討論,參見史繼剛,〈宋代的懲「巫」揚「醫」〉,《西南師範大學學報(哲學社會科學版)》1992:3(重慶,1992),頁 65–68;木村明史,〈宋代の民間醫療と巫覡觀——地方官による巫覡取締の一側面〉,《東方學》101(東京,2001),頁 89–104;李小紅,〈宋代「信巫不信醫」問題探析〉,《四川大學學報(哲學社會科學版)》2003:6(成都,2003),頁 106–112;李小紅,〈宋代民間「信巫不信醫」現象探析〉,《學術研究》2003:7(廣州,2003),頁 94–99。

160. 舉《宋史》及《文獻通考》為例,主要因為已收入電子資料庫,而且一般讀者也比較容易翻檢查閱。

161. 《宋史》,卷 267,〈列傳·李惟清〉,頁 9216。

周湛字文淵，鄧州穰人。……通判戎州。俗不知醫，病者以祈禳巫祝為事，湛取古方書刻石教之，禁為巫者，自是人始用醫藥。[162]

在此，戎州之俗是「不知醫」，病者只能「以祈禳巫祝為事」。周湛因此一方面教導居民醫藥知識，另一方面則「禁為巫者」，迫使百姓改用醫藥治病。

三、《宋史》載劉彝 (1029–1086)「知虔州」時之事云：

熙寧 (1068–1077) 初，為制置三司條例官屬，以言新法非便罷。神宗擇水官，以彝悉東南水利，除都水丞。久雨汴漲，議開長城口，彝請但啟楊橋斗門，水即退。為兩浙轉運判官。知虔州，俗尚巫鬼，不事醫藥。彝著《正俗方》以訓，斥淫巫三千七百家，使以醫易業，俗遂變。[163]

虔州之俗「尚巫鬼，不事醫藥」。劉彝一方面著《正俗方》以教導當地人醫藥知識，另一方面「斥淫巫三千七百家」，並令他們改以「醫」為業。據說，「俗遂變」。劉彝撰《正俗方》之事，《文獻通考》也說：

《正俗方》一卷。陳氏曰：「知虔州長樂劉彝執中撰，以虔俗信巫無醫藥，集此方以教人。」[164]

四、《文獻通考》載羅適 (1029–1101) 擔任桐城尉時之事云：

《傷寒抹俗方》一卷。陳氏曰：「甯海羅適正之尉桐城，民俗惑巫不信藥，因以藥施，人多愈，遂以方書召醫參校、刻石，以抹迷俗。紹興中，有王世臣彥輔者序之以傳。」[165]

---

162. 《宋史》，卷 300，〈列傳·周湛〉，頁 9966–9967。

163. 《宋史》，卷 334，〈列傳·劉彝〉，頁 10729。

164. 《文獻通考》，卷 223，〈經籍考·子·醫家〉，頁 1798。

165. 《文獻通考》，卷 222，〈經籍考·子·醫家〉，頁 1795。參見《宋以前醫籍考》，第 2 冊，〈傷寒救俗方〉，頁 454。

羅適似乎不曾用強制性的手段企圖改變當地「惑巫不信藥」的民俗，而是直接
以藥物替人治病，並刻藥方書《傷寒捄俗方》以記錄、傳播其經驗方，希望能
逐漸改變當地人的就醫行為。

五、《宋史》載宋代侯可 (fl. 1053) 任巴州化城縣令時之事云：

> （侯可）知巴州化城縣。巴俗尚鬼而廢醫，唯巫言是用，娶婦必責財，
> 貧人女至老不得嫁。可為約束，立制度，違者有罪，幾變其習。[166]

這是以行政權力針對巴人「尚鬼而廢醫」，「巫言是用」習俗所進行的「變革」。

六、《宋史》載蔣靜 (fl. 1079–1101) 任安仁縣令之事云：

> 蔣靜字叔明，常州宜興人。第進士，調安仁令。俗好巫，疫癘流行，病
> 者寧死不服藥，靜悉論巫罪，聚其所事淫像，得三百軀，毀而投諸江。[167]

由此可見，安仁居民在疫癘流行之時，因「俗好巫」，「病者寧死不服藥」，而
蔣靜便以行政首長的權力論處巫者之罪，並毀其神像。

七、《宋史》載劉清之 (1133?–1189)「通判鄂州」之事云：

> 丁內艱，服除，通判鄂州。……鄂俗計利而尚鬼，家貧子壯則出贅，習
> 為當然，而尤謹奉大洪山之祠，病者不藥而聽於巫，死則不葬而畀諸
> 火，清之皆諭止之。[168]

這是以行政命令禁止鄂州「病者不藥而聽於巫」的民俗。

由上述七個事例可以知道，宋代有不少地方的確都有「信巫不信醫」的情
形，而其緣由，除了是因為長久以來信奉巫鬼的風俗之外，恐怕也和當地欠缺
醫者、藥物及醫學知識有關。因此，士大夫除了以行政權力禁止巫者以宗教儀

---

166. 《宋史》，卷 456，〈列傳・孝義・侯可〉，頁 13406。
167. 《宋史》，卷 356，〈列傳・蔣靜〉，頁 11211。
168. 《宋史》，卷 437，〈列傳・儒林・劉清之〉，頁 12954。

式替人治病，或不准病者聽信巫者之外，往往還必須提供醫藥，甚至傳授醫藥知識，否則，病者只能坐以待斃。宋代以後，士人尚醫、習醫，乃至形成所謂的「儒醫」，和他們所面臨的治理需求，也有所關聯。[169] 這也是儒、巫鬥爭中的新頁，因為，醫藥知識逐漸普及之後（和印刷術、書本刊刻之風有關），士大夫又有了和巫者爭勝的新武器。前引南朝周朗的呼籲，似乎到了宋代才得以實踐，但早在六朝時期，道士和僧人早已搶先一步進入醫療市場，並瓜分了巫者的信眾。

除此之外，還有一些文獻則是提及邊地以及在北方民族統治下的中國及其周邊的情形。以下僅舉數例，約略說明。

一、《宋史》載吐蕃之俗云：

> 廝囉地既分，董氈最彊，獨有河北之地，其國大抵吐蕃遺俗也。懷恩惠，重財貨，無正朔。……尊釋氏。不知醫藥，疾病召巫覡視之，焚柴擊鼓，謂之「逐鬼」。信呪詛，或以決事，訟有疑，使詛之。[170]

這是對於董氈 (1032–1083) 統治下的「吐蕃遺俗」的描述，當地「不知醫藥」，疾病則「召巫覡視之」、「逐鬼」。

二、《遼史》載西夏之俗云：

> 病者不用醫藥，召巫者送鬼，西夏語以巫為「廝」也；或遷他室，謂之「閃病」。[171]

這是遼代時期 (907–1125) 西夏 (1038–1227)「召巫者送鬼」以治病的習俗。

三、宋代范鎮 (1007–1088)《東齋記事》云：

---

169. 陳元朋，《兩宋的「尚醫士人」與「儒醫」——兼論其在金元的流變》。

170. 《宋史》，卷492，〈列傳・外國・吐蕃・董氈〉，頁 14163。類似的文字亦見於《文獻通考》，卷335，〈四裔考・西・吐蕃〉，頁 2630。

171. 《遼史》，卷115，〈二國外記・西夏〉，頁 1523–1524。

> 廣安軍俗信巫，疾病不加醫藥。康定〔宋仁宗 (1040–1041)〕中，大疫，壽安縣太君王氏家婢疫染相枕藉，他婢畏不敢近，且欲召巫以治之。王氏不許，親為煮藥致食饍。[172]

這是北宋邊地廣安軍（今四川廣安）「信巫」、「不加醫藥」的情形。

四、宋代趙汝适 (1170–1228)《諸蕃志》云：

> 萬安軍，在黎母山之東南。……民與黎、蜑雜居。其俗質野而畏法，不喜為盜。……病不服藥，信尚巫鬼；殺牲而祭，以祈福佑。黃侯申首創藥局，人稍知服藥之利。[173]

這是北宋西南邊地萬安軍（今海南萬甯）的情形：「病不服藥，信尚巫鬼。」不過，已有人創立了藥局，當地也開始接觸主流的醫藥。

五、元代揭傒斯 (1274–1344)〈贈醫者湯伯高序〉云：

> 楚俗信巫不信醫，自三代以來為然，今為甚。凡疾不計久近淺深，藥一入口不效，即屏去。至于巫，反覆十數不效，不悔，且引咎痛自責，殫其財，竭其力，卒不效，且死，乃交責之曰，是醫之誤，而用巫之晚也，終不一語加咎巫。故功恆歸于巫，而敗恆歸于醫。效不效，巫恆受上賞而醫輒後焉。故醫之稍欲急于利，信于人，又必假邪魅之候以為容，雖上智鮮不惑。甚而沅湘之間用人以祭非鬼，求利益，被重刑厚罰而不怨悔，而巫之禍盤錯深固不解矣。醫之道既久不勝於巫，雖有良醫且不得施其用，以成其名，而學者日以怠，故或曠數郡求一良醫不可致。[174]

---

172. 范鎮，《東齋記事》（北京：中華書局，1980），卷4，頁36。

173. 趙汝适，《諸蕃志》〔《臺灣文獻叢刊》本〕，卷下，〈志物・（附）海南〉，頁60。

174. 揭傒斯，《揭傒斯全集・文集》（上海：上海古籍出版社，1985），卷3，〈贈醫者湯伯高序〉，頁294–295。

這是揭傒斯對於「楚俗」的觀察。根據他的看法，當地「信巫不信醫」的情形並不是因為欠缺醫藥而來，而是「信仰」或習俗所致。事實上，當時陳秀民 (fl. 1264–1294) 也說：「貴人有病不飲藥，女巫降龍，神歌噩噩」，貴人不服藥，應該不是無力負擔醫藥費用或欠缺醫藥資源所致。[175]

六、元代李孝光 (1285–1350)〈送陳杏林赴潮州醫學教授〉一詩云：

> 三千驛路上灘船，九品醫官半百年。藥市得錢添月俸，杏林收穀當公田。北書漸覺江鴻遠，南食初嘗海鱷鮮。不用越巫驅瘴癘，家家傳取衛生篇。[176]

這是詩人對於一位「醫學教授」的歌詠，但從詩中也可以知道，當時人仍視潮州為醫學的蠻荒之區，仍有「越巫」的身影，有賴醫者的啟蒙。

4. 明清時期

明清時期，醫藥知識更為普及，醫者的社群也應該更具規模。不過，「信巫不信醫」的情形依舊存在。例如，《明史》便載明睿宗朱祐杬 (1476–1519) 之事云：

> 王嗜詩書，絕珍玩，不畜女樂，非公宴不設牲醴。楚俗尚巫覡而輕醫藥，乃選布良方，設藥餌以濟病者。[177]

這是朱祐杬受封為興王之時，在其藩土湖廣安陸州（今湖北鍾祥）所見的「楚俗」，可見當地「尚巫覡而輕醫藥」的情形，到了明代中晚期仍然沒有太大的

---

175. 陳秀民，〈鵲喳喳〉，收入顧嗣立編，《元詩選》（北京：中華書局，1987），三集·庚集，〈陳學士秀民《寄情稿》〉，頁 422。

176. 李孝光，〈送陳杏林赴潮州醫學教授〉，收入《元詩選》，二集·戊集，〈李祕書孝光《五峰集》〉，頁 632。

177. 張廷玉等，《明史》（北京：中華書局，1974），卷 115，〈睿宗興獻皇帝傳〉，頁 3551。

改變，統治者也只能師法前人：刊布「良方」、「設藥餌」。

其次，王臨亨 (1548–1601)《粵劍編》也說：

> 志稱粵俗尚鬼神，好淫祀，病不服藥，惟巫是信。因詢所奉何神，謂人
> 有疾病，惟禱於大士及祀城隍以祈福；行旅乞安，則禱於漢壽亭侯。如
> 此安得為淫？以上二事，賢於吾鄉遠甚。[178]

這是粵地的情形，雖然作者有為粵民辯駁之意，但是，「病不服藥，惟巫是信」
恐怕仍是當地之舊俗。

至於清代的情形，可以從《清實錄》和《清會典事例》等書所載的一些具
體事例、政令和法律規範中，知道大致的情形。以下便以數則事例略加說明。

一、《清實錄》載高宗純皇帝乾隆元年 (1736) 五月之事，提到高宗於庚戌
日「訓江南浙江風俗崇節儉」，在諭令中說：

> 朕聞晉豫民俗。多從儉樸。而戶有蓋藏。惟江蘇兩浙之地。俗尚侈
> 靡。……又聞吳下風俗。篤信師巫。病不求醫。惟勤禱賽。中產以下。
> 每致破家。病者未必獲痊。生者已致坐困。愚民習而不悔。尤屬可憫。
> 地方官亦當曲加訓誨。告以淫祀無福。嚴禁師巫。勿令蠱惑。[179]

這是乾隆皇帝即位之初針對江南浙江風俗所做的訓飭，文中觸及「病不求醫，
惟勤禱賽」的「吳下風俗」，因而要求地方官必須「嚴禁師巫」。

二、《清實錄》載高宗純皇帝乾隆四年 (1739) 十二月之事，提到河南巡撫
雅爾圖的奏書指出：湖廣、山東、河南各省「常有邪教之事，豫民尤愚而易
誘。每有遊棍僧道，假挾治病符咒諸邪術，以行醫為名，或指燒香禮斗，拜懺

---

178. 王臨亨，《粵劍編》（北京：中華書局，1987），卷2，〈志士風〉，頁77。

179. 《清實錄‧高宗純皇帝實錄》，卷19，乾隆元年五月庚戌條，頁469–470。又見清高宗
     敕撰，《清朝文獻通考》（臺北：臺灣商務印書館，1987），卷39，〈國用考一‧節用‧乾
     隆元年〉，頁5220；《清會典事例》，卷399，〈禮部‧風教‧訓飭風俗〉，頁450–451。

念經，求福免災為詞，哄動鄉民，歸依其教」。而大河以南的地區，「山谷深邃，奸徒便於藏匿，山居百姓，本有防身刀械，少壯又習悍俗」，因此，「邪教之人，專意煽惑此等人入夥」。雅爾圖因而建議朝廷必須「豫先防察曉諭、設法潛消」。針對此事，乾隆批示可以援用「禁止師巫邪術」的律令禁斷「邪教」、「遊棍僧道」，[180] 防止他們以行醫為名，利用「治病符咒」傳布信仰、招集群眾。

三、《清實錄》載高宗純皇帝乾隆三十二年三月之事，提到朝廷針對閩省「信巫尚鬼，迎賽闖神」及藉「時症傳染」之際「設壇建醮」以祀「五帝」（瘟疫之神）所下的禁令（收土木之偶，投畀水火，倡言奸棍，嚴拏治罪）。[181]

四、《清實錄》載宣宗成皇帝道光四年七月之事，提到禁止「五通」神及女巫之事云：

> 又諭、御史李逢辰奏、請嚴禁淫祠邪說一摺。國家祀典，自有常經，邪說誣民，本干例禁。如該御史所奏、蘇州府城西十里楞伽山，土人立五通祠，前於康熙年間，毀祠踣像，日久禁弛，賽饗如故。及女巫假託神語，按簿還願，陋習相沿，不獨蘇州一府為然，不可不嚴行飭禁。著孫玉庭、韓文綺，即飭所屬州縣，將境內五通等淫祠，概行撤毀，毋任愚民賽饗結會。其女巫等，並著地方官出示曉諭，責令該家長等，嚴加管束。其一切創立邪說、哄誘愚民、燒香斂錢等事，隨時訪拏，嚴加懲治，以維風俗而正人心。[182]

文中提到康熙年間便曾禁斷此祠，或即康熙二十三年 (1684) 湯斌 (1627–1687) 在江寧巡撫任內所做的處置，《清史稿》載云：

---

180. 《清實錄・高宗純皇帝實錄》，卷 107，乾隆四年十二月下壬辰條，頁 604。
181. 《清實錄・高宗純皇帝實錄》，卷 781，乾隆三十二年三月下癸巳條，頁 607。
182. 《清實錄・宣宗成皇帝實錄》，卷 70，道光四年七月丁卯條，頁 111。又見《清會典事例》，卷 400，〈禮部・風教・訓飭風俗〉，頁 467。

斌令諸州縣……禁婦女游觀，胥吏倡優毋得衣裝帛，燬淫詞小說，革火
葬。蘇州城西上方山有五通神祠，幾數百年遠近奔走如鶩；……少婦
病，巫輒言五通將娶為婦，往往瘵死。斌收其偶像，木者焚之、土者沉
之；並飭諸州縣有類此者悉毀之，撤其材修學宮。[183]

這是湯斌禁「五通」神祠之事。文中透露當地巫者將「少婦病」視為「五通將
娶為婦」的徵兆，不加醫治，往往任其「瘵死」。[184]

　　五、全祖望所撰的〈大理悔廬陳公神道碑銘〉曾說陳汝咸之事云：

出知漳浦縣。漳浦……俗尚巫，民有病，胥諸妖師狂祈謬祝，費不貲。
藥食皆卜之，食其吉者；食而死，則曰：「神所不佑也！」公開陳曉諭，
巫風以息。[185]

陳汝咸出知閩省漳浦縣是在清康熙丙子歲，前後達十三年之久。任期之內，主
要工作都在「改良」當地「風俗」，禁毀各種宗教（包括天主教、佛教、無為
教等），獎掖儒學。[186] 而在各種風俗之中，求巫治病的「巫風」便是他要禁絕

---

183. 《清史稿》，卷 265，〈列傳‧湯斌〉，頁 9932。

184. 關於「五通」信仰，詳見蔣竹山，〈湯斌盡毀五通神──清初政治菁英打擊通俗文化的
個案〉，《新史學》6：2（臺北，1995），頁 67–112；Qitao Guo, *Exorcism and Money: The
Symbolic World of the Five-Fury Spirits in Late Imperial China* (Berkeley: Institute of East
Asian Studies, University of California, Berkeley, Center for Chinese Studies, 2003); Richard
von Glahn, *The Sinister Way: The Divine and the Demonic in Chinese Religious Culture*
(Berkeley, CA; London: University of California Press, 2004); John Lagerwey, "Wuchang
Exorcisms: An Ethno-historical Interpretation," 收入劉淑芬、康豹編，《信仰、實踐與文化
調適：第四屆漢學會議論文集‧宗教篇》（臺北：中央研究院，2013），頁 475–530；林
富士，〈「舊俗」與「新風」──試論宋代巫覡信仰的特色〉，《新史學》24：4（臺北，
2013），頁 1–54，亦收錄於本書頁 119–161。

185. 全祖望，〈大理悔廬陳公神道碑銘〉，收入臺灣銀行經濟研究室編，《碑傳選集（三）》（臺
北：臺灣銀行經濟研究室，1966），頁 400–401。

的要項之一。總之，漳浦縣的病者並非完全只信巫而不求醫，但是，即使求醫，要不要服藥及服何種藥，還是信賴神明指示。

六、費元衡〈誥授光祿大夫禮部尚書加二級贈太子太保諡清恪敬庵張先生行狀〉云：

> 福州有五帝者，瘟神也，廟祀遍鄉城；師巫假以誑誘，愚民惶惶崇奉，禱祀晝夜不絕。先生命毀其祠；僉謂「前任遲太守以獲罪於神，卒於官；不可毀！」先生曰：「此偶值耳！」竟悉毀之；或改為義塾，祀朱子。[187]

這段文字所敘述的主角是曾任福建巡撫的禮部尚書張伯行 (1651–1725)，由他的行狀可以知道，在清初的福州，號稱「五帝」的瘟神信仰曾經相當興盛。

除此之外，和臺灣有關的各種方志也幾乎一致的指出，清代臺灣「巫風」甚盛，民眾有「信巫不信醫」的習俗。[188]

由上述事例可以知道，清廷及若干官吏對於「信巫不信醫」的行為和習俗，基本上抱持反對的態度，而且往往採取嚴厲的禁斷措施。

(二)醫者與醫書的描述

此外，從醫者的論述及醫書的記載，也可以看到不同時期的中國社會仍有不少地區有「信巫不信醫」的情形。由於這方面的資料多而且分散，以下只能大致依時代先後，舉例說明。

---

186. 詳見蔡世遠，〈大理寺少卿陳公汝咸墓誌銘〉，收入臺灣銀行經濟研究室編，《碑傳選集（三）》，頁 396–399。
187. 費元衡，〈誥授光祿大夫禮部尚書加二級贈太子太保諡清恪敬庵張先生行狀〉，收入臺灣銀行經濟研究室編，《碑傳選集（三）》，頁 341。按：類似的內容亦可見於杭世駿〈張尚書傳〉，收入臺灣銀行經濟研究室編，《碑傳選集（三）》，頁 365。
188. 詳見林富士，〈清代臺灣的巫覡與巫俗——以《臺灣文獻叢刊》為主要材料的初步探討〉，頁 23–99。

一、丹波康賴 (912–995)《醫心方》載云：

> 《扁鵲傳》云：「病有六不治：驕恣不論理，一不治也；輕身重財，二
> 不治也；衣食不能適，三不治也；陰陽并，藏氣不定，四不治也；形羸
> 不能服藥，五不治也；信巫不信醫，六不治也。」今按：《千金方》：「醫
> 適不適三也。」《本草經》云：「倉公有言：病不肯服藥，一死；信巫不
> 信醫，二死。」[189]

在此，作者所引述的《扁鵲傳》內容應該是出自本文前引《史記·扁鵲倉公列
傳》太史公論「六不治」之言，但他又引《本草經》的說法，將此一評論歸諸
於倉公。[190] 但無論是出自扁鵲還是倉公之口，或是司馬遷的意見，「信巫不信
醫」應該是先秦至西漢期間的社會實態，也是醫者及部分知識分子主要的憂慮
之一。

二、東漢張仲景（約 150–219）〈傷寒卒病論序〉云：

> 當今居世之士，曾不留神醫藥。……卒然遭邪風之氣，嬰非常之疾，患
> 及禍至，而方震慄。降志屈節，欽望巫祝，告窮歸天，束手受敗。[191]

這是張仲景對於東漢末年之人不重視醫藥，罹患「非常之疾」的時候，只能
「欽望巫祝」的批判。

三、隋代太醫巢元方說：

> 五臟驚邪，皆因驚風傳受，緣初驚有涎，……日久不醫致傳，邪氣入於

---

189. 丹波康賴，《醫心方》（瀋陽：遼寧科學技術出版社，1996），卷1，〈諸病不治證〉，
　　頁9。

190. 李時珍也將此說歸諸於倉公，詳見氏著，《本草綱目》，卷1，〈序例·神農本經名例〉，
　　頁49–50。

191. 引自《宋以前醫籍考》，第2冊，〈仲景方論·傷寒卒病論·序跋〉，頁350–352。

心肺，或傳肝脾腎等也。卻被巫師皆言有祟妖禍，求神，漸加深重，即令小兒枉喪性命。[192]

這是針對小兒「五臟驚邪」被巫師診斷為「有祟妖禍」，求神不求醫以致「枉喪性命」的批評。

四、孫思邈說：

《史記》曰：「病有六不治。驕恣不論於理，壹不治也。輕身重財，貳不治也。衣食不能適，參不治也。陰陽并、藏氣不定，肆不治也。形羸不能服藥，五不治也。信巫不信醫，六不治也。」生候尚存。形色未改。病未入腠裏。針藥及時。能將節調理。委以良醫。病無不愈。[193]

孫思邈雖然不反對巫術療法，其醫學著作之中還收有不少禁咒療法，但他仍引《史記》之言，強調「信巫不信醫」為「六不治」之一。

五、蔡襄 (1012–1067) 在慶曆六年 (1046)「知福州事」時曾撰〈《太平聖惠方》後序〉（亦即替何希彭《聖惠選方》所寫的序文），[194] 文中提到：

閩俗左醫右巫，疾家依巫作祟，而過醫之門，十纔二三，故醫之傳益少。[195]

由此可見，北宋閩地有「左醫右巫」之俗，雖然不全然「信巫不信醫」，但據蔡襄的看法，病者求醫診治者「十纔二三」。對於此事，朱熹在其〈《傷寒補亡論》序〉中也提到：

予念蔡忠惠公之守長樂，疾巫覡主病蠱毒殺人之姦，既禁絕之。而又擇

---

192. 《諸病源候論》，卷 45，〈小兒雜病諸候‧驚候〉，頁 1288–1289。
193. 《備急千金要方》，卷 1，〈序例‧診候〉，頁 4。
194. 詳見《宋以前醫籍考》，第 2 冊，〈諸家方論‧聖惠選方‧序跋〉，頁 721。
195. 引自《宋以前醫籍考》，第 2 冊，〈諸家方論‧聖惠選方‧序跋〉，頁 720–721。

民之聰明者，教以醫藥，使治疾病，此仁人之心也。[196]

可見蔡襄對於當地之俗曾進行「改革」，一方面禁絕巫者治病、蠱毒之事，另一方面則傳授當地人「醫藥」，讓他們不必仰賴巫者。

六、北宋兒科名醫錢乙《小兒藥證直訣》云：

> 但小兒生下分長，四大未和，……病則從口而招，熱則因驚而有，且憑淺業，誤療所疾，日去月逾，實難上救，……使小兒情儀恍惚，因茲入腑，傳在心脾，睡息不安，夢中頻哭，或歌或叫，風駐四肢，百脈癱局，手足緩急，不尋好藥，懇撿名方，但取妖巫，日增患害，疾既篤，遂便乖張，悉是後代淺學，不窮古訣，勞于心胃之覺爾難痊。[197]

這是在批評「淺業」之醫「不窮古訣」，以致「誤療」小兒之疾，反讓小兒病情嚴重，使病家轉而尋求巫者之助，因而「日增患害」而疾篤。換句話說，在他看來，「信巫不信醫」也和庸醫誤診並導致醫者不受信賴有關。

七、北宋施圓（生卒年代不詳）《端效方》云：

> 虛勞之因，病後不復，極衰反瀉，弱而失補。……今之矜能伐善，專執其門，濟死妄虛，不救生人瘰苦，冤神恐鬼，訾珍妄癈于邪，逆理信巫，偏興正阻。[198]

這在批評當時人不從醫言，不補虛勞，反而「逆理信巫」、「冤神恐鬼」，以致浪費財富，徒增痛苦。

八、宋代婦科名醫陳自明《管見大全良方》云：

> 又有人家小兒有病，不便謁醫，且縱恣師巫，百般見惑，無所不作，不

---

196. 引自《宋以前醫籍考》，第2冊，〈仲景方論‧傷寒補亡論‧序跋〉，頁462。

197. 引自《醫方類聚》，卷256，〈小兒門‧驚癇‧小兒藥證‧小兒風癇驚章〉，頁542。

198. 引自《醫方類聚》，卷144，〈諸虛門‧施圓端效方‧諸虛勞損〉，頁202。

得痊愈，乃至求醫，醫者拱手而立，無所措焉。[199]

這是指小兒罹疾之初，因「不便謁醫」，只好請巫者至家中療治，以致加重病情，後雖改請醫者，已無可救藥。那麼，為何會「不便謁醫」呢？這恐怕和醫療費用或醫者不願出診有關。換句話說，「就醫」不便，也是民眾「信巫不信醫」的緣由之一。

九、宋代陳自明《婦人良方大全》又云：

> 金氏婦，暑月赴筵。因坐次失序，自愧成病，言語失倫，兩脈弦數。余曰當補脾、導痰、清熱。不信，以數巫者，噴水咒之而死。[200]

這是一個具體的「信巫不信醫」以致死亡的醫案，對此，後代的醫籍也頗有引述與討論。[201]

十、宋理宗紹定年間 (1228–1233) 的聞人規《痘疹論》云：

> 痘疹之候，有三五日遍身粟生，……初覺之時，當用薄荷散微微發汗，次進調中散，瘡即自愈。……愚俗禁服藥餌，只望巫祝。不以藥泄利瘡毒，致令大小便不通。……束手受死。[202]

這是批評「痘疹」（天花）流行之時，民眾「禁服藥餌」，「只望巫祝」，以致「束手受死」的情形。

十一、明代朱橚《普濟方》云：

---

199. 引自《醫方類聚》，卷 239，〈小兒門・總論・管見大全良方・浴兒歌曰〉，頁 12。

200. 《婦人良方大全》，卷 3，〈眾疾門・怔忡驚悸方論〉，頁 51。

201. 詳見元代朱震亨，《格致餘論》〔收入氏著，《丹溪醫集》〕（北京：人民衛生出版社，1993），〈虛病痰病有似邪祟論〉，頁 23；朱震亨，《丹溪治法心要》〔收入氏著，《丹溪醫集》〕，卷 2，〈痰〉，頁 882；《名醫類案》，卷 8，〈邪祟〉，頁 243。

202. 《普濟方》，卷 402，〈嬰孩・嬰孩痘疹門・辨認痘疹斑瘡丹毒證治不同醫者詳察〉，頁 1265–1266。

> 歌曰：黑睛從下生黃膜，脾胃寒風熱共并，疼痛發時多計較，門冬犀角
> 便能徵，或鎌或點依經法，若信邪巫不用爭，更過燒炙無效後，再來求
> 療為施行。[203]

這是勸醫者不必和「邪巫」爭病人，因為作者相信，「眼目」之疾，醫者自有
「經法」，用藥及手術的療效都非巫者所能及，病人最後還是會回來求醫。

十二、清代魏之琇《續名醫類案》云：

> 從姪孫年十四而畢姻。乙巳春年二十四，腹中作痛，……薛歸診之，左
> 關洪數，右關尤甚，乃腹癰也。雖能收斂，至夏必變而成瘵症。用參芪
> 各一兩，歸朮各五錢，陳皮茯苓各三錢，炙草炮薑各一錢，二劑，諸症
> 稍退，腹始微赤，按之覺痛。……惟專服獨參湯入乳汁，少復，良久仍
> 脫。曰：「當備後事，以俟火旺。」乃禱鬼神，巫者歷言往事如見，更
> 示以方藥，皆峻利之劑，且言保其必生，敬信服之，後果歿。經曰：「拘
> 于鬼神者，不可與言至德。」而況又輕信方藥于邪妄之人耶？書此以警
> 後患。[204]

這是醫療無效，轉求巫者救治而殞命的案例。值得注意的是，當時巫者也能開
示藥方，並非全不知藥。

(三)「信巫不信醫」的緣由

　　士大夫及醫者對於某些病者及某些地區「信巫不信醫」的陳述，有時候可
能會有些誇張。但是，眾多的例證也讓我們不得不承認，「信巫不信醫」的情
形始終存在於中國社會，只是不易評估其普遍性（包括地域分布及社會階層）。
唯若以魏晉南北朝的情形來看，巫者確是當時社會主要的醫療者之一，他們的

---

203. 《普濟方》，卷 79，〈身形・眼目門・外障眼附論〉，頁 764。
204. 《續名醫類案》，卷 32，〈外科・腹癰〉，頁 841。

病人並不局限於某一地域、族群、性別、年齡層、社會階層、宗教團體，所能
診治的疾病也不限於特定的種類，不過，在醫療市場上，巫者必須和醫者、道
士、僧人及其他術士競爭。[205]

此外，根據他們的陳述，我們仍可推估民眾「信巫不信醫」的若干緣由。
其中，最明顯的是，由於當地欠缺醫藥資源，沒有專業的醫者，病人只能選擇
巫者就醫。他們或許不是「不信醫」，而是無醫可信。但是，這並無法解釋所
有的事例，因為，某些地區其實醫藥已頗「發達」，至少已有醫藥，但多數民
眾生病時仍然求巫而不求醫。不過，這種情形也不難理解。

其一是因為某些特殊的疾病，如癲狂、夢鬼交、邪病、祟病、痘疹、癘
疫、瘧病、小兒「驚忤、邪風」等，一般認為是由鬼神作祟所引起，[206] 即連醫
者也不完全否定這種觀點。[207] 例如，元明之際的繼洪《澹寮方》（成書於 1283
年）在討論癲狂這一類的精神疾病時，即使勸告病家不能「獨信巫而不信醫」，
但也不否認世俗的「鬼邪」憑附之說。[208] 所以，病者自然會向專擅溝通鬼神的
巫者求救。有些病人甚至還是因醫者的建議而轉診至巫者之處。

其二是因為某些地方雖然有醫藥，但是，或因醫藥費用太高（有時是醫者
索價太高），或因就醫不便（地區較為偏遠，醫者不願往診），或因醫者的技能
或品行低劣、治癒率低，無法獲得信賴。因此，病者即使知道醫藥，也寧可捨
醫而求巫。例如，元代初年（約 1271–1312）王姓醫者所撰的《王氏集驗方》
便云：

205. 林富士，〈中國六朝時期的巫覡與醫療〉，頁 1–48；林富士，〈略論占卜與醫療之關係──
　　以中國漢隋之間卜者的醫療活動為主的初步探討〉，頁 583–620。
206. 孫一奎，《赤水玄珠》〔收入《赤水玄珠全集》〕，卷 8，〈瘧門〉，頁 324；《醫方類聚》，
　　卷 256，〈小兒門十八・驚癇二・小兒藥証・小兒邪忤驚殞章〉，頁 542–543。
207. 參見陳秀芬，〈當病人見到鬼：試論明清醫者對於「邪祟」的態度〉，《國立政治大學歷
　　史學報》30（臺北，2008），頁 43–86。
208. 引自《醫方類聚》，卷 158，〈驚悸門・澹寮方・心恙〉，頁 551。

夫天之生人也，必使之有業，以為養生之道，士農工賈，各攻乃
業，……其為醫者尤難，先當讀書，明性理，……雖至佛老之書，亦須
究竟。……近見同流，不知己學淺深，才到病家，便言前醫處方用藥之
非，毀人譽己，昂昂楚楚，自以為能。至于療治之間，冷熱虛實之不
知，陰陽轉變之未識，故病未已，新病復起，駕言有祟（祟？），恐嚇
病家，乘危索價，方肯用藥，以致病家驚惶，求神祭鬼，告斗禳星，不
較其費。伐人天和，蕩人財物，其與挾梃殺人，何以異也。原其初也，
不過規其厚利而已，殊不知此得不多，而彼喪已甚，要其終也，財利悉
歸僧道巫覡之手，徒起不臧之心，遂失濟人之道。[209]

這是一名醫者的自省及對其同業的批判。從文中可以知道，病者求醫無效轉而尋
求巫者、僧道之助，部分是出自醫者的惡性競爭、無能與敗德（乘危索價）。[210]

其三是因為即使有些地方已有醫藥，醫者也不缺乏，但是，巫者畢竟從先
秦以來一直被視為擁有治病的技能，和專業的醫者同被視為治病之人，甚至被
視為先醫而存在。更何況，若干醫者的疾病觀念、療法（如祝由、禁咒）和藥
物的使用，也和巫者不能截然分別。[211] 有些人甚至兼具巫、醫兩種身分和技

209. 引自《醫方類聚》，卷201，〈養性門・王氏集驗方・醫說〉，頁416。
210. 類似的批評尚可見於《本草綱目》，卷1，〈序例・神農本經名例〉，頁49–50。
211. 參見張榮明，〈略論中醫祝由術的歷史發展〉，《醫古文知識》1995：3（上海，1995），
頁11–13；張麗君，〈《五十二病方》祝由之研究〉，《中華醫史雜誌》1997：3（北京，
1997），頁144–147；黃鎮國，〈宗教醫療術儀初探——以《千金翼方・禁經》之禁術為
例〉（臺北：輔仁大學宗教學研究所碩士論文，2001）；廖育群，〈咒禁療法——「意」
的神祕領域〉，頁69–86；沈晉賢，〈從巫祝用「土」到以「土」為藥論——兼論馬王堆
醫書巫祝用土〉，《安徽大學學報（哲學社會科學版）》2004：6（合肥，2004），頁102–
107；張福慧、陳于柱，〈遊走在巫、醫之間——敦煌數術文獻所見「天醫」考論〉，《寧
夏社會科學》2008：2（銀川，2008），頁105–107；Jianmin Li, "They Shall Expel
Demons: The Medical Canon and the Transformation of Medical Techniques before the
Tang," in John Lagerwey and Marc Kalinowski eds., *Early Chinese Religion: Part One:*

能，因此，在若干民眾的認知裡，醫者並不具有獨特性和優越性。

　　總之，面對中國社會「信巫不信醫」的現象，似乎不能全由傳統士大夫或醫者的觀點來看問題，不能輕易的批評其為「愚昧」、「迷信」的行為。事實上，「信巫不信醫」雖然有時是由個人的信仰和認知所決定，[212] 但當時的社會情境及文化傳統所發揮的影響力也不可低估。

七、不用巫醫與巫醫無用

　　雖然在中國歷代的文獻之中，我們都可以找到所謂「信巫不信醫」的記載，不過，隨著時代的推移，傳統中國社會的病人純賴巫者的情形似乎逐漸減少，尤其在醫藥資源較不缺乏的階層和地區，病者比較常見的就醫行為可能還是所謂的「巫醫並用」。而巫與醫雖然同被視為治病之人，也常被病人同時延請，但是，有些時候，他們也會被人一概摒棄，或是被視為無用。例如，《後漢書》便載東漢明帝（57–75 在位）的馬皇后之事云：

> 太后其年寢疾，不信巫祝小醫，數勑絕禱祀。至六月，崩。[213]

一般人生病之後，大多會尋求醫治，尤其是權貴、富豪之士更是會遍求巫醫、百方，但這位太后則不然，她幾乎是拒絕任何形式的醫療。

　　生病之時，既不求巫也不求醫，通常和宗教信仰有關，例如，《太平經》（大致成書於東漢中晚期）便說：

Shang through Han (1250 BC–220 AD) (Leiden: Brill, 2009), vol. 2, pp. 1103–1150.

212. 事實上，宋代劉元賓在批評病人「不受醫教」時便說「難療易療，皆在病人，不由巫者」，意指決定醫療方式的畢竟是病人；詳見《醫方類聚》，卷 20，〈諸風門・神巧萬全方・大風方論〉，頁 533–534，引《神巧萬全方》。

213. 《後漢書》，卷 10，〈皇后本紀〉，頁 414。

> 慎無自傷，抵欺善人，天減人命，得疾有病，不須求助，煩醫苦巫，錄
> 籍當斷，何所復疑。[214]

這是因為《太平經》的作者主張壽命由天主宰，病由惡起，所以，生病之時，
不須「煩醫苦巫」，而是要向天「首過」。[215]

其次，《舊唐書》記載唐代大臣李勣 (594–669) 晚年罹疾之後的行事云：

> 自遇疾，高宗及皇太子送藥，即取服之；家中召醫巫，皆不許入門。子
> 弟固以藥進，勣謂曰：「我山東一田夫耳，攀附明主，濫居富貴，位極
> 三臺，年將八十，豈非命乎？修短必是有期，寧容浪就醫人求活！」竟
> 拒而不進。[216]

這一則故事值得注意的是，李勣及其家人在醫療選擇方面事實上有所衝突。基
本上，李勣自認年事已高，一生功業至隆，了無遺憾，且相信生死壽夭都是
「命定」，都由上天安排，因此，拒絕接受醫治，唯基於君臣之義，不敢不服
高宗（649–683 在位）及太子所賜之藥。而其家人或基於孝養之道，想盡辦法
要召請各種「醫人」（包括醫者和巫者）前去替他治病。[217]

再者，《舊唐書》還載有唐德宗貞元十六年 (800) 吳湊之事云：

---

214. 《太平經》〔王明，《太平經合校》〕（北京：中華書局，1960），卷112，〈貪財色災及胞
中誡〉，頁 566。

215. 詳見林富士，〈試論《太平經》的疾病觀念〉，《中央研究院歷史語言研究所集刊》62：2
（臺北，1993），頁 225–263；林富士，〈試論中國早期道教對於醫藥的態度〉，《臺灣宗
教研究》1：1（臺北，2000），頁 107–142。

216. 劉昫，《舊唐書》（北京：中華書局，1975），卷67，〈李勣傳〉，頁 2489。

217. 歐陽修，《新唐書》對此事的記載與此稍有出入，其文云：「自屬疾，帝及皇太子賜藥即
服，家欲呼醫巫，不許。諸子固以藥進，輒曰：『我山東田夫耳，位三公，年踰八十，
非命乎！生死係天，寧就醫求活耶？』」（卷93，〈李勣傳〉，頁 3821）。文中大意雖與
《舊唐書》無異，但「醫」字作「巫」，值得留意。

湊既疾，不召巫醫，藥不入口，家人泣而勉之，對曰：「吾以凡才，濫
因外戚進用，起家便授三品，而顯位四十年，壽登七十，為人足矣，更
欲何求？……」德宗知之，令御醫進藥，不獲已，服之。貞元十六年四
月卒，時年七十一。[218]

這是吳湊晚年罹病之後的行事，和前引李勣之故事情節非常類似，與家人之間
對於醫療選擇的衝突也都一樣。

此外，《舊五代史》載有唐宣宗大中十年 (856) 李克用的誕生神話云：

武皇即獻祖之第三子也。母秦氏，以大中十年丙子歲九月二十二日，生
於神武川之新城。在姙十三月，載誕之際，母艱危者竟夕，族人憂駭，
市藥於鴈門，遇神叟告曰：「非巫醫所及，可馳歸，盡率部人，被甲持
旄，擊鉦鼓，躍馬大噪，環所居三周而止。」族人如其教，果無恙
而生。[219]

李克用在母胎十三個月，其母難產，這是傳統帝王、聖賢的「異生」神話。這
種情形，當然不必醫療，因此，故事中的神叟才會說這不是「巫醫所及」。

不過有時候，有些病人棄絕巫醫似乎是緣於現實的經驗，因為面對疾病，
「巫醫皆束手」的情形屢見不鮮。以下便舉數例略加說明。

第一，《晉書》載有一位縣長夫人重病之事云：

龍舒長鄧林婦病積年，垂死，醫巫皆息意。友為筮之，使畫作野豬著臥
處屏風上，一宿覺佳，於是遂差。[220]

218.《舊唐書》，卷 183，〈外戚列傳〉，頁 4749。類似的內容另見於《新唐書》，卷 159，〈吳
　　湊傳〉，頁 4956。
219. 薛居正，《舊五代史》（北京：中華書局，1976），卷 25，〈武皇李克用本紀〉，頁 332。
220.《晉書》，卷 95，〈列傳・藝術・韓友〉，頁 2476。

這段文字主要在敘述術士韓友以卜筮、厭勝之術治病的故事，從文中可以知道，鄧林之婦在尋求韓友救助之前，已遍求過醫者和巫者，卻都無效，因此才會有「醫巫皆息意」之語。

其次，荀氏（約存於東晉末年，亦即西元五世紀上半葉時人）[221]《靈鬼志》載有晉代一名小吏罹病得癒的故事云：

> 晉南郡議曹掾姓歐，得病經年，骨消肉盡，巫醫備至，無復方計。其子夜如得睡眠，夢見數沙門來視其父。明旦，便往詣佛圖，見諸沙門，……便將諸道人歸，請讀經。再宿，病人自覺病如輕。晝得小眠，……自此後，病漸漸得差。[222]

這是在宣揚佛教僧侶以「讀經」替人治病的神奇效能，而在尋求僧人的醫治之前，故事中的歐姓小吏已請過無數巫者和醫者（巫醫備至），但都未能治好他的病。

第三，宋代沈括 (1029–1093)《夢溪筆談》提到北宋皇宮鍾馗畫像時，曾引唐人的題記說明吳道子（約 685–758）在唐玄宗開元年間 (713–741) 圖畫「鍾馗像」的因緣，以及北宋神宗於熙寧五年 (1072) 命畫工根據吳道子畫本「摹搨鑴板」，印刷以賜臣下的情事。根據這個故事，鍾馗信仰似乎是源起於唐玄宗病痁（瘧疾），「巫醫殫伎」（巫者和醫者束手無策）之時，鍾馗於其夢中現身相救，並誓言要「與陛下除天下之妖孽」。玄宗醒後，頓時病癒，於是命吳道子圖畫鍾馗之像，並昭告天下，而其主要作用則在於辟邪除疾。[223]

---

221. 《靈鬼志》的作者荀氏，生平已無可考，不過，根據其故事內容可以知道，荀氏曾於東晉安帝義熙年間（西元 405–418）擔任南平國郎中，應是東晉末年的人物；參見王國良，《魏晉南北朝志怪小說研究》（臺北：文史哲出版社，1984），頁 332；李劍國，《唐前志怪小說史》（天津：南開大學出版社，1984），頁 337–340。

222. 道世，《法苑珠林》〔《大正新脩大藏經》no. 2212 號〕，卷 95，頁 987 下，引荀氏《靈鬼志》。

第四，唐代皇甫枚 (fl. 880)《三水小牘》載有唐僖宗乾符年間 (874–879) 衛慶之事云：

> 衛慶者，汝墳編戶也。其居在溫泉，家世游墮，至慶，乃服田。……十年間，鬱為富家翁。至乾符末，慶忽疾，雖醫巫並進，莫有徵者。踰月，病旦亟。……數日而卒。[224]

由此可見，富家翁生病之後，也和權貴之家一樣，既延巫又請醫（醫巫並進），但也無能為力。

第五，高彥休（生於 874）《唐闕史》記載了唐代長安城一名居民的神奇遭遇云：

> 青龍寺西廊近北，有繪釋氏部族曰毗沙門天王者，精彩如動，祈請輻湊。有居新昌里者，因時疫，百骸綿弱，不能勝衣，醫巫莫能療。一日，自言欲從釋氏。因肩置繪壁之下，厚施主僧，服食於寺廡。逾旬，夢有人如天王之狀，持筋類綆，以食病者，……遽覺綿骨木強，又明日能步，又明日能馳，逾月以力聞。……於是服厚祿以終身。[225]

這是一則宣揚「醫巫莫能療」的病者被佛教天王治癒的故事。

第六，唐代張讀 (fl. 852–880)《宣室志》記載了一則唐憲宗元和年間 (806–820) 青齊人士計真娶狐女為妻的故事。在故事之中，二人結侶二十年，狐女（李氏）為計真生下七子二女，最後，李氏「被疾且甚」，計真為她「奔走醫巫，無所不至」，「終不愈」。[226] 計真曾任兗州參軍，家境似乎也不錯（有家僮），因此，其妻生病之時，才能遍求各種類型的醫療者（包括醫和巫），但也

---

223. 沈括，《夢溪筆談・補筆談》，卷 3，〈雜誌〉，頁 986–987。

224. 引自《太平廣記》，卷 402，〈寶〉，頁 3243。

225. 引自《太平廣記》，卷 312，〈神〉，頁 2469–2470。

226. 引自《太平廣記》，卷 454，〈狐〉，頁 3707–3709。

無濟於事。

第七，《夷堅志》記載了北宋徽宗宣和四年 (1122) 一名京師小民被「鬼物」糾纏之事云：

> 宣和四年，京師鬻果小民子，夜遇婦人，豔粧秀色，來與語，邀至一處，相與燕狎，頗得衣物之贈。自是夜夜見之，所獲益多。民服飾驟鮮華，而容日羸悴。醫巫不能愈。有禁衛典首劉某，持齋戒不食，但啖乳香飲水，能制鬼物。都人謂之喫香劉太保。民父母偕往狠祈，劉呼視其子曰：「此物乃為怪耶，吾久疑其必作孽，今果爾。」即共造產科醫者陳媳婦家。陳之門刻木為婦人，飾以衣服冠珥，稍故暗則加采繪，而更新其衣。自父祖以來有之，不記歲月矣。劉揭其首羃，令民子視之，則宛然夜所見者。乃就其家設壇位，步罡作法，舉火四十九炬焚之。怪遂絕。[227]

故事中的這名小民是被產科醫者陳媳婦家的木頭女像所化之精怪 （鬼物） 所祟，病症很像醫書、房中書所說的「鬼交」病，[228] 然而，一些「醫巫」（醫者和巫者）卻都無法治癒，最後是靠一名「喫香劉太保」找出病因，設壇作法，才除去此物。

第八，《夷堅志》載有南宋高宗紹興八年 (1138) 興化陳通判之女的一則神奇故事云：

> 興化陳子輝，紹興戊午，待南雄通判闕。居鄉里，當夏夜，家人聚飲。其妻顧長女使理樂，樂聲失節，怒而叱去之，女不復出。酒罷問所在，得於後堂空室中，對燈把針，癡不省事。挾與還，臥床則已死。氣雖絕而心微溫。醫巫拯療不効，凡奄奄百二十日。聞泉州有道士，善持法，

---

227. 《夷堅志‧夷堅丁志》，卷 9，〈陳媳婦〉，頁 68。

228. 參見 Hsiu-fen Chen, "Medicine, Society, and the Making of Madness in Imperial China," Ph.D. dissertation (London: University of London, 2003), chapter 4, pp. 151–202.

招之而至。先以法印，印遍體，乃召其魂。云為漳州大廟所錄。後兩夕，忽呻吟作聲，至旦，屈右足呼痛。視之，一指破流血。正晝稍能開目。又明日，始言外翁召我去。女外家在漳州，元未嘗識，而說其舍宇不少差。[229]

故事中的這名少女因「魂」被人召去而昏死，其家人請來醫者、巫者拯療都無效，最後是仰賴道士的法術才得以痊癒。

第九，《夷堅志》載有南宋高宗紹興十六年至十八年 (1146–1148) 湖州人王槳「便溺」時的奇遇故事云：

> 湖州人王槳，紹興十六年八月，赴邵武建甯丞。宿信州玉山驛，便溺已，且就寢，見美女在旁，探手虎子中，拾碧粒如珠者三四顆，串以紅縷，掛頸上。槳驚問汝何人，已不見。自是每溺，其旁輒地裂，女子盛服出，或器內，或涸廁，必得珠乃沒。槳日以困悴，醫巫束手莫能療。幾二年久，女所穿纍纍，繞頸至腹數十匝。其後珠益減，至纏一二顆，而色漸白。女慘容謝曰：「得君之賜厚，吾事濟矣。但恨傷君之生，無以報，當亦徐圖之。」再拜而去，槳是夕不復溺，翌日大汗而卒。[230]

故事中的女子究竟是何神怪，「穿溺珠」的作用是什麼，都不清楚，只知王槳在遭遇這名女子之後，便「日以困悴」，而醫者和巫者都「束手莫能療」。

第十，《夷堅志》 記載了一則南宋高宗紹興二十五至二十六年間 (1155–1156) 饒州民眾郭端友治療眼疾的故事云：

> 饒州民郭端友，精意事佛。紹興乙亥之冬，募眾紙筆緣，自出力以清旦淨念書《華嚴經》，期滿六部乃止。癸未之夏五（月），染時疾，忽兩目

229.《夷堅志・夷堅丁志》，卷5，〈陳通判女〉，頁34。
230.《夷堅志・夷堅甲志》，卷16，〈女子穿溺珠〉，頁123。

　　失光，翳膜障蔽。醫巫救療皆無功。自念惟佛力可救。次年四月晦，誓
　　心一日三時，禮拜觀音，願於夢中賜藥或方書。五月六日，夢皂衣人告
　　曰：「汝要眼明，用獺掌散、熊膽圓則可。」明日遣詣市訪二藥，但得
　　獺掌散，點之不効。二十七夜，夢赴薦福寺飯，飯罷歸，及天慶觀前，
　　聞其中佛事鍾磬聲，入觀之。……遇夜分乃覺。明日告其妻黃氏云：「熊
　　膽圓方，乃出道藏，可急往覓。」語未了，而甥朱彥明至。曰：「昨夜
　　於觀中偶獲觀音治眼熊膽圓方。」舉室驚異，與夢脗合。即依方市藥，
　　旬日乃成。服之二十餘日，藥盡眼明。至是年十月，平服如初。即日便
　　書前藥方，靈應特異，增為十部乃止。今眸子瞭然。外人病目疾者，服
　　其藥，多愈。[231]

這是一名佛教徒自記的故事，還提供了詳細的藥方（包括成分、煉製過程、服
用方式等）以取信於世。[232] 因此，他得病之初，請「醫巫救療皆無功」不一定
是事實，但至少可以知道，當時人罹病之時，請醫者又請巫者救療並非不尋常
之事。

　　第十一，《夷堅志》載有撫州藍獻卿妻「紅葉入懷」而得狂疾的故事云：

　　撫州金溪士人藍獻卿妻，頗有姿貌。與夫婦甯母家，肩輿行，塗中風雨
　　暴作，空中飄紅葉，冉冉入懷，鮮紅可愛，撫翫不捨。至夜，恍惚間有

---

231. 《夷堅志‧夷堅丙志》，卷13，〈郭端友〉，頁99–100。另見《醫方類聚》，卷70，〈眼
　　門‧勸善書‧感應〉，頁197–198；《名醫類案》，卷7，〈目〉，頁200–201。

232. 藥方的內容為：「藥用十七品，而熊膽一分為主。黃連、密蒙花、羌活皆一兩半，防己
　　二兩半，草龍膽、蛇蛻、地骨皮、大木賊、仙靈脂皆一兩，瞿麥、旋覆花、甘菊花皆半
　　兩，薏仁一錢半，麒麟竭一錢，蔓青子一合，同為細末，以羖羊肝一具，煮其半焙乾，
　　雜於藥中。取其半生者，去膜乳爛，入上藥，杵而圓之，如桐子大。飯後用米飯下三十
　　粒。諸藥修治無別法，唯木賊去節，薏仁用肉，蔓菁水淘，蛇蛻炙去。」詳見《夷堅
　　志‧夷堅丙志》，卷13，〈郭端友〉，頁99–100。

人登床與接。及明告其夫。俄得狂疾，言語錯亂，被髮裸跣不可制。藍
大以為撓，醫巫無所施其伎，了不知何物為妖也。[233]

這是婦人受到「物怪」侵擾而成狂疾的典型例子，[234] 故事說「醫巫無所施其
伎」，意指被請去診治的醫者和巫者都不知該如何治療，徒勞無功。

第十二，《續名醫類案》記載了一則病人自力救濟之事云：

繆仲淳年十七時，為瘧所苦，凡湯液、丸飲、巫祝，靡不備嘗，終無捄
於病。徧檢方書，迺知瘧之為病，暑邪所至。經曰：「夏傷於暑，秋必
痎瘧。」遂從暑治，不旬日瘳。[235]

瘧是難療之病，一般醫者和巫祝大多無能為力。繆仲淳 (1546–1627) 最後是靠
「自修」，遍查方書才找到醫療的方法，而繆仲淳（繆仲淳；繆希雍）後來也
成為一代名醫。

第十三，清代的臺灣士人施士洁曾有一詩感念自己病危轉安的心情云：

……去年賤子四十九，一病幾乎不可諱。年未五十尚稱夭，淒然茹痛徹
心肺。巫醫束手妻孥哭，男兒死耳復誰懟？歲方云暮我告終，四序之功
成者退。不圖有腳陽春回，我亦轉否而為泰。……。[236]

「巫醫束手」表示各種醫療者都無能為力，藉此以形容其病情之危急。不過，
他並未交待自己如何能死裡逃生。

233. 《夷堅志・夷堅丁志》，卷20，〈紅葉入懷〉，頁153。
234. 以「紅葉」來說，這應該是所謂的「木魅」。詳見林富士，〈釋「魅」──以先秦至東漢
時期的文獻資料為主的考察〉，收入蒲慕州主編，《鬼魅神魔──中國通俗文化側寫》（臺
北：麥田出版社，2005），頁109–134。
235. 《續名醫類案》，卷7，〈瘧〉，頁167。
236. 施士洁，《後蘇龕合集》，卷6，〈古今體詩一百六首・癸卯歲除，病幾殆而獲愈；新正戚
友來賀，書此以博一笑〉，頁142。

　　以上這些「巫醫無用」的事例，有一些雖然可能只是當事人的浮誇之言，或是傳述者、記錄者（尤其是佛道兩教的信徒）基於本身的信仰所杜撰或添飾而成，[237] 但是，其中應該也有真實的成分，至少反映出傳統中國社會中有一些人並不信賴巫、醫的治療。

八、結語──在批判與禁斷之下

　　從以上所述可以知道，無論是從神話、傳說的材料，還是文字、語言的角度，或是社會的實況來看，巫者在傳統中國社會中，確實一直扮演著醫療者的角色，從先秦、[238] 秦漢、[239] 魏晉南北朝、[240] 隋唐五代，[241] 一直到兩宋、[242] 遼金

---

237. 不少事例都來自洪邁《夷堅志》，其中緣由值得探究。

238. 詳見周策縱，《古巫醫與「六詩」考──中國浪漫文學探源》（臺北：聯經出版事業公司，1986）；宋鎮豪，〈商代的巫醫交合和醫療俗信〉，頁 77-85；趙容俊，《殷商甲骨卜辭所見之巫術》（臺北：文津出版社，2003），頁 136-140，225-246；鄒濬智，〈原巫：試說中國先秦「巫」文化的演變〉，《醒吾學報》39（臺北，2008），頁 201-221；馮春，〈醫籍文獻中的楚地「巫覡」方術研究〉，《江漢論壇》2009：12（武昌，2009），頁 81-84；Fu-shih Lin, "The Image and Status of Shamans in Ancient China," in John Lagerwey and Marc Kalinowski eds., *Early Chinese Religion: Part One: Shang through Han (1250 BC–220 AD)* (Leiden: Brill, 2009), vol. 1, pp. 397–458.

239. 詳見林富士，〈試論漢代的巫術醫療法及其觀念基礎〉，頁 29-53；林富士，《漢代的巫者》，頁 59-64；文鏞盛，《中國古代社會的巫覡》（北京：華文出版社，1999），頁 95-101；黃敬愚，〈漢代醫、巫、仙之關係考〉，頁 4-7。

240. 詳見林富士，〈中國六朝時期的巫覡與醫療〉，頁 1-48。

241. 詳見中村治兵衛，〈唐代の巫〉，頁 29-68；中村治兵衛，〈五代の巫〉，頁 69-84；劉禮堂，〈唐代長江流域「信巫鬼、重淫祀」習俗考〉，《武漢大學學報（人文科學版）》54：5（武漢，2001），頁 566-573；范家偉，〈信仰與醫療〉，收入氏著，《大醫精誠：唐代國家、信仰與醫學》（臺北：東大圖書公司，2007），頁 243-265；趙宏勃，〈隋代的民間信仰──以巫覡的活動為中心〉，《南京師大學報（社會科學版）》2010：1（南京，2010），

元、[243] 明清，[244] 都是如此。他們對於中國醫藥知識的創發和演化，也有所影響。至少，從巫者的角度來看，醫藥與巫術並不互斥。而就多數病者而言，巫與醫都是可以求助的對象，在本質上，兩者並無高下之分。因此，生病時往往巫醫並用，有人先巫而後醫，有人先醫而後巫，有人則巫醫並致。在若干地方，有些人甚至會「信巫不信醫」，純粹仰賴巫者。因此，在中國社會中，應該可以

頁 69–74。

242. 詳見中村治兵衛，〈北宋朝と巫〉，頁 85–106；中村治兵衛，〈宋代の巫の特徵——入巫過程の究明を含めて〉，頁 107–138；史繼剛，〈宋代的懲「巫」揚「醫」〉，頁 65–68；蔡捷恩，〈宋朝禁巫興醫述略〉，《醫古文知識》1997：3（上海，1997），頁 4–7；安春平、程偉，〈宋代政府禁巫興醫的意義〉，《中醫藥信息》2004：3（哈爾濱，2004），頁 73–74；李小紅，〈以醫制巫——宋代地方官治巫芻議〉，《科學與無神論》2004：3（北京，2004），頁 16–17；劉黎明，《宋代民間巫術研究》（成都：巴蜀書社，2004），頁 182–196；王章偉，《在國家與社會之間——宋代巫覡信仰研究》，頁 139–195；李玉清，〈宋代禁巫興醫原因之分析〉，《醫學與哲學（人文社會醫學版）》2008：12（大連，2008），頁 58–59；方燕，《巫文化視域下的宋代女性》（北京：中華書局，2008）；李小紅，《宋代社會中的巫覡研究》（北京：光明日報，2010）。

243. 詳見朱子方，〈遼代的薩滿教〉，《社會科學輯刊》1986：6（瀋陽，1986），頁 47–50；宋德金，〈金代宗教簡述〉，《社會科學戰線》1986：1（長春，1986），頁 313–320；邢康，〈契丹巫教在遼立國後的地位及其變化〉，《昭烏達蒙族師專學報（漢文哲學社會科學版）》1989：2（赤峰，1989），頁 18–24，72；莊吉發，《薩滿信仰的歷史考察》（臺北：文史哲出版社，1996），頁 13–50；陳高華，〈元代的巫覡與巫術〉，《浙江社會科學》2000：2（杭州，2000），頁 118–122；陳高華，〈元代的醫療習俗〉，《浙江學刊》2001：4（杭州，2001），頁 134–139。

244. 詳見莊吉發，《薩滿信仰的歷史考察》，頁 127–164；楊建祥、洪軍，〈由氣功療法失效想到曾國藩的巫醫觀〉，《科學與無神論》2000：3（北京，2000），頁 23；田石，〈醫、巫鬥法四則〉，《科學與無神論》2003：4（北京，2003），頁 19–20；濱島敦俊著，朱海濱譯，《明清江南農村社會與民間信仰》（廈門：廈門大學出版社，2008）；卓美惠，〈醫術、方術與騙術：以清代小說《客窗閒話》、《續客窗閒話》醫藥故事的觀察為例〉，《國文天地》24：1（臺北，2009），頁 25–30。

說有一個「巫醫」的傳統。

面對這樣的「巫醫」傳統，誠如前述，歷代都有若干士大夫或官員提出批評，指控巫者藉此斂財、蠱惑百姓，甚至使病者延誤醫療而致殞命。持此批評者，基本上並不認為疾病是由鬼神所引起，甚至否定鬼神和人的禍福會有任何關係，而他們對巫醫的批評，意在摧毀所有的巫俗。

其次，在醫療市場上，醫者和巫者是最直接的競爭者，因此，對於「巫醫傳統」，歷代來自醫者的批評也不少。不過，醫者大多強調「信巫不信醫」會導致「不治」（無法醫治），主要是在批判病人的選擇。當然，他們有時候也會藉著實際的案例指控巫者以鬼神解釋病因，使病人不肯服藥而死亡的情形。不過，他們大多不輕易否定鬼神作祟的病因說，也不完全否定禁咒、厭勝這一類的巫術療法。

此外，在中國的醫療市場上，大約從東漢末年起，僧尼、道士與巫、醫便一直處於競爭的局面，佛道兩教的典籍也不乏貶損、批判巫醫的言論，[245] 但是，他們無法否定巫醫經常替人治病之事實，因此，有時也不免會肯定巫醫之治病能力。

以道教來說，雖然多數道派都極力貶斥、攻擊巫者，[246] 部分道士也相當排斥醫藥或貶抑醫者的技能，[247] 但是，大致成書於東漢中晚期的《太平經》，[248] 在〈病歸天有費訣〉中便載云：

> 書有戒而不用其行，得病乃惶，豈可免焉？……使神勞心煩苦，醫巫解

245. 詳見林富士，〈東漢晚期的疾疫與宗教〉，頁 695–745。

246. 詳見 Fu-shih Lin, "Chinese Shamans and Shamanism in the Chiang-nan Area During the Six Dynasties Period (3rd–6th Century A.D.)"; 林富士，〈試論六朝時期的道巫之別〉，收入周質平、Willard J. Peterson 編，《國史浮海開新錄：余英時教授榮退論文集》（臺北：聯經出版事業公司，2002），頁 19–38。

247. 詳見林富士，〈試論中國早期道教對於醫藥的態度〉，頁 107–142。

248. 詳見林富士，〈試論《太平經》的主旨與性質〉，頁 205–244。

除，欲得求生，不忘為過時。……所有禱祭神靈，輕者得解，重者不
貰。……醫巫神家，但欲得人錢，為言可愈，多徵肥美及以酒脯，呼召
大神，……錢財殫盡，乃亡其命。[249]

這一段文字主旨在於闡明疾病的根源為違反戒律而受到上天的懲罰，若是罪行
太重，便無法獲得寬宥，即使請求「醫巫」相助，也只是徒耗錢財而已。[250] 不
過，《太平經》的作者仍然承認，在醫巫的治療下「輕者得解」。

　　此外，晉代道士葛洪也說：「疾疫起而巫醫貴矣，道德喪而儒墨重矣。」[251]
又說：「疫癘之時，醫巫為貴，異口同辭，唯論藥石。」[252] 可見他也承認，瘟
疫來時，巫者和醫者便會倍受仰賴。

　　事實上，道教從東漢末年開始便積極從事醫療傳教的工作，而他們最常用
的療法之一也是符咒，和巫者其實沒有太大的分別，因此，唐初的道教醫者孫
思邈還在其《禁經》中收錄大量的巫術、宗教療法，[253] 兩宋時期的道士更是在
「符咒」、「祝由」療法上屢有述作與實踐。[254] 因此，即使對巫醫提出批判，大
多只是強調巫醫是小術，並教訓病人不可以偏賴巫者，或純以鬼神的作祟或懲
罰理解疾病。當然，也有一些是從宗教競爭的角度出發，為了宣揚道教的優越
性而否定或貶抑巫醫的能力。

---

249. 《太平經》，卷 114，〈病歸天有費訣〉，頁 620。
250. 詳見林富士，〈試論《太平經》的疾病觀念〉，頁 225–263。
251. 《抱朴子內篇》，卷 10，〈明本〉，頁 186。
252. 葛洪，《抱朴子外篇》〔楊明照，《抱朴子外篇校箋》〕（北京：中華書局，1991），下冊，
　　　卷 37，〈仁明〉，頁 231。
253. 參見范家偉，〈禁咒法：從巫覡傳統到獨立成科〉，頁 59–89；坂出祥伸，《道家・道教の
　　　思想とその方術の研究》（京都：汲古書院，2009），頁 129–210。
254. 詳見林富士，〈「祝由」醫學與道教的關係──以《聖濟總錄・符禁門》為主的討論〉，
　　　收入劉淑芬、康豹編，《信仰、實踐與文化調適──第四屆漢學會議論文集・宗教篇》，
　　　頁 403–448。

至於佛教，其成員對於佛法之外的醫療技能和醫療方法，在態度上似乎有點游移不定或彼此矛盾。一方面，佛教戒律上禁止女尼、沙彌、沙彌尼學習醫療技能（巫或醫）或是以醫療為職業。例如，唐代義淨 (635–713) 所譯的《根本說一切有部毘奈耶雜事》載云：

> 吐羅難陀尼入城乞食，見師巫女搖鈴繞家，談說吉凶，多獲利物，足得資身。即便念曰：「是好方便，我亦為之。」求得鈴已，明旦入城，即巡諸家，搖鈴振響，為他男女洗沐身形，詭說吉凶，妄談來兆。有病患者，天緣皆差。遂使王城之內，咸共知聞。所有請祈，無不啟竭，自餘巫卜人皆不問。時舊醫巫詣諸人處，問言：「有事我為占相。」諸人答曰：「更不勞汝，我有聖師善閑眾事，占相療疾皆悉稱心。」彼問是誰，答言：「聖者吐羅難陀。」彼聞譏恥作如是語：「非法釋女，妄為巫卜，奪我資生。」苾芻白佛。佛作是念：「尼作醫巫，有如是過。妄為詭說，招俗譏嫌。」 告諸苾芻：「我今不許尼作醫巫，若有作者，得越法罪。」[255]

這段經文交待了佛陀禁止女尼「作醫巫」的因緣。

其次，佛教的「沙彌十戒」之中，也有一條戒律規定：

> 沙彌之戒：盡形壽不得學習奇技、巫醫蠱道，時日卜筮，占相吉凶，仰觀曆數，推步盈虛，日月薄蝕，星宿變怪，山崩地動，風雨旱澇，歲熟不熟，有疫無疫，一不得知，不得論說。國家政事平量優劣，出軍行師攻伐勝負。有犯斯戒，非沙彌也。[256]

而且，佛教還禁止其信徒在生病時尋求巫醫之治。[257]

---

255. 義淨譯，《根本說一切有部毘奈耶雜事》〔《大正新脩大藏經》no. 1451〕，卷33，頁374上–374中。

256. 《沙彌十戒并威儀》〔《大正新脩大藏經》no. 1471〕，卷1，頁927上。

　　但是，另一方面，佛教也不否定世間醫者的治病能力和功德，例如，隋代智顗 (538–597)《摩訶止觀》便云：

> 四鬼病者，四大五藏非鬼；鬼非四大五藏。若入四大五藏，是名鬼病。若言無鬼病者，邪巫一向作鬼治，有時得差。若言無四大病者，醫方一向作湯藥治，有時得差。[258]

這是承認巫者能治「鬼病」，醫者能治「四大病」。此外，《摩訶止觀》又云：

> 又如野巫唯解一術，方救一人，獲一脯糈，何須學神農本草耶？欲為大醫，遍覽眾治，廣療諸疾，轉脈轉精，數用數驗，恩救博也。學禪者亦如是，但專一法，治惑即去，當時微益，終非大途包括之意。[259]

這是以巫、醫之術的大小訓勉學禪者不能只專一法。由文中「恩救博」一語來看，智者大師並不否定醫術救人之功。同樣的，唐代李通玄 (635–730)《新華嚴經論》也說：

> 第五賢勝。優婆夷明世醫方眾術，世及出世，莫不總明，安物養生，無法不了。以居塵俗，方便利生。或作傳說世巫玄占未達，或作良醫善藥救世不安，辨實物以定真虛，……鬼魅眾邪皆能制伏。[260]

這也是肯定學習「醫方眾術」，在塵俗之間為巫、行醫以「方便利生」的行為。

　　總之，佛教徒對於巫、醫的治病能力，可以說在肯定中帶有批判，在貶抑

---

257. 詳見安世高譯，《佛說阿難問事佛吉凶經》〔《大正新脩大藏經》no. 492a〕，卷 1，頁 753 上；《阿難問事佛吉凶經》〔《大正新脩大藏經》no. 492b〕，卷 1，頁 754 下；釋法堅譯，《佛說阿難分別經》，〔《大正新脩大藏經》no. 495〕，頁 758 中。

258. 智顗，《摩訶止觀》〔《大正新脩大藏經》no. 1911〕，卷 15，頁 107 下。

259. 《摩訶止觀》，卷 14，頁 101 下。

260. 李通玄，《新華嚴經論》〔《大正新脩大藏經》no. 1739〕，卷 40，頁 1004 上。

中帶有認可，唐代李師政 (fl. 618–626)《內德論‧空有篇》中的一段論述頗能
反映這種心態，其文主要是強調人之壽夭、健康與疾病都由宿命、前業所定；
有人長命百歲，有人短命夭折；有人不須醫藥、保健也無病害，有人起居謹
慎、百般防治還是眾病纏身。無論其身分地位如何，其健康與壽夭莫不「隨業
而感報」，「非道術之所濟」。不過，作者也無法否認「經稱施藥之功，佛歎醫
王之德」，因此，也不得不「信醫術之有益」。可是，他最後還是認為，無論是
巫者還是醫者，能力都相當有限。[261] 而有些命定論者，則是拒絕任何形式的
醫療。[262]

　　以上的批評對於巫醫而言，雖然會產生一些負面的影響，但實際的衝擊會
有多大則不易判斷。然而，來自政府的批判和禁令便不同了。從宋代開始，從
中央到地方，不少官吏開始以行政命令取締行醫之巫者。[263] 到了清代，更直接
在法律上明文規定，凡是未經事先報准者，不可以請巫者治病，否則，不僅巫
者有罪（死刑），請巫治病的病人及家屬也有罪。例如，《清實錄》載太宗文皇
帝（1626–1643 在位）崇德七年 (1642) 十月之事，提到一個延請巫者治病的案

---

261. 收入道宣，《廣弘明集》〔《大正新脩大藏經》no. 2103〕，卷 14，頁 194 中。

262. 參見范家偉，〈病者拒藥與命定論〉，收入氏著，《中古時期的醫者與病者》（上海：復旦
　　 大學出版社，2010），頁 259–265。

263. 詳見史繼剛，〈宋代的懲「巫」揚「醫」〉，頁 65–68；楊倩描，〈宋朝禁巫述論〉，《中國
　　 史研究》1993：1（北京，1993），頁 76–83；蔡捷恩，〈宋朝禁巫興醫述略〉，《醫古文知
　　 識》1997：3（上海，1997），頁 4–7；木村明史，〈宋代の民間醫療と巫覡觀──地方官
　　 による巫覡取締の一側面〉，頁 89–104；李小紅，〈宋代的尚巫之風及其危害〉，《史學月
　　 刊》2002：10（鄭州，2002），頁 96–101；李小紅，〈宋代「信巫不信醫」問題探析〉，
　　 頁 106–112；李小紅，〈宋代民間「信巫不信醫」現象探析〉，頁 94–99；李小紅，〈以醫
　　 制巫──宋代地方官治巫芻議〉，頁 16–17；安春平、程偉，〈宋代政府禁巫興醫的意
　　 義〉，《中醫藥訊息》，頁 73–74；黃純怡，〈國家政策與左道禁令──宋代政府對民間宗
　　 教的控制〉，《興大歷史學報》16（臺中，2005），頁 171–198；李玉清，〈宋代禁巫興醫
　　 原因之分析〉，頁 58–59。

例。病人是滿州皇族杜度（多羅安平貝勒），巫者是荊古達，他的療法主要是祈禳之術（至家祈禱；剪紙作九人，同太監捧至北斗下，半焚半瘞之），後因病者死亡，有人告發，相關人等都被審判並議處。最後，巫者被處死，延請他替杜度治病及協助他進行法事之人，也都分別受到不輕的處罰（革去公爵；黜宗室籍；鞭一百、八十；貫耳鼻、貫耳）。由此可見，請巫治病似乎是皇室所禁止之事。[264]

其次，《清實錄》載世祖章皇帝（1644–1661 在位）順治三年 (1646) 正月之事，也提到一個「違法用巫」的案例。主要的涉案人是阿山（固山額真公），他聽信巫者薩海之言，認定雅巴海之妻與人有姦情，便「逼雅巴海移居而離其妻，幽之于家」。雅巴海之妻因而「奔逸，訴於刑部」。而在審訊的過程中，又扯出一些宗室、國戚、大臣曾「遣巫者與人治病」或用他人「所薦巫治病，不白於部」。他們都被求處重刑，或是「罷職解任」，或是「罷職，鞭一百，籍沒家產」，或是「罷職，罰銀一百兩」，而巫者則被「論斬」。最後，雖然大多數的涉案人都僅受到較輕的處罰，但阿山仍遭「罷職解任」，而巫者則被判「鞭一百，不許行巫」。[265] 由此可見，滿人未經許可不能請巫者或讓巫者治病，也不能遣巫者替人治病，否則，輕則罰銀，重則罷職兼罰銀。替人治病之巫者重則「論斬」，輕則「鞭一百」，而且「不許行巫」。

上述二案雖然只限滿人，[266] 但似乎是中國傳統政府第一次針對病人的就醫行為設定法律規範。事實上，清代律令對於這一類的行為有相當明確的規定，例如，《清會典事例》所載的〈禁止師巫邪術〉條便云：

〔天聰五年〕諭：凡巫覡、星士妄言吉凶、蠱惑婦女、誘取財物者，必殺無赦。該管佐領領催及本主，各坐應得之罪。其信用之人亦坐罪。

264. 《清實錄・太宗文皇帝實錄》，卷 63，崇德七年十月丙寅條，頁 870–871。
265. 《清實錄・世祖章皇帝實錄》，卷 23，順治三年正月辛酉條，頁 199。
266. 相關規定又見於《清會典事例》，卷 501，〈禮部・方伎・僧道〉，頁 793。

又云：

> 〔順治六年〕凡僧道巫覡之流，妄行法術，蠱惑愚眾者，治以重罪。

又云：

> 〔順治十八年〕凡無名巫覡私自跳神者，杖一百。因而致人於死者，處死。

又云：

> 〔康熙元年〕人有邪病，請巫覡、道士醫治者，須稟明都統，用印文報部，准其醫治。違者，巫覡、道士正法外，請治之人，亦治以罪。

又云：

> 〔康熙十二年〕凡端公、道士私行跳神醫人者，免死，杖一百。雖曾稟過禮部，有作為異端，跳神醫治，致人於死者，照毆殺人律擬罪。其私請之人，係官，議處。係平人，照違令律治罪。[267]

　　這些都是滿清建國之後，針對巫者替人治病及尋求巫者治病之人所做的法律規範。雖不完全禁止，但一旦「致死」，巫者就會受到最嚴厲的處分。

　　從宋到清，政府對於「巫醫」的批評、壓制可以說日漸嚴酷，究其原因，至少與下列兩個因素有關。其一，官方從宋代開始大力介入醫療市場，也比較有能力提供醫療服務。其二，官方不僅能提供藥方、針灸之類的療法，也吸納宗教的符咒療法，開創自己的「書禁科」、「祝由科」，並培訓這一類的醫者有能力與巫醫競爭。因此，大致從宋代開始，官方在禁斷巫醫的同時，往往會在當地施醫藥、設藥局、刊布藥方，甚至教導民眾（及巫者）醫藥知識。這有時

267.《清會典事例》，卷766，〈刑部·禮律祭祀·禁止師巫邪術〉，頁436–437。

也成為壓制或削弱巫醫影響力的手段。日本殖民政府在 1895 年自清廷接手統
治臺灣之後，基本上也是延續這樣的政策。

　　然而，無論在中國還是在臺灣，巫醫的傳統似乎不曾因此而消失。無論是
士大夫的批判、醫者與其他宗教的競爭，還是政府的法令禁壓，或是醫藥的
「進步」、科學的「昌明」，似乎都無法根絕巫醫的活動，至今仍到處可以看到
他們的身影。[268] 事實上，在中國和臺灣以外的許多人類社會之中，也一直都有

---

268. 詳見鄭煥金、王東輝、楊宏霞、吳玉茹、徐麗娟、張玉秋，〈農民接受巫醫處置的調查
報告〉，《中國健康教育》1992：6（北京，1992），頁 25-26；余關健，〈從巫醫看病說
起〉，《中國健康月刊》1994：7（瀋陽，1994），頁 45；黃希剛，〈掃一掃巫醫〉，《鄉鎮
論壇》1995：4（北京，1995），頁 21；楊雨帆，〈巫醫的騙術〉，《健康生活》1996：1
（南寧，1996），頁 8-9；楊雨帆，〈瘋狂的巫醫〉，《健康大視野》1996：5（北京，
1996），頁 15，25-26；周世武，〈入院前經巫醫治療住院精神病人 335 例資料分析〉，
《中國民政醫學雜誌》8：5（北京，1996），頁 276；李春興，〈臺灣中醫藥史略（一）——
臺灣民俗醫藥與巫醫時期〉，《中華醫史雜誌》1997：1（北京，1997），頁 41-45；劉宗
碧，〈貴州東部侗族「巫醫」及其文化內涵〉，《民族論壇》1997：3（長沙，1997），頁
91-96；王有生，〈巫醫自製針致患者心臟貫通傷 1 例〉，《中國社區醫師》1999：4（北
京，1999），頁 44-45；陳繼敏，〈輕信巫醫下銀針・誘發氣胸險喪命〉，《人人健康》
1999：5（太原，1999），頁 14-15；谷雨生，〈巫醫是傳播迷信的真正魔鬼〉，《中國保健
營養》1999：10（北京，1999），頁 12-13；谷雨生，〈巫醫也瘋狂〉，《法律與生活》
1999：11（北京，1999），頁 18-20；谷雨生，〈揭開巫醫「治病」的神秘面紗〉，《中國
健康月刊》1999：12（瀋陽，1999），頁 4-5；阿愚，〈巫醫：健康的瘰癧〉，《婚育與健
康》2000：1（鄭州，2000），頁 4-6；朱實，〈「非典」時期，巫風乍起〉，《觀察與思考》
2003：4（杭州，2003），頁 36；何承亨，〈巫醫的處方〉，《心理世界》2003：10（開封，
2003），頁 44；無非、張祖，〈巫醫——社會肌體的毒瘤〉，《中國防偽》2004：3（北京，
2004），頁 68-69；阿布力克木・迪斯克，〈維吾爾鄉村的薩滿巫醫〉，《西北第二民族學
院學報（哲學社會科學版）》2007：5（銀川，2007），頁 26-29；張太教，〈巫術與巫
醫〉，《常熟理工學院學報》2007：5（常熟，2007），頁 34-37；吳利華，《苗族巫醫的文
化內涵及其功能——以鳳凰縣兩頭羊苗寨巫醫為中心》（武漢：中南民族大學民族學研
究所碩士論文，2008）；馬丹丹，〈迷狂的家戶經驗——王屋山巫醫儀式的一項考察〉，

「巫醫」的容身之處。[269] 而其中緣由，則還有待深入探討。此外，「巫醫」的疾病觀念與醫療方法的時代特性與地域特色，也還有待更為細密的分析。[270]

《北方民族大學學報（哲學社會科學版）》2009：5（銀川，2009），頁 110–116。

269. 詳見 Keith Thomas, *Religion and the Decline of Magic* (New York: Charles Scribner's Sons, 1971), pp. 177–211; Joan Halifax, *Shaman: The Wounded Healer* (New York: The Crossroad Publishing Company, 1982); John A. Grim, *The Shaman: Patterns of Religious Healing Among the Ojibway Indians* (Norman and London: University of Oklahoma Press, 1983); I. M. Lewis, *Ecstatic Religion: A Study of Shamanism and Spirit Possession*, second edition (London and New York: Routledge, 1989), pp. 160–184; Marina Roseman, *Healing Sounds from the Malaysian Rainforest* (Berkeley and Los Angeles: University of California Press, 1991); 直江廣治、窪德忠編，《東南アジア華人社會の宗教文化に關する調查研究》（東京：南斗書房，1987），頁 107–134；朝鮮總督府編，《朝鮮の巫覡》（1932；東京：國書刊行會，1972）；赤松智城、秋葉隆，《朝鮮巫俗の研究》（東京：大阪屋號書店，1938）；李能和，《朝鮮巫俗考》（1927；臺北：東方文化書局，1971 年翻印）；櫻井德太郎，《日本シャーマニズムの研究》（東京：吉川弘文館，1988）；櫻井德太郎，《東アジアの民俗宗教》（東京：吉川弘文館，1988）；山上伊豆母，《巫女の歷史：日本宗教の母胎》（東京：雄山閣，1994）。

270. 初步的探討，詳見林富士，〈中國六朝時期的巫覡與醫療〉，頁 1–48；林富士，〈醫者或病人——童乩在臺灣社會中的角色與形象〉，收錄於本書頁 237–288。

附錄：略論占卜與醫療之關係
——以中國漢隋之間卜者的醫療活動為主的初步探討[*]

一、引　言

　　一般的中國醫學史著作，絕大多數的篇幅只談專業的醫者和醫學著作，偶而才會旁及宗教及其醫療方面的著作和活動，而在各種宗教之中，近代以基督宗教最常被提及，近代以前，則大多介紹佛、道二教，而在上古部分則是以巫覡為主。幾乎沒有人注意卜者與醫療之間的關係。

　　然而，想要「重建」中國醫學史之「信史」的學者，卻不得不利用甲骨「卜辭」以探討殷商時期的疾病史和醫療技術。[1] 而卜辭卻正是殷代貞人占卜活動下的產物，可見早在殷商時期，卜者已經介入中國社會的醫療事務。

　　因此，我們似乎有必要探討卜者究竟在傳統中國社會的醫療領域中扮演什麼角色，占有何等地位。同時，我們似乎也必須檢視占卜之術如何能用於治療疾病。

---

* 初稿完成於 2003 年 8 月 23 處暑之日。

1. 詳見胡厚宣，〈殷人疾病考〉，收入氏著，《甲骨學商史論叢初集》（臺北：大通書局，1972），頁 1–16；李宗焜，〈從甲骨文看商代的疾病與醫療〉，《中央研究院歷史語言研究所集刊》72：2（臺北，2001），頁 339–391。

不過，占卜是中國社會的「大傳統」，源遠流長，歷代的卜者，包括所謂的日者、相者、陰陽家、算命師等，人數眾多，占卜方面的著作也頗龐雜，因此，本文只擬以漢隋之間若干卜者為主要的考察對象，約略介紹他們的醫療活動及其占卜之術的醫療功能，並略舉相關文獻與之相互參證。

二、卜者與治病者

在探討卜者的醫療活動之前，且讓我們先看看傳統中國社會如何看待卜者與醫療者之間的關係。

㈠先秦時期

從甲骨卜辭可以知道，卜者在殷商時期便已從事醫療工作，而從此之後，這個傳統似乎便不曾斷絕。例如，《墨子》有言：

> 舉巫、醫、卜有所，長具藥，宮之，善為舍。巫必近公社，必敬神之。巫卜以請守，守獨智巫卜望氣之請而已。其出入流言，驚駭吏民，謹微察知，斷罪不赦。[2]

這主要是在談守城者如何管束、利用一些具有醫療及預言能力的人，一方面可以讓他們協助治療病人，另一方面則可以防止他們隨意散播足以動搖吏民的言論。其中，具有醫療技能者便包括巫、醫、卜這三種人。

其次《管子》云：「上恃龜筮，好用巫醫，則鬼神驟祟」，[3] 《呂氏春秋》也說：「今世上卜筮禱祠，故疾病愈來。……故巫醫毒藥，逐除治之，故古人

---

2. 詳見墨翟，《墨子》〔孫詒讓，《墨子閒詁》〕（臺北：華正書局，1987），卷15，〈迎敵祠〉，頁529。

3. 詳見《管子》〔李勉註譯，《管子今註今譯》〕（臺北：臺灣商務印書館，1990），〈權修〉，頁21。

賤之也，為其末也。」[4] 在這兩段話中，卜筮（龜筮）都和巫、醫相提並論，而且都和疾病有關，因此，三者似乎同被視為擁有治病技能之人。

由此可見，至少在春秋、戰國時人的心目中，卜者和巫者、醫者一樣，都能從事醫療工作。早期的巫咸神話似乎也頗能說明這種情形。

關於巫咸，有各式各樣的傳說。一方面，巫咸是《山海經‧大荒西經》所提到，和「百藥」關係密切的群巫之一，[5] 另一方面，《世本》說「巫咸，堯醫也，以鴻術駕帝堯之醫」，[6] 而《呂氏春秋》則說：「巫彭作醫，巫咸作筮。」[7] 後代《修真秘訣》提及房中之術、諸家之要時，除了黃帝、容成、彭祖之外，甚至也有巫咸在內。[8] 總之，根據種種神話、傳說來看，巫咸同時被中國的巫者、醫者、卜者、天文（星占）家、房中家視為其宗師，[9] 而這些「方技」之士，通常都被認為具有醫療的技能。

(二)兩漢時期

至於漢代的情形，出現於西元前一世紀左右的啟蒙教科書《急就篇》[10] 就說：

---

4. 詳見呂不韋等，《呂氏春秋》（上海：上海古籍出版社，2002），卷3，〈季春記〉，頁136。

5. 《山海經》〔袁珂，《山海經校注》〕（上海：上海古籍出版社，1980），卷11，〈大荒西經〉，頁396。

6. 引自李昉等編，《太平御覽》（臺北：臺灣商務印書館，1975），卷721，〈方術部〉，頁3325。

7. 《呂氏春秋》，卷17，〈審分覽〉，頁1077–1078。

8. 引自金禮蒙輯，《醫方類聚》（北京：人民衛生出版社，1981–1982），第9冊，卷200，〈養性門〉，頁366。

9. 參考顧炎武，《日知錄》（臺北：文史哲出版社，1979），卷26，〈巫咸〉，頁719–721。

10. 關於《急就篇》之出現年代及其性質、內容的研究，詳見沈元，〈《急就篇》研究〉，原載《歷史研究》1962：3（北京，1962），收入華世出版社編，《中國社會經濟史參考文獻》（臺北：華世出版社，1984），頁319–345。

> 寒氣泄注腹臚脹，痲疵疥癘癡聾盲，
> 癃疽痿瘀瘻痹痕，疝瘕顛疾狂失響，
> 瘧瘲瘀痛瘼溫病，消渴歐逆欬懣讓，
> 癉熱瘦痔眵矒眼，篤癃衰廢迎醫匠。
> 灸刺和藥逐去邪，黃芩茯苓礜茈胡，
> 牡蒙甘草菀藜蘆，烏喙附子椒芫華，
> 半夏皁莢艾橐吾，芎藭厚樸桂栝樓，
> 款東貝母薑狼牙，遠志續斷參土瓜，
> 亭歷桔梗龜骨枯，雷矢雚菌蓋兔盧。
> 卜問譴祟父母恐，祠祀社稷叢臘奉，
> 謁楊塞禱鬼神寵，棺槨槥櫝遣送踊，
> 喪弔悲哀面目腫，哭泣祭醊墳墓塚。[11]

這段引文共三章。頭一章八句，敘述各種疾病的名稱及簡要症狀，末句以「迎醫匠」作結。次章十句，文意是承接上章而來，描述醫匠之「灸刺和藥」，並介紹各種藥物的名字。緊接其後的一句，就語意上推斷，可能是指在採行醫藥治療的同時，或醫療治療無效後，進行「卜問譴祟」、祠祀鬼神以求痊癒的活動。若都無法治癒，則需遵守喪葬禮俗以安葬死者。根據這段文字判斷，漢人生病之時，除了尋求醫藥之外，還會求神問卜，祭祀祈禱，大概是醫、巫、卜兼用。

其次，東漢王充在批評當時的「厚葬」風氣時也說：

> 孝子之養親病也，未死之時，求卜迎醫，冀禍消、藥有益也。既死之後，雖審如巫咸，良如扁鵲，終不復生（使）。何則？知死氣絕，終無補益，厚葬何差乎？[12]

---

11. 史游，《急就篇》〔叢書集成簡編本〕（臺北：臺灣商務印書館，1965），頁 20–22。

在此，先是卜醫並舉，其後又舉巫咸、扁鵲，可見在王充或漢人觀念中，卜者與巫、醫都被視為治病之人。此外，王充還說：

> 世信祭祀，以為祭祀者必有福，不祭祀者必有禍。是以病作卜祟，崇德脩祀，祀畢意解，意解病已，執意以為祭祀之助，勉奉不絕。[13]

這段話指出，漢人會以占卜之術探討病因，並據以「修祀」以解除病祟。

此外，大致成書於東漢中晚期的《太平經》，[14] 其〈齋戒思神救死訣〉也說：

> 今承負之後，天地大多災害，鬼物老精凶殃尸咎非一，尚復有風濕疽瘡，……或一人有百病，或有數十病。假令人人各有可畏，或有可短，或各能去一病。如一卜卦工師中知之，除一禍祟之病；大醫長於藥方者，復除一病；刺工長刺經脈者，復除一病；復有長於灸者，復除一病；或有長於劾者，復除一病；或有長於祀者，復除一病；或有長於使神自導視鬼，復除一病。此有七人，各除一病，這除去七病。下古人多病，……悉無不具疾苦也，盡諸巧工師，各去一病。這去七病，其餘病自若在，不盡除去，七工師力已極，此餘病不去，猶共困人，久久得窮焉，故多得死，不能自度於厄中也。[15]

這部書出現、流傳於瘟疫橫行的時代，因此，書中多次提及人民苦於疾病的情形，以及各種治療疾病的方法。而《太平經》的作者最看重的療法雖然是道教的「首過」（悔過）與善行，但是也不排斥其他醫療者的方法，[16] 以上引文這

12. 王充，《論衡》〔黃暉，《論衡校釋》〕（北京：中華書局，1990），〈薄葬〉，頁 964–965。
13. 《論衡》，〈祀義〉，頁 1047。
14. 詳見林富士，〈試論《太平經》的主旨與性質〉，《中央研究院歷史語言研究所集刊》69：2（臺北，1998），頁 205–244。
15. 《太平經》〔王明，《太平經合校》〕（北京：中華書局，1960），卷 72，〈齋戒思神救死訣〉，頁 293–294。

段文字來說，便有所謂的「七工師」，包括：一、卜卦工師；二、大醫（長於藥方者）；三、刺工（長於刺經脈者）；四、灸者；五、劾者；六、祀者；七、使神自導視鬼者。這七種人，以漢代人的觀念來說，大致可以歸類為三種職業：一、卜者（卜卦工師）；二、醫者（長於藥方者、刺工、灸者）；三、巫者（劾者、祀者、使神自導視鬼者）。[17]

㈢六朝時期

六朝時期，病者求神問卜、迎巫呼醫的習俗仍然存在，例如，大致出自魏晉人之手的《列子》，[18] 有一則華子病忘的「故事」相當能說明這種情形，其文云：

> 宋陽里華子中年病忘，朝取而夕忘，夕與而朝忘；在塗則忘行，在室則忘坐；今不識先，後不識今。闔室毒之。謁史而卜之，弗占；謁巫而禱之，弗禁；謁醫而攻之，弗已。魯有儒生自媒能治之，華子之妻子以居產之半請其方。儒生曰：「此固非卦兆之所占，非祈請之所禱，非藥石之所攻。吾試化其心，變其慮，庶幾其瘳乎！」於是試露之，而求衣；飢之，而求食；幽之，而求明。儒生欣然告其子曰：「疾可已也。然吾之方密，傳世不以告人。試屏左右，獨與居室七日。」從之。莫知其所施為是也，而積年之疾一朝都除。[19]

這雖然是「寓言」，但是，罹病之後，尋卜占病，請巫祈禱，謁醫求藥，可以說是當時社會常見的一種就醫模式。

---

16. 詳見林富士，〈東漢晚期的疾疫與宗教〉，《中央研究院歷史語言研究所集刊》66：3（臺北，1995），頁 695–745。

17. 林富士，〈東漢晚期的疾疫與宗教〉，頁 695–745。

18. 詳見《列子》〔楊伯峻，《列子集釋》〕（北京：中華書局，1979）。

19. 《列子》，卷3，〈周穆王篇〉，頁 108–110。

其次，梁武帝之時，郭祖深曾「輿櫬詣闕上封事」，說道：

> 臣見疾者詣道士則勸奏章，僧尼則令齋講，俗師則鬼禍須解，醫診則湯
> 燙散丸，皆先自為也。臣謂為國之本，與療病相類，療病當去巫鬼，尋
> 華、扁，為國當黜佞邪，用管、晏。[20]

這段話的主旨雖然在論治國之道，但其療病的譬喻卻恰好反映出當時人尋求醫
療救助時的四種選擇：道士、僧尼、俗師和醫者。同時，他也指出，這四種人
所使用的療法各有其特色，即道士用「奏章」（上章悔過）；僧尼用「齋講」（齋
戒講經）；俗師用「解除鬼禍」；醫者則用「湯燙散丸」（燙法和藥物）。其中，
俗師雖然主要是指巫覡，[21] 但是，在當時社會中，卜者也常以「解除鬼禍」替
人治病（詳下文），因此，應該也包括在「俗師」的範圍之內。

　　總之，到了六朝時期，除了醫者和巫、卜之外，病者還可以選擇新興的
佛、道二教相助。

㈣六朝之後

　　六朝之後的情形，在此無法詳述，唯從官制來看，卜者似乎仍有與巫、醫
同職共事的機會，例如，《隋書·百官志》便云：

> 太常寺……統郊社、太廟、諸陵、太祝、衣冠、太樂、清商、鼓吹、太
> 醫、太卜、廩犧等署，各置令（並一人。太樂、太醫則各加至二人）、
> 丞（各一人。郊社、太樂、鼓吹則各至二人）。……太醫署有主藥（二
> 人）、醫師（二百人）、藥園師（二人）、醫博士（二人）、助教（二人）、
> 按摩博士（二人）、祝禁博士（二人）等員。太卜署有卜師（二十人）、

---

20. 李延壽，《南史》（北京：中華書局，1975），卷70，〈循吏列傳〉，頁1720–1721。
21. 詳見林富士，〈中國六朝時期的巫覡與醫療〉，《中央研究院歷史語言研究所集刊》70：1
　　（臺北，1999），頁1–48。

相師（十人）、男覡（十六人）、女巫（八人）、太卜博士、助教（各二人）、相博士、助教（各一人）等員。[22]

由此可知，當時醫者、巫者和卜者分別隸屬於太醫署和太卜署，但同在「太常寺」轄下，而且，太醫署中的「祝禁博士」很可能是由精通「祝由」之術的巫者出任，而部分巫覡又在太卜署之下和卜師、相師共事，可見三者之間的親密關係。

其後，元憲宗二年十二月，大赦天下，以阿忽察「掌祭祀、醫巫、卜筮」。[23] 醫、巫在此和祭祀、卜筮在一起，同在一官轄下，可見彼此關係之密切。

至於明清時期的情形，馮夢龍《警世通言》中有一段故事情節，似乎頗能反映當時之社會實態。其文云：

> 這婦人自慶前夕歡娛，直至佳境，又約秉中晚些相會，要連歌幾十夜。誰知張二官家來，心中納悶，就害起病來。頭疼腹痛，骨熱身寒。張二官顒望回家，將息取樂，因見本婦身子不快，倒戴了一個愁帽。遂請醫調治，倩巫燒獻，藥必親嘗，衣不解帶，反受辛苦不似在外了。……張二官指望便好，誰知日漸沉重。本婦病中，但瞑目，就見向日之阿巧和李二郎偕來索命，勢漸獰惡。本婦懼怕，難以實告，惟向張二官道：「你可替我求問：『幾時脫體？』」如言遶往洞虛先生卦肆，卜下卦來。判道：「此病大分不好，有橫死老幼陽人死命為禍，非今生乃宿世之冤。今夜就可辦備福物酒果冥衣各一分，用鬼宿度河之次，向西鋪設，苦苦哀求，庶有少救。不然，決不好也。」[24]

這是一則關乎偷情、通姦、謀殺和厲鬼索命的故事，而被蒙在鼓裡的張二官對

---

22. 魏徵等，《隋書》（北京：中華書局，1973），卷28，〈百官志〉，頁776。

23. 宋濂等，《元史》（北京：中華書局，1973），卷3，〈憲宗本紀〉，頁46。

24. 馮夢龍，《警世通言》（臺北：三民書局，1983），卷38，〈蔣淑真刎頸鴛鴦會〉，頁434。

於妻子的病卻頗關心，不僅「請醫調治，倩巫燒獻」，還「藥必親嘗，衣不解帶」。後來還前往卦肆卜卦求治。這雖是「警世」故事，但在傳統中國社會中，富厚人家碰到疾病，大概就是如此：到處請醫延巫，求神問卜。

　　總之，在傳統中國社會中，從先秦一直到明清時期，卜者雖非以治病為其主要職事，卻一直扮演著醫療者的角色。至少在部分人的認知裡，卜者和巫、醫一樣，都是病人可以求助的對象。以下便以若干具體的事例，說明漢隋之間卜者從事醫療活動的情形。

三、漢隋之間卜者的治病事例

㈠張禹 (fl. 73–7 BC)

　　張禹早年曾屢至市集觀人卜相，頗曉「別著布卦」之義，長大後又到長安學施氏易，並在西漢宣帝（74–48 BC 在位）時入仕，在元帝初元年間 (48–44 BC) 擔任皇太子（後來之成帝）的《論語》教師。[25]

　　成帝（33–7 BC 在位）即位之後，張禹因曾任「天子師」，相當受到禮遇，「國家每有大政，必與定議」。而成帝在位末年，身體健康狀態不好，張禹甚至親自替他卜卦，《漢書》記載其情形云：

> 禹見時有變異，若上體不安，擇日絜齋露著，正衣冠立筮，得吉卦則獻其占，如有不吉，禹為感動憂色。[26]

在此，張禹卜筮的目的是為了判斷皇帝病情是否能好轉，也就是現代醫學所說的「預後」判斷。

---

25. 班固，《漢書》（北京：中華書局，1962），卷 81，〈張禹傳〉，頁 3347–3348。

26. 《漢書》，卷 81，〈張禹傳〉，頁 3351。

㈡無名筮者 (fl. ca. 58–75)

以卜筮判斷疾病之預後，還有一例。《後漢書》載云：

> 明德馬皇后諱某，伏波將軍援之小女也。少喪父母。兄客卿敏惠早夭，
> 母藺夫人悲傷發疾慌惚。后時年十歲，幹理家事，勅制僮御，內外諮
> 稟，事同成人。初，諸家莫知者，後聞之，咸歎異焉。后嘗久疾，太夫
> 人令筮之，筮者曰：「此女雖有患狀而當大貴，兆不可言也。」[27]

這是東漢明帝馬皇后少女之時的一段往事，她因久病，家人才會找來筮者占
卜，判斷吉凶，結果卦象卻顯示她的未來「大貴」，貴得「不可言」。

㈢趙昱 (fl. 168–189)

在傳統中國社會，占卜之術並非職業的卜者所專擅，有不少業餘人士都能
運用此術替自己或家人、朋友占卜吉凶。在東漢靈帝（168–189 在位）之時曾
經擔任莒縣縣長的趙昱便是其中一個例子。謝承《後漢書》載云：

> 趙昱字元達，年十三，母嘗病，經涉三月。昱慘戚消瘠，至目不交睫，
> 握粟出卜，祈禱泣血，鄉黨稱其孝。[28]

這是因為母親生病，趙昱才親自卜筮祈禱，問其吉凶，求其平安。當時趙昱才
十三歲，應該不是一名職業卜者。

㈣管輅 (210–256)

三國時期的方技之士，人才濟濟，有名者甚多，其中，魏國 (220–265) 管

---

27. 范曄，《後漢書》（北京：中華書局，1965），卷 10，〈皇后本紀〉，頁 407–408。
28. 謝承，《後漢書》〔《八家後漢書輯注》本〕（上海：上海古籍出版社，1986），卷 4，〈陶
　　謙傳〉，頁 146–147。

輅 (210–256) 是以擅長卜筮聞名。他所留下的「卜案」也相當多，涉及疾病的
則至少有以下四例。

第一是利漕民得「躄疾」之事，《三國志》云：

> 利漕民郭恩兄弟三人，皆得躄疾，使輅筮其所由。輅曰：「卦中有君本
> 墓，墓中有女鬼，非君伯母，當叔母也。昔饑荒之世，當有利其數升米
> 者，排著井中，嘖嘖有聲，推一大石，下破其頭，孤魂冤痛，自訴於
> 天。」於是恩涕泣服罪。[29]

《管輅別傳》對於這件事有更清楚的交待，其文云：

> 利漕民郭恩，字義博，有才學，善《周易》、《春秋》，又能仰觀。輅就
> 義博讀《易》，數十日中，意便開發，言難踰師。於此分著下卦，用思
> 精妙，占覘上諸生疾病死亡貧富喪衰，初無差錯，莫不驚怪，謂之神人
> 也。又從義博學仰觀，三十日中通夜不臥，語義博：「君但相語墟落處
> 所耳，至於推運會，論災異，自當出吾天分。」學未一年，義博反從輅
> 問《易》及天文事要。義博每聽輅語，未嘗不推几慷慨。自言「登聞君
> 至論之時，忘我篤疾，明闇之不相逮，何其遠也」！義博設主人，獨請
> 輅，具告辛苦，自說：「兄弟三人俱得躄疾，不知何故？試相為作卦，
> 知其所由。若有咎殃者，天道赦人，當為吾祈福於神明，勿有所愛。兄
> 弟俱行，此為更生。」輅便作卦，思之未詳。會日夕，因留宿，至中
> 夜，語義博曰：「吾以此得之。」既言其事，義博悲涕沾衣，曰：「皇漢
> 之末，實有斯事。君不名主，諱也。我不得言，禮也。兄弟躄來三十餘
> 載，腳如棘子，不可復治，但願不及子孫耳。」輅言火形不絕，水形無
> 餘，不及後也。[30]

---

29. 陳壽，《三國志》（北京：中華書局，1959），卷29，〈方技列傳〉，頁812。
30. 《三國志》，卷29，〈方技列傳〉，頁812–813，裴松之注引。

由此可見，故事中的病人郭恩，其實是管輅占卜之學的啟蒙老師。但管輅才分遠在郭氏之上，因此，學成之後，反而能以卜筮之術診斷出郭氏兄弟得「躄疾」的緣由係出自於冤魂作祟，屬鬼復仇。

第二是劉奉林婦病危之事，《三國志》云：

> 廣平劉奉林婦病困，已買棺器。時正月也，使輅占，曰：「命在八月辛卯日日中之時。」林謂必不然，而婦漸差，至秋發動，一如輅言。[31]

這是對於病人死期的判斷。事實上，占卜之術經常被用於預測一個人的年壽、死期。例如，管輅就推測過自己的死期，《三國志》載云：

> 正元二年，弟辰謂輅曰：「大將軍待君意厚，冀當富貴乎？」輅長歎曰：「吾自知有分直耳，然天與我才明，不與我年壽，恐四十七八間，不見女嫁兒娶婦也。若得免此，欲作洛陽令，可使路不拾遺，枹鼓不鳴。但恐至太山治鬼，不得治生人，如何！」辰問其故，輅曰：「吾額上無生骨，眼中無守精，鼻無梁柱，腳無天根，背無三甲，腹無三壬，此皆不壽之驗。又吾本命在寅，加月食夜生。天有常數，不可得諱，但人不知耳。吾前後相當死者過百人，略無錯也。」是歲八月，為少府丞。明年二月卒，年四十八。[32]

這是結合了相術和卜術所做的推斷，而管輅自言他曾預測不少人的「死期」，都無差錯，可見占卜之術常用於此。

第三是信都令家人「更互疾病」之事，《三國志》云：

> 時信都令家婦女驚恐，更互疾病，使輅筮之。輅曰：「君北堂西頭，有兩死男子，一男持矛，一男持弓箭，頭在壁內，腳在壁外。持矛者主刺

---

31. 《三國志》，卷29，〈方技列傳〉，頁813。

32. 《三國志》，卷29，〈方技列傳〉，頁826。

頭，故頭重痛不得舉也。持弓箭者主射肚腹，故心中懸痛不得飲食也。
畫則浮游，夜來病人，故使驚恐也。」於是掘徙骸骨，家中皆愈。[33]

《管輅別傳》對此有進一步的說明，其文云：

> 王基即遣信都令遷掘其室中，入地八尺，果得二棺，一棺中有矛，一棺
> 中有角弓及箭，箭久遠，木皆消爛，但有鐵及角完耳。及徙骸骨，去城
> 一十里埋之，無復疾病。[34]

這是以卜筮之術診查疾病的原因（死者之骸骨、游魂作祟）。有時候，只要能
找出病因，便很容易治療，這也是病者一開始會先找卜者「占病」、「卜祟」的
主要原因之一。

第四是華城門夫人久病不癒之事，曾與管輅相當熟絡的城門校尉華長駿說：

> 華城門夫人者，魏故司空涿郡盧公女也，得疾，連年不差。華家時居西
> 城下南纏里中，三廄在其東南。輅卜當有師從東方來，自言能治，便聽
> 使之，必得其力。後無何，有南征廄騶，當充甲卒，來詣盧公，占能治
> 女郎。公即表請留之，專使其子將詣華氏療疾，初用散藥，後復用丸
> 治，尋有效，即奏除騶名，以補太醫。[35]

這個案例比較獨特。管輅並未解釋病因，也未提供療法，只是預言將有能治好
盧氏女的醫者出現，並建議病家接受其治療。

---

33. 《三國志》，卷29，〈方技列傳〉，頁814。
34. 《三國志》，卷29，〈方技列傳〉，頁814，裴松之注引。
35. 《三國志》，卷29，〈方技列傳〉，頁829，裴松之注引述長廣太守陳承祐口受城內校尉
　　華長駿之語。

㈤韓友 (d. ca. 313)

韓友是在晉惠帝元康六年 (296) 舉賢良，死於晉懷帝永嘉末年 (ca. 313)，[36] 以擅於卜筮療病聞名。在他的傳記中保留了數則療病的事例。首先是龍舒縣長鄧林之妻久病不癒之事。《晉書》載云：

> 韓友字景先，盧江舒人也。為書生，受《易》於會稽伍振，善占卜，能圖宅相冢，亦行京費厭勝之術。龍舒長鄧林婦病積年，垂死，醫巫皆息意。友為筮之，使畫作野猪著臥處屏風上，一宿覺佳，於是遂差。[37]

鄧林之婦的病連醫、巫都無法治好，最後是靠韓友的卜筮及厭勝之術才見效。

其次是令舒縣廷掾王睦「死而復生」之事，《晉書》載云：

> 舒縣廷掾王睦病死，已復魄。友為筮之，令以丹畫版作日月置牀頭，又以豹皮馬鞍泥臥上，立愈。[38]

這也是兼用卜筮和厭勝之術。

第三是治好劉世則之女病魅之事。《晉書》載云：

> 劉世則女病魅積年，巫為攻禱，伐空冢故城間，得狸鼉數十，病猶不差。友筮之，命作布囊，依女發時，張囊著窗牖間，友閉戶作氣，若有所驅。斯須之間，見囊大脹如吹，因決敗之，女仍大發。友乃更作皮囊二枚，沓張之，施張如前，囊復脹滿，因急縛囊口，懸著樹二十許日，漸消，開視有二斤狐毛，女遂差。[39]

---

36. 房玄齡等，《晉書》（北京：中華書局，1974），卷 95，〈藝術列傳·韓友傳〉，頁 2477。

37. 《晉書》，卷 95，〈藝術列傳·韓友傳〉，頁 2476。

38. 《晉書》，卷 95，〈藝術列傳·韓友傳〉，頁 2476。

39. 《晉書》，卷 95，〈藝術列傳·韓友傳〉，頁 2476。有關劉世則女病魅之事，也可見於

劉世則家是先請巫者治療，無法痊癒才轉而請韓友卜筮，並以禳除之術捉拿狐魅，除去病祟。

第四是指示宣城太守殷祐治病之事。《晉書》云：

> 宣城太守殷祐有病，友筮之，曰：「七月晦日，將有大鸜鳥來集廳事上，宜勤伺取，若獲者為善，不獲將成禍。」祐乃謹為其備。至日，果有大鸜垂尾九尺，來集廳事上，掩捕得之，祐乃遷石頭督護，後為吳郡太守。[40]

這個案例和前三個一樣，韓友都不曾說明病因，而是直接指示療法。無論如何，在診療的過程中，韓友都是先「筮」，應該是找尋病因。然後才以其厭勝之術指導病人進行治療。

值得注意的是，第一個案例，鄧林家曾找過醫巫，第三個案例，劉世則家曾找過巫者，他們都束手無策之後，才由韓友接手治療。

㈥淳于智 (d. 291)

曾於西晉武帝太康年間擔任過司馬督的淳于智，以「能易筮，善厭勝之術」聞名，[41] 他甚至也能自卜死期，《晉書》載云：

> 性深沈，常自言短命，曰：「辛亥歲天下有事，當有巫醫挾道術者死。吾守易義以行之，猶當不應此乎！」太康末，為司馬督，有寵於楊駿，故見殺。[42]

辛亥歲是指惠帝永平（元康）元年 (291)。無論如何，由文中可以知道，淳于

《搜神記》，卷3，頁40。

40. 《晉書》，卷95，〈藝術列傳・韓友傳〉，頁2477。

41. 《晉書》，卷95，〈藝術列傳・淳于智傳〉，頁2477。

42. 《晉書》，卷95，〈藝術列傳・淳于智傳〉，頁2478。

智自覺自己是一名巫醫之類人物，事實上，在他的「卜筮」活動中，也確有治病的事例。

第一是劉柔夜臥之時被鼠齧指之事，《晉書》載云：

> 淳于智字叔平，濟北盧人也。有思義，能易筮，善厭勝之術。高平劉柔
> 夜臥，鼠齧其左手中指，以問智，智曰：「是欲殺君而不能，當為君使
> 其反死。」乃以朱書手腕橫文後三寸作田字，辟方一寸二分，使露手以
> 臥。明旦，有大鼠伏死手前。[43]

由此可見，淳于智不僅能卜，還能畫符、厭勝。

其次是夏侯藻之母病困之事，《晉書》載云：

> 譙人夏侯藻母病困，詣智卜，忽有一狐當門向之嗥。藻怖愕，馳見智。
> 智曰：「其禍甚急，君速歸，在狐嗥處拊心啼哭，令家人驚怪，大小必
> 出，一人不出，哭勿止，然後其禍可救也。」藻還，如其言，母亦扶病
> 而出，家人既集，堂屋五間拉然而崩。[44]

淳于智並未說明夏侯藻之母究竟罹患何病或是病因為何，只教他解救之道。

第三是張劭之母病篤之事，《晉書》載云：

> 護軍張劭母病篤，智筮之，使西出市沐猴，繫母臂，令傍人搥拍，恒使
> 作聲，三日放去。劭從之。其猴出門即為犬所咋死，母病遂差。[45]

這和上一個事例一樣，都只教導病者家屬如何治療。

第四是改變鮑瑗家「多喪病貧苦」的厄運，《晉書》載云：

---

43. 《晉書》，卷95，〈藝術列傳・淳于智傳〉，頁2477。

44. 《晉書》，卷95，〈藝術列傳・淳于智傳〉，頁2477–2478。

45. 《晉書》，卷95，〈藝術列傳・淳于智傳〉，頁2478。

上黨鮑瑗家多喪病貧苦，或謂之曰：「淳于叔平神人也，君何不試就卜，知禍所在？」瑗性質直，不信卜筮，曰：「人生有命，豈卜筮所移！」會智來，應詹謂曰：「此君寒士，每多屯虞，君有通靈之思，可為一卦。」智乃為卦，卦成，謂瑗曰：「君安宅失宜，故令君困。君舍東北有大桑樹，君徑至市，入門數十步，當有一人持荊馬鞭者，便就買以懸此樹，三年當暴得財。」瑗承言詣市，果得馬鞭，懸之三年，浚井，得錢數十萬，銅鐵器復二十餘萬，於是致贍，疾者亦愈。[46]

這是將鮑瑗家的厄運歸之於「安宅失宜」，至於解救之道也是在「地理」上下工夫。

第五是治好上一則事例中的介紹人應詹之病。《晉書》載云：

其消災轉禍，不可勝紀，而卜筮所占，千百皆中。應詹少亦多病，智乃為符使詹佩之，誦其文，既而皆驗，莫能學也。[47]

由這段文字來看，淳于智替人治病消災的事例應該不只上述五則。而由他的行事來看，卜者被人倚重，除了他能指出病因禍源之外，往往還能指示治病消災的方法。

㈦陳訓 (fl. ca. 244–324)

歷陽人陳訓，「少好秘學，天文、曆算、陰陽占候無不畢綜，尤善風角」，曾任吳末帝孫皓的奉禁都尉。吳亡之後，曾入仕晉廷，不久後去職還鄉，年八十餘才過世。[48]

東晉之時，陳訓家居歷陽，丞相王導 (276–339) 生病時曾請教於他，《晉

---

46. 《晉書》，卷 95，〈藝術列傳・淳于智傳〉，頁 2478。

47. 《晉書》，卷 95，〈藝術列傳・淳于智傳〉，頁 2478。

48. 《晉書》，卷 95，〈藝術列傳・陳訓傳〉，頁 2468–2469。

書》載云：

> 丞相王導多病，每自憂慮，以問訓。訓曰：「公耳豎垂肩，必壽，亦大
> 貴，子孫當興於江東。」咸如其言。[49]

這似乎是純粹以「相法」推斷王導之病無礙，且能長壽，家族貴盛。

㈧郭璞 (276–324)

郭璞精通「五行、天文、卜筮之術」，史書說他「攘災轉禍，通致無方，
雖京房、管輅不能過」。[50] 東晉明帝太寧二年 (324)，王敦起兵造反，[51] 但當王
敦的部屬與朝廷軍隊對峙之際，根據《魏書》記載，王敦正罹患重病，於是：

> 使術士郭璞筮之，卦成，對曰：「不能佳。」[52]

《晉書》記載此事雖然不曾言王敦病重，但也說：

> 王敦之謀逆也，溫嶠、庾亮使璞筮之，璞對不決。嶠、亮令占己之吉
> 凶，璞曰：「大吉。」……於是勸帝討敦。……敦將舉兵，又使璞筮。
> 璞曰：「無成。」敦固疑璞之勸嶠、亮，又聞卦凶，乃問璞曰：「卿更筮
> 吾壽幾何？」答曰：「思向卦，明公起事，必禍不久。……」敦大怒曰：
> 「卿壽幾何？」曰：「命盡今日日中。」敦怒，收璞，詣南岡斬之。[53]

由此可見，謀反與討逆雙方在決定行事之前，都曾請郭璞以卜筮之術釋疑。對
於朝廷一方，郭璞不明言軍事上之成敗，而是以領導人物命之吉凶間接暗示政

---

49. 《晉書》，卷95，〈藝術列傳‧陳訓傳〉，頁 2469。
50. 《晉書》，卷72，〈郭璞傳〉，頁 1899。
51. 《晉書》，卷6，〈明帝紀〉，頁 161–162。
52. 魏收，《魏書》（北京：中華書局，1974），卷96，〈僭晉司馬紹傳〉，頁 2096。
53. 《晉書》，卷72，〈郭璞傳〉，1909。

府軍會獲勝。相反的，對於王敦，郭璞直言其事不成，而且，用同一卦象直言其壽將盡，因此惹怒王敦，也引來殺身之禍。不過，這也早在郭璞預占之中。

　　總之，對於重要的政治人物而言，其身體、禍福、壽夭其實和其政治勢力、事功成敗息息相關，因此，占其身便可占其國，反之亦然。

㈨戴洋 (fl. 276–339)

　　以占卜之術推斷政治人物的健康狀況、病情及死期，在晉代似乎相當流行，當時除了郭璞之外，戴洋也很有名氣，《晉書》載云：

> 戴洋，字國流，吳興長城人也。……善風角。……好道術，妙解占候卜數。……陳眕問洋曰：「人言江南當有貴人，顧彥先、周宣珮當是不？」洋曰：「顧不及臘，周不見來年八月。」榮果以十二月十七日卒，十九日臘；玘以明年七月晦亡。王導遇病，召洋問之。洋曰：「君侯本命在申，金為土使之主，而於申上石頭立冶，火光照天，此為金火相爍，水火相煎，以故受害耳。」導即移居東府，病遂差。[54]

由此可知，戴洋曾準確預言顧榮和周玘的死期，並以生年本命太歲和住宅方位的觀念解釋王導的病厄，而王導也得以採取適當的辟除之道。

　　其次，將軍劉胤病時也曾請教過戴洋，《晉書》載云：

> 洋往尋陽。時劉胤鎮尋陽，胤問洋曰：「我病當差不？」洋曰：「不憂使君不差，憂使君今年有大厄。使君年四十七，行年入庚寅。太公陰謀曰：『六庚為白獸，在上為客星，在下為害氣。』年與命并，必凶當忌。十二月二十二日庚寅勿見客。」胤曰：「我當解職，將君還野中治病。」洋曰：「使君當作江州，不得解職。」胤曰：「溫公不復還邪？」洋曰：「溫公雖還，使君故作江州。」俄如其言。九月甲寅申時，迴風從東

---

54. 《晉書》，卷95，〈藝術列傳・戴洋傳〉，頁 2470。

來，入胤兒船中，西過，狀如匹練，長五六丈。洋曰：「風從咸池下來，攝提下去，咸池為刀兵，大毀為死喪。到甲子日申時，府內大聚骨埋之。」胤問在何處，洋曰：「不出州府門也。」胤架府東門。洋又曰：「東為天牢，牢下開門，憂天獄至。」十二月十七日，洋又曰：「臘近可閉門，以五十人備守，并以百人備東北寅上，以卻害氣。」胤不從。二十四日壬辰，胤遂為郭默所害。[55]

由這一段文字可以知道，戴洋主要是以年命、流年推斷病、禍，另外也懂望氣、風角及厭勝之道。而劉胤雖信卻不盡信，最後仍如戴洋所占，逃不過「大厄」，死於非命。

此外，征西將軍庾亮鎮武昌之時，也頗倚重戴洋，《晉書》載云：

（咸康）五年 (339)，亮令毛寶屯邾城。九月，洋言於亮曰：「毛豫州今年受死問。昨朝大霧晏風，當有怨賊報仇，攻圍諸侯，誠宜遠偵邏。」寶問當在何時，答曰：「五十日內。」其夕，又曰：「九月建戌，朱雀飛驚，征軍還歸，乘戴火光，天示有信，災發東房，葉落歸本，慮有後患。」明日，又曰：「昨夜火殃，非國福，今年架屋，致使君病，可因燒屋，移家南渡，無嫌也。」寶即遣兒婦還武昌。尋傳賊當來攻城，……果陷邾城而去。亮問洋曰：「故當不失石城否？」洋曰：「賊從安陸向石城，逆太白，當伐身，無所慮。」亮曰：「天何以利胡而病我？」洋曰：「天符有吉凶，土地有盛衰，今年害氣三合己亥，己為天下，亥為戎胡，季龍亦當受死。今乃不憂賊，但憂公病耳。」亮曰：「何方救我疾？」洋曰：「荊州受兵，江州受災，公可去此二州。」亮曰：「如此，當有解不？」洋曰：「恨晚。猶差不也。」亮竟不能解二州，遂至大困。洋曰：「昔蘇峻時，公於白石祠中祈福，許賽其牛，至今未

---

55. 《晉書》，卷95，〈藝術列傳·戴洋傳〉，頁 2473–2474。

解，故為此鬼所考。」亮曰：「有之，君是神人也。」或問洋曰：「庾公可得幾時？」洋曰：「見明年。」時亮已不識人，咸以為妄，果至正月一日而薨。[56]

戴洋在這一段記載中，除了論兵戰之外，關於疾病和年壽，所提及的人物有三，一是毛寶，指出他因「架屋」（動土、建築）而生病，故建議他「燒屋，移家南渡」以解除；二是推斷北胡石季龍將「受死」；三是指出庾亮將患重病，勸他解任以防止病發，但庾亮不從，因而重病，戴洋更進一步指出病因是庾亮早年應許以牛賽神（白石祠神），卻未實踐，因而被「鬼考」所致。此外，在庾亮彌留之際，戴洋還斷言他可以活「過年」，時人不信，但後來，庾亮果真拖到正月一日才過世。

㈩杜不愆 (fl. ca. 345–372)

　　杜不愆是郭璞的外孫，年少時就曾向郭璞學易卜，據說「屢有驗」，郗超 (d. ca. 372) 年輕時病重之際曾向他求救，《晉書》載云：

> 高平郗超年二十餘，得重疾，試令筮之。不愆曰：「案卦言之，卿所苦尋除。然宜於東北三十里上宮姓家索其所養雄雉，籠盛置東檐下，卻後九日丙午日午時，必當有雌雉飛來與交，既而雙去。若如此，不出二十日病都除，又是休應，年將八十，位極人臣。若但雌逝雄留者，病一周方差，年半八十，名位亦失。」超時正羸篤，慮命在旦夕，笑而答曰：「若保八十之半，便有餘矣。一周病差，何足為淹！」然未之信。或勸依其言，索雉果得。至丙午日，超臥南軒之下觀之，至日晏，果有雌雉飛入籠，與雄雉交而去，雄雉不動。超歎息曰：「雖管、郭之奇，何以尚此！」超病彌年乃起，至四十，卒於中書郎。[57]

56.《晉書》，卷 95，〈藝術列傳‧戴洋傳〉，頁 2475–2476。

杜不愆針對郗超的病情，並未說明病因，只指示其療法，並說明在不同的情況
下，其病情、壽命和祿位會有如何的變化。

㈡扈謙 (fl. ca. 371–372)

一般而言，「無子」、「乏嗣」在古人的眼中也是一種疾病，必須治療。東
晉簡文帝（371–372 在位）未即位之前，也曾因這個困擾求助於卜者及其他術
士。《晉書》載云：

> 孝武文李太后諱陵容，本出微賤。始簡文帝為會稽王，有三子，俱夭。
> 自道生廢黜，獻王早世，其後諸姬絕孕將十年。帝令卜者扈謙筮之，
> 曰：「後房中有一女，當育二貴男，其一終盛晉室。」時徐貴人生新安
> 公主，以德美見寵。帝常冀之有娠，而彌年無子。會有道士許邁者，朝
> 臣時望多稱其得道。帝從容問焉，答曰：「邁是好山水人，本無道術，
> 斯事豈所能判！但殿下德厚慶深，宜隆奕世之緒，當從扈謙之言，以存
> 廣接之道。」帝然之，更加採納。又數年無子，乃令善相者召諸愛妾而
> 示之，皆云非其人，又悉以諸婢媵示焉。時后為宮人，在織坊中，形長
> 而色黑，宮人皆謂之崑崙。既至，相者驚云：「此其人也。」帝以大計，
> 召之侍寢。后數夢兩龍枕膝，日月入懷，意以為吉祥，向儕類說之，帝
> 聞而異焉，遂生孝武帝及會稽文孝王、鄱陽長公主。[58]

簡文帝擔心絕後，卜者扈謙卻斷言其「後房」會有一女替他生下二男，其中之
一還能「盛晉室」。後來求教於道士許邁，許邁也認可扈謙的卜筮。簡文帝於
是找來相者，從眾女之中挑出扈謙所說會「育二貴男」的女子，終於解決後嗣
問題。

---

57. 《晉書》，〈藝術列傳・杜不愆傳〉，頁 2479–2480。

58. 《晉書》，卷 32，〈后妃列傳〉，頁 981。

㈣ 晁崇 (fl. 402)

　　占卜之術中，天文星占是相當重要的一支，因此，古代史官往往也精通占卜，北魏道武帝拓跋珪之時的太史令晁崇便是其中之一。《魏書》載云：

> 晁崇，字子業，遼東襄平人也。家世史官。崇善天文術數，知名於時。……太祖愛其伎術，甚見親待。從平中原，拜太史令，詔崇造渾儀，歷象日月星辰。遷中書侍郎，令如故。天興五年，月暈，左角蝕將盡，崇奏曰：「占為角蟲將死。」時太祖既克姚平於柴壁，以崇言之徵，遂命諸軍焚車而反。牛果大疫，輿駕所乘巨犗數百頭亦同日斃於路側，自餘首尾相繼。是歲，天下之牛死者十七八，麋鹿亦多死。[59]

這是以星占之術在天興五年 (402) 預測牛疫。事實上，以占星或卜筮預測瘟疫（包括人與獸類），在傳統天文學中是相當重要的一個項目（詳下文）。

㈤ 無名筮者 (fl. ca. 424–451)

　　北魏皇室拓跋禎之妻尹氏懷孕時曾請一名筮者卜其吉凶，《魏書》載云：

> （拓跋禎）第五子瑞。初瑞母尹氏，有娠致傷。後晝寢，夢一老翁具衣冠告之曰：「吾賜汝一子，汝勿憂之。」寤而私喜。又問筮者，筮者曰：「大吉。」未幾而生瑞，禎以為協夢，故名瑞，字天賜。[60]

尹氏有孕在身而生病，因而憂心不已，所以，在異夢之後，便請筮者解夢，問其孕事及健康。

---

59. 《魏書》，卷91，〈術藝列傳・晁崇傳〉，頁 1943–1944。又見李延壽，《北史》（北京：中華書局，1974），卷89，〈藝術列傳・晁崇傳〉，頁 2943。

60. 《魏書》，卷15，〈昭成子孫列傳〉，頁 373–374。又見《北史》，卷15，〈魏諸宗室列傳〉，頁 564。

㈤賀道養 (fl. ca. 420–479)

齊梁之時大儒賀瑒的伯祖賀道養 (fl. ca. 420–479)，是晉朝司空賀循之後，精通卜筮之術，曾以此替人治病。例如，《南史》載云：

> 道養工卜筮，經遇工歌女人病死，為筮之，曰：「此非死也，天帝召之歌耳。」乃以土塊加其心上，俄頃而蘇。[61]

據此，賀道養不僅能以卜筮查出病因，還知道令病人復甦之道。

㈥劉休 (429–482)

在宋明帝之時擔任桂陽征北參軍的劉休，頗多才藝，卜筮也是其技能之一，《南齊書》載云：

> 太始初 (465)，諸州反，（劉）休筮明帝當勝，靜處不預異謀。……（吳）喜稱其才，進之明帝，得在左右。……帝頗有好尚，尤嗜飲食，休多藝能，爰及鼎味，問無不解。後宮孕者，帝使筮其男女，無不如占。帝素肥，痿不能御內，諸王妓妾懷孕，使密獻入宮，生子之後，閉其母於幽房，前後十數。[62]

據此，劉休不僅能以占卜之術預知明帝會在政權爭奪戰中勝出，還能以此占知後宮懷孕者肚中胎兒的性別。至於明帝不能「人道」之事，他應該不卜也知道。

㈦顏惡頭 (fl. 528)

北魏之時，顏惡頭頗以善卜聞名，《北史》載其事蹟云：

---

61. 《南史》，卷 62，〈賀瑒傳〉，頁 1507。
62. 蕭子顯，《南齊書》（北京：中華書局，1972），卷 34，〈劉休傳〉，頁 612。又見《南史》，卷 47，〈劉休傳〉，頁 1180。

顏惡頭，章武郡人也。妙於易筮。遊州市觀卜，有婦人負囊粟來卜，歷七人，皆不中而強索其粟，惡頭尤之。卜者曰：「君若能中，何不為卜？」惡頭因筮之，曰：「登高臨下水洞洞，唯聞人聲不見形。」婦人曰：「姙身已七月矣，向井上汲水，忽聞胎聲，故卜。」惡頭曰：「吉，十月三十日有一男子。」諸卜者乃驚服曰：「是顏生邪！」相與具羊酒謝焉。

有人以三月十三日詣惡頭求卜，遇兌之履。惡頭占曰：「君卜父，父已亡，當上天，聞哭聲，忽復蘇，而有言。」其人曰：「父臥疾三年矣，昨日雞鳴時氣盡，舉家大哭。父忽驚窹云：『我死，有三天人來迎，欲升天，聞哭聲，遂墜地。』」惡頭曰：「更三日，當永去。」果如言。人問其故，惡頭曰：「兌上天下土，是今日庚辛本宮火，故知卜父。今三月，土入墓，又見宗廟爻發，故知死。變見生氣，故知蘇。兌為口，主音聲，故知哭。兌變為乾，乾天也，故升天。兌為言，故父言。故知有言。未化入戌為土，三月土墓，戌又是本宮鬼墓，未後三日至戌，故知三日復死。」

惡頭又語人曰：「長樂王某年某月某日當為天子。」有人姓張，聞其言，數以寶物獻之，豫乞東益州刺史。及期，果為天子，擢張用之。[63]

文中最後提及他預言長樂王當為天子之事，應指北魏武泰元年 (528) 明帝崩，長樂王元子攸繼位為孝莊帝（528–531 在位）之事，[64] 可見他大致活躍於北魏末年。

　　除了準確預判長樂王將繼承帝位之外，上引這段文字中還提到兩則和疾病有關的卜筮之事。

　　第一件是懷孕婦人因汲水時聽到「胎聲」而到市場求卜，但眾多卜者都說

63. 《北史》，卷 89，〈藝術列傳‧顏惡頭傳〉，頁 2931–2932。

64. 詳見《魏書》，卷 10，〈孝莊紀〉，頁 255。

不出所以然，顏惡頭才筮其吉凶，並預言婦人將於十月三十日產下男嬰。

第二件是有人病死復活，其家人不知其故，吉凶莫辨，因而向顏惡頭求卜。顏惡頭除指出其病死後之經歷和復活的過程之外，還斷言該病人三天後會真正死亡，並向人詳細解說如何由卦象推斷此事。

(七)許遵 (d. 559)

北齊之時，卜者之中，許遵 (d. 559) 相當有名，《北史》載其事蹟云：

> 許遵，高陽新城人也。明易善筮，兼曉天文、風角、占相、逆刺，其驗若神。齊神武引為館客。自言祿命不富貴，不橫死，是以任性疏誕，多所犯忤，神武常容借之。……文宣無道日甚，遵語人曰：「多折算來，吾筮此狂夫何時得死。」於是布算滿床，大言曰：「不出冬初，我乃不見。」文宣以十月崩，遵果以九月死。[65]

根據《北齊書》的記載，北齊文宣帝高洋（550–559 在位）是在天保十年 (559) 冬十月甲午，「暴崩於晉陽宮德陽堂，時年三十一」，[66] 可見是得急病猝死。許遵或許已略見徵兆，因此，企圖以占卜之術算其死期，無意中卻也自卜其亡。

(八)許暉 (fl. 561–564)

許遵之子許暉繼承其家業，也能卜筮。《北史》載云：

> 子暉，亦學術數。遵謂曰：「汝聰明不及我，不勞多學。」唯授以婦人產法，豫言男女及產日，無不中。武成時 (561–565)，以此數獲賞焉。[67]

許暉只學到「婦人產法」，即用卜筮預測胎兒之性別及生日。

---

65. 《北史》，卷 89，〈藝術列傳・許遵傳〉，頁 2935–2936。

66. 李百藥，《北齊書》（北京：中華書局，1972），卷 4，〈文宣帝紀〉，頁 67。

67. 《北史》，卷 89，〈藝術列傳・許遵傳〉，頁 2936。

㈨趙輔和 (fl. 561–575)

　　北魏、北齊之時的趙輔和 (fl. 561–575)，少時便「以明易、善筮為館客」，《北齊書》載其事蹟云：

> 有一人父疾，是人詣館別託相知者筮之，遇泰，筮者云：「此卦甚吉，疾愈。」是人喜。出後，和謂筮者云：「泰卦乾下坤上，然則入土矣，豈得言吉？」果以凶問至。和大寧 (561–562)、武平 (570–576) 中筮後宮誕男女及時日多中，遂授通直常侍。[68]

　　卜疾之時，對於同一卦象，趙輔和與另一位筮者的解讀完全不同；一言必死，一言「甚吉，疾愈」。而除了卜問病者之「預後」外，趙輔和也能以卜筮之術預斷胎兒之性別及產時。

四、占卜的醫療功能

　　由上述十九位卜者（包括職業和業餘之卜者）的占卜事例來看，在漢隋之間，卜者確實是病人求助的對象之一。此外，我們大致可以知道，卜者在醫療領域所為之事，大致不出下列五項：一是推斷病情是否會好轉，或是預卜其壽命、死期；二是解釋造成疾病的原因，找出病源；三是提供適切之療法和解救之道；四是預測瘟疫流行之年歲；五是推斷是否會有子嗣、腹中胎兒之性別及生產之時日等。

　　而除了卜者具體的活動之外，還有一些占卜之書和其他事例，也可以說明占卜之術的醫療功能。

---

68. 《北齊書》，卷49，〈方伎列傳・趙輔和傳〉，頁 677–678；又見《北史》，卷89，〈藝術列傳・趙輔和傳〉，頁 2937–2938。

(一)「預後」判斷

以病情之吉凶發展來說，褚先生所補的《史記‧龜策列傳》記載漢代龜卜之法便說：

> 卜占病者祝曰：「今某病困。死，首上開，內外交駭，身節折；不死，首仰足肣。」[69]

這是直接了當的問病者死或不死。其後，〈龜策列傳〉還詳述如何由龜兆判斷病者死不死，何日死之法，[70] 而其判斷的大原則是：

> 病者，足肣者生，足開者死。……其卜病也，足開而死者，內高而外下也。[71]

(二)診查病因

至於病因之診查，《史記‧龜策列傳》也有一段祝辭云：

> 卜病者祟曰：「今病有祟無呈，無祟有呈。兆有中祟有內，外祟有外。」[72]

這是卜問病者是否是鬼神作祟所致，而且還分中祟（內祟）、外祟。

其次，流行於秦漢社會的《日書》也載有診查疾病的一些原則，便於日者、術士或一般人翻查。以秦簡甲種《日書》來說，其題為「病」的部分便是專門針對疾病之事，例如，797–798 號簡說：

---

69. 司馬遷，《史記》（北京：中華書局，1959），卷 128，〈龜策列傳〉，頁 3241。
70. 《史記》，卷 128，〈龜策列傳〉，頁 3250–3251。
71. 《史記》，卷 128，〈龜策列傳〉，頁 3241。
72. 《史記》，卷 9，〈呂太后本紀〉，頁 405。

甲乙有疾，父母為祟，得之於肉。從東方來，裹以桼器。戊己病，庚
有，辛酢，若不煩。居東方，歲在東方，青色，死。[73]

799–800 號簡說：

丙丁有疾，王父為祟，得之赤肉、雄雞、酉（酒）。庚辛病，壬有閒，
癸酢，若不酢，煩，居南方，歲在南方，赤色，死。[74]

801–802 號簡說：

戊己有疾，巫堪行，王母為祟，得之於黃色索魚、堇酉（酒）。壬癸病，
甲有閒，乙酢，若不酢，煩，居邦中，歲在西方，黃色，死。[75]

803–804 號簡說：

庚辛有疾，外鬼傷死為祟，得之犬肉、鮮卵白色。甲乙病，病有閒，丁
酢，若不酢，煩，居西方，歲在西方，白色，死。[76]

805–806 號簡云：

壬癸有疾，毋逢人，外鬼為祟，得之於酉（酒）脯、修節肉。丙丁病，
戊有閒，己酢，若不酢，煩，居北方，歲在北方，黑色，死。[77]

根據這五條材料來看，當時人認為，生病的原因，至少包括「父母為祟」、「王
父為祟」、「王母為祟」、「外鬼傷死為祟」、「外鬼為祟」以及「巫堪」作祟六

---

73. 雲夢睡虎地秦墓編寫組，《雲夢睡虎地秦墓》（北京：文物出版社，1981），圖版 121。
74. 雲夢睡虎地秦墓編寫組，《雲夢睡虎地秦墓》，圖版 121。
75. 雲夢睡虎地秦墓編寫組，《雲夢睡虎地秦墓》，圖版 121–122。
76. 雲夢睡虎地秦墓編寫組，《雲夢睡虎地秦墓》，圖版 122。
77. 雲夢睡虎地秦墓編寫組，《雲夢睡虎地秦墓》，圖版 122。

種。歸結來說,可以區分為三大類:一為祖先的神靈(父母,王父母);二為祖先神靈之外的「外鬼」,包括一般鬼魂(外鬼)和「厲鬼」(外鬼傷死);三為巫者。[78]

甲種《日書》中的「詰」這一類,也有類似的記載。例如,859–858 號簡(反面)說:

> 一宅之中,母故而室人皆疫,或死,或病,是□□棘鬼在焉。[79]

856–855 號簡(反面)說:

> 一宅之中,母故室人皆疫,多曾米死,是□□字鬼在焉。[80]

844 號簡(反面)說:

> 一室人皆養□,癘鬼居之。[81]

無論是何種鬼或神,在漢人的觀念中,鬼神總是造成疾病和瘟疫的重要原因之一。這也就是漢代卜法要卜有祟或無祟的原因。

這種「卜祟」之事,西漢呂后也有過經驗,《史記》載云:

> 三月中,呂后祓,還過軹道,見物如蒼犬,據高后掖,忽弗復見。卜之,云趙王如意為祟。高后遂病掖傷。[82]

根據《漢書》的記載,此事發生在高后八年 (180 BC)「祓霸上」之後,而呂后卜知是趙王如意為祟之後,「遂病掖傷」。至於趙王作祟的原因,是因為呂后曾

---

78. 林富士,《漢代的巫者》(臺北:稻鄉出版社,1999),頁 108–110。

79. 雲夢睡虎地秦墓編寫組,《雲夢睡虎地秦墓》,圖版 133。

80. 雲夢睡虎地秦墓編寫組,《雲夢睡虎地秦墓》,圖版 133。

81. 雲夢睡虎地秦墓編寫組,《雲夢睡虎地秦墓》,圖版 134。

82. 《史記》,卷 27,〈呂太后本紀〉,頁 405。

「鴆殺如意，支斷其母戚夫人手足，摧其眼以為人彘」。[83]

㈢提供療法

至於卜者何以能提供病者治療的方法和建議，從晉代韓友的一段話中似乎可以得到解答，《晉書》載云：

> 友卜占神效甚多，而消殃轉禍，無不皆驗。干寶問其故，友曰：「筮卦用五行相生殺，如案方投藥治病，以冷熱相救。其差與不差，不可必也。」[84]

這是將筮卦的「五行相生殺」比擬為「案方投藥」「以冷熱相救」的道理，都是治病的方法。

西晉惠帝（290–307 在位）賈皇后的一則荒誕故事，也略可說明卜者所提供的治病方法主要是「厭勝」為主，《晉書》載云：

> 后遂荒淫放恣，與太醫令程據等亂彰內外。洛南有盜尉部小吏，端麗美容止，既給廝役，忽有非常衣服，咸疑其竊盜，尉嫌而辯之。賈后疏親欲求盜物，往聽對辭。小吏云：「先行逢一老嫗，說家有疾病，師卜云宜得城南少年厭之，欲暫相煩，必有重報。於是隨去，上車下帷，內簏箱中，行可十餘里，過六七門限，開簏箱，忽見樓閣好屋。問此是何處，云是天上，即以香湯見浴，好衣美食將入。見一婦人，年可三十五六，短形青黑色，眉後有疵。見留數夕，共寢歡宴，臨出贈此物。」聽者聞其形狀，知是賈后，慚笑而去，尉亦解意。時他人入者多死，惟此小吏，以后愛之，得全而出。及河東公主有疾，師巫以為宜施寬令，乃稱詔大赦天下。[85]

---

83. 《漢書》，卷27，〈五行志〉，頁1397。
84. 《晉書》，卷95，〈藝術列傳・韓友傳〉，頁247。

由此可知，賈后似乎經常從宮外誘騙男子到皇宮和她行歡作樂。而她的下人勸服盜尉部小吏隨她入宮的說詞則是藉「師卜」之言，以家中有病人須「城南少年厭之」以相懇求。總之，從這段記載也可以知道，賈后身旁似乎環繞著一些醫者、卜者和巫者。生病也許是託詞，但師卜以厭勝治病，在當時並不罕見，因此，小吏才會相信。[86]

㈣預言疾病、預測瘟疫

占卜之術中，星占往往用於預測個人和群體是否會罹患疾病。例如，《漢書·天文志》便載有西漢成帝建始四年 (29 BC) 七月之事云：

> 熒惑陰歲星，居其東北半寸所如連李。時歲星在關星西四尺所，熒惑初從畢口大星東東北往，數日至，往疾去遲。占曰：「熒惑與歲星鬭，有病君飢歲。」至河平元年 (28 BC) 三月，旱，傷麥，民食榆皮。二年 (27 BC) 十二月壬申，太皇太后避時昆明東觀。[87]

又載哀帝建平元年 (6 BC) 十二月之事云：

> 白氣出西南，從地上至天，出參下，貫天廁，廣如一疋布，長十餘丈，十餘日去。占曰：「天子有陰病。」其三年 (4 BC) 十一月壬子，太皇太后詔曰：「皇帝寬仁孝順，奉承聖緒，靡有解怠，而久病未瘳。夙夜惟思，殆繼體之君不宜改作。春秋大復古，其復甘泉泰時、汾陰后土如故。」[88]

---

85. 《晉書》，卷 31，〈后妃列傳〉，頁 914–965。

86. 「厭勝」之義，詳見林富士，〈厭勝的傳統〉，收入氏著，《小歷史——歷史的邊陲》（臺北：三民書局，2000），頁 128–146。

87. 《漢書》，卷 26，〈天文志〉，頁 1310。

88. 《漢書》，卷 26，〈天文志〉，頁 1312。

這都是預言天子、君主之病。

　　不僅個人的疾病可以由星占之術得知，群體性的瘟疫也是如此。例如，《漢書‧天文志》載有西漢景帝後元元年 (143 BC) 五月壬午之事云：

> 火、金合於輿鬼之東北，不至柳，出輿鬼北可五寸。占曰：「為鑠，有喪。輿鬼，秦也。」丙戌，地大動，鈴鈴然，民大疫死，棺貴，至秋止。[89]

這是以天象的變化預測社會的重大災禍，而疾疫也是其關切的要項。

　　除此上述的天象之外，根據當時的天官思想，天上諸星之中，亢「主疾」，其北方的大星「氐為天根，主疫」。[90] 因此，觀察這兩星的動向、明暗、變化，便可預知疾疫之事。而當時流傳的「星傳」也說：「月南入牽牛南戒，民間疾疫。」[91]

　　「星占」之外，預測疾病和瘟疫，也可以利用陰陽家的「五行」觀念，例如，司馬彪《續漢書‧五行志》便將「疫」設為獨立之條目，並條舉東漢時期的大疫。[92] 次外，漢代魏賢的「決八風」方法也可以推斷人民是否會有「疾疫」。[93]

　　當然，卜法之中也有占問瘟疫之法，例如，《史記‧龜策列傳》便云：

> 卜歲中民疫不疫。疫，首仰足肹，身節有彊外；不疫，身正首仰足開。[94]

民疫不疫和君王病不病都是國家、社會大事，因此，對於統治者而言，必須預知，這也是歷代政府設置占卜之官的主要原因之一。

---

89. 《漢書》，卷26，〈天文志〉，頁 1305。
90. 《史記》，卷27，〈天官書〉，頁 1297；《漢書》，卷26，〈天文志〉，頁 1276。
91. 《漢書》，卷26，〈天文志〉，頁 1296。
92. 范曄，《後漢書》，〈五行志〉，頁 3350–3351。
93. 《史記》，卷27，〈天官書〉，頁 1340。
94. 《史記》，卷128，〈龜策列傳〉，頁 3242。

㈤生育之事

至於生育之事，如前所言，占卜之術可以用來預判人是否能有子嗣，腹中胎兒的性別是男是女，以及胎兒誕生之時日，甚至胎兒長大後之貴賤都可以知道，而《日書》中也有這一類的記載。

例如，秦簡甲種《日書》「生子」一類，便專門記載生日和吉凶的關聯。870 號簡說：

> 乙亥生子穀而富，……乙巳生子吉。[95]

其次，874 號簡說：

> 己丑生子貧而疾，……己巳生子鬼，必為人臣妾。[96]

又其次，876 號簡說：

> 辛巳生子吉而富，辛卯生子吉及穀，……辛亥生子不吉，辛酉生子不吉。[97]

只從這三條資料來看，生子吉或不吉，似乎完全由日時決定。但是，根據漢人的解釋，所以會在「不吉」（不良）之日生子，其實是因為鬼神從中作祟所致。例如，《太平經》便說：

> 天責人過，鬼神為使，……惡惡相及，煩苦神靈，精氣鬼物，各各不得懈息。是非人過所為邪？先時為惡，殃咎下及。故令生子，必不良之日；或當懷姙之時，雷電霹靂，弦望朔晦，血忌反支，以合陰陽。生子

---

95. 雲夢睡虎地秦墓編寫組，《雲夢睡虎地秦墓》，圖版 127。
96. 雲夢睡虎地秦墓編寫組，《雲夢睡虎地秦墓》，圖版 128。
97. 雲夢睡虎地秦墓編寫組，《雲夢睡虎地秦墓》，圖版 128。

　　不遂，必有禍殃。[98]

這是將「不良之日」生子以及「生子不遂」等禍殃歸之於鬼神譴祟所致。因
此，不孕或懷孕之時，尋求卜者占問，有時可能是為了知道是否會有鬼神作祟
之事，或是想知道其子女未來之命運。

五、結　語

　　據說，西漢初年，中大夫宋忠和博士賈誼在卜肆之中和賣卜於長安東市的
司馬季主相逢，雙方相談甚歡，宋、賈二人大為佩服，於是對司馬季主說：

　　吾望先生之狀，聽先生之辭，小子竊觀於世，未嘗見也，今何居之卑，
　　何行之汙？[99]

司馬季主一聽之下，「捧腹大笑」，立刻要他們解釋什麼是「高」，什麼是「卑
汙」，兩人於是說：

　　尊官厚祿，世之所高也，賢才處之。今所處非其地，故謂之卑。言不
　　信，行不驗，取不當，故謂之汙。夫卜筮者，世俗之所賤簡也。世皆言
　　曰：「夫卜者多言誇嚴以得人情，虛高人祿命以說人志，擅言禍災以傷
　　人心，矯言鬼神以盡人財，厚求拜謝以私於己。」此吾之所恥，故謂之
　　卑汙也。[100]

這段話說明了當時社會的價值觀念，以及當時人輕賤卜者的原因。對此，司馬
季主很不以為然，針對占卜之術，他辯駁如下：

---

98. 《太平經合校》，卷112，〈寫書不用徒自苦誡〉，頁571–573。

99. 《史記》，卷127，〈日者列傳〉，頁3216。

100. 《史記》，卷127，〈日者列傳〉，頁3216–3217。

> 今夫卜者，必法天地，象四時，順於仁義，分策定卦，旋式正棊，然後
> 言天地之利害，事之成敗。昔先王之定國家，必先龜策日月，而後乃敢
> 代；正時日，乃後入家；產子必先占吉凶，後乃有之。自伏羲作八卦，
> 周文王演三百八十四爻而天下治。越王句踐放文王八卦以破敵國，霸天
> 下。由是言之，卜筮有何負哉！[101]

這是闡明占卜之術具有「齊家、治國、平天下」的功能。此外，他還繼續說：

> 且夫卜筮者，埽除設坐，正其冠帶，然後乃言事，此有禮也。言而鬼神
> 或以饗，忠臣以事其上，孝子以養其親，慈父以畜其子，此有德者也。
> 而以義置數十百錢，病者或以愈，且死或以生，患或以免，事或以成，
> 嫁子娶婦或以養生：此之為德，豈直數十百錢哉！此夫老子所謂「上德
> 不德，是以有德」。今夫卜筮者利大而謝少，老子之云豈異於是乎？[102]

這是更進一步申述卜者之「有禮」、「有德」，以及卜筮的各種「利用」，而「治
病」正是其中的一項社會功能。

上述這一大段問答，也許只是「傳言」或「寓言」，卻正好反映出傳統中
國社會自戰國時期以來對於卜者一貫的輕賤態度，以及中國社會對於卜者及占
卜之術的倚重。

總之，本文所論，應足以說明卜者在漢隋之間確曾在中國社會中扮演醫療
者的角色，而占卜之術在醫療領域中也具有多重的功能。

---

101. 《史記》，卷 127，〈目者列傳〉，頁 3218。

102. 《史記》，卷 127，〈目者列傳〉，頁 3219。

徵引書目

一、傳統文獻

丁紹儀，《東瀛識略》〔《臺灣文獻叢刊》本〕。臺北：臺灣銀行經濟研究室，1957–1979。

丸井圭治郎，《臺灣宗教調查報告書第一卷》。臺北：臺灣總督府，1919。

干　寶，《搜神記》。上海：商務印書館，1957。

干　寶，《搜神記》〔汪紹楹校注，《搜神記校注》〕。北京：中華書局，1979。

中央研究院歷史語言研究所校勘，《明實錄》。臺北：中央研究院歷史語言研究所，1966。

丹波康賴，《醫心方》。瀋陽：遼寧科學技術出版社，1996。

六十七，《使署閒情》〔《臺灣文獻叢刊》本〕。臺北：臺灣銀行經濟研究室，1957–1979。

方孔炤輯，《全邊略記》〔收入《續修四庫全書》第738冊〕。上海：上海古籍出版社，
　　　1997。

王　充，《論衡》〔黃暉，《論衡校釋》〕。北京：中華書局，1990。

王　充，《論衡》〔劉盼遂，《論衡集解》〕。臺北：世界書局，1975。

王　充，《論衡》〔四部備要本〕。臺北：臺灣中華書局，1981。

王　松，《臺陽詩話》〔《臺灣文獻叢刊》本〕。臺北：臺灣銀行經濟研究室，1957–1979。

王　符，《潛夫論》〔汪繼培箋，彭鐸校正，《潛夫論箋校正》〕。北京：中華書局，1985。

王　稱，《東都事略》〔收入《景印文淵閣四庫全書》第382冊〕。臺北：臺灣商務印書館，
　　　1983–1986。

王必昌，《重修臺灣縣志》〔《臺灣文獻叢刊》本〕。臺北：臺灣銀行經濟研究室，1957–
　　　1979。

王瑛曾，《重修鳳山縣志》〔《臺灣文獻叢刊》本〕。臺北：臺灣銀行經濟研究室，1957–
　　　1979。

王臨亨，《粵劍編》。北京：中華書局，1987。

王懷隱等編，《太平聖惠方》。臺北：新文豐，1980。

丘逢甲，《嶺雲海日樓詩鈔》〔《臺灣文獻叢刊》本〕。臺北：臺灣銀行經濟研究室，1957–
　　　1979。

令狐德棻等，《周書》。北京：中華書局，1971。

史　游，《急就篇》〔叢書集成簡編本〕。臺北：臺灣商務印書館，1965。

史夢蘭，《止園筆談》〔收入《續修四庫全書》第 1141 冊〕。上海：上海古籍出版社，1997。

司馬彪，《續漢書志》。北京：中華書局，1965。

司馬遷，《史記》。北京：中華書局，1959。

左丘明，《左傳》〔十三經注疏本〕。臺北：藝文印書館，1981 翻印。

未　名，《山海經》〔袁珂，《山海經校注》〕。上海：上海古籍出版社，1980。

未　名，《公羊傳》〔十三經注疏本〕。臺北：藝文印書館，1981 翻印。

未　名，《六韜》。臺北：臺灣商務印書館，1990。

未　名，《太上三洞神咒》〔收入《正統道藏》第 2 冊〕。臺北：新文豐出版公司，1977。

未　名，《太平經》〔王明，《太平經合校》〕。北京：中華書局，1960。

未　名，《列子》〔楊伯峻，《列子集釋》〕。北京：中華書局，1979。

未　名，《安平縣雜記》〔《臺灣文獻叢刊》本〕。臺北：臺灣銀行經濟研究室，1957–1979。

未　名，《沙彌十戒并威儀》〔高楠順次郎、渡邊海旭編，《大正新脩大藏經》no. 1471〕。東
　　京：大正一切經刊行會，1924–1934。

未　名，《周禮》〔十三經注疏本〕。臺北：藝文印書館，1981 翻印。

未　名，《尚書》〔十三經注疏本〕。臺北：藝文印書館，1981 翻印。

未　名，《晏子春秋》。北京：中華書局，1961。

未　名，《國語》〔嶄新新注本〕。臺北：里仁書局，1981。

未　名，《清實錄》。北京：中華書局，1986。

未　名，《莊子》〔郭慶藩，《莊子集釋》〕。臺北：世界書局，1981。

未　名，《黃帝內經‧靈樞》〔楊維傑，《黃帝內經靈樞譯解》〕。臺北：臺聯國風出版社，
　　1984。

未　名，《黃帝素問》〔陳夢雷等編，《醫部全錄》本〕。北京：人民衛生出版社，1988–
　　1991。

未　名，《道法會元》〔收入《正統道藏》第 51 冊〕。臺北：新文豐出版公司，1977。

未　名，《嘉義管內采訪冊》〔《臺灣文獻叢刊》本〕。臺北：臺灣銀行經濟研究室，1957–
　　1979。

未　名，《管子》〔李勉註譯，《管子今註今譯》〕。臺北：臺灣商務印書館，1990。

未　名，《儀禮》〔十三經注疏本〕。臺北：藝文印書館，1981 翻印。

未　名，《論語》〔十三經注疏本〕。臺北：藝文印書館，1981 翻印。

未　名，《禮記》〔十三經注疏本〕。臺北：藝文印書館，1981 翻印。

安世高譯，《佛說阿難問事佛吉凶經》〔《大正新脩大藏經》no. 492a〕。東京：大正一切經刊
　　　行會，1924-1934。

安世高譯，《阿難問事佛吉凶經》〔《大正新脩大藏經》no. 492b〕。東京：大正一切經刊行
　　　會，1924-1934。

朱　橚等編，《普濟方》。北京：人民衛生出版社，1959。

朱　熹，《晦庵集》〔收入《景印文淵閣四庫全書》第 1143-1146 冊〕。臺北：臺灣商務印書
　　　館，1983-1986。

朱　熹集註，蔣伯潛廣解，《語譯廣解四書讀本・論語》。上海：啟明書局，1948。

朱震亨，《丹溪治法心要》〔收入氏著，《丹溪醫集》〕。北京：人民衛生出版社，1993。

朱震亨，《格致餘論》〔收入氏著，《丹溪醫集》〕。北京：人民衛生出版社，1993。

江　瓘，《名醫類案》。北京：人民衛生出版社，1957。

何喬遠，《名山藏》〔收入《續修四庫全書》第 426 冊〕。上海：上海古籍出版社，1997。

何聯奎，《臺灣省通志稿・卷二・人民志・禮俗篇》。臺北：臺灣省文獻委員會，1955。

余文儀，《續修臺灣府志》〔《臺灣文獻叢刊》 本〕。臺北：臺灣銀行經濟研究室，1957-
　　　1979。

吳　曾，《能改齋漫錄》。北京：中華書局，1985。

吳子光，《臺灣紀事》〔《臺灣文獻叢刊》本〕。臺北：臺灣銀行經濟研究室，1957-1979。

吳德功，《彰化節孝冊》〔《臺灣文獻叢刊》本〕。臺北：臺灣銀行經濟研究室，1957-1979。

吳德功，《戴施兩案紀略》〔《臺灣文獻叢刊》 本〕。臺北：臺灣銀行經濟研究室，1957-
　　　1979。

呂不韋等，《呂氏春秋》。上海：上海古籍出版社，2002。

呂不韋等，《呂氏春秋》〔許維遹集釋，《呂氏春秋集釋》〕。臺北：世界書局，1983。

呂南公，《灌園集》〔收入《景印文淵閣四庫全書》第 1123 冊〕。臺北：臺灣商務印書館，
　　　1983-1986。

宋　慈，《洗冤錄》〔楊奉琨校譯，《洗冤集錄校譯》〕。北京：群眾出版社，1980。

宋　濂等，《元史》。北京：中華書局，1973。

李　昉等編，《太平御覽》。臺北：臺灣商務印書館，1975。

李　昉等編，《太平廣記》。北京：中華書局，1961。

李　杲，《東垣試效方》〔收入氏著，《東垣醫集》〕。北京：人民衛生出版社，1993。

李　薦，《師友談記》〔收入《景印文淵閣四庫全書》第 863 冊〕。臺北：臺灣商務印書館，

1983-1986。

李元春，《臺灣志略》〔《臺灣文獻叢刊》本〕。臺北：臺灣銀行經濟研究室，1957-1979。

李百藥，《北齊書》。北京：中華書局，1972。

李延壽，《北史》。北京：中華書局，1974。

李延壽，《南史》。北京：中華書局，1975。

李俊甫，《莆陽比事》〔收入《續修四庫全書》第734冊〕。上海：上海古籍出版社，1997。

李時珍，《本草綱目》。北京：人民衛生出版社，1975。

李通玄，《新華嚴經論》〔《大正新脩大藏經》no. 1739〕。東京：大正一切經刊行會，1924-1934。

杜　佑，《通典》。北京：中華書局，1988。

沈　括，《夢溪筆談》。北京：中華書局，1959。

沈　約，《宋書》。北京：中華書局，1974。

沈茂蔭，《苗栗縣志》〔《臺灣文獻叢刊》本〕。臺北：臺灣銀行經濟研究室，1957-1979。

阮旻錫，《海上見聞錄》〔《臺灣文獻叢刊》本〕。臺北：臺灣銀行經濟研究室，1957-1979。

周　凱，《廈門志》〔《臺灣文獻叢刊》本〕。臺北：臺灣銀行經濟研究室，1957-1979。

周　璽，《彰化縣志》〔《臺灣文獻叢刊》本〕。臺北：臺灣銀行經濟研究室，1957-1979。

周沛松，《降乩童科文》。彰化：逸群圖書有限公司，2000。

周鍾瑄，《諸羅縣志》〔《臺灣文獻叢刊》本〕。臺北：臺灣銀行經濟研究室，1957-1979。

孟　軻，《孟子》〔十三經注疏本〕。臺北：藝文印書館，1981翻印。

房玄齡等，《晉書》。北京：中華書局，1974。

林　豪，《澎湖廳志》〔《臺灣文獻叢刊》本〕。臺北：臺灣銀行經濟研究室，1957-1979。

林占梅，《潛園琴餘草簡編》〔《臺灣文獻叢刊》本〕。臺北：臺灣銀行經濟研究室，1957-1979。

林百川、林學源，《樹杞林志》〔《臺灣文獻叢刊》本〕。臺北：臺灣銀行經濟研究室，1957-1979。

林朝崧，《無悶草堂詩存》〔《臺灣文獻叢刊》本〕。臺北：臺灣銀行經濟研究室，1957-1979。

林焜熿，《金門志》〔《臺灣文獻叢刊》本〕。臺北：臺灣銀行經濟研究室，1957-1979。

金禮蒙輯，《醫方類聚》。北京：人民衛生出版社，1981-1982。

俞　樾，《俞樓雜纂》〔收入氏著，《春在堂全書》第三冊〕。臺北：中國文獻出版社，1968

翻印。

俞　樾著，徐明霞點校，《右臺仙館筆記》。上海：上海古籍出版社，1986。

俞正燮，《癸巳存稿》〔收入《續修四庫全書》第 1160 冊〕。上海：上海古籍出版社，1997。

姚思廉，《陳書》。北京：中華書局，1972。

施士洁，《後蘇龕合集》〔《臺灣文獻叢刊》本〕。臺北：臺灣銀行經濟研究室，1957–1979。

柯培元，《噶瑪蘭志略》〔《臺灣文獻叢刊》本〕。臺北：臺灣銀行經濟研究室，1957–1979。

洪　价，《（嘉靖）思南府志》〔收入《天一閣藏明代方志選刊》第 67 冊〕。上海：上海古籍出版社，1982。

洪　邁，《夷堅志》〔十萬卷樓本〕。北京：中華書局，1985。

洪　邁，《夷堅志》〔何卓點校，《夷堅志》〕。北京：中華書局，1981。

洪　邁，《容齋隨筆・容齋三筆》。上海：古籍出版社，1978。

洪棄生，《寄鶴齋選集》〔《臺灣文獻叢刊》本〕。臺北：臺灣銀行經濟研究室，1957–1979。

皇甫謐，《黃帝針灸甲乙經》。北京：學苑出版社，1995。

胡　傳，《臺東州采訪冊》〔《臺灣文獻叢刊》本〕。臺北：臺灣銀行經濟研究室，1957–1979。

胡建偉，《澎湖紀略》〔《臺灣文獻叢刊》本〕。臺北：臺灣銀行經濟研究室，1957–1979。

范　咸，《重修臺灣府志》〔《臺灣文獻叢刊》本〕。臺北：臺灣銀行經濟研究室，1957–1979。

范　曄，《後漢書》。北京：中華書局，1965。

范　鎮，《東齋記事》。北京：中華書局，1980。

倪贊元，《雲林縣采訪冊》〔《臺灣文獻叢刊》本〕。臺北：臺灣銀行經濟研究室，1957–1979。

夏　竦，《文莊集》〔收入《景印文淵閣四庫全書》第 1087 冊〕。臺北：臺灣商務印書館，1983–1986。

夏子陽，《使琉球錄》，收入臺灣銀行經濟研究室編，《使琉球錄三種》〔《臺灣文獻叢刊》本〕。臺北：臺灣銀行經濟研究室，1957–1979。

孫　覿，《鴻慶居士集》〔收入《景印文淵閣四庫全書》第 1135 冊〕。臺北：臺灣商務印書館，1983–1986。

孫一奎，《赤水玄珠》〔收入氏著，凌天翼點校，《赤水玄珠全集》〕。北京：人民衛生出版社，1986。

孫一奎，《醫旨緒餘》〔收入《赤水玄珠全集》〕。北京：人民衛生出版社，1986。

孫思邈，《備急千金要方》。臺北：中國醫藥研究所，1990。

孫應時纂修，鮑廉增補，盧鎮續修，《琴川志》〔收入《宋元方志叢刊》第 2 冊〕。北京：中華書局，1990。

徐　堅等，《初學記》。北京：中華書局，1962。

徐　鉉，《稽神錄》〔收入《景印文淵閣四庫全書》第 1042 冊〕。臺北：臺灣商務印書館，1983–1986。

徐天麟，《西漢會要》。臺北：世界書局，1981。

徐日久，《五邊典則》〔收入《四庫禁燬書叢刊》史部第 26 冊〕。北京：北京出版社，2000。

徐松輯，四川大學古籍整理研究所標點校勘，王德毅校訂，《宋會要輯稿》。臺北：中央研究院歷史語言研究所，2008。

徐夢莘，《三朝北盟會編》。上海：上海古籍出版社，1987。

桓　寬，《鹽鐵論》。臺北：臺灣商務印書館，1980。

桓　譚，《新論》〔四部備要本〕。臺北：臺灣中華書局，1976。

班　固，《漢書》。北京：中華書局，1962。

真德秀，《西山文集》〔收入《景印文淵閣四庫全書》第 1174 冊〕。臺北：臺灣商務印書館，1983–1986。

荀　況，《荀子》〔嶄新校注本〕。臺北：里仁書局，1983。

馬端臨，《文獻通考》。臺北：臺灣商務印書館，1987。

崑　岡等，《清會典事例》。北京：中華書局，1991。

巢元方，《諸病源候論》〔丁光迪，《諸病源候論校注》〕。北京：人民衛生出版社，1991–1992。

常　璩，《華陽國志》〔任乃強校注，《華陽國志校補圖志》〕。上海：古籍出版社，1987。

張　岳，《（嘉靖）惠安縣志》〔收入《天一閣藏明代方志選刊》第 32 冊〕。上海：上海古籍出版社，1982。

張　萱，《西園聞見錄》〔收入《續修四庫全書》第 1168 冊〕。上海：上海古籍出版社，1997。

張方平，《樂全集》〔收入《景印文淵閣四庫全書》第 1104 冊〕。臺北：臺灣商務印書館，1983–1986。

張四維輯，《名公書判清明集》〔收入《續修四庫全書》第 973 冊〕。上海：上海古籍出版

社，1997。

張廷玉等，《明史》。北京：中華書局，1974。

張邦基，《墨莊漫錄》〔收入《四部叢刊‧三編》第 34 冊〕。上海：上海書店，1985。

張從正，《儒門事親》〔收入氏著，鄧鐵濤等編校，《子和醫集》〕。北京：人民衛生出版社，
　　1994。

張敦頤，《六朝事蹟編類》〔收入《叢書集成‧初編》第 3214 冊〕。上海：商務印書館，
　　1936。

清高宗敕撰，《清朝文獻通考》。臺北：臺灣商務印書館，1987。

脫　脫等，《宋史》。北京：中華書局，1977。

脫　脫等，《遼史》。北京：中華書局，1974。

許　慎，《說文解字》〔收入《景印文淵閣四庫全書》第 223 冊〕。臺北：臺灣商務印書館，
　　1983–1986。

許　慎，《說文解字》〔段玉裁注，《說文解字注》〕。臺北：黎明文化事業股份有限公司，
　　1985。

連　橫，《臺灣通史》〔《臺灣文獻叢刊》本〕。臺北：臺灣銀行經濟研究室，1957–1979。

連　橫，《臺灣語典》〔《臺灣文獻叢刊》本〕。臺北：臺灣銀行經濟研究室，1957–1979。

連　橫編，《臺灣詩薈》。南投：臺灣省文獻委員會，1992。

陳　淳，《北溪大全集》〔收入《景印文淵閣四庫全書》第 1168 冊〕。臺北：臺灣商務印書
　　館，1983–1986。

陳　淳，《北溪字義》〔收入《景印文淵閣四庫全書》第 709 冊〕。臺北：臺灣商務印書館，
　　1983–1986。

陳　壽，《三國志》。北京：中華書局，1959。

陳元素，《古今名將傳》〔收入《中國武術大典》第 40 冊〕。北京：中國書店，2012。

陳文達，《臺灣縣志》〔《臺灣文獻叢刊》本〕。臺北：臺灣銀行經濟研究室，1957–1979。

陳自明，《婦人良方大全》。臺北：文光圖書有限公司，1984。

陳培桂，《淡水廳志》〔《臺灣文獻叢刊》本〕。臺北：臺灣銀行經濟研究室，1957–1979。

陳淑均，《噶瑪蘭廳志》〔《臺灣文獻叢刊》本〕。臺北：臺灣銀行經濟研究室，1957–1979。

陳肇興，《陶村詩稿》〔《臺灣文獻叢刊》本〕。臺北：臺灣銀行經濟研究室，1957–1979。

陶弘景，《周氏冥通記》〔《正統道藏》第 152 冊〕。臺北：新文豐出版公司，1977。

陶弘景，《真誥》〔《正統道藏》第 637–640 冊〕。臺北：新文豐出版公司，1977。

陶宗儀,《說郛》〔收入《景印文淵閣四庫全書》第 876–882 冊〕。臺北:臺灣商務印書館,
　　1983–1986。

陸　容,《菽園雜記》。北京:中華書局,1985。

陸　賈,《新語》。北京:中華書局,1986。

彭孫貽,《靖海志》《臺灣文獻叢刊》本〕。臺北:臺灣銀行經濟研究室,1957–1979。

揚　雄,《法言》〔四部備要本〕。臺北:臺灣中華書局,1983。

揭傒斯,《揭傒斯全集・文集》。上海:上海古籍出版社,1985。

智　顗,《摩訶止觀》〔《大正新脩大藏經》no. 1911〕。東京:大正一切經刊行會,1924–
　　1934。

曾　鞏,《元豐類藁》〔收入《景印文淵閣四庫全書》第 1098 冊〕。臺北:臺灣商務印書館,
　　1983–1986。

曾棗莊、劉琳主編,《全宋文》。成都:巴蜀書社,1988。

焦　竑,《國朝獻徵錄》〔收入《四庫全書存目叢書》史部第 100 冊〕。臺南:莊嚴文化事業
　　公司,1996。

程敏政,《明文衡》〔收入《歷代詩文總集》第 40 冊〕。臺北:世界書局,1962。

雲夢睡虎地秦墓編寫組,《雲夢睡虎地秦墓》。北京:文物出版社,1981。

馮夢龍,《警世通言》。臺北:三民書局,1983。

黃　震,《黃氏日抄》〔收入《景印文淵閣四庫全書》第 707–708 冊〕。臺北:臺灣商務印書
　　館,1983–1986。

黃休復,《茅亭客話》〔收入《景印文淵閣四庫全書》第 1042 冊〕。臺北:臺灣商務印書館,
　　1983–1986。

義　淨譯,《根本說一切有部毘奈耶雜事》〔《大正新脩大藏經》no. 1451〕。東京:大正一切
　　經刊行會,1924–1934。

落合泰藏著,下條久馬一註,《明治 7 年征蠻醫誌》。臺北:臺灣熱帶醫學研究所「抄讀
　　會」,1944。

葉　適,《水心集》〔收入《景印文淵閣四庫全書》第 1164 冊〕。臺北:臺灣商務印書館,
　　1983–1986。

葛　洪,《抱朴子內篇》〔王明,《抱朴子內篇校注》(增訂本)〕。北京,中華書局,1985。

葛　洪,《抱朴子外篇》〔楊明照,《抱朴子外篇校箋》〕。北京:中華書局,1991。

董應舉,《崇相集選錄》〔《臺灣文獻叢刊》本〕。臺北:臺灣銀行經濟研究室,1957–1979。

道　世，《法苑珠林》〔《大正新脩大藏經》no. 2212〕。東京：大正一切經刊行會，1924–
　　1934。

道　宣，《廣弘明集》〔《大正新脩大藏經》no. 2103〕。東京：大正一切經刊行會，1924–
　　1934。

廖　剛，《高峯文集》〔收入《景印文淵閣四庫全書》第 1142 冊〕。臺北：臺灣商務印書館，
　　1983–1986。

睡虎地秦墓竹簡整理小組，《睡虎地秦墓竹簡》。北京：文物出版社，1978。

臺灣銀行經濟研究室編，《碑傳選集（三)》〔《臺灣文獻叢刊》本〕。臺北：臺灣銀行經濟研
　　究室，1957–1979。

臺灣銀行經濟研究室編，《漳州府志選錄》〔《臺灣文獻叢刊》本〕。臺北：臺灣銀行經濟研
　　究室，1957–1979。

臺灣銀行經濟研究室編，《福建省例》〔《臺灣文獻叢刊》本〕。臺北：臺灣銀行經濟研究室，
　　1957–1979。

臺灣銀行經濟研究室編，《福建通志臺灣府》〔《臺灣文獻叢刊》本〕。臺北：臺灣銀行經濟
　　研究室，1957–1979。

臺灣銀行經濟研究室編，《福建臺灣奏摺》〔《臺灣文獻叢刊》本〕。臺北：臺灣銀行經濟研
　　究室，1957–1979。

臺灣銀行經濟研究室編，《臺灣南部碑文集成》〔《臺灣文獻叢刊》本〕。臺北：臺灣銀行經
　　濟研究室，1957–1979。

臺灣銀行經濟研究室編，《臺灣詩鈔》〔《臺灣文獻叢刊》本〕。臺北：臺灣銀行經濟研究室，
　　1957–1979。

臺灣銀行經濟研究室編，《臺灣輿地彙鈔》〔《臺灣文獻叢刊》本〕。臺北：臺灣銀行經濟研
　　究室，1957–1979。

臺灣銀行經濟研究室編，《臺灣雜詠合刻》〔《臺灣文獻叢刊》本〕。臺北：臺灣銀行經濟研
　　究室，1957–1979。

臺灣銀行經濟研究室編，《臺灣關係文獻集零》〔《臺灣文獻叢刊》本〕。臺北：臺灣銀行經
　　濟研究室，1957–1979。

臺灣銀行經濟研究室編，《閩海紀略》〔《臺灣文獻叢刊》本〕。臺北：臺灣銀行經濟研究室，
　　1957–1979。

臺灣銀行經濟研究室編，《續碑傳選集（一)》〔《臺灣文獻叢刊》本〕。臺北：臺灣銀行經濟

研究室，1957–1979。

臺灣總督府，《社寺廟宇ニ關スル調查（臺北廳）》〔稿本〕。臺北：臺灣總督府，1915。

趙汝适，《諸蕃志》〔《臺灣文獻叢刊》本〕。臺北：臺灣銀行經濟研究室，1957–1979。

趙爾巽等，《清史稿》。北京：中華書局，1976–1977。

趙與泌修，黃巖孫纂，《仙溪志》〔收入《宋元方志叢刊》 第 8 冊〕。北京：中華書局，
　　1990。

劉　向，《說苑》〔盧元駿註譯，《說苑今註今譯》〕。臺北：商務印書館，1988。

劉　安等，《淮南子》〔劉文典，《淮南鴻烈集解》〕。北京：中華書局，1989。

劉　安等，《淮南子》〔何寧，《淮南子集釋》〕。北京：中華書局，2006。

劉　昫，《舊唐書》。北京：中華書局，1975。

劉良璧，《重修福建臺灣府志》〔《臺灣文獻叢刊》本〕。臺北：臺灣銀行經濟研究室，1957–
　　1979。

劉師培，《左盦外集》〔收入氏著，錢玄同等編，《劉申叔先生遺書》〕。臺北：華世出版社，
　　1975 翻印。

墨　翟，《墨子》〔孫詒讓，《墨子閒詁》〕。臺北：華正書局，1987。

歐陽守道，《巽齋文集》〔收入《景印文淵閣四庫全書》第 1183 冊〕。臺北：臺灣商務印書
　　館，1983–1986。

歐陽修，《新唐書》。北京：中華書局，1975。

歐陽詢，《藝文類聚》。上海：上海古籍出版社，1999。

蔡振豐，《苑裏志》〔《臺灣文獻叢刊》本〕。臺北：臺灣銀行經濟研究室，1957–1979。

鄭鵬雲、曾逢辰，《新竹縣志初稿》〔《臺灣文獻叢刊》本〕。臺北：臺灣銀行經濟研究室，
　　1957–1979。

盧若騰，《島噫詩》〔《臺灣文獻叢刊》本〕。臺北：臺灣銀行經濟研究室，1957–1979。

蕭子顯，《南齊書》。北京：中華書局，1972。

蕭崇業，《使琉球錄》，收入臺灣銀行經濟研究室編，《使琉球錄三種》〔《臺灣文獻叢刊》
　　本〕。臺北：臺灣銀行經濟研究室，1957–1979。

錢　易，《南部新書》〔收入《景印文淵閣四庫全書》第 1036 冊〕。臺北：臺灣商務印書館，
　　1983–1986。

應　劭，《風俗通義》〔王利器校注，《風俗通義校注》〕。臺北：明文書局，1982 翻印。

戴　德，《大戴禮記》。臺北：臺灣商務印書館，1981。

薛允升著，黃靜嘉編校，《讀例存疑》。臺北：成文出版社，1970 重刊本。

薛居正，《舊五代史》。北京：中華書局，1976。

謝　承，《後漢書》〔《八家後漢書輯注》本〕。上海：上海古籍出版社，1986。

謝金鑾，《續修臺灣縣志》〔《臺灣文獻叢刊》本〕。臺北：臺灣銀行經濟研究室，1957–
　　　1979。

謝應芳，《辨惑編》〔收入《景印文淵閣四庫全書》第 709 冊〕。臺北：臺灣商務印書館，
　　　1983–1986。

韓　非，《韓非子》〔陳奇猷校注，《韓非子集釋》〕。北京：中華書局，1958。

韓　非，《韓非子》〔王先謙，《韓非子集解》〕。臺北：世界書局，1980。

魏　收，《魏書》。北京：中華書局，1974。

魏　徵等，《隋書》。北京：中華書局，1973。

魏了翁，《鶴山集》〔收入《景印文淵閣四庫全書》第 1172–1173 冊〕。臺北：臺灣商務印書
　　　館，1983–1986。

魏之琇，《續名醫類案》。北京：人民衛生出版社，1957。

嚴可均校輯，《全上古三代秦漢三國六朝文》第一冊。京都：中文出版社，1981。

蘇　軾，《東坡全集》〔收入《景印文淵閣四庫全書》第 1107–1108 冊〕。臺北：臺灣商務印
　　　書館，1983–1986。

蘇　頌，《蘇魏公文集》〔收入《景印文淵閣四庫全書》第 1092 冊〕。臺北：臺灣商務印書
　　　館，1983–1986。

釋法堅譯，《佛說阿難分別經》，〔《大正新脩大藏經》no. 495〕。東京：大正一切經刊行會，
　　　1924–1934。

釋慧琳，《一切經音義》〔《大正新脩大藏經》no. 2128〕。東京：大正一切經刊行會，1924–
　　　1934。

顧炎武，《日知錄》。臺北：文史哲出版社，1979。

顧炎武，《日知錄》〔點校原抄本〕。臺北：明倫出版社，1971。

顧嗣立編，《元詩選》。北京：中華書局，1987。

二、近人著作

丁　煌，〈漢末三國道教發展與江南地緣關係初探——以張陵天師出生地傳說、江南巫俗及
　　　孫吳政權與道教關係為中心之一般考察〉，《歷史學報（成大）》13（臺南，1987），頁

155–208。

丁仁傑，〈民間信仰的當代適應與重整——會靈山現象的例子〉，收入氏著，《當代漢人民眾
　　宗教研究——論述、認同與社會再生產》，臺北：聯經出版事業公司，2009，頁 105–
　　182。

丁仁傑，〈會靈山現象的社會學考察——去地域化情境中民間信仰的轉化與再連結〉，發表
　　於國家科學委員會社會科學研究中心、中央研究院民族學研究所主辦，「宗教教義、
　　實踐與文化——一個跨學科的整合研究」。臺北：中央研究院民族學研究所，2004 年
　　4 月 16–17 日。

丁元君、陳藝匀，〈臺北縣新莊市「李姓童乩」調查表〉。2000 年 11 月 6 日。

丁元君、陳藝匀，〈臺北縣新莊市「洪姓童乩」調查表〉。2000 年 12 月 8 日。

三民書局大辭典編纂委員會編，《大辭典》。臺北：三民書局，1985。

于錦綉，〈從中國考古發現看原始宗教對中國傳統文化的影響〉，《世界宗教研究》1994：1
　　（北京，1994），頁 48–57。

大日方大乘，《佛教醫學の研究》。東京：風間書房，1965。

大形徹，〈被髮考〉，《東方宗教》86（町田，1995），頁 1–23。

小田俊郎著，洪有錫譯，《臺灣醫學 50 年》。臺北：前衛出版社，1995。

小南一郎，《中國の神話と物語り》。東京：岩波書店，1984。

小島毅，〈正祠と淫祠——福建の地方志における記述と論理〉，《東洋文化研究所紀要》
　　114（東京，1991），頁 87–213。

小靈醫，《童乩桌頭之研究》。臺南：人光出版社，1977。

山　民，《狐狸信仰之謎》。北京：學苑出版社，1994。

山上伊豆母，《巫女の歷史——日本宗教の母胎》。東京：雄山閣，1994。

山田慶兒，〈鍼灸と湯液の起源〉，收入氏編，《新發現中國科學史資料の研究・論考篇》，
　　京都：京都大學人文科學研究中心，1985。

川田洋一著，許洋主譯，《佛法與醫學》。臺北：東大圖書公司，2002。

川野明正，《中國の〈憑きもの〉——華南地方の蠱毒と呪術的傳承》。東京：風響社，
　　2005。

中文大辭典編纂委員會編，《中文大辭典》。臺北：中國文化大學出版部，1985。

中村治兵衛，〈中國古代の王權と巫覡〉，收入氏著，《中國シャーマニズムの研究》，東京：
　　刀水書房，1992，頁 3–28。

中村治兵衛，〈五代の巫〉，收入氏著，《中國シャーマニズムの研究》，東京：刀水書房，
　　1992，頁 69–84。

中村治兵衛，〈北宋朝と巫〉，收入氏著，《中國シャーマニズムの研究》，東京：刀水書房，
　　1992，頁 85–106。

中村治兵衛，〈宋代の巫の特徵——入巫過程の究明を含めて〉，收入氏著，《中國シャーマ
　　ニズムの研究》，東京：刀水書房，1992，頁 107–138。

中村治兵衛，〈宋代廣德軍祠山廟の牛祭について〉，收入氏著，《中國シャーマニズムの研
　　究》，東京：刀水書房，1992，頁 157–186。

中村治兵衛，〈唐代の巫〉，收入氏著，《中國シャーマニズムの研究》，東京：刀水書房，
　　1992，頁 29–68。

中村治兵衛，《中國シャーマニズムの研究》。東京：刀水書房，1992。

仇德哉，《臺灣之寺廟與神明》。臺中：臺灣省文獻委員會，1983。

手塚隆義，〈胡巫考〉，《史苑》11：3&4（東京，1938），頁 422–432。

文　欣，〈神秘的古代巫醫〉，《醫學文選》1994：5（南寧，1994），頁 81。

文　慧編集，《乩童與論集》。南投：人乘佛教書籍出版社，1984。

文榮光等，〈靈魂附身現象——臺灣本土的壓力因應行為〉，發表於中央研究院民族學研究
　　所主辦，「中國人的心理與行為」科際學術研究會。臺北：中央研究院民族學研究所，
　　1992 年 4 月 23–25 日。

文鏞盛，〈秦漢巫覡的地域分布〉，《文史知識》1999：8（北京，1999），頁 107–112。

文鏞盛，《中國古代社會的巫覡》。北京：華文出版社，1999。

方　燕，《巫文化視域下的宋代女性》。北京：中華書局，2008。

方詩銘，〈黃巾起義先驅與巫及原始道教的關係——兼論「黃巾」與「黃神越章」〉，《歷史
　　研究》1993：3（北京，1993），頁 3–13。

木村明史，〈宋代の民間醫療と巫覡觀——地方官による巫覡取締の一側面〉，《東方學》
　　101（東京，2001），頁 89–104。

木津祐子，〈赤木文庫藏《官話問答便語》校〉，《沖繩文化研究》31（東京，2004），頁
　　543–657。

水越知，〈伍子胥信仰與江南地域社會——信仰圈結構分析〉，收入平田茂樹、遠藤隆俊、
　　岡元司編，《宋代社會的空間與交流》，開封：河南大學出版社，2008，頁 316–351。

水越知，〈宋元時代の東嶽廟〉，《史林》86：5（京都，2003），頁 73–104。

水越知，〈宋代社會と祠廟信仰の展開──地域核としての祠廟の出現〉，《東洋史研究》
　　60：4（京都，2002），頁1-38。

片岡巖，《臺灣風俗志》。臺北：臺灣日日新報社，1921。

片岡巖著，陳金田譯，《臺灣風俗誌》。臺北：眾文圖書公司，1990。

王　明，〈農民起義所稱的李弘和彌勒〉，收入氏著，《道教和道家思想研究》，北京：中國
　　社會科學出版社，1984，頁372-380。

王　釗、賈鴻寶，〈《內經》「祝由」辨析〉，《中醫雜誌》1990：4（北京，1990），頁59-
　　60。

王　暉，〈商代卜辭中祈雨巫術的文化意蘊〉，《文史知識》1999：8（北京，1999），頁65-
　　70。

王子今，〈西漢長安的「胡巫」〉，《民族研究》1997：5（北京，1997），頁64-70。

王子今，〈祭政合一制度與中國古代政治迷信〉，《世界宗教研究》1990：1（北京，1990），
　　頁15-26。

王子今，〈戰國秦漢時期的女巫〉，收入氏著，《古史性別研究叢稿》，北京：社會科學文獻
　　出版社，2004，頁3-37。

王永珍，〈封面故事──以醫抗巫〉，《長壽》2010：4（天津，2010），頁16-17。

王有生，〈巫醫自製針致患者心臟貫通傷1例〉，《中國社區醫師》1999：4（北京，1999），
　　頁44-45。

王克林，〈試論我國人祭和人殉的起源〉，《文物》1982：2（北京，1982），頁69-72。

王志明，〈臺北市基隆路的一個民俗醫生和他的信徒們〉。臺北：臺灣大學考古人類學系學
　　士論文，1971。

王見川，〈日據時期的彰化南瑤宮與臺南大天后宮──兼談藝閣廣告化問題〉，收入王見川、
　　李世偉，《臺灣的寺廟與齋堂》，臺北：博揚文化事業有限公司，2004，頁77-104。

王見川，〈西來庵事件與道教、鸞堂之關係──兼論其周邊問題〉，收入王見川、李世偉，
　　《臺灣的宗教與文化》，臺北：博揚文化事業有限公司，1999，頁309-335。

王見川，《臺灣的齋教與鸞堂》。臺北：南天書局，1996。

王見川、皮慶生，《中國近世民間信仰──宋元明清》。上海：上海人民出版社，2010。

王貞月，〈シャーマニズムとその民俗醫療の役割──臺灣シャーマン・タンキーを中心
　　に〉，《文學研究論集（西南學院大學大學院）》21（福岡，2002），頁85-123。

王貞月，〈臺灣シャーマンの民俗醫療メカニズム──歷史傳承による治療手法を中心に〉，

《九州中國學會報》41（福岡，2003），頁 122–139。

王貞月，〈臺灣薩滿信仰現狀及其民俗醫療作用——以問卷調查結果為中心〉，《輔仁國文學報》17（臺北，2001），頁 281–325。

王家祐，〈張陵五斗米道與西南民族〉，收入氏著，《道教論稿》，成都：巴蜀書社，1987，頁 151–166。

王振忠，〈歷史自然災害與民間信仰——以近 600 年來福州瘟神「五帝」信仰為例〉，《復旦學報（社會科學版）》1996：2（上海，1996），頁 77–82。

王振忠，〈徽州「五通（顯）」與明清以還福州的「五帝」信仰〉，《徽州社會科學》1995：1&2（黃山，1995），頁 68–75。

王國良，《魏晉南北朝志怪小說研究》。臺北：文史哲出版社，1984。

王章偉，〈《清明集》中所見的巫覡信仰問題〉，《九州學林》32（香港，2013），頁 131–152。

王章偉，〈文明推進中的現實與想像——宋代嶺南的巫覡巫術〉，《新史學》23：2（臺北，2012），頁 1–55。

王章偉，〈在國家與社會之間：宋代 (960–1279) 巫覡信仰研究〉。香港：香港大學博士論文，2003。

王章偉，〈溝通古今的薩滿——研究宋代巫覡信仰的幾個看法〉，收入復旦大學文史研究院編，《「民間」何在，誰之「信仰」》，北京：中華書局，2009，頁 140–154。

王章偉，《在國家與社會之間：宋代巫覡信仰研究》。香港：中華書局，2005。

王雯鈴，〈臺北縣三重市「汪姓童乩」調查表〉。2002 年 7 月 5 日。

王雯鈴，〈臺灣童乩的成乩歷程：以三重童乩為主的初步考察〉。臺北：私立輔仁大學宗教學研究所碩士論文，2004。

王新中、尉書明，〈巫文化對古代醫學的影響〉，《陝西教育學院學報》17：1（西安，2001），頁 35–65。

王溢嘉，〈神諭與童乩〉，《健康世界》5（臺北，1976），頁 42–45。

王樹岐、李經緯、鄭金生，《古老的中國醫學》。臺北：緯揚文化，1990。

王興耀，〈乩童的形成〉，《南杏》22（高雄，1975），頁 69。

丘其謙，〈布農族卡社群的巫術〉，《中央研究院民族學研究所集刊》17（臺北，1964），頁 73–94。

丘其謙，〈布農族郡社群的巫術〉，《中央研究院民族學研究所集刊》26（臺北，1968），頁

41–66。

加藤千惠，〈林富士著『中國中古時期的宗教與醫療』〉，《東方宗教》117（京都，2011），頁 48–52。

加藤常賢，〈中國古代の宗教と思想〉，收入氏著，《中國古代文化の研究》，東京：二松學舍大學出版部，1980，頁 48–57。

加藤敬，《童乩──臺灣のシャーマニズム》。東京：平河出版社，1990。

北京中醫學院主編，《中國醫學史》。上海：上海科學技術出版社，1978。

古代漢語詞典編寫組編，《古代漢語詞典》。北京：商務印書館，1998。

史繼剛，〈宋代的懲「巫」揚「醫」〉，《西南師範大學學報（哲學社會科學版）》1992：3（重慶，1992），頁 65–68。

史蘭華等編，《中國傳統醫學史》。北京：科學出版社，1992。

永田英正，〈漢代の選舉と官僚階級〉，《東方學報（京都）》41（京都，1970），頁 157–196。

田　石，〈醫、巫鬥法四則〉，《科學與無神論》2003：4（北京，2003），頁 19–20。

田仲一成著，布和譯，《中國祭祀戲劇研究》。北京：北京大學出版社，2008。

田仲一成著，雲貴彬、于允譯，《中國戲劇史》。北京：北京廣播學院，2002。

白川靜著，溫天河、蔡哲茂合譯，《甲骨文的世界──古殷王朝的締構》。臺北：巨流圖書公司，1977。

白興發，〈從民族誌材料看巫的起源與發展〉，《青海民族學院學報》27：2（西寧，2001），頁 28–33。

皮慶生，《宋代民眾祠神信仰研究》。上海：上海古籍出版社，2008。

石川力山，〈玄沙三種病人考──禪僧の社會意識について〉，收入鎌田茂雄博士還曆記念論集刊行會編，《鎌田茂雄博士還曆記念論集・中國の佛教と文化》，東京：大藏出版株式會社，1988，頁 437–456。

石萬壽，〈明清以前媽祖信仰的演變〉，《臺灣文獻》40：2（臺北，1989），頁 1–21。

任冰心，〈元代醫學開設「祝由書禁科」原因考〉，《歷史教學（高校版）》2009：4（天津，2009），頁 92–98。

任繼愈主編，《中國道教史》。上海：上海人民出版社，1990。

伊能嘉矩，〈利用迷信的戴萬生之亂〉(1903)，《臺灣慣習記事（中譯本）》3：7，頁 31–33。

伊能嘉矩，〈迷信之勢力及影響〉(1901)，《臺灣慣習記事（中譯本）》1：4，頁 115–116。

伊能嘉矩，《臺灣文化志》。東京：刀江書院，1965，重印 1928 年版。

吉元昭治著，楊宇譯，《道教與不老長壽醫學》。成都：成都出版社，1992。

吉岡義豐，〈三洞奉道科誡儀範の成立について──道教學成立の一資料〉，收入吉岡義豐、
　　M. スワミエ編，《道教研究・第一冊》，東京：昭森社，1965，頁 5–108。

安春平、程偉，〈宋代政府禁巫興醫的意義〉，《中醫藥訊息》2004：3（哈爾濱，2004），頁
　　73–74。

朱　實，〈「非典」時期，巫風乍起〉，《觀察與思考》2003：4（杭州，2003），頁 36。

朱子方，〈遼代的薩滿教〉，《社會科學輯刊》1986：6（瀋陽，1986），頁 47–50。

江燦騰、王見川主編，《臺灣齋教的歷史觀察與展望》。臺北：新文豐出版公司，1994。

池田敏雄著，黃有興、簡俊耀譯，〈關三姑〉，原載《民俗臺灣》1（臺北，1942），中文譯
　　文刊於《臺灣文獻》38：3（臺北，1987），頁 28–31。

羊華榮，〈道教與巫教之爭〉，《宗教學研究》1996：1（成都，1996），頁 35–42。

考古研究所漢城發掘隊，〈漢長安城南郊禮制建築遺址群發掘簡報〉，《考古》1960：7（北
　　京，1960），頁 36–39。

佐佐木宏幹，〈シンガポールにおける童乩 (Tang-ki) の治病儀禮について〉，收入白鳥芳
　　郎、倉田勇編，《宗教的統合の諸相》，名古屋：南山大學人類學研究所，1985，頁
　　175–194。

佐佐木宏幹，〈東南アジア華人社會における童乩信仰のヴァリエーション考〉，收入直江
　　廣治、窪德忠編，《東南アジア華人社會の宗教文化に關する調查研究》，東京：南斗
　　書房，1987，頁 107–134。

佐佐木宏幹，〈東南アジア華人社會のシャーマニズム〉，收入關西外國語大學國際文化研
　　究所編，《シャーマニズムとは何か：國際シンポジウム・南方シャーマニズム》，東
　　京：春秋社，1983，頁 18–30。

佐佐木宏幹，《シャーマニズムの人類學》。東京：弘文堂，1984。

何　浩，〈顓頊傳說中的神話與史實〉，《歷史研究》1992：3（北京，1992），頁 69–84。

何承亨，〈巫醫的處方〉，《心理世界》2003：10（開封，2003），頁 44。

何星亮，〈維吾爾族的早期信仰〉，《民族研究》1995：6（北京，1995），頁 36–44。

余光弘，〈臺灣區神媒的不同形態〉，《中央研究院民族學研究所集刊》88（臺北，1999），
　　頁 91–105。

余英時，〈史學、史家與時代〉，收入氏著，《歷史與思想》，臺北：聯經出版事業公司，

1976，頁 247–270。

余英時，《論天人之際——中國古代思想起源試探》。臺北：聯經出版事業公司，2014。

余德慧、彭榮邦，〈從巫現象考察牽亡的社會情懷〉，收入余安邦主編，《情、欲與文化》，
　　臺北：中央研究院民族學研究所，2003，頁 109–150。

余關健，〈從巫醫看病說起〉，《中國健康月刊》1994：7（瀋陽，1994），頁 45。

吳　剛，〈「巫蠱之禍」新探〉，《中國史研究》1993：2（北京，1993），頁 81–90。

吳全蘭，〈巫風的餘韻——《國風》中的歌舞〉，收入中國詩學會編，《詩經研究叢刊（第五
　　輯）》，北京：學苑出版社，2003，頁 196–206。

吳利華，〈苗族巫醫的文化內涵及其功能——以鳳凰縣兩頭羊苗寨巫醫為中心〉。武漢：中
　　南民族大學民族學研究所碩士論文，2008。

吳榮曾，〈戰國、漢代的「操蛇神怪」及有關神話迷信的變異〉，收入氏著，《先秦兩漢史研
　　究》，北京：中華書局，1995，頁 347–361。

吳榮曾，〈鎮墓文中所見到的東漢道巫關係〉，《文物》1981：3（北京，1981），頁 56–63。
　　收入氏著，《先秦兩漢史研究》，北京：中華書局，1995，頁 362–378。

吳燕和，〈排灣族東排灣群的巫醫與巫術〉，《中央研究院民族學研究所集刊》20（臺北，
　　1965），頁 105–153。

吳瀛濤，〈臺灣的降神術——關於觀乩童的迷信〉，《臺灣風物》9：5&6（臺北，1959），頁
　　25–27。

吳瀛濤，《臺灣民俗》。臺北：眾文圖書公司，1975。

吹野安，〈焚巫の俗と禱祝文——『後漢書』「獨行列傳」の記事〉，《國學院雜誌》46（東
　　京，1997），頁 1–18。

呂一中，〈「會靈山」運動興起及其對民間宗教之影響〉，《臺灣宗教學會通訊》7（臺北，
　　2001）。

坂出祥伸，《道家‧道教の思想とその方術の研究》。京都：汲古書院，2009。

宋　和，〈童乩是什麼〉，《健康世界》5（臺北，1976），頁 35–41。

宋　和，〈臺灣神媒的社會功能——一個醫藥人類學的探討〉。臺北：國立臺灣大學考古人
　　類學研究所碩士論文，1978。

宋光宇，〈二十世紀臺灣的疾病與宗教〉，《佛光人文社會學刊》1（宜蘭，2001），頁 27–
　　45。

宋光宇，〈從巫覡及相關的宗教概念探討中國古代出土資料〉，《國立臺灣大學考古人類學

刊》60（臺北，2003），頁 36–63。

宋德金，〈金代宗教簡述〉，《社會科學戰線》1986：1（長春，1986），頁 313–320。

宋龍飛，〈手之、舞之，足之、蹈之──假託神意替神說話的童乩〉，收入氏著，《民俗藝術探源》，臺北：藝術家出版社，1982，頁 516–529。

宋鎮豪，〈商代的巫醫交合和醫療俗信〉，《華夏考古》1995：1（鄭州，1995），頁 77–85。

李　卉，〈說蠱毒與巫術〉，《中央研究院民族學研究所集刊》9（臺北，1960），頁 271–282。

李　剛，〈試論十六國政府宗教政策〉，《四川大學學報（哲學社會科學版）》1989：2（成都，1989），頁 90–97。

李　剛，〈魏晉南北朝政府對宗教徒參政及對淫祀左道的政策〉，《宗教學研究》1990：1&2（成都，1990），頁 47–53。

李　零，〈先秦兩漢文字史料中的「巫」〉，收入氏著，《中國方術續考》，北京：東方出版社，2000，頁 41–79。

李　零，〈考古發現與神話傳說〉，收入氏著，《李零自選集》，桂林：廣西師範大學出版社，1998，頁 59–84。

李　零，〈楚帛書的再認識〉，收入氏著，《李零自選集》，桂林：廣西師範大學出版社，1998，頁 227–262。

李小紅，〈以醫制巫──宋代地方官治巫芻議〉，《科學與無神論》2004：3（北京，2004），頁 16–17。

李小紅，〈宋代「信巫不信醫」問題探析〉，《四川大學學報（哲學社會科學版）》2003：6（成都，2003），頁 106–112。

李小紅，〈宋代民間「信巫不信醫」現象探析〉，《學術研究》2003：7（廣州，2003），頁 94–99。

李小紅，〈宋代的尚巫之風及其危害〉，《史學月刊》2002：10（鄭州，2002），頁 96–101。

李小紅，《宋代社會中的巫覡研究》。北京：光明日報，2010。

李文彥，〈巫醫現象的文化學反思〉，《醫古文知識》1999：2（上海，1999），頁 7–9。

李玉清，〈宋代禁巫興醫原因之分析〉，《醫學與哲學（人文社會醫學版）》2008：12（大連，2008），頁 58–59。

李亦園，〈社會變遷與宗教皈依──一個象徵人類學理論模型的建立〉，收入氏著，《文化的圖像：宗教與族群的文化觀察》下冊，臺北：允晨文化出版社，1992，頁 14–63。

李亦園,〈是真是假話童乩〉,收入氏著,《信仰與文化》,臺北:巨流圖書公司,1978,頁101–115。

李亦園,〈現代化過程中的傳統儀式〉(1985),收入氏著,《文化的圖像:宗教與族群的文化觀察》下冊,頁95–116。

李孝定,《甲骨文字集釋》第5冊。臺北:中央研究院歷史語言研究所,1965。

李志鴻,《道教天心正法研究》。北京:社會科學文獻出版社,2011。

李宗焜,〈從甲骨文看商代的疾病與醫療〉,《中央研究院歷史語言研究所集刊》72:2(臺北,2001),頁339–391。

李建民,〈「婦人媚道」考——傳統家庭的衝突與化解方術〉,《新史學》7:4(臺北,1996),頁1–32。

李建民,《死生之域——周秦漢脈學之源流》。臺北:中央研究院歷史語言研究所,2000。

李建國,〈先秦醫巫的分流與鬥爭〉,《文史知識》1994:1(北京,1994),頁39–42。

李思純,〈說民族髮式〉,收入氏著,《江村十論》,上海:上海人民出版社,1957,頁45–62。

李春興,〈臺灣中醫藥史略(一)——臺灣民俗醫藥與巫醫時期〉,《中華醫史雜誌》1997:1(北京,1997),頁41–45。

李貞德,〈漢唐之間求子醫方試探——兼論婦科濫觴與性別論述〉,《中央研究院歷史語言研究所集刊》68:2(臺北,1997),頁283–367。

李泰翰,〈清代臺灣水仙尊王信仰之探討〉,《民俗曲藝》143(臺北,2004),頁271–303。

李能和,《朝鮮巫俗考》(1927)。臺北:東方文化書局,1971翻印本。

李健民,〈略談我國新石器時代的人祭遺存〉,《中原文物》1981:3(鄭州,1981),頁27–29。

李國銘,〈頭社夜祭與祀壺信仰初探〉,《臺灣風物》48:1(臺北,1998),頁63–136。

李經緯、李志東,《中國古代醫學史略》。石家莊:河北科學技術出版社,1990。

李壽菊,《狐仙信仰與狐狸精故事》。臺北:臺灣學生書局,1995。

李劍國,《中國狐文化》。北京:人民文學出版社,2002。

李劍國,《唐前志怪小說史》。天津:南開大學出版社,1984。

李劍農,《先秦兩漢經濟史稿》。臺北:華世出版社,1981。

李翹宏、莊英章,〈夫人媽與查某佛——金門與惠東地區的女性神媒及其信仰比較〉,收入黃應貴、葉春榮主編,《從周邊看漢人的社會與文化——王崧興先生紀念論文集》,臺

北：中央研究院民族學研究所，1997，頁 63–89。

李豐楙，〈收驚——一個從「異常」返「常」的法術醫療現象〉，收入黎志添主編，《道教研究與中國宗教文化》，香港：中華書局，2003，頁 280–328。

李豐楙，〈行瘟與送瘟——道教與民眾瘟疫觀的交流與分歧〉，收入漢學研究中心編，《民間信仰與中國文化國際研討會論文集》，臺北：漢學研究中心，1994，頁 373–422。

李豐楙，〈東港王船和瘟與送王習俗之研究〉，《東方宗教研究》 新 3 （臺北，1993），頁 229–265。

李豐楙，〈臺灣中部「客仔師」與客家移民社會〉，收入宋光宇編，《臺灣經驗（二）——社會文化篇》，臺北：東大圖書公司，1994，頁 121–157。

李豐楙，〈臺灣送瘟、改運習俗的內地化與本地化〉，收入許俊雅編，《第一屆臺灣本土文化學術研討會論文集》，臺北：國立臺灣師範大學文學院國文學系，1994，頁 829–861。

李豐楙，《東港王船醮》。屏東：屏東縣政府，1993。

李豐楙等，《東港迎王——東港東隆宮丁丑正科平安祭典》。臺北：臺灣學生書局，1998。

李獻璋，《媽祖信仰の研究》。東京：泰山文物社，1979。

杜正勝，〈形體、精氣與魂魄〉，《新史學》2：3 （臺北，1991），頁 1–65。

杜正勝，〈周秦城市的發展與特質〉，《中央研究院歷史語言研究所集刊》 51：4 （臺北，1980），頁 615–747。

杜正勝，《古代社會與國家》。臺北：允晨文化出版社，1992。

杜正勝，《編戶齊民——傳統政治社會結構之形成》。臺北：聯經出版事業公司，1990。

汪　怡等編，《國語辭典》。出版地不詳：商務印書館，1943。

沈　元，〈《急就篇》研究〉，原載《歷史研究》1962：3 （北京，1962），收入華世出版社編，《中國社會經濟史參考文獻》，臺北：華世出版社，1984，頁 319–345。

沈宗憲，〈國家祀典與左道妖異——宋代信仰與政治關係之研究〉。臺北：國立臺灣師範大學歷史研究所博士論文，2000。

沈宗憲，《宋代民間的幽冥世界觀》。臺北：商鼎文化出版社，1993。

沈晉賢，〈從巫祝用「土」到以「土」為藥論——兼論馬王堆醫書巫祝用土〉，《安徽大學學報（哲學社會科學版）》2004：6 （合肥，2004），頁 102–107。

沈晉賢，〈醫巫同源研究〉，《南京中醫藥大學學報（社會科學版）》4：4 （南京，2003），頁 197–201。

谷雨生，〈巫醫也瘋狂〉，《法律與生活》1999：11 （北京，1999），頁 18–20。

谷雨生，〈巫醫是傳播迷信的真正魔鬼〉，《中國保健營養》1999：10（北京，1999），頁
　　12–13。

谷雨生，〈揭開巫醫「治病」的神秘面紗〉，《中國健康月刊》1999：12（瀋陽，1999），頁
　　4–5。

赤松智城、秋葉隆，《朝鮮巫俗の研究》。東京：大阪屋號書店，1938。

辛土成，〈論吳越的民俗〉，《浙江學刊》1987：2（杭州，1987），頁 121–135。

邢　康，〈契丹巫教在遼立國後的地位及其變化〉，《昭烏達蒙族師專學報（漢文哲學社會科
　　學版）》1989：2（赤峰，1989），頁 18–24、72。

邢義田，〈介紹三本漢代社會史新著〉，《新史學》1：4（臺北，1990），頁 149–157。

阮昌銳，《臺東麻老漏阿美族的社會與文化》。臺北：臺灣省立博物館，1994。

阮榮華，〈試論古代巴人的文化原型及其影響〉，《廈門大學學報》1993：3（廈門，1993），
　　頁 105–111。

卓美惠，〈醫術、方術與騙術——以清代小說《客窗閒話》、《續客窗閒話》醫藥故事的觀察
　　為例〉，《國文天地》24：1（臺北，2009），頁 25–30。

周世武，〈入院前經巫醫治療住院精神病人 335 例資料分析〉，《中國民政醫學雜誌》8：5
　　（北京，1996），頁 276。

周策縱，〈「巫」字初義探源〉，《大陸雜誌》69：6（臺北，1984），頁 21–23。

周策縱，《古巫醫與「六詩」考——中國浪漫文學探源》。臺北：聯經出版事業公司，1986。

周榮杰，〈閒談童乩之巫術與其民俗治療〉，《高雄文獻》30&31（高雄，1987），頁 69–
　　122。

周鳳五，〈說巫〉，《臺大中文學報》3（臺北，1989），頁 1–23。

周慶基，〈人祭與人殉〉，《世界宗教研究》1984：8（北京，1984），頁 89–96。

如元冀，《中國醫學史》。北京：人民衛生出版社，1984。

岡西為人，《宋以前醫籍考》。臺北：古亭書屋，1969 年翻印。

東晉次，〈後漢初期の巫者の反亂について〉，《名古屋大學東洋史研究報告》25（名古屋，
　　2001），頁 113–127。

松本浩一，《宋代の道教と民間信仰》。東京：汲古書院，2006。

林　幹，〈突厥的習俗和宗教〉，《民族研究》1981：6（北京，1981），頁 43–48。

林　幹，《突厥史》。呼和浩特：內蒙古人民出版社，1988。

林子候，〈牡丹社事件及其影響〉，《臺灣文獻》27：3（臺北，1976），頁 33–58。

林巳奈夫，〈中國古代の神巫〉，《東方學報（京都）》38（京都，1967），頁 199–224。

林巳奈夫，《中國古代の神がみ》。東京：吉川弘文館，2002。

林巳奈夫，《漢代の神々》。京都：臨川書店，1989。

林文龍，《林占梅傳》。南投：臺灣省文獻會，1998。

林坤磊、張育芬，〈高雄縣林園鄉「黃姓童乩」調查表〉（2001 年 7 月 22 日）。

林明美，〈阿美族巫師儀式舞蹈研究：吉安鄉東昌村 miretsek 實例分析〉。臺北：國立藝術
    學院傳統藝術研究所碩士論文，1996。

林美容，《媽祖信仰與漢人社會》。哈爾濱：黑龍江人民出版社，2003。

林美容、張珣、蔡相煇主編，《媽祖信仰的發展與變遷》。臺北：臺灣宗教學會，2003。

林淑鈴，〈關於臺灣本土靈魂附身現象的修正性看法〉，《臺灣史料研究》4（臺北，1994），
    頁 36–150。

林富士，〈「巫叩元絃」考釋——兼論音樂與中國的巫覡儀式之關係〉，《新史學》7：3（臺
    北，1996），頁 195–218。

林富士，〈「祝由」醫學與道教的關係——以《聖濟總錄・符禁門》為主的討論〉，收入劉淑
    芬、康豹編，《信仰、實踐與文化調適：第四屆漢學會議論文集・宗教篇》，頁 403–
    448。

林富士，〈「祝由」釋義：以《黃帝內經・素問》為核心文本的討論〉，《中央研究院歷史語
    言研究所集刊》83：4（臺北，2012），頁 671–738。

林富士，〈「舊俗」與「新風」——試論宋代巫覡信仰的特色〉，《新史學》24：4（臺北，
    2013），頁 1–54。

林富士，〈人間之魅——漢唐之間「精魅」故事析論〉，《中央研究院歷史語言研究所集刊》
    78：1（臺北，2007），頁 107–182。

林富士，〈中國中古時期的瘟疫與社會〉，收入中央研究院科學教育推動委員會主編，
    《2003，春之煞——SARS 流行的科學和社會文化回顧》，臺北：聯經出版事業公司，
    2003，頁 85–114。

林富士，〈中國六朝時期的巫覡與醫療〉，《中央研究院歷史語言研究所集刊》70：1（臺北，
    1999），頁 1–48。

林富士，〈中國六朝時期的蔣子文信仰〉，收入傅飛嵐（Franciscus Verellen）、林富士編，《遺
    跡崇拜與聖者崇拜》，臺北：允晨文化出版社，2000，頁 163–204。

林富士，〈中國古代巫覡的社會形象與社會地位〉，收入林富士主編，《中國史新論・宗教史

分冊》，臺北：中央研究院、聯經出版事業公司，2010，頁 65-134。

林富士，〈中國的「巫醫」傳統〉，收入生命醫療史研究室編，《中國史新論·醫療史分冊》，
　　臺北：中央研究院·聯經出版事業公司，2015，頁 61-150。

林富士，〈六朝時期民間社會所祀「女性人鬼」初探〉，《新史學》7：4（臺北，1996），頁
　　95-117。

林富士，〈披髮的人〉，收入氏著，《小歷史——歷史的邊陲》，臺北：三民書局，2000，頁
　　171-179。

林富士，〈東漢晚期的疾疫與宗教〉，《中央研究院歷史語言研究所集刊》66：3（臺北，
　　1995），頁 695-745。

林富士，〈清代臺灣的巫覡與巫俗——以《臺灣文獻叢刊》為主要材料的初步探討〉，《新史
　　學》16：3（臺北，2005），頁 23-99。

林富士，〈略論占卜與醫療之關係——以中國漢隋之間卜者的醫療活動為主的初步探討〉，
　　收入田浩（Hoyt Tillman）編，《文化與歷史的追索：余英時教授八秩壽慶論文集》，臺
　　北：聯經出版事業公司，2009，頁 583-620。

林富士，〈童乩研究的歷史回顧〉，收入氏著，《小歷史——歷史的邊陲》，臺北：三民書局，
　　2000，頁 40-60。

林富士，〈雲林縣「安西府」訪查筆記〉。2004 年 7 月 25 日。

林富士，〈當代臺灣本土宗教的文化史詮釋——童乩儀式裝扮的新探〉，《世界宗教文化》
　　2013：4（北京，2013），頁 10-14。

林富士，〈試論《太平經》的主旨與性質〉，《中央研究院歷史語言研究所集刊》69：2（臺
　　北，1998），頁 205-244。

林富士，〈試論《太平經》的疾病觀念〉，《中央研究院歷史語言研究所集刊》62：2（臺北，
　　1993），頁 225-263。

林富士，〈試論中國早期道教對於醫藥的態度〉，《臺灣宗教研究》1：1（臺北，2000），頁
　　107-142。

林富士，〈試論六朝時期的道巫之別〉，收入周質平、Willard J. Peterson 編，《國史浮海開新
　　錄——余英時教授榮退論文集》，臺北：聯經出版事業公司，2002，頁 19-38。

林富士，〈試論漢代的巫術醫療法及其觀念基礎〉，《史原》16（臺北，1987），頁 29-53。

林富士，〈試論影響食品安全的文化因素——以嚼食檳榔為例〉，《中國飲食文化》10：1（臺
　　北，2014），頁 43-104。

林富士，〈試釋睡虎地秦簡《日書》中的夢〉，《食貨月刊》復刊 17：3&4（臺北，1988），頁 30–37。

林富士，〈試釋睡虎地秦簡中的「癘」與「定殺」〉，《史原》15（臺北，1986），頁 1–38。

林富士，〈厭勝的傳統〉，收入氏著，《小歷史——歷史的邊陲》，臺北：三民書局，2000，頁 128–146。

林富士，〈臺北市「此乃宮」訪查筆記〉。2004 年 7 月 10 日。

林富士，〈臺北市「廣信府」訪查筆記〉。2004 年 5 月 19 日。

林富士，〈臺南市「保安宮」訪查筆記〉。1994 年 12 月 15 日。

林富士，〈臺南市「尊王壇」訪查筆記〉。1994 年 11 月 15 日。

林富士，〈臺灣童乩〉，收入氏著，《小歷史——歷史的邊陲》，臺北：三民書局，2000，頁 26–39。

林富士，〈臺灣童乩的社會形象初探（二稿）〉，發表於中央研究院歷史語言研究所、中央研究院亞太研究計畫主辦，「巫者的面貌」學術研討會。臺北：中央研究院歷史語言研究所，2002 年 7 月 17 日。

林富士，〈瘟疫、社會恐慌與藥物流行〉，《文史知識》2013：7（北京，2013），頁 5–12。

林富士，〈歷史人類學——舊傳統與新潮流〉，收入中央研究院歷史語言研究所七十周年研討會論文集編輯委員會編，《學術史與方法學的省思》，臺北：中央研究院歷史語言研究所，2000，頁 365–399。

林富士，〈頭髮的象徵意義〉，收入氏著，《小歷史——歷史的邊陲》，臺北：三民書局，2000，頁 165–170。

林富士，〈醫者或病人——童乩在臺灣社會中的角色與形象〉，《中央研究院歷史語言研究所集刊》76：3（臺北，2005），頁 511–568。

林富士，〈釋「魅」——以先秦至東漢時期的文獻資料為主的考察〉，收入蒲慕州主編，《鬼魅神魔——中國通俗文化側寫》，臺北：麥田出版社，2005，頁 109–134。

林富士，《中國中古時期的宗教與醫療》。北京：中華書局，2012。

林富士，《中國中古時期的宗教與醫療》。臺北：聯經出版事業公司，2008。

林富士，《孤魂與鬼雄的世界——北臺灣的厲鬼信仰》。臺北：臺北縣立文化中心，1995。

林富士，《疾病終結者——中國早期的道教醫學》。臺北：三民書局，2001。

林富士，《漢代的巫者》。臺北：稻鄉出版社，1999。

林瑋嬪，〈臺灣漢人的神像——談神如何具象〉，收入黃應貴主編，《物與物質文化》，臺北：

中央研究院民族學研究所，2004，頁 335–377。

林瑤棋，《透視醫療卡夫卡》。臺北：大康出版社，2004。

林衡道，〈臺灣寺廟的過去與現在〉，《臺灣文獻》27：4（南投，1976），頁 41–49。

武玉環，〈契丹族的「再生儀」芻議〉，《史學集刊》1993：2（長春，1993），頁 73–75。

武樹明、王繼恆，〈蒙古地區精神疾病患者看巫醫行為分析〉，《中國民政醫學雜誌》7：1
　　（北京，1995），頁 49。

直江廣治、窪德忠編，《東南アジア華人社會の宗教文化に關する調查研究》。東京：南斗
　　書房，1987。

邱仲麟，〈明代北京的粥廠煮賑〉，《淡江史學》9（臺北，1998），頁 113–130。

金井德幸，〈宋代における妖神信仰と「喫菜事魔」、「殺人祭鬼」再考〉，《立正大學東洋史
　　論集》8（東京，1995），頁 1–14。

金井德幸，〈宋代の厲鬼と城隍神——明初「祭厲壇」の源流を求めて〉，《立正大學東洋史
　　論集》13（東京，2001），頁 1–24。

金井德幸，〈宋代浙西の鄉社と土神——宋代鄉村社會の宗教構造〉，收入宋代史研究會編，
　　《宋代の社會と宗教》，東京：汲古書院，1985，頁 81–118。

金井德幸，〈南宋妖神信仰素描——山魈と瘟鬼と社祠〉，《駒澤大學禪研究所年報》7（東
　　京，1996），頁 51–65。

金井德幸，〈南宋荊湖南北路における鬼の信仰について——殺人祭鬼の周邊〉，《駒澤大學
　　禪研究所年報》5（東京，1994），頁 49–64。

金井德幸，〈南宋祭祀社會の展開〉，收入立正大學史學會創立五十周年記念事業實行委員
　　會編集，《宗教社會史研究》，東京：立正大學史學會，1977，頁 591–610。

金仕起，〈古代醫者的角色：兼論其身分與地位〉，《新史學》6：1（臺北，1995），頁 1–
　　48。

金仕起，《中國古代的醫學、醫史與政治——以醫史文本為中心的一個分析》。臺北：政大
　　出版社，2010。

金仕起，〈論病以及國——周秦漢方技與國政關係的一個分析〉。臺北：國立臺灣大學歷史
　　學系博士論文，2003。

金正耀，《道教與科學》。臺北：曉園出版社，1994。

金相範，〈宋代祠廟政策的變化與地域社會——以福州地域為中心〉，《臺灣師大歷史學報》
　　46（臺北，2011），頁 141–168。

金祥恆，〈殷人祭祀用人牲設奠說〉，《中國文字》48（臺北，1973），頁 1-7。

阿　愚，〈巫醫：健康的瘰癧〉，《婚育與健康》2000：1（鄭州，2000），頁 4-6。

阿布力克木・迪斯克，〈維吾爾鄉村的薩滿巫醫〉，《西北第二民族學院學報（哲學社會科學版）》2007：5（銀川，2007），頁 26-29。

俞秉麟，〈巫咸之謎〉，《蘇州雜誌》2002：1（蘇州，2002），頁 32-34。

俞慎初，《中國醫學簡史》。福州：福建科學技術出版社，1983。

姜亮夫，〈秦詛楚文考釋——兼釋亞駝・大沈久湫兩辭〉，《蘭州大學學報（哲學社會科學版）》1980：3（蘭州，1980），頁 54-71。

柳存仁，〈道教是什麼？〉，收入氏著，《和風堂新文集》，臺北：新文豐出版公司，1997。

柳存仁，〈樂巴與張天師〉，收入李豐楙、朱榮貴主編，《儀式、廟會與社區——道教、民間信仰與民間文化》，臺北：中央研究院中國文哲研究所籌備處，1996，頁 19-48。

段連勤，〈高車的經濟、社會制度與風俗習慣〉，《西北史地》1987：4（蘭州，1987），頁 5-11。

祈　宏，〈「祝由」探析〉，《浙江中醫學院學報》1996：3（杭州，1996），頁 7-8。

胡　堃，〈中國古代狐信仰源流考〉，《社會科學戰線》1989：1（長春，1989），頁 222-229。

胡孚琛，〈魏晉前後社會上的巫祝、方士和隱士〉，《宗教學研究》1988：2&3（成都，1988），頁 42-47。

胡厚宣，〈殷人疾病考〉，收入氏著，《甲骨學商史論叢初集》，臺北：大通書局，1972，頁 1-16。

胡新生，〈論漢代巫蠱的歷史淵源〉，《中國史研究》1997：3（北京，1997），頁 60-66。

范　熒，〈宋代的民間巫術〉，收入張其凡、陸勇強編，《宋代歷史文化研究》，北京：人民出版社，2000，頁 130-147。

范行準，《中國醫學史略》。北京：中醫古籍出版社，1986。

范家偉，〈信仰與醫療〉，收入氏著，《大醫精誠——唐代國家、信仰與醫學》，臺北：東大圖書公司，2007，頁 243-265。

范家偉，〈病者拒藥與命定論〉，收入氏著，《中古時期的醫者與病者》，上海：復旦大學出版社，2010，頁 259-265。

范家偉，〈禁咒法：從巫覡傳統到獨立成科〉，收入氏著，《六朝隋唐醫學之傳承與整合》，香港：中文大學出版社，2004，頁 59-89。

迪木拉提‧奧瑪爾,《阿爾泰語系諸民族薩滿教研究》。烏魯木齊:新疆人民出版社,1995。

卿希泰,《中國道教思想史綱,第一卷:漢魏兩晉南北朝時期》。成都:四川人民出版社,
　　1980。

卿希泰、唐大潮,《道教史》。北京:中國社會科學出版社,1994。

卿希泰主編,《中國道教一》。上海:知識出版社,1994。

卿希泰主編,《中華道教簡史》。臺北:中華道統出版社,1996。

唐長孺,〈史籍與道經中所見的李弘〉,收入氏著,《魏晉南北朝史論拾遺》,北京:中華書
　　局,1983,頁 208–217。

唐長孺,〈魏晉期間北方天師道的傳播〉,收入氏著,《魏晉南北朝史論拾遺》,北京:中華
　　書局,1983,頁 218–232。

孫文鐘,〈錢鍾書評「信巫不信醫」〉,《醫古文知識》2004:4(上海,2004),頁 11。

孫家洲,〈巫術の盛行と漢代社會〉,《古代文化》47:8(京都,1995),頁 38–47。

宮川尚志,《中國宗教史研究‧第一》。京都:同朋舍,1983。

宮川尚志,《六朝史研究‧宗教篇》。京都:平樂寺書店,1964。

峨嵋居士,《道壇作法》。臺北:逸群圖書公司,1984–1985。

徐旭生,《中國古史的傳說時代》。北京:科學出版社,1960。

徐復觀,〈西漢經學史〉,收入氏著,《中國經學史的基礎》,臺北:臺灣學生書局,1982,
　　頁 223–233。

徐復觀,〈揚雄論究〉,收入氏著,《兩漢思想史‧卷二》,臺北:臺灣學生書局,1979,頁
　　501。

徐復觀,〈鹽鐵論中的政治社會文化問題〉,收入氏著,《兩漢思想史‧卷三》,臺北:臺灣
　　學生書局,1979,頁 117–216。

徐慧鈺,〈林占梅年譜〉。臺北:國立政治大學中國文學研究所碩士論文,1990。

徐曉望,《福建民間信仰》。福州:福建教育出版社,1993。

晁天義,〈「巫術時代論」影響下的中國古史研究〉,《求是學刊》32:1(哈爾濱,2005),
　　頁 121–128。

晁繼周、李志江、賈采珠編,《漢語學習詞典》。南昌:江西教育出版社,1998。

晏昌貴,《巫鬼與淫祀——楚簡所見方術宗教考》。武昌:武漢大學出版社,2010。

真德大師、永靖大師,《閭山乩童咒語秘法》。臺北:進源書局,2002。

袁　瑋,〈中國古代咒禁療法初探〉,《自然科學史研究》11:1(北京,1992),頁 45–53。

酒井忠夫、福井文雅,〈什麼是道教〉,收入福井康順等監修,朱越利譯,《道教‧第一卷》,上海:上海古籍出版社,1990,頁 1–24。

陝西中醫學院主編,《中國醫學史》。貴陽:貴州人民出版社,1988。

馬　力,〈醫巫同源與分離〉,《貴州大學學報(社會科學版)》1998:6(貴陽,1998),頁 51–54。

馬　偕 (G. L. Mackay) 著,周學普譯,《臺灣六記》。臺北:臺灣銀行經濟研究室,1960。

馬　新,〈論兩漢民間的巫與巫術〉,《文史哲》2001:3(濟南,2001),頁 119–126。

馬丹丹,〈迷狂的家戶經驗──王屋山巫醫儀式的一項考察〉,《北方民族大學學報(哲學社會科學版)》2009:5(銀川,2009),頁 110–116。

馬伯英,《中國醫學文化史》。上海:上海人民出版社,1994。

馬長壽,《烏桓與鮮卑》。上海:上海人民出版社,1962。

商務印書館編審部編,《辭源》。臺北:商務印書館,1976。

國分直一,〈四社平埔族の尫姨と作向〉,收入氏著,《壺を祀る村:臺灣民俗誌》,東京:法政大學出版局,1981,頁 265–272。

國分直一,〈乩童的研究〉,《民俗臺灣》(中譯本) 1(臺北,1942),頁 90–102。

國分直一,〈臺灣のシャマニズム──とくに童乩の落嶽探宮をめぐって〉,收入氏著,《壺を祀る村:臺灣民俗誌》,東京:法政大學出版局,1981,頁 310–338。

國立臺灣大學心理學系網站。網址:http://www.psy.ntu.edu.tw/alumni/l.history.htm。

堀敏一,〈漢代の七科謫とその起源〉,《駿臺史學》57(東京,1982),頁 1–27。

康　豹,《臺灣的王爺信仰》。臺北:商鼎文化出版社,1997。

康　樂,《從西郊到南郊──國家祭典與北魏政治》。臺北:稻鄉出版社,1995。

康笑菲著,姚政志譯,《狐仙》。臺北:博雅書屋,2009。

張　珣,〈民俗大醫生‧童乩〉,《大學雜誌》192(臺北,1986),頁 16–26。

張　珣,〈民俗醫生──童乩〉,收入氏著,《疾病與文化》,臺北:稻鄉出版社,1989,頁 73–82。

張　珣,〈社會變遷中仰止鄉之醫療行為──一項醫藥人類學之探討〉。臺北:國立臺灣大學考古人類學研究所碩士論文,1981。

張　珣,〈道教與民間醫療文化──以著驚症候群為例〉,收入李豐楙、朱榮貴主編,《儀式、廟會與社區:道教、民間信仰與民間文化》,臺北:中央研究院中國文哲研究所籌備處,1996,頁 427–457。

張　珣，〈臺灣漢人收驚儀式與魂魄觀〉，收入黃應貴編，《人觀、意義與社會》，臺北：中
　　央研究院民族學研究所，1993，頁 207-231。

張　珣，〈臺灣漢人的醫療體系與醫療行為——一個臺灣北部農村的醫學人類學研究〉，收
　　入氏著，《疾病與文化》，頁 101-147。

張　珣，《文化媽祖——臺灣媽祖信仰研究論文集》。臺北：中央研究院民族學研究所，
　　2003。

張子文、郭啟傳、林偉洲編撰，《臺灣歷史人物小傳——明清暨日據時期》。臺北：國家圖
　　書館，2003。

張太教，〈巫術與巫醫〉，《常熟理工學院學報》2007：5（常熟，2007），頁 34-37。

張光直，〈人類歷史上的巫教的一個初步定義〉，《國立臺灣大學考古人類學刊》49（臺北，
　　1993），頁 1-3。

張光直，〈中國遠古時代儀式生活的若干資料〉，《中央研究院民族學研究所集刊》9（臺北，
　　1960），頁 253-268。

張光直，〈仰韶文化的巫覡資料〉，《中央研究院歷史語言研究所集刊》 64：3 （臺北，
　　1993），頁 611-625。

張光直，〈商代的巫與巫術〉，收入氏著，《中國青銅時代第二集》，臺北：聯經出版事業公
　　司，1990，頁 41-65。

張光直，《中國青銅時代》。臺北：聯經出版事業公司，1983。

張全明，〈兩宋時期疫災的時空分布統計與評析〉，收入徐少華主編，《荊楚歷史地理與長江
　　中游開發》，武漢：湖北人民出版社，2009，頁 360-371。

張京華，〈古史研究的三條途徑——以現代學者對「絕地天通」一語的闡釋為中心〉，《漢學
　　研究通訊》26：2（臺北，2007），頁 1-10。

張恭啟，〈多重宇宙觀的分辨與運用——竹北某乩壇問乩過程的分析〉，《中央研究院民族學
　　研究所集刊》61（臺北，1986），頁 81-103。

張振平，〈一個應當重新認識的問題——巫、巫醫及其與醫藥起源、發展關係探析〉，《山東
　　中醫藥大學學報》10：2（濟南，1986），頁 57-62。

張書豪，〈卜辭所見的巫者及其主要職事〉，《新世紀宗教研究》3：4（臺北，2005），頁
　　116-140。

張桂林、羅慶四，〈福建商人與媽祖信仰〉，《福建師範大學學報（哲學社會科學版）》1992：
　　3（福州，1992），頁 105-110。

張寅成，〈西漢的宗廟與郊祀〉。臺北：國立臺灣大學歷史學研究所碩士論文，1986。

張勛燎，〈古代巴人的起源及其與蜀人、僚人的關係〉，收入四川大學博物館、中國古代銅
　　　鼓研究學會編，《南方民族考古》第一輯，成都：四川大學出版社，1987，頁 45–71。

張開基，《臺灣首席靈媒：花蓮「石壁部堂」牽亡法會現場報導與探索》。臺北：新潮社，
　　　2000。

張榮明，〈殷周時代的宗教組織〉，《世界宗教研究》1998：3（北京，1998），頁 127–134。

張榮明，〈略論中醫祝由術的歷史發展〉，《醫古文知識》1995：3（上海，1995），頁 11–
　　　13。

張榮明，〈關於殷周宗教若干問題的探討〉，《天津師大學報》1988：5（天津，1988），頁
　　　38–44。

張福慧、陳于柱，〈遊走在巫、醫之間——敦煌數術文獻所見「天醫」考論〉，《寧夏社會科
　　　學》2008：2（銀川，2008），頁 105–107。

張樹國，〈絕地天通——上古社會巫覡政治的隱喻剖析〉，收入《中國楚辭學第二輯》，北
　　　京：學苑出版社，2003，頁 219–237。

張麗君，〈《五十二病方》祝由之研究〉，《中華醫史雜誌》1997：3（北京，1997），頁 144–
　　　147。

張繼禹，《天師道史略》。北京：華文出版社，1990。

曹文柱，〈六朝時期江南社會風氣的變遷〉，《歷史研究》1988：2（北京，1988），頁 50–
　　　66。

曹永年，〈早期拓跋鮮卑的社會狀況和國家的建立〉，《歷史研究》1987：5（北京，1987），
　　　頁 30–44。

梅陰生著，王世慶譯，〈乩童之由來〉(1901)，臺灣省文獻委員會編譯，《臺灣慣習記事（中
　　　譯本）》1：7，臺中：臺灣省文獻委員會，1984，頁 36。

梅慧玉，〈承繼、創造與實踐：綠島社會的乩童研究〉。臺北：國立臺灣大學人類學研究所
　　　碩士論文，1992。

符友豐，〈「醫」字新譯——兼考醫、巫先后〉，《醫古文知識》1997：2（上海，1997），頁
　　　37–40。

莊吉發，《薩滿信仰的歷史考察》。臺北：文史哲出版社，1996。

許兆昌，〈先秦社會的巫、巫術與祭祀〉，《世界宗教研究》1990：1（北京，1990），頁 15–
　　　26。

許兆昌，〈重、黎絕地天通考辨二則〉，《吉林大學社會科學學報》2001：2（長春，2001），
　　頁 104–111。

許地山，《扶箕迷信底研究》。長沙：商務印書館，1941。

許地山，《道教史》。臺北：牧童出版社，1976。

許倬雲，〈秦漢知識分子〉，收入氏著，《求古編》，臺北：聯經出版事業公司，1984，頁
　　483–514。

許家和，〈水火不容話醫巫〉，《心血管病防治知識》2007：1（廣州，2007），頁 41–42。

許家和，〈自古醫巫不相容〉，《祝您健康》2007：11（南京，2007），頁 50–51。

許振國，〈《黃帝內經》祝由考〉，《河南中醫學院學報》2005：2（鄭州，2005），頁 72–84。

許進雄，《中國古代社會──文字與人類學的透視》。臺北：臺灣商務印書館，1995。

郭成圩主編，《醫學史教程》。成都：四川科學技術出版社，1987。

陳　昊，〈林富士《中國中古時期的宗教與醫療》〉，《唐研究》第 14 卷（北京，2008），頁
　　628–636。

陳元朋，〈《夷堅志》中所見之南宋瘟神信仰〉，《史原》19（臺北，1993），頁 39–84。

陳元朋，《兩宋的「尚醫士人」與「儒醫」：兼論其在金元的流變》。臺北：國立臺灣大學出
　　版委員會，1997。

陳元朋，《粥的歷史》。臺北：三民書局，2001。

陳志賢，〈臺灣社區輔導的省思──由乩童的助人行為談起〉，《諮商輔導文粹》2（高雄，
　　1997），頁 63–80。

陳杏枝，〈臺北市加蚋地區的宮廟神壇〉，《臺灣社會學刊》31（臺北，2003），頁 93–152。

陳秀芬，〈在夢寐之間──中國古典醫學對於「夢與鬼交」與女性情欲的構想〉，《中央研究
　　院歷史語言研究所集刊》81：4（臺北，2010），頁 701–736。

陳秀芬，〈當病人見到鬼：試論明清醫者對於「邪祟」的態度〉，《國立政治大學歷史學報》
　　30（臺北，2008），頁 43–86。

陳邦賢，《中國醫學史》。上海：商務印書館，1937。

陳芳伶，〈陳靖姑信仰的內容、教派及儀式探討〉。臺南：國立臺南師範學院研究所碩士論
　　文，2003。

陳昭容，〈從秦系文字演變的觀點論詛楚文的真偽及其相關問題〉，《中央研究院歷史語言研
　　究所集刊》62：4（臺北，1993），頁 569–621。

陳高華，〈元代的巫覡與巫術〉，《浙江社會科學》2000：2（杭州，2000），頁 118–122。

陳高華，〈元代的醫療習俗〉，《浙江學刊》2001：4（杭州，2001），頁 134-139。

陳國符，〈天師道與巫覡有關〉，收入氏著，《道藏源流考》，北京：中華書局，1963，頁 260-261。

陳寅恪，〈讀哀江南賦〉，收入氏著，《金明館叢稿初編》，臺北：里仁書局，1981 翻印本，頁 209-216。

陳夢家，〈商代的神話與巫術〉，《燕京學報》20（北京，1936），頁 485-576。

陳夢家，《殷墟卜辭綜述》。北京：科學出版社，1956。

陳漢州，〈臺北市「許姓童乩」調查表〉。2002 年 9 月 7 日。

陳潤棠，〈巫術、童乩與降頭〉，收入氏著，《東南亞華人民間宗教》，香港：基道書樓，1989，頁 162-198。

陳藝勻，〈童乩的社會形象與自我認同〉。臺北：輔仁大學宗教學研究所碩士論文，2003。

陳繼敏，〈輕信巫醫下銀針‧誘發氣胸險喪命〉，《人人健康》1999：5（太原，1999），頁 14-15。

陶希聖，《辯士與游俠》。臺北：臺灣商務印書館，1982。

傅　柯 (Michel Foucault) 著，劉北成、楊遠嬰譯，《瘋顛與文明》。臺北：桂冠圖書公司，1992。

傅勤家，《中國道教史》。臺北：臺灣商務印書館，1980 重印。

傅維康，《中國醫學史》。上海：上海中醫學院出版社，1990。

彭榮邦，〈牽亡：惦念世界的安置與撫慰〉。花蓮：國立東華大學族群關係與文化研究所碩士論文，2000。

曾文俊，〈祝由醫療傳衍之研究〉。臺中：中國醫藥學院中國醫學研究所中國醫史學組碩士論文，1998。

曾炆煋，〈社會文化與精神醫學〉，《中央研究院民族學研究所集刊》32（臺北，1971），頁 279-286。

朝鮮總督府編，《朝鮮の巫覡》(1932)。東京：國書刊行會，1972。

森三樹三郎，〈秦漢に於ける民間祭祀の統一〉，《東方學報（京都）》11：1（京都，1940），頁 84-87。

游　謙，〈神明與收契子——以宜蘭地區為例〉，收入中央研究院民族學研究所編，《閩臺社會文化比較研究工作研討會》，臺北：中央研究院民族學研究所，1994。

湯用彤，〈妖賊李弘〉，收入氏著，《湯用彤學術論文集》，北京：中華書局，1983，頁 309-

311。

無非、張祖，〈巫醫——社會肌體的毒瘤〉，《中國防偽》2004：3（北京，2004），頁 68–
69。

程民生，〈論宋代神祠宗教〉，《世界宗教研究》1992：2（北京，1992），頁 59–71。

程民生，《宋代地域文化》。開封：河南大學出版社，1997。

童恩正，〈中國古代的巫〉，《中國社會科學》1995：5（北京，1995），頁 180–197。

華振鶴，〈古代醫、巫鬥爭故事（三則）〉，《科學與無神論》2001：6（北京，2001），頁
51–52。

飯沼龍遠著，林永梁譯，〈關于臺灣的童乩〉，《南瀛文獻》2：3&4（臺南，1955），頁 83–
85。

馮　春，〈醫籍文獻中的楚地「巫覡」方術研究〉，《江漢論壇》2009：12（武昌，2009），
頁 81–84。

馮爾康，〈清初的剃髮與易衣冠〉，《史學集刊》1985：2（上海，1985），頁 32–42。

黃文博，〈下願做義子——臺灣民間的契神信仰〉，收入氏著，《臺灣風土傳奇》，臺北：臺
原出版社，1989，頁 35–139。

黃文博，〈忘了我是誰——乩童巫器揮祭汩鮮血〉，收入氏著，《臺灣信仰傳奇》，臺北：臺
原出版社，1989，頁 14–26。

黃文博，〈神在輿中跳——輦轎狂舞與桌頭看字〉，收入氏著，《臺灣信仰傳奇》，頁 27–38。

黃文博，〈航向不歸海——臺灣的王船文化〉，收入氏著，《臺灣風土傳奇》，頁 110–118。

黃有興，〈澎湖的法師與乩童〉，《臺灣文獻》38：3（南投，1987），頁 133–164。

黃有興，《澎湖的民間信仰》。臺北：臺原出版社，1992。

黃有興、甘村吉，《澎湖民間祭典儀式與應用文書》。澎湖：澎湖縣文化局，2003。

黃希剛，〈掃一掃巫醫〉，《鄉鎮論壇》1995：4（北京，1995），頁 21。

黃美英，《臺灣媽祖的香火與儀式》。臺北：自立晚報出版社，1994。

黃展岳，〈漢長安城南郊禮制建築的位置及其有關問題〉，《考古》1960：9（北京，1960），
頁 52–58。

黃展岳，《古代人牲人殉通論》。北京：文物出版社，2004。

黃海德、李剛，《中華道教寶典》。臺北：中華道統出版社，1995。

黃純怡，〈國家政策與左道禁令——宋代政府對民間宗教的控制〉，《興大歷史學報》16（臺
中，2005），頁 171–198。

黃敬愚，〈漢代醫、巫、仙之關係考〉，《中醫藥文化》2006：4（上海，2006），頁 4–7。

黃新憲，〈陳靖姑信仰的源流及在閩臺的發展〉，《福州大學學報（哲學社會科學版）》2008：6（福州，2008），頁 5–8。

黃曉峰，〈周代民間宗教信仰的一個側面：以巫的演變為視角〉，《華東師範大學學報（哲學社會科學版）》1999：5（上海，1999），頁 13–25。

黃鎮國，〈宗教醫療術儀初探──以《千金翼方・禁經》之禁術為例〉。臺北：輔仁大學宗教學研究所碩士論文，2001。

楊升南，〈商代人牲身份的再考察〉，《歷史研究》1988：1（北京，1988），頁 134–146。

楊伯達，《巫玉之光──中國史前玉文化論考》。上海：上海古籍出版社，2005。

楊念群，《再造病人──中西醫衝突下的空間政治(1832–1985)》。北京：中國人民大學出版社，2006。

楊雨帆，〈巫醫的騙術〉，《健康生活》1996：1（南寧，1996），頁 8–9。

楊雨帆，〈瘋狂的巫醫〉，《健康大視野》1996：5（北京，1996），頁 15、25–26。

楊俊峰，〈唐宋之間的國家與祠祀──兼論祠祀走向政教中心的變化〉。臺北：國立臺灣大學歷史學系博士論文，2009。

楊建祥、洪軍，〈由氣功療法失效想到曾國藩的巫醫觀〉，《科學與無神論》2000：3（北京，2000），頁 23。

楊倩描，〈宋朝禁巫述論〉，《中國史研究》1993：1（北京，1993），頁 76–83。

楊淑榮，〈中國考古發現在原始宗教研究中的價值與意義〉，《世界宗教研究》1994：3（北京，1994），頁 85–95。

楊景鸐，〈殉與用人祭〉，《大陸雜誌》13：6（臺北，1956），頁 19–29。

楊聯陞，〈老君音誦誡經校釋──略論南北朝時代的道教清整運動〉，《中央研究院歷史語言研究所集刊》28 上（臺北，1956），頁 17–54。另收入氏著，《楊聯陞論文集》，河北：中國社會科學出版社，1992，頁 33–83。

葛兆光，《中國思想史》第 2 卷。上海：復旦大學出版社，2009。

葛兆光，《道教與中國文化》。上海：上海人民出版社，1987。

董芳苑，〈臺灣民間的神巫──「童乩」與「法師」〉，收入氏著，《臺灣民間宗教信仰》，臺北：長青文化事業股份有限公司，1975，1984 年增訂版，頁 246–266。

董芳苑，《臺灣民間宗教信仰》。臺北：長青文化事業股份有限公司，1975，1984 增訂版。

董芳苑，《認識臺灣民間信仰》。臺北：長青文化事業股份有限公司，1983，1986 增訂版。

裘錫圭，〈說卜辭的焚巫尪與作土龍〉，收入胡厚宣編，《甲骨文與殷商史》，上海：上海古籍出版社，1983，頁 21–35。

詹碧珠，〈尪姨與其儀式表演：當代臺灣女性靈媒的民族誌調查〉。新竹：國立清華大學社會人類學研究所碩士論文，1998。

賈得道，《中國醫學史略》。太原：山西人民出版社，1979。

鄒濬智，〈原巫——試說中國先秦「巫」文化的演變〉，《醒吾學報》39（臺北，2008），頁201–221。

鈴木清一郎，《臺灣舊慣‧冠婚葬祭と年中行事》。臺北：臺灣日日新報社，1934。

鈴木清一郎著，馮作民譯，《臺灣舊慣習俗信仰》，臺北：眾文圖書公司，1989 增訂版。

鈴木滿男，〈臺灣の祭禮における男性巫者の登場——民間道教に對する巫術の位相〉，收入氏著，《マレビトの構造》，東京：三一書屋，1974，頁 161–196。

鈴木滿男，〈臺灣漢人社會と tangki の構造的連關〉，收入關西外國語大學國際文化研究所編，《シャーマニズムとは何か》，東京：春秋社，1983，頁 72–87。

雷祥麟、傅大為，〈夢溪裡的語言與相似性——對《夢溪筆談》「人命運之預知」及「神奇」、「異事」二門之研究〉，《清華學報》新 23：1（新竹，1993），頁 31–60。

圖　齊 (Giuseppe Tucci)、海西希 (Walther Hessig) 著，耿昇譯，《西藏和蒙古的宗教》。天津：天津古籍出版社，1989。

廖育群，〈中國古代咒禁療法研究〉，《自然科學史研究》12：4（北京，1993），頁 373–383。

廖育群，〈咒禁療法——「意」的神祕領域〉，收入氏著，《醫者意也：認識傳統中國醫學》，臺北：三民書局，2003，頁 69–86。

廖昆田，〈薩滿——民俗醫療的心理輔導者〉，收入氏著，《魅力——中國民間信仰探源》，臺北：宇宙光，1981，頁 90–103。

廖咸惠，〈宋代士人與民間信仰——議題與檢討〉，收入復旦大學文史研究院編，《「民間」何在，誰之「信仰」》，頁 57–77。

甄志亞主編，《中國醫學史》。上海：上海科學技術出版社，1984。

福永光司，《道教思想史研究》。東京：岩波書店，1987。

福永勝美，《佛教醫學詳說》。東京：雄山閣，1972。

窪德忠，《道教百話——仙人へのあこがれ》。東京：世界聖典刊行協會，1983。

臺南州衛生課，《童乩》。臺南：臺南州衛生課，1937。

臺灣中華書局辭海編輯委員會編，《辭海》。臺北：臺灣中華書局，1986。

蒲慕州，〈巫蠱之禍的政治意義〉，《中央研究院歷史語言研究所集刊》57：3（臺北，
　　1986），頁511–538。

趙世瑜，《狂歡與日常──明清以來的廟會與民間社會》。廈門：廈門大學出版社，2002。

趙宏勃，〈隋代的民間信仰──以巫覡的活動為中心〉，《南京師大學報（社會科學版）》
　　2010：1（南京，2010），頁69–74。

趙容俊，〈文獻資料中的「巫」考察〉，《中國歷史文物》2005：1（北京，2005），頁38–
　　52。

趙容俊，〈甲骨卜辭所見之巫者的醫療活動〉，《史學集刊》2004：3（長春，2004），頁7–
　　15。

趙容俊，《殷商甲骨卜辭所見之巫術》。臺北：文津出版社，2003。

趙章超，〈宋代巫術邪教犯罪與法律懲禁考述〉，收入項楚主編，《新國學》第4卷，成都：
　　巴蜀書社，2002，頁231–238。

趙璞珊，《中國古代醫學》。北京：中華書局，1983。

雒忠如，〈西安西郊發現漢代建築遺址〉，《考古通訊》1957：6（北京，1957），頁26–30。

劉　鋒，《道教的起源與形成》。臺北：文津出版社，1994。

劉仲宇，《中國精怪文化》。上海：上海人民出版社，1997。

劉佳玲，〈宋代巫覡信仰研究〉。臺北：國立臺灣師範大學歷史研究所碩士論文，1996。

劉宗迪，〈狐魅淵源考──兼論戲劇與小說的源流關係〉，《攀枝花大學學報（綜合版）》，
　　1998：1（攀枝花，1998），頁37–41。

劉宗碧，〈貴州東部侗族「巫醫」及其文化內涵〉，《民族論壇》1997：3（長沙，1997），頁
　　91–96。

劉枝萬，〈臺灣のシャマニズム〉，收入氏著，《臺灣の道教と民間信仰》，東京：風響社，
　　1994，頁143–172。

劉枝萬，〈臺灣之 Shamanism〉，《臺灣文獻》54：2（南投，2003），頁1–31。

劉枝萬，〈臺灣之瘟神信仰〉，收入氏著，《臺灣民間信仰論集》，臺北：聯經出版事業公司，
　　1983，頁225–234。

劉枝萬，〈臺灣之瘟神廟〉，收入氏著，《臺灣民間信仰論集》，臺北：聯經出版事業公司，
　　1983，頁235–284。

劉枝萬，〈臺灣的靈媒──童乩〉，《臺灣風物》31：1（臺北，1981），頁104–115。

劉枝萬，《臺灣の道教と民間信仰》。東京：風響社，1994。

劉枝萬，《臺灣民間信仰論集》。臺北：聯經出版事業公司，1983。

劉昭瑞，〈論「禹步」的起源及禹與巫、道的關係〉，收入中山大學人類學系編，《梁釗韜與人類學》，廣州：中山大學出版社，1991，頁 264–279。

劉淑芬，《六朝的城市與社會》。臺北：臺灣學生書局，1992。

劉運好、李飛，〈「巫醫」非為賤業考釋——《論語》「人而無恒，不可以作巫醫」的文化闡釋〉，《孔子研究》2007：1（濟南，2007），頁 112–121。

劉增貴，〈漢代豪族研究——豪族的士族化與官僚化〉。臺北：國立臺灣大學歷史學研究所博士論文，1985，頁 190–191。

劉黎明，《宋代民間巫術研究》。成都：巴蜀書社，2004。

劉還月，〈神靈顯附乩童身〉，收入氏著，《臺灣民俗誌》，臺北：洛城出版社，1983，頁 150–155。

劉禮堂，〈唐代長江流域「信巫鬼、重淫祀」習俗考〉，《武漢大學學報（人文科學版）》54：5（武漢，2001），頁 566–573。

劉寶才，〈巫咸事跡小考〉，《西北大學學報（哲學社會科學版）》1982：4（西安，1982），頁 110–111。

增田福太郎，《東亞法秩序序說》，收入氏著，黃有興譯，《臺灣宗教論集》，南投：臺灣省文獻委員會，2001。

增淵龍夫，〈漢代に於ける巫と俠〉，收入氏著，《中國古代の社會と國家》，東京：弘文堂，1960，頁 98–100。

歐大年（Daniel L. Overmyer）著，劉心勇等譯，《中國民間宗教教派研究》〔*Folk Buddhist Religion: Dissenting Sects in Late Traditional China*〕。上海：上海古籍出版社，1993。

潘志麗、劉洋、潘艷麗，〈解析當代巫醫存在的原因〉，《中醫藥管理雜誌》2010：5（北京，2010），頁 390–391。

蔡佩如，〈女童乩的神靈世界〉，《兩性平等教育季刊》18（臺北，2002），頁 37–50。

蔡佩如，《穿梭天人之際的女人：女童乩的性別特質與身體意涵》。臺北：唐山出版社，2001。

蔡相輝，《臺灣的王爺與媽祖》。臺北：臺原出版社，1989。

蔡捷恩，〈宋朝禁巫興醫述略〉，《醫古文知識》1997：3（上海，1997），頁 4–7。

蔡瑞芳，〈從中國的醫學演變談乩童的由來〉，《南杏》22（高雄，1975），頁 63–65。

蔡瑞芳，〈從臺灣民間信仰探討今日乩童存在〉，《南杏》22（高雄，1975），頁 66-68。

蔣竹山，〈宗教史研究的文化轉向——近來宋至清代民間信仰研究再探〉，收入復旦大學文史研究院編，《「民間」何在，誰之「信仰」》，頁 123-139。

蔣竹山，〈湯斌毀五通神——清初政治菁英打擊通俗文化的個案〉，《新史學》6：2（臺北，1995），頁 67-112。

諸橋轍次，《大漢和辭典》。東京：大修館書店，1955-1960。

鄭土有、王賢淼，《中國城隍信仰》。上海：上海三聯書店，1994。

鄭志明，〈「乩示」的宗教醫療〉，發表於輔仁大學宗教學系主辦，「第三屆信仰與儀式——醫療的宗教對話」學術研討會。臺北：輔仁大學，2004 年 3 月 19 日。

鄭信雄，〈乩童之形成〉，《臺灣臨床醫學》8：4（高雄，1972），頁 519-523。

鄭信雄，〈從精神醫學論乩童及個案報告〉，《南杏》22（高雄，1975），頁 70-73。

鄭曼青、林品石編著，《中華醫藥學史》。臺北：臺灣商務印書館，1982。

鄭欽仁，〈鄉舉里選——兩漢的選舉制度〉，收入氏編，《中國文化新論·制度篇·立國的宏規》，臺北：聯經出版事業公司，1982，頁 193-199。

鄭煥金、王東輝、楊宏霞、吳玉茹、徐麗娟、張玉秋，〈農民接受巫醫處置的調查報告〉，《中國健康教育》1992：6（北京，1992），頁 25-26。

黎志添，〈從《太平經》的「中和」思想看人與自然的關係：天地疾病與人的責任〉，收入鄭志明主編，《道教文化的精華》，嘉義：南華大學宗教文化研究中心，2000，頁 49-75。

澤田瑞穗，〈夷堅妖巫志〉，收入氏著，《中國の咒法》，東京：平河出版社，1984，頁 290-304。

澤田瑞穗，〈殺人祭鬼·再補〉，收入氏著，《中國の民間信仰》，東京：工作舍，1982，頁 370-373。

澤田瑞穗，〈殺人祭鬼·証補〉，收入氏著，《中國の民間信仰》，頁 360-369。

澤田瑞穗，〈殺人祭鬼〉，收入氏著，《中國の民間信仰》，頁 331-359。

澤田瑞穗，《中國の咒法》。東京：平河出版社，1984。

蕭漢明，〈論中國古史上的兩次「絕地天通」〉，《世界宗教研究》1981：3（北京，1981），頁 88-98。

蕭漢明，〈觀射父——春秋末期楚國宗教思想家〉，《江漢論壇》1986：4（武漢，1986），頁 60-65。

賴麟徵譯，〈明治七年牡丹社事件醫誌〉（上），《臺灣史料研究》5（臺北，1995），頁 85–110。

賴麟徵譯，〈明治七年牡丹社事件醫誌〉（下），《臺灣史料研究》6（臺北，1995），頁 107–129。

錢鍾書，《管錐編》第 1 冊。北京：中華書局，1979。

鮑曉東，〈試論巫文化中「巫醫一體」的盛衰〉，《江西中醫學院學報》2003：4（南昌，2003），頁 24–26。

應文輝，〈求醫問藥・實話實說——四、不要相信游醫、神醫和巫醫〉，《開卷有益・求醫問藥》2001：5（天津，2001），頁 26。

濱島敦俊，〈朱元璋政權城隍改制考〉，《史學集刊》1995：4（上海，1995），頁 7–15。

濱島敦俊，《總管信仰：近世江南農村社會と民間信仰》。東京：研文出版，2001。

濱島敦俊著，朱海濱譯，《明清江南農村社會與民間信仰》。廈門：廈門大學出版社，2008。

濱島敦俊著，沈中琦譯，〈明清江南城隍考〉，《中國社會經濟史研究》1991：1（廈門，1991），頁 39–43，108。

薛宗正，〈古突厥的宗教信仰和哲學思想〉，《世界宗教研究》1988：2（北京，1988），頁 130–142。

薛鳳奎，〈論巫對醫的控制〉，《中華醫史雜誌》1984：1（北京，1984），頁 59–60。

謝世忠，〈試論中國民俗宗教中之「通神者」與「通鬼者」的性別優勢〉，《思與言》23：5（臺北，1986），頁 511–518。

謝金撰，〈關渡玉女娘廟種種〉，《臺灣風物》22：1（臺北，1972），頁 22–24。

韓　森（Valerie Hansen）著，包偉民譯，《變遷之神——南宋時期的民間信仰》。杭州：浙江人民出版社，1999。

韓復智，〈東漢的選舉〉，收入氏著，《漢史論集》，臺北：文史哲出版社，1980，頁 113–114。

瞿兌之，〈釋巫〉，原載《燕京學報》7（北京，1930），收入杜正勝編，《中國上古史論文選輯》下冊，臺北：華世出版社，1979，頁 991–1009。

瞿兌之，《中國社會史料叢鈔・甲集》。臺北：臺灣商務印書館，1965。

羅　漫，〈女嬰為巫三論〉，《江漢論壇》1986：6（武漢，1986），頁 52–55。

羅竹風主編，《漢語大詞典》第一卷。上海：上海辭書出版社，1986。

羅厚立、葛佳淵，〈走向跨學科的新史學〉，《讀書》175（北京，1993），頁 79–82。

藤崎康彦，〈童乩〉，收入植松明石編，《神々の祭祀》，東京：凱風社，1991，頁 294–419。

藤崎康彦，〈臺灣の降神巫儀〉，收入諏訪春雄主編，《降神の秘儀——シャーマニズムの可能性》，東京：勉誠出版，2002，頁 26–57。

藤野岩友，〈禹步考〉，收入氏著，《中國の文學と禮俗》，東京：角川書店，1976，頁 302–316。

譚志東，〈評《漢代的巫者》〉，《歷史月刊》25（臺北，1990），頁 157。

譚蟬雪，〈敦煌祈賽風俗〉，《敦煌研究》1993：4（蘭州，1993），頁 61–67。

嚴一萍，〈中國醫學之起源考略（上）〉，《大陸雜誌》2：8（臺北，1951），頁 20–22。

鐘幼蘭，〈金門查某佛的初步研究〉，收入余光弘、魏捷滋編，《金門著期人類學田野工作教室論文集》，臺北：中央研究院民族學研究所，1994，頁 129–161。

鐘克勳，〈「巫醫」小考〉，《西華師範大學（哲學社會科學版）》1982：4（南充，1982），頁 86–87。

饒宗頤，〈巫的新認識〉，收入鄭志明編，《宗教與文化》，臺北：臺灣學生書局，1990，頁 1–15。

饒宗頤，〈歷史家對薩滿主義應重新作反思與檢討——巫的新認識〉，收入中華書局編，《中華文化的過去，現在，和未來》，北京：中華書局，1992，頁 396–412。

饒宗頤，《殷代貞卜人物通考》。香港：香港大學出版社，1959。

饒宗頤、曾憲通合著，〈禹符、禹步、禹須臾〉，收入氏著，《雲夢秦簡日書研究》，香港：中文大學出版社，1982，頁 20–23。

櫻井德太郎，《日本シャーマニズムの研究》。東京：吉川弘文館，1988。

櫻井德太郎，《東アジアの民俗宗教》。東京：吉川弘文館，1988。

蘭云云，〈「巫」「醫」詞義淺析〉，《時代文學（下半月）》2009：12（濟南，2009），頁 186。

顧德融，〈中國古代人殉、人牲者的身份探析〉，《中國史研究》1982：2（北京，1982），頁 112–123。

Achterberg, Jeanne. *Imagery in Healing: Shamanism and Modern Medicine*. Boston and London: Shambhala, 1985.

Ahern, Emily M. "Sacred and Secular Medicine in a Taiwan Village: A Study of Cosmological Disorders," in A. Kleinman et al. eds., *Medicine in Chinese Culture*, Washington, D.C.: U.S. Government Printing Office, 1976, pp. 91–113.

Atkinson, Jane Monnig. "Shamanisms Today," *Annual Review of Anthropology*, 21 (1992), pp. 307–330.

Blussé, Leonard. "Of Hewers of Wood and Drawers of Water: Leiden University's Early Sinologists (1853–1911)," in Willem Otterspeer ed., *Leiden Oriental Connections, 1850–1940*, Leiden: E. J. Brill, 1989, pp. 317–353.

Boileau, Gilles. "Wu and Shaman," *Bulletin of the school of Oriental and African Studies*, 65:2 (2002), pp. 350–378.

Boltz, Judith M. "Not by the Seal of Office Alone," in Patrica B. Ebrey and Peter N. Gregory eds., *Religion and Society in T'ang and Sung China*, Honolulu: University of Hawai'i Press, 1993, pp. 241–305.

Ch'u, T'ung-tsu （瞿同祖）. *Han Social Structure*. Seattle: University of Washington Press, 1972.

Chang, Kwang-chih. "Shang Shamans," in Willard J. Peterson et al. eds., *The Power of Culture: Studies in Chinese Cultural History*, Hong Kong: The Chinese University Press, 1994, pp. 10–36.

Chang, Kwang-chih. *Art, Myth, and Ritual: The Path to Political Authority in Ancient China*. Cambridge, Mass.: Harvard University Press, 1983.

Chao, Shin-yi. "A Danggi Temple in Taipei: Spirit-Mediums in Modern Urban Taiwan," *Asia Major*, third series, 15:2 (2002), pp. 129–156.

Chen, Chung-min（陳中民）. "What Makes dang-ki So Popular?" 發表於行政院文化建設委員會主辦，「社會、民族與文化展演國際研討會」。臺北：國家圖書館，1999 年 5 月 28–30 日。

Chen, Hsiu-fen. "Medicine, Society, and the Making of Madness in Imperial China." Ph.D. dissertation, London: University of London, 2003.

Clart, Philip and Charles B. Jones eds. *Religion in Modern Taiwan: Tradition and Innovation in a Changing Society*. Honolulu: University of Hawaii Press, 2003.

Davis, Edward L. *Society and the Supernatural in Song China*. Honolulu: University of Hawai'i Press, 2001.

Davis, Lawrence Scott. "The Eccentric Structure of Shamanism: An Ethnography of Taiwanese Ki-Thông, With Reference to the Philosophical Anthropology of Helmuth Plessner." Ph.D.

dissertation, Cambridge, Mass.: Harvard University, 1992.

Demiéville, Paul. *Buddhism and Healing*, trans. by Mark Tatz. 1937; Lanham, MD: Univ. Press of America, 1985.

Eliade, Mircea. *Shamanism: Archaic Techniques of Ecstasy*, trans. by Willard R. Trask. Princeton: Princeton University Press, 1972.

Elliott, Alan J. A. *Chinese Spirit-medium Cults in Singapore*. London: London School of Economics and Political Science, 1955.

Falkenhausen, Lothar von. "Reflections on the Political Role of Spirit Mediums in Early China: The Wu Officials in the *Zhou Li*," *Early China*, 20 (1995), pp. 279–300.

Feng, Han-yi and J. K. Shryock. "The Black Magic in China Known as Ku," *Journal of the American Oriental Society*, 55 (1935), pp. 1–30.

Firth, R. "Shamanism," in J. Gould and W. Kolb eds., *A Dictionary of the Social Sciences*, New York: Free Press of Glencoe, 1964, p. 638.

Freedman, Maurice. "On the Sociological Study of Chinese Religion," in A. P. Wolf ed., *Religion and Ritual in Chinese Society*, Stanford: Stanford University Press, 1974, p. 25.

Gates, Hill. "Money for the Gods," *Modern China,* 13:3 (July, 1987), pp. 259–277.

Goldschmidt, Asaf. *The Evolution of Chinese Medicine: Song Dynasty, 960–1200*. London and New York: Routledge, 2009.

Goodman, Howard L. *Ts'ao P'i Transcendent: The Political Culture of Dynasty-founding in China at the End of the Han*. Seattle, Wash.: Scripta Serica, 1998.

Grim, John A. *The Shaman: Patterns of Religious Healing Among the Ojibway Indians*. Norman and London: University of Oklahoma Press, 1983.

Groot, J. J. M. de. *The Religious System of China*, vol. 6. Leiden: E. J. Brill, 1892–1910.

Gump, M. Arthur. "Re-visioning Shamanism," in Ruth-Inge Heinze ed., *Proceedings of the Second International Conference on the Study of Shamanism*, California: Independent Scholars of Asia, 1985, pp. 1–24.

Guo, Qitao. *Exorcism and Money: The Symbolic World of the Five-Fury Spirits in Late Imperial China*. Berkeley: Institute of East Asian Studies, University of California, Berkeley, Center for Chinese Studies, 2003.

Haar, B. J. ter. *The White Lotus Teachings in Chinese Religious History*. Leiden: E. J. Brill,

1992.

Haar, Barend J. ter. *Telling Stories: Witchcraft and Scapegoating in Chinese History*. Leiden: Brill, 2006.

Halifax, Joan. *Shaman: The Wounded Healer*. New York: The Crossroad Publishing Company, 1982.

Halperin, Mark. "Buddhist Temples, the War Dead, and the Song Imperial Cult," *Asia Major*, third series, 12:2 (1999), pp. 71–99.

Hansen, Valerie. *Changing Gods in Medieval China, 1127–1276*. Princeton: Princeton University Press, 1990.

Hegel, Robert. "Of Men Possessed and Speaking Gods," *Echo*, 1:3 (1971), pp. 17–23.

Heinze, Ruth-Inge. *Trance and Healing in Southeast Asia Today*. Bangkok, Thailand: White Lotus Co., Ltd., 1988.

Hinrichs, T. J. "The Medical Transformation of Governance and Southern Customs in Song Dynasty China (960–1279 C.E.)." Ph.D. dissertation, Cambridge, Mass.: Harvard University, 2003.

Holbrook, Bruce. "Chinese Psycho-Social Medicine, Doctor and Dang-ki: An Inter-Cultural Analysis," *Bulletin of the Institute of Ethnology, Academia Sinica*, 37 (1975), pp. 85–111.

Hou, Ching-lang. *Monnaies d'offrande et la notion de trésorerie dans la religion chinoise*. Paris: Collège de France, Institut des Hautes Etudes Chinoises, 1975.

Hymes, Robert P. *Way and Byway: Taoism, Local Religion, and Models of Divinity in Sung and Modern China*. Berkeley, Los Angeles & London: University of California Press, 2002.

Idema, Wilt L. "Dutch Sinology: Past, Present and Future," in Ming Wilson and John Cayley eds., *Europe Studies China: Papers from an International Conference on the History of European Sinology*, London: Han-Shan Tang Books, pp. 88–110.

Jackson, Stanley W. "The Wounded Healer," *Bulletin of the History of Medicine*, 75 (2001), pp. 1–36.

Jordan, David K. *Gods, Ghosts and Ancestors: Folk Religion in a Taiwanese Village*. Berkeley: University of California Press, 1972.

Jordan, Paper. "Mediums and Modernity: The Institutionalization of Ecstatic Religious Functionaries in Taiwan," *Journal of Chinese Religions*, 24 (1996), pp. 105–129.

Kagan, Richard C. and Anna Wasescha. "The Taiwanese *Tang-ki*: The Shaman as Community Healer and Protector," in S. L. Greenblatt, R. W. Wilson, and A. A. Wilson eds., *Social Interaction in Chinese Society*, New York: Praeger Publishers, 1982, pp. 112–141.

Kang, Xiaofei. "The Fox [*hu* 狐] and the Barbarian [*hu* 胡]: Unraveling Representations of the Other in Late Tang Tales," *Journal of Chinese Religions*, 27 (1999), pp. 35–67.

Kang, Xiaofei. *The Cult of the Fox: Power, Gender, and Popular Religion in Late Imperial and Modern China*. New York: Columbia University Press, 2006.

Katz, Paul R. "Germs of Disaster: The Impact of Epidemics on Japanese Military Campaigns in Taiwan, 1874 and 1895," *Annales de Démographie Historique* (Paris, 1996), pp. 195–220.

Katz, Paul R. and Murray A. Rubinstein eds. *Religion and the Formation of Taiwanese Identities*. New York: Palgrave Macmillan, 2003.

Katz, Paul R. *Demon Hordes and Burning Boats: The Cult of Marshal Wen in Late Imperial Chekiang*. Albany: State University of New York Press, 1995.

Katz, Paul R. *Divine Justice: Religion and the Development of Chinese Legal Culture*. London and New York: Routledge, 2009.

Kleeman, Terry F. *Great Perfection: Religion and Ethnicity in a Chinese Millennial Kingdom*. Honolulu: University of Hawaii Press, 1998.

Kleeman, Terry. *A God's Own Tale: The Book of Transformations of Wenchang, the Divine Lord of Zitong*. Albany: State University of New York Press, 1994.

Kleinman, Arthur. *Patients and Healers in the Context of Culture*. Berkeley: University of California Press, 1980.

Kuhn, Philip A. *Soulstealers: The Chinese Sorcery Scare of 1768*. Cambridge and London: Harvard University, 1990.

Lagerwey, John. "Wuchang Exorcisms: An Ethno-historical Interpretation," 收入劉淑芬、康豹編,《信仰、實踐與文化調適——第四屆漢學會議論文集・宗教篇》,臺北:中央研究院,2013,頁 475–530。

Lai, Chi-tim. "The Opposition of Celestial-Master Taoism to Popular Cults during the Six Dynasties," *Asia Major*, third series, 11:1 (1998), pp. 1–20.

Lewis, I. M. "What is a Shaman?" in Mihály Hoppál ed., *Shamanism in Eurasia*, Göttingen: Edition Herodot, 1984, pp. 3–12.

Lewis, I. M. *Ecstatic Religion: A Study of Shamanism and Spirit Possession*, second edition. London and New York: Routledge, 1989.

Li, Jianmin. "They Shall Expel Demons: The Medical Canon and the Transformation of Medical Techniques before the Tang," in John Lagerwey and Marc Kalinowski eds., *Early Chinese Religion: Part One: Shang through Han (1250 BC–220 AD)*, vol. 2, Leiden: Brill, 2009, pp. 1103–1150.

Li, Yi-yüan（李亦園）. "Shamanism in Taiwan: An Anthropological Inquiry," in W. Lebra ed., *Culture-Bound Syndromes, Ethnopsychiatry, and Alternate Therapies*, Honolulu: Hawaii University Press, 1976, pp. 179–188.

Liao, Hsien-huei. "Encountering Evil: Ghosts and Demonic Forces in the Lives of the Song Elite," *Journal of Song Yuan Studies*, 37 (2007), pp. 89–134.

Lin, Fu-shih. "Chinese Shamans and Shamanism in the Chiang-nan Area During the Six Dynasties Period (3rd–6th Century A.D.)," Ph.D. dissertation, Princeton: Princeton University, 1994.

Lin, Fu-shih. "Old Customs and New Fashions: An Examination of Features of Shamanism in Song China," in John Lagerwey and Pierre Marsone eds., *Modern Chinese Religion I: Song-Liao-Jin-Yuan (960–1368 AD)*, Leiden: Brill, 2014, vol. 1, pp. 229–281.

Lin, Fu-shih. "Religious Taoism and Dreams: An Analysis of the Dream-data Collected in the *Yün-chi ch'i-ch'ien*," *Cahier d'Extrême-Asie*, 8 (1995), pp. 95–112.

Lin, Fu-shih. "Shamans and Politics," in John Lagerwey and Lü Pengzhi eds., *Early Chinese Religion: Part Two: The Period of Division (220-589 AD)*, Leiden: Brill, 2010, vol. 1, pp. 275–318.

Lin, Fu-shih. "The Cult of Jiang Ziwen in Medieval China," *Cahier d'Extrême-Asie*, 10 (1998), pp. 357–375.

Lin, Fu-shih. "The Image and Status of Shamans in Ancient China," in John Lagerwey and Marc Kalinowski eds., *Early Chinese Religion: Part One: Shang through Han (1250 BC–220 AD)*, vol. 1. Leiden: Brill, 2009, pp. 397–458.

Mackay, George Leslie, *From Far Formosa*. London: Oliphant Anderson & Ferrier, 1896.

Martin, K. Gould. "Medical Systems in a Taiwan Village: The Plague God as Modern Physician," in A. Kleinman et al. eds., *Medicine in Chinese Culture*, pp. 115–141.

Mather, Richard. "K'ou Ch'ien-chih and the Taoist Theocracy at the Northern Wei Court, 425–451," in H. Welch and A. Seidel eds., *Facets of Taoism: Essays in Chinese Religion*, New Haven: Yale University Press, 1979, pp. 103–122.

Moskowitz, Marc L. *The Haunting Fetus: Abortion, Sexuality, and the Spirit World in Taiwan*. Honolulu: University of Hawaii Press, 2001.

Naquin, Susan and Chün-fang Yü eds. *Pilgrims and Sacred Sites in China*. Berkeley: University of California Press, 1992.

Nickerson, Peter. "Introduction to *The Great Petition for Sepulchral Plaints*," in Stephen R. Bokenkamp, *Early Daoist Scriptures*, Berkeley: University of California Press, 1977, pp. 230–260.

Nickerson, Peter. "A Poetics and Politics of Possession: Taiwanese Spirit-Medium Cults and Autonomous Popular Cultural Space," *Positions*, 9:1 (2001), pp. 187–217.

Prince, Raymond. "Shamans and Endorphins: Hypotheses for a Synthesis," *Ethos*, 10:4 (Winter 1982), pp. 409–423.

Roseman, Marina. *Healing Sounds from the Malaysian Rainforest*. Berkeley and Los Angeles: University of California Press, 1991.

Schipper, Kristofer. *Taoist Body*, trans. by Karen C. Duval. Berkeley: University of California Press, 1993.

Seaman, Gary. "In the Presence of Authority: Hierarchical Roles in Chinese Spirit Medium Cults," in A. Kleinman and Tsung-yi Lin eds., *Normal and Abnormal Behavior in Chinese Culture*, Dordrecht, Holland: D. Reidel Publishing Co., 1981, pp. 61–74.

Seidel, A. "Imperial Treasures and Taoist Sacraments," in M. Strickmann ed., *Tantric and Taoist Studies in Honour of R. A. Stein*, vol. II. Bruxelles: Institut belge des hautes etudes chinoises, 1983, pp. 291–371.

Seidel, Anna K. "The Image of the Perfect Ruler in Early Taoist Messianism: Lao-tzu and Li Hung," *History of Religions*, 9 (1969–70), pp. 216–247.

Seidel, Anna. "Buying One's Way to Heaven: The Celestial Treasury in Chinese Religions," *History of Religions*, 17:3&4 (1978), pp. 419–431.

Shirokogoroff, S. M. *Psychomental Complex of the Tungus*. London: Kegan Paul, Trench, Trubner, 1935.

Stanley-Baker, Michael. "Lin Fushi 林富士 , Zhongguo zhonggu shiqi de zongjiaoyu yiliao 中國中古時期的醫療與宗教 [Medicine and Religion in Medieval China]," *East Asian Science, Technology and Society: An International Journal*, 6 (Durham, NC, 2012), pp. 137–141.

Stein, Rolf A. "Religious Taoism and Popular Religion from the Second to Seventh Centuries," in H. Welch and A. Seidel eds., *Facets of Taoism: Essays in Chinese Religion*, New Haven and London: Yale University Press, 1979, pp. 53–81.

Stein, Rolf A. "Un exemple de relations entre taoïsme et religion populaire," 收入《福井博士頌壽紀念・東洋文化論集》，東京：早稻田大學出版社，1969，頁 79–90。

Stone, Lawrence. "Prosopography," in idem., *The Past and the Present Revisited*, London and New York: Routledge & Kegan Paul, 1987.

Sutton, Donald S. "From Credulity to Scorn: Confucians Confront the Spirit Mediums in Late Imperial China," *Late Imperial China*, 21:2 (2000), pp. 1–39.

Sutton, Donald S. "Ritual Trance and Social Order: The Persistence of Taiwanese Shamanism," in Andrew E. Barnes and Peter N. Stearns eds., *Social History and Issues in Human Consciousness*, New York: New York University Press, 1989, pp. 105–129.

Sutton, Donald S. "Rituals of Self-Mortification: Taiwanese Spirit-Mediums in Comparative Perspective," *Journal of Ritual Studies*, 4:1 (1990), pp. 99–125.

Suzuki, Mitsuo. "The Shamanistic Element in Taiwanese Folk Religion," in A. Bharati ed., *The Realm of the Extra-Human: Agents and Audiences*, The Hague and Paris: Mouton Publishers, 1976, pp. 253–260.

Taussig, Michael. *Shamanism, Colonialism, and the Wild Man: A Study in Terror and Healing*. Chicago and London: The University of Chicago Press, 1987.

Thomas, Keith. *Religion and the Decline of Magic*. New York: Charles Scribner's Sons, 1971.

Tsai, Yi-jia. "The Reformative Visions of Mediumship in Contemporary Taiwan." Ph.D. dissertation, Houston, Texas: Rice University, 2003.

Tsai, Yi-jia. "The Writing of History: The Religious Practices of the Mediums' Association in Taiwan," *Taiwan Journal of Anthropology*, 2:2 (2004), pp. 43–80.

Tseng, Wen-hsing （曾炆煋）. "Psychiatric Study of Shamanism in Taiwan," *Archives of General Psychiatry*, 26 (1972), pp. 561–565.

Tseng, Wen-hsing. "Traditional and Modern Psychiatric Care in Taiwan," in Kleinman et al.

eds., *Medicine in Chinese Culture*, pp. 177–194.

Unschuld, Paul U. *Medicine in China: A History of Ideas*. California: University of California Press, 1985.

Glahn, Richard Von. *The Sinister Way: The Divine and the Demonic in Chinese Religious Culture*. Berkeley, Los Angeles & London: University of California Press, 2004.

Watson, James L. "Standardizing the Gods: The Promotion of T'ien Hou Along the South China Coast, 960–1960," in David Johnson et al. eds., *Popular Culture in Late Imperial China*, Berkeley, Los Angeles & London: University of California Press, 1985, pp. 294–324.

Wong, K. Chimin（王吉民）and Lien-teh Wu（伍連德）, *History of Chinese Medicine: Being a Chronicle of Medical Happenings in China from Ancient Times to the Present Period*. Shanghai: National Quarantine Service, 1936.

Yang, C. K. *Religion in Chinese Society: A Study of Contemporary Social Functions of Religion and Some of their Historical Factors*, Berkeley: University of California Press, 1961.

圖片出處：作者提供